한국어 연구의 새로운 흐름

글쓴이(가나다 순)

강은지 (인하대학교)
구현정 (상명대학교)
김건희 (서원대학교)
김용경 (경동대학교)
김윤신 (인천대학교)
박동근 (대진대학교)
박소영 (부산대학교)
송윤경 (국민대학교)
신용권 (인천대학교)
양수경 (서울대학교)
유현조 (서울대학교)
이동은 (국민대학교)
이와마 아키코 (인천대학교)
임동식 (홍익대학교)
정성훈 (대만 정치대학교)
정승철 (서울대학교)
정희원 (국립국어원)
조원형 (서울대학교)
조형일 (인천대학교)
최운호 (목포대학교)
허세문 (서울대학교)

편찬위원

신용권 최운호 박소영 김건희 유현조
양수경 조원형 정성훈 허세문

한국어 연구의 새로운 흐름

초판 인쇄 2018년 6월 1일
초판 발행 2018년 6월 5일

지은이 신용권 · 최운호 · 박소영 · 김건희 · 유현조 · 양수경 · 조원형 · 정성훈 · 허세문 외
펴낸이 박찬익 ┃ **편집장** 황인옥 ┃ **책임편집** 조은혜
펴낸곳 ㈜ **박이정** ┃ **주소** 서울시 동대문구 천호대로 16가길 4
전화 02) 922-1192~3 ┃ **팩스** 02) 928-4683 ┃ **홈페이지** www.pjbook.com
이메일 pijbook@naver.com ┃ **등록** 2014년 8월 22일 제305-2014-000028호

ISBN 979-11-5848-383-8 (93710)

* 책값은 뒤표지에 있습니다.

한국어 연구의
새로운 흐름

신용권 · 최운호 · 박소영 · 김건희 · 유현조
양수경 · 조원형 · 정성훈 · 허세문 외

(주)박이정

　이 책은 지난 40년 간 언어 연구와 후진 양성에 힘써 오신 권재일 선생의 정년퇴임을 기리기 위해 제자들이 뜻을 모아 편찬한 것이다. 늘 한결같은 모습이셔서 정년이 되셨다는 것이 실감나지 않지만, 학교를 떠나시는 자리에 봉정하고자 선생께 드리는 작은 정성으로 이 책을 준비하게 되었다. 기획과 편찬은 서울대학교 언어학과에서 선생의 지도로 박사학위를 받은 아홉 명의 편찬위원들이 맡았으며, 논문의 집필은 직접 선생의 가르침을 받은 스물한 명의 제자들이 맡았다. 글쓴이들이나 편찬위원들 모두 조금의 망설임도 없이 이 책의 편찬에 적극적으로 참여하였다.

　편찬된 책을 보고 있자니 지나간 날의 선생의 모습이 떠오른다. 선생은 한국어 문법론과 문법사 분야를 중심으로 언어학사와 언어학 일반에 걸친 폭넓은 분야에서 두드러진 연구 성과를 내셨다. 선생의 왕성한 학술 활동은 제자와 후학들에게 늘 큰 자극이 되었다. 강의는 명료하고 흥미로웠으며 교육은 특히 엄격하였지만 항상 넘치는 사랑으로 제자들을 챙기셨고 힘들 때마다 흔들리지 않고 학문에 정진할 수 있도록 도와 주셨다. 이처럼 연구와 교육에 큰 족적을 남기셨을 뿐만 아니라 뛰어난 행정 능력으로 선생께서 책임을 맡으신 기관은 늘 발전을 거듭하였다. 같은 길을 가고 있는 후학의 입장에서 선생께서 보여 주신 이러한 모습은 언제나 선망의 대상이었다.

　선생께서는 서울대학교에 재직하신 기간 중에 언어학사와 역사언어학 관련 교과목을 주로 담당하셨다. 특히 선생은 이전의 학문 성과를 정확히 평가

하고 이를 기반으로 새로운 연구의 흐름을 선도하기 위하여 언어학사 연구의 중요성에 대하여 늘 강조하셨다. 이 때문에 정년 기념 논문집은 기획 과정에서 이견 없이 한국어 연구의 새로운 흐름을 제시하는 내용으로 결정되었다. 각 논문은 글쓴이가 연구하였거나 연구하고자 하는 세부 분야의 연구현황(연구사), 연구방법론 및 이후 이 분야 연구의 지향점 등을 자유롭게 서술한 것이다. 이처럼 모아진 21편의 논문은 문법, 의미, 텍스트 · 화행, 문헌 · 방언, 계량언어학, 언어정책 · 언어교육이라는 여섯 분야의 연구의 흐름으로 분류하여 이 책에 수록되었다. 글쓴이와 편찬위원 일동은 선생께서 앞으로도 우리의 곁에서 건강하신 모습으로 변함없이 활동해 주시기를 기원하는 마음으로 이 책을 바치며, 이 책이 관련 분야 연구에 작은 디딤돌이 되기를 바란다.

끝으로 이 책을 출판할 수 있도록 해 주신 박이정 출판사의 박찬익 사장님과 쉽지 않은 편집을 짜임새 있게 해 주신 편집 담당자께 깊은 감사의 말씀을 드린다.

2018년 5월 20일
편찬위원 모두 올림

| 차례 |

제1부

문법 연구의
흐름

한국어 피동 연구의 쟁점과 과제

_ 김윤신

1. 서론

 '피동(被動, passive)'은 어떠한 사태를 행위의 대상을 중심으로 기술하는 문법 범주이다. 이것은 사건이 나타내는 동작이 이루어지는 방향을 어떤 사건 참여자의 입장에서 서술하느냐를 나타내는 '태(態, voice)'의 하나이며 범언어적인 현상으로 나타난다. 그런데 피동을 실현하는 형식은 언어마다 다르고 피동의 언어 형식이 단순히 태의 문법 범주에 한정되지 않고 더 폭넓게 사용된다. 따라서 피동은 어떤 언어에서나 다양한 양상을 보인다.

 한국어의 피동도 그 형식과 의미의 다양성을 보이며 이러한 다양성은 한국어 피동 연구의 여러 가지 쟁점으로 대두되었다. 이 가운데 가장 근본적인 쟁점은 한국어의 피동을 어떤 문법 범주로 보아야 하는가이다. 이것은 피동의 다양한 의미와 형식에 관련된 문제이다. 의미의 측면에서 피동은 태로서의 의미뿐만 아니라 가능성과 무의지성 등의 확장된 의미를 나타내므로 피동을 단순한 태인가 아니면 더 확대된 의미의 양태(樣態, modal)인가에 대한 논의도 연구의 주요 과제이다. 이러한 쟁점은 피동의 의미와 형식에 관련되어 있는데 특히 '-게 되다'와 같은 형식을 피동으로 보는 것에 대해서는 이미 많은 논란이 제기되었다. 그리고 피동의 형태가 겹치는 이중 피동도 한국어 피동 연구에서 오용에 대한 논란과 함께 그 의미 기능이 많이 논의된다. 더 나아가 한국어의 피동은 그 서술어의 형식이 동일한 사동이 존재하므로 이 둘 사이의 관련성도 한국어 피동 연구에서 중요하게 다루어져야 할 부분이다.

여느 언어에서나 마찬가지로 한국어에서도 피동의 형식이 빈번하게 사용되며 앞에서 언급한 대로 다양한 의미 기능을 나타낸다. 이러한 맥락에서 피동과 관련된 쟁점을 연구하는 것은 한국어학의 연구 성과에만 그치는 것이 아니다. 모어 교육에서나 외국어로서의 한국어 교육에서도 상당한 비중을 가진 문법 항목이다. 따라서 한국어의 피동에 대한 언어학적 연구의 결과는 국어 문법 교육과 외국어로서의 한국어 교육에서 피동의 교육 내용을 중요한 확정하는 근거가 된다.

그리고 한국어 피동에 대한 많은 연구들이 한국어 피동의 속성을 암묵적으로 가정하고 출발하여 피동의 범위를 지나치게 확대하는 경향이 있다. 이러한 경향으로 인하여 피동으로 보기 어려운 현상조차 피동으로 설명하는 문제가 나타난다.[1] 그렇게 되다 보면 한국어의 피동이 무엇인지 한 마디로 정의하기가 쉽지 않다. 어떤 언어 현상도 분명하게 정의될 수 있는 것은 아니지만 복잡하게 얽힌 내용을 체계적으로 정리해 본다면 한국어에서의 피동이라는 문법 현상의 특징을 보다 정확하게 파악할 수 있을 것이다.

이러한 맥락에서 이 논문은 주요 쟁점을 중심으로 한국어 피동 연구에 대해서 살펴보고자 한다. 전반적인 연구의 흐름을 시대순으로 살펴보는 것보다는 쟁점을 중심으로 연구의 현황을 파악하는 것이 한국어 피동과 그 연구를 이해하는 데 더 효과적이라고 판단된다. 여기 다룰 핵심적 쟁점은 태로서의 피동과 양태로서의 피동에 대한 쟁점과 이와 관련된 피동의 다양한 의미, 피

---

1) 임홍빈(1998:333)에서는 한국어 피동 연구가 매우 피상적인 처리에 머물고 있다고 언급하고 있다. 이는 여전히 잘 해결되지 않는 한국어 피동의 문제로 보인다.

동화의 제약에 대한 문제와 이중 피동의 문제, 피동과 사동의 관련성 등이다. 각각의 쟁점을 하나씩 다루면서 앞으로 연구해야 할 과제들도 함께 논의하기로 한다.

2. 태로서의 피동

피동은 주어가 동사가 나타내는 행위나 동작의 영향을 받는 사태를 나타낸다. 태로서의 피동은 '능동(能動, active)'과 대응되는데 능동은 주어가 동사가 나타내는 행위나 동작을 실행하는 사태를 나타낸다. 이러한 능동과 피동의 태를 나타내는 문장을 각각 능동문과 피동문이라고 한다. 다음의 예를 살펴보자.

　　(1) a. 사냥꾼이 호랑이를 잡았다.
　　　　 b. 호랑이가 사냥꾼에게 잡혔다.

호랑이 사냥이라는 동일한 상황에 대해서 (1a)는 사태의 행동주인 '사냥꾼'의 입장에서 행동주인 주어의 능동적 행위에 초점을 맞추어 진술하는 능동문이라면 (1b)는 사태의 대상인 '호랑이'의 입장에서 대상인 목적어가 입는 영향의 측면에서 진술하는 피동문이다. 이와 같이 능동문과 피동문에서는 통사적 능동문의 주어가 피동문의 부사어에 대응되며 능동문의 목적어가 피동문의 주어에 대응하는 것이 일반적이다. 또한 서술어인 동사의 형식도 능동형과 피동형으로 대응된다. 이는 영어를 비롯한 인도 유럽 어족의 언어들에서도 유사하며 문법 범주의 태를 실현하는 일반적인 양상이라고 할 수 있다.

그러나 한국어의 피동은 전형적인 피동에서 벗어나는 경우가 많다. 많은 연구들에서 피동의 형식을 갖추었으나 전형적인 태로서의 피동이 아닌 경우를 비전형적인 피동으로 다루고 있다. 비전형적인 피동에는 능동문은 있으나 대응하는 피동문이 없는 경우와 피동문은 있으나 대응하는 능동문이 적절하지 않은 경우가 있다.

먼저 피동문에 대응하는 능동문을 설정할 수 없는 경우를 살펴보자

(2) a. 입춘이 지나니 날씨가 많이 풀렸다.
 b. *입춘이 지나니 X가 날씨를 많이 풀었다.
(3) a. 감기가 심하게 걸렸다.
 b. *X가 감기를 심하게 걸었다.
(4) a. 자동차로 집에 가는 데는 삼십 분 정도가 걸린다.
 b. *자동차로 집에 가는 데는 X가 삼십 분 정도를 걸었다.

한국어의 피동을 다루는 많은 연구에서 이러한 예들을 대응하는 능동문이 없는 피동으로 제시하고 있다. 기존의 많은 연구에서는 이러한 피동을 비행동성이나 비의도성의 표현에 관련된 피동으로 설명하고 있다. 이러한 설명은 (2a), (3a), (4a)의 문장이 보이는 의미 특성을 밝히는 데는 적절하나 태로서의 피동이 갖는 특성이라고 보기는 어렵다. 또한 (4a)의 '자동차로 집에 가는 데는'은 문장의 주성분으로 보이므로 (4a)는 이중 주어문의 형태를 가지므로 전형적인 피동문의 형식이 아니다. 또한 (3a)는 다음 (3'a)와 같이 문장의 주어 이외의 또 다른 문장 성분이 나타나는 것이 더 자연스럽다.

(3') a. 영희는 감기가 심하게 걸렸다.
 b. *X가 영희는 감기를 심하게 걸었다.

그런데 (2a), (3a), (4a)의 동사들은 피동의 형태를 가지고 있으나 그 분포가 제한되고 능동의 형태의 동사와 의미가 전혀 관련이 없다. (2a)의 '풀리다'는 '날씨'나 '날' 등과 같은 기후와 관련된 한정된 명사와만 결합하고 그 의미도 대응하는 능동형인 '풀다'와 전혀 관련이 없다. (3a)의 '걸리다'는 질병을

나타내는 명사와만 결합하고 (4b)의 '걸리다'는 시간을 나타내는 명사와만 결합한다. 또한 이 각각도 능동형인 '걸다'의 의미와 관련성을 찾기가 어렵다.

(2)와 (3)은 피동문에 대응하는 능동문이 없는 경우로 다루어지고 있고 다음의 (4)와 (5)는 대응하는 피동문이 어색한 경우로 늘 언급되는 예문이다.

(4) a. 철수가 고기를 먹었다.
    b. ???고기가 철수에게 먹혔다.
(5) a. 학생들이 운동장에서 풀을 뽑았다.
    b. ???풀이 운동장에서 학생들에게 뽑혔다.

(4a)와 (5a)에 각각 대응하는 피동문이 모두 어색한 경우이다. (4b)와 (5b)는 주어가 모두 무정물이 주어이므로 사람이나 유정물이 주어로 오는 문장이 잘 나타나지 않는 한국어의 속성을 고려하면 부자연스러운 문장이 되는 것은 당연하다. 이러한 현상은 한국어에서 피동을 단순한 태의 문법 범주로만 보아야 하는 것인지, 아니면 형태상 피동형을 가진 문장이 태의 문법 범주를 실현할 수도 있고 또는 그 외의 기능을 하는 것으로 보아야 할 것인지 고민하게 한다.

이러한 측면에서 볼 때 한국어에서는 피동형 동사를 가진 문장이 모두 태로서의 피동이라고 하기 어렵고 한국어의 타동문이 모두 피동문으로 태를 바꿀 수 있는 것은 아니라고 할 수 있다. 그런데 (2)~(5)의 예시들을 단순히 능동형과 피동형이 대응하지 않는다는 표면적 현상과 주어가 스스로 하는 행위가 아니라는 의미에만 초점을 맞추어 비전형적인 피동이라고만 하는 것은 태로서의 피동에 적합한 설명이라고 할 수 없다. 더욱이 기존의 설명에는 이러한 비전형적인 피동이 태의 문법 범주와 관련된 것인지가 분명하지 않다. 임홍빈(1978/1998:313)과 박철우(2007:210) 등에서 언급한 바와 같이 태의 기능은 능동과 피동의 짝을 이루는 문장이 나타내는 사건의 동일성을 전제하

여야만 논의가 가능해진다. 또한 김윤신(2001b)에서 주장한 동사 피동화의
조건에서도 타동성을 갖는 동사가 피동화의 가능성이 높으므로 능동문의 목
적어가 피동문의 주어가 되는 태로서의 피동을 정의하기 위해서는 동일한 사
건을 나타내는 능동문과 피동문의 대응이며 이때 능동문은 타동문이어야 한
다.[2] 이러한 측면에서 볼 때 위에 제시된 예시들 중 (1)을 제외하고는 태의
문법 범주인 피동으로 설명하는 것은 적절하지 않다.

　최현배(1937/1971:420-422)에서는 이와 같은 태로서의 한국어 피동을
언급한 내용을 정리하면 다음과 같다.

　　(6)　a. '입음움직씨(피동사)'는 문장의 주어가 스스로 제힘으로 그 움직임을 하지
　　　　　　아니하고 남의 힘을 입어서 그 움직임을 하는 것이며 이러한 의미는 매우
　　　　　　형식적인 것이다.
　　　　b. '어휘적 피동'이라고 하는 '배우다, 맞다' 등과 비대격 동사에 해당하는
　　　　　　'죽다' 등은 피동적 의미가 있으나 전자는 객관적 사실은 피동이지만 주관
　　　　　　적 표현의 말에 있어서는 제힘과 같으며 후자의 경우는 구체적 사실의
　　　　　　힘과 추상적 말의 힘이 일치하는 것이 아닌 경우이다.
　　　　c. 한 가지 사실이라도 그 보는 점에 다를 것 같으면 제힘과 입음의 다름이
　　　　　　생김은 한 언어 내에서 일어나며 여러 언어들 사이에서도 일어난다.

　이러한 설명은 태로서의 한국어 피동을 매우 정확하게 기술하고는 있다.
또한 문법 범주로서의 태와 구체적 사실을 분리해야 한다는 점을 (6b)의 경
우를 들어 지적하고 있다. 그러나 이후의 많은 연구에서는 문법 범주인 태로
서의 피동이 가지는 속성을 벗어나 '입음'이나 '당함'에 초점을 맞추어 피동을

---

2)　최현배(1937/1971:423)에서도 "입음 움직임을 만들 수 있는 것은 남움직씨에 한함이 그 원칙
　　이다. 그러나 특별한 경우에는, 제움직씨도 입음 움직임을 만들 수 있나니: 그런 경우에는
　　그 입음이 그 본연(本然)의 뜻에서 좀 멀어지느니라."라고 피동의 대응이 되는 능동은 타동임
　　을 밝히고 있다. 특별한 경우의 자동사의 피동화는 주어의 스스로 하지 못함을 논의하고
　　있는 것으로 보인다.

설명하고 있다. 이렇게 된다면 다음과 같은 어휘적 피동의 예나 비대격 동사의 경우를 피동이 아니라고 하기 어렵게 된다.

(7) a. 스승이 아이를 가르치다.
    b. 아이가 스승한테 배우다.
(8) 한 사람이 병이 들어 죽었다.

(7b)와 (8)은 모두 태로서의 피동으로 보기 어렵다. 특히 (7b)의 '배우다'는 문장의 구조와 의미상의 대응이 모두 태로서의 피동과 유사하지만 배우는 행위는 행동주가 의지를 가지고 실행하는 것이므로 '배우다'가 반드시 피동적 행위를 나타낸다고 할 수 없는 것이다. 또한 (8)의 경우에 죽음이 의지로 능동적으로 이루어지는 행위는 아니지만 적어도 문법적으로는 피동으로 보지 않는다.

더 나아가 한국어 피동 논의에서 '입음'에 초점을 맞추어 발생하는 피동 아닌 피동은 '-게 되다' 구성이다.[3]

(9) 그 사람은 곧 미국으로 떠나게 되었다.

(9)는 분명히 피동이 아니다. 다만 이렇게 표현하게 되면 주어가 자신의 미래 행위를 통제하지 못함을 나타내거나 통제 여부에 관계없이 상황이 그렇

---

[3] 최현배(1937/1971:399)에서는 '-게 되다'를 '입음 도움움직씨(被動補助動詞)'라고 하여 피동을 만들어 낸다고 하였다. 그러나 이때 본용언으로 오는 것이 반드시 동사라고 제한을 두고 있다. 그런데 이 경우도 다음과 같이 태로서의 피동이라고 하기보다는 주어의 의지를 발휘하지 못하고 그러한 일을 당함의 의미를 갖는 것이다. 특히 (iii)은 주어인 '얼음'의 상태에 대한 기술도 아니다.

(i) 그날부터 그 영악한 범도 자유를 잃게 되었다.   [이해]
(ii) 그가 대통령이 되게 되었다.   [할 수 있음]
(iii) 얼음이 녹아서 얼음지치기도 못하게 되었다.   [절로 됨]

게 바뀌었음을 나타내는 것으로 볼 수 있다. 즉 자신의 의지를 분명히 밝히지 않아 무의지적인 상황 변화로 이해할 수 있는데 이를 입음으로 해석하여 피동으로 본다면 이는 어떤 측면에서의 피동인지 도저히 이해할 수 없는 것이다. 심지어는 이러한 표현까지 피동에 포함시키기 위해서 현재 국어과 교육과정에서는 '피동 표현'이라는 애매한 용어를 사용하고 있다(교육과학기술부 2011, 교육부 2015).

이뿐만 아니라 '-어지다' 구성의 문장도 피동 여부에 의심이 가는 경우가 많다.

(10) a. 기온이 조금씩 높아지고 있다.
　　 b. 요즘에 기침이 좀 나아지셨는지요?
　　 c. 이 상자는 철수에 의해 만들어졌다.

(10a)와 (10b)는 결코 피동문이 아닌 반면 (10c)는 피동문으로 볼 수 있다. (10)에 대응하는 능동문을 만들어 보면 다음과 같다.

(10') a. *X가 기온을 조금씩 높다.
　　 b. *X가 요즘에 기침을 좀 나으셨는지요?
　　 c. 철수가 이 상자를 만들었다.

(10'a)에서 볼 수 있는 것처럼 '높아지다'에 대응하는 용언이 형용사 '높다'이므로 적절한 능동문이라고 보기 어렵다. (10'b)의 경우에도 대응하는 능동사가 자동사이므로 역시 마찬가지이다. 이와 달리 (10c)에 대응하는 능동사문인 (10'c)는 정문인 타동문이다. 따라서 '-어지다' 구성은 타동사 어근과 결합한 경우에만 태로서의 피동이 실현된다고 할 수 있다.

그렇다면 (10a)와 (10b)와 같은 '-어지다'류의 동사가 의미하는 것은 무엇일까 생각해 볼 만하다. 이들이 나타내는 것은 주어의 의지로 어찌할 수 없는 변화를 의미하는 것이다. (10a)의 기온 변화나 (10b)의 병의 치유도 주어의 의지가 아니다. 따라서 자동적 변화를 의미하는 것으로 보는 것이 타당해 보인다. 결국 이 경우도 '－게 되다'와 마찬가지로 피동의 범주에 넣을 수가 없다.

또한 화자의 초점을 반영하는 것에 중점을 두어 태로서의 피동을 정의하는 것도 문제가 있다. 이 역시 많이 지적되는 문제점이다.

> (11) a. 영희가 어제 친구들에게 받은 장미꽃을 꽃병에 꽂았다.
> b. 어제 친구들에게 받은 장미꽃을 영희가 꽃병에 꽂았다.

(11a)와 (11b)는 동일한 사태를 다른 방식으로 표현하고 있다. (11a)는 문장의 주어에 초점을 두어 진술한 것이고 (11b)는 목적어에 초점을 두어 진술한 것이다. 전형적인 피동문과 동일한 어순이며 어순이 초점을 반영하는 것이라면 역시 (11b)는 피동과 동일한 태를 반영하는 것으로 볼 수도 있다. 그러나 (11a)와 (11b)는 단순히 화자의 초점 변화를 반영한 문장들이지 형식과 의미의 측면에서 능동과 피동의 관계에 있는 것이 아니다.

남수경(2007:110)은 태로서의 피동을 일반 언어학적 관점에서 접근한 연구로 기존의 연구와 차별된다. 이 연구에서는 태로서의 피동에 대해서 엄밀하게 다루면서 태로서의 피동은 외부의 행위자를 상정하기 때문에 피동의 표지를 가졌다고 하더라도 이를 가정할 수 없는 문장은 피동이라고 볼 수 없다고 주장하고 있다. 결국 한국어 피동에 대한 연구는 이제 단순한 현상의 기술을 벗어나서 그 원리에 대한 접근을 해야 한다. '피동'의 개념은 애초에 태의 범주에서부터 출발한 것이므로 피동의 태가 나타내는 단면인 어떤 일의 영향을 입음이나 초점의 변화와 같은 현상에 집중하여 한국어의 피동을 바라보는 것으로부터 탈피해야 할 것이다. 한국어의 피동을 태의 문법 범주인 경우와 그렇지 않은 경우로 분명히 갈라서 살펴보고 각각의 경우가 어떻게 연결되어 있는지를 연구해 볼 필요가 있다. 이러한 과정을 통해서 (7), (8), (9), (10), (11)과 같은 피동 아닌 피동적 표현을 구별해 내고 적절한 설명을 할 수 있을 것으로 기대한다.

3. 양태로서의 피동

최현배(1937/1971:422)에서 '입음 움직임(피동)'이 형식적인 뜻이고 그 실제적인 의미로 '이해 입음(利害被動)', '할 수 있음(可能的 被動)', '절로 되는 입음(自然的 被動)'을 제시하고 있다.4) '이해 입음'은 태의 문법 범주인 피동이 갖는 가장 근본적인 의미이며 '할 수 있음'과 '절로 되는 입음'은 각각 가능성과 자연성과 연관되는 양태의 문법 범주와 관련이 있다. 즉 화자가 지금 현재 일어나고 있는 사건에 대해서 어떤 태도로 바라보고 있는가를 나타내는 것이다. 이러한 양태와 관련된 예를 살펴보자.

    (12) a. 이 칼은 잘 잘린다.　　　　[가능성]
        b. 굴뚝이 꽉 막혔다.　　　　[자연성]

(12a)와 (12b)는 모두 전형적인 피동의 의미 대신에 좀 다른 양태의 의미를 나타낸다. (12a)에서 주어인 '이 칼'은 잘리는 대상이 아니라 다른 물건을 잘 자를 수 있다는 가능성을 나타내며 더 나아가 다른 물건을 자르는 데 효과적이라는 속성을 나타낸다. 임홍빈(1998)와 목정수·김영중(2006), 남수경(2012), 김윤신(2014) 등에서 이러한 문장의 '가능'의 의미를 갖는다는 사실을 언급하였고 더 나아가 총칭성을 띠는 가능의 속성의 의미를 갖는다고까지 주장하고 있다. 또한 (12b)는 굴뚝이 막힌 상태에 이르게 된 요인이나 행동주

---

4)　이러한 내용은 고영근·구본관(2008), 구본관 외(2015) 등 최근의 문법론 개론서에서도 언급되고 있다.

를 밝히지 않아서 자동적으로 이루어지는 사건으로 파악할 경우에 사용할 수 있다(고영근·구본관 2018:350).

　　그런데 이러한 문장은 형식 측면에서도 서로 다른 양상을 보인다. 가능성을 나타내는 문장은 전형적인 피동과 유사한 특징을 보이지만 자연성을 나타내는 문장은 그렇지 않다.

　　먼저 가능성을 나타내는 문장의 경우를 살펴보자. 남수경(2012:81-82)에서는 가능성을 나타내는 피동 형식의 문장은 다음과 같이 대응하는 능동문이 가정할 수 있으므로 이러한 피동문이 의미상 전형적인 피동문이 아니더라도 피동문의 형식적인 속성을 가지고 있다고 주장하였다.

　　(13) a. 이 칼은 잘 깎인다.
　　　　 b. X가 이 칼로 Y를 잘 깎는다.

　　그런데 (13a)와 (13b)의 의미가 엄밀하게 동일하다고 보기는 어렵지만 형식과 내용의 대응하는 것은 가정할 수 있으며 일정한 개연성이 있다. 이러한 대응 관계가 성립하는 것을 통해서 다음과 같이 대응하는 능동문이 없는 피동문과 다르다는 것을 알 수 있다(남수경 2012:82).

　　(14) a. 날씨가 많이 풀렸다.
　　　　 b. *X가 날씨를 많이 풀었다.

　　(14)의 '풀리다'는 피동 접미사를 포함한 피동사임에도 불구하고 (14a)는 전형적인 피동의 의미가 아닌 단순한 상태 변화를 나타내며 이에 형식상으로 대응하는 피동문인 (14b)는 비문법적인 문장이 된다(김윤신 2014:200). 결국 이러한 상황으로 볼 때 (13a)는 피동문으로 볼 수 있는 가능성이 열리며 가능이라는 양태적 속성을 나타내는 피동문이 될 것이다.

반면 자연성을 나타내는 문장은 피동문과 능동문의 형식적인 대응을 가정하기가 어렵다.

    (15) a. 굴뚝이 꽉 막혔다.
        b. ??*굴뚝이 옆집 주인에게 꽉 막혔다.

(15a)는 굴뚝이 막히는 사태의 원인 또는 그 행위의 유발자인 행동주를 드러내지 않은 채 자동적인 사건을 나타내고 있다. 그러나 (15b)와 같이 피동 형식의 문장에 자연성에 배치되는 행동주를 넣게 되면 의미상 어색하고 모순된 양상을 보이게 된다. 따라서 남수경(2007)에서 지적한 바와 같이 외부의 행위자인 행동주의 삽입이 적절하지 못하다면 이는 태로서의 피동은 아니라고 할 수 있다.

고영근·구본관(2008:350)에서는 이러한 자연성을 비의도적 맥락에서 사용되는 것으로 설명하면서 '저절로'나 '고의적으로'와 같은 부사를 이용하여 비의도성이나 자연성을 설명하고 있다.[5]

    (16) a. 굴뚝이 <u>저절로</u> 꽉 막혔다.
        b. *굴뚝이 누군가에 의해 <u>고의적으로</u> 꽉 막혔다.

---

5) 고영근·구본관(2008:350)에서는 이를 비의도적인 문맥에서 사용되는 것인 반면 '-어지다' 형의 피동을 의도적 문맥에서 사용되는 것이라고 주장하고 있다.

  (i) a. *굴뚝이 저절로 막아졌다.
     b. 굴뚝이 누군가에 의해 고의로 막혔다.

그런데 이 부분에 대해서는 직관이 다양한 것 같다. 이 부분에 대한 연구는 언중의 직관을 계량적으로 측정해 보거나 코퍼스에 나타난 양상 등을 조사하여 더 세밀하게 연구하는 것이 바람직하다. 한두 사람의 연구자들의 직관으로 설명이 가능한 부분이 아니라고 생각된다.

(16a)에서와 같이 자연성을 반영하는 부사 '저절로'와는 결합이 가능하나 (16b)와 같이 자연성과 배치되는 의도를 반영하는 부사 '고의적으로'와는 결합할 수 없다.

그런데 가능 속성을 나타내는 피동문의 경우에는 그 의미와 형식에서 다른 피동문과 구별되는 양상을 보인다. 김윤신(2014)의 논의를 바탕으로 이에 대해서 살펴보자.

먼저 가능 속성 피동문6)의 주어는 다른 피동문처럼 대상(theme)의 의미역을 가질 수도 있고 도구(instrumental)의 의미역을 가질 수도 있다. 자연성의 경우에는 대상의 의미역을 갖는다.

    (17) a. 이 종이는 잘 접힌다.
        b. 이 칼은 잘 잘린다.

(17a)의 주어인 '이 종이'는 여느 피동문과 같이 대상의 의미역을 가지므로 행동주의 접는 동작에 영향을 입는다. 반면에 (17b)의 '이 칼'은 보통의 피동문과 달리 도구의 의미역을 가지므로 행동주의 자르는 동사의 영향을 입어 잘리는 것이 아니고 다른 대상을 자르는 데 사용되는 것이다. 이는 전형적인 피동문의 주어가 갖는 의미역이 아니다. 이와 달리 자연성을 갖는 피동문의 경우에는 이러한 측면에서 전형적인 피동문과 유사하다.

    (18) 굴뚝이 꽉 막혔다.

---

6) 김윤신(2014)에서는 이를 총칭 피동문이라고 명명하고 있으나 이 글에서는 총칭성에 대한 논의보다는 피동에 집중하여 논의를 진행하고자 한다. 따라서 이 논문에서는 '가능 속성 피동문'이라고 부르기로 한다.

그런데 (17)의 문장들이 또 다른 주어를 취해서 이중 주어 구문으로 확장될 때 그 선행 주어의 의미 역할은 항상 도구나 재료가 되는 경향을 보인다.

(19) a. 이 종이는 상자가 잘 접힌다.
　　 b. 이 칼은 고기가 잘 잘린다.

(19)의 문장들에 전체 주어는 주제(topic)로서 뒤에 나타나는 서술 내용이 이 주어의 속성에 대한 기술이 된다. (19a)에서 '이 종이'는 상자를 접는 재료 인 동시에 접히는 대상에 해당하며 (19b)의 '이 칼'은 고기를 자르는 도구에 해당한다.

둘째, 남수경(2012:90)은 이러한 가능 속성의 피동문은 단순 현재 시제로 나타나서 총칭적인 의미가 실현된다고 하였으나 실제로 한국어의 가능 속성 피동문은 반드시 그러한 것이 아니다. 한국어의 가능 속성 피동문은 다음과 같이 현재 진행형이나 과거로 나타날 경우에 다음과 같이 어떤 가능 속성 피 동문이냐에 따라서 서로 다른 해석이 된다.

(20) a. 이 칼은 잘 잘리고 있다.
　　 b. 이 종이는 잘 접히고 있다.

(20a)는 여전히 이 칼을 속성을 나타내고 있으나 (20b)에서는 지금 현재 종이가 접히고 있는 특정한 상황을 나타내고 있다. 즉 도구의 주어가 나타나 는 가능 속성 피동문은 총칭적 속성 해석이 여전히 가능하지만 대상의 주어 가 나타나는 가능 속성 피동문은 그렇지 않다는 것이다. 이러한 현상은 과거 시제에서도 동일하게 나타난다.

(21) a. 이 칼은 잘 잘렸다.
　　 b. 이 종이는 잘 접혔다.

역시 (21a)는 속성적 해석이 가능하지만 (21b)는 불가능하다. 김윤신 (2014:204)에서는 이러한 해석의 차이를 주어인 의미역에 따라 다르게 나타나는 피영향성(affectedness)의 차이로 설명하고 있다. 즉, 주어의 의미역이 도구인 경우에는 현재 진행형이나 과거 시제에서 속성적 해석이 가능하나 대상이나 재료인 경우에는 속성적 해석이 불가능하다고 할 수 있다는 것이다.

셋째, 가능 속성 피동문은 '잘, 쉽게, 안'과 같은 양태 부사나 부정 부사와 공기하는 경향이 있으며 주어의 의미역이 대상이냐 도구이냐에 따라 그 해석이 달라질 수 있다. (17)의 예를 다시 불러 이러한 부사가 생략된 경우와 비교해 보자.

> (17) a. 이 종이는 잘 접힌다.
>   b. 이 칼은 잘 잘린다.
> (17') a. 이 종이는 접힌다.
>   b. 이 칼은 잘린다.

주어가 도구의 의미역인 (17'a)는 가능 속성의 의미와 특정하지 않은 행동주의 행위에 영향을 받는 피동의 의미를 모두 가져서 중의적인 반면에 주어가 도구의 의미역인 (17'b)는 (17b)와는 조금 다르지만 가능 속성의 해석이 유지된다. 이러한 부사의 분포와 그 해석의 양상은 일종의 연어 현상으로 파악할 수 있다.

이처럼 가능성의 양태나 자연성의 양태를 나타내는 피동의 경우는 태로서의 피동과는 구별되는 또 다른 양상을 보이는 피동인 것이다. 그러므로 이러한 피동은 태로서의 피동이 갖는 '입음'과는 다른 피동으로 정의되어야 할 것이다. 그렇게 되면 근본적인 난관에 봉착하게 된다. 피동의 가장 중요한 의미가 '입음'인데 '입음'과 직접적인 관련이 없는 '가능성'이나 '자연성'을 나타내는 경우도 피동이라고 해야 하는 것이다. 그러나 동일한 형태가 다른 의미를 나타내는 것에 대해서 언어학적 입장에서 최소한 두 가지 방법의 접근이 가능할 것이다. 두 동일한 형태가 나타내는 의미가 아무런 관련성이 없다면 서로 다른 의미를 나타내는 개별적인 동형태로 처리하는 것이 하나의 방법이며 의미가 서로 관련되어 있다면 하나의 형태가 두 가지 관련된 의미를 갖는 것으로 취급하여 다의성을 가진 하나의 형태로 처리하는 것이 또 다른 방법이다.

2절과 3절에서 태로서의 피동과 양태로서의 피동을 살펴보면서 이 두 가지 유형의 피동이 완전히 분리되는 것은 아니라는 것을 알 수 있었다. 적어도 두 피동은 서로 연관되어 있음을 확인할 수 있다. 다시 말해, 태로서의 피동이 갖는 문장의 형식적 특성이나 의미적 특성을 양태로서의 피동에서도 일정 부분 유지된다는 것이다. 물론 동일한 문법적 특징을 보이지는 않지만 두 피동을 연관시킬 만한 원리를 발견하는 것이 우리의 중요한 과제로 보인다.

4. 피동화의 제약

주지하다시피 한국어의 피동문에 사용되는 동사는 다음과 같은 세 가지 방식으로 구성된다. 즉 다음은 한국어 피동이 구성되는 방식이다.

> (22) a. 접미사 파생 피동사: 놓이다, 잡히다, 들리다, 쫓기다……
>   b. 타동사 어근+ '-어지다' 구성: 만들어지다, 주어지다……
>   c. 어근+'-되다/받다/당하다': 추출되다, 존경받다, 무시당하다……

대체로 (22a)의 방식으로 구성된 피동사에 대해서는 타동사 어근으로부터 파생되므로 피동사로서의 지위를 의심받지 않지만 (22b)와 (22c)의 경우에는 피동사로서의 지위에 대한 논란이 있고 이는 2절에서 일부 논의하였다. 여기서 살펴볼 것은 (22a)에 제시된 접미사 파생 피동사와 관련된 제약이다. 즉, 어떤 경우 피동사 파생이 일어나지 않는가에 대한 쟁점이 있다. 물론 이미 많이 논의되었으나 사실은 본질에의 접근이 쉽지 않아 어느 정도 수준에서 덮어 두고 있다는 느낌이 강하다. 그것은 피동화 파생은 파생이라는 형태론적 과정의 속성상 규칙성을 찾기 어렵고 모든 어근에 적용되기도 어렵기 때문이다.[7]

이에 대해서 논의한 것으로 대표적인 것은 배희임(1988)과 이기동(1993) 등이다.[8] 이 가운데 배희임(1988)은 피동화의 제약을 형태·통사론적으로 접근해 다음과 같은 제약을 제시했다.

> (23) 피동의 형태·통사론적 제약(배희임 1988)
>   a. 형용사·자동사는 원칙적으로 피동이 안 된다.
>   b. 자·타 양용 동사는 피동이 어렵다.
>   c. 파생에 의한 타동사는 피동이 잘 안 된다.
>   d. 복합 동사는 단일 동사보다 피동이 어렵다.

배희임(1988)의 제약 중 (22a)는 피동의 원형을 태에 둔다면 당연한 것이라고 할 수 있다. 자·타 양용 동사에 대한 제약인 (22b)도 파생이 불필요한 동사에 접사를 굳이 붙일 필요가 없다는 점에서 타당한 제약이다. 접사가 이중으로 붙지 못한다는 (23c)도 어느 정도 타당하다. 그러나 김윤신(2001b:102)에서는 (23)의 제약에 속하지 않는 타동사의 경우에도 피동화가 불가능한 경우를 제시하였다.

> (24) a. *힘든 일이 (철수에게) 맡겼다.
>   b. *아기의 옷이 벗겼다.

---

7) 김윤신(2001a, b)에서 조사한 단일 어근 타동사 336개 가운데 약 48%인 162개의 동사가 파생 피동사를 갖는다고 했다. 절반에 못 미치는 수가 파생되는 것도 파생의 한 특징이며 능동사와 피동사의 대응 관계의 비대칭을 반영하는 것이다.

8) 이와 관련된 내용은 김윤신(2001a, b)에 기반을 두고 있다.

c. *그 사실이 알렸다.

d. *그 옷이 (철수에게) 입혔다.

이 동사들은 다음과 같이 사동사에 '-어지다'를 붙인 형태로 능동과 피동의 대응과 유사한 관계가 나타난다.

(25) a. 힘든 일이 철수에게 맡겨졌다.

b. 아기의 옷이 벗겨졌다.

c. 그 사실이 알려졌다.

d. 그 옷이 (철수에게) 입혀졌다.

다만 이러한 동사들에 대해서 타동사에 대해서 파생 사동사가 존재하기 때문이라고 할 수도 있다. 그러나 '먹다'나 '읽다'와 같은 타동사는 파생 사동사와 파생 피동사가 모두 나타난다. 또한 타동사 '물다'에 대해서 '물리다'와 같이 파생 피동사와 파생 사동사가 동일한 형태인 경우도 있다. 따라서 이러한 타동사들의 피동화에는 또다른 제약이 있어야 할 것이다.

그러나 현재까지 관찰된 바를 종합하여 고영근·구본관(2008:349)에서 제시된 피동화의 제약은 다음과 같다.

(26) a. 어간이 '이'로 끝나는 동사: 던지다, 지키다, 만지다……

b. 추상적인 심리 작용과 관련되는 동사: 알다, 모르다, 배우다, 바라다, 느끼다……

c. 수여 동사: 주다, 받다……

d. 수혜 동사: 얻다, 잃다, 찾다, 돕다……

e. 대칭 동사(혹은 상호 동사): 만나다, 닮다, 싸우다……

제약은 일정한 기준이나 원리를 찾기 어렵다. (26a)는 음운론적 기준이며 (26b)~(26e)는 동사의 의미가 기준이다. 그러나 (24)과 (25)에 나타난 동사들뿐만 아니라 '만들다, 짓다' 등과 같은 동사는 (26)의 제약의 적용을 받을 수 없으나 피동화가 일어나지 않는 예외적인 경우가 된다. 따라서 다른 기준의 제약이 필요하다.

이에 김윤신(2001a, b)는 Pustejovsky(1996)의 생성 어휘부 이론에 입각한 동사 어휘 의미 구조에서의 사건 구조와 동사의 어휘 부류에 근거하여 다음과 같은 제약을 제시하고 있다.

> (27) a. 피동화의 어휘 의미론적인 제약 1(사건 구조상의 제약):
>   좌중점 사건을 나타내는 완성 동사(accomplishment)만이 피동화가 가능하다.
>   b. 피동화의 어휘 의미론적인 제약 2(동사의 어휘 부류에 대한 제약):
>   ① 일반적으로 어휘적으로 피동의 짝을 갖는 동사도 피동화가 불가능하다.
>   ② 간접 사동인 제작 동사(creation verb)⁹⁾는 피동화가 불가능하다.

(27a)는 '벗다, 입다, 맡다' 등의 타동사들이 파생 피동사의 어근이 될 수 없음을 설명해 줄 수 있다. 이러한 동사들은 과정과 결과 상태의 두 개의 사건으로 이루어진 복합 사건 중 결과 상태가 두드러지는 전형적인 완성 동사가 아니라 과정 사건이 두드러지는 사건이기 때문이다.

(27b)는 ①에서 '가르치다-배우다'와 같은 소위 어휘적 피동의 짝을 구성하는 경우에는 두 타동사 모두 파생 피동사의 어근이 되지 못함을 나타낸다. 어휘적 피동을 문법 범주인 태로서 인정하기는 어렵지만 개념적으로 유사함은 분명하다. ②에서는 '만들다, 짓다' 등의 제작 동사의 경우가 피동화에 제약을 받는 것을 설명할 수 있다. 제작 동사가 피동화되지 못하는 것에 대한

---

9) 김윤신(2001a, b)에서는 '제작 동사'라는 용어 대신에 '창조 동사'를 사용하고 있다. 그러나 이러한 동사들이 어떠한 재료에 영향을 주어서 새로운 결과물을 제작 또는 산출해 내는 것을 의미하므로 '창조'보다는 '제작'이나 '산출'이 더 적절해 보인다. '산출'은 'production'을 옮기는 말로 더 적절해 보여 '제작'으로 바꾸어 사용하기로 한다.

또 다른 증거는 상태 변화 동사와 제작 동사로 교체되어 사용되는 '쌓다'와 같은 동사의 경우에서 찾을 수 있다(김윤신 2001b:108).

(28) a. 철수가 돌을 쌓았다.
    b. 돌이 쌓였다.
(29) a. 철수가 탑을 쌓았다.
    b. ?*탑이 쌓였다.

(28a)는 순수하게 돌의 위치를 변화시키는 상태 변화를 나타내는 구문이다. 반면에 (29a)는 탑이 상태 변화의 대상이 아니고 탑의 재료인 돌에 영향을 주어서 탑이 되도록 한다는 의미를 갖는 제작 동사 구문이다. 따라서 이를 각각 피동화한 (28b)와 (29b)의 문법성에서 차이가 난다. (28b)는 문법적인 문장이지만 (29b)는 비문법적인 문장이 된다.

이것은 제작 동사가 갖는 의미 속성 때문에 나타나는 현상이다. 제작 동사 구문의 목적어는 행위의 영향을 받는 대상이 아니라 행위의 결과물이다. 따라서 목적어인 대상에 주어가 직접 영향을 주는 것이 아니라 그 행위의 결과물을 구성하는 재료에 직접 영향을 주어 결과물을 산출해 내는 것이므로 목적어인 결과물 자체에는 간접적으로 영향을 주는 것이다. 그러한 측면에 주목하여 생성 어휘부 이론에서는 간접 사동[10]이라고 정의한다. 결국 간접 사동은 타동사로 실현되지만 목적어인 대상이 행동주의 영향을 직접 받는 것이 아니다. 따라서 대체로 피동사의 주어가 되는 대상은 행동주의 영향을 직접 받는 것이므로 직접 사동의 경우에 피동화가 일어나지만 간접 사동의 경우에는 피동화가 일어나지 않는 것이라고 할 수 있기 때문이다.

피동화의 제약으로부터 알 수 있는 중요한 사실은 '-어지다' 구성의 기능에 대한 것이다. 피동화가 되지 않는 경우에는 '-어지다' 구성을 붙여서 모두

---

10) 이때의 사동(causation)은 시킴의 개념이 아니라 인과 관계를 의미한다.

피동화가 가능하다.

(30) a. 철수가 상자를 만들었다.
    b. 상자가 철수에 의해서 만들어졌다.

(30a)에 대응하는 피동은 (30b)이다. 사실상 '-어지다' 구성의 기본적인 의미는 '상태 변화'를 나타낸다.[11] 대상인 '상자'의 상태가 없음의 상태에서 있음의 상태로 변화함을 나타내면서 태로서의 피동으로 해석될 만한 의미적, 통사적 조건을 충족시키는 것으로 볼 수 있다. 따라서 이러한 사실로부터 피동 접사에 의한 피동과 '-어지다' 구성에 의한 피동이 결코 동일하지 않다고 생각된다.

김윤신(2001a, b)의 설명이 모든 것을 설명하고 있는 것은 아니다. '가다'와 같이 목적어와 부사어가 교체되는 동사들의 경우 등에 대한 설명은 여전히 남아 있는 과제이다. 또한 '-어지다'의 분포에 대한 엄밀한 연구는 접사 파생 피동사와 '-어지다' 구성의 관련성을 잘 보여 줄 것이므로 피동화 제약에 대한 좀 더 전반적인 설명을 가능하게 해 줄 것으로 기대한다.

5. 이중 피동

한국어 피동 연구에서 중요한 쟁점으로 대두되는 것 중에 우리의 일상적인 언어생활과도 연관되는 현상이 피동사의 형식에 대한 문제와 소위 '이중 피동'이다. 이 중 피동에 대해서는 동사의 형식에 있어서 두 가지 서로 다른 양상의 피동 형태가 겹쳐서 나타나는 것으로 오용이냐 아니냐의 문제로부터

---

11) '-어지다' 구성이 어떠한 종류의 용언과도 결합할 수 있음에서 태를 나타내는 것은 아니라고 생각된다. 동사 '지다'는 "어떤 현상이나 상태가 이루어지다."라는 기본적인 의미를 가지므로 상태 변화를 나타내는 것으로 보는 것이 가장 타당하다고 판단된다.

오용이 아니라면 어떤 표현 효과를 가지느냐에 이르기까지 다양한 쟁점이 존재한다.

(31) a. 그 책은 오랫동안 널리 읽혀졌다. (전영철 2008:89)
    b. 그 책은 오랫동안 널리 읽혔다.
(32) a. 젊은이들에게는 진취적인 사고와 적극적인 행동이 요구되어진다. (권재일 2012:388)
    b. 젊은이들에게는 진취적인 사고와 적극적인 행동이 요구된다.

보통 이중 피동은 (31a)와 (32a)처럼 접사 파생 피동사나 '어근+-되다' 형태의 피동사에 '-어지다' 구성이 붙어 형성된다. 이미 피동 접사가 붙어 피동임이 분명함에도 불구하고 다시 피동적인 요소가 붙었으므로 흔히 규범에 벗어나는 오용으로 처리한다. 그러나 2절에서 언급한 바와 같이 '-어지다' 구성이 결합할 수 있는 용언의 유형에 제한이 없고 타동사와 결합할 경우에만 태로서의 피동이 되므로 이미 피동사에 다시 '-어지다' 구성을 붙인 것을 오류로만 볼 수 있을 것인가 하는 의문이 생기고 '-어지다' 구성의 어떤 특별한 기능이 있는 것은 아닐지 반문하게 된다.

또한 이러한 이중 피동 가운데에는 이미 언중들에게 규범적인 피동보다도 더 적절한 피동으로 인식되는 것들이 있다.

(33) a. 잊혀진 계절
    b. 잊힌 계절

(33)의 '잊혀진 계절'은 아주 유명한 가요의 제목이므로 언중들에게 각인되었을 가능성이 있다. 그러나 두 표현 사이에 의미가 완벽히 동일한가에 대해서는 의문을 제기할 수 있을 것이다. 두 표현이 진리 조건적 의미는 동일할지라도 다른 표현으로 사용되었다면 그 또한 이유가 있을 것이다. (33a)는 어

떤 과정을 두고 서서히 잊게 된 계절을 이야기하지만 반면에 (33b)는 이미 잊고 생각나지 않는 계절을 이야기하는 것으로 파악된다. 점층적 변화를 나타내는 부사 '조금씩'을 넣어 확인해 보면 다음과 같다.

(34) a. 조금씩 잊혀진 계절
　　 b. ??조금씩 잊힌 계절

(34a)는 자연스럽지만 (34b)는 완전히 비문법적인 표현은 아니지만 어색하게 느껴진다. 이는 (31a)와 (31b)의 표현에서도 발견된다. (31)에 나타난 부사 '오랫동안'은 상태 변화가 지속된 시간 구간을 표시한다. 따라서 (31a)가 (31b)보다 더 자연스럽게 느껴진다.

　그리고 다음과 같이 보도문 등에서 기자들이 흔히 사용하는 말투로도 이중 피동이 아주 흔하게 사용된다.

(35) a. 오랫동안 지속된 두 나라 사이의 갈등이 해결될 것으로 보여진다.
　　 b. 오랫동안 지속된 두 나라 사이의 갈등이 해결될 것으로 보인다.
　　 c. 오랫동안 지속된 두 나라 사이의 갈등이 해결될 것이다.

　물론 (35b)로도 충분한데 거기에다 '−어지다' 구성까지 붙인 (35a)는 의미가 중첩되고 좋지 않은 표현임은 분명하다. (35a)와 (35b)의 차이점은 화자의 태도에서 찾을 수 있다. (35a)를 발화하는 화자는 자신이 말하는 내용에 대해서 크게 확신하는 태도를 보이고 있지 않으며 오히려 자신의 말의 진위에 대한 책임을 회피하고자 하는 의도가 커 보인다. 반면에 (35b)는 분명히 자신의 말에 대한 확신이 두드러지고 그 말의 진위에 대한 책임도 분명히 자신의 것임을 밝히고 있는 단언에 가깝다. 물론 (35c)와 같은 단언에 비하면 여전히 피동사인 '보이다'를 사용하므로 자신의 머릿속에서 자발적으로 나온 생각은 아니로 이러저러한 근거를 통해 판단한 바이라는 의미가 크다. 따라서 우리는 이미 '손수건, 바람벽' 등 의미가 중첩되는 단어들을 많이 사용하고 있으므로 의미의 중첩 자체가 이중 표현을 오용이 된다고 판단할 근거라고 할 수는 없다.

그렇다면 이와 같이 소위 이중 피동이 비교적 흔하게 사용되는 이유는 무엇인가? '-어지다' 구성이 갖는 '상태 변화'의 의미가 확대되어 적용되는 것이 아닌가 생각된다. '-어지다' 구성은 자동사문을 형성하는데 자동사문의 상태 변화는 대체로 주어의 의지와 무관한 변화이므로 '-어지다' 구성이 형성하는 동사는 반드시 비대격 동사(unaccusative)이다. 따라서 '잊혀진 계절'과 같은 표현에서는 상태 변화의 과정적 해석이 좀 더 덧붙여지는 것이라고 생각할 수 있다. 그리고 '보여지다'와 같은 표현은 비대격 동사의 주어인 대상이 갖는 무의지성이라는 의미 속성이 화자에게로 전이된 것으로 볼 수 있다.[12] (35a)에 대응하는 능동문은 (36)과 같다.

(36) 나는 오랫동안 지속된 두 나라 사이의 갈등이 해결될 것으로 본다.

말하고자 하는 사람은 능동문의 주어이고 피동문인 (35b)로 바꾸어 이 주어를 감추고 더 나아가 그조차 저절로 이루어지는 상태 변화로 나타내서 결국에서는 화자가 드러나지 않게 하는 효과를 가져 오게 된다. 이는 일종의 양태적 표현으로 볼 수도 있다. 보조 용언이나 부사, 보조사 등을 사용하지 않고서 문장에 대한 화자의 태도를 반영하는 것이다.

결국 이중 피동을 연구하는 데 있어서 필요한 것은 단순하게 오용으로만 파악할 것이 아니라는 것이다. 오용이 비교적 규칙적으로 반복하여 나타날 경우에는 그것이 갖는 규칙성과 그 안에 존재하는 원리가 무엇인지를 모색해

---

12) 주어의 무의지성은 자연성과 관련이 있는 것으로 보인다. 의지가 없다는 것은 어떤 사태가 저절로 이루어진다는 것이다.

야 할 것이다.

6. 피동과 사동의 관련성

피동과 사동의 관련성에 대한 논의는 사실상 피동사와 사동사의 형태가 동일한 경우에 대한 연구로부터 출발한다. 대표적인 연구로 박양규(1978), 양동휘(1979), 김차균(1980), 김한곤(1982), 이향천(1991), 김윤신(2001) 등이 있다.

박양규(1978)은 사동은 A가 B를 어떤 행위로 이끄는 것이고 피동은 A가 B의 어떤 행위로 인하여 영향을 입게 되는 것으로 보고 형태가 동일한 사동 접사와 피동 접사를 각기 다른 형태로 처리하였다. 그러나 그의 연구는 기본적으로 사동과 피동의 사이의 관련성을 살펴보기 보다는 재귀성을 기준으로 동일한 형태의 피동과 사동의 의미를 구분하는 것에 연구의 초점이 맞추어져 있었다.

양동휘(1979)는 생성 의미론의 어휘 분해에 대한 반증으로 한국어의 피동사와 사동사가 일치하는 경우가 많음을 지적하고 그 유사성을 제시하고 있다. 음운론적, 형태론적, 통사론적, 의미론적 유사성을 지적하고는 있으나 이 둘의 연관성에 대한 언급은 거의 없었다.

김차균(1980)은 동작성 측면에서 사동과 피동의 연관성을 정의하고 있다. 그에 따르면 사동은 동사의 동작성을 증가시키고 피동은 동작성을 약화시키고 과정성을 강화하며 동작성이 극대화된 사동은 타동사의 성질에, 동작성이 최소로 감소한 피동은 자동 과정 동사의 특징에 접근하게 된다고 보았다. 이는 적어도 사동과 피동을 동작성이라는 하나의 척도에 놓고 판단하는 것으로 그 이전의 연구보다 진일보한 결과이다.

김한곤(1982)는 한국어 사동과 피동의 접사인 '-이-'의 근원적 의미를 원인으로 보고 화용론적 추론에 의해서 사동과 피동의 의미가 도출된다고 보았다. 그러나 화용론적 추론이 결정하는 사동과 피동은 이미 문법적인 개념으로 보기가 어렵게 된다. 그러나 사동과 피동의 공통점을 원인에 두었다는 것은 인과 관계를 염두에 두었다고 해석할 수 있다.

이향천(1991)은 역사적인 관점에서 피동사가 사동사로부터 발전되어 나왔음을 설명하고 있다. 그의 주장은 피동과 사동의 연관성을 역사적 관점에서 살펴보았다는 의미가 있으며 이는 분명히 피동과 사동의 연관성에 대한 중요한 실마리를 제공한다.

김윤신(2001a, 2006, 2007)에서도 재귀성을 통해서 피동과 사동의 연관성을 설명하고자 하였다. 특히 김윤신(2007:311-312)에서는 '안기다'와 '잡히다'를 예를 들어 사동과 피동 동형 동사의 어휘 의미를 중립 동사와 비교하여 설명하고 있다. 이 연구에서는 피동의 해석이 논항의 재귀성으로 인해 발생하는 경우도 있지만 재귀적인 논항과 상관없이 실현되는 피동문도 존재하기 때문에 사동·피동 동형 동사는 중립 동사와 같이 다의어인 하나의 동사로 기술될 가능성도 있어 보이지만 사실상 하나의 동사로 보기에는 문제가 되는 부분들이 많다고 주장하고 있다. 또 이 연구는 이러한 현상을 통해 사동과 피동이 하나의 연속선상에 있다는 견해와 중세 국어의 사동과 피동이 하나의 형태였다는 국어사 연구에서 제기되는 주장에 타당성을 제공할 수 있다고 밝히고 있다.

이와 같이 기존 연구에서 주장하고 있는 동형의 동사를 사용하는 피동과 사동을 재귀성을 통해서 설명하고 그 연관성을 살펴보는 것은 다음과 같은 예를 통해 어느 정도 설득력이 있음을 확인할 수 있다.

(37) a. 할머니가 어머니에게 아이를 안겼다.
　　 b. 아이가 어머니에게 안겼다.
　　 c. 어머니가 아이를 안다.

(37a)는 사동주 '할머니'가 피사동주인 '어머니'에게 대상인 '아이'를 안게 시키는 사동의 사건을 나타내며 (37c)는 그 결과로 나타나는 상황이며 사동에 대응되는 주동이다. 반면에 (37b)는 능동인 (37c)의 피동으로 볼 수 있다. 그런데 이때 (37b)는 다음과 같은 능동적인 상황으로 해석될 수도 있다.

(38) a. 아이가 어머니에게 자신을 안겼다.
　　 b. 아이가 어머니에게 일부러 안겼다.
　　 c. 아이가 어머니에게 스스로 안겼다.

(37b)를 (38a)로 해석할 수 있다면 이것은 (37c)를 주동으로 삼는 사동으로 볼 수도 있다. 그렇게 되면 (38b)와 같이 주어의 의도성과 자발성을 나타내는 '일부러'나 '스스로'와 같은 부사와 결합할 수 있다. 따라서 (38a)와 같이 사동주와 피사동 사건의 대상이 동일하게 되어 사동주의 행위가 의도성을 가진 인과 관계의 사동 사건이지만 자신의 행위의 영향을 자신이 스스로 받게 되는 재귀성을 띠면서 피동적 해석이 가능해지는 것이다.

결국 기존의 연구에서 주장한 바와 같이 재귀성이 피동과 사동이 동일한 형태의 동사를 가지는 문장을 피동적으로 해석하게 하고 또 그러한 문장이 갖는 피동의 표면 구조가 피동과 사동에 어떤 연관성을 갖게 하는 것은 분명해 보인다. 그러나 피동과 사동은 그 속성에 있어 매우 다른 속성을 지니며 그 대응의 짝이 피동은 능동, 사동은 주동(主動, active)이므로 다르다. 따라서 피동과 사동은 분명히 연관된 개념임은 분명하지만 온전히 동일한 토대로 설명하기는 쉽지 않은 것이다.

그런데 사동과 피동의 동형성으로부터 기인한 두 문법 범주의 관련성에 대한 연구들은 모두 두 문법 범주가 하나의 기준으로 엮여 있는 것으로 간주하는 경우가 많다. 이러한 관점으로 인해서 한국어 연구에서 피동과 사동(使動, causative)은 모두 태의 범주에 넣어서 이해하고 있는 경우가 많다. 사실상 사동을 태로 보는 것은 태를 매우 넓게 이해할 경우에만 가능한 것이며 실제로 사동은 사건의 동일성이라는 태의 기본 전제를 유지하지 못한다.

(39) a. 형이 동생을 문 뒤에 숨겼다.
　　 b. 동생이 문 뒤에 숨었다.

(39)는 주어가 또 다른 누군가에게 어떤 행위를 시키는 의미를 가진 사동문이고 (39b)는 주어가 스스로 어떤 행위를 하는 주동문이다. (39a)에는 형이 시키는 원인 사건과 동생이 시키는 대로 하는 결과 사건이 모두 드러나며 (39b)는 동생이 숨는 사건 하나만 나타난다. 그렇게 되면 (39b)에서 동생이 문 뒤에 숨은 것이 형이 시킨 결과인지, 동생 스스로 한 것인지, 아니면 제3의 누군가가 시킴을 했는지 판단할 수 없다. 따라서 (39a)와 (39b)는 동일한 사건이라고 할 수 없으며 그렇게 되면 태의 문법 범주로 다루기가 어렵다.

이처럼 사동은 원인 사건과 결과 사건으로 이루어진 인과 관계(因果關係, causal relation)를 말한다. 따라서 원인과 결과 사건이 모두 표현된 것이 사동이라면 원인 사건이 없이 결과 사건만 나타나는 것이 주동이라고 할 수 있다. 이는 '시킴'만을 사동으로 보는 입장보다 더 폭넓게 사동을 정의하는 개념이다. 시킴은 인과 관계의 일부일 뿐이다. 이렇게 되면 형용사의 사동이나 자동사의 사동도 잘 설명할 수 있는 장점이 있는 반면 다만 이렇게 사동을 파악하게 되면 거의 모든 타동사가 사동이 되어야 하는 단점이 있다. 그러나 사동과 타동은 실제로 다른 기준에서 정의되는 개념이므로 정의의 기준만 분명히 염두에 둔다면 개념상의 혼란은 없을 것이라 생각한다. 현재 피동과 연관 짓는 데에서는 사동의 개념이 매우 중요하다.

그렇다면 인과 관계의 차원에서 피동을 어떻게 정의할 수 있는지 생각해 보자. 피동은 주동과 비슷하게 사건의 결과 상태 부분을 두드러지게 표현하는 방식이다. 다시 말하면 사건의 결과 상태 부분에 초점을 맞추어 기술하는 방식인 것이다.

(40) a. 경찰관이 도둑을 잡았다.
　　 b. 도둑이 경찰관에게 잡혔다.

(40a)는 경찰관이 도둑을 잡는 장면에서 경찰관의 행위에 초점을 맞추어 진술하는 방식이고 (40b)는 도둑이 잡히는 결과 상태에 초점을 맞추어 진술하는 방식이다. 따라서 (40a)는 원인 사건을 두드러지게, 그리고 (40b)는 결과 사건을 두드러지게 표현하는 것이다.

동일한 사건의 서로 다른 표현이라는 측면에서 태로서의 피동이 정의되면 그 표현 효과의 차이가 중요한 의미 차이를 가져온다. 이러한 특징을 반영하여 7차 이후의 국어과 교육 과정에서는 피동과 사동을 표현 효과를 익히기 위한 문법 요소로 강조하고 있다. 사동과 피동이 함께 묶이는 것이 일리 없는 일은 아니지만 표현 효과를 가르치기 위해 둘이 묶는 것은 합당하지 않다. 표현 효과를 논하기 위해서는 적어도 사건의 동일성이 보장되어야 하지만 사동에서는 이것이 보장되지 않기 때문이다.

김윤신(2001a:160)에서는 피동사와 사동사의 어휘 의미 구조를 근거로 피동과 사동의 관련성을 제시하고 있다. 이 논문에서는 피동사와 사동사는 모두 사동 구조라는 인과 관계를 바탕으로 하여 사동사는 사건 전체를 실현시키는 것이고 피동사는 원인 사건의 일부와 결과 사건을 실현시키는데 그 중점은 결과 사건에 가 있는 구조를 상정하고 있다.

이러한 논의는 사실 피동과 사동이 직접 연관되어 있다는 오해를 일으킬 수 있다. 사실은 피동은 능동과, 사동은 주동과 각각 연관되어 있고 피동과 사동이 인과 관계라는 큰 축으로 다시 엮여 있는 것이다. 이 문제와 관련하여 우리가 해결해야 하는 것은 인과 관계를 구성하는 하위 사건들 사이의 관계를 바탕으로 피동과 사동을 구분해 내는 것이다. 결국 피동과 사동의 연관성은 인과 관계를 전제로 한다는 것이고 그 차이는 그 인과 관계의 내부 구조일 것으로 생각된다.

7. 결론

지금까지 한국어 피동 연구의 쟁점이 되는 5가지 문제를 중심으로 그간의 논의를 살펴보고 우리가 연구해 나갈 방향과 연구 과제를 알아보았다. 피동에 대한 관심은 우리 학계에서 꾸준한 관심을 받아 왔음에도 불구하고 여전히 해결하지 못하는 문제가 많은 문법 범주이다. 이 연구가 향후 연구를 위한 하나의 지침이 되기를 기대한다.

태로서의 피동과 양태로서의 피동은 형식과 의미 측면에서 연관되어 있음을 잘 알 수 있었으나 다만 두 피동 사이의 차이점에 대한 인식을 분명히 할 필요가 있다. 또한 어떤 방식으로 의미가 번져 나갔는지에 대한 추론으로부터 가설을 세우고 언어 자료를 통해 검증하는 것이 여전히 남아 있는 숙제이다. 특히 태에 대한 분명한 인식이 없이 피동을 막연히 정의하는 것은 피동의 범위를 마구 확장하여 '-게 되다'나 형용사나 자동사 어근과 결합한 '-어지다' 구성을 피동에 넣는 문제가 발생한다.

피동화가 제약을 받는 조건에 대한 연구도 피동의 고유한 속성을 이해하는 데 매우 중요하다. 피동과 능동의 관계가 중요한 만큼 그 연결이 잘 이루어지는 관계와 그렇지 못한 관계에 대한 이해는 피동의 본질에 대한 접근을 가능하게 해 준다. 특히 제작 동사의 피동화 제약으로부터 모든 타동사가 동일한 의미 특성을 갖지 않으며 영향을 받는 대상에 따라서 피동화의 양상이 달라짐을 알 수 있다.

이중 피동에 대한 연구에서는 이중 피동이 오용이냐 아니냐의 문제를 벗어나 언중들의 실제 언어에 규칙적으로 나타나는 현상으로 받아들일 필요가 있음을 인식해야 한다. 언어는 점진적으로 변하는 것이고 변화의 한 중간에 우리가 있다. 변화를 부인하는 것보다는 그 변화의 원인을 분석하고 이해할 필요가 있다. 앞에서 이중 피동은 담화적인 기능이 크며 화자는 양태적인 수단으로 이용할 수도 있음을 언급하였다.

피동과 사동의 관련성은 그 용어의 유사함과 파생 접사의 유사성, 심지어는 피동과 사동의 동일성으로부터 많이 언급되고 있다. 분명한 것은 인과 관계를 바탕으로 정의되는 개념이라는 측면에서 연관되어 있으나 능동, 주동, 타동, 자동 등의 관련 개념과의 구분이 매우 필요한 부분이라고 할 수 있다.

위의 5가지 쟁점 이외에도 중요한 쟁점들이 여전히 많다. 그 중에서도 피동과 중동(middle)의 관련성, 또 중립 동사와 피동의 관련성에 대한 연구가 필요하다. 특히 "병사가 이발사에게 머리를 깎았다."와 같은 문장이 갖는 피동적 해석[13]과 중동과의 관련성에 대한 연구도 중요한 과제이다. 그리고 피동문에 표시되는 능동의 동작주인 부사어의 의미 역할도 피동 연구에서 중요한 쟁점이다.

피동은 원래의 의미 기능으로부터 많은 확장을 거쳐 현재의 모습에 이르게 되었다. 어떤 것은 애초에 피동이었다가 피동 범주의 경계로 확장된 것도 있고 인접한 개념으로부터 피동의 경계에 맞닿아 있는 경우도 있다. 이런 이유로 매우 복잡한 문법 범주가 되었다. 피동의 문제를 해결하기 위해서는 분명한 개념과 기준을 가지고 더욱 엄밀하게 연구해 나갈 필요가 있다는 점을 기억해야 한다.

---

13) 자세한 내용은 유동석(1998)을 참조하기 바란다.

참고문헌

고영근 · 구본관(2008), "우리말 문법론", 집문당.

교육과학기술부(2011), 국어과 교육과정(교육과학기술부 고시 제2011-361호 [별책5]).

교육부(2015), 국어과 교육과정(교육부 고시 제2015-74호 [별책 5]).

구본관 · 박재연 · 이선웅 · 이진호 · 황선엽(2015), "한국어 문법 총론I - 개관, 음운, 형태, 통사 -", 집문당.

권재일(2012), "한국어 문법론", 태학사.

김차균(1980), 국어의 사역과 수동의 의미, "한글" 168, 5-47.

김한곤(1982), CAUSE as the Deep Semantic Source of So-called "Causative" and "Passive" - with Special Reference to Metaphorical Interpretation of the -i Morpheme in Korean, "어학연구" 18-1, 171-95.

김윤신(2001a), 파생동사의 어휘의미구조 - 사동화와 피동화를 중심으로 -, 서울대학교 박사학위논문.

김윤신(2001b), 한국어 동사의 어휘의미구조와 피동화 제약, "언어학" 30, 89-112.

김윤신(2006), 사동 · 피동 동형동사의 논항교체 양상과 의미해석, "한국어 의미학" 21, 51-73.

김윤신(2007), 국어 사동 · 피동 동형 동사의 어휘 의미, "언어학" 49, 289-316

김윤신(2014), 국어 총칭 피동문의 유형과 의미, "언어학" 68, 197-217.

김윤신(2017), 국어 문법 교육에서의 피동에 관한 국어학적 고찰, "한글" 318, 147-168.

남수경(2007), 국어 피동에 대한 고찰, "어문연구" 제35권 제2호, 89-113.

남수경(2011), '-어지다' 의미 고찰에 대한 시론 - 유형론적 관점에서 -, "어문연구" 제39권 제3호, 175-202.

남수경(2012), '-히-'계 접미사 구문의 한 유형에 대한 고찰 - 한국어 가능 피동의 특성을 중심으로 -, "한국어 의미학" 37, 77-102.

목정수 · 김영중(2006), 한국어 피동문의 구조와 가능(potential)의 의미 해석 - 대조적 관점에서 -, "인문언어(Lingua Humanitatis)" 8, 369-387.

박양규(1978), 사동과 피동, "국어학" 7, 47-70.

박철우(2007), 국어의 태 범주 -통사부와 의미부의 접면 현상-, "한국어학" 37,

207-228.

배희임(1988), "국어피동연구", 고려대학교 민족문화연구소.

시라이시 치에미(2002), 한국어의 태와 이른바 피동 표현, "문창어문논집" 39, 23-498.

시라이시 치에미(2008), 피동표현과 가능속성구문, "우리말연구" 23, 113-137.

양동휘(1979), 국어의 피·사동, "한글" 166, 33-49.

연재훈(1989), 국어 중립 동사 구문에 대한 연구, "한글" 203, 165-188.

연재훈(1991), The Korean Causative-Passive Correlation Revisited, "어학연구" 27-2, 337-358.

우인혜(1997), "우리말 피동 연구", 한국문화사.

유동석(1998), 국어의 목적어 있는 능격구성에 대한 연구, 언어과학5-1, 105-123.

이기동(1993), "A Korean Grammar on Semantic-Pragmatic Principles", 한국문화사.

이상억(1970/1999), "국어의 사동·피동 구문 연구", 집문당.

이정택(2004), "현대 국어 피동 연구", 박이정.

이향천(1991), 피동의 의미와 기원, 서울대학교 언어학과 박사학위논문.

임홍빈(1998), "국어 문법의 심층 3: 어휘 범주의 통사와 의미", 태학사.

전영철(2008), 소위 이중피동문에 대하여, "언어학" 52, 79-101.

최현배(1937/1971), "우리말본", 정음문화사.

허웅(1995), "20세기 우리말의 형태론", 샘문화사.

Fagan, S. M. B. (1988), The English Middle, *Linguistic Inquiry* 19-2, 181-203.

Fellbaum, C. (1986), *On the middle construction in English*, Bloomington: Indiana University Linguistic Club.

Grimshaw, J. (1990), *Argument Structure*, Cambridge: the MIT Press.

Haspelmath, M. (1987), *Transivity Alternations of the Anticausative Type*, Köln: Institut für Sprachwissenschaft der Universität zu Köln.

Haspelmath, M. (1999), The Grammatialization of Passive Morphology, *Studies in Language* 14.1, 25-72.

Iwata, S. (1999), On the status of an implicit arguments in middles, *Journal of Linguistics* 35-3, 527-572.

Keyser, S. J. and T. Roeper (1984), On the Middle and Ergative Constructions in English, *Linguistic Inquiry* 15-3, 381-416.

Krifka, M., F. J. Pelletier, G. Carlson, A. ter Meulen, G. Link, and G. Chierchia (1995), Genericity: An Introduction, in Carlson, G. and F. J. Pelletier (eds.), *The Generic Book*, The University of Chicago Press, 1-124.

Levin B. and M. Rappaport Hovav (1995), *Unaccusativity: At the Syntax-Lexical Semantics Interface*, Cambridge: the MIT Press.

Pustejovsky, J. (1995), *The Generative Lexicon*, Cambridge: the MIT Press.

Shibatani, M. (1985), Passive and Related Constructions: a Proto Type Analysis, *Language* 61, 821-848.

한국어 내포문 연구사
- 역대 학교문법 교과서 분석을 중심으로 -

_ 김건희

1. 서론

본 연구의 목적은 역대 학교문법 교과서의 내포문 기술 내용을 비판적으로 검토하고 이와 연계된 어미 체계와 문장 분류에 대해서 고찰하는 것이다. 역대 학교문법 교과서에서 내포문과 관련된 내용은 '어미 체계[1])'와 '문장 분류' 부분이다. 일반적으로 품사론의 '활용' 부분에서 내포문 형성 어미인 소위 전성어미 종류가 제시되어 있고 문장론의 '문장 분류' 부분에서 겹문장의 하위 부류로 내포문이 제시된다. 이러한 '내포문'은 역대 학교문법 교과서에서 '삽입문(김민수(1979)), 포유문(이을환(1968), 이길록 · 이철수(1979)), 성분복문(이인모(1968), 정인승(1968)), 가진월(최현배(1968)), 포유적 복문(이응백 · 안병희(1979))' 등으로 다양하게 명명되었다.

---

1) 권재일(2012:210)에서는 내포문에 관여하는 표지로 어미뿐만 아니라 여러 유형을 제시한다. 명사절 내포문에 관여하는 명사형 어미, 관형사절 내포문에 관여하는 관형사형 어미, 인용절 내포문에 관여하는 인용 조사, 부사절 내포문에 관여하는 부사화 접미사가 제시된다.

본고에서 검토의 대상으로 삼은 교과서는 1963년 학교문법 통일안이 공포
된 이후 1968년부터 1996년까지 발행된 고등학교 문법 교과서로 총 21종이
다. 현재 교육과정 및 교과서의 집필 지침이 되는 고등학교 문법(2002) 이전
의 교과서를 검토한 것이다. 이들 교과서는 '김민수 · 고영근 · 최형용 · 최호
철 공편(2009), 역대한국문법대계(II), 박이정'에 수록되어 있다(이하 '대계'
로 약칭함). 〈1〉 교과서 분류 목록은 이은경(2010, 2012)를 참조한 것이며
동일한 연도에 발행된 교과서는 '대계'의 수록 번호 순으로 제시하였다.2)

〈1〉 가. 제1기: 통일 문법 검인정 시기
    a. 제1-1기: 강복수 · 유창균(1968), 강윤호(1968), 양주동 · 유목상(1968),
            이명권 · 이길록(1968), 이숭녕(1968), 이을환(1968), 이은정
            (1968), 이인모(1968), 이희승(1968), 정인승(1968), 최현배
            (1968), 허웅(1968), 김민수 · 이기문(1968)
    b. 제1-2기: 김완진 · 이병규(1979), 김민수(1979), 이길록 · 이철수(1979),
            허웅(1979), 이응백 · 안병희(1979)
  나. 제2기: 통일 문법 국정 시기
    a. 제2-1기: 고등학교 문법, 성균관대학교 대동문화연구원(편)(1985)
    b. 제2-2기: 고등학교 문법, 성균관대학교 대동문화연구원(편)(1991)
    c. 제2-3기: 고등학교 문법, 서울대학교 사범대학 국어교육연구소(편)(1996)
    d. 제2-4기: 고등학교 문법, 서울대학교 국어교육연구소(편)(2002)

주지하다시피 '어미 체계, 문장 분류'와 같은 문장 구성 체계는 학교문법,
소위 규범문법 및 규범문법 체계를 만드는 과정에서 가장 적극적으로 논의되
었다. 김기혁(1985:9)에서도 언급된 것처럼 현재 교과서는 역대 문법 교과서
기술의 다양한 시도와 시행착오 끝에 완성된 결과물인데 역대 문법 교과서

---

2) 제1-2기 및 제2기 교과서의 경우, 교사용 지도서도 제시된다. 따라서 교사용 지도서도 필요
   에 따라 참조하였는데 〈1〉 교과서 분류 목록에는 따로 제시하지 않고 본문에서 이들 지도서를
   참조할 때 인용 출처를 밝히기 위해 저자명 옆에 (지도서)로 제시하였다.

기술 및 그 변천 내용을 상세히 다룬 논의는 거의 없다. 본고는 문법 교과서 기술의 결과적 내용이 아니라 과정적 내용을 고찰하려는 것으로 역대 문법 교과서 '내포문' 기술과 관련된 '어미 체계'와 '문장 분류'에 대해 상세하게 논의하겠다.

본 논문의 내용은 다음과 같다. 제2장에서는 역대 문법 교과서의 '어미 체계'에 대해 개관하고 세 가지 특징을 중심으로 살펴보겠다. 제3장에서는 역대 문법 교과서의 '내포절 분류'에 대해 개관하고 현재 국어 겹문장 분류와는 차별화된 특징인, 내포절이 포함된 문장을 단문으로 분류하는 것에 대해 살펴보겠다. 제4장에서는 논의를 정리하면서 역대 문법 교과서 '내포문' 기술의 차별화된 특징에 대해 논평한다.

2. '내포절' 기술과 어미 분류 체계

2.1. 어미 분류 체계 개관

먼저 역대 문법 교과서의 어미 분류 전체를 제시하는데 밑줄 친 부분이 내포절과 관련된 어미이다.

〈1〉 제1-1기 통일 문법 검인정 시기
　　　강복수·유창균(1968): 종결어미, 연결어미, 전용어미–명사형, 관형사형, 부사형
　　　강윤호(1968): 종지법, 접속법, 전성법–명사형, 관형사형, 부사형
　　　양주동·유목상(1968): 서술형–종결/연결서술형, 관형형, 부사형, 명사형
　　　이명권·이길록(1968): 서술형–종결/연결서술형–대등법, 종속법, 관형형, 부사형, 명사형
　　　이숭녕(1968): 서술형–종결/연결서술형–대등법, 종속법, 관형형, 부사형, 명사형
　　　이을환(1968): 종지법, 접속법, 자격법–부사형, 명사형, 관형사형
　　　이은정(1968): 연결법, 자격법–관형사형, 부사형, 명사형
　　　이인모(1968): 종결어미, 연결어미, 전성어미–관형사형, 명사형, 부사형

이희승(1968): 서술형어미-종결/연결서술형, 전성어미-명사형, 관형사형, 부사형

정인승(1968): 종지형[마침꼴], 대립형[맞섬꼴], 부사형[어찌꼴]-서술수식법, 보조접수법, 인용연결법, 관형형[매김꼴], 명사형[이름꼴]

최현배(1968): 종지법(마침법), 접속법(이음법), 자격법(감목법)-부사형, 관형형, 명사형

허웅(1968): 종지법(서술어), 접속법(서술어), 서술어 이외 두 기능(관형어, 체언)

김민수·이기문(1968): 서술형-종결/연결서술형, 관형형, 부사형, 명사형

〈2〉 제1-2기 통일 문법 검인정 시기

김완진·이병근(1979): 종지형, 접속형, 자격형-부사형 어미, 관형사형 어미, 명사형 어미

김민수(1979): 서술형-종지 서술형, 접속 서술형, 독립형, 부사형, 관형형, 명사형

이길록·이철수(1979): 종지법, 접속법, 전성법-부사형, 관형사형, 명사형

허웅(1979): 한기능법-종지법, 접속법, 두기능법-관형사형, 명사형

이응백·안병희(1979): 종결/연결 서술형-대등법, 종속법, 보조법, 관형형, 명사형

〈3〉 제2기 통일 문법 국정 시기

고등학교 문법(1985): 어말어미(종결어미, 연결어미, 전성어미-관형사형, 명사형)

고등학교 문법(1991): 어말어미(종결어미, 연결어미, 전성어미-관형사형, 명사형)

고등학교 문법(1996): 어말어미(종결어미, 연결어미, 전성어미-관형사형, 명사형)

2.2. 내포절과 관련된 어미 체계의 특징

앞서 제시한 역대 문법 교과서의 내포절과 관련된 어미 체계에서 세 가지 주요 특징을 찾을 수 있다.

(1) 내포절과 관련된 어미 체계의 특징
  a. '전성어미', '자격법' 등과 같은 상위 범주 설정 유무

   b. '관형사형, 명사형'의 두 부류가 설정된 경우와 '관형사형, 명사형, 부사형'의
      세 부류가 설정된 경우

   c. 부사형에서 현재 국어 문법의 보조적 연결어미가 제시된 경우

  첫 번째 특징은 '명사형 어미, 관형사형 어미, 부사형 어미'와 같은 내포절을 이루는 어미를 아우르는 상위 범주, 예를 들어 '전성어미'와 같은 부류가 제시되었는지 여부이다. 양주동·유목상(1968) 등에서는 동사의 활용형으로 서술형, 관형사형, 부사형, 명사형을 제시하면서 그 층위를 나누지 않으며 내포절 어미의 상위 범주를 설정하지 않는다. 다만 서술형만 종결서술형(평서법, 의문법, 명령법, 감탄법, 응락법)과 연결서술형으로 하위 구분한다. '전성어미'를 비롯하여 '종결어미, 연결어미'를 아우르는 더 큰 상위범주인 '어말어미'는 통일 문법 국정 시기에 이르러 비로소 설정된다.

  두 번째 특징은 '제1-1기 통일 문법 검인정 시기'에는 '명사형, 관형사형, 부사형'으로 세 부류의 내포절 어미를 주로 설정하였으나 '제1-2기 통일 문법 검인정 시기'에는 일부 교과서에서 '부사형'이 제외되기 시작하였고 특히 '통일 문법 국정 시기'의 모든 교과서에서는 '부사형'이 완전히 제외되고 '명사형, 관형사형'만 설정되었다는 것이다.

  세 번째 특징은 통일 문법 검인정 시기 교과서에서는 현재 보조용언 구성에 주로 나타나는 소위 '보조적 연결어미'(-아, -게, -지, -고)를 부사형에서 다룬 것이다. 부사형에서 다루지 않은 경우에는 '(연결) 서술형'과 같은 접속형에서 다루었다. 통일 문법 국정 시기에는 이러한 부사형 어미가 보조적 연결어미로 확정된다. 이에 대해 고등학교 문법(1991:170-171)에서는 아래와 같이 명시한다.

  이 책의 초판(고등학교 문법(1985))에서는 종전에 부사형 어미로 처리해 오던 '-게'를 보조적 연결어미로 다루었다. 이렇게 하면 '먹게 되다, 먹게 하였다'와 같이 보조동사와 결합하는 '-게'의 처리를 위해서는 문제점이 없으나, 종속적 기능과 부사적 기능을 띠는

'-게'의 처리에 문제가 생긴다. 그렇다고 하여 같은 형태를 보조적 연결어미, 종속적 연결어미, 부사형 어미의 세 군데에 분속시킬 수도 없다. 더구나 부사형 어미는 설정하지 않았다. 이곳에서는 '-게'의 형태적 명칭을 일단은 보조적 연결어미라 붙이되, 기능적 측면을 따지는 문장론에 가서는 '-게'를 취하는 형용사는 부사어로 다루고, '-도록'과 같은 기능을 나타내는 '-게'는 종속적 연결어미로 다루기로 하였다. 이와 비슷한 현상은 형용사에 부사 형성의 접사 '-이'가 붙은 '없이, 달리, 같이'에서도 발견할 수 있다. 형태상으로는 부사로 보되 기능상으로는 서술어로 본다는 점에서 그러하다.

첫 번째, 두 번째 특징은 기술적인 내용이므로 다음 장에서 '내포절 형성 어미의 구분과 세분화'란 제목으로 함께 다루겠고, 세 번째 특징은 어미와 절 종류의 불일치를 보여주는, 곧 부사형 어미가 부사절을 이루지 않는다는 주요 쟁점3)과 관련이 된다. 따라서 '부사형에서 보조적 연결어미로'란 제목으로 2.4.장에서 자세히 살펴보겠다.

2.3. 내포절 형성 어미의 구분과 세분화

〈1〉 상위 범주 부류 명칭

강복수·유창균(1968): 전용어미

강윤호(1968): 전성법

이을환(1968): 자격법

이인모(1968): 전성어미

---

3) 이와 관련된 권재일(2012:218)의 논의를 인용하면 다음과 같다.
　'부사절 내포문에 관여하는 '-이'(그리고 '-니, -애)의 성격을 기술하는 방법에는 두 가지가 있다. 첫째는 부사형어미로 기술하는 방법이다. 이렇게 기술하면 내포문에 관여하는 요소들을 명사형어미, 관형사형어미처럼 모두 어미로 기술하게 되어 일관성이 있다. 그러나 '-이'가 결합할 수 있는 용언은 매우 제한적이다. 그래서 문법형태소인 어미로 보기에는 한계가 있다. 둘째는 부사화접미사로 기술하는 방법이다. 이 방법은 첫째 방법의 한계를 극복할 수 있다. 그러나 접미사가 파생어 구성에 관여하는 것을 넘어 문장 전체에 관여해야 하는 부담이 있다. 따라서 어느 방법으로 기술하더라도 문제점을 안고 있다. 이 책에서는 규범문법에 따라 둘째 방법인 부사화접미사로 기술하고자 한다.'

이희승(1968): 전성어미

최현배(1968): 자격법(감목법)

김완진·이병근(1979): 자격형

이길록·이철수(1979): 전성법

허웅(1979): 두 기능법(서술어 이외의 다른 기능을 하게 함)

고등학교 문법(1985, 1991, 1996): 전성어미

내포절 형성 어미를 아우르는 상위 범주 부류 명칭으로, 〈1〉에서 알 수 있듯이, 특히 기존 선행 연구에서도 많이 논의되고 언급되었던 '전성법/전성어미, 자격법, 두 기능법'이 주로 쓰인다. 실제 정의를 살펴보면 다음과 같다.

〈2〉 상위 범주 부류에 대한 정의

a. 강복수·유창균(1968:40): 전용어미

동사를 다른 품사처럼 쓰이게 하는 어미로 '-기'는 명사처럼 쓰이게 하고, '-는'은 관형사처럼 쓰이게 하고 '-지'는 주로 다음에 오는 용언을 꾸미어서 부사처럼 쓰이게 한다.

b. 강윤호(1968:56): 전성법

어간에 붙어 어간의 자격을 바꾸게 하는 어미로 명사형〈명사의 자격으로 쓰임〉, 관형사형〈관형사의 자격으로〉, 부사형〈부사의 자격으로〉이 있다.

c. 최현배(1968:30): 자격법(감목법)

'잡아, 잡는, 잡기'와 같이 문장의 서술어가 되어서 마치지 아니하고, 동시에 그 자격(감목)을 바꿔서 다른 품사(씨)처럼 되는 법

d. 김완진·이병근(1979:53): 자격형

동사로 하여금 부사나 관형사나 명사와 같은 자격으로 사용될 수 있게 해주는 어미로서 부사형 어미, 관형사형 어미, 명사형 어미의 세 가지가 있다.

e. 이길록·이철수(1979:121): 전성법

동사로 하여금 다른 품사처럼 쓰이게 하는 어미로 관형사형, 부사형, 명사형 어미가 있다.

f. 허웅(1979:73): 두 기능법

서술어 이외의 다른 성분의 자격을 가지게 되는 활용형에도 두 가지 유형이

있다. 하나는 일정한 성분만을 가지게 되는 것이니, '먹은 (밥)'은 관형어의 자격을 가진다. 다른 하나는 꼭 체언처럼 여러 가지 성분을 두루 맡게 되는 것이니, '먹기, 아름다움'이 그것이다.

위와 같이 내포절 형성 어미를 아우르는 상위 범주에 대해 동사로 하여금 자격을 바꿔 다른 품사처럼 쓰이게 한다는 점이 공통적으로 제시된다. 다만 최현배(1968)에서는 서술어가 되지만 문장을 마치지 않는다는 점이 추가로 제시되었고, 허웅(1979)에서는 여러 가지 성분을 두루 맡게 되는 명사형과 관형어의 자격만을 가지는 관형사형을 구별하였다. 특히 용언의 품사는 바뀌지 않고 특정한 기능을 하기 위해 임시적으로 쓰인다는 취지[4]로 이들 내포절 어미들의 상위 범주가 설정된 것을 감안하면, 〈2〉에서 기존에 잘 언급되지 않은, 강복수·유창균(1968)의 '전용어미'도 주목할 만하다. 곧 '특정한 목적으로 일정한 부문에만 한하여 씀'이라는 [전용]의 한 의미(표준국어대사전 참조)를 고려하면 '전용어미'란 용어도 적절하다.

다음으로 통일 문법 검인정 시기에 제시된 '부사형'의 정의를 살펴보겠다. 먼저 동사의 활용형을 '서술형, 관형사형, 부사형, 명령형'으로 제시하면서 그 층위를 나누지 않은 교과서들의 부사형의 정의를 제시하면 다음과 같다.

〈3〉 활용형 층위를 나누지 않은 교과서의 부사형 정의
   a. 양주동·유목상(1968:75): 용언 위에 놓이게 변한 어미의 형태(-아, -게, -지, -고)
   b. 이명권·이길록(1968:117): 동사로 하여금 용언을 한정하는 부사어의 구실을 하게 하는 어미(-아(-어), -게, -지, -고)
   c. 김민수(1979:39): 어미는 문장의 무슨 성분이 되느냐에 따라 갖가지 종류로 나뉘는데 부사형은 부사어가 되는 어미임.(-듯, -게)

---

4) 물론 이러한 관점은 용언 중심의 관점으로(이에 대한 자세한 비판은 우순조(1997) 참조) 최근에는 어미의 단어로서의 특징에 주목한 논의들이 많다.

김민수(1979)에서는 접속(서술)형과 부사형에 대해 자세히 구분하였다. 활용형 층위를 나누지 않는 대신 그 차이점을 접속형과 대비하여 설명하는 것이다.5)

〈3〉과 달리 '전성법, 자격법'과 같이 상위 범주를 제시하면서 활용형의 층위를 나눈 교과서들의 부사형의 정의를 제시하면 다음과 같다.

〈4〉 활용형 층위를 나눈 교과서의 부사형 정의
   a. 이은정(1968:104): 앞엣말에 대해서는 동사나 형용사 구실을 하면서, 뒤엣말에 대해서는 부사 구실을 하는 꼴(-아/어, -게, -지, -고)
   b. 이인모(1968:84): 용언이면서 임시로 부사와 같이 전성하여 쓰이게 하는 어미(-어, -게, -지, -고, -는가, -(으)ㄴ가)
   c. 이길록·이철수(1979:121): 동사로 하여금 용언을 한정하는 부사어의 구실을 하게 하는 어미(-아, -게, -지, -고)

이인모(1968)에서는 활용형의 층위를 나누어 '관형사형, 부사형, 명사형'을 전성어미에 속하는 부류로 보았는데 특히 같은 전성어미 범주에 속하지만 부사형이 명사형, 관형사형과 문법적인 차이가 있음을 제시하였다.6)

현재 문법 교과서는 통일 문법 국정 시기 고등학교 문법(1985, 1991, 1996)의 내용에서 크게 벗어나지 않지만 내포절 어미 세부 부류 설정에서는 일관

---

5) 부사형은 부사어가 되는 것으로 접속형과 부사형은 실제로 위치가 거의 같아서 혼동되기 쉽다. 그러나 전자는 끝맺지 않고 다른 서술어나 구절과 연결되는 용언의 서술형이며, 후자는 반드시 부사처럼 용언에 얹히는 용언의 활용형이다. 그러므로 전자는 연결 구조를 이루며, 후자는 삽입 구조를 구성한다.
   a. 물이 흐르고, 세월이 간다. (접속 서술형)
   b. 세월이 물이 흐르듯 간다. (서술 부사형)   김민수(1979:138-139)
6) 부사형은 가늘게는 그 뒤의 용언을 부사처럼 수식하였다고 볼 수 있기는 하나, 문장 성분으로 볼 때, 그것만으로 독립적인 성분을 이루어 있지 않고, 다음 용언과 더불어 연어형으로써 서술어를 이루고 있는 것이 보통이다. 이것은 다음 시제에서 더 확실히 알 수 있겠지마는, 부사형이 일반적으로, 명사형, 관형사형과는 달리 시제가 없음에서도 알 수 있을 것이다.
   이인모(1968:85)

되게 차이점이 나타난다는 점이 특징적이다. 곧 통일 문법 검인정 시기에는 '명사형, 관형사형, 부사형'의 세 부류의 내포절 어미를 대부분 설정하였는데 통일 문법 국정 시기에는 '부사형'이 전혀 설정되지 않는다. '부사형'을 설정하지 않은 교과서는 다음과 같다.

〈5〉 '부사형'을 설정하지 않은 교과서
　　허웅(1968), 김민수·이기문(1968), 허웅(1979), 이응백·안병희(1979)
　　통일 문법 국정시기 교과서(고등학교 문법(1985), (1991), (1996))

'부사형'을 설정하지 않은 것에 대해 허웅(1979:47)(지도서)에서는 '소위 부사형의 문제'라는 제목으로 다음과 같이 제시하고 있다.

최현배의 '우리말본'의 체계에 의하면, 감목법(여기서 말하는 두기능법)에는 '어찌꼴'이 있다. 이것은 주로 주용언이 보조 용언에 접속될 때에 취하는 활용형을 가리키는 것이다. 그러나 우리가 볼 때는, 주용언은 그 다음에 접속되는 보조 용언에 대해서 부사어적으로 기능한다고 할 수는 없다. 따라서 본 교과서에서는 이것을 접속법에 넣고 부사형을 내세우지 않는 입장을 취했다. 다만 '-게'만은 부사어적인 성격이 농후해서 부사어의 자격을 가진 것으로(두기능적으로) 보았으면 좋겠으나, 두기능으로 보이는 것은 이것뿐 아니라 '-도록'이나 '-아야/어야' 따위도 한가지다. 때문에 이런 것들을 모두 한기능적으로 보고서 '접속법'에 통합하기로 한 것이다.

이러한 허웅(1979)의 논의 방향은 결국 (1ㄷ) 부사형의 정체성 문제와 관련이 있다. 다음 장에서 이에 대해 자세히 살펴보겠다.

2.4. 부사형에서 보조적 연결어미로: 수식에서 접속으로

2.4.1. 부사형은 어떤 언어 단위에 나타나는가?

역대 문법 교과서에서 부사형 어미(-아, -게, -지, -고)가 나타나는 언어 단위는 (2)에서 알 수 있듯이, 주로 '서술구(또는 용언구(이인모(1968)))'이다.

(2) 역대 문법 교과서의 서술구

강윤호(1968:125): 내 고향은 <u>남쪽 나라다.</u>

양주동·유목상(1968:117): 그 사람이 <u>가고 없다.</u> 이것은 <u>금이나 은이다.</u> 비가
<u>올 것 같다.</u>

이명권·이길록(1968:51): 철수는 정말 <u>공부하지 않는다.</u>

이숭녕(1968:142): 그 일은 반드시 <u>해야 한다.</u> 그이는 내일 <u>떠날 듯하다.</u> 사람은
<u>자유를 누릴 수 있다.</u>

이을환(1968:101): 이 책을 꼭 <u>읽도록 하여라.</u> 몸 <u>조심하여야 한다.</u>

이인모(1968:144)(용언구): 그는 <u>약하지 않다.</u>

허웅(1968:114): 그는 <u>학교에 갔다</u>/희기가 <u>눈과 같다</u>/노인이 <u>짐을 짊어졌다.</u>

이길록·이철수(1979:75): 내 고향은 <u>남쪽 나라다.</u> 부끄러워함은 <u>미덕의 빛이다.</u>

허웅(1979:118): 그들은 <u>노래하면서 즐겼다.</u>

부사형 어미와 관련되지 않는 서술구가 제시된 교과서는 '이다' 구문인 강윤
호(1968), 이길록·이철수(1979)와 서술구에 부사어, 목적어가 동반된 허웅
(1968, 1979)이다. 특히 허웅(1968, 1979)에서는 서술어가 다른 성분을 수반
하여 서술구를 만드는 일이 있다고 제시하는데 이러한 서술구는 생성문법 구
절구조규칙의 동사구(VP)에 대응된다. 이처럼 허웅(1968, 1979)의 '서술구'는
역대 문법 교과서의 전형적인 '서술구'와는 성격이 전혀 다른데 허웅(1968,
1979)의 '서술구' 도입의 의의와 그 정체성 문제는 추후 좀 더 논의가 필요하다.

강복수·유창균(1968)에서 제시된 '서술구, 부사구, 부사절'을 비교하면서
좀 더 살펴보자.

(3) 서술구: 문장성분으로서 서술어 구실을 하는 구

하늘이 <u>높고 푸르다.</u>

고기를 <u>잡아 먹었다.</u>   강복수·유창균(1968:124)

(4) 부사구: 문장성분으로서 부사어 구실을 하는 구

　　너는 더 빨리 걸어라.

　　그는 말도 없이 떠났다. 　　　　　　　　　　　　강복수·유창균(1968:125)

(5) 부사절: 용언을 꾸미면서 부사어 구실을 함.

　　너는 코가 예쁘게 생겼다.

　　무지개가 빛이 곱게 피었다. 　　　　　　　　　　강복수·유창균(1968:128)

(3) '서술구'에는 '-고', '-아'와 같은 어미가 나타나고, (4) '부사구'에는 어미가 없거나 소위 부사절을 형성하는 접사 '-이'가 나타난다. (5) '부사절'에는 어미 '-게'가 나타나는데 이러한 '-게'와 용언과 용언을 연결하는 역대 문법 교과서의 부사형 어미는 명확하게 구별된다. 이처럼 역대 문법 교과서에서는 부사형 어미가 부사구, 부사절에 나타나지 않고 서술구에 나타난다는 것을 확인할 수 있고 특히 부사형 어미 결합형이 뒤에 오는 용언과 함께 서술어로 기능하는 것도 목도할 수 있다.

2.4.2. 부사형에서 보조적 연결어미로

먼저 앞 장에서 살펴본 것처럼 서술구에 나타나는 '부사형'(부사형 어미 결합형)에 대해서 '부사어'가 아니라 다음 용언과 함께 '서술어'를 이룬다고 문장성분 관점에서 비판이 제시된다.(이인모(1968:85)) 이와는 정반대로 '부사형(어찌꼴)'에 현재 국어 문법의 종속적 연결어미, 보조적 연결어미, 인용격 조사까지 포함시키기도 한다.(정인승(1968))[7] 또한 부사형이 부사어적으로

---

7) '부사형[어찌꼴]'은 말끝을 마치지 않고, 말뜻이 뒤에 오는 풀이말 따위를 직접 꾸미거나, 다만 꾸미는 모양으로 뒷 용언의 도움을 받거나, 혹은 따온말로 뒷 용언을 연결하는 것으로 '서술수식법, 보조접수법, 인용연결법'이 포함된다.
　-서술수식법[풀이꾸밈법]
　(설명), (원인), (가정), (필요), (양보), (익심), (의향), (역시)
　-보조접수법[도움받기법]

기능한다고 볼 수 없으므로 접속법에 넣고 부사형으로 보지 않기도 한다.(허웅(1979:73)) 한편 부사형을 '연결형(접속법)', '부사형' 어느 한쪽으로 보는 것이 아니라 부사적인 핵심적인 특징을 '수식'으로 보고 '동사 수식'과 '문장 수식'을 구별하여 소위 자격형에 드는 부사형과 연결형(접속법)에 드는 것을 구별하기도 한다.(김완진·이병근(1979))[8] 이응백·안병희(1979:29-30)에서는 연결서술형을 '대등법, 종속법, 보조법'으로 세분화하는데 이중 보조법 어미(-아, -게, -지, -고)가 역대 문법 교과서의 부사형 어미와 동일하다. 특히 이러한 기술은 역대 문법 교과서의 부사형을 보조적 연결어미로 확고하게 규정한 고등학교 문법(1985)과 맞닿아 있다. 곧 통일 문법 국정 시기인 고등학교 문법(1985:61)(지도서)에서는 역대 문법 교과서의 부사형을 보조적 연결어미로 다루는 것을 명시한다. 전문을 소개하면 다음과 같다.

보조적 연결어미를 종전의 학교문법에서처럼 부사형으로 다루면, 문장 성분을 이야기할 때에는 부사어로 다루어야 하는데, 실제로는 뒤에 오는 보조 용언과 함께 서술어로 처리해 왔다. 이와 같은 모순을 지양하기 위하여 부사형을 연결어미의 일종으로 처리하였다. 보조적 연결어미는 동작상의 표시에도 쓰인다.

이러한 일련의 논의를 표로 정리하면 다음과 같다.

어, 어야, 고, 게, 지, 는가, 을까
-인용연결법[따옴이음법]
　따온말의 마지막 용언을 뒤의 서술어에 잇는 방법　　　　　　　　정인승(1968:60-61)
8) 땅이 말라서, 먼지가 난다.
　사람은 죽어도, 예술은 남는다.
　위와 같은 문장에서 '땅이 말라서'나 '사람은 죽어도'가 부사적인 것만은 틀림없지만, '몹시', '길이'와 같이 직접 동사 '난다', '남는다'를 수식하는 것이 아니고 '먼지가 난다, 예술은 남는다' 같은 문장 전체에 걸리게 되어 있다. 이 점이 자격형에 드는 부사형과 다른 점이다.
　　　　　　　　　　　　　　　　　　　　　　　　　　　김완진·이병근(1979:44)(지도서)

부사형(어미 결합형)이 문장성분 관점에서 '부사어'로 기능하지 않음을 비판함.	
↓	
부사형을 확대하여 모든 연결형(접속법)을 부사형으로 포괄함.	수식 > 접속 [+수식][-접속]
↓	
부사형이 아닌 연결형으로 봄.	수식 < 접속 [-수식][+접속]
↓	
수식 범위를 중심으로 부사형(동사 수식)과 연결형(문장 수식)을 구별함.	수식 vs. 접속 [+수식][+접속]
↓	
부사형 어미를 보조적 연결어미로 다룸.	수식 → 접속 [-수식][+접속]

[표 1] 부사형에서 보조적 연결어미로의 변천 과정

이처럼 역대 문법 교과서에서 '부사형 어미'는 부사구, 부사절의 언어 단위와 관련되지 못하고, 곧 문장성분 관점에서 부사어로 기능하지 못한다는 것을 주된 비판으로 '보조적 연결어미'로 통일되었다. 부사형을 확대시켜 모든 연결형(대등, 종속, 보조)을 포괄하기도 하고, 수식 범위를 중심으로 부사형(동사 수식)과 연결형(문장 수식)으로 구별하기도 하면서 결국 소위 본용언과 보조용언을 연결하는 어미만 보조적 연결어미로 한정되었다. 부사형이 연결형으로 되는 이러한 일련의 기술에서 주목할 점은 '문장성분'으로 기능하는 것과 관계된 어미는 내포(전성어미)로, 그렇지 않은 연결의 기능을 하는 어미는 접속(연결어미)로 구분하는 양상이 나타난다는 점이다. 역대 문법 교과서에서 부사형 어미가 보조적 연결어미로 처리되는 이러한 일련의 변천사는 문장이 확대되는 방식을 '내포와 접속'으로 엄격히 구분하는 과정을 보여준다.

부사형을 보조적 연결어미로 처리한 통일 문법 국정 시기 교과서에서는 구의 개념도 존재하고 '명사구, 명사절'을 대비하는 설명도 제시되지만, '서술구'에 관한 설명은 제시되지 않는다. 곧 기존 서술구에 나타나는 부사형 어미를 보조적 연결어미로 처리하면서 역대 문법 교과서에서 설정한 '가지 마라'와 같은 '서술구'는 사라지게 된다. '서술구'에 대비되는 '서술절'은 안은 문장에서 설명되고 '서술구'의 보조적 연결어미(이전의 '부사형')와 같은 연결어미 부류인 대등적, 종속적 연결어미는 각각 '대등적으로 이어진 문장', '종속적으로 이어진 문장'에서 설명된다. 그러나 '보조적 연결어미'의 경우, '보조적으로 이어진 문장'은 없으므로 본용언과 보조용언을 이어준다는 설명만 짧게 제시된다. '보조적으로 이어진 문장'이 없는 만큼 보조적 연결어미는 절과 절의 연결이 아니라 용언과 용언의 연결로 한정되어 소위 주술 관계가 두 번이상 나타난다는 현재 국어 겹문장의 기술에서 제외되었다.[9]

3. '내포절' 기술과 문장 분류

3.1. 내포절 분류 체계 개관

역대 문법 교과서에서는 문장성분을 분석하는 구성 단위 차원에서 문장성분으로 기능하는 절이냐 기능하지 않는 절이냐를 구분한다. 따라서 아래 [표]에서도 '주어절, 목적절, 보어절'과 같은 문장성분 단위 절(성분절)을 대부분 확인할 수 있다. 특히 '절'을 순전히 내포절(성분절)로만 인식한 경우도 많다. 이숭녕(1968:142,143)에서는 기본적으로 다음과 같이 절을 정의하고 있다.

'문장의 한 성분의 자리에 어절이나 구가 아니라, 문장이 한 성분의 구실을 할 경우가 많다. 이것을 절이라고 한다.'

---

9) 이와는 달리 권재일(2012:235)에서는 보조용언 구문에 대해 자세히 다루며 다음과 같이 설명하고 있다. '권재일(1977, 1985, 1992)에서는 불구 동사구 내포문으로 기술한 바 있다. 이들 구문은 문법 특성으로 보면 동사구 내포문, 즉 용언류 내포문이지만 바로 아래에서 밝히는 바와 같이, 통사적 구성과 형태적 구성이라는 두 가지 성격을 아울러 가지고 있다. 이 책에서는 내포문에서 떼 내어서 보조용언 구문을 따로 서술하고자 한다.'

이을환(1968:101)에서도 주어와 서술어를 갖춘 것이 어떤 문장의 한 성분으로 쓰이는 것을 절이라고 한다. 고등학교 문법(1996:70)에서도 다음과 같이 '구와 절'의 정의를 제시하고 있는데 이러한 정의에는 내포절(성분절)만 포함된다.

'구는 중심 되는 단어와 그것에 부속되는 단어를 한데 묶은 언어 형식을 말하며, 절은 따로 독립하면 문장이 되는 구성이면서 완전히 끝나지 않고, 다만 문장 속의 어떤 성분으로 안겨있는 언어 형식을 말한다.'

이와 같이 역대 문법 교과서에서 아무 설명 없이 제시되는 절의 종류는 당연히 문장 성분(직능)과 관련된 것이고, 그렇지 않은 '주절/종속절, 대등절'을 제시할 때는 문장성분이 아니라 연결관계 관점에서의 분류임을 대부분 명시한다. 역대 문법 교과서의 '절' 세부 분류 양상을 파악하기 위해 '대계' 수록 순으로 세 개의 [표]로 나누어 제시하였다.

강복수 · 유창균 (1968)		강윤호 (1968)		양주동 · 유목상 (1968)		이명권 · 이길록 (1968)	
문장성분	주어절	직능	주절	성분절	주어절	성분절	주어절
	목적절		목적절		목적어절		목적절
	관형절		보어절		보어절		보어절
	부사절		관형절		관형절		관형절
	서술절		부사절		부사절		부사절
연결	대등절		서술절		서술절		서술절
	주절 /종속절		주절		주절		독립절
			종속절		종속절		주절
							종속절

[표 2] 역대 문법 교과서 '절' 세부 분류 1

이숭녕 (1968)		이을환 (1968)	이은정 (1968)		이인모 (1968)	
성분의 구실	주어절	주어절	문장성분	주어절	성분절	체언절
	목적절	명사절		목적절		부사절
	보어절	목적절		관형절		관형잘
	관형절	보어절		부사절		용언절
	부사절	관형절		서술절	나열절	대등절
	서술절	부사절	연결관계	대등절		
주절		서술절		주절과 종속절		주절 /종속절
		독립절				
종속절		대등절				
		종속절				

[표 3] 역대 문법 교과서 '절' 세부 분류 2

정인승 (1968)		최현배 (1968)	허웅 (1968)	이길록·이철수 (1979)	허웅 (1979)	이응백·안병희 (1979)	
성분절	주어절	체언절	체언절	주어절	체언절	성분절	체언절
	목적절			목적절			관형절
	보어절	관형절		보어절			부사절
	관형절	부사절		관형절			용언절
	부사절		서술절	부사절	서술절	나열절	대등절
	서술절	용언절		서술절			
나열절	대립절			독립절			주절과 종속절
	종절과 주절	대등절					

[표 4]10) 역대 문법 교과서 '절' 세부 분류 3

---

10) [표 2,3,4]의 교과서들과 동일 시기에 발행된 이희승(1968:51-55)에서는 동사의 활용에서만 아래 두 부류로 간단히 나누고 문장 부분에서 '절'에 대한 설명은 따로 제시되지 않았다.
서술형어미: 종결서술형어미+연결서술형어미

역대 문법 교과서 기술 중에서 현재 교과서 기술과 가장 다른 점 중의 하나는 문장성분으로 기능하는 소위 '내포절'이 포함된 문장을 겹문장이 아니라 홑문장으로 분류한 점이다. (6)은 이러한 문장 분류 양상을 정리한 것이고 다음 장에서 이에 대해 자세히 고찰하겠다.[11]

(6) 역대 문법 교과서의 '내포문' 관련 문장 분류 양상

　가. 단문으로 분류

　　a. 내포절(성분절)을 포함한 문장이 일반적인 단문으로 분류된 경우: 강윤호 (1968), 양주동 · 유목상(1968), 이명권 · 이길록(1968), 이숭녕(1968)

　　b. '삽입문, 포유문'과 같이 따로 명칭이 제시되면서 단문으로 분류된 경우: 김민수(1979)(삽입문), 이길록 · 이철수(1979)(포유문)

　　c. '구와 절'을 문장성분으로 동일하게 기능하는 것으로 보고 '구절'로 통합하여 '성분 구절'이 포함된 문장을 단문으로 분류한 경우: 김민수 · 이기문 (1968), 김민수(1979)

　나. 복문으로 분류

　　a. '구와 절'을 '절'로 통합하여, 내포절(성분절)이 포함된 문장을 복문으로 분류한 경우: 이응백 · 안병희(1979)

전성어미: 명사형어미, 관형사형어미, 부사형어미

11)　이은경(2010:299-301)에서는 '이어진 문장'과 '부사절을 안은 문장'이 역대 학교문법 교과서에서는 겹문장의 체계와 관련하여 4개의 유형으로 설정되고 기술되어 왔다고 제시하였다.
제1유형: 대등적으로 이어진 문장 범주를 '중문'으로 설정하고, 종속적으로 이어진 문장과 안은 문장을 아우르는 범주를 '복문'으로 설정함.
제2유형: 겹문장의 하위 부류로 대등적으로 이어진 문장, 종속적으로 이어진 문장, 안은 문장을 각각의 독립적인 범주로 설정함.
제3유형: 안은 문장은 겹문장에서 기술하지 않고, 이어진 문장을 겹문장에서 기술함.
제4유형: 겹문장의 하위 부류로 이어진 문장과 안은 문장에 해당하는 두 가지 범주를 설정한 후, 이어진 문장은 다시 대등적으로 이어진 문장과 종속적으로 이어진 문장으로 나누어 제시함.
이은경(2010)에서는 전체 겹문장을 대상으로 논의한 것이지만 본고에서는 '구와 절' 기술을 토대로 '안은 문장'의 분류에 주목한 것으로 '안은 문장'을 겹문장으로 보지 않고 홑문장으로 다룬 이은경(2010)의 제3유형과 겹문장으로 보되 독립적인 범주로 설정한 이은경(2010)의 제2유형을 보다 상세하게 살펴보려는 것이다.

b. '포유문, 성분복문'과 같이 명칭을 따로 제시하면서 복문으로 분류한 경우[12]: 이을환(1968)(포유문/연합문), 이인모(1968)(성분복문/연합복문), 정인승(1968)(성분복문/나열복문), 최현배(1968)(가진월/나란히월/이은월), 이응백·안병희(1979)(포유적 복문/종속적 복문)

3.2. 문장 분류의 실제

3.2.1. 내포절(성분절)을 포함한 문장이 일반적인 단문으로 분류된 경우[13]

내포절(성분절)을 포함한 문장을 일반적인 단문으로 본 교과서 기술에서는 절의 종류를 적극적으로 구분하여 제시한다. 양주동·유목상(1968)에서는 성분절과 종속절(소위 문장절)을 구분하고 있으며 이명권·이길록(1968)에서도 '절의 상호 관계성'으로 '대등절, 주절/종속절'과 '성분절'을 구별하고 있다. 이를 구체적으로 살펴보면, 양주동·유목상(1968:125,127)에서는 다음과 같이 설명하며 성분절을 포함한 문장을 단문으로 본다.

한 성분에 값하는 절을 성분절이라고 하는데, 성분절인, '주어절, 목적절, 보어절, 서술절, 관형절, 부사절'을 지닌 문장도 단문으로 본다. 성분절을 포함한 문장을 복문으로 보는 이도 있다. 그러나 성분절은 문장의 뜻을 더욱 구체화하는 데 지나지 않는다. …성분절의 하나인 부사절은 한 성분을 꾸미는데 대하여 이 종속절은 뒤에 오는

---

12) 이러한 기술 방향은 바로 현재 국어 교과서에서 겹문장을 '이어진 문장(접속문)'과 '안은 문장(내포문)'으로 구분하는 것과 같으므로 따로 본문에서 설명을 제시하지는 않겠다.

13) 이러한 논의 방향과는 반대로, 김완진·이병규(1979:128)에서는 내포절을 포함한 문장만 복문에 포함시키며 '복문'을 아래와 같이 규정한다.
'하나의 단문이 관형화하여 체언을 꾸미는 성분이 되든가 또는 부사화하여 용언을 꾸미는 성분이 되어서 문장의 내포를 이룰 때, 이 내포된 종속절을 포함하는 문장을 복문이라 한다.'
또한 김완진·이병규(1979:89)(지도서)에서는 다음과 같은 예시로 '내포된 복문에 대해 설명한다.
a. 선생님이 도착하셨지만 우리는 서두르지 않았다.
b. 철수는 학교에 갔지만 영이는 시장에 갔다.
'a는 하나의 문장이 다른 문장에 내포된 복문이며, b는 두 개의 문장이 병렬된 중문이다.'

문장 전체에 걸리는 전제문이 되는 것이다. 그러므로 이들은 문장절이라고도 한다. 종속절이란 말은 주절에 대가 되는 말이다.

이명권·이길록(1968:59)에서는 아래 문장을 단문으로 분석하고 설명을 제시한다.

매화가 많이 피어 있는 저 집이 순희네 집이다.
주어부에 이미 주술 관계가 들어 있으나, 이것은 마치 하나의 성분처럼(관형어) 쓰이고 있을 따름이다. 그러므로 문장을 구성하는 전체적인 주술관계는 단일하므로 단문이다. 곧 '매화가 많이 피어 있는'과 같이 성분의 구실을 하고 있는 절을 성분절이라 한다.

이처럼 이명권·이길록(1968)에서는 주어부를 언급하면서 성분절이 포함된 경우를 단문으로 제시했는데 주어부와 서술부가 구체적으로 제시되는 이숭녕(1968)에서도 복문을 '종속절+주절'로 연결된 문장으로만 보아 내포절이 포함된 문장이 복문에서 제외되고 있다. 이들 교과서에서는 공통적으로 '구, 절'과는 다른 단위인 '어부14)'를 새롭게 설정하고 있다. 따라서 특히 '어부'를 설정한 교과서에서 성분절을 포함한 문장을 단문으로 본 것을 알 수 있다. 다만 '어부'를 설정하여 '주어부, 목적어부, 부사어부, 독립어부, 서술어부'로 세분화한 이은정(1968)에서는 성분절을 포함한 문장을 단문으로 보지 않고 복문으로 보았다.

3.2.2. '삽입문, 포유문'과 같이 따로 명칭이 제시되면서 단문으로 분류된 경우

김민수(1979)에서는 내포문을 '삽입문'이라는 명칭으로 따로 설정하고 이

---

14) 역대 문법 교과서에서 설정한 '어부'는 구와 절보다 더 큰 언어 단위로 주어부는 '주어', 서술어부는 '서술어, 목적어, 보어'로 구성된다(이숭녕(1968:144), 이을환(1968:107) 등 참조).

길록·이철수(1979)에서도 '포유문'이란 명칭으로 설정하고 있는데 자세히 살펴보면 다음과 같다. 먼저 김민수(1979:158-162)에서는 문장의 종류를 구조상의 분류로 '단문, 삽입문, 복문, 중문, 혼성문'으로 나누고, 서법상의 종류로는 '평서문, 의문문, 감탄문, 명령문, 청유문, 응낙문'으로 나눈다. 성분 구절이 묻힌 단문을 '삽입문'이라 하며 단문과의 차이점은 성분 구절이 있는 점이라고 제시한다. 특히 김민수(1979:98)(지도서)에서는 '삽입문'을 설정한 것에 대해 다음과 같이 자세히 제시한다.

> 성분 구절이 삽입되어 묻힌 문장이 삽입문인데, 이것을 복문에 소속시키거나, 포유문 혹은 유속문이라 하여 따로 세우는 방안도 있다. 그러나 복문에 포함시키기에는 그 구조가 판이하다. 그래서, 따로 세우기는 하되, 성분 구절이 삽입되었다는 점을 연상할 수 있도록 삽입문이라고 하였다.

이길록·이철수(1979:84-87)에서는 문장의 구성으로 본 문장의 갈래를 '단문, 중문, 연합문, 포유문'으로 세분화하는데 '포유문'은 '문장 중에서 주술 관계를 가진 어떤 절이 문장 성분의 구실을 하는 문장'으로 제시하면서 '단문', '중문'(대등적으로 이어진 문장), '연합문'(종속적으로 이어진 문장)과도 구분하고 있다.

3.2.3. '구와 절'이 '구절'로 통합되어 '성분 구절'이 포함된 문장이 단문으로 분류된 경우

김민수·이기문(1968:127)은 구와 절을 통합하여 구절(句節)로 보았다. 이때 구절은 둘 이상의 어절이 모여서 하나의 성분이 된 것을 의미하는데 내포문의 경우, 아래와 같이 일반적인 복문, 중문과 아예 다른 층위에서 구분하고 있다.

(7) a. 귀절의 기능적 분류: 한 문장 안에서 어떤 성분이 된 것
   b. 귀절의 상대적 분류: 몇 문장이 모여 한 문장이 된 것
      종속절+주절=복문
      대등절+대등절=중문

김민수(1979)에서도 구와 절을 통합하여 구절로 보고 어떤 성분이 된 구절을 특히 성분 구절이라고 제시한다. 앞서 살펴본 것처럼 성분 구절이 삽입되어 묻힌 문장을 단문으로 보되 삽입문이라는 별도의 명칭으로 제시하고, 구절과 구절이 연결된 문장을 복문으로 본다.[15]

3.2.4. '구와 절'이 '절'로 통합되어 성분절이 포함된 문장이 복문으로 분류된 경우

이응백·안병희(1979)에서는 성분절을 단문에 포함시키지는 않았지만 아래와 같이 구 설정의 문제점을 제시하여 절로 통합하고 성분절이 포함된 문장을 '포유적 복문'으로 제시하여 '종속적 복문'과 구분하였다.

거짓을 말하기는 어렵다. ← (누구든지) 거짓을 말한다.
밑줄 친 부분은 두 어절이지만, 전체 문장에서는 하나의 성분 구실을 하고 있다. 본래 각각 독립된 문장이지만 하나의 성분으로서 큰 문장 안에 쓰이고 있다. 이것을 절이라고 한다. 한 문장이 큰 문장의 성분으로 쓰일 경우, '거짓을 말하기'와 같이 주어가 나타나지 않는 수가 있다. 그리하여 주어가 나타나는 성분만을 절이라 하고, 주어가 없는 성분은 구라 하여 구별하는 일도 있다. 그러나, 구에서도 '누구든지'와

---

15) 김민수(1979:112)(지도서)에는 다음과 같은 '문장 구조의 비교' 내용이 제시된다.
   (1) 단문과 삽입문
      차이점: 단문은 성분 구절이 없는데, 삽입문은 그것이 있음.
      공통점: 하나의 단문 구조
   (2) 복문과 중문
      차이점: 복문은 두 단문이 주종으로 연결되었는데, 중문은 두 단문이 대등하게 연결되었음.
      공통점: 두 문장의 연결

같이 주어를 쉽게 찾을 수 있다. 그러므로, 어떤 문장이 다른 문장의 한 성분으로 쓰이고, 둘 이상의 어절로 이루어져 있으면 모두 절이라고 한다.

이응백 · 안병희(1979:115)

4. 역대 문법 교과서의 내포문 기술의 차별화된 특징

3장에서 살펴본 것처럼 역대 문법 교과서 기술 중에서 현재 문법 교과서 기술과 가장 다른 점 중의 하나는 문장성분으로 기능하는 소위 '내포절'이 포함된 문장이 단문으로 분류되었다는 점이다. 일례로 이명권 · 이길록(1968:49)에서는 절이나 구는 어절의 집합이지마는, 문장을 해부하는 데는 마치 어떤 성분처럼 쓰이고 있는 하나의 단어라고 생각하는 것이 편리하다고 제시하며 성분절을 포함한 문장을 단문으로 보고 있다. 이처럼 이명권 · 이길록(1968)에서는 '단어, 구, 절'의 기능적 동일성에 주목하였는데 이때의 '절'은 동일한 문장성분으로 기능하며 단어처럼 작용하는 안긴 절인 '성분절'을 의미하지 이어진 문장의 '접속절'을 의미하지 않는다. 따라서 일반 성분절과 대등절, 주절/종속절의 차이를 다음과 같이 제시한다.

> 대등절이나 주절 · 종속절은 각각 주술관계가 독립되어 있고, 두 개의 절의 상호 관계를 나타내고 있어 성분절과는 근본적으로 다르다. 따라서 절은 상호 관계성을 지닌 관계절과 성분절로 크게 둘로 나눌 수도 있다. 대등절이나 종속절 뒤에는 원칙적으로 쉼표(,)를 찍는다.
>
> 이명권 · 이길록(1968:61)

이어진 문장을 구성하는 대등절, 주절/종속절과 하나의 단어로 작용하는 성분절을 구분해야 할 필요가 있다. 특히 주절/종속절의 경우, 의미 · 화용론적 정보 구조에 따라서 주절과 종속절이 긴밀히 결합하여 하나의 문장을 만든다는 역동적인 관점[16]에서 성분절과 차이가 있기 때문이다.

최근 '구'에 대해 논의한 신승용(2011:171)에서는 '구'를 구성의 크기를 나타내는 말이라고 규정하며 다음과 같이 '구'의 불필요성을 주장한다.

'문장의 분석은 문장성분을 분석하는 것이고, 문장성분의 크기가 단어이냐 단어보다 큰 단위이냐는 중요한 문제가 아니기 때문이다. 물론 문장성분의 크기가 절일 때는 복문이 되므로 절이냐 아니냐는 문장을 분석할 때 중요하다. 하지만 구이냐 아니냐는 문장을 분석하는 데 꼭 필요한 개념이 아니라고 할 수 있다.'

그러나 문장성분으로 기능하는 '성분절(내포절)'과 문장성분으로 기능하지 않고 독립된 주술 관계를 이루는 '대등절, 주절/종속절'과 같은 절의 종류를 구분한다면 굳이 앞서 문장성분을 이루는 단위들의 크기가 중요하지 않다고 제시하고 다시 문장성분의 크기를 고려할 필요가 없다. 곧 절의 종류를 구분하여 문장성분으로 기능하느냐(성분절/내포절) 그렇지 않느냐(대등절, 주절/종속절)만 구분하면 신승용(2011)에서처럼 문장성분의 크기가 중요하지 않다고 제시하고 '절'의 경우에만 다시 문장성분의 크기와 관련짓지 않아도 될 것이다.

---

16) 국어 종속절은 주—종관계를 명시하기 위해 문장 내 내부 요소들과 함께 상호작용하며 대등절보다 더 엄격한 형태·통사, 의미·화용론적 제한을 받는 절이다.(김건희(2015) 참조) 이처럼 절들이 결합하여 하나의 문장(복합문)이 되는 것은 명제 내용만 결합되는 것이 아니다. Dik(1997:46—50)에서는 심층적인 절 구조는 구분되는 형식적, 의미적 조직 층위들(levels, layers)의 복잡한 추상적 구조라고 제시한다. 이때 절은 종속절(subordinate clause), 주절(main clause)과 같은 절들을 가리키는데, Dik(1997)에서는 특히 명제(proposition)에 화용론적 기능(pragmatic functions)이 작용하여 절 구조(clause structure)가 완성된다고 제시한다. 이처럼 절과 절이 만날 때 시제, 상, 양태, 정보 구조 등 다양한 의미, 화용론적 요소가 개입한다.

구조적 단위(structural unit)	type of entity	Level
CLAUSE	speech act	4
↑ : 화용론적 기능 PROPOSITION	possible fact	3
↑ PREDICATION	state of affairs	2
↑ TERM	entity	1
PREDICATE	property/relation	

역대 문법 교과서에서 '절'은 구에 대비되는 개념으로 제시되는데 곧 문장 성분으로 기능하면서 주어, 서술어 관계를 가지면 절이고 동일하게 문장성분 으로 기능하지만 주어, 서술어 관계를 가지지 않으면 구라고 제시한다. 따라 서 아무 설명 없이 제시되는 절의 종류는 당연히 문장성분과 관련된 것이고 (주어절, 목적어절, 관형절, 부사절 등) '대등절, 주절/종속절'을 제시할 때는 문장성분이 아니라 연결관계 관점에서의 분류임을 대부분 명시하거나 아예 문장성분과 관련된 절을 '성분절', 연결과 관련된 절을 '연결절/나열절'로 구 분해서 제시하기도 한다. 특히 현재 문법 교과서에서는 절의 종류(성분절과 연결절)를 구분하지 않고 주술 관계 유무로만 절 여부를 판단하여[17] 역대 문 법 교과서와 차이가 있다.

(8) a. 날이 흐리다.
    b. 날이 흐리니 <u>비가 온다.</u>

(9) a. 철수가 부침개를 먹는다.
    b. 철수가 <u>엄마가 부쳐준</u> 부침개를 먹는다.

연결절로 연결되는 경우에는 (8b)의 밑줄 친 부분과 같이 새로운 주어와 서술어 관계가 나타나므로 전체적인 주어와 서술어의 관계는 두 번 이상이 된다. 각각의 주술 관계를 가진, 두 개의 하위 사건이 긴밀하게 결합하여 전 체 사건을 구성하는 것이다. 반면에 (9a)에서 (9b)으로 내포절(관형절)이 포 함되어 확장되면 전체적인 주어와 서술어 관계는 '철수가 무엇을 먹는다'로 변함없이 한 번이다. (9) 예문의 사건을 이루는 구성 단위인 '부침개'가 새로 운 수식 관계를 가져, 하나의 사건이지만 (9a)에 비해 (9b)에서 더 구체화되

---

17) 다만 권재일(2012:211-216)에서는 내포문의 유형을 '체언류'를 통해 관할하는 명사절, 관형 사절 내포문, '용언류'를 통해 관할하는 부사절, 인용절, 서술절 내포문으로 세분화하여 내포 절의 경우, 주술 관계 뿐만 아니라 기능적 관점에서 계층적으로 세분화하고 있다.

고 풍성해진 것뿐이다. 다만 '엄마가 부쳐준'과 같은 구성 단위(관형절)의 크기에 따라 다시 한번 주술 관계 여부를 가린다면 '엄마가 무엇을 부쳐주다'라는 주어, 서술어 관계가 한번 더 상정될 수 있다. 이런 관점에서 보면 문장성분으로 기능하여 사건의 구성 단위가 되는 절, 곧 단어의 자격으로 환원될 수 있는 성분절이 포함된 (9)와 같은 문장은 복문이 아니라 역대 문법 교과서처럼 단문으로 볼 수 있는 것이다.

5. 결론

본고에서는 역대 학교문법 교과서의 내포문과 관련된 어미 체계와 문장 분류에 대해 살펴보았다. 먼저 내포문과 관련된 어미 체계는 첫째, '전성어미, 자격법'과 같은 상위 범주 제시 유무, 둘째 '관형사형, 명사형'의 두 부류가 설정된 경우와 '관형사형, 명사형, 부사형'의 세 부류가 설정된 경우의 비교, 셋째 부사형에서 현재 국어 문법의 보조적 연결어미가 다뤄진 경우'라는 세 가지 특징에 대해 살펴보았다. 특히 어미 체계에서 역대 문법 교과서의 부사형 어미가 보조적 연결어미로 확정되는 과정에서 부사형과 연결형, 곧 내포와 접속을 구분하려는 경향이 있음을 알 수 있었다.

내포문과 관련된 문장 분류에서는 내포문을 겹문장이 아니라 홑문장으로 분류한 것에 대해 중점적으로 살펴보았다. 어말어미가 결합된 절의 종류(성분절과 연결절)를 먼저 구분하여 순차적으로 문장이 확대되는 방식으로 분류하는 등, 문장 분류에 대한 새로운 접근 방식도 알 수 있었고 특히 어미 체계와 마찬가지로 문장 분류에서도 성분절과 연결절 곧 내포와 접속을 구분하는 양상을 목도할 수 있었다.

참고문헌

〈역대 문법 교과서〉

강복수 · 유창균(1968), 문법, (대계 II 1부 54책 143).

강윤호(1968), 정수 문법, (대계 II 1부 54책 144).

양주동 · 유목상(1968), 새 문법, (대계 II 1부 54책 145).

이명권 · 이길록(1968), 문법, (대계 II 1부 55책 146).

이숭녕(1968), 국어문법, (대계 II 1부 56책 147).

이을환(1968), 최신 문법, (대계 II 1부 56책 148).

이은정(1968), 우리 문법, (대계 II 1부 57책 149).

이인모(1968), 새 문법, (대계 II 1부 57책 150).

이희승(1968), 새 문법, (대계 II 1부 58책 151).

정인승(1968), 표준 문법, (대계 II 1부 58책 152).

최현배(1968), 새로운 말본, (대계 II 1부 59책 153).

허웅(1968), 표준 문법, (대계 II 1부 59책 154).

김민수 · 이기문(1968), 표준 문법, (대계 II 1부 59책 155).

김완진 · 이병규(1979), 문법, (대계 II 1부 60책 156, 157).

김민수(1979), 문법, (대계 II 1부 61책 158, 159).

이길록 · 이철수(1979), 문법, (대계 II 1부 62책 160, 161).

허웅(1979), 문법, (대계 II 1부 63책 162, 163).

이응백 · 안병희(1979), 문법, (대계 II 1부 64책 164, 165).

성균관대학교 대동문화연구원(편)(1985), 고등학교 문법, (대계 II 1부 66책 168, 169).

성균관대학교 대동문화연구원(편)(1991), 고등학교 문법, (대계 II 1부 67책 170, 171).

서울대학교 사범대학 국어교육연구소(편)(1996), 고등학교 문법, (대계 II 1부 68책 172).

서울대학교 국어교육연구소(편)(2002), 고등학교 문법, 교육인적자원부.

〈학술 논저〉

권재일(1977), "현대 국어의 동사구 내포문 연구", 서울대학교 언어학과 석사학위논문.

권재일(1985), "국어의 복합문 구성 연구", 집문당.

권재일(1988), 국어의 내포문, "국어생활" 12, 국어연구소. 73-85.

권재일(2012), "한국어 문법론", 태학사.

김건희(2012), 부사절의 수식과 접속—종속 접속절과의 차이점을 중심으로-, "한글" 297, 한글학회, 161-203.

김건희(2015), 어미의 문법 기술 확장, "한국어학" 66, 한국어학회, 1-47.

김기혁(1985), 문장 구성에서 단위의 문제, "연세어문학" 18, 연세대학교 국어국문학과, 5-32.

남기심(1986), 접속어미와 부사형 어미, "말" 10, 연세대 한국어 학당.

서정목(1987), "국어 의문문 연구", 탑출판사.

신승용(2011), 문법 교육에서 구(句)와 어(語)의 문제, "국어교육연구" 49, 국어교육학회, 153-178.

우순조(1997), 국어 어미의 통사적 지위, "국어학" 30, 국어학회, 225-256.

이관규(2002), 국어의 문장 구성에 대한 연구와 전망, "한국어학" 16, 한국어학회 105-147.

이기갑(1990), 한국어의 어절 구조, "언어연구" 2, 서울대학교 언어연구회, 1-10.

이선웅 · 이은섭(2013), 이론문법의 관점에서 본 학교문법, "국어국문학" 163, 국어국문학회, 249-277.

이선웅(2015), 통사 단위 '절'에 대하여, "배달말" 56, 배달말학회, 77-104.

이은경(2010), 역대 학교문법의 연결 어미와 부사형 어미 – 이어진 문장, 부사절과의 관련을 중심으로 –, "한국어학" 46, 한국어학회, 285-315.

이은경(2012), 역대 고등학교 문법 교과서의 시간 표현, "국어교육" 137, 국어교육학회, 139-171.

이익섭(2003), "국어 부사절의 성립", 태학사.

이정훈(2016), 학교문법의 '겹문장' 관련 내용 고찰, "언어와 정보사회" 28, 421-456.

임홍빈(1987), "국어의 재귀사 연구", 신구문화사.

장소원 · 김혜영(2016), 구의 개념 정립과 그 분류, "국어학" 80, 국어학회, 173-194.

장요한(2007), '문장의 확장'에 대한 소고, "시학과 언어학" 14, 시학과 언어학회, 191-220.

최규수(2007), 학교문법의 문장의 성분과 짜임에 대한 비판적 검토, "한글" 275, 한글학회, 165-192.

최현배(1946), "중등조선말본", 정음사.

최호철(1995), 국어의 문법 단위와 문법 교육, "어문논집" 34-1, 안암어문학회, 637-657.

허웅(1975), "우리 옛말본 – 15세기 국어 형태론 –", 샘문화사.

허웅(1983), "국어학", 샘문화사.

Dik, Simon C. (1997), *The Theory of Functional Grammar. Part I:The Structure of the Clause*, Berlin and New York, NY: Mouton de Gruyter.

한국어 필수 통제 구문 연구의 최근 동향
- 통제 보어의 외현적 주어를 중심으로 -

_ 허세문

1. 서론

필수 통제 구문(obligatory control construction)은 (1)과 같이 내포절에 '영주어'를 가지는 구문으로 일반적으로 다음과 같은 특징을 보인다고 분석되어 왔다.

(1) a. John$_i$ hoped [__$_{i/*j}$/*him$_{i/j}$/*Mary to go home].
   b. Tom$_i$ persuaded John$_j$ [__$_{j/*i/*k}$/*him$_{i/j/k}$/*Mary to go home].

우선 (1)의 영어 예문을 보면 문장을 해석하기 위해서는 비정형(non-finite)으로 보이는 내포절과 관련된 '집에 가는 사건'의 행동주가 필요하다. 지금부터 편의를 위해 필수 통제 구문을 형성하는 주절 동사를 '통제 술어(control predicate)', 내포절을 '통제 보어(control complement)'라고 지칭하도록 하겠다. 그러나 (1)의 두 문장 모두 집에 가는 사건의 행동주는 보이지 않는 논항, 즉 일종의 영논항(null argument)으로 실현되어야 하고, 이는 필수적으로 주절의 논항인 'John'을 지칭해야 한다. 그리고 이때 'John'은 (1a)의 경우는 희망 사건의 주체이고, (1b)에서는 설득 사건의 대상이 된다. 즉 (1)은 모두 집에 가는 사건의 행동주가 주절의 특정 의미역을 가진 논항과 필수적으로 공지시되어야 한다는 것이다. 이렇게 영논항과 필수적으로 공지시되는 주절의 논항을 '통제어(controller)'라 부르고, (1a)처럼 외부 논항(external argument)이 통제어인 구문은 주어 지향(subject oriented) 필수 통제 구문으로, (1b)와 같이 내부 논항(internal argument)을 통제어로 가지는 구문은 목적어 지향(object oriented) 필수 통제 구문으로 구분되어 왔다.

　필수 통제 구문이 왜 통제 보어가 '영주어'를 요구하는지, 또 이러한 영주어가 나오는 경우에 왜 필수 통제 해석이 일어나는 지를 설명하기 위해서 다양하게 연구가 이루어졌고, 특히 통사론의 관점에서는 대표적으로 다음과 같은 두 흐름이 존재한다.[1]

(2) a. 통제 보어는 외현적으로 드러나는 일반적인 (대)명사가 아니라 특별한 분포상의 특성을 가지는 영논항 PRO만이 주어 위치에 인허(licensing)될 수 있는 환경을 형성한다. 그리고 PRO의 본유적인 재귀성(reflexivity) 때문에 통제어와 필수적으로 공지시되어야 한다(Chomsky 1981, Chomsky & Lasnik 1993, Martin 2001, Landau 2000, 2004, cf. Landau 2015 등).

　　b. 이동 기반 통제 이론(movement theory of control): 통제 보어의 주어는 주절의 통제어 위치로 논항 이동(A-movement)을 통해 형성된 두 의미역을 가진 논항 사슬(A-chain)의 꼬리(tail)일 뿐이다. 일반적으로 이러한 논항 사슬의 꼬리는 외현적으로 실현되지 않으므로 통제 보어의 주어는 영형태로 나타난다(Hornstein 1999 et seq., cf. Polinsky & Potsdam 2002 등).

---

1)　이 외에 통제 구문의 형성하는 동사와 통제 보어의 (어휘) 의미적 특성에 초점을 맞춘 논의도 존재한다. 이와 관련된 몇몇 논의에 대해서는 2장과 4.3.1절에서 좀 더 자세히 다루고 있다.

그러나 다음의 한국어 예시에서 확인할 수 있듯이, 다양한 언어에서 영어와 다르게 통제 보어에 외현적인 (대)명사 주어가 사용될 수 있다는 지적이 있어 왔다.

(3) a. 철수-가 영수-를 [__/그-가 떠나-도록] 설득했다.
   b. 철수-가 영수-에게 [__/그-가 떠나-겠-다고] 약속하였다.
   c. 철수-가 영수-에게 [__/그-가 떠나-라-고] 명령했다.

(3)은 한국어에서 대표적으로 필수 통제 구문으로 여겨져 온 문장이다. 그리고 해석에 있어서 다양한 논란이 있기는 하지만, 기본적으로 '그'와 같은 3인칭 대명사가 통제 보어의 주어로 실현될 수 있다는 점에서 필수 통제 구문의 영주어가 가지는 분포상의 특성과 (2)와 같은 분석에 대한 반례로 언급되어 왔다.

본 논문에서는 필수 통제 구문의 영주어가 가지는 특성과 관련하여 (3)과 같은 통제 보어의 외현적 주어에 대한 연구가 어떤 흐름에서 이루어졌는지를 간략히 살펴보고, 그 논의들의 주요 쟁점들을 정리해 보려고 한다. 이를 위해 우선 제2장에서 이 현상에 대한 초기 분석 중 하나인 양동휘(1984)를 살펴보고, 이와 관련된 쟁점 사항을 제3장에서 간략하게 논의할 것이다. 제3장의 논의를 기반으로 제4장에서는 한국어 통제 구문의 외현적 주어에 대한 분석을 필수 통제 환경을 구성하는 주요 동인에 따라 4가지 유형으로 분류해서 살펴보고 이들의 장점과 단점, 그리고 추가 논의가 필요한 부분을 정리할 것이다. 제5장에서는 간략한 정리와 함께 필수 통제 구문의 연구 방향에 대한 소견을 피력하면서 논문을 마무리할 것이다.

2. 한국어 통제 보어와 외현적 주어의 특성: 양동휘(1984)를 중심으로

한국어의 필수 통제 구문에 대한 중요한 초기 접근 중 하나로 양동휘(1984)를 들 수 있다. 특히 양동휘(1984)는 다음과 같은 예문을 이용해서 한국어의 필수 통제 구문에는 영논항의 위치에 일반 (대)명사도 허용될 수 있다고 지적하였다.

(4) a. 철수$_i$-가 영수$_j$-에게 [$_j$/그$_j$-가/영수-가/*자기$_j$-가 떠나-도록] 설득했다.
   b. 철수$_i$-가 영수$_j$-에게 [$_i$/그-가/*철수$_i$-가/자기$_i$-가 떠나-겠-다고] 약속하였다.
   (양동휘 1984, (3))

덧붙여 다음과 같은 두 가지 주장을 통해 외현적인 주어는 필수 통제 해석과 독립적인 방식으로 자신의 지시체를 얻어야 한다고 지적하였다.

(5) a. 한국어의 '자기'는 주어 지향성을 지니므로 (4a)와 같은 목적어 필수 통제 구문에서는 적절하게 해석될 수 없다.
   b. (4b)에서 '철수'와 같은 지시명사가 내포절의 주어가 못 되는 것은 결속이론에 의해 설명될 수 있다. (4a)의 '영수에게'와 같은 내부 논항과 다르게 '철수'와 같은 주절의 주어는 내포절의 주어를 성분통어(c-command)하므로 결속조건 C(Binding condition C)의 위반을 야기한다.

우선 (4)에서 '자기'의 해석과 관련해 나타나는 차이는 일견 '자기'가 통제 보어의 영주어로 자유롭게 나타나지 못한다는 증거로도 보일 수도 있다. 그러나 (6)의 예문에서 볼 수 있듯이 '자기'는 '영희'와 공지시될 수 없는 제약을 보이고, 기존의 다양한 이론에서는 이를 한국어의 '자기'는 필수적으로 주어와만 공지시할 수 있다는 제약으로 포착하고 있다(Yoon 1989, Yang 1991 등).[2]

(6) 철수ᵢ–는 영희ⱼ–에게 [철수ₖ–가 자기ᵢ/*ⱼ/ₖ–의 집에 가야 한다고] 계속 설명했다.

이러한 점에서, 양동휘(1984)는 (4b)와 다르게 (4a)의 '자기'가 보여주는 비문법성은 주어 지향성이 목적어 지향 필수 통제 해석과 상충되어 일어난다고 보고, '자기'가 통제 보어의 영주어와 동일한 위치에서 실현된다고 결론내린 것이다. 유사하게 일반 명사의 사용에서 보이는 차이도, 이들이 통제 보어의 주어 위치에 나타나지 못한다는 증거가 아니라, 일반적인 통사 원리 중 하나인 결속 조건을 통해 쉽게 포착될 수 있는 현상이라고 지적하였다.[3]

상기의 관찰을 통해서 양동휘(1984)는 통제 보어의 영주어가 PRO와 같은 특별한 논항일 이유가 없다고 지적하고[4] 오히려 일반 (대)명사가 생성될 수 있는 위치에서 형성될 수 있는 pro가 통제 보어의 영주어에 더 어울린다고 주장하였다.

(7) a. 철수는 어떤 학생ᵢ–에게 책을 주었고, 명수는 proᵢ/ⱼ 음반을 주었다.
　　b. O João disse que [ele/pro comprou um computador].(포르투갈어)
　　　the João said that he/pro bought.3.Sg a computer (Barbosa 2017, (1))

물론 pro가 일반적인 명사가 생성될 수 있는 모든 위치에 나타날 수 있는 것은 아니지만,[5] (7)에서 볼 수 있듯이 해석에 있어서는 일반적인 대명사의 특성을 보인다. (7a)의 경우 pro는 철수가 책을 준 바로 그 학생일 수도 있지만, 다른 학생일 수도 있고, 또 (7b)는 pro의 경우도 지시하는 대상이 통제어

---

2) '자기'의 주어 지향성에 대해서는 4.3절에서 좀 더 자세하게 논의할 것이다.

3) 이러한 입장을 받아들여서 일반 명사가 통제 보어의 주어로 사용된 경우에 대해서는 더 자세하게 논의하지 않을 것이다.

4) 본 논문에서는 양동휘(1984)에서 주로 논의된 'PRO의 정리(PRO theorem; Chomsky 1981)'에 대해서는 자세하게 다루지 않을 것이다.

5) pro와 논항 생략(argument ellipsis)의 구분이나 이와 관련된 유형론적인 차이에 대한 논의는 본고의 범위를 넘어서는 주제이므로 다루지 않을 것이다.

와 상관없이 맥락을 통해서 해석될 수 있다는 것을 보여 주는 것이다.

그러나 통제 보어의 영주어가 pro라고 주장하기 위해서는 왜 이러한 환경에서만 필수 통제 해석이 강제되는지 설명해야 한다. 양동휘(1984)는 이러한 의미적인 제약은 통사 구조적인 측면이 아니라 한국어의 통제 술어나 통제 보어 내의 특정 문법 요소의 '어휘적인 속성'에 의해서 결정된다고 주장하였다.

(8) a. 철수가 영수에게 [pro/그가/우리가 떠날 것]을 설득하였다.
   b. 철수가 [pro/그가/자기가/영수가/우리가 떠나–도록] 하였다.
   c. 철수가 영수에게 [pro/그가/우리가 떠나–리–라고] 약속했다.

(양동휘 1984, (4), (5))

(8)의 예문들은 (4)의 필수 통제 구문과 대응되는 '유사한 의미'로 해석되지만 '우리'와 같은 주어가 사용될 수 있다는 점에서 필수 통제 해석이 강제되지 않는다. 양동휘(1984)는 이러한 차이를 다음과 같이 정리하였다.

(9) a. (4a)와 (8a)의 대조는 '특정 보어 유형'만이 필수 통제 구문을 형성한다는 것을 보여준다. 즉 한국어에서 '것' 명사절은 통제 보어로 기능할 수 없다.
   b. (4a)와 (8b)의 대조는 '설득하다'와 같은 몇몇 특정 동사만이 통제 술어로 기능할 수 있는 "어휘적인 특성"을 가지고 있다는 것을 의미한다.
   c. (8c)와 (4b)의 대조는 통제 보어 내에 양상(modal)의 의미를 보이는 형태소 '–(으)리–'는 '–겠–'의 가진 '의지'의 의미를 결여하고 있고, 이러한 양상 어미의 어휘적인 특성이 필수 통제 구문의 형성에 영향을 미친다.

이러한 관찰에서 양동휘(1984)는 (9)의 차이가 구조/통사적인 원리의해서 체계적으로 포착될 수 없다고 보고, 필수 통제 환경은 결국 '어휘부'에 기초해서 분석해야 한다고 주장하였다.[6] 즉 한국어의 경우 통제 보어에는 영주어 pro를 포함한 어떤 형식의 명사도 주어로 사용될 수 있고, 이러한 경우에 통제 술어와 통제 보어의 특정 양상 어미의 어휘적 속성에 의해서 필수 통제 해석이 강제된다고 본 것이다. 그러나 동시에 영어의 분사 구문의 경우는 구조적으로 형성된 필수 통제 구문이 되어야 한다는 것을 지적하면서, 필수 통제 구문의 동인이 다원화될 수 있다는 점도 시사하고 있다.[7]

3. 통제 보어의 외현적 주어에 대한 이론적 쟁점 사항

양동휘(1984)의 연구는 이후의 필수 통제 구문의 연구에 많은 영향을 주었지만 다양한 이론의 발전과 연구를 통해서 몇 가지 반박도 제시되었다. 이와 관련해서 3장에서는 앞의 (2)에서 언급한 2가지 통사적 입장에서 제기될 수 있는 몇 가지 쟁점 사항을 살펴보려고 한다.

3.1. 정형 통제 구문과 PRO: '접속법' 통제 보어의 특성

필수 통제 구문이 몇몇 어휘소의 어휘적 특성에 의해 현성된다는 주장에 대한 반박으로 Landau(2004)의 정형 통제(finite control) 구문에 대한 분석을 들 수 있다. 특히 Landau의 분석은 통제 보어의 다양한 형태의 주어가 겉으로 보이는 것과 다르게 서로 다른 구조의 정형절에서 인허될 수 있다는 가능성을 제기한다는 점에서 주목할 만하다. 이를 알아보기 위해서 다음의 히브리어의 예시를 살펴보자.

---

6) 양동휘(1984)와 유사한 입장에서 한국어의 필수 통제 구문을 정리하고 분석한 논문으로 Lee (2009)와 Gamerschlag(2007) 등이 있다.

7) 이와 관련하여 일종의 부가절에서 나타나는 (유사) 필수 통제 해석에 대한 포괄적인 연구에 대해서는 Landau(2013)를 참조할 것.

(10) a. himlacti le-Gil$_i$ še-_$_{i/*j}$ yearšem

I-recommended to-Gil that-ec will-register.3sg.M

la-xug le-balšanut.

to the-department to-linguistics

'I recommended to Gil to register to the linguistics department.'

b. himlacti le-Gil$_i$ še-Dani$_j$/hu$_j$ yearšem

I-recommended to-Gil that-Dani/he will-register.3sg.M

la-xug le-balšanut.

to-the-department to-linguistics

'I recommended to Gil that Dani/he should register to the linguistics department.'

c. himlacti le-Gil$_i$ še-_$_{j/*i}$ terašem

I-recommended to-Gil that-ec will-register.2sg.M

la-xug le-balšanut

to-the-department to-linguistics.

'I recommended to Gil that you should register to the linguistics department.' (Landau 2004, (1))

(10a)는 내포절에 시제와 파이 자질이 모두 외현적인 표지를 통해 드러나는 정형절(finite clause)임에도 불구하고 통제 보어의 영주어가 주절의 목적어와 공지시해야만 하는 필수 통제 구문이다. 그리고 (10b)에서 보이듯이, 동일한 내포절에 외현적인 주어가 나타날 수 있다는 점에서도 정형절로 분류되어야 한다. 하지만 (10a)와 다르게 (10b)처럼 외현적인 주어가 사용되는 경우에는 필수 통제 해석이 사라진다. 이는 겉으로 보기에는 동일한 통제 보어로 보이더라도 영주어가 나오는 경우에만 필수 통제 구문이 형성된다는 것을 의미한다. 그러나 영주어가 나온다고 해서 무조건 필수 통제 구문이 되는 것은 아니다. (10c)에서 보이듯이, 내포절의 동사가 지니는 인칭 자질이 3인칭이 아닌 경우에는 영주어가 나온다고 하더라도 필수 통제 해석이 나타나지

않는다. 이는 내포절의 파이–자질 명세가 필수 통제 구문 환경에 영향을 끼친다는 것을 보여주는 것이다. 특히 Landau(2004)는 (11)의 분석을 통해 이러한 차이가 PRO의 존재에 대한 하나의 증거로 기능할 수 있다고 보았다.

(11) a. 히브리어에는 3인칭 pro가 존재하지 않고, 1/2인칭 대명사에 대응하는 pro만 존재한다.
  b. (11a)에 의거해서 (10a)의 영주어는 pro가 아니라 PRO여야 하고, PRO의 성격에서 예측할 수 있듯이 이 경우에는 필수 통제 해석이 강제된다.
  c. (10b)에서 볼 수 있듯이 외현적인 주어가 사용될 수 있고, 이 경우에는 3인칭의 경우에도 필수 통제 해석이 강제되지 않는다.
  d. (10c)와 같이 종속절 주어의 인칭이 2인칭이라면 대응되는 2인칭 pro가 존재하므로 영주어의 사용에도 불구하고 필수 통제 해석이 강제되지 않는다.

간략하게 정리하자면 (10)의 히브리어 예시는 파이–자질이 겉으로 드러나는 정형절에서도 '영주어'가 인허될 수 있지만, 특정 통사적 환경이 만족되는 경우에만 필수 통제 구문이 형성될 수 있다는 것을 보여주는 것이다.

이러한 Landau(2004)의 주장은 한국어에 대한 양동휘(1984)의 분석과 확실하게 구분된다. 양동휘(1984)는 어떤 종류의 명사 형태가 통제 보어의 주어로 나오더라도 이들이 완전히 동일한 환경에서 생성되어 필수 통제 해석이 강제되어야 한다는 점을 강조하고 있다. 그러나 Landau(2004)는 겉으로 동일하게 보이는 내포절이지만 외현적인 주어가 사용되는 경우에는 필수 통제 환경이 형성되지 않을 수 있다는 것을 통해 필수 통제 환경이 단순하게 관련 단어들의 어휘적 속성만으로 설명될 수 없다는 것을 지적하고 있는 것이다.

이와 관련해서 Landau(2004)와 몇몇 관련 연구들에서는 양동휘(1984)에서 제기한 몇 가지 어휘적 속성이 좀 더 일반적인 통사/의미 원리로 환원될 수 있는 방법에 대해서도 논의하고 있다. 특히 Landau(2004)는 유형론적인 근거를 통해 필수 통제 보어를 이루는 정형절은 직설법(indicative)이 아니라 접속법(subjunctive) 서법(mood)을 가진다고 주장하고 있다.

(12) 범-언어적으로 소망(bouletic)/기대(desiderative)와 관련된 명제태도 술어 (attitude predicate)들은 접속법 내포절을 보어로 선택하고 믿음(doxastic)과 관련된 명제 태도 동사들은 직설법 내포절을 선택한다(Giorgi & Pianesi 1997, Portner & Rubinstein 2012, Anand & Hacquard 2013 등).

그리고 접속법 서법을 가지는 정형절도 주격을 부여할 수 있다는 입장에서 PRO도 일반적인 어휘적인 주어와 동일하게 주격을 받는다고 주장하였다 (Sigurəsson 2008, cf. Chomsky & Lasnik 1993, Martin 2001 등).

이러한 관점에서 (10)의 대조와 함께 통제 보어의 외현적 주어와 관련된 다양한 유형론적인 차이를 통합적으로 설명하기 위해서 Landau는 접속법의 서법을 가지는 정형절 내포절은 두 가지로 구분이 되어야 한다고 주장했다.

(13) a. C-접속법(C-subjunctive) 보어: 특정 통사적 환경에서는 C-T 기능핵에 일종의 재귀적인 속성이 부여되고, 이러한 환경에는 PRO와 같은 재귀성을 가진 논항만이 인허되게 된다.[8]

   b. F-접속법(F-subjunctive) 보어: C-접속법 보어의 환경이 만족되지 않으면 재귀적인 속성이 부여되지 않아 일반적인 (대)명사가 주어로 실현된다.

---

8) Landau(2004)는 시제를 [+T]와 [−T]로 구분하고 [+T]를 주절과 독립적인 통제 보어만의 시제를 가지고 있는 경우를 의미하는 것으로, [−T]를 주절의 시제에 '의존적 시제'를 가지는 것으로 분류하였다. 이와 함께 [AGR] 자질을 다양한 파이-자질들의 묶음이라고 보고, 이들이 [+AGR]이면 형태적으로 일치 자질이 실현되는 것으로 구분하였다. 그리고 이러한 가정에서 PRO에 의해서 점검받아야 하는 재귀적인 특성을 가지는 '비해석성의 자질'이 언제 부여될 수 있는지 논의하고 있다.

이러한 Landau(2004)의 설명은 양동휘(1984)가 제시한 통제 동사의 특성이 체계적인 통사 원리에 의해서 포착될 수도 있는 가능성을 보여 준다. 우선 (9a)와 관련해서 생각해 보면 양동휘(1984)에서 다룬 대표적인 동사인 '설득하다'와 '명령하다'는 모두 접속법 내포절을 선택하는 소망/기대 동사에 속한다. 그러나 이와 대조되는 '하다' 동사는 명제태도 동사로 분류할 수는 없을 것이다. 즉 "소망과 기대와 관련된 명제태도 동사가 통제 술어로 사용되는 필수 통제 환경"으로 한정하면 양동휘(1984)에서 다루어진 (9a)와 관련된 어휘적인 특성은 접속법의 특성으로 포착될 수 있는 것이다.[9] 또 (9b)와 관련해서도 C-접속법 보어가 '-것' 명사절과 어울리지 않는다는 가정을 통해서 그 차이점을 쉽게 포착할 수도 있는 것이다.

그러나 이러한 논의를 한국어에 바로 적용하려면 여전히 몇 가지 문제를 해결해야 한다. 우선 (9c)와 관련해서 의지와 관련이 있는 '-겠-'과 같은 양상소가 C-접속법과 어떻게 연관이 되는지 설명할 수 있어야 한다. 또한 한국어에 이러한 서법 구분이 통사적으로 이루어지는지에 대한 논란도 존재한다. 특히 Landau는 파이-자질을 주요한 논거로 사용하고 있으므로, 파이-자질 일치의 존재 자체에 대해 논란이 있는 한국어에 바로 이러한 분석을 적용하는 것도 쉽지 않은 일이다.[10] 그러나 이와 유사한 입장에서 직설법과 접속법의 다양한 하위 구분은 좀 더 근원적인 요소의 영향을 받기 때문에 이들의 구분이 없는 언어는 존재하지 않는다는 주장도 있다(Bianchi 2003, Amritavalli 2014 등).

---

9) 이 논문에서는 통제(partial control) 구문의 특성이나 비-명제태도 술어에서 형성되는 필수 통제 환경에 대해서는 다루지 않을 것이다. 이에 대해서는 Pearson(2013), Grano(2012), Landau(2015), 허세문(2014a) 등을 참고할 것.

10) Lee(2009)의 경우 한국어의 경우 파이-자질 일치는 없지만 존대 일치가 존재하고, 또 주격을 부여할 수 있다는 점에서 통제 보어를 접속법 정형절로 볼 수 있다고 주장하기도 하였다. 이 외에 한국어의 다양한 접속법 내포절의 특성에 대해서는 Yoon(2013)에서도 자세하게 다루고 있다.

(14) a. 철수가 [영희가 집에 있다고] 믿었다.

    b. 철수가 영희에게 [그녀의 아들이 집에 있어야 한다고] 명령했다.

우선 (14a)처럼 '믿다'와 같은 명제태도 동사가 사용된 문장의 진리 조건은 '실제 세계에 영희가 집에 있는지 여부'에 근거해서 해석되지 않고 철수의 모든 믿음 세계(doxastic worlds)에서 '영희가 집에 있는 명제'가 참인 경우에 정문으로 판단되고, 이와 유사하게 (14b)도 '철수'의 모든 소망 세계(bouletic worlds)에서 영희가 집에 있는 것이 가장 이상적인 상황인 경우에 문장이 참으로 판단된다(Kratzer 2012, Bianchi 2003, Anand 2006, Anand & Hacquard 2013 등). 이렇게 '철수'처럼 믿음이나 소망의 세계를 가지는 개체를 '태도 담지자(attitude holder)'라고 부르고 명제태도 동사가 사용된 문장에서 참/거짓을 판단할 수 있는 문맥, 즉 태도 담지자의 믿음/소망 세계와 관련한 문맥을 '명제태도 문맥(attitude context)'이라고 한다. 그리고 이러한 명제태도 문맥은 〈화자, 청자, 시제〉등의 정보를 담고 있다고 분석되어 왔다(Schlenker 2003, Anand 2006 등). 그리고 대부분의 경우 명제태도 문맥의 '화자'가 태도 담지자에 대응된다(cf. Sharvit 2011, Landau 2015, 허세문 2014b).

이때, 특정 문맥과의 연결 관계라는 측면에 중점을 두고 생각해 보면, 필수 통제 해석은 내포절의 주어가 명제태도 문맥의 화자나 청자에 의해서 직접적으로 결정되는 현상으로 재해석될 수 있다.

(15) a. 철수ᵢ-가 영수ⱼ-에게 [ⱼ 떠나겠다고] 약속하였다.

    (**명제태도 문맥의 화자=철수**, 명제태도 문맥의 청자=영수)

    b. 철수ᵢ-가 영수ⱼ-에게 [ⱼ 떠나라고] 명령했다.

    (명제태도 문맥의 화자=철수, **명제태도 문맥의 청자=영수**)

즉 (15a)와 같은 주어 지향 필수 통제 구문은 통제 보어의 영주어가 명제태도 문맥의 '화자'로 결정되는 것으로 (15b)와 같은 목적어 필수 통제 구문은 통제 보어의 영주어가 명제태도 문맥의 '청자'로 연결되는 것으로 이해할 수 있는 것이다(Bianchi 2003, Anand 2006, Pearson 2013, Landau 2015 등). 그리고 (14)와 (15)의 차이는 (15)는 내포절의 주어가 명제태도 문맥의 정보에 의해서 해석되어야 하지만 (14)는 이러한 제약이 없다는 것으로 환원 될 수 있다. 간략히 정리하자면, 사건이나 논항 관계를 통한 연구에서 문맥과 관련된 정보와 이러한 정보가 반영되는 구조에 대한 연구로의 전환이 일어난 것이라 할 수 있다.

그렇다면 이러한 관점에서 논의를 전개하기 위해서는 문맥 정보와 관련된 차이에서 (14)의 내포절을 F-접속법 보어로 (15)는 C-접속법 보어로 대응시 키는 요인을 찾아야 할 것이다. 이와 관련해서 Bianchi(2003)나 Amrita-valli(2014)는 접속법 내포절의 주어가 명제태도 문맥을 통해 해석되는 상황을 "문맥 조응(context anchoring)" 관계로 포착하고, 특히 Bianchi(2003)는 이러한 개념을 통해서 다음과 같이 접속법을 구분하고 있다.

(16) a. 내포절이 특정 문맥에 조응될 때 정형절이 성립되고, 이러한 점에서 접속법 내포절은 정형절에 속한다.
　　 b. 이렇게 형성된 정형절은 파이 자질의 일치 관계와 특정 시제 해석, 그리고 주격을 부여하는 특성을 가진다.
　　 c. 이때 내포절의 특정 어휘소가 명제 태도 문맥에 "직접적으로 조응"되어서 해석되어야 하는 경우 '내적 담화 문맥 조응(internal logophoric context anchoring)'이 강제되는 특별한 접속법 내포절이 형성된다.

(16)은 정형절의 특성을 결정이 바로 문맥과의 조응 관계의 특성에 달려 있다는 것을 의미한다. 또 이는 기존의 논의들과 다르게 파이 자질이나 시제, 혹은 주격 부여 능력 등 기존에 정형절의 형성의 주요 원인이라고 분석되는 것들은 원인이 아니라 정형절이 결과적으로 가질 수 있는 '부가적인 특성'일

뿐이라는 것을 의미한다(Amritavalli 2014). 그리고 Bainchi(2003)는 (16c) 에서처럼, 명제태도 문맥과 직접적으로 조응되어야 하는 특별한 접속법 내포절이 존재하고, 이런 경우에 필수 통제 해석이 강제된다는 것을 (17)을 통해 설명하고 있다.

(17) 내적 담화 문맥 조응이 일어나는 접속법 내포절은 일종의 재귀성을 가지는 C-T 기능핵을 포함하고, 이 경우 PRO가 인허되어야 한다.

(17)은 Landau(2004)가 주장한 C-접속법 보어가 파이 자질이나 시제, 주격 부여와 같은 주변적 현상보다는 문맥의 조응 관계를 통해서 포착될 수 있다는 것을 보여준다는 점에서 주목할 만하다. 그리고 이러한 입장에서 보면 한국어의 필수 통제 환경도 문맥과의 조응 관계를 통해 통사적 원리로 구분될 수 있을 것이다.

3.2. '자기'의 주어 지향성과 관련된 두 문제

'자기'의 해석과 관련한 양동휘(1984)의 분석에 대해서도 더 생각해 볼 측면이 있다. 이를 조금 더 명확하게 이해하기 위해서 양동휘(1984)에서 제시한 두 환경을 다시 살펴보자.

(18) a. 철수$_i$-가 영수$_j$-에게 [$_j$/그$_j$-가/영수$_j$-가/*자기$_i$-가 떠나-도록] 설득했다.
   b. 철수$_i$-가 영수$_j$-에게 [$_i$/그$_i$-가/*철수$_i$-가/자기$_i$-가 떠나-겠-다고] 약속하였다.

앞서 언급하였듯이, (18)의 두 예문은 모두 소망/기대와 관련된 통제 술어가 사용된 환경에서 '도록' 보문소를 가진 통제 구문, 즉 '도록' 통제 구문과 의지의 의미를 가진 양상소 '-겠-'을 포함한 통제 보어를 직접적으로 비교하고 있는 것이다. 그러나 이 둘을 일대일로 비교하는 것이 적절하지 않다는 것을 보여주는 연구도 있다.

3.2.1. '도록' 통제 보어의 특성

우선 (18a)를 필수 통제 구문으로 볼 수 없다는 지적이 있다(Park 2012, 허세문 2014a 등).

(19) a. 선생님$_i$-은 영희$_j$-의 어머니$_k$-에게 [$_{/k,h/*i}$ 집에 가-도록] 설득했다.

   b. 영희$_i$-의 어머니$_j$-가 선생님$_k$-에게 [$_{j/*i/*k/*h}$ 집에 가-겠-다고] 약속했다.

(19a)에서 보듯이, 영주어와 성분통어관계를 이루지 않는 논항도 영주어와 공지시되는 해석이 가능하다. 이를 위해서 다리가 부러진 '영희'가 집에 가서 쉬지 않으려 하는 상황을 가정해 보자. 이때 '영희의 어머니'가 '영희'의 결심을 꺾을 수 있는 유일한 사람이라면 '영희'가 집에 가도록 만들기 위해서 '선생님'이 '영희의 어머니'를 설득하는 상황에서의 해석이 어느 정도 허용된다. 그러나 동일한 문맥에서 (20b)의 경우는 '미나'가 영주어의 통제어가 절대 될 수 없다.

또한 '도록' 내포절의 필수 통제 해석과 관련해서는 (18a)나 (19)같은 예문보다는 '목적격'이 부여된 통제어의 존재가 중요하고, 동시에 '도록' 통제 구문은 통제어의 격과 어순에 따라서 다양한 변이형을 가진다는 분석도 활발하게 이루어졌다(Monahan 2003, Polinsky et al. 2007, Park 2011 등).

(20) a. 철수가 영희-를 집에 가도록 설득했다.   [ACC1]

   b. 철수가 영희-가 집에 가도록 설득했다.   [NOM]

   c. 철수가 집에 가도록 영희-를 설득했다.   [ACC2]

변이형들에 대한 기존의 논의를 간략히 요약하면, 우선 대부분의 논의에서 [ACC1]이 필수 통제 구문이라는 것은 공통적이지만 나머지 구문들에 대한 설명에는 차이가 있다. Monahan(2003)은 [ACC1]과 [NOM]을 다루면서 이 두 구문은 1장의 (2b)의 입장, 즉 '이동기반 통제 이론으로 설명된다고 주장하였다. 간단히 말해서 [ACC1]과 [NOM]은 (21)에서 보듯이 이동으로 연결된 논항 사슬에서 사슬의 양 끝 중 어느 쪽이 외현적으로 실현되느냐에 따라 결정된다고 보는 것이다.[11]

(21) a. [ACC1]: DP_2 DP_1-를 [$\overline{DP_1}$-가 V_1]-도록 V_2

          └──────────────┘ A-chain

   b. [NOM]: DP_2 $\overline{DP_1}$-를 [DP_1-가 V_1]-도록 V_2

그러나 이러한 입장을 받아들인다면 '도록' 통제 보어에 '자기'가 주어로 실현되는 구문은 형성될 수 없다. 논항 체인의 머리와 꼬리가 모두 '자기'라면 이를 인허할 수 있는 선행사 자체가 없는 구문이 형성되는 것이다.

또 이와 다르게 Polinsky et al.(2007)은 [NOM]은 [ACC1]이 아니라 [ACC2]와 관계가 있으며, 이 둘은 (22)의 해석에서 확인할 수 있듯이 모두 필수 통제 구문으로 볼 수 없다고 주장하기도 하였다.

(22) a. 철수$_i$-는 (영희$_j$-를) [그녀$_{j/*i/k}$-가 집에 가]-도록 설득했다.   [NOM]
   b. 철수$_i$-는 [$_{j/*i/k}$ 집에 가]-도록 영희$_j$를 설득했다.   [ACC2]

우선 (22a)에서처럼 '도록' 보어에 외현적인 대명사가 사용된 경우에 이는 '영희'가 아니라 다른 여성으로의 해석이 가능하다. 그리고 이러한 해석이

---

11) 이렇게 논항 사슬의 꼬리가 외현적으로 실현되는 필수 통제 환경은 역전 통제(backward control) 현상으로 연구되고 있으며, 이는 이동기반 통제 이론의 주요한 근거 중 하나로 사용되고 있다(Polinsky & Potsdam 2002 등).

(22b)와 같은 어순에서도 동일하게 가능하다. Polinsky et al.(2007)은 이러한 관찰을 통해서 [NOM]과 [ACC2] 모두 비-필수 통제 구문으로 분석되어야 한다고 지적한다. 또한 [ACC2]는 [ACC1]에서 어순뒤섞기(scrambling)를 통해 도출되지 않고 (23)과 같이 완전히 다른 기저 구조를 가진 구문으로 오히려 [NOM]과 관련되어 있다고 주장하였다.[12] 그러나 [ACC1]은 Monahan(2003)과 동일하게 (21a)처럼 논항 이동에 의해서 도출되는 필수 통제 구문으로 분석하였다.[13]

(23) a. [NOM]: DP$_2$ [DP$_1$-가 V$_1$]-도록 pro V$_2$
     b. [ACC2]: DP$_2$ [pro V$_1$]-도록 DP$_1$-를 V$_2$

이렇게 '도록' 통제구문의 변이형을 다룬 기존 연구들은 대부분 (18a)나 (19)와 같이 여격의 가능성에 대해서는 따로 논의하지 않았다. 그러나 구조격(structural case)을 가지지 않는 논항은 "논항 이동"의 대상이 될 수 없다는 기본 가정(Chomsky 1981 *et seq.*)에서 본다면 이들은 (21)보다는 (23)에 대응되는 구조로 보아야 할 것이다. 그리고 이러한 분석은 (24)와 같은 결론을 이끌어낸다.

(24) a. 명제태도 동사와 함께 도출되는 환경에서도 필수 통제 구문은 여러 방식을 통해 이루어질 수 있다(Park 2011, 허세문 2014a, cf. Landau 2015).
     b. '도록' 통제 구문의 경우 내포절에 '주격을 가진 외현적 논항'이 실현되는 환경은 필수 통제 구문과 관계없는 구조이므로 이때의 '자기'의 해석은 필수

---

12) Polinsky et al.(2007)은 발화 읽기 시간(speech reading time)을 바탕으로 한 실험을 통해 [ACC2]가 어순뒤섞기에 의한 도출이 아니라는 것을 증명하려고 했다. 일반적으로 어순뒤섞기가 일어난 부분에 대한 발화 읽기 시간은 느려지는데 [ACC2]의 경우 '도록'절과 통제어의 어순이 섞인 부분에서도 느려지지 않는 다는 것이다.
13) 사실 (20a)와 같은 [ACC1]이 정말 (21a)의 분석처럼 이동을 통해 도출되는 필수 통제 구문인지에 대한 논란이 있다. 이에 대해서는 허세문(2014a)과 Hoe(2015)를 참조할 것.

통제 환경과 관련이 없다.

　즉 양동휘(1984)가 지적한 (18a)와 (18b)에서 보이는 '자기'의 차이는 적절한 비교의 대상이 될 수 없다는 것으로 보아야 하는 것이다.

3.2.2. 두 종류의 '자기'의 결속 환경과 주어 지향성의 차이

　'도록' 구문의 특성에 더해서, (18)의 분석과 관련한 '자기'의 주어 지향성에 대해서도 더 생각해 볼 부분이 있다. 양동휘(1984)는 (20)과 같은 환경 모두에서 '자기'가 주어 지향성을 보인다고 가정하고 논의를 전개하지만, 이후 '자기'가 국부적 해석의 대상이 되는 경우에는 주어 지향성을 필수적으로 보일 필요가 없다는 사실도 지적하고 있다(Yang 1991 등).

　(25) 철수$_i$-는 영희$_j$-를 자기$_{i/j}$ 방에 감금했다.　　(Yang 1991)

　이러한 입장에서 C-접속법 보어가 가지는 재귀적인 특성을 생각하면 또 다른 이론적인 가능성을 생각해 볼 수 있다. 사실 C-접속법으로서의 통제 보어가 가진 재귀적 성격을 가진 C-T 기능핵과 PRO는 주절의 적절한 선행사와 직접적으로 국부적 결속 관계(Landau 2000, 2004 등, cf. Landau 2015)를 가지거나 국부적 결속 관계의 연쇄를 통해 결속된다고 연구되어 왔다(Landau 2000, 2004, Kratzer 2009 등). 그렇다면 (18a)는 필수 통제 환경이 아니어서 장거리 결속이 '자기'의 사용이 요구되겠지만, (18b)와 같은 환경에서는 '자기'가 국부적 결속의 영향을 받을 가능성도 아직 남아 있는 것이다.

　물론 이러한 결론에 이르기 위해서는 먼저 생각해 보아야 할 문제가 있다. 우선 Landau(2004)는 이러한 C-접속법 보어의 주어로 어울리는 재귀적인 특성을 보이는 논항에 대해서는 PRO만 다루고 있지, 재귀사 주어까지 논의를 확장하고 있지는 않았다. 그리고 Rizzi(1990) 등 다양한 기존 논문에서 일종의 (국부적) 재귀사는 T의 주어로 절대 나타날 수 없다는 주장도 제기되었다. 그러나 이에 대한 반박도 있다. 예를 들어 Woolford(1999)는 Rizzi의 주장에 대해 논의하면서 재귀적 특성을 가지는 T가 사용되는 환경에서는 (국부적) 재귀사들이 주어로 사용될 수 있다는 것을 보여주고 있다. 또한 PRO 와 국부적 재귀사를 '최소 대명사(minimal pronoun)'라는 파이-자질이 결여되어 있는 논항이라는 개념으로 통합하여 설명하려는 시도도 존재한다 (Kratzer 2009 등).

그렇다면 이러한 다양한 논란 속에서 가장 먼저 해야 할 일은 (20b)의 '자기'와 관련된 목적어 지향 필수 통제 환경이 존재하는지, 그리고 존재한다면 이때 '자기'의 해석이 (20a)처럼 언제나 비문법성을 야기하는지 여부에 대해서 확인하는 것이 될 것이다.

또한 통제 보어의 외현적 주어로 '일반 대명사가 나오는 경우에 대해서도 더 생각해 보아야 한다. 일반 대명사는 결속 변항(bound variable)으로 사용될 수 있기는 하지만 필수적인 재귀성을 보이지는 않는다. 그러므로 Landau의 분석처럼 일반 대명사는 C-접속법 보어의 주어로 사용될 수 없고, 이에 따라 필수 통제 해석이 강제되지 않을 것으로 예측할 수도 있으므로, 이러한 가능성을 살펴보고, 또 관련 연구가 어떻게 이루어져 왔는지도 확인해 볼 필요가 있을 것이다.

4. 의향문 통제 구문의 특성과 외현적 주어의 해석

제4장에서는 제3장 마지막에서 제기된 내용에 중점을 두고 기존 몇 가지 논의들의 장점과 단점 등을 간략히 살펴보려고 한다. 이를 위해 우선 4.1절에서 양상소 '-겠-'을 포함하고 있는 통제 보어의 특성에 대한 논의을 간략히 소개하고, 이에 따라 기존의 관련 논의들을 필수 통제 해석의 동인과 통제

보어의 주어로 나오는 '자기', '3인칭 대명사'의 특성에 따라 4가지의 유형으로 나누어서 4.2절과 4.3절에서 살펴볼 것이다.

4.1. 의향문의 내포 가능성과 필수 통제 환경

한국어는 특별한 어미와 함께 '의향문'이 형성되고, 또 어미의 실현형에 따라서 의향문이 '명령문/청유문/약속문'으로 구분되는 언어이다(권재일 2012, Zanuttini et al. 2012 등).

(26) a. (네가/*그가/*그녀가) 집에 가-라!　　　(명령문)
　　　b. (우리가/*그들이) 집에 가-자!　　　　(청유문)
　　　c. (내가/*그가/*그녀가) 집에 가-마!　　　(약속문)

이와 관련해서 기존의 많은 이론에서 의지의 의미를 가지는 양상소 '-겠-'도 약속문과 유사한 특징을 가지고 있다고 지적해 왔다.

(27) a. (내가) 내일 집에 가-겠-다. (의지/*추측)
　　　b. *그/*그녀-가 내일 집에 가-겠-다. (추측/*의지)

무엇보다도 약속문과 유사하게 의지로 해석되는 '-겠-'도 주어가 '1인칭 화자'여야 한다. (27b)는 오직 추측의 의미만 가능하다. 이는 양상소(modal element)들의 의미가 중의적이라는 일반적인 관점(Kratzer 2012 등)에서 보면 예측 가능하다고 볼 수도 있지만 '의지'의 의미가 나오기 위해서 필수적으로 주어가 화자여야 하는 이유는 쉽게 설명하기 어렵다. 이러한 입장에서 의지와 관련된 '-겠-'이 본질적으로 약속문과 유사한 의향문의 일종으로 분석되어야 한다고 볼 수 있을 것이다(권재일 2012, Madigan 2008b, Park 2011). 게다가 비슷한 인칭 제약을 명령문과 청유문도 보인다. 명령문의 주어는 언제나 2인칭 청자로, 청유문의 주어는 언제나 화자와 청자를 포함한 집단으로 해석되는 것이다.

이와 함께 한국어의 의향문은 적절한 의미의 발화 동사, 즉 명제태도 동사가 사용되는 경우 내포될 수 있다고 연구되어 왔다(Pak et al. 2007, 2013, Park 2011, Zanuttini et al. 2012, 권재일 2012, cf. Han 1998).

(28) a. 철수$_i$-가 영희$_j$-에게 [$_{j/*i/*k}$ 집에 가-라]-고 말했다/명령했다. (명령문)
　　 b. 철수$_i$-가 영희$_j$-에게 [$_{i+j/*i/*k}$ 집에 가-자]-고 말했다/제안했다. (청유문)
　　 c. 철수$_i$-가 영희$_j$-에게 [$_{i/*j/*k}$ 집에 가-겠-]-고 약속했다.　(의지의향문)
　　 d. ??철수$_i$-가 영희$_j$-에게 [$_{i/j/k}$ 집에 가-마]-고 말했다/약속했다. (약속문)

그리고 이를 통해 다음과 같은 몇 가지를 사항을 확인할 수 있다. 우선 약속문은 다른 의향문과 다르게 내포되는 경우 수용성이 현저하게 떨어진다(권재일 2012, 허세문 2016, cf. Park 2011, Zanuttini et al. 2012, Pak et al. 2013).[14] 그리고 내포가 가능한 의향문은 모두 모두 필수 통제 해석을 보인다. 이제부터 의향문이 내포된 필수 통제 구문을 '의향문 통제 구문'이라 지칭하겠다.

지금까지 살펴본 의향문과 관련된 여러 특성은 '-겠-'과 같은 양상소와 관련된 필수 통제 구문에 대한 논의는, 의향문을 통제 보어로 내포할 수 있는 환경의 연구로 환원될 여지가 있고, 이는 양동휘(1984)에서 지적한 한국어의 어휘적인 특성 모두 "문장의 기능과 관련된 특성"으로 포착될 수 있다는 것을 의미한다. 특히 최근의 다양한 논의에서 명령문이 본질적으로 접속법 서

---

14) 이러한 이유로 본 논문에서는 약속문이 내포된 환경은 다루지 않을 것이다. 사실 다양한 언어에서 명령문으로 대표되는 의향문은 내포되지 못한다. 이와 관련해서 한국어의 특징에 대해서는 Pak et al.(2013)이나 Lee & Park(2014) 등에서 자세하게 다루고 있다. 또 의향문 중 약속문만 내포 가능성이 떨어지는 이유에 대해서는 권재일(2012)이나 허세문(2016)을 참조할 것.

법과 긴밀한 관계를 맺고 있고(Oikonomou 2016, 허세문 2014a, 2016 등), 의향문의 내포 가능성 자체도 문맥과의 조응과 관련하여 서법과 관련이 있다고 논의되어 오기도 하였다(허세문 2016 등).

(29) a. 의향문은 본질적으로 '접속법 서법'과 관련되어 있고,
　　　b. 의향문은 언제나 의향문이 발화된 문맥에 직접 조응되어 해석되어야 한다.

즉 '-겠-'과 같은 양상소의 의미도 어휘적 특성이 아니라 (29)처럼 서법과 관련하여 통사/의미적 원리로 포착될 수 있다는 것이다. 이러한 가능성에 입각하여 4.2절 부터는 내포 의향문이 필수 통제 환경을 형성하게 되는 동인의 차이에 중점을 두고 통제 보어의 외현적 주어에 대한 4가지 유형의 분석을 살펴볼 것이다.

4.2. 의향문의 인칭을 통한 통제 보어의 주어 해석

Zanuttini et al.(2012)을 비롯해서 최근의 다양한 연구에서는 한국어의 의향문이 하나의 통사핵인 '지시의향 핵(jussive head)'에 의해서 도출되는 문장 형식이고 이들의 구분이 지시의향 핵의 1/2인칭 자질의 차이에 의해서 설명될 수 있다고 주장하였다.

(30) 지시의향 핵의 인칭에 따른 구분
　　　a. [1인칭]: 마 (약속)　　b. [2인칭]: 라 (명령)　　c. [1+2인칭]: 자 (청유)

특히, 이러한 인칭 자질을 통한 설명은 다음과 같은 '주어에 대한 제약'도 쉽게 설명할 수 있다는 장점이 있다. (31)에서 볼 수 있듯이 의향문의 경우는 일반 명사가 주격을 가진 주어로 사용되는 경우에 지시의향 핵의 인칭이 공유되어야 한다.

(31) a. 엄마ᵢ-가/*그ᵢ-가 나-의 집으로 가-마!

　　b. 철수ᵢ-가/*그ᵢ-가 너ᵢ-의 집으로 가-라!

　　c. 엄마ᵢ-와 너ⱼ-가/*그들ᵢ₊ⱼ-이 먼저 우리ᵢ₊ⱼ 집으로 가-자!

(32) a. *엄마ᵢ/*철수ᵢ-가/*그ᵢ-가 나/너ᵢ-의 친구-를 데리고 왔-어.

　　b. *엄마ᵢ/*철수ᵢ-가/*그ᵢ-가 나/너ᵢ-의 친구-를 데리고 왔-니?

　(31)과 (32)의 차이는 의향문에서만 '주격을 가진 일반 명사 주어'에 의해서 결속되는 대명사 결속 변항은 모두 지시의향 핵의 인칭자질과 동일하게 나타난다는 것을 보여준다. 이러한 차이는 결속 변항의 인칭 자질은 선행사에 실제로 명세되어 있는 인칭 자질과 동일해야 한다는 입장(Kratzer 2009 등)에서 본다면, (31)의 주격을 가진 주어가 단순히 화자나 청자와 의미상 공지시되는 것이 아니라 실질적으로 1/2인칭 자질을 가져야 한다는 것으로까지 이해되어야 한다. Zanuttini et al.(2012)은 이러한 의향문의 특성을 (33)과 같은 구조로 설명하려고 하였다.

(33) 명령문: 주어와 지시의향 핵 사이의 2인칭 자질의 공유 (Zanuttini et al. 2012)

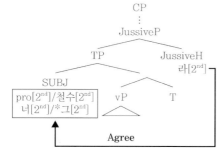

자질 공유 허용: pro, 일반명사,
　　　　　　　　　1/2인칭 대명사
　　　　　　　　vs.
자질 공유 실패: 3인칭 대명사

　간단하게 명령문을 예를 들어 설명하자면, 주어와 지시의행 핵 사이에는 필수적으로 Agree(Chomsky 2000 *et seq.*)가 일어나고 이를 통해서 지시의향 핵의 인칭 자질이 주어에도 공유되어야 한다는 것이다. 그리고 이러한

Agree를 통해 3인칭 대명사를 제외한 주어에는 지시의향 핵의 인칭이 실질적으로 명세된다고 가정하였다.

이러한 입장에서 의향문이 내포되는 경우에도 주어와 지시의향 핵사이의 Agree가 동일하게 일어나고, 이를 통해서 필수 통제 해석이 일어난다는 분석이 존재한다. 특히 이들은 의지 양상소 '-겠-'도 1인칭 자질이 명세된 지시의향 핵과 관련이 있다고 보고 분석하고 있다. 이들을 간략하게 살펴보도록 하겠다.

4.2.1. PRO와 '자기'에 대한 통합적 설명

지시의향 핵을 통한 필수 통제 구문 분석의 하나로 Madigan(2006, 2008a,b)이 있다. 특히 Madigan(2006)은 내포 의향문의 주어가 PRO이고 내포 의향문의 지시의향 핵과 Agree를 통해 인칭 자질을 공유한다고 주장하였다. 덧붙여 다음과 같은 예시를 통해서 한국어의 '자기'는 PRO가 외현적으로 실현된 형태라고 주장하였다.

(34) a. 철수$_i$-가 영희$_j$-에게 [$_{j/*i/*k}$/자기$_{j/*i/*k}$-가 (직접) 집에 가-라]-고 명령했다.
   b. 철수$_i$-가 영희$_j$-에게 [$_{i+j/*i/*j/*k}$/자기들$_{i+j/*i/*j/*k}$-이 (직접) 집에 가-자]-고 제안했다.
   c. 철수$_i$-가 영희$_j$-에게 [$_{i/*j/*k}$/자기$_{i/*j/*k}$-가 (직접) 집에 가-겠-다]-고 약속했다.

Madigan의 주장은 우선 양동휘(1984)와 다르게 통제 보어의 주어로 실현된 '자기'가 주어 지향적인 속성을 가지지 않는다는 입장에서 출발한다. (34a)처럼 명령문이 사용된 경우에 '자기'는 주절의 내부 논항인 '영희'와 공지시해야 하고 (34b)와 같이 청유문이 사용된 경우에는 필수적으로 복수 형태로 사용되며 주절의 외부 논항과 내부 논항 둘과 동시에 지칭해야 한다는 것을 지적한 것이다.

특히 Madigan의 분석은 한국어 의향문 통제 구문의 예시들은 통제어 선택과 의향문의 인칭 자질의 관련성, 즉 2인칭과 (34a)의 목적어 지향성, 1인칭과 (34c)의 주어 지향성의 연관성을 지적하였다. 특히 (34b)와 관련된 구문도 (35)처럼 존재한다.

(35) 분열 통제 구문(split control construction) (Landau 2000, p.53)
    a. John$_i$ proposed to Mary$_j$ [$_{i+j}$ to meet each other$_{i+j}$ at 6].
    b. John$_i$ asked Mary$_j$ whether[$_{i+j}$ to get themselves$_{i+j}$ a new car].

(35)의 두 문장에서는 통제 보어 내에 위치한 국부적 상호사인 'each other'나 국부적 재귀사 'themselves'가 'John'과 'Mary'를 동시에 지칭해야 하고 이들을 인허할 수 있는 결속자는 통제 보어의 영주어만이 될 수 있다. 즉 영주어가 주절의 두 논항과 동시에 공지시해야 한다는 것을 보여주고 이는 청유문이 화자와 청자로 그 주어가 한정된다는 것과 잘 어울린다. 또 자기가 PRO의 PF 실현형이라면 복수 형태인 '자기들'로 실현되어야 한다는 것도 설명이 가능하다.

이에 더해서 Madigan은 필수적인 "*de se* 해석"은 PRO가 가진 특별한 속성인데(Anand 2006 등), 통제 보어의 주어로 사용된 '자기'에도 이러한 해석이 강제된다는 것을 지적하였다.

(36) 문맥: 현재 기억상실증에 걸린 빌은 친구인 메리와 함께 텔레비전을 보고 있었는데, 그때 현재 진행되고 있는 메리와 관련된 법정 공판에 대한 이야기가 나오고 있었다. 빌이 텔레비전의 내용을 보니, 이 법정 공판에 관련된 메리를 포함한 두 사람이 모두 감옥에 가야 할 것 같았다. 갑자기 그는 그 둘이 감옥에 가지 않기 위해서는 두 사람 중 남자가 위증을 해야 한다고 생각하고, 그의 생각을 메리에게 이야기했다. 하지만 그는 모르고 있지만 그 법정 공판에 관련된 피고인은 바로 자신과 메리였다.

#빌ᵢ-은 메리ⱼ-에게 [_ᵢ₊ⱼ/자기ᵢ₊ⱼ들-이 위증하-자]-고 말했다.

(Madigan 2008a, adapted)

*de se*는 명제태도 문맥이 형성되는 경우 명제태도 문맥의 태도 담지자가 특정 논항이 지칭하는 대상이 자기 자신이라는 것을 인식하는 것을 의미하고, Madigan은 자세히 다루지 않았지만 *de te*는 태도 담지자가 특정 논항이 자신의 대화 상대자라는 것을 인식하는 해석을 의미한다(Chierchia 1989, Percus & Sauerland 2003, Schlenker 2003, Anand 2006, Pearson 2013 등).15) 그리고 이러한 *de se* (그리고 *de te*) 해석은 명제태도 문맥에 PRO가 인허되는 경우에 나타나는 가장 중요한 특정 중 하나로 인식되어 왔다(Chierchia 1989, Hornstein 1999, Landau 2000, 2015, Schlenker 2003, Anand 2006, Pearson 2013 등). 이러한 입장에서 (36)은 통제 보어의 주어가 지칭하는 대상은 '빌' 그리고 '메리'인데 태도 담지자인 '빌'이 주어가 지칭하는 대상 중 하나가 자기 자신이라는 것을 인지하지 못해서 비문법성이 야기된다는 것을 보여주는 것이다. Madigan은 이러한 대응 관계 또한 '자기'가 PRO의 PF 실현형이라는 것을 뒷받침해 주는 강력한 증거가 된다고 주장하였다.

상기의 PRO와 '자기'에 대한 분석은 결국 필수 통제 환경은 PRO가 인허되는 환경이라는 결론으로도 귀결되는데, 이에 따라 Madigan은 다음과 같이 일반 대명사나 명사는 의향문 통제 구문의 주어가 될 수 없다고 지적하였다.

(37) a. *철수-가 영희-에게 [그/그녀-가 (직접) 집에 가-라]-고 명령했다.
　　 b. *철수-가 영희-에게 [그들이 (직접) 집에 가-자]-고 제안했다.

---

15) 더 정확한 *de se*와 *de te*의 정의와 필수 통제 구문과의 연관성에 대해서는 Anand(2006), Pearson(2013), Landau(2015) 등을 참고할 것.

c. *철수-가 영희-에게 [그/그녀-가 (직접) 집에 가-겠-]-고 약속했다.

이렇듯 Madigan의 주장은 필수 통제 환경과 관련하여 많은 시사점을 제공하지만 몇 가지 문제점도 있다. 우선 문법성 판단에 대해서 논란이 있다. (34a)나 (34b)처럼 '자기'가 주절의 주어와만 공지시되지 않는 경우 문장의 수용성이 현저하게 떨어진다는 지적도 존재하고(Lee 2009, Park 2018 등),16) 통제 보어에 '직접'이나 '혼자'와 같은 부사 없이는 문법성이 낮아진다는 것도 지적되어 왔다. 그러나 Landau(2015)에서 스페인어나 헝가리어 등 많은 언어에서 통제 보어의 주어에 강한 초점(focus) 해석이 주어지는 경우에만 외현적인 주어의 사용이 가능해 진다고 지적하고 있기도 해서 초점과 관련된 해석이 문제를 일으킨다고 보기는 어렵다.

반면에 (37)의 수용성이 완전하게 불가능하지 않다는 지적도 존재한다 (Park 2011, Seo & Hoe 2015, Park 2018, 허세문 2014a 등). 다음 소절에서부터 이 부분을 좀 더 자세히 다루겠지만 이러한 직관이 타당하다면 Madigan식의 PRO 기반 분석은 정당성을 얻기 어려울 것이다.

또한 Madigan의 분석과 다르게 통제 보어의 '자기'가 단순히 PRO의 PF 실현형이 될 수 없다는 것을 보여주는 확실한 증거도 있다.

(38) a. 철수ᵢ-가/#내ᵢ-가 자기ᵢ-에게 투표했다.
   b. 철수ᵢ-가/#내ᵢ-가 [영희가 자기ᵢ 집에 있다고] 생각했다.

다양한 연구에서 한국어의 '자기'는 1/2인칭 대명사와 결속 관계를 맺지 못한다고 지적해 왔다(Cole et al. 1991, Yoon 1989, Hoe 2013, 장석진

---

16) Lee(2009)는 한국어에서 '자기'가 2인칭 청자를 지칭하는 의미로 사용되는 것이 가능하고, (34a)의 문법성은 이러한 '자기'의 속성에 기인한 것일 수 있다고 지적하고 있다. 그러나 뒤에서 다루겠지만, 이러한 설명은 2인칭 '자기'가 일종의 직시 전환을 허용해야 한다는 것을 의미한다는 점에서 쉽게 정당화되기 어려울 것이다.

1986, 최기용 2014, 허세문 2014b등). 특히, (38)에서 확인할 수 있듯이 이러한 '자기'의 인칭 제약은 국부적 결속과 장거리 결속에서 모두 나타난다 (Hoe 2013, 최기용 2014, 허세문 2014b 등). 문제는 이러한 인칭 제약이 통제 보어의 영주어와 다르게 '자기'에서만 관측된다는 것이다(Lee 2009, Park 2011, Park 2018, 허세문 2014a 등).

    (39) a. 철수$_i$-가 나$_j$-에게 [$_j$/*자기$_i$-가 (직접) 집에 가-라]-고 명령했다.

        b. 철수$_i$-가 나$_j$-에게 [$_{i+j}$/*자기들$_{i+j}$-이 (직접) 집에 가-자]-고 제안했다.

        c. 내$_i$-가 영희$_j$-에게 [$_i$/*자기$_i$-가 (직접) 집에 가-겠-다]-고 약속했다.

즉 인칭 제약에 대한 차이는 통제 보어의 주어로 쓰인 '자기'가 PRO와 관련이 없다는 것을 보여 주는 것이다(Lee 2009, Park 2011, Park 2018, 허세문 2014a 등).

마지막으로 Madigan(2006, 2008a)의 PRO 기반 분석은 이론 내적으로 큰 결점이 있다. 앞서 설명하였듯이 Madigan은 지시의향 핵의 1/2인칭 자질에 의해서 PRO의 해석이 영향을 받는다는 것을 통제어 선택을 통해서 보여주고 있는데, 한국어를 포함한 많은 언어의 1/2인칭 대명사는 명제태도 문맥의 화/청자에 연결되지 못한다.

    (40) 철수가 유미에게 다음과 같은 문장을 발화하는 경우

        a. John says to Bill that you are a hero. ⇒ (you≠Bill, you=유미)

        b. 존은 빌에게 누가 나를 좋아한다고 말했니? ⇒ (나≠존, 나=철수)

그래서 한국어의 의향문 통제 구문은 실제 PRO와 관련된 필수 통제 구문이 아니라 일종의 직시 전환(indexical shift) 구문으로 보아야 한다는 주장이 제기되었다.

4.2.2. 직시 전환 구문으로서의 의향문 통제 구문

Park(2011)은 Pak et al.(2007)의 분석을 따라 한국어의 지시의향 핵의 인칭 자질은 직시전환이 가능한 특별한 인칭자질이라고 가정하고 있다.[17] (41)처럼 몇몇 언어에서는 1/2인칭 대명사가 명제태도 문맥의 화/청자를 지칭하는 것이 수의적으로 가능하다고 연구되어 왔고(Schlenker 2003, Anand 2006 등), 이러한 분석이 한국어 지시의향 핵의 분석에 적용될 수 있다고 본 것이다.

(41) ǰon   ǰəgna   nə-ññ   yɨl-all.   (암하라어(Amharic))
     John   hero   be.Pres-1-Sg   3-M.say-Aux-3-M
     'John says that {I am, he is} a hero.'   (Schlenker 2003, (53))

이에 따라 Park(2011)은 한국어의 1/2인칭 자질을 직시 전환이 가능한 (shiftable) 자질과 가능하지 않은(non-shiftable) 자질로 나누고 전자는 지시의향 핵에, 후자는 1/2인칭 대명사에 각각 배타적으로 명세된다고 주장했다. 특히, 이를 증명하기 위해 Park(2011)은 (42)처럼 통제 보어의 주어에 따른 해석의 차이를 지적하였다.

(42) a. 철수$_i$-가 영희$_j$-에게 [$_j$/그녀$_j$/*너$_j$-가 집에 가-라]-고 명령했다.
     b. 철수$_i$-가 영희$_j$-에게 [$_{i+j}$/그들$_{i+j}$-이/*너희$_{i+j}$-가 집에 가-자]-고 제안했다.
     c. 철수$_i$-가 영희$_j$-에게 [$_j$/그$_j$/*내$_j$-가 집에 가-겠-다]-고 명령했다.[18]

---

17) 직시 전환에 대한 더 자세한 분석은 Schlenker(2003), Anan(2006) 등을 참조할 것.

18) Pak et al.(2007)과 Park(2011)은 모두 약속문이 내포되는 문장을 정문으로 판단하여 다루었지만, 본 논문에서는 이를 모두 비문으로 판정하고 대신 의지 양상소 '-겠-'이 사용된 의지의향문으로 대체하여 논의할 것이다.

(42)는 Madigan의 분석과 다르게 3인칭 대명사는 내포 의향문의 주어로 나올 수 있지만 1/2인칭 대명사가 나오는 경우에 비문이 일어난다는 직관을 반영한다. 그리고 Park(2011)은 이와 '자기'가 사용된 경우의 차이를 다음과 같이 설명하고 있다.

(43) a. 지시의향 핵의 1/2 인칭자질은 직시전환이 가능한 자질이다.

　　 b. Agree를 통해 지시의향 핵의 1/2인칭 자질은 모두 주어에 공유된다.

　　 c. 내포 의향문의 영주어는 LF와 PF의 인칭 자질이 모두 명세되어 있지 않은 pro이다. 그러므로 지시의향 핵과의 Agree가 일어난 이후에는 직시전환이 가능한 1/2인칭 자질의 공유를 통해 필수 통제 해석이 일어난다.

　　 d. 직시전환이 일어나는 경우에는 *de se/te* 해석이 강제된다(Schlenker 2003, Anand 2006 등).

　　 e. 내포 의향문에 사용되는 3인칭 대명사는 LF의 인칭 자질은 결여되어 있지 않지만 PF에는 3인칭 자질이 미리 명세되어 있다. 그러므로 Agree 이후에 3인칭 대명사의 형태는 유지되지만 LF에는 직시전환이 가능한 1/2인칭 자질이 공유되므로 필수 통제 해석이 pro와 '완전히' 동일하게 일어난다.

　　 f. 1/2인칭 대명사는 LF와 PF에 모두 직시전환이 불가능한 1/2인칭 자질이 명세되어 있다. 그러므로 Agree 이후에 의미적 충돌이 일어난다.

　　 g. '자기'는 인칭제약에 의해 1/2인칭 통제어와 함께 사용되지는 못하지만 Agree를 통해 pro와 동일한 해석을 보인다.

(43)을 통한 분석은 Madigan식 분석이 가지는 통제어 선택과 관련된 장점을 모두 유지하면서도 (42)의 차이를 포착할 수 있다. 특히 내포 의향문의 주어가 명제태도 문맥의 화/청자와 연결되는 이유를 쉽게 설명하면서 PRO를 가정하지 않고도 통제 보어의 주어에 왜 *de se/te* 해석이 강제되는지 설명할 수 있는 장점도 있다. 그리고 '자기'나 3인칭 대명사가 내포 의향문의 주어로 나오는 경우에도 pro와 완전하게 동일한 해석을 가지게 될 것을 예측하기도 한다. 이러한 Park(2011)의 분석의 특징은 기존 이론과 비교해서 다

음과 같이 정리할 수 있다.

(44) a. 내포 의향문에는 pro나 일반 (대)명사가 주어로 모두 허용된다.
   b. 내포 의향문의 주어는 모두 지시의향 핵과의 Agree를 통해서 필수 통제 해석이 강제된다. 이는 내포 의향문의 주어와 주절의 공지시되는 논항 사이에 어떠한 실질적인 결속 작용도 일어나지 않는다는 것을 의미한다.
   c. (44b)는 C-접속법 보어와 같이 재귀적인 특성을 가지지 않은 내포절에서도 필수 통제 해석이 나타날 수 있는지 설명할 수 있다.

(44)는 한국어의 내포 의향문을 통해 형성된 필수 통제 환경이 Landau식의 정형 통제 구문과 구분된다는 것과 양동휘(1984)식의 어휘부에 기반을 둔 가정 없이도 특정 통사 구조를 통해서 필수 통제 환경이 형성될 수 있다는 것을 동시에 설명해준다는 점에서 큰 장점이 있다. 그러나 이러한 분석도 몇 가지 문제점이 있다.

우선 한국어에 직시전환이 가능한 1/2인칭 자질이 존재하고, 이러한 자질이 지시의향 핵에만 명세될 수 있다는 가정은 논란의 여지가 있다. 직시 전환은 범언어적으로 매우 적은 언어에서만 관찰되는 현상(Landau 2015)인데다가, 또 1/2인칭 대명사에는 사용될 수 없다고 보는 것은 너무 자의적인 가정이라는 비판을 피하기 어려운 것이다.[19]

'자기'의 성격에 관련해서도 의문점이 있다. 우선 '자기'가 지시의향 핵과의 Agree를 통해 해석된다는 것은 (44b)에서 보듯이 '자기'가 통제어와 직접적인 결속 관계를 전혀 맺지 않는다는 것을 의미한다. 그렇다면 이때의 '자기'

---

19) 자세하게 다루지는 못하지만, 직시 전환에 대한 대부분의 설명은 1/2인칭 대명사가 연결되는 문맥 자체를 어떻게 명제태도 문맥으로 전환시키는지에 집중되어 있고, 이러한 설명은 특별한 인칭 자질의 설정으로 쉽게 설명되지 못한다. 특히 개별적인 인칭 자질의 설정을 통한 설명의 가장 큰 문제점은 Anand(2006)의 분석에서 쉽게 확인할 수 있다. 또, 직시 전환을 통한 한국어 의향문 통제 구문 분석의 문제점에 대한 더 자세한 논의는 허세문(2014a)를 참조할 것.

는 대용어라 칭하기 어려울 것이다. 또 설령 결속 관계가 존재한다고 해도, Park(2011)의 구조는 장거리 결속 환경이므로, 내포 명령문에서는 '자기'는 주어로 사용될 수 없을 것으로 예측된다. 그러나 Park(2011)의 수용성 판단을 따르면 이러한 비문법성은 관찰되지 않으므로 이때의 '자기'를 대용어가 아니라 내포 의향문의 주어 위치에만 나올 수 있는 '특별한 인칭 제약을 가진 대명사'로 보는 것이 더 타당해 보이는 문제가 생기는 것이다.

유사한 논점에서 Park(2011)의 분석은 의향문의 주어로 매우 특별한 3인칭 대명사의 존재를 요구한다는 점에서도 비판의 여지가 있다.

(45) a. *(철수야,) 그녀-가 집에 가-라.
　　 b. *(철수야,) 그들이 집에 가-자.
　　 c. *(철수야,) 그녀-가 집에 가-겠-어(의지)
　　 d. *(철수야,) 그녀-가 집에 가-마.

앞서 논의했던 것처럼 (45)는 한국어에서 완전하게 비문이고, 이는 비-내포 의향문의 경우 3인칭 대명사 주어에 1/2인칭 자질이 Agree를 통해 공유되면 바로 비문이 형성되어야 한다는 것을 의미한다. 그러나 이러한 문제가 내포 의향문에서는 일어나지 않으므로, Park(2011)은 (43e)와 같이 내포 의향문에서만 사용이 가능한 특별한 3인칭 대명사의 존재를 가정하고 있는 것이다. 그러나 이 역시 이론 내적으로 정당화되기는 어려울 것이다.

또 3인칭 대명사 주어와 관련해서는 다음과 같은 예문도 살펴볼 필요가 있다.

(46) 미나가 반장이므로 담임선생님은 미나를 불러 호야에게 내릴 지시를 내렸다.
　　 a. 선생님: *미나야, 이번에 호야/그가 앞에 앉아라.
　　 b. 담임선생님이 미나에게 [호야가/그가/*자기가/*_ 앞에 앉으라고] 명령했다.
　　　　　　　　　　　　　　　　　　　　　　　　　　　(Seo & Hoe 2015, (32))

(46a)는 한국어의 경우 명령의 대상이 필수적으로 청자가 되어야 한다는 것을 보여준다. 그러나 (46b)는 내포 명령문의 경우 3인칭 대명사 주어가 사용되는 경우에 일종의 간접 명령이 완전히 불가능하지 않다는 것을 보여준다 (허세문 2014a, Seo & Hoe 2015). 물론 (46b)는 통제 보어에 3인칭 주어가 나오는 것을 받아들이는 한국어 화자들도 완전한 정문이라 판단하기 어려워했다. 그러나 (46a)에 비해서는 확연하게 수용성이 나아지는 것을 부정하기도 어렵고,[20] 영주어나 '자기'가 주어로 사용된 경우에는 간접 명령의 해석이 불가능하다는 측면에서도 그 의미의 대조성은 확실하게 드러난다고 할 수 있다. 그렇다면 결론적으로 이러한 문법성의 차이는 3인칭 대명사가 내포 의향문의 주어로 나온 경우에 Park(2011)의 예측과 다르게 필수 통제 해석이 강제되지 않는다는 것을 보여준다고 할 수 있을 것이다.

특히 이와 관련해서 Zanuttini et al.(2012)은 (47)에서 확인할 수 있듯이 몇몇 언어에서는 이러한 간접 명령문이 비-내포 환경에서도 가능하고, 이들 언어와 한국어의 차이는 한국어의 경우 지시의향 핵과 주어 사이에 Agree가 필수적으로 일어나야 하는 특수성으로 포착될 수 있다고 주장하기도 하였다.

(47) Signor Rossi, che nessunosi   sieda in prima fila! (이탈리아어)
     Mr.   Rossi, that no.one self sit   in first   row
     (Lit.) 'Mr. Rossi, (see to it that) nobody sit in the first row.'
                                              (Zanuttini et al. 2012)

(47)은 실제 명령과 관련된 발화의 청자와 명령의 대상이 되는 행위자가 구분되는 경우로 '전자가 후자에 대해서 명령의 실행과 관련한 권한이 부여되어 있는 경우'에만 '어느 정도' 적절한 명령문으로 해석된다는 점에서

---

20) (46b)의 경우와 같이 3인칭 대명사가 쓰인 경우에는 절대 직접 인용문이 될 수 없으므로, 직접 인용의 가능성에서 생기는 문제(Anand 2006, Park 2011 등)에 대해서는 더 다루지 않을 것이다.

(46b)와 매우 유사하다. 그렇다면 이러한 유사성에 대한 설명을 위해 다음 두 가능성을 생각해 볼 수 있다.

> (48) a. 내포 의향문에서는 주어와 지시의향 핵 사이의 Agree가 필수적이지 않다. 그러므로 필수 통제 해석은 통제 보어의 주어에 적용되는 추가적인 결속 과정을 통해서 일어나는 것이다(허세문 2014a, Seo & Hoe 2015)
> b. 내포 의향문에 3인칭 대명사가 주어로 사용된 경우에만 주어와 지시의향 핵 사이의 Agree가 필수적으로 적용되지 않는다.[21]

이러한 두 가능성 중 어느 것을 따른다 하여도, Park(2011)의 pro와 직시 전환을 통한 설명은 그 타당성이 약해질 수밖에 없다. 지시의향 핵의 특성에 의해서 그 해석이 제약되기는 하지만 (46b)는 확실히 비−필수통제 해석으로 볼 수밖에 없는 것이다. 즉 지시의향 핵의 필요성을 인정한다 하더라도 두 경우 '재귀성'을 가진 주어만이 필수 통제 환경과 긴밀하게 연결된다는 사실을 설명할 수 있어야 한다.

4.3. 통제 보어의 주어에 대한 독립적인 결속 관계

내포 의향문의 특수성의 중요성을 받아들이더라도 필수 통제 환경은 통제 보어의 주어가 가지는 독립적인 결속 관계와 더 직접적으로 연결되어 있다고 보는 연구도 존재한다. 4.3절에서는 이와 관련된 두 흐름의 연구를 살펴보려고 한다.

---

21) 내포 의향문에서 Agree를 통해 3인칭 대명사가 직시전환이 가능한 1/2인칭 자질을 공유하지 않는다면 필수적인 *de se/te* 해석이 일어나지 않는다고도 예측할 수 있다. 이러한 문제와 관련한 더 자세한 논의는 허세문(2014a)과 Sundaresan(2014) 등을 참조할 것.

4.3.1. 장거리 '자기'의 결속과 필수 통제 해석의 연관성

Park(2018)은 다음과 같은 직관에 기반을 두고 내포 의향문의 주어로 나오는 '자기'도 '장거리 결속 대용어'여야 한다고 결론을 내리고 있다.

(49) a. 톰$_i$-은 빌$_j$-에게 [PRO$_{i/*j}$/자기$_{i/*j}$-가/그$_{i/*j}$-가 메리를 만나-겠-다고] 약속했다.
    b. 톰$_i$-은 빌$_j$-에게 [PRO$_{j/*i}$/자기$_{*j/*i}$-가/그$_{j/*i}$-가 메리를 만나-라-고] 명령했다.   (Park 2008, (1))

(49a)는 주어 지향 필수 통제 구문으로 영주어인 PRO와 '자기', 그리고 3인칭 대명사인 '그'가 모두 '톰'과 필수적으로 공지시된다. 그러나 (49b)와 같은 목적어 지향의 경우는 PRO와 '그'는 '빌'과 공지시될 수 있지만 '자기'는 비문을 야기하는데 이는 장거리 결속에서 나오는 '자기'의 주어 지향성에 기인한 것이다. 특히 다음과 같은 예문을 들어 이러한 주장을 뒷받침하고 있다.

(50) a. 존-은 [빌$_j$-이 [PRO$_{j/*i}$ 자기$_{i/j}$-의 집으로 가-겠-다고] 약속했다고] 생각한다.
    b. 존-은 [빌$_j$-이 [자기$_{j/*i}$-가 자기$_{j/*i}$-의 집으로 가-겠-다고] 약속했다고] 생각한다.   (Park 2018, (5) adapted)

(50a)에서 볼 수 있듯이 PRO와 다르게 장거리 대용어 '자기'는 '생각하다' 동사가 야기한 명제태도 문맥의 '화자'인 '존'과도 공지시될 수 있다. 그러나 (50b)에서처럼 통제 보어의 주어로 '자기'가 나오는 경우에는 이는 PRO와 동일하게 '약속하다' 동사가 야기한 명제태도 문맥의 화자인 '빌'과만 공지시되고, 동시에 동일한 절에 있는 '자기'도 '빌'과만 공지시되는 현상이 발생한다. Park(2018)은 이를 한국어의 장거리 대용어 '자기'가 일종의 담화대용어 (logophor, Anand 2006, Pearson 2013)로서 다음과 같은 해석상의 제약의 영향을 받는다는 가정을 통해 설명하려 한다.

(51) a. 담화대용어는 [+log] 자질을 가지고 있고(Anand 2006, Pearson 2013), 이를 인허할 수 있는 'OP[log]'에 의해 결속되어야 한다.

b. 장거리 '자기'는 담화대용어의 일종으로 특별히 '가장 가까운 OP[log]'에 의해서 결속되어야 하는 추가적인 제약을 가지고 있다.

c. OP[log]은 기본적으로 명제태도 문맥의 '화자'와만 연결되고 이를 통해 장거리 '자기'를 포함해서 담화대용어가 일반적으로 보이는 주어/화자 지향성이 설명될 수 있다(Anand 2006, Pearson 2013 등).

d. PRO는 통제보어를 일종의 속성(property)으로 유형 전환을 시키는 OP와의 결속 관계를 통해 인허된다(Chierchia 1989, Pearson 2013 등).

e. (51a)와 (51d)의 두 OP-결속을 통해 결과적으로 필수적인 *de se* 해석이 일어난다(Chierchia 1989, Pearson 2013 등). 이는, 담화대용어는 통제보어의 주어 위치와 상관없이 필수적으로 *de se* 해석을 받는다는 사실(Chierchia 1989, Anand 2006, cf. Pearson 2013)과도 잘 어울린다.

f. 이러한 OP-결속과 속성 유형 보어의 선택은 명제태도 술어의 어휘 의미(lexical entry)에 의해서 결정되는 것이다(Chierchia 1989, Pearson 2013).

g. 장거리 대용어 '자기'가 통제 보어의 주어에 사용되는 경우에는 OP[log]이 PRO를 인허하는 OP를 대신해서 필수적으로 사용되어야 한다.

(51)과 같은 Park(2018)의 가정은 결국 PRO의 인허와 담화대용어 '자기'의 인허가 유사하게 OP-결속을 통해 일어난다는 것을 의미한다. 그리고 특히 (51b)와 (51g)를 이용하여 (52)의 구조를 통해 (50)의 차이를 설명하고 있다.

(52) a. 존-은 [OP[log]$_i$ 빌-이 [OP$_j$ PRO$_{j/*i}$ 자기$_{i/*j}$-의 집으로 가-겠-다고] 약속했다고] 생각한다.

b. 존-은 [빌-이 [OP$_j$ OP[log]$_j$ PRO$_{j/*i}$ 자기$_{j/*i}$-의 집으로 가-겠-다고] 약속했다고] 생각한다.

c. 존-은 [OP[log]$_i$ 빌-이 [OP[log]$_j$ 자기$_{j/*i}$-가 자기$_{j/*i}$-의 집으로 가-겠-다고] 약속했다고] 생각한다.

(52a)는 OP[log]ᵢ이 '생각하다' 동사와 관련된 명제태도 문맥과 연결되고, 이 경우 (51b)의 가정처럼 담화대용어 '자기'는 가장 가까운 OP[log]ᵢ과 결속되어 '존'과 공지시하게 된다. 이와 다르게 PRO는 OPⱼ에 의해 결속되어 '빌'과 공지시되므로 PRO와 '자기'는 서로 다른 지시체를 가질 수 있다. 그러나 (52b)와 같이 OP[log]ⱼ가 '약속하다' 동사의 명제태도 문맥에 형성되면 '자기'가 OP[log]ⱼ에 의해 결속되어야 하므로 결과적으로 PRO와 동일하게 '빌'을 지칭하게 된다. 즉 (52a)와 (52b)의 구조가 (50a)의 두 해석을 모두 설명할 수 있는 것이다.

그러나 PRO의 위치에 '자기'가 사용되는 경우에 (51g)는 (52c)처럼 '약속하다' 동사의 명제태도 문맥에 OP[log]ⱼ의 실현을 강제한다. 그리고 이 경우에 OP[log]ᵢ이 '생각하다' 동사와 관련해서 형성될 수 있다 하더라도, 두 '자기' 모두 더 가까운 위치에 있는 OP[log]ⱼ에 의해 결속되어야 하므로 (50b)가 보이는 해석상의 제약이 나타나게 되는 것이다.[22]

Park(2018)은 이러한 관찰을 통해서 통제 보어의 주어로 나오는 '자기'는 담화대용어여야 한다고 주장하면서 동시에 다음과 같은 주장도 펼치고 있다.

(53) a. 통제 보어의 주어로 나오는 3인칭 대명사는 모두 PRO를 인허하는 OP와 결속 관계를 맺을 수 있는 '결속 변항'이다.

　　 b. OP와의 결속 관계가 있다는 것은 통해 통제 보어의 3인칭 대명사 주어는 모두 PRO와 동일하게 해석되어야 한다는 것을 의미한다. 이는 3인칭 대명사가 필수 통제 해석 이외의 해석을 허용하지 않으며 필수적인 *de se/te* 해석을 가져야 한다는 것도 함의한다.[23]

---

22) 중국어의 장거리 결속 'ziji'가 보이는 유사한 특성에 대한 다른 관점의 분석에 대해서는 Huang & Liu(2001)와 Anand(2006)을 참조할 것. 또 이러한 특성이 모든 담화대용어에서 일어나는 것은 아니라는 것도 간과해서는 안 된다. Anand(2006)은 요루바어의 분석을 통해 같은 절 안에 있는 담화대용어가 동일한 명제태도 문맥의 화자를 지칭하지 않을 수 있다는 것을 보이고 있다.

23) 사실 Chierchia(1989)식의 분석에서는 *de te*의 개념을 포착하는 것이 쉽지 않다. 이에 대한

즉 통제 보어의 영주어는 PRO이고, 이 위치에 외현적 주어가 나오기 위해서는 PRO를 결속하는 OP와 결속 관계를 가질 수 있어야 하는데 3인칭 대명사의 형태로 나타나는 결속 변항도 이러한 특징을 만족시킬 수 있다는 것이다.

이러한 Park(2018)의 설명은 기존의 지시의향 핵의 인칭 자질을 통한 설명이 포착할 수 없는 (50)의 대조를 설명할 수 있다는 점에서 큰 장점을 가진다. 하지만 동시에 주요 자료에 대한 직관이 기존의 분석들과 크게 배치된다는 문제점도 있다.

역시나 가장 큰 문제는 (50b)의 문법성 판단과 관련이 있다. 앞서 살펴보았듯이 Madigan(2006, 2008a,b)와 Park(2011)은 모두 이때의 '자기'가 명제태도 문맥의 청자와 연결되는 해석을 정문으로 받아들이고 있다. 물론 이때의 해석이 자연스럽지 않다는 것을 완전히 부정할 수는 없다. 하지만, Landau(2015)가 지적하듯이 통제 보어의 외현적 주어가 강한 초점 해석이 동반되는 경우에만 실현 가능하다는 입장과 달리 Park(2018)은 부사의 사용등 초점과 관련된 해석을 완전히 배제하고 논의를 전개하고 있는 듯하다.

또 통제 보어의 3인칭 대명사 주어에 대한 문법성 직관도 논란의 여지가 있다. 앞서 논의하였듯이, 통제 보어의 3인칭 대명사 주어는 일종의 간접 명령의 해석이 가능하다는 분석도 존재한다. 이러한 해석도 완전히 자연스러운 것은 아니지만, 다양한 관련 환경과 비교해서는 상당한 정도의 차이로 더 나은 수용성을 보이는 것도 부정하기는 어려운 것이다. 그리고 이러한 간접 명령의 해석이 허용되기 위해서는 3인칭 대명사는 절대 결속 변항이 될 수 없다(허세문 2014a, Seo & Hoe 2015).

이와 함께 이론 내적인 부분에서 Park(2018)의 논점은 더 자세하게 살펴보아야 한다. Park(2018)에서 필수 통제 환경은 결국 통제 보어를 '속성' 유형으로 만드는 OP가 생성되는 내포절로 환원되어야 하고, (51f)에서처럼 이

한 가지 가능성에 대해서는 Pearson(2013)을 참조 할 것.

는 결국 명제태도 동사의 어휘 의미의 문제로 환원된다. 이는 '명령하다'와 같은 동사를 예로 들자면, 통제 보어를 선택하는 '명령하다^1'과 그 이외의 환경과 관련된 '명령하다^2'가 독립적인 어휘로 따로 존재해야 하는 것을 의미한다(Pearson 2013).

이러한 어휘적 중의성에 의한 설명은 필수적인 *de se* 해석을 설명하는데 있어서는 어느 정도 성공하지만, 왜 특정 정형절 통제 보어 형태만이 '속성' 유형과 관련된 OP를 가져야 하는지에 대한 설명에는 한계를 가진다.[24] 특히 Park(2018)은 (51g), 즉 필수 통제 환경에서 영주어의 위치에 '자기'가 사용되는 경우에 필수적으로 OP[log]이 형성되어야 한다는 제약이 일종의 필수 통제 구문 고유의 "구조적 특성"과 연관된다고 가정하고 있지만, 이들의 연관성에 대해서는 뚜렷한 해답을 제시하고 있지는 못하고 있다. 그러므로 이를 좀 더 명확하게 설명하기 위해서는 필수 통제 환경의 형성과 구조적 제약의 관계를 포착하기 위한 더 정밀한 논의가 필요할 것이다.

4.3.2. 국부적 결속관계와 PRO

앞에서 간단하게 살펴보았듯이 정형 통제 구문에 대한 C-접속법 보어를 통한 분석은 국부적 결속 관계를 중시하고 있다. 그리고 이러한 입장을 따르면 한국어 외현적 주어의 분석에서 다음과 같이 몇 가지 이점이 생긴다.

---

24) Landau(2015)는 명제태도 문맥에서 나타나는 필수 통제 구문의 보어가 속성 유형(정확하게는 '이차 술어'적 성격)과 관련이 있다고 보았다(cf. Barbosa 2016). 그러나 4.3.2절에서 간략히 언급되듯이 Landau(2015)의 분석은 OP 결속과 PRO의 *de se* 해석의 연관성을 부정하므로 Park(2018)과는 어울리지 않는다. Zanuttini et al.(2012)처럼 의향문은 본질적으로 '속성' 유형과 관련된 문장 형태라고 보는 경우가 있다. 그러나 이러한 분석이 Chierchia(1989)식의 *de se* 해석을 위한 구조와 양립가능한 것인지에 대해서는 더 자세한 논의가 필요하고(Grano 2015, Sheehan 2017 등), 명령문도 '명제'에 대한 발화여야 한다는 반론도 있다(Kaufmann 2012, Condoravdi & Lauer 2012, Oikonomou 2016 등). 마지막으로 "부분 통제 환경"과 관련해 이를 속성 유형으로 볼 수 있는지(Pearson 2013) 아니면 명제 유형으로 보아야 하는지(Landau 2000, 허세문 2014a)에 대한 논란도 있다.

우선, 목적어 지향 필수 통제 구문에서 '자기'가 주어 지향성을 보이지 않는 이유를 쉽게 설명할 수 있다. 이를 위해 Yang(1991)이 '자기'가 국부적으로 결속되는 경우에는 주어 지향성이 필수적이지 않다고 지적한 것을 다시 생각해 보자.

(54) 철수$_i$-는 영희$_j$-를 자기$_{i/j}$ 방에 감금했다. (=25)

이때, Park(2018)이나 관련 논의(Hoe 2013, 허세문 2014a, b)에서처럼 장거리 결속 '자기'가 보이는 주어 지향성이 담화대용어의 특성에 기인하는 것이라면 (55)의 특성은 다음과 같이 쉽게 이해할 수 있게 된다.

(55) a. '주절'에는 명제태도 문맥이 형성되지 않으므로 담화대용어가 절대 인허되지 못 한다(Hoe 2013, Pearson 2013, 허세문 2014a, b).
   b. 이러한 이유로 (54)의 '자기'가 보이는 재귀적인 성격을 설명하기 위해서는 이를 국부적 재귀사(local reflexive)로 구분해서 보아야 할 것이다(Hoe 2013, 허세문 2014a, b, cf. Cole et al. 1990, 최기용 2014 등).
   c. 범언어적으로 국부적 재귀사는 주어 지향성을 필수적으로 보이지 않는다.

이러한 입장에서 C-접속법 보어의 특성을 통해 PRO와 '자기'와 같은 국부 결속과 관련된 주어가 나오는 경우에만 필수 통제 환경이 형성될 수 있다고 본다면 Park(2011)이나 Madigan(2006)처럼 '자기'에 대한 특이한 가정 없이도 이 둘의 유사성을 포착할 수 있게 된다. 또 동시에 3인칭 대명사가 결속 변항으로 사용되지 않는 경우에는 F-접속법 보어가 선택되어야 한다는 것도 쉽게 예측할 수 있고, 이 경우에는 당연하게도 일종의 간접 명령문이 해석이 허용될 것이다(허세문 2014a).

이렇듯 국부적 결속을 통한 설명은 앞서 살펴본 한국어에서 통제 보어의 각 주어가 보이는 해석상의 특성을 대부분 포착할 수 있다는 장점이 있다.

그러나 국부적 재귀사 '자기'가 통제 보어의 주어로 사용되는 경우에만 *de se/te* 해석이 강제되는 이유를 설명하기 어렵다는 문제가 발생한다. 국부적 '자기'가 주절에 사용될 수 있다는 것은 명제태도 문맥이 형성되지 않은 환경에서 쓰일 수 있다는 것을 의미하므로, 이는 전통적인 PRO의 분석과 다르게 *de se/te* 해석이 강제되는 환경으로 그 분포가 제한되지 않는다는 것을 보여주는 것이다.[25] 그러므로 왜 국부적 '자기'가 통제 보어의 주어로 사용되는 경우에만 *de se/te* 해석을 받아야 하는지에 대한 설명이 필요하다.

이에 대해서 허세문(2014a)과 같은 경우는 통제 보어에 국부적 결속관계를 보이는 주어가 실현되는 경우에 나타나는 필수적인 *de se/te* 해석은 OP−결속이나 직시 전환과 상관없이 명제태도 동사의 보어의 해석을 위해 필요한 독립적인 의미 기제를 통해서 자연스럽게 도출될 수 있다는 Landau(2015)의 입장을 받아들이고 있다.

(56) 문맥: 'Ralph'는 일반 사람이 들어오기 어려운 곳에 갈색 모자를 쓴 한 사람이 있는 것을 스쳐지나 가면서 몇 번 보고, 그가 스파이일 수도 있다고 의심했다. 그러나 동아리에서 몇 번 만난 회색 머리의 사람이 바로 그 갈색 모자를 쓴 사람으로 이름이 'Bernard Ortcutt'라는 것을 몰랐다.
  a. Ralph believes that Ortcutt is a spy.
  b. Ralph believes that Ortcutt is not a spy.   (Quine 1956)

(56)의 문맥에서 (56a)와 (56b)의 내포문은 사실 모순되는 명제이지만 모두 참으로 받아들여 질 수 있다. 이를 설명하기 위해서 다양한 이론에서 명제태도 술어의 보어에 있는 모든 개체는 실제 세계의 지시체로 해석되지 않고 태도 담지자가 특정 개체에 대해 가지고 있는 "인식 개념(acquaintance concept)"으로 이해된다고 주장하였다(Percus & Sauerland 2003, Anand

---

25) Landau(2015)처럼 PRO도 명제태도 술어의 보어 밖에서도 생성될 수 있기 때문에 본질적으로 *de se/te* 해석이 강제되는 것이 아니라는 분석도 존재한다.

2006, Pearson 2013, Landau 2015 등). 즉 (56a)에서 'Ortcutt'는 '갈색 모자를 쓴 사람'이라는 인식 개념으로 (56b)에서는 '회색 머리의 사람'의 인식 개념을 통해 해석되어서 모순이 일어나지 않는다는 것이다. 그리고 이러한 인식 개념의 생성을 위한 독립적인 의미 기제로 "개념 생성자(concept generator)"라는 것이 명제태도 문맥의 해석을 위해서 필요하다고 논의되어 왔다(Percus & Sauerland 2003, Anand 2006, Pearson 2013 등).

"인식 개념"의 입장에서 보면 '태도 담지자가 자기 자신으로 인식하는 개체'라는 식의 개념은 충분히 상상할 수 있을 것이다. 그리고 이러한 인식 개념이 존재한다면 바로 이것을 통해 *de se* 해석이 포착될 수 있을 것이며, 비슷한 방식으로 *de te* 도 이해될 수 있다(Anand 2006, Landau 2015, Hoe & Lim 2017, cf. Percus & Sauerland 2003, Pearson 2013). 그러나 이러한 인식 개념을 PRO의 *de se/te* 해석에 적용할 수 있는지 여부에 대해서는 다양한 논쟁이 이루어져 왔다.

우선 이를 반대하는 입장에서는 필수 통제 환경에서 *de se/te* 인식 개념이 왜 필수적으로 요구되는지를 설명하기 어렵다는 점을 중점 논거로 사용하고 있다.26) 그래서 PRO가 *de se/te* 해석을 요구하는 어휘화된 전제(presupposition)을 가지고 있다고 보거나(Anand 2006), Chierchia(1989)식의 특별한 OP-결속의 필요성을 역설하고 있기도 하다(Pearson 2013 등).

이와 다르게 Landau(2015)는 필수 통제 구문의 PRO가 가지는 필수적인 *de se/te* 해석은 인식 개념을 통해 도출되고, 이때의 필수성은 '문맥 담화 조응'(cf. Bianchi 2003)과 관련되어 있다고 주장한다. 자세하게 다 다루지는 못하지만, 간략하게 요점을 정리하자면 PRO의 해석이 명제태도 문맥과의 담화 조응을 통해 일어날 때 그 지시체에 대한 정보를 '개념 생성자와의 관계' 속에서 얻게 되고, 이런 경우에는 *de se/te* 해석이 일종의 '전제' 형태

---

26) 이외의 관련 논거들에 대해서는 Anand(2006)과 Pearson(2013, 2017) 등을 참조할 것.

로 필수적으로 발현된다는 것이다.

허세문(2014a)도 필수 통제 구문의 *de se/te* 해석도 인식 개념을 통해 도출된다는 점에서는 Landau(2015)의 입장을 따르고 있다. 그러나 한국어 내포 의향문의 지시의향 핵의 특성에 주목하여, 여기에 명세된 1/2인칭 정보가 직시 전환이 아니라 명제태도 문맥에 직접적으로 담화 조응해서 해석되어야 하며, 이러한 경우에 필수적으로 *de se/te*와 관련된 인식 개념이 도출된다고 보고 있다는 점에서 Landau(2015)와 차이가 있다.[27] 이러한 분석의 특성과 이를 통해 예측되는 통제 보어의 주어의 해석의 양상을 간략히 정리하면 다음과 같다.

(57) a. 한국어의 내포 지시의향 핵의 1/2인칭 자질의 해석은 직시전환이 아니라 명제태도 문맥과의 담화 조응을 통해 이루어지고 이러한 점에서 C-접속법보어의 특성을 만족시킨다. 이에 재귀성이 있는 PRO와 국부적 재귀사 '자기'가 주어로 실현된다.

   b. 통제어와의 국부적 결속을 통해 PRO와 '자기'의 지시체가 결정된다.

   c. 명제태도 술어의 보어와 관련된 담화 관련 정보는 명제태도 보어 외부와의 결속 관계를 포함해서 결정될 수 없다(Kratzer 1999). 그러므로 통제 보어의 주어에 대한 인식 개념도 통제어 결속과 상관없이 독립적으로 통제 보어 내부 정보만으로 생성되어야 한다. 그리고 이러한 과정이 바로 지시의향 핵의 1/2인칭 자질 정보와 개념 생성자의 상호 작용을 통해 형성된다.

   d. 지시의향 핵의 1/2인칭 자질이 명제태도 문맥과 지접적인 담화 조응을 통해 해석되므로, 이러한 경우에는 Landau(2015)의 가정과 유사하게 필수적으로 *de se/te* 인식 개념이 개념 생성자에서 생성되게 된다.

   e. 통제어와 PRO/'자기' 간의 결속이 일어난 후에 이 지시체가 독립적으로 생성된 인식 개념과 양립 가능해야 적절한 해석이 가능하다. 즉 Agree가 아니라 인식 개념과 관련된 *de se/te* 해석을 통해 통제어 선택이 일어나는 것이다.

---

27) 허세문(2014a)과 Landau(2015)의 차이점에 대한 더 상세한 논의는 허세문(2014a)를 참고할 것.

f. C-접속법 보어가 아니라 F-접속법 보어가 선택되는 경우에 일반적인 3인칭 대명사가 주어로 나타날 수 있고 필수 통제 해석이 강제되지 않는다.

이러한 국부적 결속을 통한 설명은 특별한 추가적인 가정 없이 범언어적으로 존재하는 PRO와 일반적인 국부적 재귀사의 속성을 통해 통제 보어의 영주어와 '자기'가 보이는 해석상의 유사점을 포착하고, 또 3인칭 대명사 주어가 보이는 차이점도 포착할 수 있다는 점에서 장점이 있다. 그러나 역시 몇 가지 문제점도 있다.

우선 첫 번째로 Park(2018)에서 분석한 (50)의 차이를 포착하지 못한다. 통제 보어의 주어로 쓰인 '자기'가 국부적 결속에 의해 인허된다면 왜 동일한 절에 있는 장거리 '자기'의 해석까지 제약하는지 쉽게 설명하기 어려운 것이다. 또한 국부적 결속을 통한 설명은 pro와 관련해서 한 가지 문제점을 야기한다. 한국어는 pro가 존재하는 언어이므로 내포 의향문이 F-접속법 보어로 사용되어 pro를 주어로 선택한 구조가 형성될 수 있다. 특히 이 구조는 PRO가 사용된 C-접속법 보어 구조와 외현상 완전히 동일하므로, 내포 의향문에서는 영주어가 사용된 경우에는 필수 통제 해석 자체가 강제될 필요가 없다고 잘 못 예측하게 되는 것이다. 물론 이와 유사한 문제는 기존의 다양한 연구에서도 인지되어 왔고, 보통 다음과 같이 일종의 '선호(preference) 관계'를 통한 분석이 시도되어 오기도 했다.

(58) a. 내포절의 정형성을 따짐에 있어서 PRO가 인허될 수 있는 환경은 일반 (대)명사 주어가 인허될 수 있는 환경보다 구조적으로 더 간단하게 된다. 이런 이유로 PRO와 pro가 겉보기에 동일한 환경에서 도출될 수 있으면 PRO의 사용이 '구조적 경제성'에 의해서 선호된다(Farkas 1992 등).

b. 이동 기반 통제 이론에서 Hornstein(2006)은 특별하게 '의미 해석'이나 '구조상 이동이 일어날 수 없는 이유' 등 명확하게 드러나는 단서(cue)가 있지 않는 이상 논항 이동이 일어난 필수 통제 구조가 pro가 삽입된 비-필수

통제 구조보다 더 선호된다고 가정한다. 또한 이러한 선호는 통사부에서 일어나는 것이 아니라 문장의 구문 분석(parsing)이 일어나는 과정에서 적용된다고 보았다.

   c. MacFadden & Sundaresan(2016)은 pro와 PRO가 알고 보면 동일한 문법소이고 PRO가 인허될 수 없는 환경, 즉 필수 통제 환경의 도출이 실패하는 경우에만 pro가 실현된다고 주장하고 있다.

그러나 이 중 어떤 것이 한국어의 내포 의향문의 특성을 설명하는데 적합한지에 대해서는 다루어진 바가 거의 없어, 추후 더 자세한 분석이 요구된다. 특히 (58a)에서처럼 "전체 구조들 사이의 경쟁(global competition)"은 최근 최소주의 이론에서 가정하는 경제성 원리에 대한 기본 입장에서 쉽게 받아들이기 어려울 수 있다. 또한 (58b)의 경우에는 구문 분석(parsing)을 통한 분석이 이동과 pro만이 아니라 PRO와 pro의 관계까지 확장될 수 있는지에 대해서도 더 엄밀한 분석이 요구된다. 마지막으로 (58b)와 (58c)는 어떤 경우에 필수 통제 환경의 형성이 실패하는 것인지에 대해 좀 더 명확한 구분을 필요로 한다. 예를 들어 *de se* 해석이 만족되지 않는 문맥에서 한국어는 PRO대신 pro가 사용되지 못하므로 어떤 의미적인 요인이나 외현적인 단서가 '선호 원리'에 영향을 줄 수 있는지에 대해서 더 명확한 논의가 필요한 것이다.

5. 정리를 마치며: 간략한 통제 구문 연구에 대한 소고

지금까지 살펴본 한국어 통제 보어의 외현적 주어에 대한 논의의 주요 내용을 간략히 표로 정리하면 다음과 같다.

	양동휘(1984)	Madigan (2006)	Park(2011)	허세문 (2014a)	Park(2018)
영주어	pro	PRO	pro	PRO	PRO
'자기'	장거리 '자기'	PRO의 PF 실현형	인칭 제약을 가진 최소 대명사	국부적 '자기'	장거리 '자기'
'3인칭 대명사'	일반 대명사	사용 불가능	LF 인칭 자질만 없는 대명사	일반 대명사	OP와 결속되는 결속 변항
영주어의 필수 통제 해석 동인	어휘적 속성	지시의향 핵과 Agree	지시의향 핵과 Agree	C-접속법 보어에서의 국부적 결속	OP 결속
영주어의 *de se* 동인	다루지 않음	PRO의 특성	직시 전환	문맥 조응에 의한 *de se* 인식 개념	'속성' 유형 보어에서의 OP 결속
'자기' 해석	장거리 결속	PRO와 동일	pro와 동일	PRO와 동일	OP[log] 결속
3인칭 대명사 해석	pro와 동일	사용 불가능	pro와 동일	비-필수 통제 해석 가능	PRO와 동일

[표 1] 한국어 의향문의 통제 구문에서 통제 보어의 '주어'가 가지는 속성

이러한 기존의 연구들을 살펴보면서 먼저 확인할 수 있는 것은 [표 1]에서도 드러나듯이 너무 분석의 전제가 되는 '이론'의 영향을 많이 받고, 주요 자료에 대한 문법성 판단에 있어서도 불일치가 많이 일어난다는 것이다. 특히, 표 내부의 각 내용 하나하나가 서로 다른 이론적인 배경과 관련이 있고, 논란의 여지가 있는 직관이 이론의 형성에 큰 영향을 미치기 때문에 더 많은 혼란이 가중될 수 있다는 점에서 추후에 더 엄밀한 연구가 이루어져야 할 것이다.

또한 대부분의 경우 필수 통제 구문에 대한 새로운 이론이 등장하면 그 이론에 맞추어서 한국어의 자료가 분석되는 양상을 보여 온 것도 아쉬운 점이

다. 물론 이렇게 된 가장 큰 원인은 필수 통제 구문 자체가 이론 내적인 가정을 통해서만 그 연구 범위가 명확해지는 특성을 가지고 있다는 점에서 찾을 수 있을 것이다. 예를 들어 필수 통제 구문의 초기 연구는 의미역 기준(theta criterion, Chomsky 1981)에 의해서 인상(raising) 구문과 구분되면서 시작되었고, PRO에 대한 설명 자체도 의미역 기준과 함께 여러 통사/의미 이론의 기본 원리, 예를 들어 '지배 결속 이론'이나 '격이론', '이동과의 연관성', 혹은 '시제'나 '명제태도 문맥과 관련된 의미' 등, 더 근원적인 원리/원칙과의 연계를 통해 정당성을 획득하려는 시도를 통해 변화되어 온 것이다.

그러나 이러한 과정에서 기존 한국어의 접속문(혹은 내포문)에 대한 다양한 연구 성과가 많이 반영되지 못한 것도 사실이다. 물론 한국어의 경우는 '필수 통제 구문'만을 따로 구별하여 다룬 연구 보다는 한국어의 다양한 접속문이나 내포문에 대한 통합적인 연구가 아주 활발하게 이루어져 왔다(권재일 2012 등). 그리고 이러한 연구에서 다룬 시제 등 특정 주제에 대한 분석들은 오히려 최근의 필수 통제 구문의 핵심 주제와 일맥상통하는 경우가 많이 있다. 이러한 관점에서 한국어의 특성을 좀 더 반영한 연구가 이루어졌으면 한다. 특히나 내포문에 대한 좀 더 포괄적인 연구를 통해 '내포 의향문'이외의 다양한 필수 통제 환경을 정확하게 구분해 내는 것은 정말 시급한 연구 주제라고 생각한다. 앞으로 이와 관련된 연구가 더 활발하게 이루어지기를 기대한다.

참고문헌

권재일(2012), "한국어 문법론", 태학사.

양동휘(1984), 확대 통제 이론. "어학연구" 20, 서울대학교 어학연구소, 19-30.

장석진(1986), 조응의 담화 기능: 재귀표현을 중심으로, "한글" 196, 한글학회, 121-155.

최기용(2014), 피결속—변항 대명사로서의 '자기', "생성 문법 연구" 24, 생성문법학회, 325-364.

허세문(2014a), "한국어 필수 통제 구문 연구", 서울대학교 박사학위논문.

허세문(2014b), 한국어 대용어 '자기'에 대한 비통합적 접근, "언어학" 70, 한국언어학회, 141-178.

Amritavalli, Raghavachar (2014), Separating tense and finiteness: anchoring in Dravidian. *Natural Language and Linguistic Theory* 32, 283-306.

Anand, Pranav (2006), *De de se*. Ph.D Dissertation, MIT, Cambridge, MA.

Anand, Pranav, and Valentine Hacquard (2013), Epistemics and attitudes. *Semantics and Pragmatics* 6, 1-59.

Barbosa, Pilar (2016), Overt subjects of raising and control infinitives and the mode of composition of subjects in the consistent null subject languages. In *Portuguese: Syntax and Acquisition. Issues in Hispanic and Lusophone Linguistics*. John Benjamins.

Barbosa, Pilar (2017), *'pro' as a minimal NP: towards a unified theory of 'pro'-drop*, MS. Universidade Do Minho.(to appear at *Linguistic Inquiry*)

Bianchi, Valentina (2003), On finiteness as logophoric anchoring. In Gueron J. & L. Tasmovski (eds.), *Temps et point de vue/Tense and point of view*, Nanterre: Universite Paris X, 213-246.

Chierchia, Gennaro (1989), Anaphora and Attitudes De Se. In Bartsch R. et al. (eds.), *Semantics and Contextual Expression*, Dordrecht: Foris, 1-32.

Chomsky, Noam (1981), *Lectures on Government and Binding*. Dordrecht: Foris.

Chomsky, Noam (2000), Minimalist Inquires: the Framework. In Martin R., D. Michaels, & J. Uriagereka, (eds.), *Step by Step: Essays on Minimalism in Honor of Howard Lasnik*, Cambridge, MA: MIT Press, 89–156.

Chomsky, Noam, and Howard Lasnik (1993), The Theory of Principles and Parameters. In Jacobs J., A. von Stechow, W. Sternefeld, & T. Vennemann (eds.), *Syntax: An International Handbook of Contemporary Research*, Mouton de Gruyter, Berlin, 506–569.

Cole, Peter, Gabriella Hermon, and Li-May Sung (1990), Principles and parameters of long-distance reflexives. *Linguistic Inquiry* 21, 1–22.

Condoravdi, Cleo. and Sven Lauer (2012), Imperatives: Meaning and illocutionary force. *Empirical issues in syntax and semantics* 9, 37–58.

Farkas, Donka (1992), On Obviation, In Sag I., & A. Szabolcsi (eds.), *Lexical Matters*, CSLI Publications, 85–109.

Gamerschlag, Thomas (2007), Semantic and Structural Aspects of Complement Control in Korean. In *ZAS Papers in Linguistics* 47, 61–123.

Giorgi, Alessandra, and Fabio Pianesi (1997), *Tense and aspect: From semantics to morphosyntax*. Oxford: Oxford University Press.

Grano, Thomas (2012), *Control and Restructuring at the Syntax-Semantic Interface*. Ph.D. Dissertation, University of Chicago.

Grano, Thomas (2015), Getting your to-do list under control: Imperative semantics and the grammar of intending. In *Proceedings of NELS* 45, 241-252

Han, Chung-hye (1998), *The Structure and Interpretation of Imperatives: Mood and Force in Universal Grammar*. Unpublished Doctoral Dissertation, University of Pennsylvania.

Hoe, Semoon (2013), *On the 1st/2nd person restriction of Korean anaphor caki and its implications*. Handout presented at CLS 49.

Hoe, Semoon (2015), *Lexical restructuring of attitude verbs and its hierarchical restriction*. Handout presented at WAFL 11.

Hoe Semoon, and Lim Dongsik (2017), On the *de se* reading in the *de se* center shift in Korean. In Fernández–Soriano O., E. Castroviejo & I. Pérez–Jiménez (eds.), *Boundaries, Phases, and Interfaces: Case studies in honor of Violeta Demonte*, John Benjamins Publishing Company, 255–275.

Hornstein, Norbert (1999), Movement and Control. *Linguistic Inquiry* 30, 69–96.

Hornstein, Norbert (2006), A short note on non–obligatory control. In *University of Maryland Working Papers in Linguistics*, College Park, MD: UMWPiL, 39–46.

Huang, C. T. James, and C.S. Luther Liu (2001), Logophoricity, attitudes, and ziji at the interface. In In Cole P., G. Hermon & J. Huang (eds.), *Long–distance reflexives*, New York: Academic Press, 141–195.

Kaufmann, Magdalena (2012), *Interpreting Imperatives*. Berlin: Springer.

Kratzer, Angelika (1999), *Beyond ouch and oops. How descriptive and expressive meaning interact*. Handout presented at Cornell Conference on Theories of Context Dependency.

Kratzer, Angelika (2009), Making a Pronoun: Fake Indexicals as Windows into the Properties of Pronouns. *Linguistic Inquiry* 40, 187–237.

Kratzer, Angelika (2012), *Modals and conditionals*. Oxford: Oxford University Press.

Landau, Idan (2000), *Elements of control*. Dordrecht: Kluwer Academic.

Landau, Idan (2004), The scale of finiteness and the calculus of control. *Natural Language and Linguistic Theory* 22, 811–877.

Landau, Idan (2013), *Control in Generative Grammar: A research companion*. Cambridge University Press.

Landau, Idan (2015), *A Two–Tired Theory of Control*. Cambridge, Mass.: MIT Press.

Lee, Hyeran, and Jong Un Park (2014), On the Syntactic Condition for Embedded Imperatives. *Studies in Generative Grammar* 24, 429–453.

Lee, Kum Young (2009), *Finite Controls in Korean*. Doctoral Dissertation,

University of Iowa.

McFadden, Thomas, and Sandhya Sundaresan (2016), *Failure to control is not a failure: it's pro*, MS.(lingbuzz/002987)

Madigan, Sean (2006), Exhaustive and partial control in Korean: Controlled caki as an overt form of PRO. In *Harvard studies in Korean linguistics* 11, Cambridge, MA: Harvard University, Department of Linguistics, 642–655.

Madigan, Sean (2008a), Split control is obligatory control: evidence from Korean. *Linguistic Inquiry* 39–3, 493–502.

Madigan, Sean (2008b), *Control Constructions in Korean*. Doctoral Dissertation, University of Delaware.

Martin, Roger (2001), Null Case and the distribution of PRO. *Linguistic Inquiry* 32, 141–166.

Monahan, Philip (2003), Backward object control in Korean. In *Proceedings of WCCFL* 22, 356–369.

Oikonomou, Despina (2016), *Covert Modals in Root Contexts*, Ph.D Dissertation, MIT, Cambridge, MA.

Pak, Miok, Paul Portner, and Raffaella Zanuttini (2007), Agreement and the Subjects of Jussive Clauses in Korean. In *Proceedings of the NELS* 37.

Pak, Miok, Paul Portner, and Raffaella Zanuttini (2013), *Speech Style in Root and Embedded Imperatives*, Handout presented at Workshop on Imperatives, Embeddability, and Politeness. Yale University.

Park, Hong-Keun (2012), Control Constructions in Korean revisited, *Studies in Generative Grammar* 22, 1–22.

Park, Jong Un (2011), *Clause structure and null subjects: Referential dependencies in Korean*. Doctoral dissertation, Georgetown University.

Park, Yangsook (2018), Overt Subjects in Obligatory Control Constructions in Korean, In *Proceedings of WCCFL* 35, 305–312.

Pearson, Hazel (2013), *The Sense of Self: Topics in the Semantics of De*

Se Expressions. Ph.D Dissertation, Harvard University.

Pearson, Hazel (2017), *Counterfactual De Se*, MS. Queen Mary, University of London.

Percus, Orin, and Uli Sauerland (2003), On the LFs of attitude reports. In *Proceedings of SuB* 7, 228–242.

Polinsky, Maria, and Eric Potsdam (2002), Backward control. *Linguistic Inquiry* 33, 245–282.

Polinsky, Maria, Nayoung Kwon, and Philip Monahan (2007), Object Control in Korean: How Many Constructions?. *Language Research* 43, 1–33.

Portner Paul, and Aynat Rubinstein (2012), Mood and contextual commitment. In *Proceedings of SALT* 22, 461–487.

Rizzi, Luigi (1990), On the anaphor agreement effect. *Rivista di Linguistica* 2, 27–42.

Schlenker, Philippe (2003), A Plea for Monsters. *Linguistics and Philosophy* 26, 29–120.

Seo, Saetbyol, and Semoon Hoe (2015), Agreement of a Point-of-Viewer and a Jussive Subject. *Studies in Generative Grammar* 25, 1–34.

Sharvit, Yael (2011), Covaluation and unexpected BT effects. *Journal of semantics* 28, 55–106.

Sheehan, Michelle (2017), *On the difference between exhaustive and partial control*, MS. Anglia Ruskin University.

Sigurðsson, Halldór Armann (2008), The case of PRO. *Natural Language and Linguistic Theory* 26, 403–450.

Sundaresan, Sandhya (2014), Making sense of silence: Finiteness and the (OC) PRO vs. pro distinction. *Natural Language and Linguistic Theory* 32, 59–85.

Woolford, Ellen (1999), More on the Anaphor Agreement Effect. *Linguistic Inquiry*, 30–2, 257–287.

Yang, Dong-Whee (1991), The Dual Property of Anaphors. *Language Research* 27, 407–435.

Yoon, Jeong-Me (1989), Long-distance anaphors in Korean and their crosslinguistic implications. In *Proceedings of Chicago Linguistic Society 25: General Session*, Chicago Linguistic Society, Department of Linguistics, University of Chicago, 479-495.

Yoon, Suwon (2013), Parametric variation in subordinate evaluative negation: Korean/Japanese versus others. *Journal of East Asian Linguistics* 22, 133-166.

Zanuttini, Raffaella, Miok Pak, and Paul Portner (2012), A syntactic analysis of interpretive restrictions on imperative, promissive, and exhortative subject. *Natural Language and Linguist Theory* 30, 1231-1274.

한국어 관형격조사 '의' 연구의 재검토

_ 박소영

1. 들어가기

전통적으로 관형격조사로 명명되어 온 '의'는(최현배 1975, 허웅 1983, 남기심·고영근 1985, 권재일 1992, 2012 등) 그 쓰임이 매우 다양하다. 국립국어원 "표준국어대사전"에서는 조사 '의'의 쓰임에 대하여 총 21개의 항목으로[1] 분류하여 기술하고 있는데, 그것을 추려서 총 다섯 가지로 정리하여 제시하면 아래와 같다.

(1) (넓은 의미의) 소유관계를 나타냄
    a. 어머니의 성경책
    b. 다윈의 진화론
    c. 선생님의 아들
    d. 고대의 문화

---

[1] "표준국어대사전"에 기재된 21개의 항목은 정리되어 부록으로 제시되었다. 각 항목이 위 본문의 (1)-(5) 중에서 어떠한 항목으로 소급되었는지는 각 항목의 오른쪽 괄호 안에 번호를 매겨 표시하였다. 구어와 문어에서의 '의'의 쓰임에 대한 광범위한 논의는 김창섭(2008)을 참조할 수 있다.

(2) 주체나 대상 등의 논항관계를 나타냄
    a. 국민의 단결
    b. 학문의 연구

(3) 뒤 체언의 특성을 나타냄
    a. 불굴의 투쟁
    b. 철의 여인
    c. 순금의 보석
    d. 100℃의 끓는 물

(4) 앞 체언의 조사에 붙어 뒤 체언을 꾸미는 기능을 나타냄
    a. 구속에서의 탈출
    b. 저자와의 대화

(5) 동격을 나타냄
    a. 각하의 칭호
    b. 조국 통일의 위업

먼저 (1)에 예시된 표현들은 후행 명사가 사물이나 대상을 나타내는 명사로 '의'는 넓은 의미의 소유주 명사구에 결합되는 예이다. 다음으로 (2)에 예시된 표현들은 후행 명사가 사건명사(complex event nominal, Grimshaw 1990, 국내에서는 주로 술어명사로 번역됨, 강범모 2001, 이병규 2009)의 경우로, '의' 결합 선행 명사가 행위주, 대상 등의 논항 명사구에 해당한다. 이들 (1)과 (2)의 예는 '의'가 논항 명사구에 결합하는 전형적인 격 표지의 실현으로 보이는 예들이다. 이러한 '의' 실현의 양상으로, '의'는 전통적으로 '속격조사'로도 명명되어 왔다.

한편 나머지 (3), (4), (5)의 표현들은 '의'의 속격조사 지위 부여에 어려움을 제기하는 것들이다. 먼저 (3)에서는 '의'에 선행하는 명사가 후행하는 명

사에 대하여 어떠한 논항 관계를 보이지 않고, 오히려 후행 명사의 속성을 한정하는 수식어, 혹은 서술어로서의 관계를 보인다(목정수 2007). (4)에 예시된 표현은 '의'가 이미 격 관계가 성립된 후치사에 잉여적으로 실현됨으로써, '의'가 격을 나타낸다고 보기 어렵게 만드는 예이다. 마지막으로 (5) 역시 후행하는 명사에 대해 선행하는 체언이 그것의 내용을 설명하는 동격적 수식어, 혹은 서술어 관계를 보이는 것으로서(이선웅 2007, 김인균 2009), '의'를 일반적인 격조사로서의 쓰임으로 인정할 수 어렵게 만드는 예이다. 만약 선행하는 성분으로 체언 대신에 용언이 사용되었다면 관형사형 전성어미를 개입시키는 관계절적 구성으로 환언 가능한 예인 것이다(가령 '조국통일이라는 위업').

바로 이러한 이유로 '의'는 전통적으로 '관형격조사'로도 불리어져 왔는데, 이는 '의'의 체언 수식어로서의 쓰임을 강조한 명명이다. 물론 체언 수식어로서의 문법적 명칭인 '관형(어)'이라는 용어와, 본질적으로 논항 관계를 나타내는 데에 사용되는 '격'이라는 용어는 서로 배타적인 관계에 있기 때문에, 그것을 한데 합친 '관형격조사(관형어를 나타내는 격조사)'라는 용어는 서로 모순적인 측면이 있기는 하다.[2] 그럼에도 불구하고 '관형격조사'에서 '격조사'라는 용어는 순수하게 '의'의 분포적 특성을 포착하기 위한 것으로 보이는데, 즉 '의'가 체언과 결합하는 준자립적 요소로서 여타 격조사와 동일한 분포를 보이기 때문인 것으로 간주된다.

이 글의 목적은 이러한 관형격조사 '의'의 다양한 쓰임과 그 문법적 정체성에 대한 선행 연구를 조망하고, 이를 기반으로 '의'에 대한 앞으로의 새로운 연구 가능성을 모색해보는 것이다. 먼저 제2장에서는 '의'의 문법적 지위에

---

2) 학교문법에서 격과 문장성분의 정의는 서로 순환적이다. 가령 주어에 붙는 격조사는 주격조사이며, 주격조사가 붙는 문장성분은 주어이다. 목적어와 결합하는 격조사는 목적격조사이며, 목적격조사가 결합하는 문장성분은 목적어이다. 이와 평행적으로 관형격조사는 관형어에 붙는 격조사이며, 관형격조사가 결합하면 관형어가 된다.

대한 기존의 연구를 검토한다. 제3장은 통사론적 판별법을 통하여, '의'에 서로 소급될 수 없는 속격 표지와 수식어 표지로서의 본질적으로 다른 두 가지 유형이 있음을 확인한다. 다음 제4장은 한국어 속격 인가 및 '의'가 결합된 속격 성분의 명사구 내 통사적 위치에 대하여 검토한다. 마지막 제5장은 결론이다.

2. '의'의 문법적 지위에 대한 견해

다음 제2장에서는 '의'의 문법적 지위에 대한 기존의 견해를 검토한다. '의'에 대한 기존의 견해로는 크게 관사 표지로서 보는 견해, 격 표지로 보는 견해, 수식어 표지로 보는 견해의 세 가지로 정리될 수 있다.

2.1. 관사 표지로서의 '의'

'의'의 문법적 지위에 대한 첫 번째 견해로서, '의'를 지시성(referentiality)을 나타내는 관사적(determiner) 요소로 파악하는 견해가(임홍빈 1981, 이남순 1988, 목정수 2003) 있다. 구체적으로 임홍빈(1981)은 아래 (6a)의 예는 수용될 수 없는데, 이는 '의'가 존재를 전제하는 용법을 갖고 있기 때문이라고 하였다.

(6) a. *유령의 회사
    b. 유령 회사

(6a)에서 '의'가 존재 전제의 용법을 가진다면, '유령'의 존재가 전제되는 '회사'는 상상하기 힘들기 때문에 적법하지 않지만, (6b)는 '유령'의 존재와는 무관하게 해석되기 때문에 적법하다는 것이다. '유령의 회사'와는 대조적으

로 '유령의 집'은 자연스럽게 받아들여지는데, 이는 '유령'의 존재가 전제되어 '유령이 실제로 출몰하는 집'의 의미로 받아들여지기 때문이라는 것이다. 이와 동일한 맥락에서, 이남순(1988)은 '의'가 선행 명사의 존재를 확인하는 '선택한정'의 의미를 갖는다고 하였다.

그러나 '의'를 일종의 '관사적 요소'로서 파악하는 이러한 견해는 앞 (1)−(5)에 열거된 '의'의 쓰임을 모두 포괄할 수 없다. '의'의 실현이 존재 전제의 의미를 갖는다고 한다면, 그 존재가 전제되지 않은 비지시적인 명사에서는 '의'의 실현이 허용되지 않을 것이라는 예측이 도출된다. 가령 '유령 회사'에서의 '유령'은 비지시적인, 속성을 나타내는 명사로서(의미유형 $\langle e,t \rangle$), 후행하는 명사 '회사'의 속성을 한정해주는 일종의 수식어로서의 역할을 갖는다. 그 존재가 전제되지 않은 비지시적인 명사이므로 '의'가 실현되지 않는다고 할 수 있는 것이다. 그러나 상황은 이렇게 단순하지만은 않다. 대표적으로 (3)에서 예시된 것처럼, 후행 명사에 대해 비지시적인, 그 속성을 한정해주는 수식어로서의 역할을 하더라도 그 예측과는 달리 '의'의 실현이 필수적인 경우가 존재하는 것이다(가령 '불굴*(의) 투쟁'). 이러한 사실은 존재 전제를 나타내는 관사 표지와 '의'의 실현이 단순하게 동일시될 수 없음을 보여준다.

한 가지 더 유의해야 할 점은 한국어는 조사 생략이 빈번하게 일어나는 언어라는 점이다. 따라서 그 존재가 전제된 지시적인 명사구라고 할지라도 반드시 '의'가 가시적으로 실현되어야 하는 것은 아니다. 가령 그 존재가 전제된 고유명사의 경우에 '의'가 존재 전제를 나타낸다면 반드시 '의'가 실현되어야 할 것이 예측되지만, 사실은 이러한 예측과는 달리 '의'의 수의적인 실현이 허용된다(가령 '영희(의) 아들'). 이러한 논의를 통해 볼 때 '의'를 관사 표지와 동일시하는 것은 (1)−(5)에 예시된 '의'에 대한 경험적 사실을 지나치게 단순화시킨다는 문제가 있다.

2.2. 격 표지로서의 '의'

'의'에 대한 두 번째 견해는 '의'를 격 표지로 보는 것이다(홍용철 1994, 김용하 1999, 김인균 2003, 박정섭 2004, 최기용 2009, 박소영 2014a). 홍용철(1994)은 '의'가 명사구 보충어 위치에서는 탈락될 수 있지만, 지정어 위치에서는 탈락될 수 없다고 하였다. 또한 '의'의 비실현은 보충어의 핵어로의 포합(incorporation)에 의한 것이라고 하였다. 같은 맥락에서 김인균(2003)은 명사구 지정어 위치에서 격이 인가될 때는 '의'의 유표격이, 보충어 위치에서 격이 인가될 때는 무표격이 부여된다고 하였다. 박정섭(2004)은 구조격은 '의', 의미역을 받는 내재격은 영으로 실현된다고 하였다. 즉 이들 논의에 따르면 '의'는 명사구 지정어 위치에서 실현되는 구조격의 실현으로 간주되는 것이다.

이들 논의는 '의'를 기본적으로 격 표지로 인정하고, 그것의 유표적, 무표적 실현에 대한 통사론적 설명에 집중한 것이다. 그러나 세부적으로는 그 설명에 문제가 없는 것은 아닌데, 가령 홍용철(1994)에 따르면 '의'의 비실현은 보충어 위치의 포합에 의한 것이라고 하였다. 그렇다면 일반적으로 통사적 포합 과정의 대상에서 배제되는 고유명사의 경우에 '의'가 의무적으로 실현되어야 할 것이다. 그러나 사실은 이와 다른데, '의' 선행 명사로 고유명사가 오더라도 '의'의 실현이 수의적일 수 있는 것이다(가령 '영희(의) 신발'). 이때 포합이 일어났다고 보기는 어려운 것이다. 또한 '의'가 실현되면 지정어 위치, '의'가 실현되지 않으면 보충어 위치로 보는 이러한 견해는 '의'의 실현이 수의적인 경우 그 구문의 통사 구조적 중의성을 인정해야 한다는 문제점 또한 가진다. 가령 '흥부(의) 형'의 경우, '의'가 실현될 경우 동일한 의미역 관계를 갖는 '흥부'가 보충어 위치에서 지정어 위치로 이동해야 한다고 해야 하는데, 이러한 이동은 너무 짧아 원칙적으로 불가능한 통사이동이다(반-국지성 조건, anti-locality condition).

한편 '의'를 격 표지로 인정하기는 하지만 세부적인 측면에서 다른 분석을 제시하는 최기용(2009)에 따르면, 의미역 위치에서 격 인가 핵과의 자질 일치(agreement, Chomsky 2001)에 의하여 격이 인가된다면 '의'가 수의적으로 실현되지만, 통사이동에 의하여 의미역 위치 밖에서 격이 인가될 경우는 '의'가 의무적으로 실현된다고 하였다. 다시 말하면 의미역을 받는 명사구 내에서 격이 인가된다면 '의'가 수의적으로 실현된다는 것이다. 그렇다면 이 때 통사이동을 유발시키는 원인이 무엇인가의 질문이 제기될 수 있는데, 김용하(1999)는 격 인가를 위한 통사이동은 해석적인 차이를 유발한다고 하였다. 즉 Diesing(1992)의 투사 가설(the mapping hypothesis)을 따라, 의미역 위치에 있을 경우는 비특정적(nonspecific) 해석을 가지지만, 그 외부에 있을 경우는 특정적(specific) 해석을 갖는다고 하였다.

'의'를 구조격의 실현으로 보는 이러한 논의는 선행 명사가 논항 관계에 있는 (1), (2)에 나타난 '의'의 설명에 집중한 것으로, (3)에 예시된 '의'의 쓰임에 대하여는 설명적 약점을 갖는다. 가시성 조건(the visibility condition, Chomsky 1986)에 따르면 격은 의미역을 가지는 논항관계를 전제로 한다. 지시적인 명사구(의미유형 〈e〉)만이 논항의 지위를 가질 수 있다고 한다면 (Szabolcsi 1987, Longobardi 2001), 위 (3)의 '의'에 선행하는 명사들은 비지시적인, 속성적인 명사로 후행 명사에 대해 논항 관계를 가진다고 볼 수 없다. 논항 관계에 있지 않으므로, 이들 선행 명사는 애초에 격이 필요하지 않는 명사구에 해당하는 것이다. 따라서 이들 '의'의 실현을 격의 실현으로 볼 수는 없다. 요컨대 (3)과 같은 '의'의 쓰임은 '의'를 격 표지로 일원화시키는 데에 문제를 제기한다.

2.3. 수식어 표지로서의 '의'

'의'에 대한 세 번째 견해는 '의'를 수식어 표지로 보는 것이다(홍용철

2010, 2013, 안덕호 2012). 홍용철(2010, 2013)에서는 '의'와 결합된 명사구는 모두 부가어라고 하였다. '의'가 결합되는 선행 명사가 후행 명사에 대하여 가질 수 있는 의미역 관계는 수식 관계를 통한 의미 효과라고 주장하였다. 안덕호(2012) 역시 '의'는 격 표지가 아니라 명사핵 선행 굴절 형태의 일종으로 간주하였다. 명사핵으로부터 의미역을 받는 요소는 명사구 내에 잔존할 수 있어서 명사핵 선행 굴절 형태가 실현되지 않지만, 의미역을 받지 않는 명사구 외부의 요소는 명사핵 선행 굴절 형태가 반드시 실현되어야 한다고 하였다

이러한 견해는 격 표지 견해와는 대조적으로, '의' 결합 명사가 논항 관계에 있는 것으로 보이는 (1), (2)의 예들에 대하여 설명적 약점을 갖는다. 이들 예들에서 선행 명사가 후행 명사에 대하여 가지는 일관적인 의미역 관계에도 불구하고 '의'의 실현은 수의적일 수 있다.

(7) a. 어머니(의) 성경책
     b. 선생님(의) 아들

(8) a. 국민(의) 단결
     b. 학문(의) 연구

(7)은 선행 명사가 소유주 의미역을 갖는 경우이다. (8)은 주체나 대상의 의미역을 갖는 경우이다. 이러한 경우 '의'의 실현은 수의적인데, 이러한 경우에 대하여 '의'의 수식어 표지 견해는 '의'가 실현될 경우는 부가어, '의'가 실현되지 않을 경우는 논항의 지위를 가진 것으로 매우 상반된 분석을 제공한다. 그러나 이 두 경우 모두 선행 명사가 후행 명사에 대해 가지는 의미역 관계는 동일하다. 일반적으로 동일한 의미역 관계는 일관적인 통사적 위치를 함의하는데(이른 바 '의미역 부여 일률성 가설(UTAH)', Baker 1988), 이를

부정하고 상반된 통사 구조를 상정하는 것은 이론적으로 큰 부담을 떠안는 것일 것이다.

또한 두 개의 '의' 결합 명사가 실현될 때, 첫 번째 명사는 반드시 주체나 소유주, 두 번째 명사는 대상의 의미역을 갖는다.

(9) a. 철수의 자기 아내의 사진
     b. *자기 아내의 철수의 사진

(10) a. 영수의 최소주의 통사론의 연구
     b. *최소주의 통사론의 영수의 연구

위 (9b), (10b)에서 대상의 논항이 맨 앞으로 자리바꿈을 하면 그 결과는 비적법적이 된다. 만약 이 두 개의 '의' 결합 명사가 순전히 수식어, 혹은 부가어의 지위를 갖는다고 한다면 이러한 제약은 매우 애매한 것으로 남을 수밖에 없다. 둘 다 동종의 수식어라고 한다면 수식어 부가 연산에 있어서 어떤 엄격한 순서를 부과하여야 하는데, 이는 예외적인 임시방편에 불과한 것이 된다(이에 대한 자세한 논의와 통사론적 설명은 Simpson · Park 2018, 예정 참조).

이상으로 제2장에서는 '의'에 대한 기존의 세 견해들을 검토하였다. '의'를 관사 표지나 격 표지, 수식어 표지 등의 어느 하나로 일원화하여 설명하려는 시도는 (1)−(5)에서 예시된 다양한 '의'의 기능을 모두 포착하지 못하는 문제가 있음을 검토하였다. 다음 제3장에서는 이러한 논의를 더욱 심화하여 '의'에 있어서 본질적으로 그 성격이 다른 속격 표지와 수식어 표지로서의 두 가지 '의'가 존재함을 인정해야 한다는 것을 여러 통사론적 판별법을 통하여 증명해 보이고자 한다.

3. 관형격조사 '의'의 두 가지 유형

다음 제3장에서는 관형격조사 '의'에 격 표지와 수식어 표지의 두 가지 유형이 존재함을 영어 속격 -'s의 쓰임과 대조하여 논의하고자 한다. 이 두 유형의 '의'는 지시사 수식, '것' 대용, 수관형사의 위치, 상호 어순관계에 있어서 서로 다른 통사론적 특질을 보인다.

3.1. Munn(1995): 개체적 속격과 수식적 속격

영어 속격 -'s의 쓰임에 대하여 Munn(1995)은 개체적 속격(individual genitive)과 수식적 속격(modificational genitive)의 두 가지 유형이 있음을 주장하였다. 현 논의의 흐름에 따른다면, 전자의 개체적 속격은 논항에 결합하는 격 표지에 해당하는 것이고, 후자의 수식적 속격은 수식어 표지에 대응하는 것이다. 가령 *John's bag*의 경우는 개체적 속격에, *men's coats*는 수식적 속격에 해당하는 예라고 하였다. 이 두 속격의 쓰임은 서로 대조적인 통사론적 특질을 보여준다.

그 첫째로 개체적 속격은 결합하는 명사가 지시적인 표현이지만 수식적 속격은 지시적인 표현이 아니다. 이는 지시사의 결합 가능성에 의해 판별될 수 있는데, 개체적 속격과 결합한 선행 명사는 지시사의 결합이 가능하지만, 수식적 속격과 결합한 선행 명사는 지시사의 결합이 불가능하다. 이는 아래 (10)에 예시된다.

(10) a. [this student]'s bag
　　 b. *[these men]'s coats　　cf) these [men's coats]

(10b)가 예시하듯이 수식격 속격 구문에서의 지시사는 반드시 후행하는 핵명사를 수식하는 구조를 갖는다.

둘째로 이 두 속격 구문은 *one*에 의한 대용에 있어서 차이를 보인다. 즉 개체적 속격에서의 후행 명사는 *one*에 의해 대용될 수 있지만, 수식적 속격 구문에서의 후행 명사는 *one*에 의해 대용될 수 없다.

(11) a. John's (bag →) one
    b. *men's (coat →) one

대용명사 *one*이 전통적으로는 N', 혹은 DP 가설(Abney 1987) 내에서는 NP를 대용한다고 한다면, 위 (11b)의 비문법성은 수식적 속격 구문에서 선행 명사를 배제하고 후행 명사로는 완벽한 NP 성분이 아님을 보여준다.

셋째로 수사와의 상대적 어순에 있어서도 개체적 속격과 수식적 속격은 차이를 보인다. 수사는 항상 개체적 속격에 후행해야 하는 반면, 수식적 속격에는 선행하여야 하는 것이다.

(12) a. John's three bags
    b. *men's three coats   cf) three men's coats

위 (12)의 대조는 개체적 속격은 수사보다 구조적으로 더 상위의 위치를 차지함을 말해준다. 반면 수식적 속격은 수사보다 더 하위에 위치함을 말해준다.

넷째로 상호 어순에 있어서 개체적 속격은 수식적 속격과 공기 가능하지만, 전자는 반드시 후자에 선행하여야 한다.

(13) a. John's men's coats
    b. *men's John's coats

위 (13)에서 (13a)만이 문법적인데, 이는 개체적 속격이 수식적 속격에 비해 구조적으로 상위에 위치함을 보여준다.

이상 개체적 속격과 수식적 속격의 통사론적 특질을 정리하여 제시하면 아래 (14)와 같다.

(14) 영어 -'s의 개체적 속격과 수식적 속격 쓰임

	개체적 속격	수식적 속격
a. 지시사에 의한 선행 명사 수식	가능	불가능
b. 후행 명사 *one* 대용	가능	불가능
c. 수사와의 상대적 어순	선행	후행
d. 상호 어순	선행	후행

다음 제3장에서는 Munn(1995)의 논의를 한국어 관형격조사 '의'에 적용하여 그 통사론적 성격을 파악하고자 한다. 논의의 편의를 위해 앞 체언이 뒤 체언에 대해 소유 관계나 논항 관계를 보이는 (1)과 (2), 그리고 앞 체언이 뒤 체언에 대해 그 특성을 서술하는 관계를 가지는 (3)의 속격 표현을 제3장 논의의 주된 대상으로 삼기로 한다.

3.2. 지시관형사에 의한 수식

먼저 '의'에 선행하는 명사가 지시적인 표현인지의 여부를 지시관형사에 의한 수식 가능성 여부를 중심으로 검토해 보기로 한다. (1)과 (2)에 실현되는 '의' 앞의 선행 명사는 지시관형사에 의한 수식을 허용하는 반면, (3)의 '의'의 경우는 그 수식을 허용하지 않는다.

(15) a. [이/그/저 여인]의 가방
　　b. [이/그/저 여인]의 아들

(16) a. [이/그/저 사실]의 검토
　　b. [이/그/저 선생님]의 연구

(17) a. *[이/그/저 철]의 장벽
　　b. *[이/그/저 사랑]의 학교

위 (15)-(17)에서 보이는 대조는 소유 관계 및 논항 관계의 속격에 선행하는 명사는 지시적인 표현이지만, 속성 서술의 속격에 선행하는 명사는 비지시적인 표현임을 말해준다.

일반적으로 지시적인 명사구만이 논항으로 사용될 수 있다고 한다면 (Szabolcsi 1987, Longobardi 2001), 소유 관계나 논항 관계의 선행 체언에 결합하는 속격은 순전한 논항에 결합하는 표지로 볼 수 있지만, 속성 서술 관계의 속격은 논항 표지로는 보기 어렵다. (15)에서 사용되는 사물명사 (result nominal, Grimshaw 1990)의 경우, 소유주 논항을 그 의미역 속성으로 가질 수 있지만(홍용철 1994, 박정섭 2004), (16)에서 사용되는 사건명사의 경우는 행위주나 대상 논항을 그 의미역 속성으로 갖는다. 가시성 조건(visibility condition, Chomsky 1986)에 따라 격 배당에 의해 의미역 관계가 가시화되는 것이라고 한다면, 소유 관계나 논항 관계의 '의'는 격의 실현으로 간주되어야 할 것이다. 그러나 속성 서술의 '의'는 격의 실현으로는 보기 어렵다. 이러한 대조는 한국어 '의'에 Munn(1995)의 개체적 속격과 수식적 속격과 같은, 본질적으로 다른 두 가지의 유형이 존재함을 말해 준다.

3.3. '것'에 의한 대용

다음으로 '것'에 의한 후행 명사의 대용 가능성 여부를 살펴보기로 한다. 한국어에서 '것'은 명사구 NP를 대용하는 데에 사용된다(한국어 명사구 대용에 대한 자세한 논의는 박소영 2017 참조).

(18) a. 이/그/저 책(→ 것)
　　 b. 새/헌 책(→ 것)
　　 c. 새로운/오래된 책(→ 것)

위 (18)에서 '것'은 관형사나 관계절 뒤의 명사구를 대용하는 데에 사용되고 있다. 소유 관계나 논항 관계의 후행 체언은 '것'에 의하여 대용될 수 있다. 그러나 속성 서술의 후행 체언은 '것'에 의한 대용이 매우 어색한 것을 알 수 있다.

(19) a. 저 여인의 가방(→ 것)
　　 b. 김 선생님의 강의(→ 것)

(20) a. ??철의 장벽(→ 것)
　　 b. ??사랑의 학교(→ 것)

일반적으로 '것'은 구체적인 사물명사를 대용하는데, (19)에서 후행 명사의 '것'에 의한 대용은 가능하다. (19a)의 선행 명사는 소유주 논항, (19b)는 행위주 논항으로 해석된다. 반면 속성 서술의 경우를 예시하는 (20)에서 후행 명사가 '것'에 의해 대용되는 것은 매우 어색하다. 이는 후자의 경우에 선행 명사가 후행 명사와 더불어 하나의 명사구 성분을 이룸을 암시하는 것이라고 할 수 있다. 이상으로 '것'에 의한 대용 역시 두 유형의 '의'가 구조적으로 다른 성격을 가짐을 보여준다.

3.4. 수관형사와의 상대적 어순

다음으로 수관형사와의 상대적 위치에 대하여 점검해 보기로 한다. 한국어에서 지시, 수, 성상 관형사의 어순이 엄격하게 준수되어야 하는 것은 지극히 잘 알려진 사실이다(남기심·고영근 1985).

(21) a. 그 두 새 책
     b. *두 그 새 책

위 관형사들의 고정된 어순은 한국어 명사구의 통사 구조에 시사하는 바가 크다고 할 수 있다. 그에 대한 자세한 논의는 차치하더라도, 속격 표지로서의 '의' 결합 명사구와 격 표지가 아닌 '의' 결합 명사구는 수관형사의 상대적 어순에 있어서 대조를 보인다.

(22) a. 철수의 두 가방
     b. ??두 철수의 가방

(23) a. 철수의 두 사진
     b. ??두 철수의 사진

(24) a. ??사랑의 두 학교
     b. 두 사랑의 학교

(22)는 선행 명사가 소유주, (23)은 대상의 논항 해석을 갖는다. 이 때 '의' 결합 선행 명사는 수관형사의 앞에 위치하여야 한다. 반면 (24)에서처럼 선행 명사가 후행 명사에 대해 속성 서술의 의미를 가질 때에는 '의' 결합 명사가 수관형사 뒤에 위치하는 것이 훨씬 자연스럽다. 이는 두 '의' 결합 명사의 구조적 위치가 다름을 보여주는 것이라고 할 수 있다.

3.5. 공기 관계

마지막으로 이 두 '의' 결합 명사구들의 상대적인 어순에 대하여 검토해 보기로 한다. 이 두 유형의 '의' 결합 명사구들은 서로 공기 가능하며, 이 때 소유 관계나 논항 관계의 '의'는 속성 서술의 '의'에 선행해야 한다.

(25) a. 철수의 사랑의 학교
　　 b. *사랑의 철수의 학교

(26) a. 철수의 눈물의 손수건
　　 b. *눈물의 철수의 손수건

위 (25a), (26a)가 예시하듯이 격 관계 '의'는 속성 서술의 '의'에 선행하여야 한다. 그 역의 어순, 즉 (25b), (26b)의 어순은 허용되지 않는다. 이는 전자가 후자보다 더 상위의 통사 위치를 차지함을 말해준다.

3.6. 중간 요약

지금까지 제3장에서 논의한 통사적 판별법은 한국어 '의'에 (적어도) 두 가지 유형이 존재함을 확인시켜 주었다. 개체적 속격이 기존 견해에서의 격 표지, 수식적 속격이 수식어 표지에 상응한다고 한다면, 이는 한국어 '의'의 실현이 격 표지, 수식어 표지로서의 실현, 두 가지가 있음을 말해준다. 이상의 논의를 정리하면 아래 (27)의 표와 같다.

(27)　'의'의 격 표지와 수식어 표지로서의 쓰임

	속격 표지	수식어 표지
a. 지시관형사 선행 명사 수식	가능	불가능
b. 후행 명사 '것' 대용	가능	불가능
c. 수관형사와의 상대적 어순	선행	후행
d. 상호 어순	선행	후행

이 두 표지는 통사적 위치에 있어서 상하관계를 여실히 보여주는데, (27b)
의 '것'이 명사구를 대용한다고 한다면 명사구 경계를 기준으로 전자는 적어
도 명사구 밖, 그 상위에((27c), 수관형사 위치의 상위) 위치하지만, 후자는
명사구 내부에 위치한다. 여기에서는 전자를 명사구 기능범주, 가령 DP의[3]
명시어 위치를 차지하는 것으로, 후자를 명사구에 부가되는 것으로 구분한다
면, 아래 (28)과 같은 수형도로 그 상대적 위치를 나타낼 수 있다.

(28)

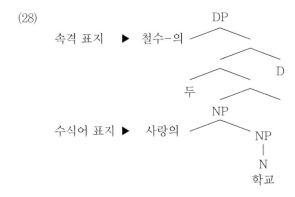

---

3) 이는 설명의 편의를 위해 이론 중립적으로 사용된 용어이다. 한국어에 실제적으로 DP가 투사
되는지의 여부에 대한 논증은 이 글의 범위를 훨씬 벗어난다. 이에 대한 자세한 논의는
Park(2008), 김용하·박소영·이정훈·최기용(2018)의 제4장 논의 참조.

(28)의 수형도는 (27)의 통사론적 양상을 설명한다. 즉 격 표지로서의 '의'가 결합한 명사구는 NP 외부에 위치하므로 후행 명사가 '것'에 의해 대용될 수 있는 반면, 수식적 표지로서의 '의'가 결합한 명사구는 NP 내부에 위치하므로 그것이 가능하지 않다. 수관형사가 DP와 NP 사이에 위치한다고 한다면 전자는 수관형사 앞에, 후자는 뒤에 위치하여야 하고, 그 상호간의 어순도 전자가 후자에 선행하여야 한다. 이상의 논의는 한국어에서 격 표지, 혹은 수식어 표지 어느 한 가지로 일원화시킬 수 없는, (적어도) 두 가지의 '의'가 존재함을 증명한다(이에 대한 자세한 논의는 박소영 2014b 참조).

한국어 '의'에 격 표지와 수식어 표지의 두 유형이 있음을 지지하는 증거는 이외에도 몇 가지 더 들을 수 있다. 그 하나의 증거로 일반적으로 논항과 결합하는 격 표지로서의 '의'는 하나의 명사구 안에 최대 두 개까지만 허용될 수 있는 것으로 보이지만, 수식어 표지로서의 '의'는 이러한 제약을 받지 않는다(자세한 논의는 Simpson · Park 2018 예정, 참조). 아래 (29)는 격 표지 실현으로서의 '의'를 예시한다.

(29) a. 해바라기의 그림
 b. 고흐의 (그) 해바라기의 그림
 c. 철수의 (그) 고흐의 그림
  (철수가 가진 고흐가 그린 그림이라는 의미로)
 d. ??*철수의 (그) 고흐의 해바라기의 그림
  (철수가 가진 고흐가 그린 해바라기의 그림이라는 의미로)

(29a)-(29c)에서처럼 속격 논항이 하나, 혹은 두 개까지 실현 가능하지만, (29d)에서처럼 속격 논항이 세 개까지 실현된 예는 비문법적이거나 적어도 매우 어색하게 들린다. 만약 이들이 단순한 수식어라고 한다면 이들 '의' 결합 성분의 개수가 특정 수 이하로 제약되는 현상에 대해서는 그 이유를 설명할 수 없다. 수식어는 그 정의상 얼마든지 반복적 부가가 가능하기 때문이다.

한편 최대 두 개까지의 속격 결합 논항이 실현될 수 있다는 제약을 만족시
킨다면, 다른 수식어 표지 유형의 '의' 결합 성분은 얼마든지 올 수 있다. 이
는 아래 (30)에 예시된다.

(30) a. 고흐의 해바라기의 불멸의 그림
     b. 암스테르담 박물관에서의 고흐의 해바라기의 불멸의 그림
     c. 세기 명작의 고흐의 해바라기의 불멸의 그림

위 (30)의 예에서는 '의' 결합 성분이 세 개 이상 실현되고 있다. 이러한
예들은 (29d)와는 달리 자연스럽게 들리는데, 이러한 대조는 두 개의 논항적
성격을 가지는 속격 성분을 제외한 다른 '의' 결합 성분은 적어도 격 표지와
는 구별되어야 함을 말해준다. 즉 이들은 격 표지와 구분되는 순수한 수식어
표지로서의 '의'로 보아야 하는 것이다.

또 다른 증거로는 격 표지와 수식어 표지로서의 '의'는 그 실현의 수의성과
의무성의 측면에 있어서 상이한 양상을 보인다는 것이다. 이전 (1)-(5)의 예
를 '의' 실현의 수의성 여부에 따라, 아래 (31)-(33)에 다시 제시한다.

(31) (넓은 의미의) 소유관계를 나타냄: '의' 수의적
     a. 어머니(의) 성경책
     b. 선생님(의) 아들

(32) 주체나 대상 등의 논항관계를 나타냄: '의' 수의적
     a. 국민(의) 단결
     b. 학문(의) 연구

(33) 뒤 체언의 특성을 나타냄: '의' 의무적
     a. 불굴*(의) 투쟁
     b. 철*(의) 여인

(34) 앞 체언의 조사에 붙어 뒤 체언을 꾸미는 기능을 나타냄: '의' 의무적
   a. 구속에서*(의) 탈출
   b. 저자와*(의) 대화

(35) 동격을 나타냄: '의' 의무적
   a. 각하*(의) 칭호
   b. 조국 통일*(의) 위업

위에서 볼 수 있는 것처럼, 명사핵 선행 성분이 소유주, 행위주, 혹은 대상 등의 논항 관계를 보이는 (31)과 (32)의 경우에는 '의'의 실현이 수의적이다. 그러나 그 외 (33)-(35)의 경우는 '의'가 반드시 실현되어야 한다. '의'의 실현에 있어서 이러한 대조적인 양상은 지금까지 논의한 두 가지 유형의 '의'에 대한 주장을 뒷받침해주는 것이라고 할 수 있다. 즉 '의' 실현의 수의성과 의무성의 측면에서 (31)과 (32)가 그 패턴을 같이 하고, (33), (34), (35)의 경우가 패턴을 같이 하기 때문에, 이들 각각의 상호간에 문법적 관련성이 있음을 암시하는 것이다. 전자는 격 표지로서의 '의', 후자는 (넓은 의미에서) 수식어 표지로서의 '의'로 묶을 수 있을 것으로 보인다. 지금까지의 논의는 '의' 표지에 속격 표지와 수식어 표지로서의 두 가지 기능이 있음을 인정해야 함을 증명해준다.

4. 속격 '의' 결합 성분의 통사적 위치

이전 제3장의 논의에서는 속격 표지와 수식어 표지로서의 두 가지 '의'가 존재함을 논의하였다. '의'에 순수한 격 표지로서의 용법을 인정한다면, 명사구 내 속격 인가는 어떻게 일어나는 것이고 속격이 실현된 성분의 명사구 내 통사 위치는 어디인지의 질문이 제기된다. 다음 제4장에서는 이러한 연구 질문에 대하여 논의해 보기로 한다. 다행스럽게도 한국어는 앞서 (21)에서 언

급했던 것처럼 명사구 내에서 고정된 위치를 차지하는 관형사 성분들이 있는데, 이들과의 상대적 위치는 이에 대한 검토를 용이하게 해준다. 이 글에서는 지시관형사와 성상관형사를 중심으로 살펴보도록 한다.

먼저 지시관형사 '그/이'와 속격 논항 성분과의 상대적 위치이다. 아래 (36), (37)은 지시관형사가 명사핵 '그림'을 수식하는 조건에서의 문법성 판단을 반영한다.

(36) a. 철수의 그/이 그림 ('철수'는 소유주)
　　 b. 고흐의 그/이 그림 ('고흐'는 행위주)
　　 c. 해바라기의 그/이 그림 ('해바라기'는 대상)

(37) a. 그/이 철수의 그림
　　 b. 그/이 고흐의 그림
　　 c. 그/이 해바라기의 그림

즉 지시관형사를 기준으로 속격 논항 성분이 선행할 수도, 후행할 수도 있다.

그러나 성상관형사 '새/옛'의 경우에는 상황을 달리 하는데, 이는 아래 (38), (39)에 예시된다. 이들 관형사가 명사핵 '그림'을 수식하는 경우이다.

(38) a. 철수의 새/옛 그림
　　 b. 고흐의 새/옛 그림
　　 c. 해바라기의 새/옛 그림

(39) a. *새/옛 철수의 그림
　　 b. *새/옛 고흐의 그림
　　 c. *새/옛 해바라기의 그림

즉 이들 성상관형사에 속격 논항 성분이 후행할 수는 있지만 선행할 수는 없다. 즉 속격 표지가 결합된 논항 성분은 항상 성상관형사에 선행하여야 하는 것이다. 만약 '의'를 탈락시킨다면, 아래 (40)과 같이 문법성이 좋아진다.

(40) a. ?새/옛 철수 그림
    b. ?새/옛 고흐 그림
    c. ?새/옛 해바라기 그림

요컨대 성상관형사 '새/옛' 다음에는 속격 결합 성분이 올 수 없지만(예문 (39) 참조), 지시관형사 다음에는 위치할 수 있는 것이다(예문 (37) 참조). 성상관형사를 명사구(NP) 층위의 수식어라고 한다면, 이는 속격이 실현된 논항 성분은 적어도 NP 바깥에 위치해야 함을 말해주는 것이다. NP 내부에는 속격이 실현되지 않은 논항 성분들이 위치한다(예문 (40) 참조). 지시성, 혹은 한정성/특정성 자질의 관점에서 지시관형사가 D와 어떤 식으로든 관련이 있는 것이라고 한다면, 지시관형사는 NP 상위에 투사되는 DP 층위의 수식어라고 할 수 있다. 그렇다면 속격이 결합된 논항 성분은 의무적으로 NP 외부에 위치하여야 하며, DP 상위, 혹은 그보다 하위에 위치할 수 있는 것으로 결론내릴 수 있다.

한편 논항이 두 개 실현되는 경우, 두 개 중에서 상대적으로 상위의 논항은 속격 '의'가 반드시 실현되어야 한다. 두 개 논항 모두 '의'가 실현되지 않으면 비문법적으로 된다.

(41) a. 고흐의 (새/옛) 해바라기 그림
    b. *(새/옛) 고흐 해바라기 그림

(42) a. 철수의 (새/옛) 고흐 그림
    b. *(새/옛) 철수 고흐 그림

즉 논항이 두 개 실현되는 경우에 구조적으로 상대적 상위에 실현되는 논항, 즉 대상보다 상대적 우위인 행위주 논항, 그리고 행위주보다 상대적 우위인 소유주 논항은 NP 밖으로 이동하여 반드시 '의'가 실현되어야 하는 것이다. 그 역은 아래 (43)과 같이 성립되지 않는다.

(43) a. *해바라기의 새/옛 고흐 그림
　　 b. *고흐의 새/옛 철수 그림

위 (43)에서처럼 대상 논항이나 행위주 논항이 속격 '의'가 실현된 예는 적법하지 않다.

그리고 속격이 실현된 논항이 한 명사구 안에 두 개가 실현되었을 경우, 지시관형사와 성상관형사와 관련한 이들의 상대적 위치는 아래 (44)와 같다.

(44) a. 고흐의 그/이 해바라기의 새/옛 그림
　　 b. *그/이 고흐의 해바라기의 새/옛 그림
　　 c. *고흐의 해바라기의 그/이 새/옛 그림

즉 (44a)와 같이 지시관형사 위에는 첫 번째 속격 논항이, 그리고 지시관형사와 성상관형사 사이에 두 번째 속격 논항이 위치하여야 한다. 그 이외의 경우, (44b), (44c)는 비문법적이다. 이는 각각의 해당 위치에 속격이 인가되는 통사 위치가 하나씩 존재함을 말해주는 것이다.

이상의 논의를 정리하면, 속격 결합 논항은 성상관형사에 의해 표시되는 NP 밖에 위치하여야 한다. 속격 표지가 결합되지 않은 논항은 NP 내부에 위치한다. 다시 말해, 속격이 실현되기 위해서는 NP 외부로 의무적으로 이동해야 하는 것이다. 속격 결합 논항이 하나 실현되었을 경우, 그 논항은 지시관형사에 의해 표시되는 DP 위에(가령 DP의 명시어 위치), 혹은 DP 아래에(가령 DP 아래, NP 위에 투사되는 특정 명사기능범주 투사, 여기에서는 FP로 명명) 위치할 수 있다. 만약 속격 결합 논항이 두 개 실현되었을 경우, 첫 번째 논항은 DP 명시어, 두 번째 논항은 FP 명시어 위치에 놓여야 한다. 이를 요약하여 정리하면 아래 (45), (46)과 같다.

▼ '그'　　　　▼ '새'

(45) a. $[_{DP}$　　　　$[_{FP}$　　　　$[_{NP}$ 논항$_1$　　　N]]]
　　 b. $[_{DP}$　　　　$[_{FP}$ 논항$_1$-의　$[_{NP}$ ~~논항$_1$~~　　N]]]
　　 c. $[_{DP}$ 논항$_1$-의　$[_{FP}$　　　　$[_{NP}$ ~~논항$_1$~~　　N]]]
(46) a. $[_{DP}$　　　　$[_{FP}$ 논항$_1$-의　$[_{NP}$ ~~논항$_1$~~ 논항$_2$　N]]]
　　 b. $[_{DP}$ 논항$_1$-의　$[_{FP}$　　　　$[_{NP}$ ~~논항$_1$~~ 논항$_2$　N]]]
　　 c. $[_{DP}$ 논항$_1$-의　$[_{FP}$ 논항$_2$-의　$[_{NP}$ ~~논항$_1$~~ ~~논항$_2$~~　N]]]

　(45)는 논항이 하나 실현될 때, (46)은 논항이 두 개 실현될 때, 지시관형사와 성상관형사를 기준으로 한 속격 논항의 명사구 내 통사 위치를 보여준다. 즉 논항이 속격을 인가받아 '의'가 실현되기 위해서는 NP 외부로 이동하여야 한다. NP 내부에서는 속격조사 '의'가 실현될 수 없는 것이다. 각각의 위치에 속격이 결합된 논항이 하나씩 위치할 수 있는 위 (45)와 (46)의 형상은 한국어 속격 인가에 대해 일치 방식보다는(Chomsky 2001) 명시어—핵의 국부적 관계 형성을 통한 이동에 의한 격 인가 방식(Chomsky 1995)이 보다 적절함을 보여준다. 논항은 각각의 해당 기능범주 투사의 명시어 위치로 이동함으로써 속격을 인가받는 것이다(이에 대한 자세한 논의는 Simpson · Park 2018, 예정 참조).

　한편 NP 내부에 위치하여 가시적인 속격 표지가 없이 실현되는 논항에 대해서 이 논항이 과연 속격을 인가받은 것인지, 아니면 격 자질을 전혀 갖고 있지 않은 것인지에 대한 질문이 제기된다. 한 가지 특이한 점은 위 (39)에서 예시되었던 것처럼 NP 내부, 즉 의미역 위치에 놓인 논항은 '의'가 결코 실현될 수 없다는 것이다. 의미역 배당 위치에서 일치 방식에 의해 격이 인가되었다고 한다면 그 논항은 일반적으로 격조사의 수의적 실현이 가능한 것으로 (최기용 2009) 알려져 있는데, 명사구 내부의 논항 성분은 격조사 실현이 아예 허용되지 않는 것이다. 그렇다고 한다면 NP 내부의 논항은 격을 인가받지 않은, 즉 격이 없는 것이라고 결론을 내려야 하는 것인가? 그러나 이러한 결론 역시 어려움을 초래하는데, 가시성 조건에 따라 해당 성분이 논항의 지위를 가지고 있다고 한다면 격을 받아야 하기 때문이다. 그렇다면 이러한 모순을 피해가기 위해 이들 성분이 논항이 아니라고 해야 하는가? 그러나 그럴 수도 없는 것이 '의'가 있거나 없거나 간에 이들 명사구와 명사핵 사이에 성립하는 일정한 의미역 관계가 부인될 수도 없는 것이다.

그렇다면 가능한 한 가지 방법은 이들 논항 명사구가 명사핵으로의 포합 과정을 거쳐 격 인가 요구 조건을 만족시켰다고 볼 수 있다(홍용철 1994). 그러나 이 역시 문제가 없는 것은 아닌데, '철수', '고흐'와 같은 고유명사 역시 '의' 없이 명사핵에 인접하여 실현 가능하다는 것이다. 일반적으로 고유명사는 포합 과정에서 배제됨을 유념해야 할 것이다. 그렇다면 남은 한 가지 다른 대안은 명사구 내부 영형으로 실현되는 내재적 속격을 명사핵에 의하여 인가받았다고 보는 방법이다(박정섭 2004). 이러한 명사핵에 의해 인가되는 영형 속격은 단 하나의 논항에만 허용된다(예 (41), (42)의 설명 참조). 현재로서는 후자의 대안이 더 바람직한 것으로 보이나, 이 주제에 대해서는 더 깊은 후일의 연구가 필요하다.

5. 마무리

이 글에서는 소위 '관형격조사'로 명명되어 온 '의'에 대하여 기존 연구를 검토하고, 새로운 연구 가능성을 조망하였다. '의'의 문법적 지위에 대해서는 '의'를 관사적 요소로 보는 견해, 격 표지로서 보는 견해, 수식어 표지로 보는 견해 등, 크게 세 가지의 견해가 존재한다. 그러나 '의'의 매우 다양한 쓰임을 이들 견해 중 어느 하나로 일원화시켜 설명하는 것은 문제가 존재함을 검토하였다.

이 글에서는 여러 가지 통사적 판별법을 통하여 한국어에 두 가지 유형, 격 표지로서의 '의'와 수식어 표지로서의 '의'를 구분해야 함을 확인하였다. 한편 속격 '의'가 결합된 논항 성분은 명사구 내에서 일정한 위치를 차지하는데, 이는 명사구 내 고정적인 성분, 즉 지시, 성상 관형사와의 상대적 위치에 의해서 확인될 수 있었다. 관형격조사 '의'는 한국어 격 인가 체계뿐만 아니라 명사구 내부 구조 해명에 중요한 실마리를 제공해주는 것으로, 앞으로 이에 대한 더욱 깊은 연구가 요구된다.

참고문헌

강범모(2001), 술어 명사의 의미 구조, "언어학" 31, 3-29.

권재일(1992), "한국어 통사론", 민음사.

권재일(2012), "한국어 문법론", 태학사.

김광해(1984), {의}의 의미, "문법연구" 5, 161-228.

김기혁(1990), 관형 구성의 통어 현상과 의미 관계, "한글" 209, 59-97.

김용하(1999), "한국어 격과 어순의 최소주의 문법", 한신문화사.

김용하·박소영·이정훈·최기용(2018), "한국어생성통사론", 박이정.

김인균(2003), 관형 명사구의 구조와 의미관계, "국어학" 41, 198-223.

김인균(2005), "국어의 명사 문법 I", 도서출판 역락.

김인균(2009), 동격 명사구의 유형 및 범위와 구조, "우리말연구" 24, 59-85.

김창섭(2008), 문어와 구어에서의 조사 '의'의 문법, "진단학보" 106, 79-115.

남기심·고영근(1985), "표준국어문법론", 탑출판사.

목정수(2003), "한국어 문법론", 월인.

목정수(2007) 한국어 조사 {의}의 문법적 지위와 의미 기능에 대하여, "국어교육" 123, 437-470.

박소영(2014a), 한국어 속격 '의'의 실현과 DP 가설, "생성문법연구" 24, 613-629.

박소영(2014b), 관형격조사 '의'의 두 유형, "현대문법연구" 81, 1-27.

박소영(2017), 한국어 명사구 생략의 통사론, "언어와 정보 사회" 31, 391-422.

박정섭(2004), 속격 표지 '의'의 수의성에 대하여, "생성문법연구" 16, 3-18.

안덕호(2012), 최소주의적 관점에서의 소유격: 한국어를 중심으로, "언어" 37, 607-621.

이남순(1988), "국어의 부정격과 격표지 생략", 탑출판사.

이병규(2009), "한국어 술어명사문 문법", 한국문화사.

이선웅(2007), 국어 동격 명사구의 개념과 유형, "어문학" 98, 159-185.

임홍빈(1981), 존재 전제와 속격 표지 {의}, "언어와 언어학"

최기용(2009), "한국어 격과 조사의 생성통사론", 한국문화사.

홍용철(1994), 융합이론과 격 조사의 분포, "생성문법연구" 4, 1-43.

홍용철(2010), 한국어 명사 외곽 수식어들의 어순과 명사구 구조, "생성문법연구"

20, 27-50.

홍용철(2013), 소유격 표지 '의'의 분포와 본질, "생성문법연구" 23, 321-345.

최현배(1975), "우리말본", 정음사.

허웅(1983), "우리옛말본", 샘문화사.

Abney, S. P. (1987), English noun phrases in its sentential aspects, Ph. D. dissertation. MIT.

Baker, M. (1988), *Incorporation*, University of Chicago Press.

Borer, H. (2005), *Structuring Sense* II, Oxford University Press.

Chierchia, G. (1998), Reference to kinds across languages, *Natural Language Semantics* 6, 339-405.

Chomsky, N. (1986), *Barriers*, MIT Press.

Chomsky, N. (1995), *The Minimalist Program*, MIT Press.

Chomsky, N. (2001), Derivation by phase, In M. Kenstowicz, ed., Ken Hale: *A life in language*, 1-52. MIT Press.

Diesing, M. (1992), *Indefinites*, MIT Press.

Grimshaw, J. (1990), *Argument Structure*, MIT Press.

Longobardi, G. (1994), Reference and proper names, *Linguistics Inquiry* 25, 609-665.

Longobardi, G. (2001), The structure of DPs, In M. Baltin & C. Collins. ed., *The Handbook of Contemporary Syntactic Theory*, 562-603. Blackwell.

Munn, A (1995),The possessor that stayed close to home, *WECOL* 24, 181-195.

Park, So-Young (2008), Functional categories: the syntax of DP and DegP, Ph. D. dissertation, USC.

Simpson, A., So-Young Park (2018, to appear), Strict vs. free word order patterns in Korean nominal phrases and cyclic linearization, *Studia Linguistica*.

Szabolcsi, A. (1987), Functional categories in the noun phrase, In I. Kenesei. ed., *Approaches to Hungarian*, 167-189. Jate Szeged.

[부록]

(1) 소유를 나타냄 (본문 ❶)

    a. 영이의 얼굴   b. 어머니의 성경책

(2) 주체를 나타냄 (본문 ❷)

    a. 우리의 각오   b. 국민의 단결

(3) 형성자임을 나타냄 (본문 ❶)

    a. 다윈의 진화론   b. 나의 작품

(4) 과정이나 목표 따위의 대상임을 나타냄 (본문 ❶)

    a. 승리의 길

(5) 행동의 대상임을 나타냄 (본문 ❷)

    a. 인권의 존중   b. 학문의 연구

(6) 앞의 체언에 관한 것임을 나타냄 (본문 ❶)

    a. 서울의 찬가   b. 한국의 지도

(7) 뒤 체언에 오는 인물의 행위가 앞의 체언을 대상으로 함 (본문 ❶)

    a. 책의 저자   b. 올림픽의 창시자

(8) 앞 체언에 대한 속성을 나타냄 (본문 ❶)

    a. 금의 무게   b. 물의 온도

(9) 속성의 보유자임을 나타냄 (본문 ❶)

    a. 꽃의 향기   b. 예술의 아름다움

(10) 뒤 체언이 앞 체언의 동작을 주된 기능으로 함 (본문 ❸)

    a. 축하의 잔치   b. 독서의 계절

(11) 동격을 나타냄 (본문 ❺)

    a. 각하의 칭호   b. 조국 통일의 위업

(12) 사회적, 친족적 관계를 나타냄 (본문 ❶)

    a. 나의 친구   b. 선생님의 아들

(13) 위치를 나타냄 (본문 ❶)

    a. 하늘의 별   b. 제주의 말

(14) 때를 나타냄 (본문 ❶)

    a. 여름의 바다   b. 고대의 문화

(15) 정도나 수량을 나타냄 (본문 ❸)

    a. 100℃의 끓는 물   b. 한 잔의 술

(16) 전체와 부분의 관계를 나타냄 (본문 ❶)

    a. 국민의 대다수   b. 가진 돈의 얼마

(17) 뒤 체언의 특성을 나타냄 (본문 ❸)

    a. 불굴의 투쟁   b. 불후의 명작

(18) 비유의 대상을 나타냄 (본문 ❸)

    a. 철의 여인   b. 무쇠의 주먹

(19) 뒤 체언의 재료임을 나타냄 (본문 ❸)

    a. 순금의 보석

(20) 어떤 결과를 낳는 행동임을 나타냄 (본문 ❸)

    a. 투쟁의 열매   b. 건설의 역사

(21) 앞 체언에 연결된 조사의 의미 특성을 가지고 뒤 체언을 꾸밈 (본문 ❹)

    a. 구속에서의 탈출   b. 저자와의 대화

한국어 선어말어미 '-겠-' 연구사[1]

_ 임동식

1. 서론

본고는 한국어의 선어말어미, 그 중에서도 미래, 추측, 의도 등의 의미를 나타낸다고 알려져 있는 '-겠-'이 어떠한 관점에서 연구되어 왔는지를 연구사적 관점에서 검토하는 것을 목표로 한다. 이를 위해 본고는 우선 기존의 연구를 전제하고 있는 관점에 따라 분류하고(제2장), 2018년 현재까지 이루어진 '-겠-'에 관한 연구를 시대에 따라 살펴본다(제3장). 그리고 나서 '-겠-'에 대한 기존의 연구의 흐름을 소략하고 앞으로 이 분야에 관한 연구가 나아가야 할 방향을 제안한다(제4장).

---

[1] 이 글은 필자가 2000년 가을 서울대학교 대학원 언어학과에서 권재일 선생님께서 가르치셨던 '언어학사 연구' 수업의 기말논문으로 제출하였던 내용을 2000년 이후의 연구의 흐름에 대한 논의를 추가하는 것을 포함하여 전체적으로 수정 및 보완한 것이다. 그 때 이후 20년에 가까운 세월이 지났지만, 선생님께서 가르쳐 주신 것에 비해서 턱없이 부족한 글을 드릴 수밖에 없어서 죄송할 따름이다. 특히 미처 본고에 포함되지 못한 중요한 문헌들이 많이 남아 있을 가능성을 배제할 수 없다. 추후에라도 언어학사 또는 연구사에 대하여 다시 공부할 기회가 있다면 이 문제를 다시 다루겠다고 다짐할 뿐이다. 남아 있는 문제점과 오류는 당연히 모두 필자의 것이다.

2. '-겠-'에 대한 두 가지 관점

한 분야의 연구를 연구사적인 관점에서 고찰하려면 우선 이 분야에서 어떠한 점이 주로 논의가 되고 있는지, 그리고 그에 대해 어떠한 주장들이 기존의 연구에서 제시되었는지를 파악해야 한다. '-겠-'에 대한 기존의 논의를 구분하는 방법은 여러 가지가 있겠으나, 이 논의에서는 크게 두 가지 분류 방법을 구분한다. 편의상 이 두 가지 분류 방법을 각각 형태적 관점과 의미적 관점이라고 부르기로 하자.

우선 형태적 관점이란 '-겠-'을 더 이상 분석이 불가능한 단일한 용언의 어미로 보느냐, 둘 이상 서로 다른 요소가 결합한 형태로 보느냐에 따라 기존 논의를 분류하는 관점을 가리킨다. 전자의 경우 이제까지 이루어졌던 대부분의 논의가 이에 속하며(이익섭 1986, 김규철 1988, 권재일 1992, 서정수 1992 등), 이 경우 주로 문장 속에서 '-겠-'이 지니는 의미를 조사하거나, 유사한 미래의 의미를 지니는 다른 문법화된 요소(일례로 '-ㄹ 것' 등: 이남순 1988 등)와 비교하는 식으로 '-겠-'을 분석한다. 후자의 경우 서태룡 (1988), 목정수(2000) 등이 속하며, 이 경우 '-겠-'을 '-게 있-'의 형태로 분석하는 경우가 대부분이다.

의미적 관점은 '-겠-'이 표현하는 다양한 의미/기능이 단일한 '-겠-'에서 나오는지, 아니면 의미/기능에 따라서 서로 다른 '-겠-'이 존재하는지에 따라 기존 논의를 분류하는 관점을 가리킨다. 즉, '-겠-'의 기본적인 의미를 미래 시제와 양태(modal) 또는 서법(mood)에서의 추측이라는 두 가지 의미로 파악할 때, 이 두 가지 의미가 단일한 '-겠-'에서 오는 것으로 분석할지 아니면 서로 다른 '-겠-'에서 오는 것으로 분석할지에 따라 기존의 논의를 분류할 수 있다. 범언어적으로 양태 또는 서법에서의 추측의 의미가 미래 시제와 밀접하게 연관되어 있음을 감안할 때 전자의 입장을 취하는 논의가 대부분이다. 이 경우 '-겠-'의 여러 가지 의미 가운데 어떤 것을 기본적인 의미로, 또 어떤 것을 파생적인 의미로 간주할지에 따라 논의가 갈라지게 된다. 또한 후자의 입장에서 여러 가지의 '-겠-'을 가정하는 경우도 찾아볼 수 있다. 특히 '-겠-'이 미래와 추측 이외에도 의도를 나타내는 경우도 있음을 감안하여, 이 의도의 의미를 별도의 '-겠-'을 가정함으로써 설명하려는 시도도 있어왔다.

이러한 다양한 관점들을 염두에 두고, 다음 장에서 우리는 기존의 '-겠-'에 관한 연구를 시대의 흐름에 따라서 살펴보고자 한다.

3. '-겠-' 연구의 시대적 흐름

앞에서 우리는 기존에 이루어졌던 '-겠-'에 관한 연구에서 주로 나타나는 관점을 '-겠-'의 본성/구성을 어떻게 바라보는지에 따라 크게 형태적 관점과 의미적 관점으로 나누었다. 이 장에서 우리는 이러한 관점을 기반으로 하여 '-겠-'에 관한 연구를 시대에 따라서 살펴보려고 한다. 이 구분은 어디까지나 편의상 도입하는 것이며, 본고에서 제시된 시대 구분이 실제 '-겠-'에 대한 연구의 어떠한 중요한 변화를 반영하지는 않는다. 다만 이렇게 시대에 따라 '-겠-'에 대한 연구가 어떻게 진행되어 왔는지를 살펴보는 과정 가운데 이론적인 변천이 어떻게 이루어졌는지 확인할 수 있을 것이다.

3.1. 1950년대 이전

1950년대 이전의 논의에서는 '-겠-'에 대한 언급이 그다지 자세하지 않다. 한국어 문법 정립의 초기 단계였다는 점에서 세부적인 연구보다는 전체적인 개괄이 주로 이루어졌기 때문이 아닌가 한다. 이 시기에는 일반적으로 '-겠-'이 미래를 나타내는 시제 형태로 제시되었으며, 이러한 관점은 1960년대에 이르기까지 계속 이어진다. 하지만 '-겠-'을 단순히 시제로만 보지 않으려는 소수의 시각도 꾸준히 나타난다.

주시경(1910)은 기본적으로 종합적인 접근 방식을 취하고 있기 때문에 어미에 대한 자세한 분석을 찾기는 어렵다. 그러나 '가겟던'과 '가랴는'이라는 용언의 구성에 관해 언급한 내용에서 '-겠-'에 관한 주시경의 시각을 엿볼 수 있는데, 그는 이들 각각에 대해 "가에 올때로 겟을 더하고 이에 다시 간때에 되는 것으로 더를 더하고 이에 다시 ㄴ을 더하여 언몸이 되게 한 것이니…"(주시경 1910:107)와 "랴는 겟과 한 가지나 랴는 가기를 뜻하는 것이요 겟은 가기로 명한 것이니 가랴던과 가겟던의 다름도 이를 밀어 풀것이라"(주시경 1910:107)라고 설명하고 있다. 즉 기본적으로 '-겠-'의 의미는 미래 시제이다. 다만 '-겠-'의 의미 중 '가기로 명한' 것도 있다고 하여, 흔히들 말하는 것처럼 주시경이 '-겠-'의 의미를 단순한 미래로만 본 것은 아니라는 점 역시 알 수 있다.

박승빈(1935/1972) 역시 '-겠-'을 미래를 나타내는 어미로 본다. 그러나 단순한 미래 시제가 아니라 '미래시상'이라는 용어를 사용하고 있다는 점이 특이하다. '-겠-'의 기본형은 '-개쓰-'로, 그리고 그 변동형은 '-개써-'로 제시되고 있다. 이런 식으로 '-겠-'의 원형을 파악하는 것이 '-겠-'의 기원을 염두에 두는 것인지는(이를테면 서태룡(1988)처럼 '-거-'와 '-이-', 그리고 '-있-'으로 분석한 후 이들에게서 '-겠-'의 의미를 따지는) 확실치 않다. 어쨌건 박승빈의 논의에서 특이한 점은 미래시상이라는 표현 아래 '-겠-'이 나타내는 다양한 의미들을 포괄시켰다는 점이다. 우선 미래의 의미를 유의지 미래와 무의지 미래로 구분하고, 또한 이 외에 가능의 의미와 추량의 의미를 덧붙이고 있다. 그리고 이후 목정수(2000) 등에서 분석되는 '-겠었-'의 의미를 "前週 金曜日에 豫定한 일을 다 마쳐서 土曜日에는 일이 업개써스다…그러하야서 놀러가랴고 하야써스드니 不意의 일이 생겨서 못 갓다"(박승빈 1935/1972:330)라는 문장을 통해 "過去엣 未來時相이 됨이 組織은 過去의 한 時期를 標準으로 하고 그 째엣 未來時相의 意義를 表示하는 것임"(박승빈 1935/1972:330)으로 밝혀주고 있는 점이 눈에 뜨인다. '-었겠-'의 의미도 "「개쓰」는 用言의 未來時相을 除한 外의 各 時相의 다음에 添加되야서 그 事實의 推量의 意義를 表示함"이라고 명시한다. 분포의 면에 주목하였다는 점, 미래 시제 이외의 '-겠-'의 의미를 제시하였다는 점에서 의의가 있는 저술이지만, 후대에 이러한 연구가 제대로 이어지지 못하였다는 점이 아쉬움으로 남는다.

'-겠-'의 의미는 최현배(1937/1961)에 와서 더욱 체계적으로 파악되었다. 그에 따르면 '-겠-'은 미래보조어간과 가능보조어간, 추량보조어간의 세 가지로 나누어진다. 이 세 가지의 유형이 각각 다른 항목으로 다루어지고 있다는 것은 세 가지 기능의 '-겠-'을 각각 다른 형태소로 보고 있다는 것을 의미한다. 미래보조어간의 기능은 또 두 가지로 나누어지는데, 그 하나가 유의지미래요, 다른 하나가 무의지미래이다. 가능보조어간의 기능이란 말 그대로 '나는 그 일을 할 수 있겠다'처럼 주어의 가능성을 나타내는 기능이고, 추량보조어간의 '-겠-'은 시간에 대한 뜻이 전혀 없이 단순한 추측의 기능만을 보인다. 그러나 신창순(1975)에서 적절하게 지적하고 있는 것처럼 가능보조어간 '-겠-'과 무의지미래어간 '-겠-' 사이에는 어떠한 의미 차이가 드러나지 않는다는 난점이 있다. 이런 난점에도 불구하고, 박승빈(1935)의 논의와 마찬가지로 '-겠-'의 의미 중 시제가 아닌 의미를 제시하였다는 점에서 의미가 있다.

즉, 1950년대 이전의 논의를 요약하자면, 현대적인 의미에서의 한국어 문법이 체계화되던 시기로, '-겠-' 자체에 집중된 논의를 찾기는 어려우며, '-겠-'에 대한 분석도 미래 시제라는 단순한 분석에 한정되어서 깊이 있는 분석을 찾기는 어렵다. 하지만 '-겠-'이 지니는 미래 시제 이외의 의미(의도 등)에 대해서도 언급이 이루어졌다는 점에서 이후의 연구의 단초가 제공된 시기였다고도 볼 수 있을 것이다.

3.2. 1960년대

김용경(1996)은 이 시기의 주요한 연구 성과로 박창해의 "한국어 구조론 연구"(연세어학당, 1964)를 들고 있다. 이에 따르면 국어의 때매김 체계에서 시제(tense)는 오직 현재 시제에만 나타나며, '-았/었-'은 완료를 의미하는, 그리고 '-겠-'은 추정을 의미하는 양상(aspect)이다. 김용경은 이에 대해 "물론 여기서 '-겠-'의 '추정'을 양상으로 보는 것은 무리지만 시제 외의 요소를 본격적으로 거론하고 있다는 점이 주목할 만하다"(김용경 1996: 300)라고 평하고 있다. 또한 김용경(1996), 신창순(1975) 등에서 거론되고 있는 나진석(1965)도 이 시기의 주요한 연구 성과로 꼽는다. 이 역시 '-겠-'의 의미를 시제가 아닌 다른 것으로 잡고 있다는 점에서 중요하다. 그에 따르면 '-겠-'은 서상이라는 서법을 나타내는 형태소이다. 국어의 때매김은 서법과 상, 그리고 '좁은 뜻의 때매김'이라는 하위문법범주로 형성된다. 이 중 서상의 형태소는 '-겠-'과 '-ㄹ-'이다. 그리고 문장의 유형과 주어에 따라서 '-겠-'의 의미가 어떻게 달라지는지를 서술하고 있다. 따라서 '-겠-'의 의미는 다음과 같이 정리된다: 의문문 1인칭 주어의 경우 추량, 의문문 2인칭 주어의 경우 주어의 의도나 추량, 의문문 3인칭의 경우 추량, 서술문 1인칭의 경우 의도나 추량, 서술문 2인칭의 경우 추량, 서술문 3인칭의 경우 추량. '-았겠-'은 현재완료/과거의 추량이다.

그러나 이들 이외에 어떤 특별한 연구 성과를 찾는 것은 어렵다. 더 나아가, '-겠-' 뿐만 아니라 선어말어미 전반에 관한 연구가 1960년대는 다른 시대에 비해 상대적으로 빈곤하다. '-겠-' 뿐만 아니라 소위 시제 선어말어미에 관해 다룬 어떤 문헌에서도 1960년대의 문헌은 눈에 잘 뜨이지 않는다. 기껏해야 앞에서 제시된 박창해와 나진석이 있고, 이 외에는 고영근(1965) 등이 있을 뿐이다. 이는 무엇보다도 통사론을 문법의 핵심으로 제시하였던 변형생성문법이 국내에 소개되면서 형태론의 연구가 전반적으로 위축되었기 때문으로 보인다. 그러나 앞에서 보았듯이, 형태론 분야에 대한 연구가 끊긴 것은 아니었고, 시제 이외의 '-겠-'의 의미에 주목한 연구가 등장하였다는 점에서 나름대로 의미가 있는 시기로 여겨진다.

3.4. 1970년대

1970년대에 와서 국어 형태소의 연구는 다시 활기를 띄기 시작한다. '-겠-'에 관한 연구도 이 시기에 역시 활발하여져서, 이후의 연구에 커다란 영향을 미치는 논저들이 연이어 나타나게 된다. 이를 감안하여, 1970년대에서 1990년대까지의 연구의 흐름을 다룰 때에는 후대에 영향을 크게 미친 것으로 파악되는 연구들을 요약하는 방식으로 논의를 진행하도록 하겠다. 다만 여기에서 주목할 것은, 1970년대에 들어서 1960년대에서 단편적으로 제시되었던, '-겠-'을 미래 시제가 아닌 다른 요소로 보고자 하는 관점이 본격적으로 전개되었다는 점이다. 본고에서 다루는 논의들도 주로 이러한 관점을 받아들이고 있다. 또한 '-겠-'을 '-ㄹ 것'과 대비시키는 연구 방법이 이 시기에 본격적으로 제시되기 시작하였다는 점도 주목할 만하다.

3.4.1. 남기심(1975)

남기심(1975)은 '-겠-'을 시제로 보지 않는 그의 지속적인 주장의 출발점이 된다. '-겠-'은 미래 시제가 아니라 미확인법이라는 서법(mood)일 뿐이다. 이와 마찬가지로 과거의 '-았-'은 완료상, 대과거의 '-았었-'은 단절상이다. 따라서 한국어는 시제를 나타내는 형태소가 없는 언어가 된다. 자세한 내용은 남기심(1996)에서 다시 다루게 되겠지만, '-겠-'을 시제와 완전히 무관한 요소로 취급하였다는 점에서 특이하다.

3.4.2. 이정민(1973, 1975)

이정민(1973, 1975)은 국어 형태론 연구가 본격화된 이후 '-겠-'을 '-ㄹ 것'과 대비시킨 거의 최초의 논의라 할 수 있다. 이에 따르면 '-겠-'이 의지를 표현하는데 사용되려면, 서술문에서는 1인칭 주어와 동작 동사가 나타나야 하고, 의문문에서는 2인칭 주어와 동작동사가 나타나야 한다. '-겠-'이 3인칭 주어와 더불어 나타나면 동사의 종류나 관련 시제와는 상관없이 추측을 나타낸다. 이런 점에서 '-겠-'은 미래 시제를 나타내는 의미는 아니다. 또한 '올께'를 '올-것-이-어'라는 형태로 분석하여 '-겠-'과 '-ㄹ 것-'을 대비시킨다.

3.4.3. 신창순(1975)

신창순(1975)은 기존의 논의 중 최현배와 나진석의 논의를 비판적으로 검토한 후 자신의 이론을 제시한다. 그에 따르면 '-겠-'은 '보조어간'이며, 이 보조어간의 의미는 대략 다음의 4가지로 파악된다: 1) '-겠-'의 중심적인 의의는 말할이의(의문문의 경우 들을이의) 推斷한 견해-또는 결정한 마음의 태도-를 나타낸다는 것이다. 추단한 견해는, 알지 못하는, 알 수 없는 일에 관해서 세울 경우도 있고, 어떤 견해가 요청되는 일에 관해서 세울 경우도 있다. 2) '-겠-'의 기능이 객관적인 가능성의 추단이 아니고, 말할이의 주관적인, 추단한 견해를 나타낸다는 점을 분명하게 인식해야 한다. 3) '-겠-'의 의의의 설명에 있어서, 이해의 편의를 위해서 그 기능을 추단과 의도로 나눌 수도 있긴 하다. 그러나 의도라는 기능은 말할이가 결정한 마음의 태도의 대상이 앞으로 행할 자신의 행동이라는 특수한 경우이므로, 크게 '의도'의 기능이란 '-겠-'의 중심적인 의의 안에 내포되는 것임을 인식해야 한다. 4) 따라서 '-겠-'의 기능은 흔히 생각하는 미래 시제 표시가 아니다.

3.4.4. 이기용(1978)/서정수(1978)

1970년대의 '-겠-' 연구에서 한 가지 주목할 것은 '-ㄹ 것'과 '-겠-' 사이의 의미에 대하여 서정수(1978)와 이기용(1978) 사이에서 나타난 의견 대립이다. 정반대의 의견이 같은 학술지에 실리면서 '-겠-' 연구의 정체를 낳은 대립(이남순 1981)이었다는 평가를 받기도 하나, 시기적으로나 내용적으로나 이러한 평가는 약간 성급한 것이 아니었나 한다. 한편, '-겠-'에 관한 서정수의 의견은 이후 서정수(1992)에서 다시 상술될 것이므로, 여기에서는 '-겠-'과 '-ㄹ 것'에 관련된 이기용(1978)의 의견만 살펴보고, 서정수의 의견은 간략히 알아본다(이남순 1981 참조).

이기용은 '-겠-'이 추량의 의미를 나타낸다는 최현배(1937) 등의 의견을 일단 수용하며, '-ㄹ 것'의 의미도 '-겠-'의 의미와 함께 추정으로 간주한다. 그러나 이전의 연구는, 추량 또는 추정의 개념을 원초적인 것으로 받아들임으로써 그 복합적인 뜻이 분석되지 못하였으며, 그 결과 '-겠-' 또는 '-ㄹ 것'의 뜻의 일면만이 포착, 강조된 반면, 이들 어미들에 대한 포괄적인 기술이 불가능하였고, '-겠-' 또는 '-ㄹ 것'의 뜻이 앎, 믿음 따위의 기초적인 인식 개념과 어떤 관계를 갖는지 명확히 밝혀지지 못했다고 지적한다. 이 점을 해결하기 위해 이기용은 인식논리를 도입하여, 추정문, 그 중에서도 특히 '-겠-'과 '-ㄹ 것'으로 표현되는 추정문의 성립조건과 회화상의 적절성을 밝힌다. 그 결과 '-겠-'과 '-ㄹ 것'은 추정 술어나 가능 양상소의 성립 조건과 함의 관계를 따르게 된다. 즉 추정적 발언은 화자가 어떤 상황의 진위를 실제로 모르더라도 그것을 하나의 참된 명제로 믿을 만한 근거가 있다고 전제될 때에 성립한다. 즉 '-겠-'과 '-ㄹ 것'의 기본적인 의미는 짐작이다. 그러나 전자의 경우 강한 짐작을 의미하고 후자의 경우 약한 짐작도 의미할 수 있다. 강한 짐작은 화자의 주관적 확신이 곁들여 있음을 뜻한다. 즉 '-겠-'과 '-ㄹ 것'의 의미가 구분되는 기준은 화자의 주관성이 개입되어 있는지의 여부이다. 그런데 서정수(1978)의 경우 '-겠-'과 '-ㄹ 것'의 구분의 기준은 객관성이다. 그는 '-ㄹ 것'이 객관적인 근거를 바탕으로 하는 짐작이므로 '확실한 추정'을 나타낸다고 주장하였다. 이 점에서 이기용과 서정수는 의견이 정반대로 대립된다고 할 수 있다.

3.5. 1980년대

1980년대에 들어와서도 '-겠-'에 대한 연구는 꾸준히 이루어지지만, 1970년대만큼 많은 연구가 보이지는 않는다. '-겠-'의 의미에 대한 일종의 암묵적인 합의가 이 시기에 확립되는 학교 문법에 따라 이루어진 것은 아닐지 추측하여 볼 따름이다. 실제로 이 시기를 전후해서 나온 주요 문법서들(이익섭 1986, 남기심, 고영근 1993 등 학교 문법에 영향을 미친 문헌들)은 '-겠-'의 의미를 단순히 미래로 보는 경우가 많다. 그러나 기존의 의도나 추량, 미래 등에 한정되었던 '-겠-'에 대한 논의가 다양한 방향으로 확대되었고, 기능문법에 입각한 논의가 등장하는 등, '-겠-'에 대한 새로운 시각이 등장한 시기이기도 하였다. 이 절에서는 이러한 새로운 시도들 가운데 중요해 보이는 몇 가지를 제시함으로써 1980년대의 '-겠-' 연구를 정리한다.

3.5.1. 임홍빈(1980)

임홍빈(1980)이 제기하는 기존 연구의 문제점은 다음과 같다. 첫째, '-겠-'의 성격에 대해 지나치게 인상이나 직관에 의존하였다. 그가 보기에 이 점은 '-겠-'과 '-ㄹ 것' 사이의 차이에 대한 연구에서 두드러진다. 둘째, '-겠-'이 나타내는 의미 특성을 의도와 추량으로만 좁히려는 경향을 보인다. 그러나 최현배(1937)가 가능/능력의 '-겠-'을 설정한 것처럼, 의도/추량에 포함되지 않는 '-겠-'이 있음을 간과할 수 없다. 셋째, 이와 연관하여, 최현배가 지적한 '다짐(확인)'이나 '버릇(습관) 도움줄기'라고 했던 '-겠-'의 문제이다. 이의 해명은 '것'과 '-겠-'의 관계와 관련하여 중요성을 지닌다. 마지막, '-겠-'의 어원적인 성찰에 있어 소홀하지는 않았는가 하는 점이다. 형태로만 보면 '-겠-'을 구성하고 있는 요소는 분명 '-게-'와 '-있-'이다. 한편 '-것-'은 '-거-'와 '있-'으로 분석되는데, '-게'에도 '-거-'가 들어 있기 때문에 그 형성의 원리는 어떻든 '-거-'와 '있-'의 논리에 의해 '-겠-'의 본질이 해명될 수 있는 것이다.

임홍빈(1980)의 분석은 바로 이 제일 마지막 문제 제기에서 출발한다. 그는 '-겠-'에 대상성이라는 개념을 부여한다. 이전의 논의가 불투명해질 수밖에 없었던 것은 '-겠-'에 들어 있는 대상화의 '-거-'를 간과하였기 때문이다. 즉 '-겠-'의 의미는 '-게'와 '있-'의 의미를 고려해야만 올바로 분석될 수 있다. 또한 '-게'는 다시 '-거-'와 부사화의 '-이-'로 분석되는 것으로, '-겠-'의 본질적인 속성에는 대상성과 '있다'적 요소, 즉 현재 사실 관련성이 포함된다. 그리고 대상성이란 화자의 시점을 전제로 하는 것으로, 대상과 화자 시점 사이에는 시선의 거리가 가로놓이게 된다. 그 동안의 논의가 화자와 1인칭 주어를 동일시해 온 경향을 보이고 있지만, 대상성에 관한 한 이 두 요소의 일치란 생각하기 어려운 것이다. 화자 시점은 자기 자신에 대해서도 시선의 거리를 유지할 수 있기 때문이다. '-겠-'이 1인칭 주어의 상태를 표현하게 되는 것은 바로 이러한 의미 관련에서 생겨나는 것이다. 화자의 시선이 주어진 대상, 곧 '있-'적인 사실에 머물러 있을 때, 여기서 추량성은 성립하기 어렵다. 이 경우 대상에 대한 확인성이 높아지는데, '그가 나를 부르는 것이 아니겠어요!'와 같은 표현의 '-겠-'이 그것이다. 이는 확인의 '-것-'과 동일한 기능으로서, '-것-'에도 '-거-'가 있고 '있-'이 있기 때문에 '-겠-'과 '-것-'의 구별은 실제에 있어 불가능하며 무의미한 일이다. '-겠-'이 추량성을 띠는 것은 이러한 주어진 대상에서부터 가상적 대상(현재적 또는 미래적)으로 그 시점이 옮겨갈 때이다. 가상적 대상은 현실적 대상과 밀접한 관련을 가지는, 즉 '있-'적인 사실을 토대로 한 제2차적인 관념의 구성물이다. 군이 '대상'이라 한 것은 그것이 충분히 객관성에 의해 뒷받침되는 사실이기 때문이다.

'-겠-'이 보이는 이러한 대상성의 구조, 즉 화자의 시점이 있고 대상이 있고, 그 사이에 시선의 거리가 가로놓이는 이러한 구조로써는 의도의 '-겠-'이 해명되지 않는 것처럼 보인다. 그러나 의도가 성립하는 조건을 살펴보면 자기 지배성이나 자기 제어성과 같은 개념이 문제의 관건이 됨을 알 수 있다. 그리고, 화자는 편재의 능력을 소유한 존재이며, 1인칭 주어와 화자와의 관계는 특수한 것임에 주목하여야 한다(주어가 2·3인칭일 때에는 의도의 주체와 의도된 대상과의 관계이다). 그것은 화자가 스스로 시점으로서의 존재성을 포기하고 1인칭 주어 속에 자신을 던져 넣을 수 있음을 의미한다. 의도의 '-겠-'에서 화자와 1인칭 주어가 분리되지 않음은 이러한 변화에 기인하는 것이다. 이 때에도 대상성 자체는 훼손되지 않은 채 엄연히 남아 있다. 화자는 미래에 있을 어떤 대상을 위하여 자기를 投企하는 것이기 때문이다. 이는 추량의 '-겠-'과 의도의 '-겠-'이 대상성이라는 하나의 원리에 의하여 종합될 수 있음을 의미한다. 과거에는 의도와 추량을 개념으로 한정지어 추구하였지만, 그것은 개념의 문제가 아니고 세계의 문제이다. 즉 화자가 어떠한 입장을 취하느냐에 달린 문제인 것이다. 임홍빈(1980)에 따르면 이러한 분석을 통해 '-겠-'과 대응되는 것으로 알려진 '-ㄹ 것'의 의미도 자연스럽게 '비대상성'으로 해명될 수 있다.

3.5.2. 이남순(1980)

이남순(1980)은 서정수와 이기용이 앞에서 보였던, 주관성과 객관성 사이의 대립은 '-겠-'의 의미를 파악하는 데에 있어서 그다지 중요하지 않다고 본다. '-겠-'과 '-ㄹ 것'의 의미를 비교하면서, 그는 '-겠-'은 배제적인 판단을, '-ㄹ 것'은 포괄적인 판단을 나타낼 뿐이라고 주장한다. 의지나 의도는

'-겠-'과 '-ㄹ 것'의 기능 차이를 보여주는 것이 아니다. 다만 판단의 내용이 되는 것들 중의 한 가지일 뿐이다. '나는 이 곳에 있겠다'와 '나는 이 곳에 있을 것이다'를 비교해보았을 때, 전자는 다른 어떠한 대안이 없다는 의미이고, 후자는 다른 대안들도 포괄하는, 전자보다는 좀 더 약한 의미를 지니게 된다는 것이다.

3.5.3. 김차균(1981)

김차균(1981)은 '-겠-'과 '-을-'을 하나의 형태소의 상보적인 변이 형태로 본다는 점에서 특이하다. 이 두 형태소의 기본적인 의미는 불확실(미확정)이다. 김차균은 그의 논의를 때매김 형태소들의 분포를 따지는 것에서 시작한다. 그리고 '-았-', (았 뒤에 나타나는) '-었-', '-겠-', '-더-' 각각에 대응하는 무음 형태소 ㉠, ㉡, ㉢, ㉣을 설정한다. 이렇게 놓았을 때, '-겠-'은 확실을 나타내는 무음 형태소 ㉢과 대립을 이룬다. 말할이가 불확실한 일을 앞에 놓고, 그 일이 일어날 가능성이 있는지 안 일어날 가능성이 있는지를 판단하여 말하는 수가 있는데, 이것이 바로 추정(추량)이다. 따라서 추정은 이 두 가지 가능성에 대한 무의지적 선택이며, 가능은 불확실로 말미암아 생겨나는 심리적 작용이다. 미래는 때매김의 구조가 ㉠㉡{겠/을}㉣일 때 도출될 수 있는 말할이의 직감일 따름이며, '-겠-'과 '-을-'이 본래적으로 가지고 있는 의미는 아니다. 의도는 본질적으로 때매김과는 관계없이 현실에 대한 주어가 가리키는 실체의 자발적인 참여에 의하여 생기며, '말할이의 비과거의 의도'(일반적인 의미에서의 '의도')는 이와 같은 넓은 의미의 의도에 들어가는 특별한 하나의 종류에 지나지 않는다. '-겠-'과 '-을-'이 나타내는 듯한 의미 차이는 이들이 나타나는 환경의 차이에 그 원인을 돌려야 한다. 다른 형태소들과 마찬가지로 '-겠-'과 '-을-'도 나타나는 환경에 따라 그 의미가 중화되거나 기본 의미에서 번져 나간 의미를 가진다. 결국 김차균

(1981)은 '-겠-'의 기본적인 의미를 '불확실(미확정)'로 잡고 나머지 의미를 모두 이 의미에서 파생되는 것으로 보고 있는 셈이다. 그의 이러한 논의는 이후 김차균(1999)에서도 그대로 이어진다.

3.5.4. 김규철(1988)

김규철(1988)은 기본(Givon, Talmy)의 기능문법과 지각 심리학의 논의를 끌어들여서 '-겠-'과 '-ㄹ 것'을 비교한 주장의 특이성으로 인해 주목을 끈다. 그에 따르면 이 둘은 모습(figure)과 바탕(ground) 사이의 대립으로 나뉠 수 있다. 모습은 주로 형태가 있는 것, 유한한 것, 새로운 정보 등을, 배경은 그와 반대로 형태가 없는 것, 무한한 것, 이미 주어진 정보 등을 나타낸다. 또한 언어에서 일반적으로 전자는 짧은 형태의, 후자는 긴 형태의 표현으로 나타난다는 도상적(iconic) 관계를 보인다. 이상의 논의에 따르면 '-겠-'은 모습에, '-ㄹ 것'은 바탕에 대응된다. 즉 '-겠-'은 새로운 정보에 기초하여 내린 짐작을 나타내며, '-을 것'은 주어진 정보에 기초하여 내린 짐작을 표현한다. 즉 여기에서 '-겠-'의 기본적인 의미는 추량에 국한된다고 할 수 있다. 이 경우 '의도'의 '-겠-'은 어떻게 해석되어야 하는지 의문이 남는다.

3.5.5. 기타

이 외에도 역사적인 관점에서 '-겠-'과 '-으리-'의 교체 현상에 대해서 설명한 이기갑(1987), 임홍빈(1980)과 마찬가지로 '-겠-'을 '-거+이+있-'으로 분석한 서태룡(1988) 등이 이 시기에 등장한 주요한 논의이다. 이 중에서 이기갑(1987)은 '-겠-'과 '-으리-'를 모두 미정의 의미로 설명하고 있다.

3.6. 1990년대

1980년대에 암시되었던 '-겠-'에 대한 연구의 다변화 양상은 1990년대에 들어서 뚜렷해진다. '-겠-'의 본성에 대해서도 목정수(2000) 등이 '보조동사'라는 새로운 관점을 제시하고 있고, 또한 연구 방법론에 있어서도 허웅(1995)과 목정수(2000) 등이 분포에 의한 방법론을 제시하는 등, 새로운 시도가 이어졌던 시기로 여겨진다.

3.6.1. 권재일(1992)

권재일(1992)은 시제 어미로 '-었-', '-겠-', '-으리-', '-느-', '-더-'를 제시한다. 그러나 이들 어미가 시제법의 어느 한 관념만을 실현하는 것이 아니라는 데 문제의 어려움이 있다. 예를 들어 '-었-'은 과거 시제를 실현하기도 하지만 완결 양상을 실현하기도 한다. 한국어에서는 하나의 형태소가 문맥에 따라 시제, 양상, 양태를 함께 나타낸다. 권재일은 이 점이 한국어의 시제 체계를 세우기 어려운 점이라고 지적하며, 비교언어학적으로 이러한 현상이 범언어적으로 나타난다는 점에서 그의 지적은 중요하다. 어쨌건 이들 세 관념을 함께 묶어 한국어의 시제법 체계를 세워 보면, 현실법, 회상법, 완결법, 미정법 등으로 시제법의 체계를 세울 수 있다. 이렇게 시제법 체계를 세우고 나면 '-겠-'은 미정법에 속하게 된다. 미정법이란 방금 또는 장차 일어날 일을 기술하거나, 또는 추측이나 의지를 기술하는, 즉 이미 완결된 일이 아닌 사실을 기술하는 시제법이다. 따라서 시제로는 미래 시제를 일반적으로 실현한다.

(1)　a. 내일도 날씨가 몹시 춥겠다.
　　　b. 제가 그 일을 하겠어요.

(1)에서는 '-겠-'이 미래 시제로 쓰였다. 사건시가 모두 발화시보다 뒤이다. 그러나 '-겠-'은 단순히 미래 시제만 나타내는 것이 아니라, 추측과 의지의 양태의 의미도 실현한다. (1a)의 '춥겠다'에는 추측, (1b)의 '하겠어요'에는 의지가 실현되어 있다. 그래서 문장 (2)에서는 '-겠-'이 현재나 과거의 일을 추측하는 데에도 쓰였다.

(2) a. 지금은 고향에 꽃들이 만발하겠지.
     b. 어제 굉장히 기분이 좋았겠네.

'미정법'이라는 시제법 개념을 끌어들여 일반적으로 이야기되는 '-겠-'의 두 가지 의미, 즉 미래와 추측/의지를 동시에 설명하고 있다는 점이 주목할 만하다.

3.6.2. 서정수(1992)

서정수(1992)는 '-겠-'이 기본적으로 '추량'(혹은 '추정')과 '의도'의 두 뜻을 나타낸다고 본다. 우선, 그가 보기에 '-겠-'의 추량 개념에 관해서는 거의 이론이 없다. 최현배 등의 '무의지 미래'나 '가능(또는 능력)'의 개념도 사실상 추량의 개념 속에 들어간다. 이 사실을 보이기 위해 그는 미래-현재-과거(또는 완료)라는 시제 각각에 인칭별로 추량을 나타내는 보기를 보인다. 모든 시제, 모든 인칭에서 '-겠-'이 들어간 추정 표현이 가능하므로, '-겠-'의 기본적인 의미는 추량이다. 더 나아가, 모든 시제에서 '-겠-'의 사용이 가능하므로 '-겠-' 자체는 시간에 대해서 중성이다. 그 자체로서는 미래도 아니고, 현재나 과거도 아니라는 것이다. 시제는 '-겠-'에 의해서 결정되는 것이 아니라 '-겠-'과 어울려 쓰이는 문맥 또는 "기저적인 시간어(underlying time specifier)"에 따라서 결정된다. '-겠-'과 상의 관계도 마찬가지이다. '-겠-'은 그 자체로서 완료나 진행의 상적 의미를 가졌다고 볼 수 없다.

그런 상적 의미는 함께 어울리는 '-었-', '-고 있-' 따위가 나타낸다.

또한, '-겠-'이 의도를 나타내는 점 역시 거의 모든 연구에서 인정되고 있다. 그러나 '-겠-'이 의도를 나타내는 데에는 몇 가지 제약 조건이 있다. 우선 '-겠-'은 미래 시간의 경우에만 의도의 뜻을 나타낸다. 이는 의도란 미래에만 실현되는 것이기 때문에 그 개념 자체에서 자명한 일이기도 하다.

(3) a. 나는 내일 외국에 가겠다.
　　 b. *나는 어제 외국에 가겠다.

둘째, '-겠-'은 서술문일 경우 말하는 사람 자신만의 의도를 나타낸다. 서술문에서는 이른바 일인칭 주어에 한해서 '-겠-'이 의도를 나타낼 수 있다는 것이다. "김 선생님이 먼저 노래하시겠습니다", "이제부터 여러분은 제 말씀을 들으시겠습니다" 라는 문장에서 화자가 제3자의 의도를 결정하는 듯이 보인다. 그러나 서정수는 이런 문장에서의 '-겠-'은 의도가 아니라 바로 있을 사태에 대한 추량이라고 함이 타당하다고 주장한다.

(4) a. 나는 앞으로 불쌍한 이를 돕겠다.
　　 b. *철수는 순이를 사랑하겠다.

셋째, 의문문의 경우에 '-겠-'은 듣는 이의 의도를 묻게 된다. (5a)의 경우가 그렇다. 그런데 이런 의문문의 형식일 때에도 반드시 의도를 나타내지는 않는다. (5b)에서 '-겠-'은 '갈 수 없을 것이다'라는 추정을 나타낸다.

(5) a. 당신 내일 떠나시겠어요?
　　 b. 이렇게 추운데 어떻게 가시겠어요.

마지막으로, '-겠-'이 의도를 나타내는 것은 말할이의 능동적인 행동과 관련될 때에 한정된다. (6b)처럼 말할이가 행동자가 못 되는 경우에는 '-겠-'이 의도가 아닌 추량을 나타내게 된다.

(6)　a. 나는 오후에 그녀를 꼭 만나겠다.
　　　b. 나는 그와 결혼하면 행복하겠다.

결론적으로 '-겠-'은 추량과 의도의 뜻을 가지는 하나의 서법 형태(modal form)이며 그 중 의도의 뜻일 때는 미래 시제와 밀접한 관심을 가지는 문법 요소이다. '-겠-' 자체에 서상법, 미확인법 등의 하나의 서법 범주를 부여할 필요는 없다는 것이다.

3.6.3. 허웅(1995)

허웅(1995)의 경우 '-겠-'의 의미를 크게 '미래'(원문의 용어로는 '올적'), '추리', '의도'와 '가능'의 세 가지로 나눈다. 이 때 의도나 가능의 뜻은 동사의 경우에만 나타난다. '-겠-'의 기본적인 의미를 파악하는 관점에서는 기존의 논의와 그다지 차이가 없는 것으로 보인다. 하지만 이 논의에서 주목할만한 점은 연구의 방법론이다. 허웅(1995)은 여기에서 '-겠-'의 뒤에 오는 어미의 유형을 밝히고, '-겠-'과 어말어미가 결합된 유형이 어떠한 품사와 결합될 수 있는지, 그리고 '-겠-'의 의미가 어떠한 식으로 한정되는지를 밝히고 있다. 광범위한 분포 유형을 다루다 보니 '-겠-'의 의미를 깊이 있게 파악하지는 못하고 있지만, '-겠-'의 분포 유형에 주목한 거의 최초의 연구라는 점에서 의의를 찾을 수 있다고 하겠다. 또한 이기갑(1987)에서 논의되었던 바 있는 '-겠-'과 '-으리-' 사이의 유사점과 차이점에 관해서도 언급하고 있다.

3.6.4. 김기혁(1995)

김기혁(1995) 역시 '-겠-'을 '-ㄴ/는-', '-았-', '-(으)리-' 등의 '때매김 어미'와 같이 보고 있다. 그리고 '때매김'이라는 용어로 시제, 시상 등의 개념을 포괄함으로써, '-겠-'의 의미 그 자체에 대해서는 그다지 많은 논의를 하지 않을 것임을 비춘다. 실제로 그는 선어말어미와 어말어미의 결합 유형과, 공시적 현상을 통시적으로 해석할 수 있는 가능성 등에 대해 논의를 집중하고, 때매김 선어말어미들의 구체적인 의미 유형에 대해서는 그다지 논의를 하지 않는다.

3.6.5. 남기심(1996)

남기심(1996)의 경우, 남기심(1975)와 일관되게 '-겠-'의 미래의 의미를 부인한다. "지금 그분은 방에서 기다리고 계시겠어요"라는 문장을 설명할 수 없다는 것이다. '-겠-'은 (다른 여러 시제 어미들과 마찬가지로) 미래 시제가 아닌 미정법(혹은 미확인법 또는 미연법)이다. 모든 경우에 발화시를 기준으로 하여 때에 따라 과거 미정 혹은 현재 미정 또는 미래 미정으로 부르는 것이 옳다는 것이다. 아울러 여기에서는 '-았-', '-ㄴ', '-는'의 경우도 마찬가지로 항상 발화시를 기준으로 하여 과거 완료, 현재 완료, 미래 완료 등으로, 그리고 과거 진행, 현재 진행, 미래 진행 등으로 이루어지는 것이 좋다고 주장한다.

3.6.6. 해외의 논의: Sohn(1994), Chang(1996)

또한 1990년대에 들어서 영어권 독자들을 위한 한국어 기술문법이 등장하는 것도 주목할 만하다. 그러나 이들 문법서들은 대부분 개론서적인 역할을 하는 것이어서 '-겠-'에 대한 의미를 그다지 자세하게 다루고 있지는 않으며, 문장의 문법성 판단의 측면에서도 일관되지 않다.

Sohn(1994)의 경우 한국어에서 나타날 수 있는 시제/상/서법을 먼저 설명하고, 각각의 예시가 되는 문장을 제시하고 있기 때문에 '-겠-'에 대한 설명이 그다지 일관적이지 않다. 일례로, 동사 형태론을 다루는 부분의 도입부에서는 '-겠-'을 추측 양태(conjectural modal)로 설명하고 있는 반면(Sohn 1994:300), '돈이 많았으면 좋겠다'라는 문장에서는 '-겠-'을 'think'와 대응시킨다.

Chang(1996)은 별도의 미래 시제를 설정하고 있지 않다는 점이 눈에 뜨인다. 시제 형태소로는 현재 시제로 '-는/ㄴ-', 과거 시제로 '-었/았/ㅆ-', 과거-과거(past-past: 대과거)로 '-어/아/ㅆ-었-'을 들고 있고, '-겠-'은 의도(volitional)를 나타내는 서법 형태소로 취급된다. 이외로 회상법 형태소로 '-더-'가 나타나고 있으며, 진행상으로 '-고 있다', 완료상으로 '-어 있다'가 제시되고 있다. '-겠-'은 특히 통시적으로 '것'과 '있'의 결합으로 나타난다.

3.6.7. 기타

이 외에도 다양한 유형의 연구들이 꾸준히 등장하였다. 목정수(2000)는 그 한 예로서, '-겠-'의 분포에 대한 분석을 통해 '-겠-'을 기능동사로 분석한 논의이다. 또한 '혼자 공부할 때에는 알겠었는데, 네가 다시 물어보니 도리어 헷갈린다' 등의 예문을 통해서 예전에는 – 박승빈(1935/1972)에서 언급되었었음에도 불구하고 – 비문법적인 것으로 취급되었던 '-겠었-'이 맥락에 따라서 문법적으로 쓰일 수 있음을 지적하였다는 점에서 의미가 있다(이는 이후 이병기(2006)에서도 다시 언급된다).

3.7. 2000년대 이후

2000년대 이후에는 '-겠-'에 대한 논의 자체는 꾸준히 이어지고 있다. 하지만 2000년대 이전과는 달리, '-겠-'의 본성 자체에 대한 논의는 상대적으로 줄어들었다(물론 이필영(2012) 등 '-겠-'의 의미 자체에 대해 천착하는 연구는 여전히 존재한다). 그 대신 확인할 수 있는 연구의 흐름은 대략 다음의 몇 가지이다.

우선 '-겠-' 자체의 본성 대신 '-겠-'의 의미를 다른 표현들과의 연관 속에서 파악하고자 하는 시도는 꾸준히 이어지고 있다(김상경 · 장은경 2015, 장채린 2017 등). 여기에는 '-겠-' 대신 '-겠-'을 포함된 표현 전체의 의미를 분석하거나(채숙희 2011) '-겠-' 자체의 본성을 직접 따지는 대신 '-겠-'이 사용되는 문장이나 문맥 전체의 특징을 고찰하려는 시도(서은영 · 송현주 2014, 이선경 2014, 전혜자 2013) 등도 포함된다.

연구의 목적 및 대상이 좀 더 실용적인 측면으로 흘러가고 있는 것도 주목할 만한 현상이라고 할 수 있다. '-겠-'의 의미를 포괄적으로 분석하는 대신 특정한 문맥에서 사용된 '-겠-'의 의미만을 중점적으로 고찰한 연구가 2010년대에 들어서 등장하고 있다(양세희 2016, 오승은 2017, 유혜원 2017, 이정현 2016 등). 또한 한국어 교육 측면에서 '-겠-'의 사용 양상을 기술하거나(박은정 2016 등) 시제 범주 전체에 대해서 접근하려는 시도(김건희 2011, 우창현 2011 등) 역시 여기에 해당한다.

마지막으로 방법론적 다양성이 증대되고 있음을 엿볼 수 있다. 특히 한국어 교육의 필요성이 증대되면서 '-겠-'을 다른 언어의 시제 또는 양태 범주 형태소와 비교하는(김기선 2017, 장경희 2016 등) 경우가 자주 발견된다. 통계적 방법론과 실험을 동원하여 선어말어미를 분석한 연구도 등장하고 있는데(송원용 2009, 안희돈 외 2011 등), 이들 연구는 아직 '-겠-' 자체를 분석하는 데에까지는 이르지 못하고 있는 것으로 여겨진다.

4. 요약 및 앞으로 나아갈 방향

이상의 논의를 연구사적 관점에서 요약하고, 간단히 평을 덧붙이자면 대략 다음의 세 가지 정도를 생각해 볼 수 있다.

첫째로, 대부분의 연구는 '-겠-'을 더 이상 분석이 불가능한 단일한 선어말어미로 가정하고 논의를 전개하였다. 형태론적인 관점에서 '-겠-'을 더 작은 단위로 분석하고자 하는 시도는 꾸준히 이어져 오긴 했지만 기본적으로는 소수에 속한다. 이럴 수밖에 없는 것이, '-겠-'을 하위단위로 분석하는 것은 대부분 '-겠-'이 어떻게 통시적으로 발달되었는지를 주목하는 경우가 대부분인데, 어떠한 문법 요소의 통시적인 발달 양상이 어떻게 그 요소의 공시적인 사용 양상과 연결되는지를 보이는 것은 쉽지 않기 때문이다.

둘째로, 다른 모든 문법 연구와 마찬가지로 '-겠-'에 대한 연구도 단순한 분석에서 점점 복잡한 분석으로 이어진다. 1950년대 이전 문법서들이 '-겠-'을 단순히 미래 시제를 가리키는 요소로 파악하였다면, 후대에 이어지면서 앞서 2장의 '의미적 관점'에서 언급된, '-겠-'이 지니는 또 다른 의미 – 추측 또는 추량의 양상과 의도 표현 등 – 에 대한 주목이 이루어졌고, 이러한 다양한 의미들을 어떻게 포괄적으로 설명할 수 있을지에 대한 논의가 해외 이론의 수용을 포함한 다양한 방식으로 이어지고 있음을 알 수 있다.

마지막으로, 2000년대 들어서 '-겠-'을 포함한 표현에 대한 연구, 또는 한국어 교육에서 '-겠-'이 차지하는 문제에 대한 연구 등, '-겠-' 자체에 대한 연구보다는 '-겠-'의 의미를 특정한 것으로 가정한 후에 이루어지는 파생적, 또는 응용적 연구의 비중이 늘어나는 것을 볼 수 있다. 근대적인 의미에서의 한국어학이 성립된 지 한 세기가 넘어가고, 또한 외국어로서의 한국어 교육에 대한 수요가 갈수록 늘어간다는 점에서 이러한 변화는 필연적인 것으로 여겨질 수도 있다. 하지만 '-겠-'의 본성에 대한 학술적인 합의가 과연 어느 정도로 이루어졌는지, 그리고 이러한 파생적, 응용적 연구가 과연 이러한 합의에 기초해서 이루어지고 있는지는 논의가 필요하다고 생각될 수도 있다.

'-겠-'에 대한 이후의 연구가 어떻게 이루어져야 할지도 이러한 연구사적인 흐름과 연관지어서 생각하여 볼 수 있을 것이다. 여기에서는 다음의 몇 가지를 제시함으로서 앞으로 '-겠-'에 대한 연구가 나아갈 방향을 제시하고, 논의를 마무리하고자 한다.

첫째로, '-겠-'의 의미를 좀 더 범언어적, 언어 대조적인 관점에서 고찰하는 것이 필요하다. 한국어가 계통적으로 특이한 언어임을 부인하기는 어렵지만, 그럼에도 불구하고 범언어적으로 공통점을 보이는 요소들은 분명히 존재할 것이다. '-겠-'에 대한 연구에 있어서도 마찬가지로, '-겠-'이 보여주는 특이한 양상에만 주목하다 보면 '-겠-'과 같은 요소가 보이는 범언어적인 양상에 대해서는 주목이 소홀해질 수밖에 없고, 이에 따라 '-겠-'의 의미에 대해 올바로 접근하지 못하게 될 가능성이 높아진다. 권재일(1992)이 지적한, 하나의 형태소가 문맥에 따라 시제, 상, 양태 등을 동시에 나타내는 것은 다른 언어에서도 관찰되는 현상이고, 미래 시제를 나타내는 형태소가 양태나 의지를 나타내는 것도 역시 다른 언어에서 나타나는 현상이다(영어의 *will*이 그 한 예이다). 이러한 점을 참고한다면 '-겠-'에 대한 연구가 더욱 풍성해질 수 있을 것이다. 이러한 접근 방식은 최근 수요가 늘어나고 있는 한국어 교육의 측면에서도 필수적이라고 할 수 있다.

둘째로, 언어 직관에 대한 좀 더 엄밀한 조사가 필요하다. '-겠-'에 대한 연구만 놓고 보더라도 100여 년이 가까워지는데 이러한 주장이 어떠한 의미인지 의문을 가질 수도 있겠다. 하지만 '-겠-'이 사용되는 문장이 어떠한 맥락에서 어떠한 의미로 사용되는지를 좀 더 명시적으로 제시하여 엄밀하게 고찰하는 것은 아무리 강조해도 지나치지 않을 것이다. 특히 한국어 자료의 경우 저자에 따라 문법성 판단의 차이가 다른 언어에 비해서 크게 나는 편이라는 점에서, 자료에 대한 좀 더 심도 있는 검토가 요구된다고 할 수 있다.

마지막으로, 2000년대에 들어서 일어나고 있는 파생적, 응용적인 측면에 대해서도 관심을 기울일 필요가 있다. 이에 대해서 필자가 제안하고 싶은 것은, 특히 한국어 교육이라는 측면에서 과연 어떠한 수준까지 '-겠-'의 의미를 기술할지에, 어디까지를 표준적이고 가르쳐야 하는 의미로 기술하고 어디까지를 그렇지 않은 의미로 기술할지에 대해서 구체적인 논의가 필요하다는 것이다. '-겠-'이 보여주는, 앞의 연구사에서 언급한 다양한 의미가 한국어 교육에서 전부 다루어질 필요는 없을 것이다. 학습자에게 필요한, '적정 기술'이라는 측면에서 '-겠-'의 의미를 어디까지 정립시킬 수 있을지 고민해 보는 것도 의미 있는 연구 주제가 아닐까 한다.

참고문헌

고영근(1965), 현대 국어의 서법 체계에 관한 연구, "국어연구" 15.

권재일(1992), "한국어 통사론", 민음사.

김건희(2011), 시간 관련 범주(시제, 상, 양태)의 문법 교육, "한글" 294, 161-198.

김규철(1988), 모습의 '겠'과 바탕의 '-을 것', "관악어문연구" 제13집. 서울대학교 국어국문학과.

김기선(2017), 현대 몽골어와 한국어의 추측 양태표현의 통사적, 의미적 특성 대조 연구, "몽골학" 50, 91-122.

김기혁(1995), "국어 문법 연구 - 형태·통어론", 박이정.

김민수, 하동호, 고영근(1977-1986), "역대한국어문법대계", 탑출판사.

김상경, 장은경(2015), '-겠-'와 '-(으)ㄹ 것이-'의 용법 비교 연구, "시학과 언어학" 29, 7-30.

김용경(1996), 때매김 씨끝 연구사, 김승곤 엮음(1996), "한국어 토씨와 씨끝의 연구사", 박이정, 297-328.

김차균(1981), '-을-'과 '-겠-'의 의미, "한글" 173-174호.

김차균(1999), "우리말의 시제 구조와 상 인식", 태학사.

나진석(1965), 용언 움직씨의 때매김 연구, "한글" 134.

남기심(1975), 현대국어 시제에 관한 문제, 남기심 외 2인 편(1975), 190-212.

남기심(1996), "국어 문법의 탐구 I: 국어 통사론의 문제", 태학사.

남기심, 고영근(1993), "표준 국어 문법론(개정판)", 탑출판사.

남기심, 고영근, 이익섭 편(1975), "현대국어문법", 계명대학교 출판부.

목정수(2000), 선어말 어미의 문법적 지위 정립을 위한 형태·통사적 고찰: {었}, {겠}, {더}를 중심으로, "언어학" 26.

박승빈(1935/1972), "조선어학"(복사판), 통문관.

박은정(2016), 한국어 학습자 작문에 나타난 중간언어 '-겠-' 연구, "우리말글" 69, 155-180.

서은영, 송현주(2014), '-겠-'의 텍스트 장르별 사용 양상 연구, "한국어 의미학" 43, 247-270.

서정수(1978), 'ㄹ 것'에 관하여 - '겠'과의 대비를 중심으로, "국어학" 6.

서정수(1992), "국어 문법의 연구 (I)", 한국문화사.

서태룡(1988), "국어 활용 어미의 형태와 의미", 탑출판사.

신창순(1975), 현대한국어의 용언보조어간 '-겠-'의 의의와 용법, 남기심 외 2인 편 (1975), 145-163.

송원용(2009), 국어 선어말어미의 심리적 실재성 검증, "어문학" 104, 83-102.

안희돈, 안덕호, 최정연, 황종배, 김지현, 전문기(2011), 한국어 어미와 선어말어미의 형태론적 처리 - 점화실험을 중심으로, "언어과학연구" 59, 181-202.

양세희(2016), 2인칭 주어에서의 '-겠-' 확대 사용에 대한 연구, "우리어문연구" 56, 293-320.

오승은(2017), 疑問文으로 實現된 '-겠-'과 '-을까'의 樣態 意味 및 文法 現狀 比較, "어문연구" 45-4, 85-111.

우창현(2011), 방언 한국어 교육을 위한 문법 표현 비교 - 시제 선어말어미를 중심으로, "인문연구" 63, 29-52.

유혜원(2017), 20세기 '-겠-' 사용의 변천 연구 - 20세기 영화 자료를 중심으로 -, "한국어학" 74, 117-146.

이기갑(1987), 미정의 씨끝 '-으리-'와 '-겠-'의 역사적 교체, "말" 12.

이기용(1978), 언어와 추정, "국어학" 6, 국어학회.

이남순(1981), '겠'과 'ㄹ 것', "관악어문연구" 제6집, 서울대학교 국어국문학과.

이병기(2006), '-겠-'과 '-었-'의 통합에 대하여, "국어학" 47, 179-206.

이선경(2014), 언술행위 연산작용으로 본 표지 '-겠-', "프랑스문화예술연구" 50, 183-216.

이익섭(1986), "국어학 개설", 학연사.

이정민(1973), Abstract Syntax and Korean with Reference to English, Doctoral Dissertation, Indiana University.

이정민(1975), 언어행위에 있어서의 양상구조, 남기심 외 2인 편(1975), 301-309.

이정현(2016), 드라마 대본에 나타난 '-겠-' 결합형 화행 의미 실현 양상 연구, "문화와 융합" 38-4, 301-328.

이필영(2012), 추정과 비추정의 '-겠-'의 의미, "어문연구" 73, 109-126.

임홍빈(1980), '-겠-'과 대상성, 임홍빈(1998), "국어 문법의 심층 I: 문장 범주와 굴절", 태학사.

장경희(2016), 한국어 추측 표현 '-겠-'의 중국어 대응표현 연구, "한중인문학연구" 53, 267-290.

장채린(2017), 한국어 의지, 의도 표현들의 의미 비교 – '-겠-', '-을 것이-', '-을게(요)', '-을래(요)'를 중심으로 –, "한국어 의미학" 56, 1-34.

전혜자(2013), 선어말어미 '-겠-'이 사용된 문장의 세 가지 특징 – 구어에서 보이는 '현장성', '주체의 고정성' 및 '전제성'에 대하여, "한글" 301, 43-82.

주시경(1910), "국어문법", 박문서관, 김민수 외 2인 편(1977-1986), 11에 재수록.

채숙희(2011), 목적의 '-겠다고'에 대하여, "정신문화연구" 34-3, 205-227.

최현배(1937/1961), "우리말본", 정음사.

허웅(1995), "20세기 우리말의 형태론", 샘문화사.

Chang, Suk-Jin(1996), *Korean*, Amsterdam: John Benjamin Publishing.

Sohn, Ho-Min(1994), *Korean – Descriptive Grammar*, London: Routledge.

한국어와 일본어 modality 연구의 과제와 전망

_ 이와마 아키코

1. 머리말

이 글은 20세기부터 현재까지 연구되어 온 한국어와 일본어의 modality 에 대한 연구의 역사와 현황을 고찰하여 두 언어의 연구사의 특징이 언어학 연구에 미칠 수 있는 영향과 가치, 그리고 앞으로의 연구 과제를 제시하는 것을 목적으로 한다. 이 글에서는 Palmer(2001)에 따라 우선 modality[1]를 '발화자의 심리적 태도가 문장 안에서 어떠한 언어형식으로 나타나는 것'으로 정의한다. 한국어와 일본어에서 발화자의 심리적 태도를 나타내는 방법에는 용언 어간에 결합하는 문말표현형식에 의한 형태적 방법 외에도 부사, 형용 사 등의 어휘적 방법, 억양과 같은 음운적 방법, 그리고 통사적 방법 등 다양 한 실현 방법이 있다(권재일 2012).

---

[1] 이 글에서는 언어마다 modality에 대한 용어와 정의가 완벽히 일치하지 않은 점을 고려하여, 일반언어학의 관점에서는 modality로, 한국어학에서 modality에 가장 가까운 관념을 '양태' 로, 일본어학에서 modality에 가장 가까운 관념을 'モダリティ(모다리티)'로 부르도록 한다.

Modality 연구는 고대 그리스 철학에서 시작하였다. 종래 철학이나 윤리학에서 사물을 보던 관념범주가 중세 이후 언어 연구에서도 사용하게 되었다. 예를 들어 근대에 칸트는 인간이 직감 형식을 통하여 들어온 의식 내용을 인식하는 과정을 논의하면서 modality라는 용어를 사용하여, 그러한 인식 과정을 '가능성과 불가능성', '존재성과 비존재성', '필연성과 우연성'이라는 2항 대립으로 제시한 바 있다. 언어학 분야에서는 20세기 들어 Jespersen(1925), Fillmore(1968), Lyons(1995) 등의 연구에서 '문장과 발화자의 심리적 태도'에 대한 연구가 활발하게 펼쳐졌으며, 통사론, 의미론, 언어유형론이 발전됨에 따라 1980년대부터 의미범주로서의 modality 연구가 본격화되었다. 영어학에서는 조동사의 다의성과 그것이 문장에 미치는 의미 기능에 초점을 두어 '현실(realis)－비현실(irrealis)', '확신(assertion)－비확신(nonassertion)' 등의 관념을 설정하여 의미론 중심의 연구가 진행되었다. 이렇게 전개된 modality 체계는 대략 다음과 같다(박진호 2013:310-311).

(1) modality 체계
  a. 인식 양태(epistemic modality): 명제의 확실성에 대한 판단, 믿음의 정도를 나타냄. (예) 확실성, 개연성, 가능성.
  b. 당위 양태(deontic modality): 사태의 바람직함에 대한 판단, 또는 사태의 발생 책임이나 권리가 사태 내의 특정 참여자에게 있음을 나타냄. (예) 의무, 허락/허용.
  c. 동적 양태(dynamic modality): 사태의 발생 가능성을 좌우하는 원인이 사태 내부의 참여자에게 있음을 나타냄. (예) 능력, 의도, 바람.
  d. 감정 양태(emotive/evaluative modality): 명제에 대한 감정적 태도를 나타냄. (예) 놀라움, 유감스러움, 아쉬움, 뉘우침, 다행으로 여김, 두려움, 경계심.
  e. 증거 양태(evidential modality): 정보의 근원, 입수 경로를 나타냄. (예) 직접 경험, 전문(傳聞), 추론. (이와마 편집)

Mood나 modality에 대한 정의나 그 체계는 학자마다 다르기는 하지만 최근에는 mood를 문법범주로, modality를 의미범주로 파악하고 modality의 한 언어형식으로 mood를 보는 관점도 있다(Lyons 1995, Palmer 2001, 고영근 2004, 이선웅 2012, 益岡隆志 1991 등). 그 대상이 되는 언어표현형식에는 발화자의 사건 명제에 대한 심리적 태도만을 modality를 인정하는 협의의 관점(장경희 1985, 1995)으로부터 발화자의 심리적 태도와 관련된 의미 모두를 두루 포함시켜서 문장의 유형이나 공손성까지 포함하는 광의의 관점(日本語記述文法学会 2009)까지 다양하다.

Modality는 시제(tense)나 양상(aspect)처럼 명확한 관념을 기준으로 형태적 또는 통사적 관점에서만 기술하기가 어려운 문법범주이다. 그렇기 때문에 다양한 접근 방법으로 다양한 연구가 수행되어 왔다. 최근 연구에서는 modality를 의미범주로 파악하는 견해가 대부분이지만 그 관념 기준은 위에서 언급한 바와 같이 '현실과 비현실', '확신과 비확신' 등 학자마다 견해를 달리 하고 있다(Palmer 2001).[2]

그리고 1980년대 이후에는 modality 연구가 더욱 활발하게 되었다. 이전까지 수행해 왔던 생성문법이론을 비롯한 단일한, 그리고 형식론적 접근 방법을 넘어서 의미론이나 언어유형론 등 다른 이론들과의 융합이 요구되었기 때문이다. 한국어와 일본어 modality 연구는 그러한 면에서 보았을 때 언어학 연구에 미치는 가치는 적지 않다. 첫째, 적어도 두 언어에서 전통문법 기술은 일반언어학 이론과는 달리 미분화된 단일 이론 상태였다. 그래서 복합, 다층 구조의 문법범주를 기술하는 데에는 어려움이 있었다. 그러나 범언어적으로 공통된 어떤 대립 관념으로 설명하기 어려운 이러한 modality를 복합,

---

[2] Lyons(1995)는 기본적으로 Palmer(2001)와 같이 종래 문법범주인 서법(mood)과 대립하는 의미범주로서의 modality로 간주하고 있다. 이러한 modality에는 주관과 객관이라는 두 의미가 존재하며, 또한 모든 문장은 명제부와 양태부로 이루어지는 화행과 관련된 언어표현 형식이라 하였다(Lyons 1995:326).

다층 이론으로 보는 데 한국어나 일본어의 연구 방법이 선구적인 역할을 하였다. 이것은 단일 이론 접근을 넘어 각 이론들의 밀접한 상관 관계를 무시할수 없으며 그러한 접면 연구를 적극적으로 도입하고 있는 현대 언어학 경향과도 일치하였다. 둘째, 같은 교착어의 특징을 지닌 두 언어에도 교착 정도나다의성 정도에는 미묘한 차이가 보인다. 예를 들어 일본어 문말표현형식은문법화가 어느 정도 진행, 정착되어, 형태와 의미를 1:1로 설명하기 쉬운 데비하여 한국어는 그렇지 않은 경우도 있다.[3] 교착 양상에 보이는 이러한 차이가 두 언어 modality 관념과 체계, 그들의 확립 과정에 영향을 미쳤다고생각되어 범언어적 연구에도 큰 가치가 있을 것이다.

이 글은 20세기 이후 한국어의 '양태', 일본어의 'モダリティ'(모달리티, 앞으로 이 글에서는 '모다리티'로 표기함)에 대한 연구의 역사를 고찰한 것인데, 그 결과 같은 교착어 성질이 강한 언어임에도 불구하고 그 연구사에는다음과 같은 두 가지 다른 점이 보였다. 첫째, 한국어의 양태 연구가 형태론중심의 접근 방법이 강한 데에 비하여 일본어의 모다리티 연구는 의미론 중심의 접근 방법이 강하다는 점이다.[4] 둘째, 현재 두 언어는 모두 독자적인modality 연구 대상과 방법으로 언어유형론에 접근하고 있다는 점이다.

이 글의 구성은 다음과 같다. 먼저 20세기 초기부터 현재에 이르기까지modality 연구와 직접 관련 있다고 생각되는 관련 문헌자료를 바탕으로 각언어의 modality 연구사를 고찰하는데, 제2절에서는 한국어 양태 연구사를,제3절에서는 일본어 모다리티 연구사를 다룬다. 이 때 한국어 연구에서는 양태와 관련이 깊은 시제에 대해, 일본어 연구에서는 진술론(陳述論)에 대해관심을 가진다. 마지막으로 제4절에서는 한국어와 일본어 modality 연구사

---

3) 예를 들어 한국어 '-겠-'의 경우 다른 문법형태와 교착하는 양상에 따라 문장 구조 내에서 시제나 양태의 다의성을 가지고 있다. 또 '-겠-'과 유사한 기능을 지닌 통사적 구성인 '-을 것이-', '-을 것 같-' 등도 있다.

4) 한-일 두 언어의 modality 연구에서 한국어에서는 Jespersen(1925)의 서법(mood) 개념이, 일본어에서는 Fillmore(1968)의 '문장=명제부+양태부' 개념이 크게 영향을 미쳤다.

에서 보이는 접근 방법과 연구 대상의 차이점을 제시하고, 이들이 언어학에 미칠 수 있는 영향과 가치에 대해서 논의한다.

2. 한국어의 양태 연구사

한국어와 일본어의 modality 연구사를 대조해 볼 때, 한국어 양태 연구사의 큰 특징은 다음과 같다. 첫째, 문말표현형식을 대상으로 하는 인식 양태 연구에 초점을 두었다. 둘째, 시제나 양상 연구와 더불어 양태 연구가 발전되어 왔다. 셋째, 형태론, 통사론, 의미론을 중심으로 연구가 수행되어 왔다. 첫째 특징에는, 문장이란 전달하는 내용을 현실과 관련지어 표현하는 것이며 따라서 현실에 대한 양태 관계(발화자의 심리적 태도)가 필수적으로 문장 속에 나타난다는 주장(金敏洙 1972:11장), 풀이씨의 근본적인 특징은 풀임힘(陳述能力)이며 문장을 종결시키는 능력이라는 주장(최현배 1971:752)[5] 등과 같이, 한국어 문장에 대한 기본 개념이 연구 바탕에 깔려 있었다. 다시 말해서 실질 개념이 있는 본체부에 진술능력인 문말표현형식이 교착함으로서 하나의 문장이 성립한다는 문법 기술 개념이 중심이었던 것이다. 이것은 셋째 특징과도 관련이 깊다. 또 둘째 특징은 공시적인 관점에서 양태 요소를 살펴보면, '-겠-'을 비롯한 양태 요소들은 시제와 양상 등의 다른 문법범주의 기능을 함께 가져 다의성을 보이는 경우도 있고 '-을 것이-'와 같이 복합 형태소나 통사적 구성을 통해서 시간 개념이나 심리적 태도를 풍부하게 표현하는 경우도 있다. 이러한 점을 염두에 두고 한국어의 양태 연구사를 살펴보도록 하겠다.

---

5) 여기에서 바탕관념(実質観念) 또는 맞은편생각(賓位概念)과 풀이힘에 대해서 언급한 것은 제3절에서 언급하는 山田孝雄(1904)의 진술론(陳述論)과 통하는 개념이라 생각한다.

2.1. 1965년-1984년: 서법과 양태

현대 한국어에서 양태와 직접 관련이 있다고 생각되는 연구가 바로 용언 어간 뒤에 결합하는 문말표현형식을 기술하는 연구, 특히 시제와 관련된 연구이다. 현대 한국어의 시제범주를 처음 제시한 것은 20세기 초엽의 주시경의 문법 연구이었다(주시경 1911:76-89). 그 후 박승빈(1935), 최현배(1937/1971)에서 시제범주 체계를 기술문법 틀에서 연구하면서 '-겠-'과 '-더-'에 보이는 시제 이외의 용법에 대해서 다루었다. 특히 최현배(1937/1971)에서는 현대 한국어 문법을 기술하면서 용언 어간을 경계로 문장을 두 부분으로 나누면서 시제보조어간의 하나로 '-겠-'과 '-더-'를 자리매김하였다. '-더-'에 대해서는 한국어 시제보조어간 중에도 독특한 용법으로서 '회상'의 의미를 부여하고, '-겠-'에 대해서는 미래시제 체계 속에서 의지의 유무에 대해서 언급하는 등, 이 두 형태소가 지닌 양태 기능에 대해서 언급하였던 점이 선구적이라고 할 수 있다. 이러한 한국어 양태 연구는 문장에 대한 형태론 중심의 기술문법 연구 흐름 속에서 문말표현형식을 구성하는 요소들의 기능에 주목한 것에서 시작하였다고 볼 수 있다.

1960년대에 들어 용언 어간 다음에 실현되는 각 형태소가 어떤 의미기능을 가지는지에 대한 연구, 즉 문말표현형식과 발화자의 심리적 태도 간의 문법 관계에 대한 연구가 활발해졌다. Mood나 modality가 '서법'이란 명칭으로 처음 제시되었을 뿐만 아니라(고영근 1967), 생성문법이론이나(金敏洙 1972, 남기심 1972/1985) 의미론의 관점에서(서정수 1977, 1978) '-겠-'과 '-더-'의 기능을 논의하고 문말표현형식 체계를 확립하려는 시도가 본격화하였다. 1960년대에 나온 주된 주장을 살펴보면 첫째는 문법구조론의 관점, 둘째는 의미론의 관점, 셋째는 형태의미론의 관점 등이 보인다.

먼저 문법구조론의 관점에서의 주장은 다음과 같다. 고영근(1967, 1974, 1976)에서는 전통문법의 문장종결법 체계에 대한 연구 성과를 토대로 발화자의 심리적 태도가 나타나는 요소들에 대하여 서법범주를 처음 제시하여 체계 확립을 시도하였다. 구체적으로는 용언 어간 다음에 결합하는 문말표현형식 가운데 특히 발화자의 심리적 태도가 나타나는 것은 선어말어미와 어말어미 구별 없이 서법으로 정의하여 그 때까지 미분화되었던 문장의 유형과 발화자의 심리적 태도를 구별하여 문장종결법 재고의 필요성을 제시하였다. 특히 서법에 대해서는 주로 선어말어미로 표현되며 명제 내용에 대한 태도(현실과 비현실)를 나타내는 것을 무의지적 서법(containing no element of will)이라 정하여 그 하위범주에 '서실법(叙実法 fact-Mood, 회상법과 직설법)', '서상법(thought-Mood 추측법)'을 귀속시켰다. 한편 주로 어말어미로 표현되며 명령법, 허락법, 공동법, 경계법, 약속법 등의 기능을 가지는 '문체법(문장종결법에 해당)'을 '서의법(叙意法, will-Mood, containing an element of will)'이라 정하여 한국어 문장에 두 가지 서법 체계를 확립하였다.6) 이것은 Jespersen(1925:311)의 classification of utterance에 해당하는 것을 '문체법'이란 이름으로 서법 체계 속에 귀속시킨 것이다. 이러한 고영근(1967, 1974, 1976)의 연구는 현대 한국어의 문말표현형식에 대한 발화자의 심리적 태도와 관련된 요소만을 서법이란 이름을 사용하여 연구 대상으로 삼은 최초의 연구라고 할 수 있고, 또한 이후 한국어 양태 연구에 여향을 끼친 큰 업적이라 할 수 있다. 이와 같이 발화자의 명제에 대한 태도와 청자에 대한 태도를 묶어 같은 서법범주에 포함시켜 다루었던 것이 고영근(1967, 1974, 1976) 연구의 특징이다.

金敏洙(1972)에서는 생성문법이론 관점에서 문장 구조를 논의하면서 '양태소'라는 개념을 처음 제시하였다. 이에 따르면 문장이란 전달하는 내용을

---

6) 이후 고영근(2004), 고영근·구본관(2008)에서는 당시 이론을 수정하여 무의지적 서법을 직설법, 회상법, 추측법, 원칙법, 확인법 등 5 가지로 하였다. 이들은 모두 서법범주에 들어가지만 그 중에서도 전자 3 가지를 기본서법, 후자 2 가지를 부차서법으로 분류하였다. 기본서법은 시제와 밀접한 관계를 맺고 있는 것이 특징이며, 부차서법은 기본서법에 후행하여 주로 믿음과 관련된 양태성을 띠고 있다고 간주하면서 양태가 의미범주 관념임을 주장하였다.

발화자의 생각과 함께 전달하는 것이며 형태적으로는 서술내용인 본체부와 높임법, 서상법, 양상 등 다양한 심리상태를 나타내는 서술부로 표시된다. 이러한 생각을 바탕으로 문장을 본체부(용언, 의존부, 존칭)와 종결부(서법, 겸칭, 시칭)로 분류하여, 이 본체부와 종결부의 구성 요소들을 모두 양태소라는 하나의 범주로 인정하여 양태소표를 제시하였다(1972:11장). 나아가 생성문법이론을 토대로 하면서도 기능주의의 관점도 가지고 있으며, 또한 통사적 표현7)이라도 양태 의미기능을 가지는 요소는 의존부에 포함시키는 등 대상 요소를 넓게 인정하는 광의의 양태 개념을 제시하였다.

한편 나진석(1971)이나 남기심(1972/1985)에서는 서양 언어학을 기반으로 한 시제 체계를 한국어학 연구에서 그대로 채용하는 것에 경종을 울려 독자적인 시각으로 시제 이론을 주장한 연구들이다. 남기심(1972/1985:211-245)의 경우, 종래 시제로 생각되었던 보조어간 '-았-', '-았었-', '-겠-', '-더-'에 대해서 이것이 시제가 아니라 '상(相, aspect: -았-=완료, -았었-=계속)이나 '법(法, mood: -겠-=미확인법, -더-=회상법)이 그 중심 기능이라고 주장하였다.8) 이러한 주장은 한국어 문장에서 문말표현형식이 지닌 형태 또는 의미 구조의 복잡함을 보여 주고 있다. 또 주장 자체의 타당성은 논외로 하더라도 이러한 주장은 적어도 한국어 연구의 전통문법적인 사고에 새로운 연구 자극을 주었으며 종래 시제로 생각되었던 요소들이 의미론적(서정수 1977), 통사론적(고영근 1974, 남기심 1972/1985 등) 관점에서 재고하게 하였으며, 시제, 양상, 서법, 양태 또는 법 등의 문법범주를 활발하게

---

7) 통사적 표현의 예로 '-를 들어 확신하다, -을 의심하다, -을 찬양한다, -을 부정한다, -라고 본다, -다고 믿는다, -다고 생각한다' 등을 열거하였다.

8) 남기심(1972, 2001)은 문장 내용의 사실성에 대한 발화자의 태도가 문법적 표시(선어말어미로 대표됨)에 의하여 실현되는 것을 '법(法)'이라고 하여, 이것이 문장종결 형식과 관련해서 실현되는 요소들을 서법으로 정의하고 있다. 여기서 서법은 '의향서법'(청자에 대한 발화자의 태도를 나타내는 서법)과 '양태서법'(명제에 대한 발화자의 태도를 나타내는 서법) 두 가지로 분류된다.

연구하게 된 계기를 마련하였다.

다음으로 의미론의 관점에서의 주장은 다음과 같다. 서정수(1977)에서는 회상 시제로 다루어져 왔던 '-더-'가 지닌 종결법과 인용법 기능을 중심으로 의미 제약을 설명하면서 이 요소가 시제가 아니라 '보고'의 기능을 지닌 서법의 일종이라고 주장하였다. 또 서정수(1978)에서는 통사적 구성 '-을 것이-'를 '-겠-'과 같은 '추측'의 기능을 지닌 서법이라는 견해를 보이며 양자의 의미 영역을 대조하였다. 또 李基用(1978)에서는 지금까지 추측 또는 미확인을 나타내는 존재로 보아왔던 '-겠-'과 이와 같은 의미기능을 가지는 통사적 구성 '-을 것이-'를 인지론의 관점에서 다시 검토함으로써 이들 요소는 사실에 대한 진위를 알지 못하더라도 그것을 믿을 만한 증거가 있을 때 성립하는 추측 또는 가능 표현이라고 주장하였다. 위와 같은 의미론의 관점에서의 접근에 따라 형태론의 관점에서는 고려하지 못했던 통사적 구성이나 형용사, 부사와 같은 어휘 등 다양한 요소들이 연구 대상에 포함되었으며, 기능주의 관점에서도 발화자의 심리적 태도에 대한 문법범주 연구가 가능해졌다고 할 수 있다.

2.2. 1985년 이후 − 양태의 새로운 연구 −

위와 같은 문법구조론, 의미론에 입각한 연구 업적들을 토대로 형태의미론에 입각하여 한국어의 양태의 개념과 체계를 처음 제시한 연구는 장경희(1985)이다. 그 이후 양태가 시제나 서법과는 분리된 하나의 문법범주로 다루어지게 되는 새로운 연구 시대를 맞이하였다. 2000년대까지 양태 연구는 그 대상이나 정의를 기준으로 다음과 같이 크게 세 가지 주장으로 분류된다. 첫째, 장경희(1985)에서와 같이 발화 시점을 기준으로 명제 내용에 대한 발화자의 심리적 태도만을 양태로 정의하고 주변 문법범주와 분리시키는 이른바 '형태의미론으로서의 양태'의 주장이다. 둘째, 고영근(2004)을 비롯한 선어말어미와 어말어미와 무관하게 문법범주로 표현되는 발화자의 심리적 태도를 서법(mood)으로, 의미범주로 표현되는 발화자의 심리적 태도를 양태(modality)로 나누는 주장이다. 셋째, 서정수(1986), 김일웅(1992), 남기심(2001) 등과 같이 서법이란 용어로 문말표현형식을 체계화시키는 주장이다.

우선 형태의미론으로서의 양태에 대한 연구로서 장경희(1985)가 있다. 장경희(1985)에서는 사건에 대한 발화자의 심리적 태도를 '양태'라고 정의하며 그 통사 특성과 의미 특성을 연구하였다. 장경희(1985)에서는 양태 대상 요소를 '-겠-', '-더-', '-군-', '-지-', '-네-', '-ㄹ-', '-ㄴ-' 등으로 제한함으로써 청자에 대한 심리적 태도를 다른 문법범주로 분리시켜 협의의 양태 문법범주를 정한 것이 특징적이다. 전통적으로 시제, 시상 또는 서법 등 다양한 문법범주 속에서 다루어져 왔던 요소들에 새로이 '양태'라는 문법범주를 설정한 점, 그리고 형태적인 관점에서 대상 요소를 정함으로서 이웃하는 다른 범주에 대한 경계를 설정하여 용어를 통일시킨 점이 큰 업적이라고 할 수 있다. 그러나 양태 대상 요소 중에는 '-지-', '-네-'와 같이 의문문이 되거나 종결어미 위치에서 실현되면 청자 지향의 태도를 가질 수 있는 요소도 포함하기 때문에 양태 체계에 좀 더 고찰해야 할 여지가 있어 보인다.9) 그 후 장경희(1995)에서는 장경희(1985)에서와 같이 협의의 양태 입장을 취하면서 해당 요소가 지니는 양상, 증거성, 인지 양태 등을 고려하여 한국어의 인지 양태 체계를 다음과 같이 제시하였다(장경희 1995:198).

---

9) 예를 들어 고영근(2004)에서는 장경희(1985, 1995)가 양태 대상으로 삼은 요소인 '-지-', '-구나', '-네'를 형태의미론의 관점에서 '-더-'와 '-겠-'과 동일 범주 내에서 다루고 있는 것에 대해서 비판하였다. 그러나 한국어 '-지-', '-네-', 혹은 일본어 'た(ta)' 등은 각각 양태나 시제 요소로 인정되지만 이것이 종결어미 환경에서 '발견' 등 발화자의 심리적 태도를 나타내는 요소로 사용되기도 한다. 이 요소들은 모두 종결어미 위치에서 실현될 때는 직설법과 대조적인 발화자의 심리적 태도를 나타내기 때문에 '-다', '-어'와 같은 범주 내에 놓는 견해도 있다(고영근 1976, 한길 1999, 윤석민 2010).

(2) 장경희(1995)에서 제시한 한국어의 인지 양태 체계
    a. 인지 방법
      지각 양태 (-더-, 네-): 감각기관을 통하여 정보를 지니게 됨.
      사유 양태 (-겠-): 논리적 사고를 통하여 정보를 추정/창출함.
    b. 인지 시점
      이미 앎의 양태 (-지-): 발화 이전부터 정보를 지니고 있음.
      처음 앎의 양태 (-구나-): 발화 시점에서 비로소 정보를 지니게 됨.

(이와마 편집)

박재연(1999)도 기본적으로 장경희(1995)와 같은 입장으로 명제에 대한 인식 양태 중심의 한국어 양태 체계를 제시하였다. 서정수(1986)의 경우 양태 대신 '서법'이란 용어를 이용하여 장경희(1985)보다 넓은 범위를 대상으로 정하였다. 서정수(1986)에서는 장경희(1985)와 같은 형태의미론적으로 접근하면서도 문장 내용(명제)에 대한 발화자의 태도(선어말어미에 위치함)뿐만 아니라 청자에 대한 발화자의 심리적 태도(종결어미에 위치함)까지 모두 서법범주에 포함시켰다. 조일영(1998)에서도 선어말어미로 표시되는 발화자의 사건에 대한 심리적 또는 정신적 태도를 '인식 양태'로, 종결어미로 표시되는 발화자의 청자에 대한 심리적 또는 정신적 태도를 '표현적 양태'로 제시하였는데 이 또한 서정수(1986)와 같이 광의의 양태범주를 설정한 것이다.

한편 고영근(2004), 고영근·구본관(2008:193)에서는 서정수(1986)와 같이 발화자의 심리적 태도와 관련된 모든 요소를 양태 체계 속에 넣는 관점을 취하면서도 형태의미론의 관점이 아니라 서법과 대조되는 의미범주로서의 양태를 정의한 것이 특징이다. 종래의 서법과 대조적인 문법범주로서의 양태를 제시하여 전자는 동사의 활용형으로 실현되는 문법범주에, 후자는 의미범주에 속한다고 주장하였다. 다시 말해서 서법이 주로 선어말어미나 종결어미에 의하여 실현되는 형태론적인 문법범주로 정한 반면, 양태는 발화자의 태도가 명사, 부사 등의 어휘나 어순, 억양 등 다양한 방법으로 실현되는 의미

범주로 정한 것이다.[10] 이선웅(2012)도 이와 같은 관점이다.

형태적으로 보다 넓은 범위를 양태 체계로 인정한 연구에는 김일웅(1992)이 있다. 이 연구는 문장 구조에 대해서 생성문법론적인 접근을 하였으며 구문을 기저문(명제), 꼴갖춘월, 쓰인월(담화에 부려쓴 월) 단계로 나누었다. 또 월은 '명제+서법'으로 짜여 있고, 서법은 꼴갖춘월 단계에서 실현되는 명제(기저월) 내용에 대한 발화자의 주관적인 판단을 나타내는 부분이라고 정의하였다. 그리하여 서법 대상으로 삼은 요소는 긍정, 부정 단정(극성판단), 시제부터 전달양식판단(서술, 물음, 시킴, 꾀임) 등 문장종결법까지, 또 굴절에 의한 요소든 파생에 의한 요소든, 그리고 통시적으로 수의적인 요소까지 모두 포함하였다. 남기심(2001)에서는 문장종결형식과 관련된 것을 '서법'으로, 문장 내용의 사실성에 대한 발화자의 태도가 선어말어미를 비롯한 문법적 표시로 표현되는 것을 '법'으로 정하여 '서법'은 발화자의 청자에 대한 태도를 나타내는 의향서법과 발화자의 명제 내용에 대한 태도인 양태서법으로 나누었다(1972/1985, 2001).[11]

이상에서 살펴본 바와 같이 주로 '발화자의 심리적 태도'를 둘러싼 아른바 인식 양태를 중심으로 한 양태 체계와 그 주변 문법범주 확립을 위한 연구가 이 시기 한국어 양태 연구의 특징이었다. 연구자마다 접근 방법에 따라 양태

---

10) 고영근·구본관(2008:380)에서도 역시 서법은 발화자가 어떤 사건에 대하여 인식한 것이 문법화된 언어형식으로 보아, Jespersen(1924)이 제시한 세 가지 서법 체계에 따라 한국어 서법을 Fact Mood(서실법: 부정법, 직설법, 회상법), Thought Mood(서상법: 추량법, 강조법, Will Mood(서의법)로 분류하였다. Fact Mood와 Thought Mood는 무의지적 서법으로 선어말어미로 실현되는 반면, Will-Mood는 의지적 서법으로서 종결어미로 실현된다고 설명하였다.

11) 또 신창순(1997)에서는 '-겠-', '-더-', '-었-'이 가지는 의미기능과 형태 변화에 대해서 통시적인 연구를 수행하였다. 그는 어휘부와 형태부를 명확히 분류해야 하는지 여부는 연구 접근 방법이나 목적에 따라 달라질 수 있다는 자세를 보였다. 그리고 용언토가 시제에서 법으로 파생된 사실과 시제법인 '-었-'이 문법소로 완성된 사실을 고려하여 이전에는 법적(어휘부) 요소가 강하였던 요소들이 현재는 문말형식과 굴절함으로서 복잡한 기능 체계를 가지게 된 것이라 하였다.

하위범주나 대상 요소에 차이가 보이지만 양태라는 하나의 문법범주가 한국어 연구에 나타난 중요한 시기였음을 알 수 있다.

2.3. 2000년대 전후 – 언어유형론에서의 양태 연구 –

1990년대에서 2010년대에 거쳐 언어유형론적 관점에서 한국어 양태를 고찰하려는 시도를 많이 보이고 있다. 특히 고영근(1986, 2004), 고영근·구본관(2008), 이선웅(2001) 등에서는 양태를 의미범주로 서법을 형태범주로 구별하는데, 이러한 견해는 Palmer(2001)로 대표되는 언어유형론의 관점과도 일치한다. 이렇게 언어유형론에 맞추면서도 한국어 특징에 비중을 두어 양태 체계를 고찰한 연구에는 이기갑(2006), 임동훈(2008), 박진호(2011) 등이 있다. 이기갑(2006)에서는 Palmer(2001)에서 제시한 양태 체계를 바탕으로 하여 한국어 양태를 명제 양태와 사건 양태로 구분하여 한국어 양태 요소인 '-겠-', '-더-'를 고려하여 명제 양태의 하위범주에 증거 양태를 제시한 것이 특징이다.[12] 또 영어의 양태 요소들과 한국어의 양태 요소들이 가지는 다의성을 대조하여, 언어유형론을 고려하면서 한국어만의 양태 체계를 확립하려 하였다.

임동훈(2008)에서는 일반언어학에서 연구되어 왔던 선행 연구[13]를 감안하여 한국어 서법과 양태를 고찰하였다. 임동훈(2008)에서 양태란 명제의 가능성, 필연성과 관련된 발화자의 정신적 태도가 표현된 개념으로 보았으

---

12) 한국어 인식 양태(-겠-, -을 것 같-, -을까 싶-은 복합문 형식에서 문법화된 형태거나 그 과정에 있는 형태이기 때문에 영어와 같이 양태라는 하나의 문법범주로 인정하기가 어렵다고 언급하면서도 ① 불확실성을 나타내는 speculative(-을 지 모른다, may), ② 확실한 증거에 기반을 둔 deductive(-임에 틀림없다, must), ③ 널리 알려진 일반적인 증거에 바탕을 둔 assumptive (will) 세 가지 하위 범주를 제시하였다. 영어에서는 speculative, deductive와 assumptive 두 가지 분류로 나누어져 있다.

13) Bybee et al.(1994), Capell and Hinch(1970), Mithun(1999), Palmer(2001) 등을 참고하였다고 언급하였다.

며, 이것이 동사의 굴절형으로 실현되어 명령과 진술 등의 특정한 언표수반력(illocutionary force)을 지닌 요소들을 서법으로 정의하였다. 즉, 아무리 동사 굴절형으로 실현되면서도 언표수반력이 없거나 서실법(realis), 서상법(irrealis) 관념으로 파악할 수 있더라도 동사 굴절형이 아닌 방법으로 실현되는 요소들은 서법으로 보지 않는 것이다. 그러한 요소는 '문법적 양태'라는 다른 문법범주를 제시하여 거기에 귀속시키며 새로운 체계를 확립하였다. 구체적으로는 문장의 유형을 표현하는 문장종결법 체계나 'ㅁ', 'ㄱ', 'ㄴ', 'ㄹ' 등 내포어미로 실현되는 서실법과 서상법 체계는 서법에, 그 외 발화자의 정신적 태도와 관련된 각종 표현 형식을 양태 체계에 포함시켰다. 또 이러한 양태 요소 중에서도 통시적으로 문법화가 진행된 선어말어미인 '-겠-', '-더-'와 '-구나', '-네-', '-지-' 등 굴절형태로 나타나는 것, '-ㄹ 수 있다', '-어야 한다' 등 통사적 구성들은 모두 '문법적 양태'에 포함시켰다. 통시적 변천을 고려하며 새로운 문법범주를 제시한 것이 특징적이라 할 수 있다.

이상과 같은 언어유형론에 바탕을 둔 한국어의 양태 연구도 새로운 시대를 맞이하였다. 첫째, 의미범주로서의 양태 관념이 확립되면서 서법은 형태범주로, 문장의 유형은 독립한 하나의 문법범주로 구별하여 연구가 이루어지게 되었다. 둘째, 과거에 인식 양태에 초점을 두었던 발화자 중심 양태 연구뿐만 아니라 발화자와 발화 행위에 관한 또 하나의 양태인 의무 양태나 동적 양태(사건 양태)도 양태 체계에 포함시키면서 보다 넓은 대상을 하나의 문법범주 속에서 다루게 되었다. 한 걸음 더 나아가 언어유형론의 관점에서 한국어 양태를 연구하는 움직임도 활발하게 되었다. 예를 들어 박재연(2009)에서는 인식 양태를 최상위 범주로 정하여 한국어 양태 범주를 체계화시키려 하였고, 이기갑(2006)에서는 언어유형론에서 보는 양태 체계를 바탕으로 하면서도 한국어에 특징적인 '증거성'을 양태범주로 확립시켰다. 또 장경희(1985, 1995), 박재연(1999, 2009) 등에서는 '의외성(새로 앎)'을 양태범주에 포함시키기도 하였다. 이러한 관점들은 현재 언어유형론에서 주목 받고 있는 범주이기도 하여, 한국어 양태 연구에서 이와 관련한 논의가 활발하게 펼쳐지고 있다.

3. 일본어 モダリティ(모다리티) 연구사

한국어 양태 연구사와 대조하였을 때 보이는 일본어 モダリティ(이하, '모다리티'라 표시함) 연구사의 특징은 다음과 같다. 첫째, 문장의 의미기능론을 중심으로 모다리티를 기술하였다. 둘째, 오래 전부터 논의하기 시작한 '진술론(陳述論)'의 전통 속에서 모달리티 연구의 기반이 완성되었다. 그런데 의미기능론을 중심으로 모다리티를 기술하는 것에는 형태론적 접근과 달리 대상 요소를 형태적, 통사적 제약으로 체계화시키기가 어려워서 각 요소의 본질을 밝히기가 어려웠던 단점이 있었다. 그러나 이러한 시각은 양태를 문법범주와 의미범주를 복합적으로 살펴보는 것을 가능하게 하였다. 이제 위의 두 가지 특징을 염두에 두고 일본어 모다리티 연구사를 살펴보도록 하겠다.

3.1. 1975년 이전 – 문장론에서 본 양태 –

1600년대에 포르투갈 선교사들의 문법 기술을 시작으로 초등학교에 문법과가 설치된 1872년 이래 일본에서는 일본어 문법 연구가 발전되었다. 20세기에는 소쉬르를 비롯한 서양 언어학 이론이 들어오면서 그것을 전통문법과 융합시킨 문법 기술이 확립되었다. 이러한 흐름 속에서 山田孝雄(1908)에서 '진술론(陳述論)'을 처음 제시하였다. 언어심리학적인 견지로 인간이 언어 표현을 하는 데 생성되는 의식 표현을 '진술'이란 용어로 설명하여 독자적인 방법론을 세웠다. 이것을 진술론이라 하는데, 이는 현대 일본어학의 양태 연구와 유사한 관념을 지니기 때문에 지금까지 많은 학자들이 현대 일본어 양태 연구의 바탕 관념으로 삼아 왔다(仁田義雄 1991, 益岡隆志 1987, 尹相實

2005 등). 山田孝雄(1908)에서 진술이란 문장을 문장답게 만드는 정신적 작용이며, 의식의 존재가 언어 수단을 통해서 실현된 실체 모습이며, 그러한 모습이 구문 속에서 용언으로 실현되었을 때 처음 '진술의 힘'을 가지게 된다고 설명하였다(山田孝雄 1908:1238–).[14] 이 진술이란 영어 predicate에서 유래하며, 구문 속에 대립하는 수위개념(首位槪念)과 빈위개념(賓位槪念) 간의 관계를 가리킨다. 그러나 진술이 구문을 만드는 객관적인 개념인지 발화자의 주관적인 개념인지에 대해서 언급을 하지 않았지만, 진술 작용을 맡은 대상 요소에 동사, 형용사, 존재사, 그리고 진술을 섬세하게 표현하기 위하여 구성되는 다양한 '복어미'[15] 등을 제시하였다. 언어학적으로 보았을 때 이론의 근거가 부족한 것은 부정할 수 없지만 구문 구조를 의미기능을 바탕으로 수위개념과 빈위개념으로 구분하여 그것을 하나의 문장을 구성하기 위한 심리적 요소로서 진술과 그 실현 형식을 처음 제시한 점은 큰 업적이라 할 수 있다.

문장 성립을 위한 정신적인 필수 조건으로서 시작한 진술 개념은 이후 1970년대까지 '정신 작용의 언어 표현인 진술은 구문 중에서 어디에 존재하는지'에 대한 문제와 '진술은 발화자의 주관인지 아닌지의 여부'에 대한 두 가지 문제를 논점으로 하여 일본어학자들 사이에서 활발하게 연구가 이루어졌다.[16] 특히 1950년대를 전후하여 일본어 연구도 유럽과 미국 구조주의 언어학 영향을 받으면서 구조론적 접근이 증가하였다. 단 이것은 형태론을 바

14) 당시 山田孝雄는 Heyse의 Deutsche Grammatik과 Sweet의 New English Grammar (1891), 심리학자 Wilhelm Wundt(1832~1920) 등으로부터 영향을 받았다고 언급하였다.

15) 복어미(複語尾)란 용언의 실질적 측면인 속성과 형식적 측면인 copula의 혼합체이며 동사 어간과 굴절형과의 복합체라고 설명하였다.

16) 1920년대에서 1950년대에 펼쳐진 진술론과 관련한 주요 연구 업적은 服部四郎 他(1978), 「日本の言語学」 第3卷(大修館書店)에 수록되어 있다. 예를 들어 동사 활용형을 음성학 관점에서 연구한 三宅武郎(1934)는 동사 활용형을 연구면서 山田孝雄의 진술론을 인정하는 반면 '용언'을 '술사(述詞)'로 용어를 바꾸어 '어기술사(語気述詞)'라고 하는 문말에 나타나는 억양까지를 모두 진술로 삼아 대상 범위를 확대시켰다.

탕으로 하여 시작된 양태 연구가 아니라 구문에 대한 심리 또는 의미기능의 연구 과정에 형태통사론이나 생성문법이론이 결합한 점이 한국어 양태 연구와 다른 특징이라 할 수 있다. 예를 들어 時枝誠記(1950:256-261)에서는 소쉬르가 제시한 구조주의 언어학 이론을 비판하면서 문장은 기호의 단순한 배열이 아니라 각 어휘가 '주관 또는 진술'과 통일함으로써 완성된다고 하였다. 이것을 언어과정설이라 하였다. 時枝誠記(1950)에서는 일본어 구문 중에 나타나는 어휘나 절을 모두 '주'와 '객'의 체계로 파악하며 단어를 '개념 작용에 의하여 어떤 사건이 객체적 표현(개념 과정을 경과한 형식, 즉 체언과 용언)인 '사(詞, koto)'와 주관적 표현(개념 과정을 경과하지 않은 형식, 즉 부사, 숙어의 구성요소, ず(zu, 부정을 나타내는 후치사), たり(tari, 존재사), らし(rashi, 추측을 나타내는 용언 후치사), よ(yo, 보고를 나타내는 후치사))인 '사(辞, ji)'로 분류하였다. 진술은 '사(辞)'에 존재하는 주관적 개념 요소임을 주장하였다. 다시 말해서 용언과 용언에 이어져 나타나는 후치사에 진술 작용이 존재한다고 보아, 이러한 사건 명제 구문에 '판단'이란 주관적 표현이 덮어짐으로서 하나의 문장으로 통일된다고 설명하였다.

또 시제나 양상 표현까지 포함하는 사건 명제, 즉 '사(詞)' 이하에 나타나는 요소들을 '사(辞)'로 보아, 만약 용언이 기본형(종지형)으로 끝나는 경우에는 그 용언 자체가 '사(辞)'가 되어 '0(영)기호'를 가지고 주관적 표현을 나타낸다고 하는 일본어 구문 구조의 '入れ子型構造(Nested-structure)[17]'를 설명하였다.

(3) 時枝誠記(1950)의 入れ子型構造(Nested-structure)
   [[桜の]>[花]が+[咲いた]]>らしい/0 (零記号)
   [[벚꽃의]>[꽃]이+[피었다]]>추측/0 (영기호)

---

17) Heiko Narrog(2009) 번역에 따름.

時枝誠記(1950)에서 진술이란 '발화자의 주관적 표현에 속하는 것'이며 이 것을 설명하기 위하여 '사(辞)'가 '사(詞)'를 감싼다는 일본어 문장 구조 이론 을 제시한 것이다. 영(0)기호를 사용하거나 문장 내용에 대한 발화자의 주관 적 태도를 나타내는modality를 제시하는 등, 당시 대세였던 표준이론의 심 층구조와 표층구조 개념, 또는 Jespersen(1925)의 mood 개념을 엿볼 수 있다.

芳賀綏(1954)에서는 일본어 구문 구조와 의미기능 구조에 대한 귀납적인 연구를 통하여 진술은 '언표사태(言表事態, 명제사건)와 발화전달 두 가지를 지향하는 것'으로 설명하였다.

時枝誠記(1950)에서 제시한 일본어 구문 구조와 芳賀綏(1954)에서 제시 한 진술의 지향성에 의하여 山田孝雄(1908)의 '진술'에 대하여 보다 과학적 인 접근이 가능해졌으며, 일본어 구문이 명제와 양태로 이루어진다는 계층구 조론을 발전시키는 큰 계기가 되어 이후 仁田義雄(1991)의 modality로 계승 되었다.

한편으로 형태론과 구조론의 관점에서 일본어 구문 구조에 접근하는 입장 도 나타났다. 金田一春彦(1953)에서는 일본어 동사 구문이 지니는 의미와 형태 구조 사이의 관계를 연구 대상으로 하였던 당시, 객관적인 문장내용으 로서의 ディクトム(dictum)와 발화자의 주관적인 내용으로서의 モーダス (modus)를 도입하며 '사(詞)'와 '사(辞)'의 연속체(구조적으로 끊을 수 없는 통일체)가 구문을 완성시킨다고 간주하였다.[18] 三上章(1953)도 金田一春彦 (1953)와 같은 의미적인, 통사적인 접근 방법으로 그 이론을 발전시키며 문 법화된 문말표현형식에 주관적인 요소를 포함한 판단 형식이 자리매김한다

---

18) 이것은 원래 소쉬르의 「一般言語学講義」를 번역한 小林秀雄(Kobayashi Hideo)가 문장 내용 인 dictum과 발화 내용인 modus두 가지 개념을 일본어 연구에 도입한 것에 기인한다. 문장 (서술)내용인 dictum과 발화내용표현인 modus는 小林秀雄가 제시한 주관적/객관적 분류와 는 다른 개념이다(金田一 1953).

고 설명하였다.

이상과 같이 현대 일본어학에서 modality 문법이 본격적으로 도입되기 이전에는 인간 언어에 대한 정신 이론으로 시작한 진술론을 과학적으로 해명하는 과정에 Jespersen(1925)과 같은 발화 내용에 대한 발화자의 주관적 태도를 구조론이나 의미기능론으로 설명하려고 하는 접근 방법이 나타났다. 이것이 바로 이 시기 modality 연구의 핵심이라 할 수 있다. 또 진술의 언어표현형식도 어휘 범주(용언 접사, 부사 등)에서 문말표현형식(시제, 양상, 문장의유형, 통사적 구성 등), 음운론적 범주(억양) 등 다양하게 다루어졌다. 학자마다 접근 방법이나 대상은 다르지만 주관성도 객관성도 없었던 진술 개념이의미기능론을 바탕으로 인식하게 된 것은 미국 구조주의 이론이나 한국의 형태의미론적 접근 방법과는 또 다른 특징이다.

3.2. 1976년–1990년대 – 모다리티(モダリティ)의 탄생 –

1970년대 이후, 渡辺実(1971)에 의하여 진술론 논쟁이 진정되는 것과 함께 서양 언어학과 외국어 교육 연구자들이 일본어의 한 문법범주로서 modality를 연구 대상으로 삼기 시작하였다. 모다리티(モダリティ)라는 용어가도입된 것도 이 시기부터이다.

일본어학 관련 일본 국내 연구에서 처음 'モダリティ(모다리티)'가 등장한것은 鈴木重幸(1972)라 하겠다.[19] 鈴木重幸(1972)에서는 金田一春彦(1951)의 モード(mōdo), 奥田靖雄(1985:223–250)의 モーダス(mōdasu),

---

19) Ueno, T. (1971) A study of Japanese modality: A performative analysis of sentence particles, University of Michigan(박사논문)이 일본인으로서는 처음 일본어 문말표현 연구 속에서 modality를 사용하였다. Heiko Narrog(2009:25)에 따르면 Ueno(1971)의 modality는 영어학의 modality와는 달리 문장의 유형(서법), 문말형식, 부사 등 일본어학에서 말하는 주관성을 포함하는 관념이기 때문에 일본어 문법을 고려하면서 modality라는 용어를 처음 제시한 것으로 보인다.

寺村秀夫(Teramura Hideo, 1982)의 ムード(mūdo)를 모두 명제와 대립하는 발화자의 심리적 태도로 파악하였다. 특히 현대 일본어학에서 모다리티 연구의 직접적인 기초를 세운 것은 외국어 교육로서의 일본어 문법을 연구하였던 寺村秀夫(1978)에서이다. 寺村秀夫(1982)에서는 'ムード(mood)'라는 용어로 modality에 대해서 설명하였다. 寺村秀夫(1982, 1984)에서는 일본어 구문 구조를 발화자가 객관적인 세계 사물이나 상황을 표현하는 부분인 '사(詞)와 그것을 소재로 발화자의 심리적 태도를 상대방에게 제시하는 부분인 ムード로 나누었다. 즉 ムード는 구문에서 명제와 대립하는 관념이며, ムード 연구는 그러한 의미기능을 가진 요소들이 실현되는 통사적, 의미적 양상을 기술 연구하는 것이다. 이러한 의미기능적 접근에 의한 寺村秀夫(1982, 1984)에서의 연구 대상은 활용형을 가진 용언뿐만 아니라 주관적인 의미기능을 가지는 어휘나 문말표현형식, 문장의 유형 등 광의의 ムード를 인정하였다. 나아가 대상 요소는 문장구조를 고려하여, (1) 구문에 필수 요소인 용언 활용형, (2) 용언 활용형에 후속하며 추측과 설명을 나타내는 후치사(활용하는 조사나 통사적 구성. だろう, ようだ, らしい, (し)そうだ, にちがいない, かもしれない 등), (3) 종조사, 감탄사, 간투사, とりたて조사(focus particles) 등 모두 세 가지를 제시하여, 그들을 각각 '일차적 ムード', '이차적 ムード', '삼차적 ムード'로 분류하였다. 그 이후 寺村秀夫(1982, 1984)의 명제와 대립하는 관념으로서의 문법범주인 모다리티는 오늘날 현재 일본 양태 연구에서 대표적인 연구자인 仁田義雄, 益岡隆志, 中右実에 계승되어, 현대 일본어 모다리티 연구에 직접적인 영향을 미쳤다.

일본의 국립정보학연구소에서 제공하는 논문 정보 검색 결과에 의하면 1980년 이후 지금까지 일본어 모다리티를 대상으로 한 일본 국내 연구만 해도 300편이 넘는 업적이 보이는 만큼 많은 연구자들이 관심을 가졌다. 현대 일본어 모다리티 이론의 대표적인 연구를 살펴보면 다음과 같다.

우선 仁田義雄(1991)에서는 芳賀綏(1954)에서 제시한 구문 구조에 보이

는 발화자의 진술 태도 두 가지와 寺村秀夫(1982, 1984)에서 제시한 ムード 를 바탕으로 modality의 의미와 언어 표현 형식에 대해서 연구하였다. 仁田 義雄(1991)에서는 일본어 구문을 명제의 핵, 태, 시제 등으로 이루어지는 '언 표사태(명제)'와 기본적으로 발화자의 태도가 실현되는 '언표태도' 두 가지 구 조로 보아, 언표태도는 '모다리티'와 '공손성(丁寧さ, politeness)'으로 구성 된다고 설명하였다. 이러한 仁田義雄(1991)의 모다리티는 '현실을 파악하는 데 발화자가 보는 언표사태에 대한 해석 방법 및 그에 대한 발화자의 화행이 나 전달 태도를 다양하게 표현하는 문법적 표현'이며, 구문을 성립시키는 필 수요소이다. 仁田義雄(2000)는 구문 구조와 의미기능의 상관관계를 바탕으 로 모다리티 체계를 다음과 같이 제시하였다.

(4) 仁田義雄(2000)의 모다리티 체계
   a. 언표사태 지향의 모다리티: 정감, 판단
   b. 발화·전달의 모다리티: 발화 기능의 모다리티,[20] 객체적 모다리티[21]

다음으로 여기에 '발화시점'과 '발화자의 심리적 태도' 두 가지 기준을 바탕 으로 시간 관념을 포함하지 않은 발화자의 심리적 태도를 '진정(真正) 모다 리티'로, 그 외 요소를 '의사(擬似) 모다리티'로 분류하였다. 이것은 구문 구 조의 기준인 명제와 시간과 발화자라는 문맥 및 의미 기능, 두 가지 기준을 복합적으로 채택하여 모다리티 체계를 세운 것이다.

각 요소가 가지는 대상을 보면 언표사태 지향의 모다리티는 Palmer(2001)

---

20) 발화·전달 모다리티에는 '働きかけ'(명령, 청유), '表出'(의지, 희망), '述べ立て'(현상묘사, 판단), '問いかけ'(판단에 대한 의문, 정감이나 의향에 대한 의문) 등 네 가지가 있으며, 이는 문장을 완성시키는 가장 중요한 모다리티 요소이며 나아가 문장의 유형을 결정짓는 것이라고 하였다(仁田義雄 1991:21).

21) 2013년에 추가된 것으로, 여기에는 사태 실현 양상(가능성, 경향)이나 주체가 명제 사건에 대하여 가지는 마음(의도, 소망)이 속한다.

가 제시한 하위범주와 일치하며 발화·전달의 모다리티는 한국어 서법범주 (직설법, 명령법, 청유법, 부정법)와 일치한다.[22] 이는 굉장히 광범위한 개념과 요소를 가진 모다리티 체계이다. 또 仁田義雄(2013, 2015)에서는 명제 구문 속에도 모다리티(객체적 모다리티)가 나타남을 주장하는 등,[23] 이러한 연구는 더욱 더 광범위하게 화용론의 방향으로, 또는 형식론에서 기능론의 관점으로 확대되었다.

한편 益岡隆志(2014)에서는 南不二男(1998) 등이 제시한 '의미의 계층구조'를 인정하여 의미 구조를 바탕으로 한 모다리티를 연구하였다. 초기 연구인 益岡隆志(1987), 仁田義雄(1989, 1999)에서는 모다리티를 명제와 대립하는 관념으로 파악하여 명제와 모다리티가 구문을 구성하는 요소임을 제시하였다. 다만 益岡義雄(1991:6)에서는 ムード를 문법범주로, 모다리티를 의미범주로 구별하였다. 그리고 仁田義雄(1989, 1999)에서는 명제 구문의 성격을 나타내며 속성 서술과 사건 서술로 나누어지는 서술 유형을 기준으로 화행과 직접 관련 있는 모다리티 체계를 고찰한 데에 비하여, 益岡隆志(1991)에서는 의미의 계층구조와 서술 유형 간의 복합적인 모다리티의 의미 구조를 고찰한 점에 차이가 보인다. 또 모다리티의 언어표현형식에 대해서도 이전에는 일본어의 계층 구조가 모다리티의 계층구조와 일치한다고 주장하였지만 益岡隆志(2014)에서는 표층구조인 구문 구조와 심층구조인 의미 구조를 별개 구조로 인정하고 있다. 또 益岡隆志(2014)에서는 그 연구 초기부터 명제 구문의 의미 구조에도 주목하고 있다. 초기에는 서술태도(명제) 안에 시제와 양상, 긍정법, 부정 등의 실현형식까지를 모두 모다리티 요소에 포함

---

22) Mood에 대해서는 명제 내에 존재하는 '현실과 비현실'로 분류되는 명제 구분(그것이 현실적 사태인지 상상 사태인지, 가장 사태인지)이며, 이것은 모다리티와는 구별되는 의미범주라고 한다.

23) 이것은 奧田靖雄(1985)의 모다리티와도 유사하다. 奧田靖雄(1996:6)에서는 modal인 의미가 미치는 영역은 문장 전체이며, 의미 구조가 언어표현으로 실현될 때 다양한 요소가 복합적인 구조로 실현된다는 모다리티 관점을 나타냈다.

시켰다가 1991년 이후 시제와 양상, 부정 속에도 모다리티 의미를 포함하는 요소와 그렇지 않은 요소가 있음을 확인하여 2001년 이후는 그 대상 요소의 범위를 축소하여 명제 구문 속에 시제와 양상을 인정하였다.[24] 益岡隆志 (2014)에서는 구문은 '중핵 명제 영역인 P1과 시공간 영역인 P2'로 이루어지는 명제부와 '판단의 모다리티(M1)와 발화에 과한 태도를 나타내는 영역 (M2)'으로 이루어지는 발화자의 태도를 나타내는 영역의 두 가지 의미 계층으로 성립된다고 설명하였다. 또 의미 구조 고찰을 통해서 명제 서술 유형을 사태서술(event prediction)과 속성서술(property prediction) 두 가지로 분류하여 둘 사이의 관계에 대해서 고찰하여 속성서술문에는 명제 계층이 불필요하다고 하여 명제 내부의 계층 구조까지 연구 대상 범위를 넓혔다.

(5) 益岡隆志(2014)에서의 모다리티
  a. 대(對)명제 태도의 모다리티
     진의판단 모다리티, 가치판단 모다리티, 설명 모다리티
  b. 표현 및 전달 태도 모다리티
     표현유형 모다리티, 정중성 모다리티, 전달태도 모다리티

현재 일본 국내 연구에서 가장 널리 인정되는 모다리티 연구의 두 경향은 발화자의 명제와 청자에 대한 심리적 태도가 구문 구조, 의미 구조 속에서 어떤 작용을 하고 있는지, 구문 유형과 어떤 관계를 맺고 있는지를 화행과 함께 설명하려고 하는 仁田義雄와 益岡隆志의 두 견해라고 할 수 있다. 물론 이 밖에도 奧田靖雄와 같이 형태통사론의 시각에서 문장 구성 성분으로

---

24) 益岡隆志에 가까운 입장으로 대표적인 연구에 中右実(1994)가 있다. 그는 의미론의 관점에서 발화시, 발화자에 의한 심리적 태도를 모다리티로 정의하여 모다리티가 가지는 의미범주와 그에 대응하는 문법형식을 연구하였다. 이러한 접근 방법은 결과적으로 대상 요소를 조동사 (활용하는 문말조사), 부사뿐만 아니라 '생각하다'와 같은 동사나 접속사 등으로 굉장히 다양하게 인정한다.

서의 모다리티를 인정하는 입장이나 일본 국내 연구에 특징적인 '모다리티=발화자의 주관적 태도를 실현하는 언어형식'이 아니라 서양 언어학에서 대표적인 '비현실 영역에 위치하는 사태를 말할 때 사용되는 언어형식'을 모다리티로 인정하는 尾上圭介(2001:360)와 같은 연구도 있다. 하지만 1980년대 이후 일본어 모다리티 연구는 단일 이론의 시각보다는 의미론이나 기능론, 한 걸음 더 나아가 화용론에 매우 가까운 의미범주로서의 모다리티 관념이 인정되면서도 그 대상은 어디까지나 명제와 대립하는 구문 구조 및 언어형식에 초점을 둔 연구가 정착한 모습을 보였다. 그 결과 언어학에서 다루는 '비현실'을 나타내는 언어형식과는 달리 명제에 대한 모든 심리적 관념을 나타내는 언어형식, 즉 청자나 문장의 유형까지 모두 모다리티 범주에 포함시키는 광의의 모다리티 개념, 그리고 다른 형식을 인정하면서도 문말표현형식에 초점을 둔 연구 대상이 특징적이라 할 수 있다.

마지막으로 국외 연구 동향에 대해서도 언급하겠다. 仁田義雄와 益岡隆志를 중심으로 한 일본어학의 모다리티 문법이 어느 정도 확립된 것과 함께 국외에서는 대조언어학이나[25] 일반언어학 분야에서[26] 일본어의 modality 연구가 활발하게 이루어졌다. 또 외국어 교육 분야에서는 학습자 오류 분석을 통하여 일본어 모다리티의 본질을 탐구하려는 연구도 보였다. 접근 방법도 위에서 본 바와 같이 형태통사론, 의미론, 화용론뿐만 아니라 컴퓨터언어학(上岡裕大:2016) 등 시대 흐름에 맞추어 보다 넓고 실용적인 방법론이 전개되는 뿐만 아니라 다른 문법범주에서 modality에 접근하려는 시도도 보이면서(工藤真由美 2009) 일본어 modality 연구는 그 본질이나 체계를 고찰하는 데 새로운 시대를 맞이하고 있다.

---

25) 특히 한국 연구자에 의한 대표적인 modality 대조 연구로서 鄭相哲(2004), 尹相實(2005), 모리모토(2002, 2003) 등이 있다.

26) 대표적인 연구로 黒滝(2005), 澤田(2014), Narrog(2009) 등이 있다.

4. 한국어와 일본어 modality 연구의 과제와 전망

지금까지 현대 한국어와 현대 일본어의 modality에 대한 연구사를 살펴보았다. 한국어학 및 일본어학에서 modality란 20세기 이전에 펼쳐진 전통문법을 계승하면서 미국 기술언어학이나 유럽 구조언어학 용어였던 modality 개념을 융합시켜서 독자적인 이론과 방법론을 전개하였다. 한국어의 양태 연구는 형태구조론을 중심으로 한 전통문법 흐름에 문장 속에 보이는 발화자의 주관과 명제 간의 상호 관계를 추구하는 의미론의 접근 방법이 융합되면서 발전하였다고 볼 수 있다. 그 결과 초기에는 주로 문말에 나타나는 언어형식을 대상으로 하여 인식 양태에 초점을 둔 양태 연구가 이루어졌다가, 점차 그 대상 범위가 형태소에서 통사적 구성으로, 문말형식에서 그 외 형식까지 확대되었다. 동시에 양태를 나타내는 언어표현형식인 통사적 구성도 문법화 진도에 따라 대상 요소로 인정되면서 점차 그 수가 확대되었다. 이러한 연구는 최근 언어유형론과 결합되어, 즉 언어유형론의 양태 개념을 받아들여 한국어의 본질에 맞춘 독자적인 양태 체계를 확립하려고 시도하고 있다.

일본어 모다리티 연구의 경우 '문장을 완성시키는 통일작용(정신작용)'을 추구하는 과정에 나타난 구문의 의미기능과 구조 간의 관계에서, 즉 의미기능론의 관점에서 연구가 시작하였다. 그 결과 명제 사건에 대한 modality뿐만 아니라 발화자의 심리적 태도와 관련있다고 생각되는 관념과 언어표현형식은 모두 모다리티 체계 안으로 들어가게 되었다. 현재는 모다리티의 의미와 형태를 화용론적 시각에서 연구하는 것이 정착되었으며, 그러한 연구 경향에 따라 일본어 연구의 다양한 이론과 분야에서 일본어 모다리티를 고찰하거나 응용하려는 시도가 증가하고 있다.

이 글은 분명한 시대 구분을 설정하여 연구사를 살피지는 못하였지만, 한국어와 일본어 modality 관련 연구를 대략 다음과 같은 관점으로 정리해 볼수 있다.

1. 언어구조론의 관점: 명제에 대한 태도나 화행과 관련된 전달 태도로서의 modality, 그리고 청자에 대한 발화자의 태도로서의 modality를 파악하는 관점이다 (김민수, 장경희, 仁田義雄 등). 현대 한국어 학교문법에서처럼 발화자의 심리적 태도와 시제 체계는 밀접한 관계에 있다는 생각에서 시제 체계 속으로 modality 요소를 놓는 입장이나 modality가 명제를 둘러싸는 의미기능의 계층구조를 가진다고 생각하는 계층구조론적 관점(仁田義雄, 益岡隆志)도 일부 여기에 포함된다. 물론 modality는 어떤 언어형식을 가리키는 경향이 크기 때문에 연구자마다 modality의 하위 분류나 계층 구조에 차이가 난다.

2. 일반언어학의 관점: 발화자의 심리적 태도와 관련된 의미범주로서 modality를 파악하는 관점이다(고영근, 益岡隆志). 이 때 심리적 태도와 관련되면서도 동사 활용형으로 실현되는 문법 범주는 mood로, 그 외 언어 표현 형식을 modality로 구별하기 때문에 modality는 언어 형식 자체가 아니라 그러한 형식이 가지는 의미를 가리킨다고 본다. 그러한 modality의 의미를 실현하는 방법으로는 어휘적, 음운적, 형태적, 통사적 방법 등 다양한 방법이 포함되는데, 한국어나 일본어 연구에서는 의미 연구보다는 언어형식에 초점을 둔 연구가 대부분이다. 또한 증거성을 modality 하위 범주에 인정하거나(장경희 1995, 정경숙 2012), 영어와 다른 다의성의 양상을 연구하거나(이기갑 2006, 박진호 2010) 하여 일반언어학의 관점에서 modality 체계를 새롭게 모색하고 있다.

3. 복합이론의 관점: Modality를 의미론, 형태론, 통사론 등 단일 언어이론에서 파악하지 않고 복수의 이론을 복합적으로 이용해서 modality의 본질을 추구하려는 관점이다(仁田義雄). Modality는 화용론적 요소가

강하며 단일 언어이론으로 설명하지 못하는 부분이 많기 때문에 문법범주 확립 자체가 어려워질 수도 있지만, 단일이론이 아닌 복합 언어이론으로 문제를 해결하려는 방법이다. 나아가서 이러한 관점에서는 응용언어학적 관심도 점차 확대되고 있다.

한국어와 일본어의 modality 연구사는 다음과 같은 교훈을 우리에게 알려 준다. Modality라는 문법범주는 단일 언어이론 속에서 모든 언어 현상을 설명하거나, 하나의 문법 관념을 기준으로 언어마다 다른 표현형식을 모두 공통된 한 체계 속에서 설명하기가 어려운 범주이다. 하지만 위에서 살펴본 바와 같이 어느 정도 공통점도 보인다. 인간 언어의 기본이며 핵심인 '사람의 심리'의 표출이 바로 modality인 만큼, 그러한 심리의 표출은 개별언어가 놓인 세계의 관습, 문화 등 주변 환경에 크게 좌우 받기 때문이다. 그리하여 그러한 언어 구조와 관념의 개별 특징을 인정하여 하나의 문법 체계를 확립하기 위해서는, 밀접한 관계가 있는 주변 문법범주 연구나 주변 이론과의 협동 연구가 필요함을 시사해 준다. 나아가 한국어나 일본어의 개별언어 연구 속에서 이루어진 성과를 일반언어학을 중심으로 한 modality 연구에 환원하여 보다 범언어적인 modality 이론을 탐구하는 팔요성도 보인다. 실제로 점차 그러한 움직임도 활발해지고 있다. 접근 방법과 대상의 중심을 잃지 않고 각 이론과 개별 언어 연구가 이루어지면 그러한 집대성으로 modality의 본질이 밝혀지는 날도 가까울 것이다.

참고문헌

고영근(1967), 現代國語의 先語末語尾에 對한 構造的 硏究, "어학연구" 3-1, 51-63.

고영근(1974), 現代國語의 終結語尾에 대한 構造的 硏究, "어학연구" 10-1, 118-157.

고영근(1976), 現代國語의 文體法에 대한 硏究—敍法體系(續), "어학연구" 12-1, 17-53.

고영근(2004), "한국어의 시제 서법 동작상", 태학사.

고영근 · 구본관(2008), "우리말 문법론", 집문당.

金敏洙(1972), "國語文法論—變形生成的構文論硏究—", 一潮閣.

권재일(2012), "한국어 문법론", 태학사.

김일웅(1992), 한국어의 서법, "코기토" 41, 25-53.

나진석(1971), "우리말 때매김 연구", 과학사.

남기심(1972/1985), "國語文法의 時制問題에 關한 硏究", 國語学硏究選書 6, 탑출판사.

남기심(2001), "현대국어통사론", 태학사.

남기심 · 고영근(1985/2013), "표준 국어 문법론", 탑출판사.

모리모토 가츠히코(2002), 한국어 양태소 "-더-"와 일본어 양태소 "っけ"의 대조 분석, "이중언어학회" 21, 220-237.

모리모토 가츠히코(2003), 한국어와 일본어의 양태와 주어 제약에 관한 대조 분석, "한국언어문화" 24, 397-425.

박승빈(1935), "朝鮮語學", 朝鮮語學硏究會.

박진호(2011), 시제, 상, 양태, "국어학" 60, 289-322.

박재연(1999), 국어 양태 범주의 확립과 어미의 의미 기술—인식 양태를 중심으로, "국어학" 34, 199-225.

박재연(2009), 한국어의 인식론적 범주와 관련한 몇 문제, "국어학" 66, 79-107.

신창순(1997), 用言토의 分析과 樣態範疇, "국어학" 29, 141-169.

서정수(1977), '더'는 회상의 기능을 지니는가? —종결법과 인용법의 '더'를 중심으로—, "언어" 2-1, 51-63.

서정수(1978), 'ㄹ 것'에 관하여 -'겠'과의 대비를 중심으로-, "국어학" 6, 85-110.

서정수(1986), 국어의 서법, "국어생활" 1986-7, 116-130.

윤석민(2010), 문장종결법의 범주적 특성과 종류, "한국어학" 46, 47-80.

李基用(1978), 言語와 推定, "국어학" 6, 29-64.

이기갑(2006), 한국어의 양태(modality) 표현- 언어 유형론의 관점에서, "담화 · 인지 언어학회 학술대회 발표논문집", 67-83.

이선웅(2012), "한국어 문법론의 개념어 연구", 월인.

임동훈(2003), 국어 양태 체계의 정립을 위하여, "한국어 의미학" 12, 127-153.

임동훈(2008), 한국어 서법과 양태 체계, "한국어 의미학" 26, 211-249.

장경희(1985), "現代國語의 樣態範疇研究", 탑출판사.

장경희(1995), 국어의 양태 범주의 설정과 그 체계, "국어학" 20-3, 191-205.

주시경(1911), "朝鮮語文法", 新舊書林.

조일영(1998), 국어 선어말어미의 양태적 의미 고찰, "한국어학" 8, 39-66.

최현배(1937/1971), "우리말본", 정음사.

한길(2004), "현대 우리말의 마침씨끝 연구", 도서출판 연락.

奥田靖雄(1985), "ことばの研究 · 序説", むぎ書房.

奥田靖雄(1986), 現実 · 可能 · 必然 (上)ー, "ことばの科学" 1, 言語学研究会. 181-212.

奥田靖雄(1996a), 発行にあたって, "ことばの科学" 7, 言語学研究会, 1-20.

奥田靖雄(1996b), 現実 · 可能 · 必然 (中)ー「していい」と「してもいい」, "ことばの科学" 7, 言語学研究会, 137-173.

尾上圭介(2001), "文法と意味 I", くろしお出版.

上岡裕大(2016), "日本語述部機能表現の解析とモダリティ解析への適用", 東北大学 修士論文.

金田一春彦(1953), 不變化助動詞の本質ー主觀的表現と客觀的表現の別についてー, "國語國文" 22-2-3. (服部四郎他(1978), "日本の言語学"第3巻, 207-245, 大修館書店에서 転載).

金田一春彦(1953), 不變化助動詞の本質 再論ー時枝博士 · 水谷氏 · 兩家に答えてー, "國語國文" 22-9. (服部四郎他(1978), "日本の言語学"第3巻, 250-260, 大修館書店에서 転載).

工藤真由美(2009), "アスペクト · テンス体系とテクストー現代日本語の時間の表現ー", ひつじ書房.

黒滝真理子(2005), "DeonticからEpistemicへの普遍性と相対性―モダリティの日英語対照研究―", くろしお出版

澤田治美(2014), "ひつじ意味論講座<3>モダリティ I；理論と方法", ひつじ書房.

鈴木重幸(1972), "日本語文法・形態論", むぎ書房.

鄭相哲(2004), "日本語認識モダリティの機能的研究—ダロウを中心に—", 제이앤씨.

寺村秀夫(1982), "日本語のシンタクスと意味Ⅰ", くろしお出版.

寺村秀夫(1984), "日本語のシンタクスと意味Ⅱ", くろしお出版.

時枝誠記(1937), "心的過程としての言語本質観", "文學" 5-6,7, 岩波書店 (服部四郎他(1978), "日本の言語学" 第1巻, 大修館書店. 120-162.에서 転載).

時枝誠記(1950), "日本文法 口語篇", 岩波書店, 256-261. (服部四郎他(1978), "日本の言語学" 第3巻, 大修館書店. 162-165.에서 転載).

中右実(1994) "認知意味論の原理", 大修館書店.

仁田義雄(1991/1999), "日本語のモダリティと人称" (初版 1991년), ひつじ書房.

仁田義雄(2009), "仁田義雄日本語文法著作選第3巻—日本語のモダリティとその周辺—", ひつじ書房.

遠藤喜雄 (2013), "世界に向けた日本語研究", 開拓社, 135-162.

仁田義雄(2014), 日本語モダリティの分類 "ひつじ意味論講座—モダリティⅠ: 理論と方法", ひつじ書房, 63-84.

仁田義雄・益岡隆志(1989), "日本語のモダリティ", くろしお出版

仁田義雄・森山卓郎・工藤浩,(2000/2003) "日本語の文法3 モダリティ", 岩波書店.

日本語記述文法研究会(2009), "現代日本語文法4—第8部 モダリティ", くろしお出版

芳賀綏(1954), "陳述"とは何もの？, "國語國文" 23-4. 47-61. (服部四郎他(1978), "日本の言語学" 3, 大修館書店. 284-303.에서 転載).

益岡隆志(1987), "命題の文法—日本語文法序説", くろしお出版.

益岡隆志(1991), "モダリティの文法", くろしお出版.

益岡隆志(2014), 文の意味階層構造と叙述の類型, "ひつじ意味論講座—モダリティⅠ: 理論と方法", ひつじ書房. 85-98.

三上章(1953), 構造文の諸問題, "国語学" 15, 47-57. (三上章(1975), "三上章論文集", くろしお出版.에서 転載).

三上章(1972), "現代日本語序説", くろしお出版.

南不二男(1998), "現代日本語の構造", 大修館書店.

三宅宅郎(1934), "音聲口語法", 明治書院, 22-33. (服部四郎他(1978), "日本の言語学"第3巻, 大修館書店. 149-161.에서 転載).

森山卓郎(1989), 認識のムードとその周辺, 仁田義雄, 益岡隆志, "日本語のモダリティ", くろしお出版, 57-120.

守屋哲二(2003년3월), "言語処理学会 第9回年次大会 発表論文集", 言語処理学会.

山岡政紀(2000), "日本語の述語と文機能", くろしお出版.

山田孝雄(1908), "日本文法論", 宝文館.

山田孝雄(1926), "日本文法概論", 積文館, 677-688. (服部四郎他(1978), "日本の言語学"第3巻, 大修館書店, 141-148.에서 転載).

山田孝雄(2009), "日本文法学要論 (山田国語学入門選書)", 書肆心水.

尹相實(2005), "現代日本語のモダリティー判断系モダリティの記述的研究を目指して一", 제이앤씨.

渡辺実(1971), "国語構文論", 橘書房.

渡辺実(1996), "日本語概説", 岩波書店.

服部四郎他(1978), "日本の言語学"第3巻, 大修館書店.

Bybee et al. (1994), *The Evolution of Grammar: Tense, aspect, and modality in the languages of the world*, University of Chicago Press.

Fillmore, Charles J. (1968), The case for case, *E. Bach and R.T. Harms, Universals in Linguistic Theory*. London, 1-25. (Part Two).

Heiko Narrog (2009), *Modality in Japanese -the layered structure of the clause and hierarchies of functional categories-*, John Benjamins Publishing Company.

Jespesen, Otto (1925), *The Philosophy of Grammar*. London: George Allen and Unwin ltd.

Lyons, John (1977), *Semantics 2*. Cambridge University Press.

Lyons, John (1995), *Linguistic Semantics: An introduction succeeds and replaces Language, meaning and content*, first published by Fontana/Colins in 1981, Cambridge University Press.

Palmer (2001), *Mood and Modality (second edition)*, Cambridge University Press.

Ueno, T. (1971), *A study of Japanese modality: A performative analysis of sentence particles*, University of Michigan.

제2부

의미 연구의
흐름

한국어 담화표지 연구의 동향과 전망

_ **구현정**

1. 구어 연구와 담화, 담화표지

언어는 의사 전달의 매개 수단이 음성적 실체(phonetic substance)인 구어와 의사소통의 매개 수단이 도안적 실체(graphic substance)인 문어의 두 모습을 가지고 있지만, 본질적으로는 청각에 의존하여 소리를 전달하는 구어이다. Ong(1982)에서는 지금부터 삼만 년 전부터 오만 년 전으로 거슬러 올라가는 구술문화와 육천 년 전 문자의 탄생으로부터 시작되는 필사문화, 인쇄문화를 비교하면서 청각에 의존하는 구어와 시각에 의존하는 문어의 차이를 통해 구어의 구술성이 더 원형적인 언어의 모습이라고 하였다.

Saussure(1959)에서도 언어 연구에서 가장 긴요한 것은 구어이며, 문어 쓰기가 언어의 기본적인 모습이라고 생각하는 (잘못된) 뿌리 깊은 경향이 학자 사이에조차 존재한다는 것에 주의해야 한다(1959:23-24)[1]고 지적하였으나, 머릿속에 저장된 언어인 랑그(langue)와 실제로 사용하는 언어인 파롤

---

1) 이 내용은 Ong(1982), 이기우·임명진 옮김(2009:13)에서 재인용하였다.

(parole)로 구별하여 진정한 언어학 연구의 대상을 랑그로 인식하고, 머릿속에 저장된 문법 체계를 기술하려는 데에 초점을 두어 왔다.[2] Chomsky(1965)에서도 언어능력(language competence)과 언어수행(language performance)을 구별하고, 실제 언어사용을 다루는 언어수행보다는 언어능력에 초점을 둠으로써 추상적 체계로서의 문법을 주된 연구대상으로 삼는 것이 주류 언어학의 전통으로 자리 잡았고, 랑그나 언어능력을 연구하기 위한 언어 자료로는 우발적이고 개인적인 특성을 갖는 구어보다는 정제되었으며 보존성을 갖는 문어에 의존할 수밖에 없었다.

그러나 1960년대에 들어서면서부터 언어철학과 사회학, 인지과학과 심리학 등 인접 학문 영역에서 언어사용과 기능에 관한 관심이 고조되고, 언어학 내부에서도 언어의 본질을 언어형식의 체계라는 관점에서 연구한 형식주의적 언어관을 벗어나서, 언어를 의사소통의 수단이라는 관점에서 연구한 기능주의적 언어관을 바탕으로 연구하는 흐름이 나타났다.

기능주의 언어학의 출발은 1929년 창간된 "프라하언어학회논총"의 연구 강령에서 찾아볼 수 있다. 이 강령에서는 [1] 언어는 의사소통을 위한 표현 수단의 체계이다. 따라서 언어학자는 구체적 발화의 현실적 기능, 즉 무엇이 어떻게 누구에게 어떤 경우에 전달되는가를 연구해야 한다. 언어는 실제이며, 그 형태는 사회 환경과 전달받는 청중, 그리고 전달에 포함된 주제와 같은 비언어적 요인에 의해 크게 제약을 받는다. [2] 언어는 인격의 지적 표명과 정서적 표명을 내포한다. 따라서 언어 연구는 지적 요소뿐만 아니라 정서적 요소를 전달하는 언어 형태의 관계를 포함해야 한다. 쓰인 언어와 말해지는 언어는 같지 않고, 각각 고유한 특징을 지니고 있다. 따라서 문어와 구어의 관계도 과학적으로 연구되어야 한다(권재일 2016:275)고 하여 실제로 기능주의 언어학의 뿌리는 프라하학파에 기원을 두고 있음을 알 수 있다.[3]

---

2) 소쉬르는 실제로 말해진 것, 즉 파롤에 입각한 일반언어학 연구 방법을 창안하기도 하였다(권재일 2016:250).

형식주의의 관점으로 보면 기호의 사용자보다는 기호 자체에 초점이 놓이기 때문에 언어 지식이란 언어 기호의 음운적, 통사적, 의미적 정확성을 판단하는 능력이 된다. 그러나 기능주의적 관점에서 볼 때는 기호 체계보다는 기호의 사용자인 사람에 초점이 놓이게 되고, 언어 지식이란 문법적인 것뿐만 아니라 문맥 안에서 적절하게 언어를 사용하는 능력이 되기 때문에 언어의 실제 쓰임인 화용적 관점으로 언어 현상을 분석하는 것에 대한 관심이 높아진다. 언어 연구의 단위도 달라져서, 언어 연구의 최대 단위를 문장으로 보아서 문장 이상의 단위에 대해서는 관심이 거의 없었던 형식주의에 반해 '문장을 넘어서는' 언어 구조에 대한 연구로서 담화에서 언어를 사용하는 양상에 대한 연구가 활발히 이루어지게 되었다.

담화분석은 2000년 이상 전의 고전수사학자들의 연구로 거슬러 올라갈 수도 있지만, 현재의 학문적 흐름으로 연결할 수 있는 것은 1960년대에 담화의 구조를 분석한 프랑스 구조주의 학자들과 대화 의사소통에 관해 연구한 Hymes(1964), 문장의 주제적 관계, 문장과 담화의 관계 등을 연구한 Halliday(1961, 1985)로부터 시도한 기능적 분석에서부터라 할 수 있다(van Dijk 1985:1). 담화에 대한 연구가 활성화되면서 다양한 학문적 성격들이 융합하여 담화 연구는 학제적 성격을 가지고 있었다.4) 특히 인류언어학의 배경을 갖는 상호작용 사회언어학과 언어공동체 안에서 일상적이고 구체적으로 사용되는 언어를 사회 현상 속에서 분석하는 의사소통의 민족지학의 발전과 흐름을 같이 하였다(김해연 외 2016:23-4). 사회언어학 가운데 의사소통의 민족지학5)에서는 전통적인 언어학의 이론, 방법 등에 근본적인 이의를

---

3) 프라하학파의 야콥슨은 1941년 미국으로 가서, 1949년 하버드 대학, 1957년부터 MIT에서 활동하였으며, 미국 언어학계는 그를 통하여 프라하학파의 이론을 접하게 되었을 뿐 만 아니라, 그의 이론은 젊은 세대 언어학자들에게 큰 영향을 미쳤다(권재일 2016:280).
4) 담화연구의 학제적 성격에 대해서는 van Dijk(1985)에서 사회언어학과, 철학, 텍스트 언어학, 인공언어, 미시사회학, 인류학적 연구와의 융합에 관해 자세히 논의하고 있다.
5) 민족지학으로 번역하는 'ethnomethodology'에서 'ethno-'의 개념은 민족이나 종족을 나타

제기하면서, 언어는 본질상 의사소통이라는 사회 행위이고, 언어형식은 그 사회 기능에 의해 결정되는 것이라고 보았다(권재일 2016:386).

종래 사회학에서는 인간의 행위에 대한 연구 관점이 거시적이고, 인간은 미리 정해진 규칙에 따라 행동한다고 주장했던 것에 반해, 미시 사회학의 영향을 받아 언어를 연구하는 일군의 학자들은 매우 적은 자료를 세세하게 탐구하는 것을 통해 인간 행동의 의미와 기능에 대한 해석을 하고자 시도하였다. 대화 참여자들이 대화에 참여하면서 순간적인 판단을 통해 대화를 이어가는 사회 행위를 미시적으로 분석하는 것이다. 따라서 언어적 단위의 구조를 연구하는 것이 아니라 대화에서 전개되는 의미 부여와 해석 과정에서 동원되는 형식들, 대화를 구성하는 단위를 조사하고, 발화 차원, 의미 차원, 행위 차원, 관계 차원 등에서 대화 구조의 요소가 가지는 특성을 밝히고자 하였다.

이러한 요소 가운데 가장 주목을 받은 것은 종래에는 무의미한 말실수 정도로 받아들여지던 담화표지이다. Traugott(2007:151)에서 밝힌 것처럼 담화표지는 언어 구조와 연결되어 있을 뿐 아니라, 의사소통에서 인지적 양상으로 가는 연결성의 본질을 다시 생각하게 해주는 것이기 때문이다.

2. 담화표지의 개념

기능주의적 관점에서 담화 연구가 활발히 진행되면서 연구자들은 구어 자료, 특히 대화 자료에 관심을 기울이고, 종래에 연구되던 내용어(content words)보다 기능어(function words)의 사용에 새로운 인식을 하게 되고, 담화 상에서 하는 역할에 주목하게 되었다. 이러한 기능어 가운데 담화표지(discourse marker)는 담화를 구조화하기 위하여 사용하는 다양한 표지들

내는 것이 아니라 사회구성원, 대화 참여자를 가리키는 것이다.

을 가리키는 것으로 명제의 의미에 영향을 미치지 않으면서 담화 내 선후 발화들 간의 의존성을 표현하거나 담화의 의미적 결속을 유지하는 장치로 정의된다(Schiffrin 1987, 2006). 이처럼 담화의 응집성을 강화시키고 담화의 흐름을 원활하게 하는 장치인 담화표지의 사용은 범언어적으로 언어보편적인 현상 중의 하나이다(Fraser 2009). 그러나 담화표지에 대한 정의, 담화표지의 형태 유형, 담화표지의 기능에 대해서는 학자마다 다른 견해를 가지고 있다.

담화표지의 이름은 부르는 학자에 따라 차이가 있어서 Dér(2010:5)에 따르면 담화표지에 해당하는 영어 이름이 42 종류나 되는 것으로 나타났다. 이 용어들이 모두 같은 정보적 단위를 지칭하는 것은 아니고 용어에 따라 형식적차이나 개념적 차이가 수반된다. 예를 들어 Östman(1981)에서는 화용소사(pragmatic particle)라고 한 것을 Schourop(1982)에서는 담화소사(discourse particles)라고 하였고, Schiffrin(1987)에서는 담화표지(discourse marker)라고 한 것을 Brinton(1996)에서는 화용표지(pragmatic marker)라고 하였다. 담화표지와 화용표지를 구별해야 한다는 논의도 있다. 어떤 사람들은 화용표지에 담화표지가 포함된다고 하지만, 어떤 학자들은 담화표지에 화용표지가 포함된다고도 한다. 따라서 용어 사용에 있어서 일반성은 찾기 어렵다(Heine 2013:1207).

국내 연구에서도 담화표지라는 용어(안주호 1992, 이기갑 1995, 임규홍 1995, 구종남 1999, 구현정 2008 등)가 가장 널리 사용되고 있으나,[6] 이외에도 다른 성분과는 독립적인 특성을 반영한 간투사(신지연 1988, 2001, 오승신 1995, 1997, 구종남 1997 등), 형태적 고정성의 특성을 반영한 담화불변화사(송병학 1994), 어휘 차원임을 강조한 담화표지어(이한규 1996,

---

6) 전영옥(2016)에 의하면 이 주제를 다룬 231편의 논문의 제목 가운데 81.0%인 187편의 논문에서 담화표지라는 용어가 사용되었고, 이어 담화표지어 17편, 간투사 6편, 화용표지 5편 등의 순으로 나타났다.

1997, 1999, 2008, 2011, 2012 등), 화용상의 의미 획득 기능을 반영한 화용표지(구종남 1998, 이정애 1999, 문병우 2002 등), 주요 성분이 아님을 반영한 디딤말, 군말, 머뭇말/ 덧말 등의 용어 등으로 연구되어 왔다.

Schiffrin(1994)에서는 담화에 대한 여러 접근법에 대해 논의하면서 대표적으로 화행이론, 상호작용 사회언어학, 의사소통 민족지학, 화용론, 변이분석, 그리고 대화 분석의 여섯 가지 방법론을 제시하였다. 이 가운데 담화표지라는 단위에 관해서 특별한 관심을 기울이고 연구한 것은 담화적(변이분석적) 접근(Schiffrin 1987, 1994, 2006 등)과 상호작용 사회언어학(Maschler 1994, 1997, 2009, 2012 등), 그리고 화용론(Fraser 1988, 1990, 1996, 1999, 2009 등)적 접근으로 나누어 살펴볼 수 있다(Maschler & Schiffrin 2015:190-198). 이 가운데 변이분석적 방법과 상호작용사회언어학의 방법은 모두 사회언어학적인 바탕에서 이루어진 것(Eggins & Slade 1997:24, 구현정 2011:6 재인용)이고, 화용론적 접근은 논리 철학적 바탕에 의한 방법론이다.

사회언어학적, 상호작용 언어학적, 대화분석적 접근에서는 언어가 매우 풍성하고 여러 모양으로 이루어진 맥락에서 이루어진다고 보기 때문에 담화표지에 대한 분석이나 이론도 다기능적으로 분석한다. 그러나 화용적 분석에서는 담화의 메시지 층위를 우선시하고, 담화표지 자체도 문장의 메시지-기반 표지로 분석하여서 전후 문장 사이의 관계를 중심으로 분석한다. 의사소통적 의미라는 말에 대한 이해도 달라서 사회언어학적 접근에서 의사소통적 의미는 화자와 청자의 상호작용으로 함께 만들어가는 것이며 서로가 대화가 이어져나갈 것으로 예상하는 기대와, 그 대화에 나타나는 부수적인 변수들에 의해서 만들어지는 것이다. 그러나 화용적 분석에서는 담화표지가 Grice의 대화의 원리에 입각하여 화자의 의도와 이어진 청자가 그 의도를 인식하는 것을 의사소통적 의미라고 본다(Maschler & Schiffrin 2015:205). 여기서는 사회언어학적 관점과 화용적 관점으로 나누어 간략히 살펴보기로 한다.

2.1. 사회언어학적 관점

사회언어학적 관점은 변이 분석적 방법과 상호작용 언어학적 방법론에 의해 담화표지를 연구한 것을 말한다. Schiffrin(1987)에서는 변이 분석에서 언어를 분석하는 방식을 사용하여 담화에 사용된 형식들의 사용과 분포를 설명하였다. 이것은 담화가 언어의 단위일 뿐 아니라 사회적 상호작용의 과정이 포함된 것으로 보는 관점이다. 따라서 구어에 나타나는 담화표지가 어디에서 왜 나타나는가와 관련된 분포의 문제를 언어적 중요성(어떤 형태와 의미인가?)의 관점과 상호작용의 관점(사회적 상호작용의 어떤 상황에서 사용하는가?)으로 설명하고자 한다.

언어적으로는 어떤 성분들이 담화표지를 이루며, 이러한 언어적 단위가 담화에 어떤 의미를 더하는지, 아니면 이미 알아차린 기존의 의미를 반영하는지 등에 관심을 두고, 상호작용의 관점에서는 담화표지들이 참여틀(partici-pation framework), 정보 상태(information state), 관념적 구조(ideational structure), 행동 구조(action structure), 교환 구조(exchange structure) 가운데 어떤 차원에 참여하는지에 관심을 기울였다. 담화표지는 의미를 창조하는 것이 아니라 의미를 제시(displaying)하며, 화자의 관점이나 태도를 보여주는 기능을 한다고 보았다. 언어적인 특성으로는 통사적으로 분리하는 것이 가능하며, 담화의 시작부에 위치하며, 운율적 특성을 가지고 있고, 상호작용의 관점에서는 참여틀, 정보 상태, 관념적 구조, 행동 구조, 교환 구조 등에 국소적으로나 전반적인 차원에 작동하며, 담화의 다양한 차원에 작동한다는 것이다. 담화표지는 비록 관념 차원에서 기본적인 기능이 있다하더라도 다기능적으로 사용되는데, 이와 같이 서로 다른 차원에서 다기능적으로 쓰이는 것이 담화의 구조 기저에서 일어나는 서로 다른 지속적인 과정들을 통합하는 것을 도와주어서 일관성(coherence)을 갖도록 도와주는 역할을 한다고 보았다.

상호작용 언어학적인 관점에서는 특정한 담화표지가 특정한 맥락에서 어떤 역할을 하는지에 관심을 두고 연구한다. 담화표지는 본질적으로 상호작용적이다(Stubbs 1983:70). 담화표지는 대화 사이의 침묵을 메워서 잠재적인 공백을 채워주고, 화자가 무엇을 말할 것인지를 정리하는 동안 화자의 말할 권리를 보장해 준다. 또한 담화표지는 화자가 지금 어떤 의도로 그 말을 하고 있는지를 발화와 함축적으로 연결시켜주는 기능을 한다(Östman 1981:5, 1982:152). Maschler(1994)에서는 사람들이 상호작용을 하는 동안에 틀 바꾸기(frame shifts)를 하기 위해 사용하던 메타-언어들이 있는데, 같은 상황이 되면 반복적으로 그 구조를 사용하다가 결국은 담화표지로 문법화가 된 것이라고 본다. 그래서 대화 참여자들은 상호작용에서 틀 바꾸기가 일어날 때마다 담화표지를 규약적인 행위로 사용하게 된다.[7]

일상 대화에서 담화표지가 더 많이 사용되고, 특정한 담화표지 집합들이 더 많이 나타나며, 대화 작용 중에 틀 바꾸기가 더 자주 나타난다. 말차례를 처음 시작하는 구조는 보통 틀 바꾸기가 일어나는 자리이다. 따라서 순서 시작 위치에는 담화표지가 많이 나타나며 억양 구조의 변화가 동반되기도 한다. 따라서 Maschler(1998:31, 2009:17)에서는 전형적인 담화표지는 의미적으로 사용되는 맥락에서 메타-언어적으로 해석되어야 하며, 구조적으로는 반드시 억양 단위의 시작 위치에 나타나야 하는데, 화자가 바뀌는 시점이나 동일한 화자가 계속할 경우 지속되던 이전 억양과는 다른 억양 구조가 나타나야만 한다고 보았다. 최근 들어 담화표지의 다양한 기능이 특정한 억양 구

---

7) Maschler(1994, 2009, 2012)에서는 메타-언어화(meta-languaging)의 과정이 담화표지를 처음 받아쓰거나 문법화하는 심리 모두에서 발견되는 의미-화용적 과정이라고 본다. 이 용어는 Bateson(1972)의 메타-커뮤니케이션의 개념과 Becker(1988)의 언어(language)와 언어화(languaging)의 개념에서 나온 것이다. 언어외적 세계를 언어로 표현하는 것이 언어화라면, 담화표지는 상호작용에 대해 언어화를 수행하는 메타-언어화이다. 따라서 담화표지는 언어외적 영역을 지시하는 것이 아니라 텍스트의 영역을 지시하는 것이고, 참여자들 사이의 대인관계와 그들의 인지적 과정을 나타내는 것이다(Maschler & Schiffrin 2015:194).

조나 지속 자질과 연결되어 있다는 연구들도 많이 이루어지고 있다(Aijmer 2002, Tabor and Traugott 1998, Wichmann, Simon-Vandenbergen, and Aijmer 2010, 송인성 2015 등).

2.2. 화용적 관점

사회 언어학적 관점에서는 일상 대화에 나타나는 표지에 관심을 기울인 것과 대조적으로 화용적 관점에서는 담화표지가 어떤 발화와 이전 발화와의 관계를 표시해 주는 것으로 보았다. 담화표지는 앞으로 나올 발화가 바로 이전의 담화 맥락과 가지는 연결 관계에 청자의 주의를 집중시키는 것이고, 순차적인 담화의 관계를 나타내는 화용적 표지로서 화자가 지금 말하려는 메시지를 이전의 담화와 어떻게 연결시키는지를 설명해 주는 화용적 기능을 가진 것으로 보았다(Fraser 1988:21). 따라서 화용적 의미의 유형을 분류하고, 그 분류 안에서 어떤 화용표지(담화표지)가 어떻게 선행 후행 담화 조각의 관계를 표시하는가에 관심을 두었다.

Fraser(1990)에서는 내용적 의미(content meaning)와 화용적 의미(prag-matic meaning)를 구별하고, 담화표지는 문장의 내용적, 명제적 의미에는 영향을 주지 않으나, 선행하는 문장과 후행하는 문장 사이의 기능적 관계를 나타내는 화용적 의미에 영향을 주는 요소 가운데 하나로 보았다. 내용적 의미는 문장의 문자적 해석을 통해서 화자가 청자의 주의를 끌기 원하는 세상의 상태에 관해 다소 명료하게 표현하는 지시적 의미이고, 화용적 의미는 화자의 의사소통 의도에 초점을 두어 문장을 발화하는 것을 통해 화자가 의도하는 직접적인 메시지를 말하는 것이다(Fraser 1990:385-6).

Fraser(1996)에서는 화용표지(Pragmatic Markers)를 1) 기본 표지(ba-sic markers)와 2) 주해 표지(commentary markers), 3) 담화표지(dis-course markers)와 4) 담화 관리 표지(discourse management markers)

의 네 가지로 나누었다. 이 분류에 의하면 화용표지의 한 유형이 담화표지인데, 담화표지는 다시 다음 (1)과 같은 세 가지 유형으로 나누었다(Cummimgs ed. 2010:127).

(1) Fraser(1996, 2009)의 담화표지(Cummimgs ed. 2010:127)
   ① 대조 표지(Contrastive markers(CDM)): S1과 S2 사이의 대조를 나타내는 표지 (*but, although, contrary to expectation, despite, on the other hand* 등)
   ② 수식 표지(Elaborative markers(EDM)) S1과 S2 사이를 수식하거나 연결하는 표지 (*also, correspondingly, for example, further(more), in other words* 등)
   ③ 추론 표지(Inferential markers(IDM)) S2가 S1을 기초로 한다는 것을 나타내는 표지 (*so, after all, as a conclusion, for that reason, on that condition* 등)

이와 같이 Fraser에게 있어서 담화표지는 두 담화 사이의 관련성을 표시하는 것이며, 개념적인 것이 아니라 절차적인 것을 나타내는 것이다. 담화표지는 개념적 의미와는 아무 관련이 없다. 그리고 비록 동음어로 쓰인다고 하더라도 문장 기능이나 텍스트 기능은 서로 다르다고 하였다. 또한 Fraser(2009)에서는 담화 관리 표지를 다시 세 유형으로 나누어 1) 담화 구조 표지(discourse structure markers) 2) 주제 도입표지(topic orientation markers) 3) 주목 표지(attention markers)로 나누었는데, 대부분 다른 연구에서 담화표지로 다루어지던 형태들이 여기에 해당된다.[8]
   일상적인 담화 모델 안에 있는 의사소통 상황에서 나타나는 다양한 양상들

---

8) Fraser(2009)의 담화 구조 표지에는 '*first ~ then, in summary, I add...*' 등이 포함되고, 주제 도입 표지에는 '*anyway, back to my original point, before I forget, but, by the way...*' 등이 포함되며, 주목 표지에는 '*ah, oh, alright, anyway, hey, in any case, now, so, well...*' 등이 포함되어 있다.

을 담화표지로 보는 방식과는 달리 화용적 관점에서 담화표지는 다양한 화용
표지 가운데 하나로 주로 문장들에서 메시지 사이의 명제적 관계를 나타내는
방식에 대해 관심을 가졌다. 따라서 담화표지에 속하는 범주들도 매우 제한
적으로 접근하였다.9)

3. 담화표지의 특성과 형태

위에서 살핀 바와 같이 사회언어학적 관점에서 담화표지를 보는 관점과 화
용론적으로 담화표지를 보는 관점은 일치되는 부분도 있지만, 서로 다른 부
분도 있다. 따라서 담화표지가 어떤 특성을 가지며, 어떤 형태들을 담화표지
로 보아야 할 것인가에 대해서도 명확한 경계를 정하기는 어렵다. 이 장에서
는 담화표지의 특성과 형태에 관한 논의들을 살펴보기로 한다.

3.1. 담화표지의 특성

담화표지의 특성에 관해 Schiffrin(1987)에서 담화의 시작 부분에서 주로
나타나며, 운율적 특징을 보이며, 의미가 없거나 모호하고, 통사적으로 분리
될 수 있으며, 지엽적으로나 전체적으로 작용할 수 있는 특성이 있다고 한
이래, 많은 연구들에서 담화표지의 특성을 논의하였다. 역사 화용론의 관점
에서 화용표지를 연구한 Brinton(1996), Jucker & Ziv(1998:3) 등에서는
담화표지의 특성을 층위에 따라 재분류하여 다음 (2)와 같이 제시하였다(김
해연 외 2016:126 재인용).

---

9) Fraser(1990)에서는 'oh'와 같은 감탄사, 'because'와 같은 접속사, 'y'know', 'I mean' 등과
   같은 유대감 표시 발화 등은 담화표지에서 제외하였다.

(2) 담화표지의 특성

음운적/ 어휘적	짧고 음운적으로 축약된다.
	분리된 톤 그룹을 형성한다.
	주변적인 형태로서 전통적인 어휘 부류에 속하기 어렵다.
통사적	나타나는 위치는 문두로 국한된다.10)
	통사적 구조 밖에서 나타나거나, 느슨하게 연결되어 있을 뿐이다.
	선택적이다.
의미적	명제적 의미가 거의 없거나 전혀 없다.
기능적	여러 언어범주 층위에서 동시에 작용하며 다기능적이다.
사회언어 학적/ 스타일적	문어보다 구어의 특성이라고 볼 수 있고, 비격식적 상황에서 주로 쓰인다.
	빈도수가 많이 나타나는 편이다.
	스타일 상 낙인찍힌 표현들이다.
	성과 무관하지 않으며, 여성 언어에서 더 전형적이다.

Heine(2013:1209)에서는 담화표지가 되기 위한 필요충분조건의 명세는 다 나열할 수 없지만, 원형적인 특성을 다섯 가지로 정리하고, 그 특성들에 대한 연구를 요약하였다.

첫째, 담화표지는 통사적으로 주변 환경으로부터 독립적이다. 담화표지는 통사적으로 자유롭거나, 발화의 통사적 구조에 느슨하게 연결되어 있다. 그러나 어떤 학자들은 이러한 특성에 대해 의심스럽게 생각하기도 한다.

둘째, 담화표지는 전형적으로 발화의 나머지 부분과는 운율적으로 구분이 된다. 이것은 많은 학자들이 담화표지의 전형적인 특성으로 인정하고 있다. Traugott(1995:6)에서도 담화표지는 문장의 왼쪽에 오며, 독특한 억양과 강세 구조를 가진 독립적인 호흡 단위가 된다고 하였다. 이와 같이 전형적인

---

10) 국어의 담화표지를 군말, 머뭇거림이나 입버릇말 등으로 본 연구들에서는 담화표지가 발화의 앞뿐만 아니라 중간, 또는 끝에서도 사용될 수 있다고 보았다.

담화표지들도 있지만, Dehé(2007:281)에서는 다른 발화와 운율적으로 통합되는 것들도 있음을 실증적으로 밝히고 있다.

셋째, 담화표지의 의미는 비-제한적이다. 이것은 절 안에 있는 다른 명제적 구조의 부분이 아니고, 앞으로 진행될 담화와 화합하는 수사적, 메타-텍스트적 스탠스를 나타내는 것(Traugott and Dasher 2002:155)이라는 말이다.

넷째, 담화표지의 의미는 개념적-명제적인 의미라기보다는 절차적인 의미이다. 이것은 담화표지에는 실질적 의미(semantic content)가 없거나 축소되었다는 것이다. 절차적 의미라는 것은 담화의 명제적 의미가 어떤 방식으로 처리되어야 하는지에 대한 지침을 준다는 뜻이다. 지시적, 외연적, 개념적 기능 대신에 담화표지는 대화 상황과 관련되어 있다(Jucker 1993:436). 그러나 이런 개념들이 어떻게 해석되어야 하는지에 대해서는 서로 다른 견해들이 있으며(Dér 2010), 개념적 의미와 절차적 의미 사이의 구별이 담화표지의 특징을 정의하는데 적절한 특성인지에 대해서도 서로 다른 견해들(Blakemore 2007, Ruhi 2009)이 있다.

다섯째, 담화표지는 비-합성적이다. 이 말은 담화표지의 형태가 짧고, 단음절인 것도 있다는 말이다(Dér 2010:17-21). 그러나 구로 된 것이나 많은 단어들로 구성되어서 이차적(second-level) 담화표지라고 불리는 것(Siepmann 2005:52)도 있다.

이러한 논의에서 알 수 있는 것처럼 담화표지의 특성을 논의한 많은 연구들에서 담화표지의 특성이라고 제시한 특성들도 많이 있지만, 어떤 특성도 논란의 여지가 없이 일치되는 것은 없고, 대략적으로 담화표지가 가지는 특성이라고 생각하는 경향성을 파악할 수 있을 뿐이다.

3.2. 담화표지의 형태

담화표지라는 용어나 담화표지에 대한 개념이 매우 다양한 만큼, 어떤 형태들이 담화표지를 이루는가에 대해서도 단음절의 감탄사부터 구적인 표현에 이르기까지 매우 다양한 관점들을 가지고 있다(Heine 2013:1206). 담화표지가 통사적 범주인지 화용적 범주인지, 또 어떤 표현 유형들이 여기에 포함하고 있는지에 대해서도 거의 합의된 의견이 없고, 접속사나 감탄사, 양상분사, 화자-지향적인 문장 부사들과 담화표지가 어떤 관계인지, 담화 연결사나 화용표지, 화용 소사들과 어떻게 구분되는지도 명확하지 않다(Lewis 2011:419-420).

임규홍(1996:4-5)에서는 어휘적 담화표지와 비어휘적 담화표지로 나누고, 어휘적 담화표지는 앞 담화의 성분을 반복하는 반복 정보 담화표지와 "뭐냐하면, 말자하면, 뭔고하면, 말이야, 인자, 가지고, 머시고, 말입니다, 아이가, 그 아닌나, 거시기, -요, 마, 머, 참, 글쎄" 등과 같은 어휘 담화표지가 있고, 비휘적 담화표지에는 1) 지시어 담화표지: 에-, 이-, 그-, 저-, 음, -아, 2) 감탄사 담화표지: 오!, 아뿔싸!, 야!, 아이고! 3) 초분절음 담화표지: 쉼, 억양, 강세 등이 있다고 보았다.

김태엽(2002:62-3)에서는 담화표지는 문법적 층위에서는 잉여적 요소에 지나지 않지만, 담화적 층위에서는 담화 효과에 영향을 주는 유용한 요소이며, 담화표지의 형태는 본디 한 개의 단어인 경우도 있고, 구인 경우도 있는데, 이들 중에는 본디 담화표지로 기능하는 것(본디 담화표지)도 있고, 문법화를 거쳐 담화표지로 기능하는 것(전성 담화표지)도 있으며……담화표지의 범위를 넓게 잡으면 감탄사, 접속부사, 보조사, 지시부사 등도 포함된다고 하였고, "어머님, 제가 빨리 가겠습니다, 어머님."과 같은 문장에서 문장 끝에 나타난 어머님[11]은 내용어가 아니고 기능어인 담화표지라고 보았다.

---

11) 어머님뿐 아니라, 아버님, 선생님 등의 명사도 담화표지로 쓰인다고 하였다.

연구자에 따라 연구한 담화표지의 형태가 다 다른데, 전영옥(2016)에서는 한국어의 담화표지로 연구된 형태들을 다음 (3)과 같이 정리하였다.

(3) 담화표지로 연구된 언어형식 (전영옥 2016:133)

감탄사		글쎄, 아, 어, 예/네, 오, 자, 저기(요)
감탄사/부사		가만, 그래, 그러게, 아니, 왜, 참
감탄사/대명사		거시기, 뭐, 어디
부사	접속부사	그러-계열, 그래서, 그러니까, 그런데, 그리고
	그 외	그냥, 그만/고마, 그저, 다, 막, 아무튼/어쨌든/하여튼, 이제/인자, 정말/진짜, 좀
대명사/관형사		이, 그, 저
관형사		무슨
용언		됐어, 말이다/말이야, 물론이다, 당연하다, 뭐냐/뭐랄까/뭐야, 있잖아
조사		-는/-가, -로, -요
구절		그래 가지고, 다름 아니라, 그건 그렇고, 아 근데, 아니 근데, -어 가지고
방언		계메, 근, 에, 마, 머꼬, 아이가, 와, 왜, 잉, 응, 야, 이

이와는 달리 윤창숙·김태호(2015:235-236)에서는 위에서 살펴본 형태들을 미시 담화표지로 보고, 이에 거시 담화표지를 더하여 발표 담화표지인 '-에 대해 발표하겠습니다', 토론 담화표지인 '-의 의견에 반대합니다' 등을 더하였다. 이러한 방식은 한국어 교육에서 사용되는 용어들로, 한국어 학습자의 토론, 발표, 논문 등을 토대로 전형적으로 사용되는 표현 양식들을 거시 담화표지로 다루고 있다.[12] 이러한 연구는 Chaudron & Richards(1986)에

---

12) 이러한 연구로는 구지민(2005)의 강의 담화표지를 비롯하여 발표 담화표지, 토론 담화표지, 학위논문 서론 담화표지 연구 등이 있다.

서 제2언어로 영어를 배우는 대학생 학습자의 듣기 교육에서 하향적(Top-down) 방식으로 지도하는 방식을 논의하면서 담화의 구조를 명시하는 표지[13]를 거시-표지(macro-marker)라고 부르고, 텍스트 안의 낮은 정보를 나타내는 표지[14]를 미시-표지(micro-marker)라고 부른 것에 기초하고 있다. Chaudron & Richards(1986)의 연구에서 거시-표지로 제시한 예들은 Fraser(2009)에서 제시한 담화 관리 표지들에 해당하는 '내 관점으로 돌아가서(*back to my original point*)', '잊기 전에 말해두자면(*before I forget*)' 등과 같이 담화 관리 표지에 속하는 것들이며, 위에서 살펴본 Heine(2013)에서 제시한 담화표지의 특성들을 따르고 있는 형태들이다. 그러나 이를 수용하여 한국어 교육에서 거시 담화표지를 "어떤 담화 양식에서 자주 사용되며, 그 양식의 구조적 특성을 나타내는 전형적인 표현"으로 받아들여서 토론 담화표지에 "-의 의견에 반대합니다."와 같이 명제적이고 논리적인 의미를 가지고 있는 내용어들을 기능어인 거시 담화표지로 논의하는 것은 담화표지의 기본적인 특성과 일치하지 않는다.[15]

4. 담화표지 연구의 과제와 전망

담화표지 연구의 많은 부분은 담화표지의 기능을 밝히는 것이었지만, 담화표지의 기능이 무엇인지를 밝히는 것은 여전히 담화표지 연구의 과제로 남겨

---

13) 그 예로는 "*What I'm going to talk about today is...*(오늘 내가 말하려는 것은...)" "*The problem here was that...*(여기서 문제는...)" "*Another interesting development was...* (또 다른 흥미로운 발전은...) 등과 같은 것이다.

14) 그 예로는 *well, ok, at that time, after this, so, then, but, on the other hand* 등을 제시하고 있어서 전형적인 담화표지로 다루어지는 요소들이다.

15) 황병순(2010:115)에서도 지적한 것처럼 지금까지 이루어진 연구들에 기술된 담화표지의 내용 가운데는 수용하기 어려운 부분이 적지 않다. 어디까지가 기능어인가에 대한 논의도 있지만, 기능어로서의 담화표지와는 전혀 다른 문체적인 특성들을 거시 담화표지로 확대하는 것은 수용하기 어려운 부분이다.

져 있다. 또한 담화표지의 생성이 문법화의 결과라고 받아들이는 연구들로부터 출발하였으나, 문법적 기능에 대한 논란은 화용화, 어휘화와의 관련성을 밝히는 것으로 확대되었고, 최근에는 담화표지의 생성을 '돌려쓰기(coopta-tion)'라는 기제로 설명하는 견해도 제기되었다. 이 장에서는 담화표지의 기능 연구, 담화표지의 생성 연구로 나누어 과제와 전망을 논의하고자 한다.

4.1. 담화표지의 기능과 정체성 연구

담화표지의 개념과 형태에 대한 논의가 다양한 것만큼 담화표지의 기능에 대해서는 기능 특성에 따라 일관적인 체계를 발견하기 어렵다. 그러나 지금까지 수행된 연구의 대부분은 담화상의 기능에 초점을 두고 있다. 분류방식에 따라 다르지만, 일반적으로 담화를 구조화하는 역할, 명제에 대한 화자의 심리적인 태도를 나타내는 역할, 화자와 청자의 상호관계성을 나타내는 상호주관화 표지로서의 역할 등 다양한 측면에서 일종의 메타-텍스트 언어형태(meta-textual language)로서의 기능들을 제시하고 있다.

이러한 기능들은 사회언어학적인 관점에서는 대인관계 기능을 중심으로 파악할 수 있고 화용론적인 관점에서는 텍스트적인 기능을 중심으로 파악할 수 있다. 대인관계 기능을 중심으로 하는 것은 상호작용을 위해 화자 스스로가 자신의 발화를 통제하는 것과 청자에게 보이는 심리적인 태도나 감정 등이 포함될 수 있고, 텍스트적 기능은 문장 명제의 진위에 관여하기 보다는 담화를 구조화하는 다양한 절차적인 방식과 태도를 표시하는 기능들이 포함된다.

Brinton(1996)에서는 화용표지를 텍스트적 기능과 대인관계적 기능으로 나누어 제시하였다.[16] 텍스트적 기능은 담화의 다양한 경계를 표시하거나,

---

16) Aijmer(1996)에서는 텍스트적 기능과 교감적 기능(phatic function)으로 보았는데, 교감적 기능은 상호작용을 위한 대인관계 기능에 해당하는 것이다.

순서교대를 주장하는 것이라 하였는데, 다음 (4)와 같은 기능들로 제시할 수
있다.

(4) 담화표지의 텍스트적 기능
　　① 발언권을 얻거나 포기하기 위한 표지
　　② 담화를 시작하거나 연결하거나 종결하기 위한 표지
　　③ 발언권을 유지하기 위한 시간벌기와 디딤말
　　④ 담화의 경계를 표시하기 위한 표지
　　⑤ 신정보나 구정보를 표시하기 위한 표지
　　⑥ 순차적 의존성을 표시하기 위한 표지
　　⑦ 자신이나 타인의 발화를 수정(교정)하기 위한 표지
　　⑧ 인접한 담화들 사이의 의도된 관계를 표시하기 위한 표지
　　⑨ 화제를 도입하거나 이동하기 위한 표지

Brinton(1996)에서 대인관계 기능은 주관적으로는 화자의 태도를 나타내
는 것이고, 상호작용적으로는 친밀감을 이루기 위한 것이라고 보았는데, 다
음 (5)와 같은 기능들로 제시할 수 있다.

(5) 담화표지의 대인관계 기능
　　① 관심이 있음을 나타내거나 관심을 유도하는 표지
　　② 응답 표지
　　③ 이해 확인(강조, 주목) 표지
　　④ 공손(주저함, 완화, 약화) 표지
　　⑤ 유대감 형성 (호응) 표지
　　⑥ 반박과 부정적 태도를 나타내는 표지

그러나 대인관계 기능과 텍스트적 기능이 대립적으로 분리되는 것은 아니
고, 다양한 관점에서 기능을 탐색하는 것이 가능하다. 국내의 연구자들 가운

데 안주호(1992)에서는 담화표지를 부름표지, 시발표지, 전환표지, 결말표지로 나누었고, 오승신(1997)에서는 발화의 보조 기능과 담화의 보조 기능으로 나누었다. 전영옥(2002)에서는 화제의 전개를 위한 것과 자신의 발화를 지속하기 위한 표현, 화자와 청자의 상호작용을 원활히 하기 위한 표현으로 나누었다.

이와 같은 담화표지의 기능들은 의사소통 행위의 대부분의 영역을 포괄하고 있다. 따라서 담화표지의 정체성을 확실히 하기 위해서는 다음과 같은 과제들이 해결되어야 한다.

첫째, 담화표지의 기능을 한정하는 일이다. 지금까지 수행된 대부분의 연구들이 미시적으로 담화에 나타나는 특정 형태의 담화 기능을 연구자들의 직관에 의해 분석한 것이어서, 담화표지란 무엇이며 의사소통에서 어디까지를 담화표지에 포함시킬 것인가의 문제, 다시 말해 담화표지로 지칭할 수 있는 범위와 한계에 관한 문제가 제기될 수밖에 없다. 따라서 이와 같이 제시된 다양한 요소들 가운데 담화표지의 기능으로 필요충분조건[17]을 충족시키는 것은 무엇인지에 대한 검토가 필요하다.

둘째, 다른 한편으로는 지금까지 제시된 기능들 외에 담화표지가 갖는 또다른 특징적인 기능들은 무엇인지에 대한 논의가 필요하다. 특히 담화 전략과 관계된 담화표지의 기능들을 밝히는 연구도 수행되어야 한다. 실제적인 담화 수행에서 화자는 언어행위를 스스로 평가하는 메타—담화적 전략(meta-discourse strategy),[18] 담화에 상대방을 끌어들이기 위한 참여유도 전략

---

17) Cummings ed.(2010:125)에서는 담화표지를 정의하는 필요충분조건은 다음과 같다. 첫째, 반드시 어휘적 표현이어야 한다. 따라서 통사적 구조나 운율적 자질, 비언어적 표현 들은 제외되어야 한다. 둘째, 담화표지는 반드시 뒤에 나오는 발화 (S2)의 한 요소가 되어야 한다. 셋째, 담화표지는 개념적 의미(semantic meaning)에는 영향이 없고, S1과 S2라는 두 명제 사이의 특정한 관계를 나타내는 것이어야 한다고 제시하였다. 이것은 Fraser의 화용표지 가운데 좁은 의미의 담화표지를 기준으로 한 것이어서 일반화하기는 어렵다고 생각한다.

18) 이성하(Rhee 2013)에서는 담화표지 '막이래'가 화자가 언어행위를 스스로 평가하는 메타—담화적 전략과 함께 화자가 자신의 관점에서 이탈하는 관점의 전환, 청자의 입장을 고려하여

(engagement strategy)과 함께 스스로 담화 현장으로부터 거리를 두어 담화를 이탈하는 전략(disengagement strategy), 상대방에게 공손하고 정중하게 보이기 위한 전략(politeness strategy) 등을 비롯한 다양한 전략들을 가지고 있다. 이러한 심리적, 인지적 장치들은 명제적인 의미로 전달되었을 때 가지는 직접성을 완화하기 위해 담화표지를 사용해서 전달할 것이다. 이와 같은 담화 전략을 비롯하여 지금까지의 연구에서 깊이 다루지 못하였으나 의사소통에서 중요성을 갖는 담화표지의 기능을 탐구하는 것도 앞으로 수행되어야 할 과제이다.

4.2. 담화표지의 생성과 인지적 연구

구어와 담화에 대한 관심과 기능주의적 연구는 문법화론의 연구를 활성화시키는 바탕이 되었다.[19] 기능주의 언어학에서는 문법을 반복되는 담화 패턴이나 의사소통의 습관이 제도화되거나 화석화되는 과정, 다시 말해 문법화의 과정을 통해서 형성되고 변화되는 것이라고 보고 있다. 따라서 우리가 사용하는 문법이 현재의 양상으로 나타나는 것은 의사소통 전략 때문이며, 언어 변화를 견인하는 것은 담화 층위이고(Hopper 1987, 1988, Hopper & Traugott 2003[1993]), 사회적 상호작용을 통해 문법이 자리잡아 간다고 보는 관점에서 담화표지는 매우 중요한 연구 주제가 된다. 이와 함께 문법화에 관여하는 어원은 단순한 어휘가 아닌 문맥에 따른 통합적 구문이라는 주장(Bybee 외 1994)이나, 언어사용모형(Usage-Based Model, Barlow & Kemmer 2000, Bybee & Hopper 2001) 등에 따라 사용 빈도나 사용 맥락이 중요한 요소로 부각되며 언어 연구의 부수적인 요소이던 담화표지가 중요한 주제로 떠오르게 되었다.

자신의 발화를 조정하는 상호주관화 전략 등을 통해 담화표지로 발달하였음을 논의하였다.
19) 구어 담화와 문법화론의 발달에 관해서는 이성하(2008)에서 자세히 논의하고 있다.

담화표지의 사용은 문어체나 구어체에 모두 나타나나 특히 비격식 구어체 언어에서 두드러지게 사용되며(Östman 1982, Fraser 1990, Watts 1989) 다양한 어원으로부터 발달하는 것으로 알려져 왔다. 이처럼 담화표지는 담화를 구조화하고 대인적인 의사소통에 있어서도 의미전달, 의미협상에 있어 중요한 역할을 하며, 따라서 어휘적인 언어요소라기보다는 문법적인 요소로 간주되고 있기 때문에 Traugott(1995, 2003, 2007), Traugott & Dasher (2002), Onodera(2004), Degand & Simon-Vandenbergen(2011) 등을 비롯한 대부분의 학자들은 그 생성 및 발달과정을 문법화 현상으로 분석하고 있다.

문법화는 어휘적인 의미를 가진 내용어가 그 어휘적 의미를 상실하고 문법적인 기능어가 되는 것, 나아가서 덜 문법적인 것에서 더 문법적인 기능어로 바뀌는 현상을 말한다. 담화표지의 형태는 다양하며, 감탄사처럼 원래 담화표지 기능을 수행하던 것도 있고, 문법화를 거쳐 담화표지로 기능하는 것들도 있다. 따라서 많은 담화표지들은 정도의 차이는 있지만, 내용어로부터 기능어로의 문법화 과정을 겪은 형태들이다.[20]

국내의 연구자들도 담화표지가 생성되는 기제를 문법화와 관련하여 논의되어 왔다. 구종남(1999)에서는 담화표지 '어디'가 의문사 '어디'로부터 문맥적 재해석, 화용론적 강화에 의해 문법화 되었음을 논의하였고, 구종남(2000)에서는 담화표지 '뭐'의 문법화도 문맥적 재해석, 화용론적 추론이라는 기제에 의해 문법화되었음을 논의하였다. 김태엽(2002)에서는 담화표지는 내용어인 여러 형태의 단어와 구가 문법화하여 담화표지로 기능하면서 본디 내용어 기능도 유지하는 것은 Hopper(1991), Heine & Kuteva(2002)의 문법화 원리[21]들을 따르는 것이라고 보았다. 이정애(2002)에서도 '화용표지

---

20) Aijmer(1996:16)에서는 문법화가 공시적이거나 통시적인 과정을 거쳐 나타나는 변화들, 즉 언어형태와 기능의 관계에 대해서 설명을 제시해준다는 점에서 문법화와 담화표지는 서로를 위하여 존재하는 것이라고 하였다.

란 구어의 담화 상황에서 잉여적으로 사용되는 주변적인 언어 표현으로서 원래 구상적인 어휘적 의미를 기저로 한 내용어 및 기능어가 문법화를 거쳐 점차 추상적인 화용적 의미를 획득한 담화적 장치라고 하여 담화표지나 화용표지를 만드는 기제를 문법화로 보았다. 이성하(Rhee 2003, 2004, 2013, 2014, 2015, 2016)에서는 문법화 이론틀을 바탕으로 한국어 담화표지들의 문법화와 '주의환기', '책임 회피', '강조' '담화시작 신호', '주제 제시', '공백 메꾸기', '완화' 등과 같은 담화 기능 수행(2003, 2004), 명제로부터 거리두기, 관점의 전환, 상호주관화 등의 담화 전략(2013, 2014), 담화표지의 기원어(2015), 담화표지의 위치에 따른 주관화와 상호주관화 기능(2016) 등을 구체적으로 논의하였다.

그러나 담화표지는 어휘적 요소들이 담화표지로 바뀌는데 문법화의 내적 단계가 없거나 전형적인 문법화와는 다른 방식을 취한다는 점에서 문법화와 구분하여 화용화(pragmatization)라고 보는 견해들(Erman and Kotsinas 1993, Aijmer 1997, Frank-Job 2006, Norde 2009:21-23, Arroyo 2011 등)도 있다. 담화표지는 주어진 맥락에서 단어 형태들이 명제적 의미를 바꿔서 메타-의사소통적, 담화 상호작용적 의미로 바뀌는 것(Frank-Job 2006:397)이고, 결과물이 담화의 텍스트 구조화 장치로만 사용되기 때문이다(Erman and Kotsinas 1993:79, Brinton 2008:61).

Heine(2013)에서는 문법화와 화용화를 구분하는 요소들에 대해 다음 (6) 과 같이 제시하였다.

(6) 문법화와 화용화를 구별하는 자질(Heine 2013:1218)
  ① 통사적 분리성: 문법화는 통사적으로 통합되지만, 화용화는 통사적으로 의존적인 것을 자유롭게 만든다(Frank-Job 2006:400) 통사적으로 고정되는 것이 아니라 자유로워지는 것이다(Norde 2009:22).

---

21) 문법화의 원리와 기제에 관해서는 권재일(1998), 이성하(1998) 등에서 상세히 논의하였다.

② 융합(fusion): 화용화를 겪으면서 어떤 구성성분의 융합(fuse)이 일어나지 않는다(Norde 2009:22).

③ 의미 화용적 범위의 확장: 화용화는 의미의 축소가 아니고 오히려 범위를 확장시킨다(Brinton and Traugott 2005:138, Norde 2009:22).

④ 임의성: 담화표지가 제거되어도 발화의 내용은 바뀌지 않는다(Frank-Job 2006:400).

⑤ 비-진리조건성: 담화표지는 담화의 진리조건을 바꾸지 않는다.22)

⑥ 독특한 문법적 지위: 담화표지는 전통적으로 문법적이라고 생각되던 범주에 속하지 않으며, 규칙-지배적이지도 않다(Norde 2009:22).

이러한 기준으로 첫째, 문법화와 화용화는 다르고, 담화표지는 Lehmann ([1982]1995)의 문법화 특성을 따르지 않기 때문에 화용화는 문법화가 아니라는 견해와, 둘째, 화용화와 관련된 과정은 텍스트와 담화를 다루는 문법화의 하위 영역이라고 보는 견해, 셋째, 화용화를 문법화와 구별해서 다룰 필요는 없고, 이 둘은 모두 화용론의 범주에 속한다(Onodera 1995, Brinton 1996, Brinton and Traugott 2005:139, Traugott and Dasher 2002: 158-159)고 보는 견해로 나뉜다.

생성과 소실, 재생은 모든 언어에서 나타나는 전형적인 문법화 현상인데, 특히 담화표지들은 화자의 다양한 담화적 욕구를 실현하는 장치로서 자주 사용됨에 따라 일정 정도까지는 형태-통사적 축약(morpho-syntactic reduction)과 의미적 탈색(semantic bleaching; semantic attrition)을 겪다가 그 참신성(novelty)이 떨어지게 되면 소멸되거나 다른 형태로 대체되는 특징을 갖고 있어서 언어의 문법표지들의 생성과 소실, 재생이라는 언어형식의 생명주기를 잘 보여준다. 특히 최근 Heine(2009), Heine & Kuteva

---

22) Aijmer(1997:3)에서는 임의성과 비-진리조건성이 문법화와 화용화를 구별한 주된 자질이며, 임의성이 있고 진지조건과 무관한 형태들은 문법화가 아닌 화용화의 과정을 겪는다고 보았다.

(2007)에서 논의하고 있는 창조성과 문법 변화의 상관관계를 고려할 때 담화표지의 연구는 언어형식의 생명주기에 대한 중요한 함의를 가진다. 이런 관점에서 문법화와 화용화, 나아가 어휘화에 대한 논의와는 별도로 최근에는 담화표지가 문장이나 발화 내에서 가지는 형태-통사적 특성이 전형적인 단어나 구나 절의 특성과 이질적인 특징을 많이 띠고 있음에 주목하여, 담화표지는 문장문법(Sentence Grammar)이 아닌 삽입문법(Thetical Grammar)의 관점으로 보아야 한다는 새로운 이론이 등장하였다. 의사소통에서 사용되는 문법은 담화문법(Discourse Grammar)인데, 담화문법은 기존의 문장문법과 삽입문법으로 구성된다는 것이다(Kaltenböck et al. 2011; Heine 2013). 삽입문법으로 만들어지는 삽입어의 특성은 다음 (7)과 같다.

(7) 삽입어(theticals)의 특성(Kaltenböck et al. 2011:853)
    ① 통사적으로 독립적이다.
    ② 발화의 다른 부분들과 운율적으로 다른 특성을 갖는다.
    ③ 의미는 비-한정적이다.
    ④ 내적 구조는 문장 문법을 따르지만 생략될 수 있다.

삽입문법을 구성하는 요소들은 담화의 상황과 관련된 텍스트 구성, 정보의 출처, 화자의 태도, 화자-청자의 상호작용, 담화 만들기, 세상 지식(Kaltenböck et al. 2011:861) 등이고, 삽입문법에 속하는 언어적 형태들은 개념적 삽입어, 인사와 같이 사회 작용으로 굳어진 표현, 부름말, 명령어, 감탄사 등과 담화표지 등이다(Heine 2013, Heine et al. 2014, 2015, 2017). Heine(2013)의 논의를 중심으로 담화표지의 생성에 대한 도식은 다음 (8)과 같이 나타낼 수 있다.

(8) 담화문법의 구성도(Heine 2013 참조)

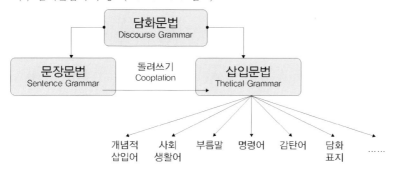

이 이론에서는 절이나 구 단어와 같은 문장문법의 정보적 단위들이 담화 조직을 위한 목적으로 효율적으로 사용되어서, 담화표지가 문장 문법적 요소에서 이른바 '돌려쓰기(cooptation)'[23]를 통해 삽입문법으로 편입되어 들어온다고 본다. '돌려쓰기'는 문장문법에서 삽입문법으로 이동하는 인지적-의사소통 장치(cognitive-communicative operation)인데, 담화의 응집성을 증가시키고, 부가 설명을 하거나 주변 정보를 주는 것과 같이 담화에 넓은 관점을 부여하고, 화자의 내적 상태를 기술하거나 청자와 상호작용하는 기능을 한다(Heine et al. 2017:828).

담화표지와 관련된 문법화, 화용화, 그리고 새롭게 대두되는 삽입문법의 논의들은 담화표지의 생성과 관련한 연구들을 활성화하여 나갈 것으로 기대된다. 이와 관련하여 다음과 같은 연구들이 과제로 남는다.

첫째, 담화표지에 관한 많은 연구들이 있지만, 문법화나 화용화의 관점에서 시도된 분석은 비교적 소수이다. 또한 이러한 시각에서 연구한 논문들에

---

23) 'thetical', 'cooptation' 등에 해당하는 적절한 번역어를 찾기 어렵다. 'thetical'은 문장문법과의 균형을 고려하여 '삽입(문법)'으로, 'cooptation'은 '징발'이라는 용어도 고려하였으나 뜻이 쉽게 파악되지 않았고, 하나의 도구를 여러 집에서 공유할 때 돌려쓴다고 말하는 것에 바탕을 두고 문장문법에서 쓰던 것들을 삽입문법에서도 쓰도록 하는 기제라는 점에서 '돌려쓰기'라는 용어를 사용하였다.

서도 담화표지 형태의 발달과정이 문법화/화용화 과정임을 언급하는 정도에 머무는 경우가 많아서, 어떠한 문법화 원리에 따라 어떠한 문법화 기제가 사용되어 이러한 발달이 이루어졌는지에 대한 치밀한 연구는 비교적 미흡하다. 또한 지금까지의 대부분의 연구는 담화맥락의 분석에 치중하였기 때문에 공시적 기능에 초점을 맞춰왔다. 이러한 연구들이 공시태로서의 담화표지의 성격을 규명하는 데에는 기여하였지만, 좀 더 역동적으로 이 형태의 통시적 발달과정을 살펴보는 데에는 미흡다는 점에서 공시성과 통시성을 아우르는 범시적 접근으로 화용표지를 분석하는 연구들이 심도 있게 수행될 것으로 기대된다.

둘째, 삽입문법 이론과 관련한 담화표지의 생성에 관한 연구는 뇌생리학적으로 뇌의 측면화(lateralization)와 관련하여 문장문법은 좌뇌가 관장하고 삽입문법은 우뇌가 관장한다는 가설24)로 지지를 받고 있다. 이러한 점에서 앞으로 담화표지의 연구는 인지언어학적 방법론뿐 아니라 뇌과학과 관련하여서도 깊이 있는 연구가 수행될 것으로 기대된다.

---

24) Heine et al.(2014, 2015)에서는 우뇌에 의존하는 좌뇌 손상 실어증 환자가 삽입문법에 속하는 언어적 표현은 80%나 구사할 수 있는 것에 비해, 정상인들은 대부분의 언어적 표현들을 좌뇌와 문장문법에 의존해서 구사한다고 논의하였다.

참고문헌

구종남(1997), 간투사 '아니'의 의미 기능, "한국언어문학" 39, 한국언어문학회, 43-64.

구종남(1998), 화용표지 '좀'에 대하여, "한국언어문학" 41, 한국언어문학회, 411-434.

구종남(1999), 담화표지 '어디'에 대하여, "언어학" 7-3, 한국언어학회, 217-234.

구종남(2000), 담화표지 '뭐'의 문법화와 담화 기능, "국어문학" 35, 국어문학회, 5-32.

구지민(2005), 학문 목적 한국어를 위한 강의 담화표지 학습 연구, "한국어 교육" 16-1, 국제한국어교육학회, 23-43.

구현정(2008), '아니, 안 하는 게 아니잖아': 부정 표현의 문법화, "담화와 인지" 15-3, 담화인지언어학회, 1-27.

구현정(2011), 구어와 담화: 연구와 활용, "우리말연구" 28, 우리말학회, 25-56.

권재일(1998), 문법 변화와 문법화, "방언학과 국어학", 태학사, 879-904.

권재일(2016), "언어학사강의", 박이정.

김성옥(2010), 발표 담화표지 학습이 학문적 구두 발표 능력에 미치는 영향, 이화여자대학교 석사학위논문.

김태엽(2002), 담화표지되기와 문법화, "우리말글" 26, 우리말글학회, 61-80.

김해연 외(2016), "담화분석", 종합출판.

문병우(2002), 화용표지 '요'에 대한 연구, 경상대학교 박사학위논문.

송병학(1994), 담화불변화사 「아니」, "우리말 연구의 샘터: 연산 도수희 선생 화갑기념 논총", 384-401.

송인성(2015), 국어 담화표지의 기능과 운율, 고려대학교 박사학위논문.

신지연(1988), 국어 간투사의 위상연구, 서울대학교 석사학위논문.

신지연(2001), 감탄사의 의미 구조, "한국어의미학" 8, 한국어의미학회, 427-451.

안주호(1992), 한국어 담화표지 분석, "외국어로서의 한국어교육" 17, 연세대학교 언어연구교육원 한국어학당, 21-38.

오승신(1995), 국어의 간투사 연구, 이화여대 박사학위논문.

오승신(1997), 담화상에서의 간투사의 기능, "외국어로서의 한국어교육" 22-1, 연세대학교 언어연구교육원 한국어학당, 19-27.

윤창숙·김태호(2015), 한국어능력시험 듣기 텍스트에 나타나는 담화표지어 분석 연구, "언어과학연구" 75, 언어과학회, 261-287.

이기갑(1995), 한국어의 담화표지 '이제', "담화와 인지" 1, 담화인지언어학회, 261-287.

이성하(1998), "문법화의 이해", 한국문화사.

이성하(2008), 문법화 연구에서의 구어의 의의, "언어과학연구" 47, 언어과학회, 209-235.

이정애(1999), 국어 화용표지의 연구, 전북대학교 박사학위논문.

이원표(2001), "담화분석: 방법론과 화용 및 사회언어학적 연구의 실례", 한국문화사.

이한규(1996), 한국어 담화 표지어 '그래'의 의미 연구, "담화와 인지" 3, 담화인지언어학회, 1-26.

이한규(1997), 한국어 담화표지어 '왜', "담화와 인지" 4-1, 담화인지언어학회, 1-20.

이한규(1999), 한국어 담화 표지어 '뭐'의 의미, "담화와 인지" 6-1, 담화인지언어학회, 137-157.

이한규(2008), 한국어 담화표지어 '어디'의 화용분석, "우리말글" 44, 우리말글학회, 83-111.

이한규(2011), 한국어 담화표지어 '예'의 의미, "현대문법연구" 65, 현대문법학회, 171-197.

이한규(2012), 한국어 담화표지어 "아니"의 의미, "현대문법연구" 67, 현대문법학회, 145-171.

임규홍(1995), 담화표지 '뭐냐'와 '있지'에 대하여, "어문학" 56, 한국어문학회, 51-68.

임규홍(1996), 국어 담화 표지 '인자'에 대한 연구, "담화와 인지" 2, 담화인지언어학회, 1-20.

전영옥(2002), 한국어 담화 표지의 특징 연구, "화법연구" 4, 한국화법학회, 113-145.

전영옥(2016), 한국어 담화표지 연구의 현황과 과제, "한말연구" 45, 한말연구학회, 127-158.

황병순(2010), 담화 표지 연구에 드러난 몇 가지 의문, "배달말" 47, 배달말학회, 115-135.

Aijmer, Karin (1996), *Conversational Routines in English: Convention and Creativity*, London & New York: Longman.

Aijmer, Karin (1997), *I think* —an English Modal Particle, in Toril Swan & Olaf J. Westvik (eds.), *Modality in Germanic Languages. Historical and Comparative Perspectives*, Berlin/New York: Mouton de Gruyter, 1–47.

Aijmer, Karin (2002), *English Discourse Particles: Evidence from a Corpus*, Amsterdam & Philadelphia: John Benjamins.

Arroyo, Jose Luis Blas (2011), From Politeness to Discourse Marking: The Process of Pragmaticalization of *muy bien* in Vernacular Spanish, *Journal of Pragmatics* 43, 855–874.

Barlow, Michael and Suzanne Kemmer (eds.) (2000), *Usage–Based Models of Language*, Stanford: CSLI Publications.

Blakemore, Diane (2007), *Or*–Parentheticals, *that is*–Parentheticals and the Pragmatics of Reformulation, *Journal of Linguistics* 43, 311–339.

Brinton, Laurel J. (1996), *Pragmatic Markers in English: Grammaticalization and Discourse Functions* (Topics in English Linguistics 19), Berlin & New York: Mouton de Gruyter.

Brinton, Laurel J. (2008), *The Comment Clause in English: Syntactic Origins and Pragmatic Development*, Cambridge: Cambridge University Press.

Brinton, Laurel J. & Elizabeth C. Traugott (2005), *Lexicalization and Language Change*, Cambridge: Cambridge University Press.

Bybee, Joan L., Revere D. Perkins & William Pagliuca (1994), *The Evolution of Grammar: Tense, Aspect, and Modality in the Languages of the World*, Chicago: University of Chicago Press.

Bybee, Joan L. & Paul Hopper (eds.) (2001), *Frequency and the Emergence of Linguistic Structure. Typological Studies in Language* 45, Amsterdam/Philadelphia: John Benjamins.

Chaudron, Craig & Jack. C. Richards (1986), The Effect of Discourse Markers on the Comprehension of Lecture, *Applied Linguistics* 7-2, 113–127.

Chomsky, Noam (1965), *Aspects of the Theory of Syntax*, Cambridge, MA: MIT Press.

Cummings, Louise (ed.) (2010), *The Pragmatics Encyclopedia*, N.Y.: Routledge.

Degand, Liesbeth & Anne-Marie Simon-Vandenbergen (2011), Introduction: Grammaticalization and (Inter)subjectification of Discourse Markers, *Linguistics* 49-2, 287-294.

Dehé, Nicole (2007), The Relation between Syntactic and Prosodic Parenthesis, in Nicole Dehé & Yordanka Kavalova. (eds.) (2007), *Parentheticals* (Linguistics Today 106), Amsterdam & Philadelphia: John Benjamins, 261-285.

Dér, Csilla Ilona (2010), On the Status of Discourse Markers, *Acta Linguistica Hungarica* 57-1, 3-28.

Eggins, Suzanne and Diana Slade (1997), *Analysing Casual Conversation*, London/New York: Cassel.

Erman, Britt & Ulla-Britt Kotsinas (1993), Pragmaticalization: The Case of *ba* and *you know: Studier i modern sprakvetenskap* 10, 76-92.

Frank-Job, Barbara (2006), A Dynamic-interactional Approach to Discourse Markers. in Kerstin Fischer (ed.), *Approaches to Discourse Particles*, Amsterdam: Elsevier, 395-413.

Fraser, Bruce (1988), Types of English Discourse Markers, *Acta Linguistica Hungarica* 38, 19-33.

Fraser, Bruce (1990), An Approach to Discourse Markers, *Journal of Pragmatics* 14-3, 383-398.

Fraser, Bruce (1996), Pragmatic Markers, *Pragmatics* 6-2, 167-190.

Fraser, Bruce (1999), What are Discourse Markers? *Journal of Pragmatics* 31-7, 931-952.

Fraser, Bruce (2009), Topic Orientation Markers, *Journal of Pragmatics* 41, 892-898.

Halliday, Michael A. K. (1961), Categories of the Theory of Grammar, *Word* 17, 241-293.

Halliday, Michael A. K. (1985), *An Introduction to Functional Grammar*,

London & New York: Arnold.

Heine, Bernd (2009), On Creativity and Grammatical Change, Special lecture at the 2009 Spring Conference of Linguistic Society of Korea, Sookmyung University, Seoul.

Heine, Bernd (2013), On Discourse Markers: Grammaticalization, Pragma-ticalization, or Something else?, *Linguistics* 2013, 51-6, 1205-1247.

Heine, Bernd & Tania Kuteva (2002), *World Lexicon of Grammaticalization*, Cambridge: Cambridge University Press.

Heine, Bernd & Tania Kuteva (2007), *The Genesis of Grammar: A Re-construction*, Oxford: Oxford University Press.

Heine, Bernd, Tania Kuteva & Gunther Kaltenböck (2014), Discourse Grammar, the Dual Process Model, and Brain Lateralization: Some Correlations, *Language & Cognition* 6-1, 146-180.

Heine, Bernd, Gunther Kaltenböck, Tania Kuteva & Haiping Long (2015), On Some Correlations between Grammar and Brain Lateralization, *Oxford handbooks online in linguistics*, New York: Oxford University Press.

Heine, Bernd, Gunther Kaltenböck, Tania Kuteva & Haiping Long (2017), Cooptation as a Discourse Strategy, *Linguistics* 2017, 55-4, 813-855.

Hengeveld, Kees & J. Lachlan Mackenzie (2008), *Functional Discourse Grammar: A Typologically based Theory of Language Structure*, Oxford: Oxford University Press.

Hopper, Paul (1987), Emergent Grammar, *Berkeley Linguistics Society* 13, 139-157.

Hopper, Paul (1988), Emergent Grammar and the a priori Grammar Postulate, in Deborah Tannen (ed.), *Linguistics in Context: Connecting Observations and Understanding*, Norwood, NJ: Ablex, 117-134.

Hopper, Paul (1991), On Some Principles of Grammaticalization, in Traugott, Elizabeth C. & Bernd Heine (eds.) *Approaches to Grammaticalization* Vol. 1, Amsterdam/Philadelphia: John Benjamins, 17-35.

Hopper, Paul & Elizabeth C. Traugott (2003)[1993], *Grammaticalization*, Cambridge: Cambridge University Press.

Hymes, Dehl (ed.) (1964), *Language in Culture and Society*, New York: Harper & Row.

Jucker, Andreas H. (1993), The Discourse Marker *well*: a Relevance-Theoretical Account, *Journal of Pragmatics* 19-5, 435-452.

Jucker, Andreas H. & Yael Ziv (eds.) (1998), *Discourse Markers: Description and Theory*, Amsterdam & Philadelphia: John Benjamins.

Kaltenböck, Gunther, Bernd Heine & Tania Kuteva (2011), On Thetical Grammar, *Studies in Language* 35-4, 848-893.

Lehmann, Christian [1982] 1995, *Thoughts on Grammaticalization*, Munich: Lincom Europa.

Lewis, Diana M. (2011), A Discourse-Constructional Approach to the Emergence of Discourse Markers in English, *Linguistics* 49-2, 415-443.

Maschler, Yael (1994), Metalanguaging and Discourse Markers in Bilingual Conversation, *Language in Society* 23, 325-66.

Maschler, Yael (1997), Discourse Markers at Frame Shifts in Israeli Hebrew Talk-in-Interaction, *Pragmatics* 7-2, 183-211.

Maschler, Yael (1998), *Rotse lishmoa keta? Wanna hear something weird/funny?* Segmenting Israeli Hebrew Talk-in-Interaction, in Andreas Jucker & Yael Ziv (eds.), *Discourse Markers: Description and Theory*, Amsterdam and Philadelphia: John Benjamins, 13-60.

Maschler, Yael (2009), *Metalanguage in Interaction: Hebrew Discourse Markers*, Amsterdam and Philadelphia: John Benjamins.

Maschler, Yael (2012), Emergent Projecting Constructions: the Case of Hebrew *yada* ("know"), *Studies in Language* 36-4, 785-47.

Maschler, Yael & Deborah Schiffrin (2015), Discourse Markers Language, Meaning, and Context, in Deborah Tannen, Heidi E. Hamilton & Deborah Schiffrin (eds.), *The Handbook of Discourse Analysis*, (2nd edition), Wiley Blackwell.

Norde, Muriel (2009), *Degrammaticalization*, Oxford: Oxford University Press.

Ong, Walter J. (1982), *Orality and Literacy—The Technologizing of the Word*, (2nd edition), New York: Routledge. 이기우 · 임명진 옮김(1995), 구술문화와 문자문화, 문예출판사.

Onodera, Noriko O. (1995), Diachronic Analysis of Japanese Discourse Markers, in Andreas H. Jucker (ed.), *Historical pragmatics*, Amsterdam/Philadelphia: John Benjamins, 393–437.

Onodera, Noriko O. (2004), *Japanese Discourse Markers*, Amsterdam: John Benjamins.

Östman, Jan–Ola (1981), *You know: A Discourse Functional View* (Pragmatics and Beyond II: 7), Amsterdam/Philadelphia: John Benjamins.

Östman, Jan–Ola (1982), The Symbolic Relationship between Pragmatic Particles and Impromptu Speech, in Nils Erik Enkvist (ed.), *Impromptu Speech: A Symposium*, Åbo: Åbo Akademi, 147–177.

Rhee, Seongha (2003), When 'No' Does Not Mean 'No': Grammaticalization of Discourse Markers and Auxiliaries from Rhetorical Negations, "언어과학연구" 27, 언어과학회, 269–290.

Rhee, Seongha (2004), From Discourse to Grammar: Grammaticalization and Lexicalization of Rhetorical Questions in Korean, in Gordon Fulton, William J. Sullivan & Arle R. Lommel (eds.), *LACUS: Forum XXX: Language, Thought and Reality*, Houston, TX, 413–423.

Rhee, Seongha (2013), "I know I'm shameless to say this": Grammaticalization of the Mitigating Discourse Marker *Makilay* in Korean, *Procedia - Social and Behavioral Sciences* 97, 480–486.

Rhee, Seongha (2014), "I know you are not, but if you were asking me": On Emergence of Discourse Markers of Topic Presentation from Hypothetical Questions, *Journal of Pragmatics* 60, 1–16.

Rhee, Seongha (2015), On the Emergence of Korean Markers of Agreement, *Journal of Pragmatics* 83, 10–26.

Rhee, Seongha (2016), LP and RP in the Development of Discourse Marker from 'What' in Korean, *Journal of Historical Pragmatics* 17–2, 255–281.

Ruhi, Şükriye (2009), The Pragmatics of yani as a Parenthetical Marker in Turkish: Evidence from the METU Turkish Corpus, *Working Papers in Corpus-based Linguistics and Language Education* 3, 285–298.

Saussure, Ferdinand de (1959), *Course in General Linguistics*, Charles Bally & Albert Sechehaye in collaboration with Albert Reidlinger (eds.), translated, with an introduction and notes by Wade Baskin, New York: McGraw-Hill Book Company.

Schiffrin, Deborah (1987), *Discourse Markers*, Cambridge: Cambridge University Press.

Schiffrin, Deborah (1994), *Approaches to Discourse*, Oxford: Blackwell.

Schiffrin, Deborah (2006), *In Other Words: Variation in Reference and Narrative*, Cambridge: Cambridge University Press.

Schourop, Lawrence Clifford (1982), *Common Discourse Particles in English Conversation*, New York: Garland.

Siepmann, Dirk (2005), *Discourse Markers across Languages: a Contrastive Study of Second-level Discourse Markers in Native and Non-native Text with Implications for General and Pedagogic Lexicography*, Abingdon/New York: Routledge.

Stubbs, M. (1983), *Discourse Analysis: The Sociolinguistic Analysis of Natural Language*, Oxford: Oxford University Press.

Tabor, Whitney and Elizabeth Closs Traugott (1998), Structural Scope Expansion and Grammaticalization, in Anna Giacalone Ramat and Paul J. Hopper (eds.), *The Limits of Grammaticalization*, Amsterdam/ Philadelphia: John Benjamins, 229–272.

Traugott, Elizabeth Closs (1995), The Role of the Development of Discourse Markers in a Theory of Grammaticalization, Paper presented at the International Conference of Historical Linguistics XII, Manchester, August.

Traugott, Elizabeth Closs (2003), Constructions in Grammaticalization, in Brian D. Joseph & Richard D. Janda (eds.), *The Handbook of Historical Linguistics*, Oxford: Blackwell, 624-647.

Traugott, Elizabeth Closs (2007), Discussion Article: Discourse Markers, Modal Particles, and Contrastive Analysis, Synchronic and Diachronic, *Catalan Journal of Linguistics* 6, 139-157.

Traugott, Elizabeth Closs & Richard B. Dasher (2002), *Regularity in Semantic Change* (Cambridge Studies in Linguistics 96), Cambridge: Cambridge University Press.

Van Dijk, Teun A. (1985), Introduction: Discourse Analysis as a New Cross-discipline, in Teun A. van Dijk (ed.), *Handbook of Discourse Analysis Vol. 1: Disciplines of Discourse*, London: Academic Press, 1-10.

Watts, Richard J. (1989), Taking the Pitcher to the 'Well': Native Speakers' Perception of Their Use of Discourse Markers in Conversation, *Journal of Pragmatics* 13, 203-237.

Wichmann, Ann, Anne-Marie Simon-Vandenbergen & Karin Aijmer (2010), *Of course*: How Prosody Reflects Semantic Change: A Synchronic Case Study of of course, in Hubert Cuyckens, Kristin Davidse & Lieven Vandelanotte (eds.), *Subjectification, Intersubjectification and Grammaticalization*, Berlin/New York: Mouton de Gruyter, 103-154.

한국어 흉내말 연구의 현황과 과제

_ 박동근

1. 머리말

이 연구는 한국어의 고유한 어휘 범주로 흉내말(의성어·의태어) 연구에 대한 그간의 연구 성과를 망라하여 목록을 작성하고 전반적인 연구의 흐름과 주요 논의 사항을 연구사적 관점에서 살펴보는 것이 목적이다.

흉내말, 시늉말, (음성)상징어 등으로 통칭되는 한국어의 의성어와 의태어는 어휘 수가 많고 음운, 형태, 통사, 의미 등 언어학의 다양한 층위에서 다른 어휘 범주와 구분되는 특이성을 갖고 있다. 흉내말이 갖는 고유한 특징은 다른 어휘 범주와 구분하여 흉내말을 독자적인 연구 대상으로 다루는 주요한 요인이 된다. 2018년 현재 흉내말을 주 연구 대상으로 하는 연구 성과는 학위논문과 소논문을 합하여 400편을 훌쩍 뛰어넘는다.

이 연구에서는 한국어 흉내말 연구 성과를 살펴보기 위해 먼저 지금까지 연구된 흉내말 연구물을 양적인 면에서 분석하기로 한다. 양적 분석에서는 학위논문과 소논문을 구별하고 시기별로 흉내말 연구 성과를 비교하여 연구의 큰 흐름을 집도록 하겠다. 다음으로 흉내말 연구를 세부 주제에 따라 구분하고 양적인 분석을 통해 흉내말 연구에서 주로 어떤 분야의 주제들이 집중적으로 논의되었는지 살펴볼 것이다. 또한 연구자 분석 및 발표 지면 분석을 통해 흉내말 연구가 주로 어떤 부류의 연구자에 의해 주도되었으며 어떤 지면을 통해 발표되었는지 고찰할 것이다. 이는 연구자 부류 및 발표 지면의 성격이 흉내말 연구의 흐름을 이해하는 데 무관하지 않기 때문이다.[1]

이 연구의 제2장에서는 그간 국내에서 이루어진 흉내말 연구 목록을 작성하고 이를 양적으로 분석할 것이다. 이를 바탕으로 제3장에서는 흉내말 연구에서 주로 논의되었던 내용을 주제별로 살펴보고, 마지막으로 흉내말 연구의 남은 과제에 대해 논할 것이다.

2. 수치로 보는 흉내말 연구의 흐름

한국어 흉내말 연구 목록 작성은 글쓴이가 관련 연구를 해오면서 구축했던 논저들과 한국교육학술정보원에서 제공하는 RISS(Research Information Sharing Service) 및 한국연구재단의 한국학술지인용색인(KCI, Korea Citation index) 검색 결과를 바탕으로 하였다.

RISS 검색에서는 학위논문과 국내 학술지논문(소논문)을 구별하였으며, 검색 키워드로 '흉내말, 시늉말, 상징어, 의성어, 의태어, 상징부사, 의태부사, 의성부사, 음성상징' 등을 사용하였다. 연구물은 국내 출판물(국내 학위)에 한정하는 것을 원칙으로 하였으며 연구의 주대상이 흉내말인 것만을 대상으로 하였다. 다만 논문의 주제가 '첩어'나 '음성상징·도상성'에 관한 것일지라도 다루는 자료가 주로 '의성어·의태어'일 경우에는 목록에 포함하였다. 반면에 흉내말과 상관없는 음성상징 일반에 관한 것이나 첩어 일반에 대한 연구는 제외하였다.

---

[1] 사적 연구에서 연구자 부류 및 발표 지면 분석을 통계적으로 분석하는 것은 이 글이 처음이다.

이렇게 구축한 흉내말 연구 목록은 학위논문 228편, 소논문 241편으로 총 469편이다.

[표 1] 흉내말을 연구 대상으로 한 학위논문2)

연도	1950 ~1959	1960 ~1969	1970 ~1979	1980 ~1989	1990 ~1999	2000 ~2009	2010 ~현재	모두
석사	1	5	4	15	27	52	109	213
박사	0	0	0	0	7	3	5	15
모두	1	5	4	15	34	55	114	228

[표 2] 흉내말을 연구 대상으로 한 학술논문(소논문)

연도	1950 ~1959	1960 ~1969	1970 ~1979	1980 ~1989	1990 ~1999	2000 ~2009	2010 ~현재	모두
소논문	3	8	7	21	66	72	64	241

양적으로 볼 때 70년대까지 한국어 흉내말 연구는 미미한 편이다. 80년대 들어 뚜렷이 연구 편수가 늘어나기 시작하며 90년대 들어 양적으로 괄목할 만한 증가를 보인다. 물론 이러한 양적 증가는 전반적으로 연구자 수가 많아 진 것과 무관하지 않을 것이다. 하지만 90년도에만 7편의 박사학위논문이 집 중적으로 발표되었다는 점에서 단순히 연구자의 증가로 설명할 수 없다.3)

2) 학위논문의 연도는 학위 수여 해를 기준으로 한다.
3) 현재까지 발표된 흉내말을 연구 주제로하는 박사학위는 다음과 같다.
  김인화(1995), 현대 한국어의 음성상징어 연구, 이화여자대학교.
  김홍범(1995), 한국어의 상징어 연구, 연세대학교.
  김중섭(1995), 한국어 의태어 어원 연구, 경희대학교.
  이영석(1995), A Non-Linear Phonological Analysis of the Ideophone System in Korean, 서울대학교 박사학위논문.
  이문규(1996), 현대국어의 상징어의 음운·형태론적 연구, 경북대학교 박사학위논문.
  박동근(1997), 현대국어 흉내말의 연구, 건국대학교 박사학위논문.
  윤영한(1999), 국어 모사성의 실현 양상 연구, 경남대학교 박사학위논문.

그간의 연구를 통해 흉내말 연구의 바탕이 마련되고, 국어학의 연구 대상으로 보다 깊이 있는 연구가 필요하다는 연구자의 인식이 높아지면서 90년대를 기점으로 다수의 박사학위논문이 발표되었다고 본다.4)

소논문도 90년대 들어 이전 시기에 비해 3배 이상 많아진다. 그런데 90년대 이후 발표된 소논문은 10년 단위로 '66–72–64'편으로 수적인 면에서 큰 차이가 없다. 반면에 학위논문은 '34–55–114'편으로 큰 폭의 증가를 보인다. 이는 외국어로서 한국어 교육을 전공하는 외국인 유학생이 늘어난 것과 무관하지 않다. 90년대 말 동아시아를 중심으로 일기 시작한 한국 대중문화의 열풍은 한국어에 대한 관심으로 확대되면서 국내에서 한국어를 전공하는 외국인 유학생이 급증하게 된다. 2000년 이후 한국어를 전공하는 외국인 유학생의 석사학위논문이 꾸준히 발표되고, 2010년대에는 장학련(2012), 장언청(2014), 당리민(2017) 등 흉내말을 주제로 한 세 편의 박사학위논문이 나온다.

김강출(2004), 국어 파생 의태어근의 형태통사적 특성 연구, 국민대학교 박사학위논문.
최영철(2005), 한·일 의태어의 대조 연구, 국민대학교 박사학위논문.
안인숙(2007), 의성어와 의태어 연구, 중앙대학교 박사학위논문.
손달임(2012), 현대국어 의성의태어의 형태와 음운 연구, 이화여자대학교 박사학위논문.
장학련(2012), 중국인 학습자를 위한 한국어 의성어·의태어 교육 연구, 부산외국어대학교 박사학위논문.
이란희(2012), 외국인을 위한 한국어 의태어 교육 방법, 울산대학교 박사학위논문.
은수희(2015), 식감각 오노마토페에 관한 일·한 대조 연구, 한국외국어대학교 박사학위논문.
장언청(2014), 한·중 의성어 대조 연구, 건국대학교 박사학위논문.
당리민(2017), 한국어 의성어 의태어의 교육 방안 연구, 청주대학교 대학원.
4) 이러한 인식은 이 시기를 즈음하여 채완(1987), 김홍범(1994) 등에서 흉내말 연구의 문제점을 제기한 것에서도 알 수 있다.

[표 3] 분야별 연구 실적5)

연구 분야	발표 형식	학위논문	소논문	모두
이론	일반	19	23	42
	음운	5	7	12
	형태	14	43	57
	통사	2	13	15
	의미	5	22	27
	텍스트	8	14	22
	국어사	5	15	20
	연구사		3	3
	방언	1	2	3
	음성상징	3	8	11
응용	국어교육	10	6	16
	한국어교육	57	16	73
	언어습득	3	4	7
	번역	5	10	15
	사전		15	15
	대조	79	31	110
타영역	의료	2	7	9
	디자인	5	2	7
기타		5		5
모두		228	241	469

분야별로 연구 성과를 살펴보면 한국어 흉내말 연구에서 연구자들이 주로 관심을 갖는 분야가 명확히 드러난다. [표 3]을 보면, 흉내말 연구 중 '대조

---

5) 이론 영역에서 '일반'은 흉내말 전반에 대한 논의나 '음운 · 형태', '형태 · 의미'처럼 두 분야 이상을 같이 논한 연구들이다.

연구'가 110편으로 가장 많으며, '한국어 교육' 연구가 73편으로 그 뒤를 잇고 있다. 대조 연구가 높은 비중을 차지하는 것은 외국어로서 한국어 교육 연구의 비중이 높은 것과 같은 맥락으로, 한국어 교육을 전공하는 외국인 학습자가 자신의 모국어와 한국어의 흉내말을 대조한 성과들이 많기 때문이다. 한국어 교육이나 대조 연구는 소논문보다 학위논문으로 발표하는 비중이 높다. 이는 연구자의 상당수가 석사과정에서 학업을 마치는 초학자거나 한국어 교육을 전공하는 유학생으로 제도권 학회지에 논문을 수록하는 데 상대적으로 어려움이 있기 때문이다.

음운·형태·통사·의미 중에는 형태 연구가 57편으로 가장 높은 비중을 차지한다. 중첩 구성이나 내적·외적 파생, 형태 확장 및 축약 등 흉내말의 복잡한 어형성 과정의 특이성이 형태 연구에 집중하게 한 것으로 보인다. 음운이나 의미에 한정한 연구는 많지 않다. 음운이나 의미는 대개 형태와 관련지어 논의되거나 음운·의미의 상관 관계를 연구한 것이 많다. 텍스트 연구는 다양한 텍스트상에서 흉내말이 어떻게 사용되고 있는지 사용 양상을 살피는 논의가 주를 이룬다.

흉내말의 방언 연구는 세 편이 있다. 이영희(1982)는 기존의 방언 자료집과 직접 수집한 제주 방언을 형태별·내용별로 구분하고 조어론적인 특성과 음성상징을 고찰하였다. 조현준(2011, 2012)에서는 각각 대구 민요와 경북 민요를 조사·분석하여 사용 양상을 밝히고 사전에 미등재된 흉내말을 제시하였다.

연구사적 측면에서 흉내말 연구 전반을 다룬 논의로는 채완(1990)과 박동근(1996)이 있고, 2000년 이후 대두된 한국어 흉내말 교육 연구에 주목한 논의로는 박동근(2012)가 있다.

음성상징은 흉내말의 정체성과 관련이 높은 주제이지만 흉내말 연구에서 음성상징의 문제를 본격적으로 다룬 논의는 의외로 많지 않다. 응용 분야로 '번역'과 '사전 편찬'에 대한 연구가 꾸준히 발표되고 있다.

흉내말은 언어학 외 다른 학문 영역에서도 종종 논의된다. 2000년을 전후한 시기에 타이포그래피(typography)와 관련한 논의가 특히 많다. 타이포그래피는 활자의 글씨체나 배치 따위를 독특하게 구성하고 표현하는 편집 디자인의 일종으로 글씨에 대상의 연상 작용을 반영해 실재감을 높이는 작업이다. 박연미(2009)는 소리를 시각화하는 촉매제로서 의성어를 타이포그래피로 구현하는 방안에 대한 연구로, 의성어가 이를 실현하는 데 뛰어난 것으로 보았다. 이가화(2011)은 한중일 세 언어에 공통적으로 사용하는 12개의 흉내말을 선정하고 이를 타이포그래프로 표현하는 방안을 모색하였다. 오율석(2013)은 출판만화를 대상으로 효과글자(effect word)가 갖는 상징어적인 효과를 분석하였다. 효과글자는 만화에서 음향이나 동작을 효과적으로 표현하기 위해 글자에 그림 요소를 반영하는 것이다. 단순히 글자의 소리를 전달하는 외에, 의성어·의태어가 나타내고자 하는 대상의 섬세한 어감과 정서의 차이점을 전달할 수 있어 만화의 표현력에 큰 영향을 미친다고 보았다. 김승연(2013)은 효과적인 한국어 교육을 위해 의성어·의태어의 도상성을 시각화하는 방안에 대해 논의하였다.

디자인, 특히 타이포그래피와 흉내말은 둘 다 도상적 특성을 갖고 있다는 점에서 접점이 있다. 박동근(2008)에서는 만화 텍스트에서 글자에 시각적인 유연성을 더함으로써 더욱 현실감 있는 표현이 가능해진다고 보았다.

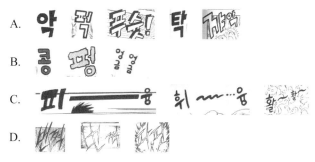

[그림 1] 흉내말 글자 도안(박동근, 2008)

한편 의료 및 특수 교육 영역에서 치료의 도구로 흉내말을 사용하는 방안이 논의되기도 하였다. 주로 시각·청각 장애인이나 뇌성마비 등 의사소통에 장애를 겪는 아동을 대상으로 흉내말이 언어 능력을 향상하는 데 어떻게 활용될 수 있는지에 대한 연구로 양은순(2002), 김모경(2010), 김선주(2013), 황정숙(2013) 등이 있다.

[표 2]의 241편의 소논문 저자는 모두 170명이다. 이 가운데 두 편 이상의 흉내말 논문을 발표한 연구자는 30명이다. 이 중 박동근, 김홍범, 채완은 흉내말을 주제로 한 연구를 집중적으로 발표하는 주 연구자들이다. 4편 이상의 연구 실적을 가진 연구자를 보면 다음과 같다.

(1) 흉내말 학술논문 실적 상위 연구자

박동근	27편
김홍범	20편
채완	10편
김중섭	7편
신중진	4편
김진해	4편
조창규	4편

박동근, 김홍범, 김중섭은 흉내말을 주제로 박사학위를, 신중진은 석사학위를 받았다. 국어 반복 합성어의 어순을 다룬 채완(1986)은 흉내말 연구가 주목적은 아니지만 다루는 어휘의 대부분이 흉내말이며, 채완(2003)은 흉내말을 전문적으로 다룬 첫 단행본 저술로 연구사적 가치가 높다. 이들은 관심 분야에 다소 차이가 있어, 박동근, 신중진은 주로 형태에, 김홍범, 김진해는 통사와 의미에, 채완은 텍스트에, 김중섭은 어원과 한국어 교육에 집중적인 성과를 내고 있다. 흉내말에 대한 지속적인 연구를 통해 연구의 전문성을 높

일 수 있다는 점에서 바람직하다.

연구사적으로 볼 때 흉내말 연구는 양적인 면에서 뿐만 아니라[6] 질적인 면에서도 외국인 연구자의 비중이 높다. Fabre, A(1966)의 '의성어 · 의태어 연구'는 의성어 · 의태어라는 용어가 제목으로 처음 사용된 학위논문이다. 이 연구에서는 흉내말 범주를 명확히 하기 위해 일반 부사와 의성어 · 의태어의 차이에 주목하였다. 흉내말에 접미사가 결합하여 다른 품사로 활용되는(활활 –활개, 알랑알랑–알랑쇠) 양상을 고찰하여 흉내말이 부사 외에 다양한 품사로 확장되는 점에 주목하였다. 일본 연구자인 靑山秀夫(1975)는 흉내말의 기본적인 연구 체계를 마련했다 할 만하다. 1990년 일본에서 출간한 "朝鮮語 象徵語 辭典"은 8천 개 이상의 흉내말을 표제어로 수록하고 있고 소설 등에서 뽑은 실제 자료를 용례로 제시하는 등, 그때까지 국내에서 출판된 적이 없는 흉내말 전문 사전을 냈다는 점에서 의미가 있다. 독일 연구자인 디르크 흰들링그(1985)는 한국어 흉내말 연구로는 첫 단행본이다. 당시에는 국내에서 생소했던 계량적인 방법으로 음성상징 문제를 다루었다.

우리는 [표 1]과 [표 2]에서 10년 단위로 흉내말 연구의 양적 변화를 살펴보았다. 양적이나 질적으로 볼 때 한국어 흉내말 연구는 박사학위가 집중적으로 발표된 90년대 중반을 기점으로 전후로 나눌 수 있다. 90년대 중반 이전이 연구 모색기였다면 중반 이후는 연구 심화 및 확장기라고 할 수 있다.[7] 박동근 · 김홍범 · 채완 등 흉내말을 주 연구대상으로 하는 연구자의 등장, 연구 주제의 다양화와 외국인 연구자의 급증, 한국어교육에서 흉내말에 대한

---

6) '2010년~현재' 발표된 114편의 논문 가운데 55편 이상이 외국인 유학생이 발표한 것으로 보인다.

7) 90년대 이전 국내에서 흉내말 연구가 미미했던 점에 대해 흰들링그(1985)는 다음과 같이 지적하였다. 첫째, 한국어의 체계적인 연구와 서술은 겨우 몇 십년 전에 시작되어서 철자법, 어휘 정리, 문법 서술과 같은 기본적인 연구만을 중요시했다. 둘째 한국 언어학의 이론적인 근거는 대부분이 서양에서 유입되었다고 할 수 있으므로 방법적인 도움도, 언어 상징을 연구할 동기도 기대할 수 없었다. 셋째, 한국학을 하는 서양인들에게는 의성, 의태 현상은 그들의 언어 입장에서 볼 때는 기이한 현상으로 보았을 뿐 깊은 연구까지는 이르지 못하였다.

관심 증대가 90년대 중반 이후를 대표하는 특징이라 할 수 있다.

3. 주제별 연구사

3.1. 형태·음운 연구

흉내말의 형태론에 대한 관심은 주로 어형성에 집중되었다. 흉내말을 특징 짓는 형태론적 특징은 '반복'이다. 이는 외현적으로 뚜렷하게 드러나는 흉내말의 고유한 특성으로 자모 교체에 따른 어감 차이의 실현과 더불어 흉내말을 규정하는 가장 중요한 특징이다. 반복의 양상은 흉내말을 유형화하는 주요 기준이 된다. 조규설(1958)은 본격적인 흉내말 연구의 출발점이라고 볼 수 있다. 조규설(1958)에서 주목할 것은 흉내말의 어근 상당 요소를 의의부와 형태부로 분석하였다는 점이다. 이때 형태부가 흉내말의 주요 기능을 맡고 특히 말음이 음상징의 중심이 된다는 것이다. 예를 들어, '구깃~', '간질~', '굽실~'에서 첫 음절은 일반 어휘의 어간이 되며, 여기에 '깃', '질', '실' 등이 결합하여 서술어를 수식하는 부사가 된다는 것이다. 또 '굽신~', '굽실~', '구불~', '구붓~'처럼 같은 의미를 가진 말이 형태부의 차이에 따라 다른 어의(語意)를 갖는 것은 형태부가 음상징의 중요한 역할을 담당하는 근거라고 보았다. 또 한글학회(1975) "큰사전"에서 뽑은 흉내말을 대상으로 음운 빈도를 조사한 결과 'k, ŋ, l' 말음이 음상징의 중심이 된다고 보았다.

흉내말의 내적 구조에 대한 인식은 靑山秀夫(1975)에게 이어진다. 의태어 가운데 일반어휘에서 파생된 것으로 보이는 흉내말을 파생의태어라 하고 흉내말의 내적 구조에 주목하였다. 최호철(1984)는 흉내말을 형태상 상징 형태로만 이루어진 것과 일반어의 어간이나 어근에 음성상징적 요소가 접미되어 파생한 것으로 구분하였다. 이후 박동근(1992)에서 '상징소'라는 개념을 세우면서 흉내말의 내적 구조가 새롭게 주목받게 된다. '상징소'는 한국어 흉내말의 끝음절 가운데에 보편적인 형태소의 개념으로는 분석하기 어려우나, 일련의 형태와 의미를 가지고 있어 흉내말을 구성하는 형태론적 요소로 파악되는 것으로 형태상 좀 더 적극적으로 분석하려는 시도이다. 이후 상징소는 흉내말의 형태 연구에서 주요 논의거리가 된다. 김강출(2004)는 의성어와 달리 의태어는 구성이 대체로 용언 어간과 접미사로 되어 있어 파생어의 한 부류를 이루는 것으로 보았다. 조현용(2016)과 박동근(2017)은 이러한 현상을 종합하여 동사에서 파생한 흉내말의 양상을 고찰하였다.

흉내말의 외적 구조로는 흉내말과 '-하다, -대다, -거리다, -이다'의 결합 문제가 주로 논의되었다. 신현숙(1986)은 의미자질과 상황에 따른 선택 제약을 살펴 '-대다, -거리다'가 동적인 어근과 결합하는데 '-하다', '-이다'는 정적인 어근과 결합한다고 보았다. 김영희(1975)는 '-거리다', '-대다', '-이다'의 선택이 음운론적으로 설명될 수 있는 일종의 변이형태 관계로 보았다. 김지홍(1986)에서 '-대다'는 동작에 관여하는 주체가 자기 의지를 가져야 하며, '-거리다'는 이와 반대라고 보았다. 하치근(1987)은 '-대다'는 동작의 정도가 심하여 부정적인 느낌을 주는 데 사용하며 '-거리다'는 행위의 반복을 나타내는 접미사로 보아 동작의 정밀함을 구분하는 것으로 보았다. 조남호(1988)은 '-거리-'가 선행 요소로 1음절을 가질 수 없으며 동작성을 지니는 어기와 결합하며, '-대-'는 '-거리'와 마찬가지로 동작성을 가지는 어기와 결합하되 지속적인 동작을 나타낸다고 보았다. 또 '-거리-'와 달리 화자가 동작을 적극적으로 파악하고 표현하고자 할 때 쓴다고 하였다. 이건식(1988)은 '-대다'에 대해 '-거리다'는 [+iterative] 자질을 더 갖는 것으로 보았다. 박동근(1997)에서는 네 형태의 제약 관계를 형태·통어의 형식적 요인과 의미적인 요인으로 구분하여 제약의 조건을 명시화한 바 있다. 이민우(2005) 등 2000년대에도 이에 대한 연구가 지속되고 있으나 90년대 만큼 활발하지는 않다.

흉내말의 음운 연구는 대부분 의미나 형태와 관련하여 논의되어 음운 연구만 따로 떼어 논의할 만한 것은 많지 않다. 앞서 조규설(1958)의 어말 자음에 대한 빈도 조사는 흉내말의 음운 구조에 대한 최초의 계량적 연구이다. 좀 더 본격적인 음운 분석 연구로는 리의도(1981)이 있다. 리의도(1981)은 의성 어의 음운 빈도를 분포에 따라 상세하게 조사·분석하였다. 이후 의태어를 대상으로 한 음운 분석을 기약하였으나 후속 연구가 이어지지 못했다. 손달 임(2012)은 흉내말의 음운 구조를 계량적으로 분석한 것으로 전체 흉내말의 자음 빈도와 음절 위치에 따른 자음 빈도를 다양한 측면에서 구하였다. 이를 통해 흉내말의 형태 변화 과정으로 '부분반복'과 '첨가' 등의 형태 확장 과정 이 상호 유관함을 밝히고자 하였다. 박동근(2015)는 의성어와 의태어의 음운 론적 차이에 주목한 첫 번째 논의이다. 앞서의 음운 분석이 의성어에 한정하 거나 의성어와 의태어를 구분하지 않고 이루어졌다는 문제를 지적하고 의태 어와 의성어를 각각 구분하여 음운 빈도를 조사하였다. 그 결과 의성어 첫소 리의 빈도는 '모음 - ㄸ - ㄷ - ㄲ - ㅌ' 순이며 의태어는 '모음—ㅂ—ㅅ—ㄲ' 순으로 다르고, 의성어는 어말에 'ㄱ, ㅇ'을 주로 사용되는 데 반해 의태어는 상대적으로 자음이 두루 사용되는 것으로 확인되었다. 의성어와 의태어가 음 운면에서 적지 않은 차이가 있다는 것을 확인하고 흉내말 연구에서 의성어와 의태어를 구분하여 논의할 필요가 있다고 보았다.

한편 흉내말의 음운적 연구는 자립분절음운론을 적용하는 데 좋은 예가 된 다. 이에 대한 논의로는 이문규(1996), 이영석(1995) 등이 있다. 권영국(2013) 은 한국어의 흉내말이 전체형 중첩, 삽입형 중첩 및 접미사형 중첩의 세가지 유형을 모두 보여준다는 점에서 매우 흥미로운 자료로, 다양한 중첩 현상을 해석하는 데 최적성이론에 기반을 둔 운율형태론이 타당하다고 보았다.

3.2. 통사 연구

흉내말의 통사론적 연구는 주로 연어 및 공기 관계에 집중되었다. 초기 연구로 우인혜(1990)에서는 흉내말이 용언과의 공기 제약이 심하다는 점에 주목하여 흉내말의 구문적 자질을 용언과의 공기 관계를 바탕으로 분석하였다. 용언과의 공기 관계에서 의성어와 의태어가 동작 동사와만 어울린다는 것을 확인하였다. 이 연구는 흉내말의 연어 관계에 대한 본격적인 논의의 출발이라는 점에서 의의가 크다. 서상규(1993)은 언어사실주의에 입각한 계량적 방법론을 흉내말의 공기 관계를 연구하는 데 본격적으로 도입했다는 점에서 의의가 있다. 다만 흉내말의 자모 교체형을 구분하지 않고 한 단어로 처리하여 사실을 제대로 반영하지 못했다는 점에서 한계가 있다. 김홍범(1995b)는 말뭉치에 나타난 예문을 자료로 흉내말의 공기 제약 관계를 살폈다. 크게 서술어와 제약이 있는 것과 서술어와 제약이 없는 흉내말로 구분하고 서술어와 제약이 있는 것은 다시 제약이 큰 것과 제약이 작은 것으로 구분하였다. 박동근(1997)은 1990년 이후에 발표된 단편소설과 방송 수기, 방송 대본과 시나리오, 신문, 대화 등에서 수집한 6,485개의 문장을 대상으로 공기 관계를 조사하였다. 이 연구에서는 흉내말과 서술어와의 공기 제약 외에 흉내말의 행위 주체나 대상이 되는 주어나 목적어의 공기 관계도 함께 검토했다는 점이 특징적이다. 손남익(1998)에서는 국어의 흉내말은 서술어뿐 아니라 주어나 목적어의 선택에도 높은 제약을 보이는데 이는 흉내말과 공기어들이 의미적으로 결합도가 매우 높기 때문이라고 보았다. 그럼에도 불구하고 통사상 흉내말의 위치 이동이 비교적 자유로운 것은 흉내말이 문장 내의 어느 위치에 있더라도 공기할 수 있는 서술어가 확실하기 때문이라고 보았다. 2000년대 들어 흉내말의 연어 관계는 한국어 학습자의 학습 수월성 측면에서 주목을 받았다. 김윤경(2009), 함윤희(2011), 문정현(2012), 유정(2015), 정은주(2017) 등이 이와 같은 맥락의 연구들이다.

　부사 흉내말이 통사상 부사어, 관형어, 독립어, 서술어로 기능하는 것은 채완(1993)과 박동근(1997)에서 종합적으로 논의하였다. 채완(1993)은 흉내말이 주로 동사를 수식한다고 하였는데, 박동근(1997)은 이를 흉내말의 상적 속성과 관련이 있는 것으로 해석하였다. 채완(1993)과 박동근(1997)에서는 "문을 쾅 소리가 나게 닫았다"에서 '쾅'이 소리를 수식하는 관형어로 기능한 다고 보았는데 김홍범(1995)에서는 흉내말이 명사를 수식하는 경우는 극히 제한된 '소리' 외에는 없으므로 관형어로 볼 수 없다고 하였다. 송문준(1988) 에서는 의성어가 독립어의 특성을 갖고 독자적으로 완전한 문장을 이룰 수 있다는 점에서 일괄 감탄사로 처리하는 것이 적절하다고 보았다. 채완(1993, 2000)과 박동근(1997)도 의성어가 독립어의 기능이 우세하여 감탄사에 가깝 다고 보았다. 이외에 채완(1993)과 박동근(1997)에서는 흉내말이 동사를 파 생하는 접미사의 부가 없이 온전히 흉내말만으로도 서술어로 기능할 수 있다 는 점에 주목하였다. 채완(1993)에서는 이러한 흉내말의 서술어 용법이 독특 한 리듬감을 가지면서 압축된 느낌을 준다고 하였다.

김진해(2005)는 흉내말 동사의 서술성에 대한 연구로 한국어의 흉내말이 능격성을 가지려면 행위의 주체가 무정물이어야 하며 해당 사건의 행위주가 의도를 갖고 이를 스스로 통제할 수 있어야 한다고 보았다.

3.3. 역사 연구[8]

흉내말의 사적 연구는 많지 않다. 역사 문헌의 성격상 흉내말의 사용이 잘 드러나지 않기 때문이다. 흉내말의 사적 연구로는 중세국어를 대상으로 한 남풍현(1965, 1993)과 이원식(1970), 조창규(2017a) 등이 있으며, 17세기 흉내말을 대상으로 한 공시적 연구로 박동근(2010)과 조창규(2017b)가 있 다. 18, 19세기의 시조와 판소리 사설을 대상으로 한 연구로는 채완(2000, 2001, 2003)이 있다. 또한 신소설을 대상으로 한 최근세 흉내말 연구로 이 은지(2008a, 2008b)를 들 수 있다.

---

8) 이 부분은 박동근(2010)을 바탕으로 최근 연구를 추가하였다.

흉내말에 대한 사적 연구가 많지는 않지만 흉내말 연구의 초기부터 사적 연구가 이루어졌다. 남풍현(1965)는 15세기 흉내말의 음성상징과 모방, 음성상징과 첩용, 음성상징과 음색의 대립, 자음의 대립, 단일음의 음성상징(자음, 모음) 등을 두루 다루고 있다. 흉내말에 대한 본격적인 첫 사적 연구이다. 〈고려사세가〉의 11세기 초 현종 즉위년 고사에 나오는 '高貴位'는 현대국어의 닭 울음소리인 '꼬끼요'에 소급되는 것으로 문헌상 최초의 흉내말을 제시하고 있다는 점에 흥미롭다.

채완(2000, 2001, 2003)은 시조와 판소리 사설을 대상으로 한 연구로 시기를 확정할 수는 없으나 대개 18세기에서 19세기의 흉내말의 실태를 보인다고 할 수 있다. 채완(2000, 2001)은 채완(2003)으로 종합 정리되는데, 18, 19세기 시조나 판소리에서 흉내말이 풍부하게 사용되었는데 기능면에서 현대국어와 크게 다르지 않으나 형태면에서는 적지 않은 차이가 있다고 보았다. 특히 17세기 이전의 자료와 비교할 때 의성어가 상대적으로 많이 사용되었다고 보았다. 이은지(2008a, 2008b)는 신소설을 대상으로 20세기 초기 흉내말의 실제적인 쓰임을 분석하는 데 중점을 두었다. 30편의 신소설을 대상으로 흉내말의 출현 빈도를 조사하고 서술어와 대상어와의 결합 양상을 살펴보았다. 이은지(2008a)에서는 출현 빈도 9 이상의 고빈도 흉내말을 이은지(2008b)에서는 출현 빈도 1~8 사이의 저빈도 흉내말을 대상으로 서술어와 대상어 결합 관계를 고찰하였다. 연구 결과 저빈도의 흉내말이 고빈도의 흉내말에 비해 서술어나 대상어 선택 제약이 더 높게 나타난다고 보았다. 박동근(2010)은 17세기 국어의 흉내말 사용 실태를 조사하여 목록을 작성하고, 구조적 양상을 고찰한 것이다. 모두 28개의 전형적인 흉내말 자료를 찾았는데 이 가운데 '욕욕'만 의성어고 나머지는 모두 의태어이다. 현대국어에서 가장 전형적인 흉내말의 형태가 'abab' 형인데 17세기에는 'aa' 형태의 흉내말이 더 자주 사용되는 것을 확인하였다. 동사 파생 접사로 현대국어의 '-하다, -대다, -거리다, -이다'에 소급하는 어형이 모두 나타나지만, '-거리다'와

'-대다'의 사용은 낮으며, '-이다'의 사용 양상은 현대국어와 유사하다고 보았다.

조창규(2017a)는 앞선 중세국어 흉내말 연구에서 의미가 잘못 풀이되었다고 판단되는 16개의 의태어에 대해 의미를 새롭게 제시하였다. 조창규(2017b)는 17세기에 의태어가 발달하였으며 의태성 어근에 '-거리다'가 결합한 경우는 한 예밖에 없었으며9), '-대다'가 결합한 예는 하나도 없어서 이 두 접미사는 17세기에 의태성 어근에 결합되는 것이 생산적이지 않다고 보았다.10)

앞의 연구들이 주로 시기를 제한한 공시적 연구였다면, 유창돈(1980)과 한영아(2001)은 현대국어 이전의 흉내말을 종합적으로 고찰한 것이다. 유창돈(1980:435-453)에서는 의성어 · 의태어를 포괄하는 의미로 '상징 부사'를 설정하고 시각적 감각 부사(움직움직), 청각적 감각부사(땅땅), 촉각적 감각부사(매끈매끈), 심각적 감각부사 (답답)으로 나누었다. 이 연구에서는 특히 흉내말의 조어적 특성에 주목하고 있는데, 상징부사(흉내말 부사)의 조어 유형을 '단형어'와 '첩형어'로 구분하였다. 상징 부사의 전성형으로는 어근에 접미사가 결합하여 전성된 것(예를 들어, '반득, 반들' 등은 어근 '반'에 각각 '-득'과 '-들'이 접미한 것으로 보았다.), 동사에서 전성된 것(흔들, 굼즉 등), 형용사에서 전성된 것(둥글, 드믓)으로 구분하고, 상징 부사에 '-ᄒ다, -거리다, -이다, -대다' 등을 접미하면 상징 동사가 된다고 하였다. 이 밖에 '-이'가 결합하여 명사로 전성하는 것(부형이, 개굴이)과 상징 부사와 명사가 결합한 복합 명사(서벅돌, 납작코) 등을 제시하였다.

한영아(2001)은 15~19세기까지 문헌에 나타나는 244개의 흉내말 목록을

---

9) 박동근(2010)에서는 현대국어의 '-대다'에 소급하는 것으로 17세기 '-다히다'가 있다고 보았다. 〈자〉깃츤 즉 괴운을 흘근다히며〈마경하:57a〉
10) 조창규(2017b)는 기존에 17세기 한국어를 대상으로 한 흉내말 연구가 없다는 인식에서 출발한 것으로 보아 박동근(2010)을 보지 못한 것 같다.

작성하고 이들의 형태·통사적 특성과 자모음 교체를 통시적으로 살펴보았다. 조사한 의태어의 약 38% 정도가 현대국어에 이어진다고 보았다. 그 밖에 흉내말의 어원 연구로 김중섭(1993, 1996)을 들 수 있다.

3.4. 의미와 음성상징 연구

흉내말의 의미를 독립적으로 연구한 논의는 많지 않다. 강헌규(1968), 최호철(1984), 신현숙(1986), 박동근(1997)을 제외하면 2000년대 이후에 이루어진 연구가 대부분이다. 강헌규(1968)은 음성상징과 의미 분화에 따른 어휘 확장에 대한 논의이며, 최호철(1984)는 의성어 전체를 대상으로 체계적인 의미 범주 분류를 시도하였다. 박동근(1997)은 흉내말의 전체 의미는 흉내말의 기본이 되는 바탕의미에 자모 교체에 의한 어감이 비단선적으로 부가되어 이루어진다고 보고 흉내말의 의미 구조를 다음과 같이 제시하였다.

(2) [흉내말의 바탕의미] [±홀소리 말맛(강조)] [±된소리 말맛(강조)] [±거센소리 말맛(거침)]

흉내말의 의미 연구는 흉내말을 의미 영역별로 구분하는 논의가 주를 이룬다. 이에 대한 일련의 연구로 김홍범·이영주(2009, 2011, 2012)를 들 수 있다.

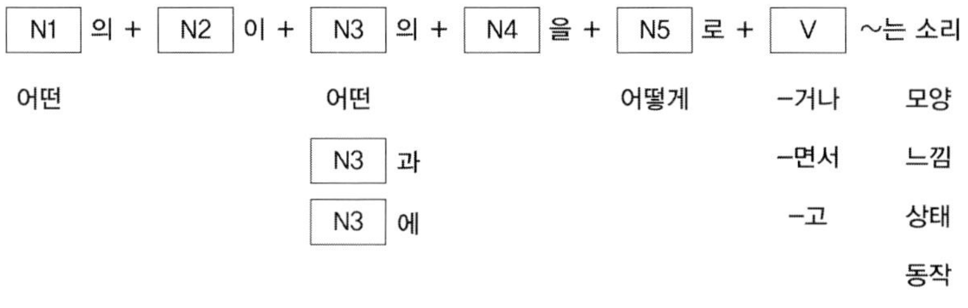

N1	의 +	N2	이 +	N3	의 +	N4	을 +	N5	로 +	V	~는 소리
어떤		어떤		어떻게			-거나			모양	
				N3	과		-면서			느낌	
				N3	에		-고			상태	
										동작	

[그림 2] 상징어 의미 기술 모형(김홍범·이영주, 2009)

김홍범 · 이영주(2009)에서는 [그림 2]와 같은 상징어 의미 기술 모형을 제시하고 "조선말 의성의태어 분류사전"(1982)의 의미 분류 체계를 해체하여 의성어 의미 영역을 새롭게 마련하고자 하였다. 이는 의태어를 대상으로 한 김홍범 · 이영주(2011, 2012)로 이어진다. 이 외에 의미 범주에 대한 논의로 웃음 흉내말을 대상으로 한 박동근(2000), 윤석민(2002)와 울음 흉내말을 대상으로 한 박동근(2005)가 있다. 개별 흉내말에 대한 미시적인 의미 연구로는 '딱'을 대상으로 한 김진해(2001)과 '슬슬'을 대상으로 한 이경호(2007)이 있다.

"소리와 의미의 관계가 필연적인 것으로 여겨지는 단어"(표준국어대사전)라는 흉내말(상징어)의 사전적 정의에서 알 수 있듯이 흉내말의 정체성을 가장 잘 드러내는 것은 '음성상징'이다 하지만 흉내말의 음성상징 문제는 주로 자모교체와 함께 나타나는 어감 문제에 집중하였으며 각 음소가 갖는 실질적인 음성상징 가치에 대한 심도 있는 논의가 적극적으로 이루어지지 않았다.

이에 대한 초기 연구로는 정인승(1938)이 대표적이다. 정인승(1938)에서는 모음 교체에 의해 큰 어감(덜렁)과 작음 어감(달랑)으로 구분되는 모음상대법칙과 자음 교체에 의해 이루어지는 예사 어감(감감), 센 어감(깜깜), 거센 어감(캄캄)의 구분을 자음가세법칙이라 명하고 어감의 실현 방식을 처음으로 체계화하였다. 자모음교체에 따른 어감의 실현에 대한 후속 연구로는 김송원(1985), 김규철(1999a, b) 등이 있다.

흉내말의 음성상징과 관련하여 어두의 자모 교체 외에 주목을 받은 것은 어말 자음의 음성상징이다. 남풍현(1965)는 흉내말의 어말 자음으로 'ㅁ'이 [함축감]을, 'ㅂ'이 [흡임감]을, 'ㅅ(t)이 [경쾌감+단속감]의 음성상징을 갖고 있다. Fabre, A.(1967)은 한글학회 "큰사전"(1957)에서 뽑은 흉내말을 대상으로 어말 자음의 빈도를 조사한 결과 'k, ŋ, l'이 흉내말을 구성하는 말음의 기본음이며 이들은 각각 k(정지), ŋ(울림), l(흐름)의 음성상징을 갖는다고 보았다.

흉내말의 소리와 의미 사이에 일정한 관련이 있을 것이라는 막연한 생각에 문제를 제시한 것은 휜들링그(Fündling, D. 1985)이다. 이 연구에서 한국어의 의태어의 음운 분포를 계량적으로 조사한 결과, "한국어 흉내말의 음성 집단은 서로 다른 모습을 나타내며 비슷한 내용을 지닌 의미적 집단에서 서로 다른 음들이 현저하게 나타나므로, 한국어의 의성, 의태어에서 소리와 의미 사이의 관계를 세울 수 없다"고 하였다.

이영길(2002)는 단음절 흉내말의 의미를 결정하는 가장 중요한 요소는 두음에 있다고 보고 조음 방법별로 자음의 의미를 분석하였다. 연구 결과 연구 개폐쇄음과 치폐쇄음은 충격의 의미를 가지며 양순폐쇄음은 바람이 세거나 쓰러지는 모양 등을 나타낸다고 보았다. 폐찰음은 긋거나 찢거나 갈라지는 소리를, 성문음은 갑자기 내쉬는 소리나 모양, 센 바람이 지나가는 소리나 입을 벌린 모양과 관련이 있다고 보았다. 말음의 경우 'ㅇ'은 무겁고 단단한 물건이 내는 소리를, 'ㄱ'은 순간성/속도감/일회성을 나타낸다고 보았다.

앞선 음성상징 연구가 대부분 연구자의 직관에 의존하거나 긍정적인 자료를 가지고 현상을 해석하려는 문제점을 들고 박동근(2005)에서는 의성어 창조 실험을 통해 비분절음인 새소리를 한국어 화자들이 어떻게 분절음으로 범주화하는지를 살펴보았다. 연구 결과 한국어 화자들이 새소리를 범주화하는 데 선호하는 음운 및 형태 구조가 있음을 확인하였다. 하지만 꾀꼬리나 뜸북새 소리의 의성어 창조 실험 결과 한국어 화자들이 매우 다양한 분절형을 만든다는 점에서 기대하는 것만큼 의성어에서도 절대적인 음성상징을 기대하기는 어렵다고 보았다.

3.5. 텍스트 연구

한국어의 흉내말은 음운·형태·통사 등 단어 자체의 구조나 기능 면에서도 특이성을 보이지만 텍스트에 따라 서로 다른 사용 양상을 보인다. 조창규

(2003)은 초등학생의 읽을거리 가운데 교양서적, 전기문, 어린이 신문에서는 의성어와 의태어의 출현 비율이 동시나 창작 동화에 비해 현저히 낮다고 보았다. 그러므로 특정한 텍스트를 대상으로 한 흉내말 연구가 흉내말의 일반적인 특성으로 이해되어서는 안 된다.

초기 텍스트에 따른 흉내말 연구는 시나 소설과 같이 문학 작품을 대상으로 한 연구가 대부분이다. 정영염(1962)와 김태자(1963)은 각각 '흥부전'과 '춘향전'을 대상으로 흉내말의 사용 실태를 고찰하였다.

김현자(1984), 성기옥(1993), 신미희(2010) 등은 시 텍스트를 대상으로 한 흉내말 연구이다. 김현자(1984)는 청록파 시에 나타난 흉내말 연구로 시어로서의 흉내말은 직관적인 감각을 구체적으로 드러내는 표현법으로 시의 주제 자체를 한 언어로 드러내는 중심어 역할을 한다고 보았다. 성기옥(1993)은 흉내말의 시적 기능으로 '형상적 기능'과 '유희적 기능'을 제시했다. 신미희(2010)은 어린이 시에 나타나는 흉내말의 시적 기능을 '경제성'과 '공감성'으로 구분하고, 공유된 지식을 표현할 때는 사전에 있는 규범적인 흉내말을 사용하며 특수한 대상을 표현할 때에서는 그 대상의 특성이 드러나는 인상을 포착할 수 있는 개인이 만든 흉내말을 사용하는 경향이 있다고 보았다. 이 외에 시 텍스트를 대상으로 한 흉내말 연구로는 윤평현(1974), 최상진(1982)이 있다.

흉내말의 텍스트성에 본격적으로 주목한 것은 채완(2002)이다. 채완(2002)에서는 한국어 흉내말은 특정한 텍스트에 편중이 되어 나타나는 경향이 있으며, 흉내말이 텍스트에 따라 다른 특징이 부각되는데 이는 동사나 명사에서는 보기 힘들다고 하였다. 이에 흉내말이 자주 사용되는 소설, 시, 신문기사 제목, 통신 언어 등을 대상으로 흉내말의 텍스트성을 조사하였다. 연구 결과 소설에서 흉내말 사용은 기본적인 기능에 충실하며, 신문 제목에서는 흉내말의 형태·의미적 특징이 가장 잘 나타난다고 보았다. 또한 시는 개인어의 사회화가 용이하여 용법의 확장이 쉽게 일어나고 새로운 흉내말이 시어로 창조

되기도 한다고 보았다.

박동근(2004, 2007, 2008)과 김홍범·박동근(2001b)도 같은 맥락의 연구이다. 박동근(2004)는 구어 텍스트를 대상으로 한 흉내말 연구로 기존의 흉내말 연구가 주로 문어를 대상으로 했다는 점에서 차별성이 있다. 구어에서는 흉내말이 잘 사용되지 않는데 실제 대화에서는 시각, 청각, 촉각 등의 정보를 대화 참여자들이 공유하고 있어 감각적인 정보를 부가하는 흉내말 사용이 활발하지 않다고 보았다. 박동근(2007)은 동화 텍스트의 흉내말 사용 양상에 대한 연구이다. 동화는 소설에 비해 흉내말의 사용 빈도가 낮은데 이는 대화가 많고 흉내말이 자주 사용되는 묘사가 적기 때문이라고 보았다. 동화에서는 반복형보다는 단순형 흉내말의 사용 빈도가 높으며, 사전에 없는 비규범형의 새 흉내말이 자주 사용된다. 박동근(2008)은 만화 텍스트를 대상으로 한 연구로 만화에서 흉내말의 사용은 만화 장르에 따라 달라, 명랑 만화나 무협 만화에서 사용 빈도가 높고 교양 만화에서는 상대적으로 사용 빈도가 낮다고 보았다. 만화에서 흉내말의 사용은 탈규범적이다. 흉내말은 단순형이나 중첩형의 두 가지로 실현되는 것이 일반적인데 만화에서는 삼중첩, 사중첩 또는 그 이상의 반복형도 나타나며, 자립성이 없는 어근이 단독으로 사용되기도 한다.

김홍범·박동근(2001b)는 신문 표제어를 대상으로 사용 양상을 분석하였다. 신문 기사의 제목에서 자모음 교체형의 사용은 단순히 어감의 차이를 구분하는 것이 아니다. 예를 들어 '팔짝'은 주로 긍정적(도약하다)인 상황에 사용하고, '펄쩍'은 부정적인 사건의 제목에 주로 쓴다. 이 외에 신문 기사의 제목을 대상으로 한 흉내말 연구로 조혜민(2012)가 있다.

3.6. 국어교육과 한국어교육 연구

외국어로서 한국어 교육과 관련한 흉내말 연구는 73편으로 매우 많은데

국어교육에 대한 논의는 16편으로 상대적으로 적은 편이다. 이는 흉내말의 습득이 모국어 화자에게는 매우 자연스러운 것이어서 굳이 교육이 필요하지 않다는 생각(김중섭, 2001)과 무관하지 않아 보인다.

국어교육에서 흉내말 교육에 대한 연구는 저학년의 어휘력 및 표현력 신장과 관련한 논의나 교과서에 나오는 흉내말을 분석하는 연구가 주를 이룬다. 초기 연구는 어휘력 향상 방법으로 주로 구조적인 문제에 관심을 두었다. 양현숙(1995)는 흉내말의 독특한 형태에 주목하여 효율적인 흉내말 교육을 위한 어휘 지도 방안으로 흉내말의 형태 구조에 대한 인식이 필요하다고 보았다.

조창규(2005)는 교과서에 노출되는 의성어 의태어의 비중이 다른 어휘군에 비해 높은데, 이는 학교 생활을 처음 접하는 아동들의 흥미를 유발하고 국어과 학습에 능동적으로 참여하도록 유도하기 위한 것으로 보았다. 국어과 교육과정(7차) 분석 결과 흉내말 교육 단계가 체계적이지 않으며, 무엇보다 교육용 흉내말 목록이 없는 점을 지적하고 974개의 교육용 의성어·의태어 목록을 제시하였다.

문희윤(2007)은 국어과교육과정(7차)에서 흉내말 교육이 저학년에 편중되어 있으나 실제 교과서에서는 고학년일수록 많이 나타나는 실정을 지적하고 의성어·의태어의 체계적인 교수 방안으로 어휘 확충을 위한 단계별 지도 절차를 설정하였다.

주경희(2007)은 기존의 구조 분석 중심의 흉내말 교육을 비판하였다. 의성어와 의태어는 경계가 불분명하며 흉내말과 일반 부사의 구분도 명확하지 않은 상황에서 형태·통사 중심의 교과 내용보다 의미·화용적인 쓰임을 중심으로 한 교과학적 전환이 필요하다고 보았다. 즉 흉내말의 원활한 사용은 구조적인 문제보다 다른 어휘 관계를 통해서 설명할 수 있으며, 이를 위해 다양한 의미와 기능을 숙지할 수 있는 실제적인 예문으로 교과 내용을 구성해야 한다고 보았다.

외국인을 위한 한국어 흉내말 교육 연구는 흉내말 연구 중 가장 최근에 대두된 주제이다. 수집한 73편의 논저는 모두 2000년 이후에 발표된 것이며 73편의 논문 가운데 2001~2009의 실적이 15편이고 2010~현재 발표된 논문이 58편이다.

흉내말은 외국인 유학생에게 특히 관심이 높은 주제인데 그 이유는, 첫째 외국인 학습자 입장에서 한국어는 그들 언어에서 보기 힘든 독특한 어휘 범주이며, 둘째 그런 만큼 학습자의 모국어에 대응하는 적절한 어휘가 없어 학습하는 데 어려움이 있고, 셋째, 흉내말 연구는 주로 자료 중심으로 이루어지며 상대적으로 난이도가 높은 문법적 지식이 없이도 연구할 수 있다.

김중섭(2001)은 외국인을 위한 한국어 흉내말 교육에 관한 첫 연구이다. 외국인 학습자들을 대상으로 한국어 흉내말 사용 실태를 조사하고 오류 유형을 분석한 뒤 한국어 교육용 의성어·의태어 목록을 제시하고 음운, 형태, 어원의 측면에서 교육 방안을 제시하였다. 이러한 내용은 한국어 흉내말 교육의 주요 관심사로, 한국어 흉내말 교육에 대한 관심은 크게 교육용 어휘 목록 선정과 교수·학습법에 대한 내용으로 구분할 수 있다.

교육용 흉내말 어휘 선정은 한국어 교재나 TOPIK에 출제되는 흉내말과 기타 교육용 어휘 빈도 목록을 종합하여 메타 계량하는 방법이 주로 이용되었다. 이에 고경태(2009)는 한국어 모어 화자의 흉내말 사용 빈도를 고려하여 한국어 교육용 흉내말 어휘를 선정하는 것은 문제가 있다고 보고 1천만 어절의 세종 말뭉치를 활용하여 고빈도 목록에서 제외될 수 있는 4음절의 수준별 의성어·의태어 목록을 제안하였다. 그 밖에 교육용 어휘 선정 연구는 Liu, Huiwen(2012), 강항비(2013), 호평(2013), 당리민(2017) 등이 있다.

한국어 흉내말 어휘 교수법에 대한 논의는 크게 한국어 흉내말의 고유한 특성(자모 교체, 반복, 연어 구성 등)을 활용한 교수 방법과 다양한 텍스트를 활용하는 방법으로 구분할 수 있다. 또 박진영·심혜령(2012)과 같이 모마일 매체를 활용한 방안이 모색되기도 하였다. 그런데 대부분의 연구들이 실제 수업을 통해 성과가 입증된 것이 아니어서 다소 실효성이 의심된다.

효과적인 흉내말 교육론을 펴기 위해서는 연구자 자신이 한국어 흉내말에 대한 충분한 이해가 있어야 한다. 일부 연구들은 한국어 흉내말의 특징을 지나치게 일반화하는 오류가 보인다. 배현숙(2006)은 흉내말이 음성상징에 기반을 두었다고 하지만 외국인 학습자가 의미를 직관적으로 알기 어렵다는 것을 실험을 통해 증명하였다. 이는 외국인 학습자의 흉내말 습득이 언어 직관에 의해 이루어 질 수 없다는 것을 의미한다.

박성희(2012), 배도용(2013), 김홍매(2017)은 흉내말 교육에서 교재의 문제를 논하였다. 박성희(2012)는 상황 이해에서 구체적인 음운과 문장 구성력까지 학습할 수 있는 체계를 구축하여 학습자의 흉내말에 대한 이해 능력과 표현 능력을 함께 높일 수 있는 교재의 필요성을 제시하였다. 배도용(2013)은 한국어 학습자들을 위한 독학용 교재 개발을 목적으로 올림말의 뜻풀이, 연어 관계, 사용 맥락, 그리고 연습과 활용 등의 내용 구성을 제시하였다. 김홍매(2017)은 교재에 수록된 흉내말의 용법이 기관마다 차이가 있으며 말뭉치의 실제 언어 사용과 괴리가 있다는 점을 제기하고 교재에 수록된 흉내말의 의미 용법의 적절성에 대한 검토가 필요하다고 보았다.

3.7. 대조 연구[11]

대조 연구는 흉내말 연구에서 양적으로 가장 많은 성과가 나온 주제이다.[12] 대조의 대상이 되는 언어는 일본어와 중국어가 가장 많으며, 그외 몽골어와 베트남어 등과 대조한 연구 성과가 상위에 온다.

---

11) 흉내말 대조 연구에 대한 논의는 따로 사적 주제로 다룰 만큼 연구 실적이 많다. 그러므로 이에 대해서는 내용을 언급하지 않고 전반적인 경향만 살펴보겠다.

12) 최근 대조 연구의 목표는 대부분 외국어로서의 한국어 교육과 관련이 있다.

[표 4] 언어별 대조 연구 실태

시기 / 언어	1980 ~1989	1990 ~1999	2000 ~2009	2010 ~현재	모두
일본어	8	16	21	3	48
중국어		1	7	36	44
그루지아어				1	1
독일어			1		1
러시아어				1	1
말레이시아어		1			1
몽골어		1	1	2	4
베트남어				3	3
불어			1		1
영어			1	1	2
인도네시아어		1			1
태국어				2	2
기타					1
모두		20	32	49	110

　한국어 흉내말의 대조 연구에서 대상 언어의 변화 양상은 매우 분명하다. 1980년부터 2000년대까지 대조 대상어로 일본어가 우위를 보인다. 1980년대까지 흉내말 대조 연구의 대상은 일본어밖에 없다. 이는 일본어가 한국어처럼 흉내말이 발달했으며 형태나 통사상의 양상도 한국어와 유사해 대조 연구가 용이하기 때문이다. 한일 흉내말 대조 연구는 이계옥(1980)을 시작으로 대부분 일어 교육 전공자들의 성과이다.

　90년대에는 한·일 대조 외에 한·중, 한·말레이시아, 한·몽골, 한·인도네시아 등 동아시아 지역으로 대상 언어가 확대된다. 하지만 여전히 한·일 대조 연구가 16편으로 가장 많다. 2000년대에는 새롭게 한·독, 한·불, 한영 등 유럽어와 비교한 연구가 등장하며 한·중 연구가 7편으로 90년대에 비해 연구 편수가 늘었다.

2010년~현재의 시기에 대조 언어 양상에 뚜렷한 변화가 나타난다. 그동안 대조 대상 1위였던 일본어 연구가 주춤하고 한·중 대조 연구가 36편으로 급격히 증가한다. 이는 한국어 교육을 전공하는 중국 유학생의 증가와 무관하지 않다. 한·일 대조 연구가 대부분 국내 연구자에 의해 이루어진 데 반해, 한·중 대조 연구는 대부분 중국 유학생에 의해 이루어졌다. 그 외에 한·몽 연구도 4편이 나왔으며 새로운 대조 언어로 한·베트남 대조 성과도 3편이 나왔다.

한·일 대조 연구가 주로 국내 일본어 전공자들에 의해 이루어졌다면 한·중 연구는 대부분 중국인 유학생들의 성과이다. 대조 연구를 위해서 언어학 이론과 두 언어에 대한 충분한 지식이 있어야 하며, 대조가 용이해야 한다. 그런 점에서 구조적으로 유사한 한·일 대조 연구는 상대적으로 국내 연구자가 접근하기 쉬운 데 반해 한국어와 유사한 흉내말이 없는 중국어와의 대조 연구를 위해서는 모어 화자 수준의 언어 지식이 필요하다.

3.8. 번역 연구

흉내말 번역에 대한 논의는 정원용(1980)을 제외하고는 모두 2000년대 이후에 발표되었다. 한국어의 독특한 어휘 범주인 흉내말은 중국어나 대부분의 유럽어에 대응하는 흉내말이 없어 번역에 어려움을 겪을 수밖에 없다. 일본어처럼 한국어와 비슷한 경우에도 한국어처럼 자모 교체에 의한 어감의 차이가 뚜렷하지 않은 경우 미묘한 말맛까지 전달하는 데는 한계가 있다. 번역의 어려움은 특히 문학 작품에서 두드러지는데 감각적인 묘사를 필요로 하는 문학 작품에서는 사실적, 시각적 표현을 위해 흉내말을 사용하는 경향이 있다. 이를 외국인의 기준으로 번역하면 작품이 주는 본래의 감동을 제대로 전달하는 데 한계가 있다.

한-일 번역에 대한 연구로는 손영희(2002), 김지현(2007)이 있다. 손영희(2002)는 일본 소설 〈설국〉의 한국어 번역 실태를 연구한 것이다. 〈설국〉에 사용된 80개의 흉내말과 156개의 용례가 한국어에서 어떤 의성어와 의태어로 번역되었는지 고찰한 것으로 번역서에 따라 한국어와 1:1로 대응된 경우가 많게는 132개 적게는 96개로 나타났다. 김지현(2007)은 일-한, 한-일 번역의 양방향을 모두 살피고 있는데 번역 양상을 1) 직접적 대응 번역, 2) 설명식 간접 대응 번역, 3) 생략 무대응 번역, 4) 신규 오노마토페 대응 번역으로 구분하였다.

영어나 프랑스어에는 '의태어'라는 용어 자체가 없을 만큼 의태어가 발달하지 않았다. 의태어를 의성어를 지칭하는 onomatopoeia와 구별 없이 쓰기도 한다. 특히 한국어는 의성어보다 의태어가 발달하여 한국어를 유럽어로 번역하는 데 어려움이 있다. 노진서(2008)은 한-영 번역의 전략으로 1) 설명적 어구를 사용한 풀어쓰기 전략 2) 등가적 의성어 · 의태어 표현으로의 대체 전략 3) 생략 전략으로 구분하였다. 방정원(2010)은 한-영 번역 방법으로 1) onomatopoeia로 번역하기, 2) 다른 품사로 번역하기, 3) 설명하기, 4) 생략하기의 네 가지 방법을 제시하고 있다. 영어의 흉내말은 수가 적고 쓰임이 제한적이어서 ST의 의성어 · 의태어가 TT에서 onomatopoeia로 번역된 사례는 많지 않은 것으로 보았다. 그리고 본래 흉내말을 잘 사용하지 않는 영어에서 무분별하게 onomatopoeia를 사용하면 오히려 어색해질 수 있다고 했다.

김소영(2002)은 한국어의 흉내말이 "금성판 국어대사전"에 수록된 40만 어휘 중 0.44%에 상당하는 4,599개에 달하는 데 반해 *Le Petit Robert* 1에 수록된 불어 흉내말은 185개에 불과해 뉘앙스가 독특한 한국어의 의성어, 의태어를 번역하는 데 어려움이 있다고 보고 한 · 불 흉내말의 번역 방법으로 1) 독자가 이해할 수 있도록 설명해 주는 방법, 2) 등가적 방법, 3) 차용의 방법을 들었다. 설명하기는 원문의 문체를 해치나 문화 차이가 나는 두 언어 사이에 불가피한 방법이며, 등가적 방법이 가장 좋은 번역이나 의태어가 거의 없는 한·불 번역에서는 불가능하다고 보았다. 세 번째는 차용의 방법이다. 의성어는 소리를 흉내낸 말로 차용하더라도 독자가 문맥 속에서 읽고 그 음을 어느 정도 유추할 수 있다. 하지만 우리와 상징 체계가 다른 의태어는 이해하기 어렵다고 보았다.

한·중 흉내말 번역에 관한 논의는 모두 최근에 발표되었다. 김명순(2016), 정영지(2016), 우맹흠(2016) 등이 있다. 우맹흠(2016)에서는 한·중 번역의 유형으로 1) 대응하는 의성어·의태어 사용, 2) 한자의 중첩 음절 사용, 3) 사자어구 사용, 4) 생략 및 추가 전략을 들었다.

3.9. 사전 연구

이극로(1938)에서 지적였듯이 사전에서 흉내말을 기술하는 일은 매우 어렵다. 큰 사전에서 형태·의미적으로 밀접하게 관련을 맺고 있는 5천 개가 넘는 흉내말을 의성어와 의태어로 구분하고 서로 관련을 맺으면서도 의미를 체계적으로 기술하되 뜻풀이가 중복되지 않으면서 용법까지 충실히 실어 내는 것은 만만한 일이 아니다. 한편 흉내말은 그 자체가 독립적인 사전 편찬의 대상이 될 수 있다는 점에서 흉내말 전문 사전 편찬에 대한 학술적 논의가 요구된다.

한국어 흉내말 전문 사전 편찬에 대한 관심은 김홍범(1993, 1998, 2002), 김홍범·박동근(2001), 권경일·김홍범(2017)의 일련의 연구가 두드러진다. 김홍범(1998)은 기존 사전의 흉내말 기술에 대한 문제점으로 표제어 선정의 일관성 부족, 동형어와 다의어 구분 모호, 형태소 분석 및 파생어 정보의 오류를 지적하고, 이를 극복하는 방안을 제안하고 있다. 김홍범(2002)는 흉내말을 의미 영역에 따라 분류한 사전을 편찬하기 위한 선행 작업으로 기존의 "우리말 의성·의태어 분류 사전"의 비체계적이고 비과학적인 분류 기준과 빈약한 정보를 문제로 제기하고 이에 대한 대안으로 동사, 형용사의 분류 체계와 연계한 흉내말 분류 기준이 필요하다고 보았다. 김홍범·박동근(2001)은 한국어 흉내말 사전을 편찬하기 위한 구체적인 논의이다. 이 연구에서는 흉내말 사전을 편찬하기 위해서 1) 흉내말(상징어)의 개념과 판별기준 2) 언어 현실과 기술 체계의 균형 3) 표제어 선정을 위한 동형어와 다의어 구분 기준 4) 자·모음 바꾸기 형태의 의미 기술에 일관성 유지 5) 유의 관계에 있는 상징어의 의미 변별 6) 흉내말(상징어)의 쓰임과 그 제약 관계의 기술 등이 해결되어야 한다고 보았다. 권경일·김홍범(2017)은 외국인을 위한 한국어 학습사전 편찬을 위한 기초 연구이다. 표제어 선정의 원칙과 유의 관계 표제어의 변별 문제, 의미 정보와 문법 정보의 기술 문제를 다루고 있다.

서정욱(1994)는 구체적인 흉내말 사전 편찬을 목적으로 사전 편찬의 경제성을 고려한 미시 구조를 제안하고 있다. 박동근(2014)는 국어사전에서 다의어 흉내말과 동형어 흉내말 처리 실태와 문제점을 살펴보고 이를 구분하는 적절한 기준을 마련하고자 했다. 흉내말의 다의어와 동형어를 구분하는 문제는 형식적인 방법으로 해결할 수 없으며 의미론의 원리로 해결해야 할 것을 주장하였다. 한편 국어사전의 실용성을 고려할 때 동형어 수는 가급적 확대하지 않는 것이 바람직하다고 보았다.

신중진(2001)과 조남호(2017)은 각각 출판된 사전에서 흉내말 처리를 분석한 것이다. 신중진(2001)은 "표준국어대사전"의 의성어·의태어 처리에 대한 문제를, 조남호(2017)은 2014년에 출판된 "한국어 시늉말 사전"을 대상으로 거시구조와 미시구조의 측면에서 문제점을 살펴보았다.

손달임(2016)은 각 사전에서 제공하는 관련어의 유형과 제공 범위를 비교한 뒤 의성어와 의태어의 관련어 정보를 제공하는 데 사전 기술의 일관성과 체계성, 그리고 이용자의 편이성과 참조 기능이 종합적으로 고려되어야 한다고 보았다.

4. 한국어 흉내말 연구의 과제

이 연구는 한국어 흉내말 연구의 실태를 양적으로 조사하여 그 흐름을 개관하고 주요 관심사를 주제별로 살펴보았다. 한국어 흉내말 연구는 1990년대 중반을 기점으로 질적이나 주제의 다양성 면에서 연구의 깊이와 넓이를 더해 왔다. 발표 방식으로는 학위논문과 소논문의 수가 비슷한데, 한국어 교육을 전공하는 외국인 유학생 수가 급격히 늘어나면서 최근에는 학위논문 형식의 발표가 많아지고 있다.

하위 연구 분야로는 형태에 대한 논의가 가장 활발하며, 응용 분야로는 한국어교육과 대조 연구의 성과가 큰 비중을 차지한다. 흉내말의 고유한 특이성과 관련한 연구 분야로는 '텍스트'와 '사전'을 들 수 있다. 특징적인 것은 '의료'나 '디자인'과 같이 언어학 영역 밖에서 흉내말을 활용한 연구가 시도되고 있다는 점이다.

흉내말과 밀접한 관련이 있으면서 상대적으로 연구가 취약한 분야는 '음성상징'이다. 한국어 흉내말의 음성상징에 대한 논의는 대부분 연구자의 직관에 따라 '소리-의미'의 관련성을 판정하는 경향이 있다. 이에 한국어가 풍부한 흉내말(음성상징어) 자료를 갖고 있음에도 불구하고 음성상징 분야에서 신뢰할 만한 성과를 이루었다고 보기 어렵다. 좀 더 객관적인 실험 방법을 모색할 필요가 있다.

사적인 연구도 더 보완되어야 한다. 특히 자료가 취약한 17세기 이전의 흉내말 연구에 집중할 필요가 있다. 근대국어 시기의 흉내말 자료도 더 적극적으로 수집하여 현대국어로 어떻게 이어지고 있는지 관찰할 필요가 있다. 흉내말의 방언 연구는 아주 미미하다. 흉내말 방언 연구를 위해 각 지역별 흉내말 목록과 풍부한 사용례를 구축하는 일이 선행되어야 한다.

의성어와 의태어는 외현적인 공통성 때문에 하나의 범주로 보고 논하는 경향이 있다. 물론 의성어와 의태어를 하나의 상위 범주로 묶는 데는 이견이 없으나 이들은 겉으로 드러나는 공통점 못지않게 차이점이 크다. 의성어와 의태어의 고유한 특성에 접근하기 위해서는 이 둘의 차이점에 좀 더 주목할 필요가 있다.

한국어의 흉내말은 여전히 초학자들이 즐겨하는 연구 주제이다. 몇몇 연구자에 의해 집중적인 연구가 이루어지고 있지만 각 하위 언어학 전공 별로 좀 더 전문적이고 다양한 연구자들이 관심을 가질 필요가 있다.

이 연구는 국내의 연구 현황만을 살펴보았다. 하지만 해외에서 발표된 박사학위논문이 수편에 이르며 최근 젊은 학자들이 국외에서 한국어 흉내말에 대한 연구 성과를 발표하는 것이 종종 눈에 뜨인다. 그런데 국외 연구자들이 국내 연구를 잘 수용하지 않는 경향이 있다. 국외 연구와 국내 연구가 서로의 성과를 충분히 활용할 필요가 있다.

참고문헌

강헌규(1968), 음성 상징과 어휘확장 연구, 서울대학교 교육대학원 석사학위논문.

고경태(2009), 반복 합성 의성.의태 부사의 말뭉치 빈도 연구 – 한국어 학습용 4음절의 반복 합성 부사 선정을 위한 시론, "우리어문연구" 35, 우리어문학회, 137–160.

권경일 · 김홍범(2017), 외국인을 위한 한국어 상징어 학습사전의 편찬 연구, "한말연구" 46 한말연구학회, 31–57.

권영국(2013), Reduplication in Korean, "인문과학연구" 20, 동덕여자대학교 인문과학연구소, 1–24.

김강출(2004), 국어 파생 의태어근의 형태통사적 특성 연구, 국민대학교 박사학위논문.

고경태(2009), 반복 합성 의성.의태 부사의 말뭉치 빈도 연구 – 한국어 학습용 4음절의 반복 합성 부사 선정을 위한 시론, "우리어문연구" 35, 우리어문학회, 137–160.

김경희(2011), 의성어와 의태어의 번역 전략 고찰: 한국 소설의 프랑스어 번역을 중심으로, "프랑스학연구" 58, 33–53.

김명순(2016), 의성 · 의태어의 한중 번역에 관한 연구: 정호승의 항아리에 등장한 표현을 중심으로, "외국어교육 " 23–4, 한국외국어대학 외국어연수원, 269–286.

김명희(1969), 한국시에 나타난 의성어의 음성상징체계, "한국어문학연구" 9, 이화여자대학교, 91–127.

김모경(2012), 상징어학습이 의사소통장애 아동의 언어능력 향상에 미치는 영향, 아주대학교 석사학위논문.

김선주(2013), 정신지체아동의 의성어 · 의태어 지도를 위한 애니메이션 활용 방안, 대구대학교 석사학위논문.

김소영(2002), 의성어 · 의태어의 프랑스어 번역에 관한 고찰, 한양대학교 석사학위논문.

김승연(2013), 한국어 교재에 나타난 의성어 · 의태어의 시각화 연구: 타이포그래피 Typography)를 중심으로, "한국언어문화학 10–1" 국제한국언어문화학회, 25–66.

김영희(1975), 한국어의 거듭상, "한글" 156, 한글학회, 253–272.

김윤경(2009), 한국어 상징부사+용언 형 연어의 목록 선정과 교수 활동 연구, 부산외국어대학교 석사학위논문.

김윤미·윤은주(2017), 유아 놀이에서 의성어·의태어 사용 의미 탐구, "아동학회지"
　　13-1, 한국아동학회 3-76.

김인화(1995), 현대 한국어의 음성상징어 연구, 이화여자대학교 박사학위논문.

김중섭(1993), '칼칼, 킬킬' 어원고, "고황논집" 12, 경희대학교 대학원.

김중섭(1995), 한국어 의태어 어원 연구, 경희대학교 박사학위논문.

김중섭(2001), 한국어 학습자를 위한 의성어·의태어 교육 방법 연구, "한국문화연구"
　　4, 경희대학교 민속학연구소, 177-194.

김지현(2007), 번역작품을 통해서 본 한일양국어의 오노마토페 연구, 한국외국어대학
　　교 석사학위논문.

김지홍(1986), 몇 어형성 접미사에 대하여: 특히 '-이다, -대다, -거리다, -하다,
　　-Φ'의 관련을 중심으로, "백록어문" 1, 백록어문학회, 55-81.

김진해(2001), 상징부사의 의미 기술 연구 '-딱'을 중심으로, "한말연구" 9, 한말연구학
　　회, 77-101.

김진해(2003), 상징부사의 비서술성에 대한 연구, "한국어학" 19, 한국어학회,
　　91-112.

김진해(2005), 한국어 의성,의태어의 범주화와 능격성 연구, "어문연구", 33, 한국어문
　　교육연구회.

김진해(2006), 사건 의미론적 관점에서 본 상징부사의 서술성 해석, "담화와 인지"
　　33, 담화인지언어학회, 1-23.

김태자(1963), 춘향전에 나타난 의성어 의태어에 대한 소고, "청성문학" 3, 숙명여자대
　　학교 국어국문학과 29-55.

김현자(1984), 청록파 시에 나타난 의성·의태어 연구, "이화어문논집" 7, 이화여자대
　　학교 한국어문연구소, 29-55.

김홍매(2017), 한국어 교재 속 상징어의 의미용법 적절성 연구, "언어과학연구" 82,
　　언어과학회, 95-116.

김홍범(1993), 한국어 상징어 전문사전의 대조분석, "연세대 원우론집" 20, 연세대학
　　교 대학원, 333-357.

김홍범(1995), 한국어의 상징어 연구, 연세대학교 박사학위논문.

김홍범(1998), 한국어 상징어 사전의 편찬 방안, "한글" 239, 한글학회, 137-159.

김홍범(2002), 상징어의 의미 영역 분류 사전 편찬 방안, "한말연구" 11, 한말연구학회, 133-155.

김홍범 · 박동근(2001a), 신문 기사 제목에 쓰인 상징어의 분석, "배달말" 29, 배달말학회, 53-70.

김홍범 · 박동근(2001b), 한국어 상징어 사전편찬의 실제, "사전편찬학 연구" 11-2, 연세대학교 언어정보개발연구원, 101-115.

김홍범 · 이영주(2009), 상징어의 의미 영역 분류 연구 (1) – 소리 상징어를 중심으로, "한말연구" 24, 한말연구학회.

김홍범 · 이영주(2011), 상징어의 의미 영역 분류 연구 (2) – 사람과 관련하여 쓰이는 의태어를 중심으로, "한국사전학" 18, 한국사전학회, 39-72.

김홍범 · 이영주(2012), 상징어의 의미 영역 분류 연구 3) – 감각, 감정, 생각을 나타내는 의태어를 중심으로, "한말연구" 31, 한말연구학회, 145-171.

남풍현(1965), 15세기 국어의 음성상징 연구, 서울대학교 대학원 국어연구회.

노진서(2008), 한-영시 번역 텍스트에서 활용된 의성어 · 의태어 번역 전략, "국제회의 통역과 번역", 한국통번역학회, 45-63.

당리민(2017), 한국어 의성어 의태어의 교육 방안 연구, 청주대학교 박사학위논문.

디르크 휜들링그(1985), "한국어 의성 의태어 연구 – 음성상징에 관한 구조 및 의미론적 고찰", 탑출판사.

리의도(1981), 한국 의성어의 음운 통계 시론 (1), "국제어문" 2, 국제어문연구회.

문정현(2012), 한국어 학습자를 위한 '상징부사+용언형' 연어 연구, 배재대학교 석사학위논문.

문희윤(2007), 초등 학생의 의성어 · 의태어 지도 방안, 서울교육대학교 교육대학원: 초등국어교육전공.

박동근(1992), 한국어 상징어의 형태.의미 구조 연구, 건국대학교 석사학위논문.

박동근(1996), 흉내말 연구의 흐름, "한국어 토씨와 씨끝의 연구사", 박이정.

박동근(1997), 현대국어 흉내말의 연구, 건국대학교 박사학위논문.

박동근(2000), 웃음표현 흉내말의 의미 기술, "한글" 247, 한글학회, 159-189.

박동근(2004), 구어 흉내말의 계량적 연구, "한말연구" 15, 한말연구학회, 167-186.

박동근(2007), 동화 텍스트의 흉내말 사용 양상, "동화와 번역" 14, 동화와번역연구소, 97-125.

박동근(2008), 만화 텍스트의 흉내말 사용 양상, "겨레어문학" 41, 겨레어문학회, 33-58.

박동근(2012), 한국어 교육에서 흉내말 교육에 대한 연구사적 분석, "문법교육" 17, 한국문법교육학회, 65-95.

박동근(2014), 국어사전에서 흉내말의 다의어, 동형어 판별에 대한 연구, "겨레어문학" 53, 겨레어문학회, 237-261.

박동근(2015), 한국어의 의성어와 의태어의 음운 비교, "한말연구" 37, 한말연구학회, 117-203.

박동근(2017), 동사에서 파생한 의태어 연구, "한말연구" 45, 한말연구학회, 37-65.

박성희(2012), 외국인 학습자용 흉내말 어휘교재 개발 방안 연구, 숙명여자대학교 석사학위논문.

박연미(2009), 한글 의성어의 타이포그라피적 표현에 관한 연구, 홍익대학교 석사학위 논문.

박주원(2010), 의성의태 용언의 특성과 사전 처리 방향, "한국사전학" 15, 한국사전학회, 128-164.

박진영·심혜령(2012), 모바일 기반 의성어, 의태어 교육 연구, "한말연구" 31, 한말연구학회, 75-106.

방정원(2010), 한국어와 영어의 의성어·의태어와 한영 번역 전략 분석, 부산외국어대학교 석사학위논문.

배도용(2013), 한국어 의성어·의태어 교재 개발을 위한 기초 연구, "우리말연구" 32, 우리말학회.

배현숙(2006), 외국인을 위한 한국어의 의성어·의태어 교수법, "이중학언어학" 31, 이중언어학회, 97-121.

서상규(1993), 현대 한국어의 시늉말의 문법적 기능에 대한 연구 - 풀이말과의 결합관계를 중으로 -, "朝鮮學報" 149, 朝鮮學會, 63-192.

서정욱(1994), 국어 시늉말(의성·의태어) 사전 편찬의 한 방안, "계명어문학" 8, 계명어문학회, 23-36.

성기옥(1993), 의성어·의태어의 시적 위상과 기능, "새국어생활" 3-2, 국립국어연구원, 116-133.

손남익(1998), 국어 상징부사어의 공기어 제약, "한국어 의미학" 3, 한국어 의미학회,

119–134.

손달임(2012), 현대국어 의성의태어의 형태와 음운 연구, 이화여자대학교 박사학위
논문.

손달임(2016), 의성의태어의 사전 처리에 대하여 – 관련어의 유형과 정보 제시 방식을
중심으로, "한말연구" 42, 한말연구학회, 83–112.

손영희(2002), 일본어 의성어·의태어의 한국어 번역에 관한 고찰, 단국대학교 석사학
위논문.

송문준(1988), 소리흉내말의 씨가름에 대하여, "한글" 200, 한글학회, 139–163.

신미희(2010), 흉내말의 시적 기능 연구 : 어린이 시의 경우, 진주교육대학교 교육대학
원: 초등국어교육전공.

신중진(2001), 의성의태어 사전 처리와 그 방향 – 국립국어연구원의 〈표준국어대사
전〉을 중심으로, "관악어문연구" 26, 서울대학교 국어국문학과.

신현숙(1986), 흉내표현 형식의 의미분석, "의미분석의 방법과 실제", 한신문화사.

안인숙(2007), 의성어와 의태어 연구, 중앙대학교 박사학위논문.

양미선(2014), 의성어·의태어를 이용한 언어교육이 발달지체유아의 표현언어에 미치
는 효과, 우석대학교 석사학위논문.

양은순(2002), 출판만화에 나타난 의성/의태어가 청각장애의 어휘력에 미치는 영향에
관한 연구, "재활복지" 6–1, 한국장애인재활협회 부설재활연구소, 68–94.

양현숙(1995), 흉내말의 형태 구조 분석을 통한 효율적인 어휘 지도 방안 : 1, 2학년
국어과 교과서(제6차)를 중심으로, "국어교육연구" 10, 춘천교육대학교 국어교육
학회.

오율석(2013), 출판만화에 나타난 효과글자의 상징어적 의미 분류와 그에 따른 용례
: 허영만의 작품을 중심으로, 부산대학교 석사학위논문.

우맹흠(2016), 김유정 단편 소설의 한중 번역 양상 고찰, 영남대학교 석사학위논문.

우인혜(1990), 시늉 부사의 구문론적 제약—용언과의 어울림 관계를 바탕으로, "한국학
논집" 17, 한양대학교 한국학연구소, 285–350.

유정(2015), 한국어 학습자를 위한 상징부사의 연어 구성 연구, 연세대학교 석사학위
논문.

유창돈(1980), "어휘사 연구", 이우출판사.

윤석민(2002), 의미 현상과 비의미론적 정보 : 웃음 상징어의 의미 기술을 중심으로,

"텍스트언어학" 12 , 한국텍스트언어학회, 21-68.

윤영한(1999), 국어 모사성의 실현 양상 연구, 경남대학교 박사학위논문.

윤평현(1974), 음성상징의 시적기능에 관한 소고, "문리대학보" 1, 조선대학교.

은수희(2015), 식감각 오노마토페에 관한 일·한 대조 연구, 한국외국어대학교 박사학위논문.

이가화(2011), 외국인 한글학습을 위한 의성어·의태어의 시각화에 관한 연구 : 한글타이포그래피의 적용을 중심으로, 성균관대학교 디자인학과 석사학위논문.

이건식(1988), 현대국어의 반복복합어 연구, 단국대학교 석사학위논문.

이경호(2007), 양상부사 '슬슬'의 의미 분석, "한국어 의미학" 23, 한국어 의미학회, 99-131.

이계옥(1980), 両國の國語敎科書に表わわた擬聲語·擬態語の對照比較, 한국외국어대학교 석사학위논문.

이극로(1938), 사전주해난, "한글" 6-7, 한글학회, 13-26.

이란희(2012), 외국인을 위한 한국어 의태어 교육 방법, 울산대학교 박사학위논문.

이문규(1996), 현대국어의 상징어의 음운·형태론적 연구, 경북대학교, 박사학위논문.

이민우(2005), 상징부사의 의미적 특성에 대한 연구 '-거리다/대다/이다/하다'와의 결합관계를 중심으로, "어문연구" 33, 한국어문교육연구회.

이소령(1997), 사전에서의 '시늉말' 뜻풀이에 대하여, "부산한글" 16, 한글학회 부산지회.

이영길(2002), 한국어 단음절 상징어의 음소상징 연구, "현대영미어문" 20-3, 현대영미어문학회, 11-27.

이영석(1995), A Non-Linear Phonological Analysis of the Ideophone System in Korean, 서울대학교 박사학위논문.

이영희(1982), 제주도 방언의 상징어 연구, 제주대학교 석사학위논문.

이은경(2004), 일한 한일 사전에 있어서의 의성어 의태어 번역의 비교 분석, "일본연구" 3, 고려대학교 일본연구회, 157-179.

이은지(2008a), 최근세국어의 상징어 연구 - 신소설 자료를 중심으로, "한국어학" 38, 한국어학회, 247-268.

이은지(2008b), 신소설의 상징어 연구(2), "언어정보와 사전편찬" 22, 연세대학교 언어정보연구원, 109-135.

장언청(2014), 한·중 의성어 대조 연구, 건국대학교 박사학위논문.

장학련(2012), 중국인 학습자를 위한 한국어 · 의성어 · 의태어 교육 연구, 부산외국어
대학교 박사학위논문.

정영염(1962), 흥부전에 나타난 의성, 의태어에 대하여, "국어국문학연구" 4, 이화여자
대학교, 201-215.

정원용(1980), 한국어음성상징어의 영역에 대한 연구: 음운대응을 중심으로, 동아대학
교 석사학위논문.

정은주(2017), 한국어 교육에서의 의성어 · 의태어 결합형 연여 교육 방안 연구, 동덕여
자대학교 석사학위논문.

정인승(1938), 어감 표현상 조선어의 특징인 모음 상태 법칙과 자음 가세법칙, "한글"
6-9, 한글학회, 419-434.

조규설(1958), 첩용부사의 고찰, "어문학" 3, 한국어문학회, 71-95.

조남호(1988), 현대국어의 파생접미사 연구 - 생산력이 높은 접미사를 중심으로,
"국어연구" 85, 국어연구회.

조남호(1993), 국어 사전에서의 의성 의태어 처리, "새국어생활" 3-2, 국립국어연구
원, 73-92.

조남호(2017), 의성의태어 사전 편찬의 성과와 개선점 -『한국어 시늉말 사전』을
중심으로, "한국사전학" 29, 한국사전학회, 191-222.

조창규(2003), 상징어의 어울림 정보와 활용 - 초등학생용 읽을거리의 계량 연구,
"국어교육" 110, 국어교육학회.

조창규(2005), 의성어 의태어, 무엇을 어떻게 교육할 것인가, "언어학" 13-3, 대한언어
학회, 61-84.

조창규(2017a), 중세국어 의태어의 의미 연구, "인문사회" 21 8-1, 아시아문화학술원,
287-306.

조창규(2017b), 17세기 한국어의 의성어와 의태어 연구, "인문사회" 21 8-5, 아시아문
화학술원, 1171-1186.

조현용(2016) 한국어 의태어의 어원 고찰, "우리말연구" 47, 우리말학회, 155-186.

조현준(2011), 경북 민요에 나타난 의성어 · 의태어에 대하여, "한국말글학" 28, 한국말
글학회 267-289.

조현준(2012), 경북 민요에 나타난 의성어 · 의태어에 대하여, "한국말글학" 29, 한국
말글학회 217-240.

조혜민(2012), 신문 코퍼스 기반의 상징어 의미 연구, 고려대학교 석사학위논문.

주경희(2007), 교과학적 변환의 필요성과 방법-의성어 의태어를 중심으로, "배달말" 41, 배달말학회, 255-278.

채완(1986), 국어의 반복 및 병렬에 있어서의 어순에 대한 연구, 서울대학교 박사학위 논문.

채완(1990), 음성상징, "국어연구 어디까지 왔나", 동아출판사.

채완(1993), 의성어·의태어의 통사와 의미, "새국어생활" 3-2, 국립국어연구원, 54-72.

채완(2000), 시조와 판소리 사설의 의성어 연구, "한민족문화연구" 7, 한민족문화학회, 17-34.

채완(2001), 19세기 국어의 의태어에 대한 고찰, "인문과학연구" 9, 동덕여자대학교.

채완(2003), "한국어의 의성어와 의태어", 서울대학교 출판부.

최상진(1982), 상징어의 시적기능에 관한 고찰, 경희대학교 석사학위논문.

최영철(2005), 한·일 의태어의 대조 연구, 국민대학교 박사학위논문.

최호철(1984), 현대국어의 상징어에 대한 연구, 고려대학교 석사학위논문.

하치근 (1987), 국어 파생접미사의 연구, 부산대학교 박사학위청구논문.

한영아(2001), 국어 상징어의 통시적 연구, 경희대학교 석사학위논문.

함윤희(2011), 한국어 어휘 교육을 위한 상징부사 중심 연어 연구, 연세대학교 석사학위 논문.

황정숙(2013), 통합적 동요프로그램이 학령기 발달 장애아동 의성어·의태어산출 문장 구성력 향상에 미치는 효과, 고신대학교 보건대학원 석사학위논문.

青山秀夫(1975), 현대한국어의 상징어 연구, 경희대학교 석사학위논문.

Fabre, A. (1966), 의성어·의태어 연구, 서울대학교 석사학위논문.

Fabre, A. (1967), 의성어·의태어 연구, "문리대학보" 13-1·2, 서울대학교 문리과 대학 학생회.

한국어 유의어 연구의 동향과 과제

_ 조형일

1. 어휘 유의성과 연구의 전제

유의어란 의미적 유사성에 기대어 어느 정도 뜻풀이를 공유하면서 그 차이성에 따라 구분되며, 정도성에 따라서 문맥에서 교체가 가능한 단어들 간 집합 개념으로 이해할 수 있다. 통상 어휘의 의미 관계는 단어 간 의미적 유사성과 차이성, 함의성 등에 따라서 구분하며 유의 · 동의 관계(synonymy), 반의 관계(antonymy), 다의 관계(polysemy), 상 · 하의/상 · 하위 관계(hyponymy), 부분 · 전체 관계(meronymy, part-whole relation) 등으로 나눈다.1)

어휘의 의미 관계에 따른 이러한 구분은 전통적으로 통합 관계(syntagmatic relation)와 계열 관계(paradigmatic relation) 측면에서 논의되어 왔다. 이는 하나의 어휘에 대한 개념 규정을 어휘로 표상되는 기호(symbol)와 그것이 담고 있는 의미 즉, 개념(concept)과 이를 가리키는 지시체(re-

---

1) 이에 관한 일반적 정의는 "한국어교육학사전" 제5장(조형일 2014)을 참조하라. 이에서도 기본적인 정의와 관련한 부분은 그것을 원용했음을 밝힌다.

ferent)의 관계 안에서 이해 가능한 것으로 보았기 때문이다. 그러므로 어휘를 이해한다는 것은 '어휘로 의미가 사상(mapping)되는 세계와 그 현상'에 대해 이해하는 것으로 볼 수 있다.

　주지하듯이 언어가 가진 여러 가지 속성 중 역사성은 언어 표현과 결속 체계의 변화를 그 해석의 중점에 두고 있다. 이를 거름망으로 삼아 언어의 유의성이 발생하는 요인을 살펴보면 의미를 담는 표현이 다양해지거나, 하나의 표현에 담긴 의미가 다양해지면서 문맥에서 담당하는 기능이 변하거나 시대에 따라서 동일 지시 현상이 각각 문법화, 어휘화되는 것으로 설명할 수 있다.[2] 어휘 간 유의성에 대한 고찰은 어느 정도, 그리고 기대 이상으로 언어의 역사성(기점마다 놓여 있는 결과물의 사회성까지 고려된)과 밀접한 관계에 놓여 있을 수밖에 없다. 동일 표현에 대한 지역과 세대적 해석의 차이 또는 동일 의미와 개념에 대한 지역과 세대 간 표현의 차이 등은 시차를 두고 어떤 요인에 의해 형성되거나 침입, 간섭되면서 발생하기 마련이다. 따라서 유의성에 대한 연구는 여러 면에서 이루어진 연구 성과들이 지속적으로 상호 관련되며 이루어져야 한다.

　권재일(2016:22-24)에서는 과학적인 언어학의 연구 방법에 있어서 자료의 수집 관찰과 분석, 기술 그리고 해석 설명의 단계가 정확하고 합리적으로 이루어져야 함을 기술하면서 경험주의와 이성주의(합리주의)에 입각한 언어 접근 방법의 중요성을 설명한 바 있다. 이에서 주장하고 있는 경험주의에 입각한 언어 연구와 이성주의에 입각한 언어 연구의 상호 순환적 작용은 유의어의 유의성에 대한 논의에도 그대로 적용 가능하다. 하나의 표현이 다른 하나의 표현과 의미적으로 유의성을 띠게 되는 생장의 전 과정을 총체적으로 들여다보기란 요원한 일일 터이지만 자료를 바탕으로 하는 귀납적인 설명이 갖는 한계는 언어 현상에 대한 논리적인 설명 즉, 연역적 추론 검증으로 보완

---

2)　한국어 문법의 사적 고찰을 통한 문법화, 어휘화에 대한 연구는 권재일(1998)을 참조하라.

되면서 추상적인 개념의 실체를 증명하게 되는 것이니 개개 어휘 간 유의성에 대한 연구는 사실 '단어 간 유의성'으로부터 시작하는 것이 맞을 것이다.

이 연구에서 살펴보고자 하는 유의어 연구의 동향과 과제에 대한 고찰은 '단어의 유의성 즉 통합적으로 결속되는 일련의 의미 체계 안에서 계열적으로 교체 가능한지와 같은, '용법(usage)'을 전면에 두고 그 단어가 어휘 측면에서 갖는 의미 속성/자질을 어떻게 제한해 가느냐'로부터 시작할 것이다.

2. 유의성 연구 논점

단어와 어휘는 다르다. 단어는 표현된 것에서 시작하여 추상적으로 해석되며 그 성격이 규정되지만 어휘는 이미 추상적으로 해석된 것으로부터 출발하여 그것이 쓰이고 불리는 환경과 용법에 맞게 기능적으로 적용되는 개념이라고 할 수 있다. 다시 말해서 발화 상황의 여러 요소와 결합하여 문장 내에서 통합되어 기능하는 낱낱의 표현은 단어가 되고, 하나의 표현이 그 자체로 해석되거나 다른 표현들과 비교를 통해서 정의되며, 조건에 따라서 추상화된 것을 어휘로 보아야 하는 것이다. 다음 문장을 보자.

> 예) 하나의 문장에 쓰인 단어를 <u>해석한</u>다는 것은 문장의 응집성과 응결성을 의미·화용 측면에서 <u>파악하</u>는 것으로 볼 수 있다.

이 문장에 쓰인 낱낱의 모든 표현은 '단어'가 된다. '하나'는 '둘, 셋, 넷...' 등과 의미·기능적으로 묶인 체언류(수사)가 되며 사전적으로는 '한, 일, 첫째/유일/전부/전혀' 등과 유의 관계에 놓여 있는 어휘로 파악할 수 있다. '해석하다'와 '파악하다' 역시 유의 관계를 가진 '어휘'로 볼 수 있다. 그런데 '하나'의 경우에는 예로 든 문장의 전체 문맥과 상관없이 어휘 자체가 가질 수 있는 의미 관계 측면에서 파악한 것인데 반해서 '해석하다'와 '파악하다'는 각각 어휘 그 자체로 지니고 있는 의미적 속성에 따라 유의 관계로 본 것이 아니다. 이는 예로 든 문장에 쓰인 단어 간 유의성을 비교한 것이다. 이 두 경우는 서로 논의의 출발점이 다르다. 따라서 문장에서 선택한 단어의 외연을 확장시켜 어휘 측면에서 파악하는 것과, 문장 내에서 선택한 단어 상호 간 비교로부터 출발된 해석의 결과는 동일한 가치를 지닌 것으로 보기 어렵다.

단어와 어휘에 대한 유의성 관련 연구는 그것이 표현된 양상과 해석의 수준을 명확하게 설정한 후 ― 비록 그것이 자신만의 기준이라고 비판받더라도 ― 비로소 시작되어야 하는 것이라고 할 수 있다. 유의성이 동의성과 다르면서도 동의성이 갖는 개념을 모두 포함하는 것으로 이해될 수 있는 까닭 역시 이 때문에 일어나는 현상으로 볼 수 있다. 단어와 어휘에 대한 관념적 해석이 상충되는 지점에 놓여 있을 때 수신자(de-coder)는 최소한의 동일 지시성에 기대어 해석하려고 하기 때문이다.

그동안 유의성에 대한 논의는 경험과 이성의 측면에서 논의되면서 어휘 각각이 갖는 의미(기준에 따라 정리된 분석 자질)와 용법에 따라 분석되었다. 몇몇 연구자들의 정의를 다음처럼 간단히 정리해 보일 수 있다.[3]

동의 관계는 성립하기 어렵다고 보고 유의 관계만을 인정했던 김광해 (1988)는 이후의 논의들을 거쳐 김광해(1995)에서 유의 관계를 '기호(S...) 들이 갖는 그들 사이의 관계'로 정립했다. 'S1: 떨어지다', 'S2: 탈락하다'가 있을 때 이들 어휘 S1과 S2는 기호(S)가 주축이 되어 궁극적으로 어휘소를 유의 관계에 있는 의미 관계로 연결하는 것으로 파악한 것이다. 이때 '기호' 는 표현된 것을 말한다. 이들 단어는 음소적으로는 '/ㄸㅓㄹㅇㅓㅈㅣㄷㅏ/', '/ㅌㅏㄹㄹㅏㄱㅎㅏㄷㅏ/'의 결합이고 어휘의 구성 요소로 분석해 보면 '떨+ 어지-다', '탈(+)락+하-다'의 결합이 된다. 음소적 구분은 유의성과 연관이 없으나 구성 요소 측면에서 보면 어간/어근 '떨-'과 '탈+락' 간의 의미적 동

---

3) 유의어에 대한 1980-90년대 이루어진 학위논문으로는 최은규(1985), 문금현(1989), 김진식 (1991) 등이 참조할 만하다.

일성과 유사성을 찾을 수 있고 이들과 결합한 어미와 접사인 '-어지다', '-하다'의 기능과 총체적으로 판단 가능하게 된다. 이러한 인식은 어휘 개념을 중심으로 유의성을 판별하는 가장 전형적인 논의로 볼 수 있다.

이보다 먼저 김용석(1981)에서는 이미 문맥 의존과 문맥 배제를 구분하고 단어 그 자체의 의미와 개념을 중점에 두고 유의성을 논의한 바 있다. 이에서는 문맥 중심의 해석이 유의성을 판별하는 요소가 될 수는 있지만 이것이 유의어의 개념에 대한 한계가 될 수도 있음을 인식하고 단어 자체가 갖는 개념에 의존하는 즉, 문맥보다 개념 중점의 해석을 시도했다.[4]

이후의 연구 중 주목할 만한 성과로 볼 수 있는 문금현(1989)에서는 유의어의 유형을 상세하게 나누는 시도를 했다. 이는 어휘 자체의 개념에 중점을 두는 것과 문맥 중심의 해석에 중점을 두는 것 모두에 새로운 인식을 더할 수 있는 비계를 제공한 것으로 이해할 수 있다. 이에서는 유의어의 유형을 '함축의미의 차이, 내포의미의 차이, 적용범위의 차이, 지시범위의 차이, 문체상의 차이, 감정가치의 차이'의 여섯 가지로 제시하고 있는데 이들은 항목별로 2개 내지 3개의 세분화된 기준을 보여주고 있다. 제안 기준은 '① 개념적:구체적, ② 정도의 점층적 차이// ③ 능동적:수동적, ④ 주관적:객관적// ⑤ 제한적:비제한적, ⑥ 전문적:비전문적, ⑦ 경어:평어:비어// ⑧ 전체적:부분적, ⑨ 일반적:특수적// ⑩ 고어:현대어, ⑪ 구어:문어, ⑫ 방언:표준어// ⑬ 친밀:소원한 표현, ⑭ 우아:비천한 표현, ⑮ 강조:평조적 표현' 등 15개가 된다. 그런데 주관적인 것과 객관적인 것의 정도 차, 제한적인 것과 비제한적인 것의 한계 차, 전문어와 비전문어 경계와 같은 모호성, 문어로 쓰이는 구어의 처리 문제, 표준어가 된 방언, 친밀과 소원의 거리감 등 딱히 이분화시키기 어려운 지점에 놓인 어휘들의 개념 정리는 이후의 과제로 남게 된다.

이들과 동시에 또는 이후 이루어져 온 연구들을 굳이 이 시점에서 살펴보

---

4) 김용석(1981)에서는 이 연구가 이루어진 시점까지 유의어에 대한 논의가 어떻게 이루어졌는지 상세하게 확인할 수 있다.

지 않아도, 지금까지의 논의만으로도, 우리는 의미적으로 매우 유사하여 때로는 문맥에 따라서 교체 가능하기도 한 의미 관계를 가진 어휘들을 유의어라고 부를 수 있을 것이다. 이들이 '기호(S) 사이의 관계'로 결정되는 것이나, 상호 밀접한 관계에 놓인 어휘들이 의미적으로 공유하고 있는 – Carnap(1947)에서 시도된 의미 공준(meaning postulate)으로 해석 가능한 – 어휘소(lexeme)에 의해서 유의 관계에 있는 의미 관계로 연결된 것으로 판단하는 데에는 별다른 이견이 없을 것이다. 그런데 이러한 유의 관계 파악에 있어서 가장 기본적인 판단 속성은 어휘들이 갖는 의미적·용법적 동일성과 차이성이라고 할 수 있다. 따라서 유의 관계를 논할 때에 가장 우선적으로 이루어져야 할 것은 어휘 또는 단어 간 동일성의 정도와 차이성의 정도에 따라서 그들을 어떻게 세부적으로 구분·정의할 수 있느냐가 될 것이다. 유의성이란 동일한 요인들을 어느 정도로 함의/내포하고 있느냐와 차이성의 정도가 어느 정도인지가 판단 가능할 때 비로소 성립되기 때문이다.

유의어는 곳곳에서 동의어와 같은 개념으로 쓰여 왔다. 동의어를 나타내는 동의 관계란 형태적으로 다른 어휘가 의미적으로는 일치하는 속성을 가질 때를 일컫는다. 그런데 현재의 어휘 연구에서는 완전한 동의 관계를 인정하지 않고 있다. 분명히 '콩팥'과 '신장'처럼 어떤 상황이나 문맥에서도 치환 가능한 어휘가 있는 것처럼 보인다. 하지만 이것 역시 '신장 투석'으로 쓸 자리에 '*콩팥 투석'으로 쓰지 않듯이, 그 사용의 측면에서는 상호 교체되지 않는 양상을 보인다. 물론 이처럼 동일한 환경에서 쓰이지 않는데 개념이 같다고 동의어로 보는 것은 문제가 있어 보인다. 하지만 어느 표현의 존재 시점 즉 사용 상황에서 낱말 간 등가적 해석이 이루어지는 것을 유의성 측면에서 일관되게 설명하고자 하는 것에도 문제가 있다. 동의 관계에 있는 어휘 즉 동의어는 '의미적으로 중첩되거나 포함되는 부분을 내포한 두 개 이상의 어휘 사이의 유의 관계'로 볼 수 있지만 동시에 이들은 낱말 수준에서 설명할 때 의미 적용과 해석의 겹침 정도와 상황에 따라 동의적으로 해석할 수 있는 것으로

봐야 할 것이다.[5]

유의성은 어휘 측면에서 유효한 개념이고 동의성은 낱말 측면에서 유효한 개념이라고 할 수 있다. 다시 말해서 어휘적 측면에서 보자면 유의성이란 문맥상 교체 가능성 여부와는 상관없이 개념 자체에 대한 접근이자 해석이 되는 것이다. 이들 어휘가 어떤 하나의 문장에서 계열적으로 교체 가능한 낱말로 기능할 때, 이들의 교체 가능성을 진단할 수 있는 조건은 개념적으로 이미 유의어쌍으로 불릴 수 있는 것들이 이 문장 내에서 적절하게 교체될 수 있는지 여부를 살피는 것으로 충족시켜 줄 수 있을 것인데, 이는 1차적으로 유의성 측면에서 고려되어 동의성으로 진행될 수도 있고, 동의성 측면에서 시작하여 유의성 측면으로 나아갈 수도 있게 된다는 것을 의미한다.[6] 그러므로 어휘적이든 낱말적이든 명확한 방향성이 필요하다는 명제가 성립하게 된다.

글의 첫머리에서 밝혔던 유의어에 대한 인식을 다시 가져와 보자. 유의어란, 차이성이 고려된, 그 의미적 유사성에 따라 뜻풀이를 공유하면서 그 유사성과 차이성의 정도에 따라서 개념적으로 다른 어휘로 구분되며, 담화와 텍스트의 구성 환경이 관계하는, 문맥에서 교체 가능한 단어 집합으로 이해할 수 있다. 그러므로 '어휘로 의미가 사상되는 세계와 그 현상'에 대한 인식 이해로 볼 수 있을 것이고 이들이 어떻게 사상되는지를 규정해 가는 것이 유의어 또는 어휘의 유의성 연구 방향이 되어야 할 것이다.[7]

---

5) '즐겁다'와 상호 유의 관계에 있는 유의어 '기쁘다'는 서로 의미적으로 매우 유사하다. 이때 '즐겁다'의 주된 성분 자질(constituent features) '[+기분이 좋다] …… [+마음에 들다]'가 있다고 할 때 '즐겁다'와 유의 관계에 있는 유의어 '기쁘다'는 '즐겁다'가 포함하고 있는 것 중에 하나 이상의 자질을 공유해야 한다.

6) 문맥상 교체 가능성은 사실 '개념적으로 유의어쌍이 되지 않았던 것들이 새로운 의미부여(은유, 환유적 용법 따위)에 의해서 유의 관계를 이룰 때'에는 매우 유용한 기준과 방식이 될 것이다.

7) 어휘의 중요성을 이야기할 때 흔히 Wilkins(1972)에서의 주장을 인용하는 것을 볼 수 있다. 이의 주장을 요약해 보면 '언어가 의사소통을 목적으로 하는 실용적인 면이 강조될수록 문법보다 어휘가 중요하다. 문법 지식이 없어도 문맥에서 의미는 어느 정도 전달되지만 어휘에 대한 이해가 없으면 의미가 전혀 전달되지 않는다.'가 되는데 이는 맞지 않는 얘기다. 실용적

3. 유의어 연구 양상

우선 한국어 어휘의 유의 관계는 조형일(2010)에서 여러 연구자의 연구 성과를 종합하여 정리되었듯 다음과 같은 조건 때문에 생성되는 것으로 파악할수 있다.

ㄱ. 고유어와 한자어의 의미 중첩: 같다 - 동일하다
ㄴ. 고유어와 외래어의 의미 중첩: 열쇠 - 키
ㄷ. 사회적 방언에 의한 의미 중첩: 옥수수 - 강냉이
ㄹ. 성별, 연령의 사용 차이: 맘마 - 밥
ㅁ. 존칭·비존칭의 의미 중첩: 밥 - 진지, 자다 - 주무시다
ㅂ. 금기어·완곡어의 의미 중첩: 변소 - 화장실, 죽다 - 숨지다 - 눈감다
ㅅ. 글말과 입말 환경에 의한 의미 중첩: 매우 - 되게 - 엄청
ㅇ. 기타 표준어 사정에 의한 중첩과 외국어 수용, 비속어에 의한 의미 중첩: 척하다 - 체하다, 세련되다 - 시크하다, 채이다 - 까이다, 창피하다 - 쪽팔리다
ㅈ. 사용역과 성분 결속에 의한 의미 중첩: 아름답다 - 예쁘다 - 곱다, 애달프다 - 고달프다- 힘들다, 소재하다 - 존재하다 - 있다, 든든하다 - 튼튼하다 - 단단하다 - 탄탄하다

국어학 측면에서 이루어진 유의어 연구는 유의어의 유형에 대한 연구와 형용사나 동사, 부사 등의 품사별 유의어 의미 변별에 대한 연구가 주를 이룬다. 사전의 제작과 표제어의 선정, 뜻풀이의 구성과 말뭉치 활용 연구 역시활발하게 이루어지고 있다. 이러한 연구 성과는 유의어 교육으로 연결되는데

인 면이 강조된다는 전제를 달고 있기는 하지만 '문법의 운용 지식 없이 전달되는 의미의 정도성'과 '어휘에 대한 이해의 정도성'에 대한 합리적 의심이 배제된 채로는 의사소통 목적의 실용성을 이야기하는 것은 어불성설이다. 게다가 실용적인 면이 강조될수록 어휘 지식이 문법 지식보다 중요해진다는 것은 최소한의 문법 지식으로도 의미 전달이 가능하다는 전제를 이미 함의하고 있는 셈이다. 언어 교육의 단계가 심화될수록 어휘량과 지식에 기대는 어휘력이 중요하다는 것을 강조하기 위해서, 문법 지식을 분리하여 배제하는 듯한 이러한 관점은 연구자로서 매우 경계해야 할 인식이다.

이들은 - 국어교육 또는 한국어교육 할 것 없이 - 유의어 교육의 필요성과 중요성을 인지하면서 그 교육 방안을 찾는 것에 연구의 초점이 맞추어져 있다.

유의어는 사용자 측면에서 보면 다른 어느 것보다 까다로운 어휘 학습 단위가 되며, 유의어의 이해 능력과 사용 능력 및 언어 능력을 판별하는 중요 요소가 되는 어휘력은 정비례하는 것으로 볼 수 있다. 그런데 반의어(anto-nym), 상·하의어(hyponym), 부분·전체어(meronym) 등의 경우에는 그 설명 단위가 상대적으로 명확하다. 그래서 이들 관계를 이루는 요인이나 내용에 대한 이해는 그리 어렵지 않다. 하지만 유의 관계를 이루는 어휘는 공통적으로 지니고 있는 동일한 지시역보다 미묘한 사용역의 차이 때문에 쉽게 이해하기 어렵다. 따라서 일대일로 대응되는 의미에 대한 이해는 물론 사용역에 따라서 발생하는 미묘한 차이를 이해하고 구분해야 하는 유의어 이해 능력은 언어 사용 능력과 직결된다고 할 수 있을 것이다. 이는 당연히 유의어 연구가 지속적으로 이루어져야 할 이유가 된다.

유의어에 대한 연구는, 그 이전의 논의는 물론이고, 1980년대와 90년대 어휘에 대한 연구자들의 인식이 깊어지면서 기초적인 연구가 이루어진 것으로 판단할 수 있다. 이후 2000년대 들어서면서 컴퓨터의 발달과 교육적 필요성에 의해 유의어 연구는 그 깊이와 넓이가 날로 확장되어 왔다고 할 수 있다. 최근 이루어진 유의어 연구의 양상을 살펴보면 다음처럼 정리해 보일 수 있다.

3.1. 사전 기술 관련 연구

유의어 사전에 대한 기초적인 연구가 김광해(1987)에서 이루어진 이후 비교적 최근의 연구로 볼 수 있는 양명희(2007)에서는 문맥에서 교체 가능한 것을 유의어의 가장 큰 특성으로 규정하고 모든 사전에 그 정보를 명시적으로 실어야 함을 주장하게 된다. 이에서는 정교한 뜻풀이를 바탕으로 하는 용례 중심의 유의어 사전을 만들어서 이용자들이 스스로 유의 관계를 찾아야 한다고 논의하고 있는데, 유의어의 판별과 수합 과정, 배열 기준과 방법, 정보 처리 원리와 방식 등에 관한 가장 기초적인 정리가 이루어졌던 시기로부터 30여 년의 시차를 두고 이루어진 연구이지만 유의어의 사전 편제 인식에 있어서 이들 사이의 간극은 그리 커 보이지 않는다.

사전의 제작 측면에서 한국어 유의어를 거의 총망라했다고 해도 과언이 아닐 만한 논의는 최운천·김기형(2008)에서 이루어졌다. 이에서는 한국어 낱말망(Korean Wordnet)의 정리와 함께 우리말 유의어 분류 대사전 구축의 원리와 방식을 논의하고 있는데 이 결과물은 현재 53만여 개의 낱말망으로 구축되어 어휘력 개발 활용 차원에서 제공되고 있다.8)

유의어의 교육을 위한 사전 제작 측면에서 이루어진 연구로는 김선영·전후민(2010), 봉미경(2011), 조민정(2013) 등이 있다. 김선영·전후민(2010)에서는 사전에서 유의어 항목의 표제어 기술 시 화용적 측면에서 어떻게 기술해야 할지를 논의하고 그 방안을 제안하고 있고 봉미경(2011)과 조민정(2013) 등은 학습자의 측면에서 유의어 사전이 어떻게 기술되어야 하는지를 논의하고 있다.9)

앞의 연구들이 국어학과 교육적 측면에서 사전을 중점에 두고 이루어진 유의어 연구인데 반해서 이태우·서영훈(2003)이나 임수종 외(2016)는 정보 검색 차원에서 유의어를 어떻게 사전으로 구축할 것인지, 한국어의 유의어 의미역을 어떻게 인식할 것인지 등에 집중한 연구라고 할 수 있다.

---

8) '낱말(주) www.natmal.com'에서 직접 확인할 수 있다. 이 연구소는 고 김광해 교수의 주도 하에 만들어졌으며 그의 이론과 정신을 계승하고 있다.

9) 특히 이 두 명의 연구자는 이들 논문 외에도 유의어 관련 연구를 폭넓게 진행하고 있다.

3.2. 의미 관계 관련 연구

계열적 의미 관계에 대한 연구로는 최경봉(2010)이 참조할 만하다. 이에서는 비록 반의어에 집중하고 있으나 의미 관계를 이해하고 기술하는 방법 중 맥락 의존적 연구가 지니는 원초적인 문제점을 끌어내고 있다. 문장과 담화 층위에서 어휘의 의미 관계를 다루고 있는 논의로는 임채훈(2013)이 참조할 만하다. 이에서는 문장 차원에서 어휘의 의미 관계를 다루는 것을 '소극적'으로 보았다. 어휘의 의미 관계를 담화 내용 구성을 위한 실제 언어 지식으로 보는 '적극적' 입장을 취하고 있는데, 이는 연구자의 입장에서 볼 때 매우 매력적인 도전이자 동시에 논리적으로 입증해야 할 수많은 인식 앞에 도전장을 내민 것으로 볼 수 있다.

이형태 교체 시 나타나는 몇 가지 문제에 대한 인식은 박재연(2010)에서 이루어졌다. 이처럼 교체의 관점에서 유의어의 형태소로 문법 단위를 인정하느냐에 관한 논의는 이익섭·채완(1999), 민현식(1999), 유현경(2008), 배주채(2009, 2017), 김건희(2014), 양정호(2016) 등에서 부분적으로 이루어진 바 있다. 이에 관한 총체적인 논의는 이홍식·이은경(2017)에서 다시 상세하게 논의되었다.

제한된 항목들에 집중하여 의미 관계를 다룬 연구로는 최홍열(1999, 2005a,b), 김은영(2004), 유현경(2007), 김광순(2014) 등이 있다. 이들은 특정 단어의 통사 의미적 고찰을 시도하고 결합 관계에 따른 의미 변별을 논의하고 있다는 데에 공통된 특징이 있다. 특히 김광순(2014)에서는 비록 제한된 연구들을 통해서 논의를 진행하였지만 새로운 평가 방식을 제언하기도 하였다. 유사한 연구 중 김양진·최정혜(2010)는 특별히 '채소류 및 곡류, 과일류'의 구별을 연구의 중점에 두었고, 도재학·강범모(2012)는 '책, 서적, 도서'를 중심으로 하여 관련어 네트워크를 활용한 유의어 분석을 시도하기도 하였다.

성분 간의 결속 관계가 견고한 연어적 구성에 있어서 유의 관계 차이를 다룬 논의로는 김진해(2000, 2006)를 참조할 만하다. 어휘의 일반적 의의와 자질을 논의의 배경으로 두고 유의어에 대한 인식을 탐구하고 있는 연구로는 신명선(2004), 이광호(2008), 김충명(2008) 이민우(2017a, b) 등이 있다. 신명선(2004)은 어휘의 메타언어 활동 의의에 대해 심도 깊은 논의를 진행했고 이광호(2008)에서는 유의어 변화의 기술 방안을 제안하고 있다. 김충명(2008)에서는 의미자질 차이에서 비롯된 범주별 특성을 중점에 두고 논의를 진행했다. 이민우(2017a, b)는 동의 관계 설정과 유의어의 의미 사용 양상 분석에 대한 참신한 견해를 내어놓았다. 이에서는 기존에 이루어졌던 의미 관계에 따른 동의어와 유의어에 대한 인식을 비판적 입장에서 제안하고 있다.

언어 교육의 측면, 특히 한국어교육의 측면에서 이들 연구는 문금현(2005)과 강현화(2005)에서 각각 외국인을 위한 한국어 의미 교육에 대한 정의와 전망, 학습자에 따른 유의 관계 변별 기제에 관한 연구가 이루어진 이래 다양한 측면에서 논의가 이어지고 있다. 특히 언어권별 학습자를 대상으로 하는 유의어 교육과, 영역 및 주제별 동사·형용사의 유의성 교육 관련 연구에 집중되고 있다. 그런데 이들 방법과 결과는 대동소이한 양상을 보인다. 이는 유의어 어휘 군을 선정하고 이들을 개념과 용법 수준에서 비교한 후 언어 교육의 단계로 연결시키는 구조를 취하거나 학습자의 모국어와 대조 분석 측면에서 비교하여 그 차이점과 유사점을 교수학습의 방안으로 귀결시키는 방식으로 진행되고 있기 때문일 것이다. 적어도 방법론 측면에서는, 앞으로 보다 심도 깊은 연구가 이루어져야 할 것으로 생각한다.

3.3. 말뭉치 관련 연구

언어 자료인 말뭉치를 활용하여 유의어를 변별하려는 연구는 유현경·강현화(2002), 봉미경(2005), 최준(2011) 등에서 이루어졌다. 이들은 말뭉치 자료의 분석을 통해서 고빈도 연어, 조사 결합 관계 등을 살펴보고 이를 유의어 변별 기초 자료로 제시하고 있다는 공통점을 지닌다. 말뭉치 관련 연구는 특히 교육적으로 유용하다. 자신이 판단할 수 있는 한계를 뛰어넘어서는 실제 자료를 접할 수 있게 되기 때문이다. 경우에 따라서는 자료의 한계가 연구의 한계가 되기도 한다. 문금현(2004), 조민정(2010) 등은 말뭉치를 활용하여 한국어교육 측면에서 유의어 기술을 어떻게 해야 할지에 대해서 원초적인 문제점을 논의한 연구로 볼 수 있다. 한국어의 동사(인내동사)에 국한되어 있기는 하지만, 언어 사용의 경향성을 중점에 두고 유의성에 대한 논의를 이룬 연구로는 남길임(2014)이 있다. 이에서는 21세기 세종계획 현대국어 문어 형태분석말뭉치를 활용하여 연구를 진행했다. 수집된 말뭉치를 어떻게 활용하느냐에 대한 명확한 이해 위에서 이루어질 때 의미 있는 것이 될 것이기는 하지만 말뭉치를 활용한 유의어 연구는 앞으로도 그 발전 가능성이 무한하다고 볼 수 있다.

3.4. 유의어 관련 저술, 자료 연구

김광해(1987)의 "類意語, 反意語 辭典"이 나온 이래 조항범(1989)은 "국어 어휘론 연구사"를 저술했고 임홍빈(1993)은 "뉘앙스풀이를 겸한 우리말사전"을, 이광호(1995)는 "類意語 通時論"을 출간했다. 이후 김준기(2000)는 "한국어 타동사 유의어 연구"를 출간했고 이어 홍사만(2003)은 "국어 어휘 의미의 사적 변천"을 출간했다. 김성화(2004)는 "우리말 형용사 유의어 의미 연구"와 "우리말 동사 유의어 의미 연구" 두 권의 저술을 출간했으며 최홍열(2005)은 "정도부사의 유의어 연구"를, 최호철(2006)은 "북한의 국어 의미 연구 60년"을 출간한 바 있다. 이러한 연구 성과들에 힘입어 2009년에는 서울대학교 국어교육연구소와 낱말 연구소가 총 7권에 달하는 "우리말 유의어

대사전"을 출판하기에 이른다. 이후 최근까지 유의어를 중점에 둔 사전과 교육용 어휘집이 여러 권 출간되었기는 하지만 딱히 괄목할 만한 연구 성과물이라고 보기는 어렵다. 그러나 국립국어원이 누리집(korean.go.kr)에 탑재된 '언어정보나눔터'에서 '말뭉치, 전자사전, 용어/문자 찾기, 통합자료실' 등을 구축하여 온톨로지(Ontology) 환경에 걸맞게 온라인 기반으로 다양한 어휘 자료를 제공하고 있다. 여러 연구자가 개별적으로 시도하던 어휘 자료 수집과 활용 관련 연구가 국립국어원으로 일원화되는 것은 어떤 면에서 보자면 매우 바람직한 것으로 볼 수 있다. 게다가 평면적인 정보가 종합적이고 입체적으로 조직화되고 제공될 수 있는 하이퍼텍스트(hypertext) 환경의 비약적인 발전은 앞으로 이를 더욱 가속화시킬 것이다.

4. 연구 흐름과 성과에 기댄 유의어 연구 방향 제언

굳이 삶에 대한 성찰까지 언급하지 않아도 눈앞에 보이는 현상과 상황을 다양한 표현을 사용하여 풍성하게 이야기할 수 있는 능력은 모두가 원하는 바일 것이다. 다른 요소들을 배제하고 어휘만 놓고 볼 때 어휘의 양과 어휘의 활용 능력은 매우 중요한 언어 능력이 될 것이다. 교양 있는 한 개인이 알아야 할 어휘의 수를 딱히 규정하기는 어렵지만 일반적으로 한 개인이 알고 있는 어휘는 그 양에 상관없이 이해 어휘(passive vocabulary)와 표현 어휘(speaking vocabulary)로 구분하여 파악하게 된다. 원칙적으로 보자면 이해된 모든 것은 표현될 수 있겠지만, 습관과 관심사에 따라서 생긴 '표현의 한계점(Limitation of Expression)'이 존재하게 된다. 그런데 이때 알고 있는 것을 '표현하지 않는 것'과 '표현하지 못하는 것', '표현하기 어려운 것' 등을 구분해야 할 필요성이 생긴다. 이러한 현상을 가장 잘 반영하고 있는 어휘의 성질이 바로 유의성이라고 할 수 있다.

권재일(2016:423-434)에서는 현대 언어학이 나아갈 방향을 그 전제로부터 연구 목표와 대상, 연구 방법 등으로 나누어 다음처럼 제안하고 있다. 이에서 필요하다고 생각하는 핵심적인 부분만을 요약하여 정리해 보이면 다음과 같다.

"현대 언어학 연구의 전제는 역사적 전개 과정과 현황 분석·반성 바탕 위에 앞으로 지향해야 할 연구 방향을 제시해야 하며, 연구 목표와 대상, 방법 등으로 나누어 새로운 방향을 모색하는 데에 있다. 연구 목표는 명시적이어야 하며 그 설정은 타당해야 한다. 목표 설정 시에는 목표 유형의 균등을 추구해야 한다. 연구의 대상은 음운, 문법, 의미의 측면에서 균형적으로 선정되어야 할 것이며 각 영역의 하위분야별 균형도 고려되어야 한다. 그리고 무엇보다 언어의 역사와 계통 그리고 그 형성과 발달 과정 연구에 관심을 기울여야 하며 언어학의 응용 연구 즉, 언어교육과 언어정책, 언어공학과 같이 인간 삶의 질을 향상시켜 줄 수 있는 분야에 집중해야 한다. 언어 연구의 방법은 이성주의 편중에서 벗어나 경험주의가 적절하게 고려되는 방식으로 나아가야 하며 세분화된 개별 연구 방법에서 통합화로 눈을 돌려야 할 것이다. 이를 통해서 더욱 경제성 있는 이론을 개발할 수 있게 될 것이다. 이와 함께 규격화된 연구 방법을 극복해야 하며 공시적 뿐만 아니라 통시적인 연구 활성화를 이루어야 할 것이다."

이러한 논의에 기대면 현대 한국어의 유의어 연구는 기존에 이루어진 연구를 비판적이고도 창의적으로 분석하면서 공시적·통시적 측면에서 균형 잡힌 연구로 이루어져야 할 것이다. 그리고 그 수행의 결과물은 언어교육과 정책, 공학적 측면에 반영되어 삶의 질을 향상시켜 줄 수 있어야 할 것이다. 앞서 살펴보았듯 유의성에 대한 이해와 적용은 언어 사용자의 어휘력을 크게 좌우하는 핵심 요소로 볼 수 있다. 따라서 유의어 연구는 추상적 개념 정립뿐만 아니라 사용의 측면에서 동의성과 차이성을 고려하며 지속적으로 논의될 필요가 있다. 그리고 이들 결과는 잘 정립된 기준에 따라 세분화되어 다양한 사전 또는 교육용 자료로 가공되어 그것을 필요로 하는 사용자에게 제공될 수 있어야 할 것이다.

참고문헌

강현화(2005), 중·고급 학습자를 위한 감정 기초형용사의 유의관계 변별 기제 연구, "한국어 의미학" 17, 한국어의미학회, 43-64.

권재일(1998), "한국어 문법사", 박이정.

권재일(2016), "언어학사강의", 박이정.

김건희(2014), 이형태 설정의 문제, "어문학" 123, 한국어문학회, 1-37.

김광순(2014), 유의어에 대한 새로운 평가와 제안, "한국어 의미학" 46, 한국어의미학회, 25-52.

김광해(1987), 국어 유의어사전 편찬을 위한 기초적 연구, "국어교육" 61, 한국국어교육연구회, 183-199.

김광해(1988), 類意關係의 成立 條件, "이화어문논집" 10, 이화여자대학교 이화어문학회, 13-31.

김광해(1995), "어휘 연구의 실제와 응용", 집문당.

김광해(1987), "類意語, 反意語 辭典", 한샘.

김선영·전후민(2010), 한국어 학습자를 위한 유의어 사전에서의 화용적 정보 기술 방안, "한국사전학" 16, 한국사전학회, 30-68.

김성화(2004), "우리말 형용사 유의어 의미 연구", 한신문화사.

김성화(2004), "우리말 동사 유의어 의미 연구", 한신문화사.

김양진·최정혜(2010), 유의어(類義語)의 경계 탐색, "한국어 의미학" 33, 한국어의미학회, 19-40.

김용석(1981), 유의어 연구, "배달말" 5, 배달말학회, 103-122.

김은영(2004), 감정동사 유의어의 의미 연구, "한국어 의미학" 14, 한국어의미학회, 121-147.

김준기(1999), 유의어의 성립 양상 고찰, "한국학연구" 9, 인하대학교 한국학연구소, 1-19.

김준기(2000), "한국어 타동사 유의어 연구", 한국문화사.

김진식(1990), 국어 유의어 연구, "語文研究" 20, 어문연구학회, 389-426.

김진식(1991), 국어 유의어의 생성 요인 연구, 충남대학교 박사학위논문.

김진해(2000), 연어의 계열 관계 연구, "국어학" 20, 국어학회, 199-222.

김진해(2006), 코퍼스 언어학적 관점에서 본 의미의 본질, "한국어 의미학" 21, 한국어
　　의미학회, 75-104.

김충명(2008), 유의어와 반의어 간 의미자질 차이에서 비롯하는 범주특성의 신경표상,
　　"한국어 의미학" 25, 한국어의미학회, 51-69.

남길임(2014), 언어 사용의 경향성과 유의어의 기술, "한국어 의미학" 43, 한국어의미
　　학회, 59-82.

도재학 · 강범모(2012), 관련어 네트워크를 활용한 유의어 분석, "한국어 의미학" 37,
　　한국어의미학회, 131-157.

민현식(1999), "국어 문법 연구", 역락.

문금현(1989), 현대 국어 유의어의 연구: 유형분류 및 의미 분석을 중심으로, 서울대학
　　교 석사학위논문.

문금현(2004), 한국어 유의어의 의미 변별과 교육 방안, "한국어교육" 15, 국제한국어
　　교육학회, 65-94.

문금현(2005), 외국인을 위한 한국어 의미 교육의 현황과 전망, "한국어 의미학" 16,
　　한국어의미학회, 143-177.

박재연(2010), 이형태 교체와 관련된 몇 문제, "국어학" 58, 국어학회, 129-155.

배주채(2009), '달다, 다오'의 어휘론, "국어학" 56, 국어학회, 192-220.

배주채(2017), 교체의 개념과 조건, "국어학" 81, 국어학회, 295-323.

봉미경(2005), 국어 형용사의 유의관계 유형, "언어사실과 관점" 14, 연세대학교 언어
　　정보연구원, 99-135.

봉미경(2011), 학습용 유의어 사전 기술을 위한 기초 연구, "한국사전학" 18, 한국사전
　　학회, 99-125.

서울대학교 국어교육연구소(2014), "한국어교육학사전", 하우

서울대학교 국어교육연구소(2009), "우리말 유의어 대사전", 낱말(주)

신명선(2004), 語彙에 관한 메타언어 활동의 意義에 대한 연구, "어문연구" 32, 한국어
　　문교육연구회, 377-398.

양명희(2007), 국어사전의 유의어에 대하여, "한국어 의미학" 22, 한국어의미학회,
　　165-184.

양정호(2016), '않-'와 '말-'의 교체에 대하여, "국어학" 78, 국어학회, 105-137.

유현경(2008), '에게'와 유정성, "형태론" 9-2, 형태론, 257-275.

유현경(2007), '속'과 '안'의 의미 연구, "한글" 276, 한글학회, 133-154.

유현경 · 강현화(2002), 유사관계 어휘 정보를 활용한 어휘 교육 방안, "외국어로서의 한국어교육" 27, 연세대학교 언어연구교육원, 244-246.

이광호(1995), "類意語 通時論", 이회.

이광호(2008), 유의어 변화의 기술 방안, "어문학" 99, 한국어문학회 , 1-25.

이민우(2017a), 동의 관계 설정에 대한 연구, "어문론집" 69 중앙어문학회, 95-116.

이민우(2017b), 유의어의 의미 사용 양상 분석, "언어학 연구" 44, 한국중원언어학회, 135-154.

이익섭 · 채완(1999), "국어문법론강의", 학연사.

이태우 · 서영훈(2003), 정보 검색을 위한 동의어/유의어 사전 구축, "한국정보과학회 언어공학연구회 학술발표 논문집", 한국정보과학회 언어공학연구회, 208-213.

이홍식 · 이은경(2017), 교체와 유의관계. "한국어학" 77, 한국어학회, 227-253.

임수종 · 임준호 · 이충희 · 김현기(2016), 의미 프레임과 유의어 클러스터를 이용한 한국어 의미역 인식, "정보과학회논문지" 43, 한국정보과학회, 773-780.

임채훈(2013), 문장과 담화 층위에서의 어휘의미 관계, "한국어 의미학" 42, 한국어의미학회, 495-514.

임홍빈(1993), "뉘앙스풀이를 겸한 우리말사전", 서울: 아카데미하우스.

조민정(2010), 학습자사전에서의 유의어 선정과 기술 방법에 대한 연구, "한국어 의미학" 33, 한국어의미학회, 349-387.

조민정(2013), 학습자를 위한 유의어 변별 사전 기술 방안: 학습자를 위한 한국어 유의어 사전을 중심으로, "한국사전학" 21, 한국사전학회, 239-270.

조항범(1989), 국어 어휘론 연구사, "국어학" 19, 국어학회, 67-201.

조형일(2010), 시소러스 기반 한국어 어휘 교육 연구, 서울대학교 박사학위논문.

최경봉(2010), 계열적 의미관계의 특성과 연구 목표, "한국어학" 49, 한국어학회, 65-90.

최운천 · 김기형(2008), 한국어 낱말망(Korean Wordnet)과 우리말유의어분류대사전 구축, "한국사전학" 11, 한국사전학회, 197-228.

최은규(1985), 현대 국어 유의어의 의미 구조 연구, 서울대학교 석사학위논문.

최 준(2011), 경험동사의 의미적 운율 연구, "한국사전학" 18, 한국사전학회, 209-226.

최호철(2006), 북한의 국어 의미 연구 60년, "한글" 273, 한글학회, 153-217.

최홍열(1999), '조금' 유의어의 통사·의미론적 고찰, "어문연구" 27, 한국어문교육연구회, 22-46.

최홍열(2005), '모자라다' 유의어의 의미고찰, "한국어학" 29, 한국어학회, 257-284.

최홍열(2005), '불쌍하다' 類義語의 意味考察, "한국어 의미학" 17, 한국어의미학회, 95-124.

최홍열(2005), "정도부사의 유의어 연구", 역락.

홍사만(2003), "국어 어휘 의미의 사적 변천", 한국문화사.

Carnap, R. (1947), *Meaning and Necessity*, Chicago: Chicago University Press.

Wilkins, D. (1972), *Linguistics in language teaching*, London: Arnold.

한국어 정보구조 연구의 동향과 전망

_ 정승철

1. 들어가며

정보구조(information structure)는 언어학에서 가장 합의를 이끌어 내기 어려운 주제 중 하나이다. 그만큼 연구자마다 정보구조의 정의가 각양각색이다. 그러나 정보구조 연구의 대상이 화제(topic) 또는 초점(focus)과 관련된 문법 현상이라는 점에선 모두가 동의하고 있다. 지난 한 세기에 걸쳐 이 현상을 설명하려는 노력이 어떻게 진행되어 왔는지를 간단히 정리해 보고자 한다. 우선 서양학계의 정보구조 연구의 흐름을 살펴보고, 이와 별도로 전개되고 있던 한국어 관련 연구를 요약하였다. 그리고 이 두 흐름이 어떻게 만나는지를 검토해 본 후, 향후의 한국어 정보구조 연구에 대한 전망을 제시해 볼 것이다.

정보구조에 대한 관찰은 화제-평언 구조의 인식이 그 출발점이다. Weil (1844), Paul(1880), Brentano(1874) 등의 화제-평언 관찰이 프라그 학파에서 본격화되기 시작하여 Halliday(1967)의 정보구조와 Chafe(1976)의 정보포장을 통해 체계화되는 과정을 제2장에 서술하였다. 화제의 성격과 관련하여 Prince(1992)와 Gundel, Hedberg, and Zacharski(1993) 등이 주어짐성의 위상을 논의하였고, Gundel(1974)과 Erteschik-Shir(1997) 등은 장면화제를 주장하였다. 그리고 Daneš(1974), Reinhart(1981), Roberts(1998) 등은 정보구조와 담화와의 관계에 주목하고 화제의 진행 방식을 상세화하였다. 또 다른 중요한 관찰인 Brentano(1874)의 정언문-제언문 구분은 Kuroda(1972, 1992, 2005)가 재조명하고, Sasse(1987), Lambrecht(1994) 등이 논의를 확산시켰다.

제3장에서는 초점을 중심으로 한 연구에 대해 다루었다. 초점 구조는 Chomsky(1965, 1970)를 확장한 Jackendoff(1972) 등에서 초점-전제 구조로 다루어졌고, Rooth(1985)에서는 초점이 진리조건 및 양화 현상과 맺는 관계에 대해서 고찰되었다. 초점은 초기에는 지시적 신정보의 성격에서 다루어졌지만, Reinhart(1981), Lambrecht(1994), Gundel & Fretheim(2004) 등에서 관계적 신정보로 설명하기 시작하였다. 초점-배경 구조와 화제-평언 구조를 결합하는 시도로는 Vallduví(1990), Büring(1997), Erteschik-Shir (1997) 등이 있다.

제4장에서는 이러한 정보구조 연구들을 바탕으로 여러 대안적 문법 모델들이 제안되었음을 소개하였다. 이 중에는 어휘 기능 문법, 핵어 중심 구 구조 문법, 결합 범주 문법, 역할 지시 문법, 기능적 문장 투시법, 기능 통사론, 기능 문법 등이 있다.

제5장에서는 서양학계의 논의와 별도로 발전해온 한국어학의 전통적인 입장을 먼저 다루었다. 유길준(1909)과 주시경(1910)에서 각각 시작된 주제어 견해와 서술절 견해가 지금까지 이어진 흐름을 살피고, 현대 국어학의 통사적 화제 관점과 담화 화제 관점을 요약하였다. 그리고 서양의 정보구조 연구를 한국어 연구에 적극적으로 도입한 박철우(2003, 2015, 2017), 전영철 (2006, 2009, 2013), 임동훈(2012, 2015) 등을 통해, 최근 한국어 정보구조 연구의 전개 양상을 검토하였다. 마지막으로 제6장에서는 한국어 정보구조

연구의 미래를 간단하게나마 전망해보도록 하겠다.

2. 화제 구조 연구

2.1. 화제–평언 구조

화제–평언(topic-comment) 구조에 대한 논의는 그 출발점을 프랑스의 문헌학자인 Weil(1844)의 다음과 같은 언급에서 찾을 수 있다.

> 화자와 청자에게 동일하게 주어지는 출발점, 즉 초기 개념이 있어, 두 사람의 지식이 일치되는 바탕을 형성한다. 그리고 또 하나의 담화 부분이 있어 엄밀한 의미의 진술을 형성한다. 이 구분은 우리가 말하는 거의 모든 것에서 발견된다. (Weil 1844:29)[1]

이러한 관찰은 이후 수많은 학자들에게서 지속적으로 나타난다. 젊은이문법학파의 대표적 학자인 Paul(1880)은 문장을 심리적 주어(psychological subject)와 심리적 술어(psychological predicate)로 양분하였는데,[2] 이 심리적 주어란 개념은 이후 화제를 의미하는 것으로서 폭넓게 받아들여졌다. 또한 심리학과 현상학에 큰 영향을 미친 독일 철학자 Brentano(1874)의 정언적 판단이란 개념도 유사한 관찰에 바탕을 두고 있는데, 이는 제2.3절에서 더 구체적으로 다룰 것이다. 이들의 관점은 프라그 학파에 이르러 테마–레

---

1) "There is then a point of departure, an initial notion which is equally present to him who speaks and to him who hears, which forms, as it were, the ground upon which the two intelligences meet; and another part of discourse which forms the statement(l'énonciation), properly so called. This division is found in almost all we say." (Weil 1844:29)

2) Paul(1880: 100–102)은 Gabelentz(1869)가 "psychological subject"와 "psychological predicate"를 구분하여 논의하였다고 밝히고 있다. 이 구분은 19세기 말에 F. Brentano, A. Marty, W. Wundt, E. Husserl 등에 의해 매우 활발히 논의되었다.

마 구조로 불리면서 언어학의 핵심적인 주제로 등장하게 되었다.

프라그 학파의 기능적 문장 투시법(functional sentence perspective)은 슬라브어에서 문장이 어순을 달리하였을 때 드러나는 의사소통 기능의 차이를 설명하려는 시도에서 시작되었다.[3] 먼저 Mathesius(1928)는 모든 문장이 테마–레마(theme-rheme)[4]로 구성되며 테마를 발화의 시작점이라고 하였다. 이어서 Firbas(1962, 1964, 1992)는 메시지 진전 정도를 나타내는 통보력(CD, communicative dynamism)이란 측면에서, 테마는 이 통보력이 가장 작은 요소이고 레마는 통보력이 가장 큰 요소라고 하였다. 그리고 그 사이에 위치한 요소들을 전이(transition)라고 하여 '테마(최소 통보력)–전이(중간 통보력)–레마(최대 통보력)'의 구조를 제시하였다. 다음으로 Daneš(1974:123)는 테마 진행(thematic progression)의 세 가지 방식으로, 아래와 같이 (a) 선행 테마 유지 방식, (b) 선행 레마의 테마 전환 방식, (c) 상위 테마(hypertheme)[5]의 부분 집합이 테마로 되는 방식을 제시하였다.[6]

(1) 화제 진행 방식 (T: 테마, R: 레마)

　　a. 선행 화제 유지　　　　　　$T1 \rightarrow R1$

　　　　　　　　　　　　　　　　$\downarrow$

　　　　　　　　　　　　　　　　$T2 \rightarrow R2$

---

3) 프라그 학파는 체코에서 1929년 Cercle Linguistique de Prague를 중심으로 형성되었는데, 슬라브어의 자유 어순과 문말 초점 억양 경향으로 인해 자연스럽게 화제–초점 구조에 대한 관심이 집중되고 세밀한 관찰이 가능했던 것으로 보인다.

4) 프라그 학파는 화제–평언 구조를 'theme-rheme'로 불렀는데, 이 글에서는 프라그 학파 고유의 개념을 살리기 위해 '테마–레마'로 번역하였다.

5) 상위화제란 담화에서 제한되는 지시체의 집합으로서 앞의 문장에서 나열될 수도 있고, 집합을 의미하는 단어로 도입될 수도 있다.

6) Erteschik-Shir(2007:2-3)에서는 각각 화제 연쇄, 초점 연쇄, 파생 화제라고 하였다. 이 세 가지 외의 화제 선택 방식으로는, "이 의자는 아주 튼튼하다"에서와 같이 담화 상황에 물리적으로 존재하는 개체를 지시하는 경우와, "지구는 둥글다"에서처럼 개체가 담화 세계에 존재하기 때문에 담화 참여자가 알고 있는 경우도 있다.

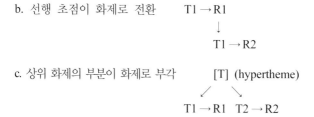

b. 선행 초점이 화제로 전환　　T1 → R1
　　　　　　　　　　　　　　　　　↓
　　　　　　　　　　　　　　T1 → R2

c. 상위 화제의 부분이 화제로 부각　　[T] (hypertheme)
　　　　　　　　　　　　　　　　↙　　　↘
　　　　　　　　　　　　　T1 → R1　T2 → R2

　마지막으로 Hajičová(1983), Sgall, Hajičová, and Panevová(1986)는 맥락에 얼마나 결속되어 있는지에 따라 테마와 레마를 각각 CB(contextually bound)와 NB(contextually non-bound)로 설명하고, 문장의 기저 표상으로 화제-초점 분절(TFA: Topic-Focus Articulation)를 제시하였다. 그리고 통보력 위계는 좌에서 우로 반영된다고 보았다. 이들은 대하여성7)을 중시하는 테마-레마 개념보다 주어짐성8)에 기반한 CB-NB를 논의하였다. CB와 NB는 초점에 보다 중점을 둔 논의로 제3장에서 다루는 초점-배경 구조에 더 잘 대응된다.

　프라그 학파의 논의는 Halliday(1967)의 정보구조(information structure)와 Chafe(1976)의 정보포장(information packaging)으로 이어졌다. Halliday(1967)는 화용론적 차원에서 구정보(given information)와 신정보(new information)의 대립을 중심으로 명제가 구조화되는 것에 주목하였다. 이전 담화와 관련한 텍스트의 구조화 양상을 정보 체계(information

---

7)　화제에 대한 정의는 대부분 '대하여성'을 바탕으로 한다. 대하여성(aboutness)이란 용어는 문헌정보학(LIS)에서 Fairthorne(1969)이 처음 만들어 사용하였고, 언어학에서는 Hutchins (1975)가 확산시켰다. Hutchins는 '주어'(subject)의 어원 때문에 야기되는 혼란이 있으므로 '대하여성'(aboutness)을 선호하였다.

8)　주어짐성(givenness)은 구정보/신정보 구분을 말하는 것으로서, 정보가 담화에서 또는 청자에게 새로운 정보인지 여부를 말하는 용어이다. Halliday(1967)의 'given' 개념을 받아들여 Chafe(1974)에서 'giveness'라는 용어를 사용하였다. 현재 정보구조 논의에서 대하여성 (aboutness)과 함께 널리 쓰이는 용어가 되었다.

system)라고 하였고, 이 체계에서 명제 정보의 각 요소가 담화에서 주어진 것(given)인지, 새로운 것(new)인지를 문장에 반영하는 것이 정보구조라고 하였다. 신정보는 운율적 돋들림(prominence)을 수반하는 초점으로 실현되고, 구정보는 조응적(anaphoric) 요소들로 실현된다. 주목할 만한 것은 주제화(thematization)라는 개념으로서 이것은 이전 담화와 무관한 절의 구조화이다. 즉 문장의 정보구조는 담화상의 구정보와 신정보가 문장에 반영된 구조를 기본으로 하여, 이 구정보 요소 중 일부를 주제화하는 것도 포함한다. 여기서 주제는 절 내에서 메시지의 출발점으로 기능하며, 문두에 실현되는 속성을 가지므로,9) 문두의 성분은 대부분 주제가 된다. Halliday(1967: 212-218)는 대조성과 관련한 논의에서 프라그 학파의 통보력 개념을 빌려와서, 통보력의 정도가 낮은 주제를 무표적 주제(unmarked theme)이라고 하고, 통보력의 정도가 높은 주제, 즉 대조나 강조 의미를 띠는 주제를 유표적 주제(marked theme)이라고 하였다.10)

Halliday(1967)에 이어서 Chafe(1976)는 정보 포장이란 개념을 내세우면서, 정보 흐름(information flow)의 유형을 중심으로 하여 의사소통과 인지의 차원으로 연구를 확장시켰다. 정보 포장이란 화자가 청자의 의식 상태에 맞추어 정보를 포장하여 전달하는 것으로서, 화자-청자의 지식 및 관심에 따른 정보 전달 방식에 대한 것이다. 정보 포장 방식은 정보의 내용(content)이 아니라 주어짐성(givenness)의 유형을 반영하고,11) 이 주어짐성 유

---

9) 이런 측면에서 Halliday의 주제화는 Vallduví(1990)의 화제-평언 분절과 유사하다.

10) 따라서 한 문장에 통보력의 정도가 다른 복수의 주제가 동시에 나타날 수 있다고 보았다. 이러한 주제들은 담화 기능에 따라 문두에서 실현되는 방식이 달라진다. 이를테면, 텍스트적 (textual) 기능을 할 때 접속사나 접속 부가어로 나타나고, 대인(interpersonal) 기능에서는 호격, 양태 부가어, 정형 동사, 의문사 등으로, 관념화(ideational) 기능에서는 주어나 보어로 나타난다는 것이다.

11) Chafe(1974:113,123)는 주어짐성의 유형으로 다음과 같은 예를 들고 있다.
in consciousness: a. I just found some books that belong to Peter.
　　　　　　　　　b. I wish I knew where that guy's living now.

형들은 위상 체계를 가지고 있다. 이 위상에서 어떤 부분이 문법적으로 실현되는지는 언어별로 다르다. 그가 예시를 통해 제시한 위상 체계는 주어짐성,[12] 대조성(contrastiveness), 한정성, 주어, 화제, 관점(point of view)[13] 등으로 이루어져 있다. 이러한 위계는 다음 절에서 다룰 Prince(1981)의 친숙성 위계(familiarity hierarchy)와 Gundel et al.(1993)의 주어짐성 위계(givenness hierarchy)로 이어진다는 점에서 중요하다. 한편, Chafe (1976: 50)는 화제부각 언어인 중국어를 예로 들면서, 화제가 서술의 적용을 제한된 영역으로 한정하여 주는 것이라고 하였다.[14]

2.2. 화제의 특성

앞에서 언급한 주어짐성의 위계는 담화 지시체의 인지적 위상에 대한 연구이다. Prince(1981)는 정보구조가 신정보와 구정보의 이분법이 아니라, 청자 친숙성(assumed familiarity)에 따라 정해진다고 보았다. 그리고 청자 친숙성을 환기된 것(evoked), 추론 가능한 것(inferrable), 새로운 것(new) 등으로 분류하였다.[15] 여기서 환기된 것은 담화상 환기된 것과 발화 상황에서 환

---

        c. I'd like to give these books back to him.
첫 문장 전체: a. Harry almost ran over me.
        b. It scared me half to death.
extra-linguistic: I KNOW that guy.(갑자기 눈 앞에 나타난 사람을 보면서)

12) Kuno(1972)를 인용하여 일본어 wa/ga가 given/new 정보를 표시함을 보였다. Givenness 는 청자의 의식에 존재하는지에 대한 화자의 판단과 관련 있다(Chafe 1974).
13) 관점은 화자가 감정이입(empathy)하고 있는 개체(individual)(Chafe 1967:54).
14) 특징적인 점은 화제의 선정이 격의 선정보다 먼저 이루어진다고 보고, 화제를 '발현 전의 주어'(premature subject)라고 한 것이다(Chafe 1976:51).
15) Prince(1981:245)는 친숙성 위계를 아래의 순으로 제시하고 (a–e)는 친숙성의 정도에 차이는 있지만 주어진 것이며 지칭성을 가지는 것이라고 하였다.
    a. Evoked: Susie went to visit her grandmother and the sweet lady was making Peking Duck.
    a'. Situationally Evoked: Lucky me just stepped in something.

기된 것을 말하고, 새로운 것은 청자가 모르는 것과 알고 있더라도 담화에 새로 도입되는 것을 말한다. Prince(1992)는 이 견해를 수정하여 담화 층위와 청자 층위를 구분하여 위계를 새로 제시하였다.16) 정보는 이 두 층위에서 각각 구정보와 신정보의 성격을 띠고, 둘의 조합에 따라서 위계가 정해진다는 것이다.

이 논의의 연장선에서 Gundel et al.(1993)은 주어짐성 위계가 담화 관련인지, 청자 의식 관련인지를 더 분명히 하고, 화제가 담화 측면과 더 관련이 있음을 유형론적으로 입증하고자 하였다. 그리고 상위-하위 위계 간에 함의 관계가 성립함을 주장하였다. 예를 들어 "I couldn't sleep last night"에 이어지는 문장의 주어 명사구 주어짐성 위계는 다음과 같다(Gundel et al. 1993:284).

> (2) 주어 명사구의 주어짐성 위계(Gundel et al. 1993:284)
>   a. in focus(주의의 초점)17): It kept me awake. (영어: it, 일본어: Ø,
>   중국어: Ø/ta, 러시아어: Ø/on, 스페인어: Ø/el)
>   b. activated(작동 기억 속에 있는 것): This train/this/that kept me awake.
>   (영어: he/this/that/this N, 일본어: kare/kore/sore/are/kono N, 중국

---

b. Unused: Rotten Rizzo can't have a third term.
c. Inferrable: I went to the post office and the stupid clerk couldn't find a stamp.
d. Containing Inferrable: Have you heard the incredible claim that the devil speaks
   English backwards?
e. Brand New Anchored: A rich guy I know bought a Cadillac.
f. Brand New: I bought a beautiful dress.
16) Prince(1992:311-312)의 정보 위상
a. 담화 구정보 + 청자 구정보: Evoked
b. 담화 신정보 + 청자 신정보: Brand New
c. 담화 신정보 + 청자 구정보: Unused
d. 추론 가능한 것: Inferrable
17) Lambrecht & Michaelis(1998)의 인가된 화제(ratified topic)에 해당. 이미 화제로 도입되
   었었고 이어지는 현재 발화에서 여전히 화제임이 당연시되는 성분.

어: ta/zhe/na/zhe N, 러시아어: on/eto/to, 스페인어: el/este/ese/aquel/este)

c. familiar(이미 기억하고 있는 것): That train kept me awake.
(영어: that N, 일본어: ano N, 러시아어: eto N/to N, 스페인어: ese N/aquel N)

d. uniquely identifiable: The train kept me awake. (영어: the N, 일본어: Ø N, 중국어: na N, 러시아어: Ø N, 스페인어: el N)

e. referential: This train kept me awake.
(영어: 비한정 this N, 일본어: Ø N, 러시아어: Ø N, 스페인어: Ø N/un N)

f. type identifiable: A train kept me awake. (영어: a N, 일본어: Ø N, 중국어: yi N/Ø N, 러시아어: Ø N, 스페인어: Ø N/un N)

화제 논의에서 또 하나 주목할 만한 것은 모든 문장에는 화제가 있다는 주장이다. Strawson(1964)은 문장의 진리치가 화제에 대하여 판단된다고 하였으므로,[18] 판단 가능한 모든 문장에 화제가 있다는 입장이다. Gundel (1974:50)은 화제가 없는 것으로 보이는 제언문에서 특정 상황 즉 시간과 공간이 화제라고 보았다. 생성문법 관점에서도 Wierzbicka(1975:74)는 화제가 모든 문장의 심층구조에 나타나는 것이라는 견해를 제시하였는데, "John kissed Mary"는 "John, he kissed Mary"와 같은 심층구조가 표층의 문장구조로 나타난 것이라고 설명하였다. Erteschik-Shir(1997)는 Gundel (1974)의 시공간 화제를 암묵적인 '장면 화제'(stage topic)로 불렀다. 담화에서 제시되는 'here-and-now'로서의 장면 화제는 아래 예문 (Erteschik-Shir 2007:16-17)에서 확인할 수 있다.

---

18) "The statement is assessed as putative information *about its topic*." (Strawson 1964:97-98)

(3) a. John washed the dishes. ("What happened?"에 대한 대답)

    b. It's snowing.

    c. There's a cat outside the door.

    c'. Outside the door, there's a cat.

(a)는 문장 전체가 신정보이므로 담화에서 전제되는 특정 시공간이 화제이고, (b)는 현재 화자가 인지하는 상황에 대해 말하는 것이므로 '지금, 여기'를 화제로 삼고 있다. (c)는 현재 문 밖의 공간을 화제로 한다. 이러한 장면 화제의 시공간적 성격은 (c') 장소 부사의 화제화와 유사함을 볼 수 있다.[19]

화제를 논의할 때 담화와 문장의 층위를 구분하여 각 층위에 해당하는 화제를 별도로 정의하기도 하였다. Reinhart(1981)는 담화 화제(discourse topic)를 텍스트의 화제라고 하여 문장 구조와 상관없다고 보았다. 반면 문장 화제는 문장의 서술 내용이 저장되고 분류되는 주소나 서류철이라고 하였다. 이러한 관점을 좀 더 세분화한 Roberts(1998, 2011)는 추상적인 담화 화제를 QUD(question under discussion)로 설정하고, 이것이 문장에서 무표적인 구조의 화제로 나타날 때를 테마로, 유표적인 구조의 화제로 나타나는 것을 화제로 나누어 정의하였다. 여기서 테마는 화제를 포함하는 범주이다. 그의 예시에 따르면 테마는 일반적인 주어에 해당되고, 화제는 대개 화제화된 요소에 해당된다.[20]

---

19) 장소 부사 화제가 주어의 일치 현상과 유사한 성격을 보인다는 점을 Reinhart(1981), Kratzer(1989)에서 언급하였고, 장소 부사의 화제화 방식이 논항의 화제화와 동일하다는 점을 Ladusaw(1994), É. Kiss(2002) 등에서 주장하였다.

20) 아래의 (a, b)에서 밑줄 친 Mary, To Harry는 theme에 해당하고, 둘 중 To Harry는 theme 이자 topic이다(Roberts 2011: 1911).

    a. Q: What about Mary? What did she give to Harry?
       A: <u>Mary</u> gave [a shirt] to Harry.

    b. Q: What about Harry? What did Mary give to him?
       A: <u>To Harry</u> Mary gave [a shirt].

2.3. 정언문과 제언문

화제-평언 구조와 관련하여 또다른 측면에서 관찰된 주요 현상으로서 정언문(categorical sentence)과 제언문(thetic sentence)의 대립이 있다. 관련 연구는 Brentano(1874)가 정언적 판단(categorical judgement)과 제언적 판단(thetic judgement)의 구분을 제시하면서 시작되었다. 이후 Kuroda(1972, 1992, 2005)에서 재조명하고, Sasse(1987), Lambrecht (1994) 등에서 논의의 폭을 넓혔다.

Brentano(1874)와 그의 제자 Marty(1918)는 주어-술어의 표면적 문장 구조가 심층적으로는 두 부류로 나눌 수 있음을 포착하였다(Cesalli & Friedrich 2014). 두 부류 중 정언적 판단(또는 이중 판단)은 "John is intelligent"와 같은 문장이고, 제언적 판단(또는 단순 판단)은 "It is raining"과 같은 문장이다. 정언적 판단은 "John is intelligent"의 문장이 'John'이란 개체를 부각시킨 후에 'is intelligent'라는 속성을 부가한다는 점에서 이중 판단이라고 보았다. 반면, 제언적 판단은 문장 "It is raining"이 개체를 부각시키지 않고 비 오는 상황을 단일하게 인식하므로 단순 판단으로 보았다. 이러한 관찰은 화제가 있는 문장과 그렇지 않은 문장의 차이를 잘 보여준다.

Kuroda(1972:161)는 Brentano의 정언문/제언문 개념을 재조명하여 다음과 같은 일본어 -ga/-wa 대립 구문에 국한하여 적용하였다.

(4) a. Inu-ga   hasit-te iru.   (thetic)
         dog-NOM   run-PROG
         '개가   달리고 있다.'
     b. Inu-wa   hasit-te iru.   (categorical)
         dog-TOP   run-PROG
         '개는   달리고 있다.'

여기서 Kuroda는 -ga 제언문을 '사건의 인식'이란 성격으로 보았는데, Brentano의 '상황의 단일한 인식'이라는 설명과 궤를 같이 한다. 그리하여 제언문의 -ga 성분은 단일하게 인식되는 사건 내부의 구성 요소라는 것이다. 반면 정언문에서는 화자의 관심이 주어인 -wa 성분에 주어지면서 주어에 대한 독립적인 판단이 먼저 이루어 진다고 보았다. 그 후에 앞서의 판단과 달리는 사건이 연결된다는 설명이다. 이는 Brentano의 정언문/제언문의 대립이 화제 표지가 발달한 일본어에서 각각 -wa/-ga로 드러난다는 점을 잘 포착해 낸 것이다. 그런데 Kuroda는 여기에 정보구조를 접목하는 데 있어서 몇 번의 수정을 가한다. Kuroda(1972:170)는 위 설명의 예외로서 "사람이 동물이다"와 "사람은 동물이다"처럼 개체층위 술어가 쓰인 문장21)은 둘 다 정언문으로 처리하고,22) 두 문장의 차이는 초점의 유무로 보았다.23) 최종적으로 Kuroda(2005:38)는 견해를 바꾸어, 예외없이 -ga 구문은 제언문이고 -wa 구문은 정언문으로 봄으로써, 두 구문이 제언문/정언문의 직접적 반영임을 포착하였다. 그럼에도 불구하고 Kuroda는 -wa를 화제 표지가 아닌 정언문 표지로 규정함으로써 정보구조와의 직접적인 관련성을 부정하였다.24)

다음으로, Sasse(1987)는 Kuroda(1972)의 견해를 확장하여 서술(predi-

---

21) 개체층위 술어란 술어 자체로 정해지는 것이 아니라, 화제와의 관계에서 상대적으로 정해지는 개념이므로 특정 술어에 대해 개체층위 술어라고 못박아 두고 설명의 기준으로 삼는 것은 문제가 있다.

22) 이렇게 처리한 이유는, 이 두 문장은 영어의 'A is B' 구문에 해당되므로 Brentano의 관점을 적용하면 이중 판단인 정언문으로 볼 수 있고, 제언문의 성격인 '사건의 인식'으로 해석하기에는 무리가 있기 때문이다.

23) 여기서 -ga 구문은 제언문이 아니라 초점이 있는 정언문이라는 것이다. 이 설명은 초점이 없이도 "사람이 동물이다"라는 문장이 가능하다는 점에서 적절치 못하다. 이후 Kuroda(1992:51)는 입장을 수정하여, "인간이 동물이다"를 초점을 가진 제언문으로 처리했다. 이러한 혼란은 정언문/제언문의 '이중/단일판단' 기준과 초점 판단 기준의 모호함을 잘 보여준다.

24) 이러한 오류는 주어 -wa/-ga의 대립을 화제/초점의 대립으로 보는 견해와 관련이 있다. Kuroda는 이 대립이 화제/초점만으로 설명할 수 없다는 점 때문에 화제 표지 -wa마저 부정해버린 것으로 보인다.

cation)을 논의의 중심으로 삼았다. 그는 서술이란 'ABOUT 진술'로서, 어떤 개체(predicaiton base)와 그에 대해 속성을 부여하는 서술어(predicate)로 이루어진 것으로 정의하였다. 그리고 이 서술에 해당하는 문장을 정언문으로 보았고,[25] 서술이 아닌 문장을 제언문이라고 했다. 여기서 Brentano의 이 중 판단 및 단일 판단의 기준과 상통함을 알 수 있다. Sasse(1987:566)가 기여한 것 중 하나는 제언문 판단 기준을 세분화한 것이다. 그가 제시한 제언 문의 7가지는 존재 진술, 설명, 놀람 또는 기대 밖 사건, 일반 진술, 배경 기술, 날씨 표현, 신체 관련 진술이다.[26] Sasse(1987:529)는 다음에 해당하 는 독일어 예문을 통해 논의를 전개하는데, 정언문과 제언문 구분이 대조성 과 결부될 때 생기는 논란을 잘 보여준다.

(5) a. Das BRAThendl ist angebrannt.
'The CHICKen's burnt.'
b. Das BRAThendl ist ANgebrannt.
'The CHICKen's BURNT.'

위의 (a)는 '타는 냄새가 나는 상황'에 대해 설명하는 문장인데, Sasse는 Brentano식의 단일 판단이나 Kuroda의 사건 인식이란 측면에서 제언문으 로 판단하였다. 다시 말해, 주어인 'chicken'은 화제로 기능하는 것이 아니라

---

25) 이는 화제의 속성과 관련하여 많이 언급되는 '대하여성'(aboutness)과 유사해 보이지만 좀 더 엄밀한 개념이다. 이는 Strawson(1964:97-98)이 진리치 공백(truth value gap)을 설명 하기 위해 추가한 화제 조건인 "The statement is assessed as putative information about its topic"을 반영한 것이다. 진리치 공백은 "The King of France is bald."에서 화제가 지시하는 것이 없기 때문에, 이 문장이 화제에 대해 어떠한 판단도 내릴 수 없는 것을 말한다.

26) 제언문을 문장 전체 신정보나 뉴스문 등으로 설명해버리는 많은 논의들과 비교하면 훨씬 구체적인 논의이다. 특히 배경 기술, 신체 관련 기술은 서양 언어 구조에서 정언문과 제언문을 구분해 내기가 힘들다는 점에서 훌륭한 관찰이다. 그러나 정의가 잘못됨으로써 '일반 진술' 같은 모호한 개념을 쓰고 있다.

'The chicken's burnt'라는 사건 정보의 내부 논항인 것이다. (b)는 통닭을 기대하던 사람이 "왜 햄버거야?"라고 물어 봤을 때의 대답으로 발화된 문장으로서, 주어인 'chicken'은 '햄버거'와 대조되기 때문에 강세가 부여되어 대조성을 표현한다. Sasse는 관심의 대상인 chicken에 대한 정보를 청자가 기대하고 있기 때문에 (b)는 chicken에 대해서 얘기하는 문장이라고 판단했다. 따라서 chicken은 정보의 외부에 있고, ABOUT 진술이 되며, 정언문이라고 설명하였다.27) 이렇게 문두 성분이 대조성을 띠는 경우에 대해 화제로 볼 것인지 초점으로 볼 것인지, 또는 정언문으로 볼 것인지 제언문으로 볼 것인지는 이후에도 여러 연구자들 간에 논란이 지속되고 있다. Sasse (1987:519)는 정언문/제언문과 정보구조의 직접적인 관계에 대해 부정한다. 정보구조는 부분적으로만 정언문/제언문의 구분에 관여한다는 것이다. 그 근거로서 위 두 문장이 모두 주어가 주어진 정보(정관사 das)인데 정언문과 제언문으로 구분된다는 점을 들고 있다.28)

정언문/제언문을 정보구조와 직접 관련이 있는 것으로 본 것은 Lambrecht(1994:223)가 대표적이다. 그는 초점 구조의 아래 세 유형을 제시하고 문장 전체 초점 구조만을 제언문으로 여겼다. 그 이유는 (c) 문장초점 구조만 비이분적(non-binary) 단순판단으로 보았기 때문이다.

(6)　a. My car/It [$_{FOC}$ broke DOWN].　　술어초점 구조 (화제-평언)
　　　b. [$_{FOC}$ My CAR] broke down.　　　논항초점 구조 (초점-전제)
　　　c. [$_{FOC}$ My CAR broke down].　　　문장초점 구조 (전체 초점)

---

27) 그러나 이 문장의 화제를 '통닭'이 아니라 '지금 먹을 것' 또는 '차려진 음식'으로 본다면, ABOUT 진술이라기보다 사건에 대한 단일 판단이므로 제언문이라고 할 수 있을 것이다. 이는 대하여성(aboutness)를 바탕으로 전개되는 논의는 아주 모호한 방식으로 이루어지는 점을 보여준다. 대조성의 경우 대조성은 화제와 별개의 차원으로 보아야 할 수도 있다.
28) 이 논리는 정보구조를 구정보-신정보 즉 한정성의 관점에서만 본다면 맞을 수 있지만, 정보구조가 단순히 한정성을 반영한 것이 아님을 살펴야 한다.

3. 초점 구조 연구

앞에서 다룬 화제-평언 구조와 정언문-제언문 구분은 대체로 화제를 중심으로 한 연구들이다. 반면, 영어처럼 화제보다는 초점을 실현하는 기제가 더욱 두드러지는 언어를 기반으로 연구하는 경우 초점(focus)-배경(background) 구조에 중점을 두는 경향이 있다. Chomsky(1970), Jackendoff (1972) 등에서는 초점-전제(presupposition)로 불렀는데, 이와 관련하여 Jackendoff(1972:246)에서 보인 바와 같이 존재 전제(existential presupposition)는 너무 강한 개념이므로 전제 대신 '열린 명제(open proposition)'이나 '배경(background)'으로 부르기도 한다.[29] 주어짐성을 중심으로 논의하는 Gundel(1999) 등의 경우는 초점-화제 분절을 주장한다.[30] 앞에서 다루었던 프라그 학파에서도 Hajičová(1983), Sgall et al.(1986) 등은 주어짐성과 유사한 CB(contextually bound)의 개념에서 접근하여 TFA (Topic-Focus Articulation)를 주장한 경우가 있다. 이러한 초점 중심의 연구에서는 대개 초점은 문장의 필수적인 요소로 취급하지만, 화제는 필수적이지 않은 것으로 보는 경우가 많다.

주어짐성 논의에서 Reinhart(1981), Lambrecht(1994), Gundel & Fretheim(2004) 등은 주어짐성이 단순히 구정보-신정보 같은 지시체의 지시적 위상의 문제가 아닌 관계적 주어짐성을 강조한다. 다음 예와 같이 구정보임

---

29) Jackendoff(1972:246)에서 아래 (a)가 (b)와 같은 전제를 가지는 것이 아니라는 것을 지적했다. (a)에서 전제가 (b)의 의미와 다르다는 것이다.
   a. NOBODY likes Bill.
   b. There exists x who likes Bill.

30) Lambrecht(1994:122)는 이에 대해 비판하기를, 화제를 대하여성(aboutness)의 관점으로 볼 때 "x called the meeting"은 의미상 불완전하기 때문에 지시체가 없으므로 화제로 보기 어렵다고 하였다. 대하여성에 입각하여 주제를 정의한 초기 논의는 Hockett(1958:201) 등이 있는데, 이러한 관점에서는 화제와 평언이 모두 문장의 통사적 성분일 것을 요구한다. 그러나 화제의 정의에서 대하여성을 버리고 주어짐성으로 보는 이론에서는 화제가 통사적인 성분일 필요도 없고 지시체가 있을 필요도 없다.

에도 초점으로 나타나는 경우가 있기 때문이다. 아래 대답문의 'PORK'는 질문에서 주어진 '지시적 구정보'이지만, 문장 성분들 간의 관계에서 새로운 정보라는 측면에서 '관계적 신정보'이다. 그러므로 정보구조는 지시적 주어짐성이 아니라 관계적 주어짐성에 따라 논의해야 한다는 것이다.

(7) Q: Did you order the chicken or the pork?
    A: It was [FOC the PORK] that I ordered.(Gundel & Fretheim 2004: 177)

화제-평언 구조와 초점-배경 구조의 복합구조를 받아들이는 경우도 많은데, 둘의 위상을 어떻게 상정하는지에 따라 입장이 나뉘기도 한다. 화제를 상위 구조로 보는 경우로는 Partee(1991), Krifka(1991), Steedman(2000), Büring(2003) 등이 있다. Krifka(1991:153)는 특히 화제 내부에 초점이 있는 구조를 다음과 같은 예문을 통해 제시하였다.[31]

(8) A: What did Bill's sisters do?
    B: [TOP Bill's [FOC youngest] sister] [COMMENT kissed John]

한편 초점-배경 구조를 상위에 두는 경우로서는 Vallduví(1990), Büring(1997), Erteschik-Shir(1997) 등이 있다. Vallduví(1990)는 정보구조를 '연결(link)-꼬리(tail)-초점(focus)'의 삼항 분절로 보았다. 문장의 정보구조는 초점-배경 구조로 먼저 나뉘고, 그 다음 배경이 다시 연결-꼬리 구조로 구분된다는 것이다. Vallduví(1990:55)는 Dahl(1974:2)의 다음과 같은 예문을 통해 삼항 분절의 필요성을 제시하였다.

---

31) 여기서 부분 화제가 가지는 대조성 때문에 대조 화제와 초점에 혼동이 있는 것이 아닌지 검토할 필요가 있다.

(9) Q: What about John? What does he drink?

    A: <u>John</u> drinks [_FOC_ BEER.]

이 예문의 대답문은 화제-초점의 이분구조로 설명할 수 없다. 'drinks'는 질문에서 주어진 정보로서 초점이 아니므로 [_FOC_ BEER]만 초점으로 볼 수 있다. 따라서 화제인 'John'과 초점인 'BEER'를 제외한 나머지 부분을 꼬리라고 하였다. Vallduví(1990)는 이론적으로 Halliday(1967)와 Chafe(1976)의 정보구조 또는 정보포장을 계승하여, 정보가 화자의 지식 저장소에서 청자의 지식저장소로 전달되는 방식을 구체적으로 설명하였다.³²⁾

문장의 초점을 확인초점(identificational focus)과 정보초점(informational focus)으로 구분하여 논의하기도 한다.³³⁾ Kuno(1972)의 용어로는 총망라적 거론(exaustive listing)이 확인초점에 해당한다. É. Kiss(1998, 2001:1449)는 확인 초점을 다음 헝가리어 예를 통해 설명하였다.

(10) a. <u>Jáno-s</u>   **MARI-T**   hívta   meg   vacsorára.
        John-NOM Mary-ACC invited PREV to.dinner

    b. It was Mary that John invited.

위의 헝가리어 예문에서, 확인초점 성분은 동사 앞에 위치하고 강세가 주어진다. 이 확인초점 성분의 의미는 잠재적 후보군 중 다른 이가 아닌 매리를 초대했다는 의미이다. (a)에 대응되는 영어 구문으로서 (b)와 같은 분열 구문을 확인초점으로 간주하는 논의로 Rooth(1996), Erteschik-Shir(1998) 등이 있다.

---

32) Vallduví(1990:66)에 따르면, 초점은 문장에서 필수적인 부분이고, 청자에게 전달되는 내용으로서, 유일하게 새로운 정보를 제공하는 부분이다. 화제는 초점의 새로운 정보가 청자에게 전달될 때, 화자의 지식저장소 주소와 동일한 주소로 전달될 수 있게 하는 일종의 주소이다. 꼬리는 전달되는 정보의 내용이 청자에게 정확하게 도입될 수 있도록 도와주는 역할을 한다.

33) 확인초점은 담화에 주어진 개체 집합에서 일부를 확인하는 초점이고, 정보초점은 일반적인 초점으로서 신정보에 부여되는 초점이다. (É. Kiss 1998)

4. 정보구조 관련 문법이론

정보구조 연구는 여러 문법 이론에 적용되었고, 일부 이론에서는 핵심적인 역할을 하기도 한다.[34] 우선 병렬 구조(parallel architecture)를 내세우는 이론들은 음운, 통사, 의미, 화용적 층위를 병렬인 구조로 상정하므로 정보구조를 이론에 통합하기가 쉽다. 이 이론들은 정보구조가 기타 문법 층위와 동일한 위상을 갖는 것으로 보고 있다. Vallduví & Engdahl(1996)의 어휘 기능 문법(Lexical Funtional Grammar)은 정보구조 자질 구조와 그 표상(representation) 간의 사상(mapping) 관계를 사용하여 정보구조를 문법에 통합하였다. 핵어 중심 구 구조 문법(Head-driven Phrase Structure Grammar)은 자질 구조 공유라는 개념을 적용하여 정보구조를 설명하였고(Pollard & Sag 1987, Ginzburg & Sag 2000), 결합 범주 문법(Combinatory categorial grammar)은 음운 구조, 통사 구조, 의미 합성(논리형식과 정보구조를 포함)의 가능한 연결을 상호 제약하는 부분적 정보구조의 모델을 제시하였다(Steedman 2000).

Van Valin & LaPolla(1997)는 역할 지시 문법(Role and Reference Grammar)에서 구문 틀(templates)로서 문법 구조가 저장된 구조(architecture)를 도입했다. 이 구문 틀은 형태통사, 의미, 화용 특성(properties)이 연결된 구문의 집합으로 이루어져 있다. 이 연결 방식은 특권 논항 또는 화용적 축(pragmatic pivot)으로 설명되는데, 이 화용적 축의 선택이 주어 부각(subject-prominent) 언어와 화제 부각(topic-prominent) 언어를 나눈다고 보았다. 즉 화제 부각 언어는 특권 논항이 화제로 실현되고, 주어 부

---

34) 한편, 형식 언어학은 정보구조에 대한 합의가 전반적으로 이루어졌다고 하기 어렵다. 지배결속이론(Government-Binding theory)이나 최소주의(Minimalist Program) 등은 담화 기능을 가진 화제-초점을 화용적 측면으로 간주하여 처음에는 부차적인 현상으로 다루었다. 그러나 후에 대부분의 언어가 화제와 초점을 별개의 구조적 위치로 실현한다는 점이 받아들여지면서, 통사와 정보구조 간의 접면(interface)의 설명에 대해 많은 시도가 이루어지고 있다.

각 언어는 의미역에 따라 주어를 선택한다는 것이다.

기능주의 이론들은 2절에서 다룬 프라그 학파의 기능적 문장 투시법(functional sentence perspective)외에도 Kuno & Takami(1993)의 기능 통사론(Functional Syntax)과 Dik(1997)의 기능 문법(Functional Grammar) 등이 있다. 이들은 통사론에 기능적 제약을 도입해야 한다고 주장하면서, 기존 통사론의 제약이 설명할 수 없는 자료를 제시하려고 노력하였다. 단순히 기능적인 설명만을 제시하는 것에 그치지 않고 상당히 형식화된 이론을 제공하려는 시도도 이루어지고 있다.

이처럼 정보구조의 연구는 여러 문법 모델에 있어 핵심적인 지위를 차지하고 있다. 다양한 이론적 설명이 등장하는 이유는 그만큼 정보구조의 분석이 단순하지 않기 때문이다. 그만큼 정보구조의 현상과 그 기저의 구조에 대해서는 앞으로 해결해야 할 과제가 많다고 할 수 있다.

5. 한국어 정보구조 연구

한국어 연구에서는, 정보구조 관련 현상인 이중 주어 또는 주격 중출 구문이 한국어에 발달되어 있기 때문에, 근대적 연구 시기부터 이 현상과 관련한 연구에 많은 관심을 가져왔다. 이중 주어 연구사를 요약한 정인상(1990: 243)에 따르면, 그 시초를 유길준(1909), 주시경(1910)에서 찾을 수 있다. 유길준(1909)은 "가을은 달이 밝소"에서 화제구인 "가을은"을 '총(總)주어'라고 하였고, 이 개념은 김두봉(1934)의 '큰임자', 박승빈(1935)의 '문주(文主)'로 이어졌다. 이들의 견해는 이후 지금까지의 활발한 '주제어' 연구로 계승되어 한국어 화제의 여러 특성을 관찰해왔다.

한편, 주시경(1910)은 이에 대한 전통적 입장인 소위 '서술절 분석'을 통해, 위의 문장을 주어 "가을은"과 서술절 "달이 밝다"로 이루어져 있다고 보았다. 서술절 내부는 다시 주어와 서술어로 구성되므로 이 문장은 결국 서술절 내포문을 지닌 복문이라는 분석이다. 이 관점은 최현배(1937)와 허웅(1983)의 '용언절(풀이마디)'과 권재일(2012) 등의 '서술절'로 이어지고 있고, 현재 학교 교육에도 적용되고 있다. 이렇듯 유길준(1909)과 주시경(1910)으로 대표되는 두 견해는 주어 판단과 복문 판단에서 차이를 보이고 있지만, 화제 구조의 차원에서 보면, 제2절에서 살펴 본 화제 중심 논의, 즉 화제-평언 구조에 해당하는 관점을 취하고 있음을 알 수 있다.

이후 현대 국어학에서는 서양학계의 통사, 의미, 담화 연구를 수용하면서, 연구자에 따라 화제에 대한 입장이 크게 통사적 화제, 담화 화제로 나뉘었고, Halliday(1967) 이후의 정보구조 개념도 받아들이게 되었다. 먼저, 통사적 화제 관점은 대표적으로 서정수(1971), 임홍빈(1972, 2007)을 들 수 있다. 서정수(1971)는 생성문법적 입장에서, 심층 구조의 관형어나 부사어였던 성분이 표층 구조에서 '주제어'로 나타난다고 보았다. 예를 들어, '코끼리가 코가 길다'는 심층 구조에서 '코끼리의 코가 길다'인데, 변형규칙이 적용되어 표층 구조의 주제어인 '코끼리가'로 나타난다는 것이다.[35] 한편, 임홍빈(1972, 2007)은 위와 같은 이중 주어 또는 주격 중출문에서 문두 성분은 기존 통사적 문법 관계로 설명할 수 없으므로, '문법적 주제'를 설정하여 설명하고자 하였다.[36] 그 외에도, 통사적 차원에서 화제에 접근한 논의로 박순함(1971), 신창순(1975),[37] 김영희(1978),[38] 남기심(1985), 홍용철(2005) 등이 있다.

---

35) 이러한 주장은 국어학에서는 동의하는 연구자가 많지 않지만, 논항 구조를 중심으로 하여 성분의 이동을 주요 기제로 하는 생성 문법에서는 화제화를 이동으로 설명하기 때문에, 여전히 많은 학자들이 지속적으로 논의하고 있다.

36) 임홍빈(2007)은 "통사 분석이 끝난 후 잉여 성분", 즉 문장 성분에 포함되지 않는 나머지 성분을 문법적/통사적 주제(grammatical/syntactic topic)라고 하였다. "통사 분석이 끝난 후 잉여 성분이 없어야 한다"는 것은 인구어 분석 방법일 뿐이며, 한국어에서는 아래와 같이 특유의 문장성분을 도입해야 한다고 하였다.

   a. [철수가]주제 [손이]주어 [크ㅡ]서술어

37) 신창순(1975)에서는 기술문(상황, 감각한 바)과 명제문(판단, 보편 지식)을 구분하고, 아래 이중 주어문은 명제문이므로 둘 다 주제라고 보았다. 그는 명제문 주제의 성격을 '선택지정'이

다음으로, 담화 화제의 측면에서 논의한 연구로는 박승윤(1986), 최규수(1999) 등이 있다. 박승윤(1986)에서는 화제가 문장 성분이라기보다 담화 구조의 기제라고 보았다. 즉 화제는 담화를 지배하면서, 문장 내에서 해당 성분이 술어의 문법 관계에서 벗어나 담화에 연결될 수 있도록 해주는 것이라고 하였다. 최규수(1999)도 화제는 담화 차원에서 다루어야 하고 통사 개념이 아니라고 하면서, 모든 문장의 문두에 화제가 있다고 보았다. 그래서 문두의 '는/가' 성분을 중심 주제어로, 그 뒤에 오는 '가' 성분을 도입 주제어로 구분하여 설명하였다.[39]

마지막으로, 정보구조 논의를 도입하여 한국어 연구를 접목시킨 논의들로는 채완(1975), 홍사만(1983), 박철우(2003, 2015, 2017), 전영철(2006, 2009, 2013), 임동훈(2012, 2015) 등이 있다. 이들의 논의는 한국어 '는/가'의 성격에 대해 해석의 차이는 있지만, Halliday(1967)와 Chafe(1976)의 주어짐성과, Prince(1981)와 Gundel et al.(1993)의 주어짐성 위계 등을 기반으로 두고 있다. 그러므로 앞 절들에서 논의한 주어짐성과 대하여성을 정보

라 하였는데, 아래의 '장미꽃'은 {국화, 모란, 무궁화, 장미꽃 등}에서 장미꽃을 선택지정했다는 것이다.

    a. 장미꽃은 향기가 좋다.
    b. 장미꽃이 향기가 좋다.

38) 김영희(1978)는 아래 문장에서 '영수가'는 정보 초점(informational focus)이며 으뜸 세기(primary stress)를 받고, '한정 지칭의 새 정보'를 나타낸다고 하였다. 여기서 한정 지칭은 지칭된 대상 외의 가능한 다른 것들을 배제하는 것으로, 정보 초점으로 사용되는 이러한 주어는 주제적 의미라고 하였다.

    a. (누가 머리가 좋으냐?) 영수가 (머리가) 좋다.

39) 최규수(1999)는 중심 주제어(main topic)는 '은/는'으로, 도입 주제어(introductory topic)는 '이/가'로 실현된다고 보았다. 그리고 모든 문장이 문두 주제어를 가진다는 '틀 맞추기'를 제안하여, (a)와의 틀 맞추기를 위해 (b)가 아닌 (c)의 구조가 맞다고 주장하였다.

    a. [[$_{MT}$ 영이는][$_P$ e 학교에 갔다]]
    b. [e [영이가 학교에 갔다]]
    c. [[$_{IT}$ 영이가][$_p$ e 학교에 갔다]]

구조의 주요 개념으로 놓고 논의를 전개하고 있다.

특징적인 논의로, 먼저 박철우(2003)는 Vallduví(1990)의 '연결-꼬리-초점'의 삼항 분절을 도입하여, 초점은 신정보에 해당되고 나머지 구정보 부분은 대하여성의 유무에 따라 연결부와 꼬리부로 나뉜다는 관점에서, 한국어의 정보구조를 세밀하게 분석하였다. 다음으로, 전영철(2006, 2009, 2013)과 임동훈(2012, 2015)은 Reinhart(1981), Lambrecht(1994), Gundel & Fretheim(2004) 등의 관계적 주어짐성을 받아들여 한정성 등의 지시적 개념과는 다름을 지적하면서,[40] 기존에 구정보-신정보 중심으로 다뤄지던 정보구조 논의를 발전시켰다. 특히, 임동훈(2012)은 Gundel(1999)의 대조초점과 Vallduví & Vilkuna(1998)의 Kontrast(의미적, 양화적 초점) 개념을 기반으로, 의미적 초점(대조 초점)과 화용적 초점(초점-배경 분절의 초점)을 구분하였다. 이에 따르면 의미적 초점은 '세로 초점'이며 보조사로 실현되고, 화용적 초점은 '가로초점'이며 격조사로 실현된다. 여기서 '세로 초점'을 설명하기 위해 도입한 구조 의미론(structured meaning semantics)과 대안 의미론(alternative semantics)[41]은 정보구조와 의미론의 관계를 잘 보여주었다. 그리고 전영철(2013)에서는 제2.3절에서 중요하게 다룬 정언문-제언

---

40) 예문 (7) 참조.

41) Vallduví & Zacharski(1994)의 대안 의미론(alternative semantics)과 Rooth(1985, 1996), Krifka(1991), Partee(1991) 등의 구조 의미론(structured meaning semantics)이 초점을 의미론적 양화 현상으로 잘 설명하고 있다. 대안 의미론은 대안 집합(alternative set)을 도입하여, 아래와 같은 문장의 의미를 잠재적인 대답의 집합으로 설명하였다.

    a. 철수가 야구를 좋아하니, 축구를 좋아하니? ⇒ 의미: {철수가 x를 좋아한다.}

구조 의미론도 Jackendoff (1972)의 '전제(presupposition)-초점'을 확장하여, 전제 대신 잠재적 명제 집합인 배경(background)을 도입하였다. 〈배경, 초점〉의 형식적 의미 구조를 제안하여, 아래처럼 초점 자리를 변항으로 대체한 배경 부분과 초점 부분으로 표상한 것이다.

    b. John introduced [$_{FOC}$ Bill] to Sue.
      ⇒ 〈 λx [introduce (John, x, Sue)], Bill 〉
          배경(명제 집합)   초점

문의 구분[42]을 재조명하고, 한국어 정보구조에 연결하여 '는/가'의 설명에 적용함으로써 정보구조 논의의 폭을 한층 넓혀주었다.

6. 한국어 정보구조 연구의 전망

지금까지 정보구조 연구사를 서양의 연구와 한국어 연구로 나누어 몇 가지 주요 관점을 간단히 고찰하였다. 가장 먼저 화제—평언 구조가 언제 처음 인식되고 보편화되어 확산되었는지를 다루었고, 화제의 특성으로서 대하여성과 주어짐성, 정보의 지시적 위상에 관한 연구, 장면 화제에 대한 연구, 담화와의 관계에 대한 연구를 살펴보았다. 정언문과 제언문에 대한 연구와 그 진전 과정도 점검하였고, 초점—배경에 대한 연구가 화제와 결합된 복합적 구조에 대한 연구로 발전한 과정도 언급하였으며, 정보구조들을 반영한 문법 모델들을 간략히 소개하였다.

한국어와 관련하여서는 전통적인 관점인 주제어 견해와 서술절 견해, 현대 국어학에서의 통사적 화제와 담화 화제 관점를 검토하였고, 서양의 정보구조 연구가 접목되면서 한국어 정보구조 연구가 다양하게 전개되어 왔음을 확인하였다.

그런데, 이렇게 많은 연구자들이 긴 시간 동안 정보구조의 본질을 찾고 있음에도 불구하고, 여전히 어떤 주장도 다수의 합의를 얻지 못하고 있다. 그 이유는 다음과 같다. 첫째, 초점 구조가 두드러지는 영어 중심의 연구는 화제 구조를 부차적인 현상으로 취급하는 경향이 크다. 둘째, 화제 구조가 두드러지는 한국어나 일본어의 경우, 화제를 중심으로 이중 주어 또는 주격 중출 현상 등을 설명해 왔지만, 언어 보편성의 측면보다 개별 언어의 특수성 차원

---

42) 정언문—제언문의 구분은 임홍빈(1972)의 정언문—비정언문과 신창순(1975)의 명제문—기술문의 구분에서도 주장되었다.

에서 접근하는 경향이 컸다. 셋째, 형식 언어학의 경우, 통사, 의미, 화용 층위를 분리하고 각각에 대한 별도의 구조를 상정하였기 때문에, 이 층위들 전반에 걸쳐있는 정보구조는 접근 방향에 따라 여러 분분한 해석을 낳는다. 넷째, 여러 대안적인 문법 모델들이 기반을 두고 있는 인지언어학의 경우, 그러한 층위 구분 대신 심리적 표상과 구문의 대응 관계로 접근하기 때문에, 정보구조를 설명하기에 더 적합해 보인다. 그럼에도 불구하고, 화제 표지가 발달한 언어를 중심으로 화제를 설명해 보려는 노력이 부족했기 때문에, 화제와 초점을 인간의 주의 체계(attentional system)에서의 강도 차이 정도로 설명하는 데 그치고 있다.[43]

사정이 이러하므로, 정보구조 연구의 이런 장벽들은 화제를 실현하는 기제가 발달한 한국어, 일본어, 미얀마 등의 화제 부각 언어[44]들을 중심으로 접근할 때, 새로운 돌파구가 열릴 가능성이 크다. 앞에서 살펴본 한국어 연구를 예로 들면, 근대적 언어 연구가 시작될 때부터 이미 주시경을 비롯한 수많은 학자들이 서양학계의 오랜 시간 누적된 연구들 못지않은 훌륭한 관찰들을 제시해주고 있다. 그건 아마도 한국어가 화제 중심의 언어들 중 주격 중출 등의 예외적 구조를 가장 유연하게 표현한다는 점과도 무관치 않을 것이다. 그러므로 한국어를 다루는 언어학자라면 무릇 한국어가 가지고 있는 특수성이 언어 보편성에 대해 무엇을 말하고 있는지에 귀를 기울여야만 한다.

이런 측면에서, 최근의 몇 가지 연구는 주목할 만하다. 이신형(2010)은 Langacker(2008) 등의 인지언어학 이론[45]을 바탕으로 한국어의 화제와 초

---

43) Langacker(2009:8-9)는 화제-초점을 설명할 때 image schema의 "현저한(prominent)" 개체들인 'trajector-landmark'에 대응시켜 설명하고 있다. 또는 화제를 "spotlights within the scene on stage"라고 비유적으로 설명한다.

44) Li & Thomson(1976)은 Lisu어, Lahu어, 중국어, 한국어 등의 예를 들어 화제 부각 언어(topic-prominent languages)의 유형을 제시하였다. Lisu어와 Lahu어는 미얀마어(Myanmar 또는 Burmese)와 함께 Lolo-Burmese어군에 속한다.

45) 대표적인 학자들로는 Lakoff(1987), Langacker(1987), Talmy(2000), Tomasello(2003), Croft & Cruse(2004), Bybee(2006) 등을 들 수 있다.

점을 설명해보려는 시도를 하였다. 인지언어학은 경험적 언어 사실들에 열려 있기 때문에, 한국어를 바탕으로 인지언어학의 이론을 보완해 나갈 필요가 있어 보인다. 그리고 이기갑(2014)에서는 한국어의 격중출 현상에 대해 Tomasello(2003), Bybee(2006)의 사용 기반 문법(Usage-based grammar)을 토대로 하여 고쳐 말하기와 구문화라는 측면에서 새로운 접근 방식을 보여주었다. 그리고 또한 정승철(2015, 2017)에서는 남미의 아이마라어와 아시아의 미얀마어 등을 대상으로 한국어와의 대조 연구를 진행하고 있다. 앞으로 정보구조를 표현하는 형태적 문법 기제가 발달한 언어들을 대상으로 정보구조 실현의 유형론을 수립해 나간다면, 그간 개별 언어의 틀에 갇혀서 포착해내지 못했던 사실들을 새롭게 발견해낼 수 있을 것으로 기대된다.

인지언어학과 유형론 연구는 세계 언어학계의 두 축 중 하나인 경험주의적 연구 노선을 대표하는데, 그간 수많은 현장 언어학자들의 헌신을 밑거름으로 엄청나게 풍부한 언어적 사실들을 발굴해내고 있다. 만약 한국의 언어학자들이 화제 중심 구조인 한국어를 무기로 다양한 언어들의 정보구조를 해석해 나가기 시작한다면, 아직 흐린 윤곽에 머물고 있는 정보구조의 실체가 환하게 드러날 것이라 전망해 본다.

참고문헌

권재일(2012), "한국어 문법론", 태학사.

김두봉(1934), "(깁더) 조선말본", 滙東書館.

김영희(1978), 겹주어론, "한글" 162, 한글학회, 39-75.

남기심(1985), 주어와 주제어, "국어생활" 3, 국어연구소, 92-103.

목정수(1998), 한국어 격조사와 특수조사의 지위와 그 의미, "언어학" 23, 한국언어학회, 47-78.

목정수(2014), 한국어 서술절 비판 −통사 단위 설정을 중심으로−, "현대문법연구" 76, 현대문법학회, 101-126.

박순함(1971), 格文法理論의 輪廓, "영어영문학" 40, 한국영어영문학회, 45-55.

박승빈(1935), "朝鮮語學, 全", 朝鮮語學硏究會.

박승윤(1986), 담화의 기능상으로 본 국어의 주제, "언어" 11-1, 한국언어학회, 1-15.

박철우(2003), "한국어 정보구조에서의 화제와 초점", 역락.

박철우(2015), 보조사의 기능과 정보구조, "국어학" 73, 국어학회, 269-307.

박철우(2017), 한국어 정보구조에서의 정보 단위 획정 문제, "언어학" 78, 한국언어학회, 131-163.

서정수(1971), 國語의 二重 主語 問題 : 변형생성 문법적 분석, "국어국문학" 52, 국어국문학회, 1-28.

신창순(1975), 국어의 주어문제 연구, "문법연구" 2, 문법연구회, 131-170.

유길준(1909), "大韓文典", 隆文館.

이기갑(2014), 한국어의 고쳐 말하기(Repair)와 격 중출 구문, "국어학" 72, 국어학회, 3-45.

이신형(2010), 인지문법에 근거한 화제와 초점, "청람어문교육" 42, 청람어문교육학회(구 청람어문학회), 553-582.

임동훈(2012), '은/는'과 종횡의 의미 관계, "국어학" 64, 국어학회, 217-271.

임동훈(2015), 보조사의 의미론, "국어학" 73, 국어학회, 335-373.

임홍빈(1972), "國語의 主題化 研究", 서울대학교 대학원 국어연구회.

임홍빈(2007), "한국어의 주제와 통사 분석 : 주제 개념의 새로운 전개", 서울대학교출판부.

전영철(2006), 대조 화제와 대조 초점의 표지 '는', "한글" 274, 한글학회, 171-200.

전영철(2009), '이/가' 주제설에 대하여, "담화와 인지" 16-3, 담화인지언어학회, 217-238.

전영철(2013), 한국어의 제언문/정언문 구별과 정보구조, "국어학" 68, 국어학회, 99-133.

정승철(2015), 아이마라어의 화제와 초점 – 한국어 정보구조와의 유형론적 대조 연구, 서울대학교 석사학위논문.

정승철(2017), 미얀마어의 주격 표지와 정보구조, "한국언어학회 학술대회지" 2017-6, 한국언어학회, 135-144.

정인상(1990), 주어, "國語研究 어디까지 왔나 : 主題別 國語學 研究史", 東亞出版社.

주시경(1910), "國語文法, 全", 博文書館.

채완(1975), 助詞 '는'의 意味, "국어학" 4, 국어학회, 93-113.

최규수(1999), "한국어 주제어와 임자말 연구", 부산대학교출판부.

최현배(1937), "우리말본", 정음사.

허웅(1983), "국어학 – 우리말의 오늘·어제 –", 샘문화사.

홍사만(1983), "國語特殊助詞論", 學文社.

홍용철(2005), 특수조사 "는"에 대한 통합적 분석, "생성문법연구" 15-3, 한국생성문법학회, 397-413.

Brentano, F. (1874), *Psychologie Vom Empirischen Standpunkt. English Translation (1995): Psychology from an Empirical Point of View* (A. C. Rancurello, D. B. Terrell, & L. L. McAlister, Trans.), London/New York: Routledge.

Büring, D. (1997), *The Meaning of Topic and Focus –the 59th Street Bridge Accent*, London: Routledge.

Büring, D. (2003), On D-Trees, Beans, and B-Accents, *Linguistics and philosophy* 26(5), 511-545.

Bybee, J. (2006), From Usage to Grammar: The Mind's Response to Repetition, *Language* 82(4), 711-733.

Cesalli, L. & Friedrich, J. (2014), *Anton Marty & Karl Bühler: Zwischen Denken Und Sprache–between Mind and Language–Entre Penseé Et*

Langage, Basel: Schwabe AG.

Chafe, W. L. (1974), Language and Consciousness, *Language* 50, 111-133.

Chafe, W. L. (1976), Givenness, Contrastiveness, Definiteness, Subjects, Topics, and Point of View, in C. N. Li (ed.), *Subject and Topic*, Academic Press, 25-55.

Chomsky, N. (1965), *Aspects of the Theory of Syntax*, Massachusetts: MIT press.

Chomsky, N. (1970), Deep Structure, Surface Structure, and Semantic Interpretation, in R. Jakobson & S. Kawamoto (eds.), *Studies in General and Oriental Linguistics. Presented to Shiro Hattori on the Occasion of His Sixtieth Birthday*, Tokyo: TEC Co., 52-91.

Croft, W. & Cruse, D. A. (2004), *Cognitive Linguistics*, Cambridge University Press.

Dahl, Ö. (1974), Topic-Comment Structure Revisited, in Ö. Dahl (ed.), *Topic and Comment, Contextual Boundness and Focus*, Hamburg: Helmut Buske, 1-24.

Daneš, F. (1974), Functional Sentence Perspective and the Organization of the Text, in F. Daneš (ed.), *Papers on Functional Sentence Perspective*, London/New York: DE GRUYTER, 106-128.

Dik, S. C. (1997), *The Theory of Functional Grammar- Part I: The Structure of the Clause*, Berlin/New York: Mouton de Gruyter.

É. Kiss, K. (1998), Identificational Focus Versus Information Focus, *Language* 74(2), 245-273.

É. Kiss, K. (2001), Discourse Configurationality, in M. Haspelmath, E. König, W. Oesterreicher, & W. Raible (eds.), *Language Typology and Language Universals: An International Handbook, 1-2*, Berlin, Germany: de Gruyter, 1442-1455.

É. Kiss, K. (2002), The Epp in a Topic-Prominent Language, in *Subjects, Expletives, and the Epp*, Oxford University Press on Demand, 107-124.

Erteschik-Shir, N. (1997), *The Dynamics of Focus Structure*, Cambridge

University Press.

Erteschik-Shir, N. (1998), The Syntax-Focus Structure Interface, in P. W. Culicover & L. McNally (eds.), *Syntax and Semantics*, Vol. 29, Academic Press, 211-240.

Erteschik-Shir, N. (2007), *Information Structure: The Syntax-Discourse Interface*, Oxford University Press.

Fairthorne, R. A. (1969), Content Analysis, Specification, and Control, in C. A. Cuadra (ed.), *Annual Review of Information Science and Technology*, Vol. 4, Chicago: Encyclopaedia Britannica, 73-109.

Firbas, J. (1962), Notes on the Function of the Sentence in the Act of Communication, *Sborník Praci Filosofické Fakulty Brněnské Univerzity A* 10, 134-148.

Firbas, J. (1964), On Defining the Theme in Functional Sentence Analysis, *Travaux Linguistiques de Prague* 1, 267-280.

Firbas, J. (1992), *Functional Sentence Perspective in Written and Spoken Communication*, Cambridge University Press.

Gabelentz, G. v. d.(1869), Ideen Zu Einer Vergleichenden Syntax. Wort Und Satzstellung, *Zeitschrift für Völkerpsychologie und Sprachwissenschaft* 6, 376-384.

Ginzburg, J. & Sag, I. (2000), *Interrogative Investigations : The Form, Meaning and Use of English Interrogatives*, Stanford: CSLI publications.

Gundel, J. K. (1974), *The Role of Topic and Comment in Linguistic Theory*, (Ph. D dissertation), University of Texas.

Gundel, J. K. (1999), On Different Kinds of Focus, in P. Bosch & R. v. d. Sandt (eds.), *Focus: Linguistic, Cognitive, and Computational Perspectives*, Cambridge University Press, 113-127.

Gundel, J. K. & Fretheim, T. (2004), Topic and Focus, in L. Horn & G. Ward (eds.), *The Handbook of Pragmatics*, Blackwell, 175-196.

Gundel, J. K., Hedberg, N. & Zacharski, R. (1993), Cognitive Status and the Form of Referring Expressions in Discourse, *Language*, 274-307.

Hajičová, E. (1983), Topic and Focus, *Theoretical linguistics* 10(2–3), 268–276.

Halliday, M. A. K. (1967), Notes on Transitivity and Theme in English, Part 2, *Journal of Linguistics* 3(2), 199–244.

Hockett, C. F. (1958), *A Course in Modern Linguistics*, Oxford & IBH Publishing.

Hutchins, W. J. (1975), *Languages of Indexing and Classification : A Linguistic Study of Structures and Functions*, Stevenage: P. Peregrinus.

Jackendoff, R. S. (1972), *Semantic Interpretation in Generative Grammar* (2nd ed.), MIT Press.

Kratzer, A. (1989), Stage and Individual Level Predicates, in *Papers on Quantification*, Amherst: University of Massachusetts, 42–45.

Krifka, M. (1991), A Compositional Semantics for Multiple Focus Construc— tions, in *Proceedings of Semantics and Linguistic Theory*, Vol. 1, CLC publications: Cornell University, Citeseer, 127–158.

Kuno, S. (1972), Functional Sentence Perspective: A Case Study from Japanese and English, *Linguistic Inquiry* 3, 269–320.

Kuno, S. & Takami, K.–i. (1993), *Grammar and Discourse Principles: Functional Syntax and Gb Theory*, University of Chicago Press.

Kuroda, S.–Y. (1972), The Categorical and the Thetic Judgment: Evidence from Japanese Syntax, *Foundations of Language* 9, 153–185.

Kuroda, S.–Y. (1992), *Japanese Syntax and Semantics – Collected Papers*, Springer–Science+Business Media.

Kuroda, S.–Y. (2005), Focusing on the Matter of Topic: A Study of Wa and Ga in Japanese, *Journal of East Asian Linguistics* 14(1), 1–58.

Ladusaw, W. A. (1994), *Thetic and Categorical, Stage and Individual, Weak and Strong*, Proceedings at the Semantics and Linguistic Theory.

Lambrecht, K. (1994), *Information Structure and Sentence Form: Topic, Focus, and the Mental Representations of Discourse Referents*, Cambridge, Eng.: Cambridge UP.

Lambrecht, K. & Michaelis, L. A. (1998), Sentence Accent in Information

Questions: Default and Projection, *Linguistics and philosophy* 21(5).

Langacker, R. W. (1987), *Foundations of Cognitive Grammar: Theoretical Prerequisites*, Stanford University Press.

Langacker, R. W. (2008), *Cognitive Grammar: A Basic Introduction*, Oxford University Press.

Langacker, R. W. (2009), *Investigations in Cognitive Grammar*, Walter de Gruyter.

Li, C. N. & Thompson, S. A. (1976), Subject and Topic: A New Typology of Language, in C. N. Li (ed.), *Subject and Topic*, New York: Academic, 457–489.

Marty, A. (1918), *Gesammelte Schriften. 2: Abt. 1. Schriften Zur Deskriptiven Psychologie Und Sprachphilosophie*: Niemeyer.

Mathesius, V. (1928), On Linguistic Characterology with Illustrations from Modern English, in V. J. (ed.), *A Prague School Reader in Linguistics*, Bloomington: Indiana University Press, 1964, 56–63.

Partee, B. (1991), Topic, Focus and Quantification, Proceedings at the Semantics and Linguistic Theory, Cornell University.

Paul, H. (1880), *Prinzipien Der Sprachgeschichte, English Translation(1891): Principles of the History of Language*(H. A. STRONG, Trans.), London: LONGMANS, GREEN, & CO.

Pollard, C. J. & Sag, I. A. (1987), Information–Based Syntax and Semantics, Vol. 1 Fundamentals, Stanford, CA: Center for the Study of Language and Information.

Prince, E. (1981), Toward a Taxonomy of Given–New Information, in P. Cole (ed.), *Radical Pragmatics*, New York: Academic Press, 223–255.

Prince, E. (1992), The Zpg Letter: Subjects, Definiteness, and Information– Status, in S. Thompson & W. Mann (eds.), *Discourse Description: Diverse Analyses of a Fund Raising Text*, John Benjamins, 295–325.

Reinhart, T. (1981), Pragmatics and Linguistics: An Analysis of Sentence Topics, *Philosophica (Belgium)* 27, 53–93.

Roberts, C. (1998), Focus, the Flow of Information, and Universal Grammar, in P. Culicover & L. McNally (eds.), *The Limits of Syntax*, ACADEMIC PRESS, 109–160.

Roberts, C. (2011), Topics, in C. Maienborn, K. von Heusinger, & P. Portner (eds.), *Semantics: An International Handbook of Natural Language Meaning*, Vol. 2, Walter de Gruyter, 1908–1934.

Rooth, M. (1985), *Association with Focus*, (Ph. D. dissertation), University of Massachusetts, Amherst.

Rooth, M. (1996), Focus, in S. Lappin (ed.), *The Handbook of Contemporary Semantic Theory*, Oxford: Blackwell, 271–297.

Sasse, H.-J. (1987), The Thetic/Categorical Distinction Revisited, *Linguistics: An Interdisciplinary Journal of the Language Sciences* 25(3 [289]), 511–580.

Sgall, P., Hajičová, E. & Panevová, J. (1986), *The Meaning of the Sentence in Its Semantic and Pragmatic Aspects*, Springer Science & Business Media.

Steedman, M. (2000), Information Structure and the Syntax–Phonology Interface, *Linguistic Inquiry* 31(4), 649–689.

Strawson, P. F. (1964), Identifying Reference and Truth-Values, *Theoria: A Swedish Journal of Philosophy* 30, 96–118.

Talmy, L.(2000), *Toward a Cognitive Semantics : Concept Structuring Systems* (Vol. 1), MIT Press.

Tomasello, M.(2003), *Constructing a Language: A Usage–Based Theory of Language Acquisition*, Harvard University Press.

Vallduví, E. (1990), *The Informational Component*, (PhD DISSERTATION), University of Pennsylvania, ProQuest Dissertations Publishing.

Vallduví, E. & Engdahl, E. (1996), The Linguistic Realization of Information Packaging, *with appendices* 34(3), 459–519.

Vallduví, E. & Vilkuna, M. (1998), On Rheme and Kontrast, in P. W. Culicover & L. McNally (eds.), *The Limits of Syntax*, San Diego: ACADEMIC

PRESS, 79-108.

Vallduví, E. & Zacharski, R. (1994), *Accenting Phenomena, Association with Focus, and the Recursiveness of Focus-Ground*, HCRC Publications, University of Edinburgh.

Van Valin, R. D., Jr. & LaPolla, R. J. (1997), *Syntax: Structure, Meaning, and Function*, Cambridge, England: Cambridge UP.

Weil, H. (1844), *De L'ordre Des Mots Dans Les Langues Anciennes Comparées Aux Langues Modernes, English Translation (1978): The Order of Words in the Ancient Languages Compared with That of the Modern Languages* (C. W. Super, Trans.), Amsterdam/Philadelphia: John Benjamins Pub. Co.

제3부

텍스트·화행 연구의
흐름

한국 텍스트언어학 연구의 현황과 과제

_ 조원형

1. 머리말

1.1. 연구 목적

이 글은 지난 30년 가까이 한국에서 이루어져 온 텍스트언어학 연구의 성과를 돌아보고 아직까지 이루지 못한 것들을 앞으로 이루어 나갈 수 있는 방안을 제시하는 것을 목표로 한다.

텍스트언어학이 언어학의 핵심 연구 분야 가운데 하나로 자리매김한 지도 이제 반세기가 넘었고, 한국에 텍스트언어학이 본격적으로 소개된 지도 30년이 되어 간다. 현대 텍스트언어학의 효시는 1960년대 말~1970년대 초에 독일어권 학계에서 '문장을 넘어서는 언어 단위에서 나타나는 문법 현상'을 고찰한 것이었으며, 한국에는 1990년대 초부터 본격적인 연구가 이루어졌다. 그런 만큼 이미 한국 학계에도 텍스트언어학 분야의 연구 성과가 상당히 축적되었으며, 통상 '한 세대'로 여기는 30년 동안의 연구 성과를 돌아볼 수 있는 계기가 마련되었다고 할 수 있다.

1.2. 연구 대상과 연구 방법

이전에도 이미 그 이전까지의 한국 내 텍스트언어학 연구 성과를 돌아보는 논문이 발표된 바 있다. 조국현(2003), 장소원(2010)이 대표적이다. 조국현(2003)과 장소원(2010) 모두 학술지 "텍스트언어학"에 실린 논문들을 주제별로 분류하고 그 각각의 논문들이 어떤 내용을 어떠한 이론과 어떠한 방법론에 의거하여 다루었는지를 개괄한 뒤 그 성과와 문제점을 지적하였다. 이 연구에서는 그와 유사한 방법으로 유사한 대상을 다루고자 한다. 즉 이 연구에서도 학술지 "텍스트언어학"에 실린 논문들을 중심으로 하여 텍스트언어학계의 동향을 조망할 것이다. 다만 "수사학", "독일문학" 등 인접 분야 학술지에도 텍스트언어학 관련 논문이 게재되는 일이 더러 있으므로 이 또한 되도록 참고하고자 한다.[1] 그리고 현재까지 한국에서 직접 저술되거나 번역된 텍스트언어학 이론서 및 단행본 저서들[2]에 대해서도 언급할 것이다.

사실 "텍스트언어학"이라는 학술지 하나만을 연구 대상으로 삼더라도 논의가 어느 정도 된다는 것 자체가 한국 텍스트언어학의 척박한 현실을 보여 주는 사례라 할 수 있다. 이 학술지 이외의 다른 학술지에는 텍스트언어학 관련 연구 논문이 잘 실리지 않는다는 뜻이기 때문이다. 이 문제의 실태와 그 원인, 그리고 극복 방안에 대해서는 뒤에서 다시 논하기로 한다.

이 논문의 제2장에서는 현재까지 출판된 논문과 저서들을 근거로 하여 한국 텍스트언어학 연구사를 개괄하며, 제3장에서는 2010년대 이후[3] "텍스트언어학" 학술지에 실린 논문들을 근거로 하여 근래의 주요 연구 관심사와 연

---

[1] 그러나 "텍스트언어학" 이외에 게재된 텍스트언어학 관련 논문을 모두 찾기는 사실상 어렵다. 따라서 모든 학술지에 게재된 텍스트언어학 관련 논문들을 일일이 모두 검색하지는 못했다는 점을 미리 밝힌다.

[2] 이 가운데 일부는 '텍스트언어학 총서'로 간행되었다.

[3] 기본적으로 2010년부터 2017년까지를 포괄하지만 필요한 경우 2009년 등 2010년이 되기 직전의 연구 성과에 대해서도 언급하기로 한다.

구 성과를 짚어보고 그 의의와 문제점을 논할 것이다. 그리고 여기에서 제시된 문제점들을 극복할 수 있는 단기적, 장기적 방안도 함께 모색하고자 한다. 그리고 맺음말에 해당하는 제4장에서 그 이전까지 다룬 내용을 정리하고 논의를 마무리할 것이다.

2. 한국의 텍스트언어학 연구사

2.1. 출범 시기 (1990년대~2000년대 초반)

2.1.1. 텍스트언어학의 등장, 발전, 그리고 수입

주지하다시피 텍스트언어학은 본래 독일어권 학계에서 처음 연구되기 시작했다. 그 과정에 대해서는 이성만(2010)이 정리해서 소개한 바 있다. 이성만(2010:123)에 따르면 1960년대부터 2000년대까지 텍스트언어학이 "다섯 단계에 걸친 연구사적 물결을 거치면서 연구 대상이 확립되고 방향이 재정립되었다고" 하였다. 이를 인용하면 다음과 같다.

제1의 물결: 1960년대. 텍스트, 형식을 입다 (1960년대)
제2의 물결: 1970년대. 텍스트, 일상을 보다 (1970년대)
제3의 물결: 1980년대. 텍스트, 지식을 펴다 (1980년대)
제4의 물결: 1990년대. 텍스트, 관계를 맺다 (1990년대)
제5의 물결: 2000년대. 텍스트, 디지털을 품다 (2000년대)   (이성만 2010:123)

이성만(2010)의 설명을 요약하면 다음과 같다. 먼저 텍스트언어학이 태동한 1960년대에는 '문장을 넘어서는 언어 단위에서 나타나는 문법 현상을 고찰하는 것'과 '의사소통의 매개체로서 사용되는 존재(즉 텍스트)'를 비로소 언어학의 연구 대상으로 삼기 시작한 시기였다. 그리고 1970년대 이후에는 '텍스트를 텍스트로 만드는 것이 무엇이냐'(이성만 2010:122)에 대한 관심, 즉 텍스트성에 대한 관심이 생겨나기 시작했고[4] 텍스트 종류를 일정한 유형으로 분류하는 분야, 즉 텍스트유형학에 대한 관심 또한 생겨났다. 1980년대에는 텍스트의 생산과 수용에 대한 관심도 새롭게 생겨났다. 1990년대에는 다언어 커뮤니케이션, 전문어 번역 교육 등이 이슈가 되기 시작했다. 1990년대 중반 이후부터 2000년대에 이르는 시기에는 정보통신 기술이 발달되면서 새롭게 생겨난 디지털 미디어 등도 텍스트언어학의 연구 분야로 정립되었다(이성만 2010:121-123 참조).

그런데 한국에는 1990년대 초반이 되어서야 텍스트언어학이 소개되었기 때문에, 독일어권 등 외국 학계에서는 제3의 물결을 넘어 제4의 물결이 다가오던 시기에 한국에서는 제1의 물결부터 제4의 물결까지를 한꺼번에 수입할 수밖에 없었다. 그리하여 초창기의 한국 텍스트언어학계는 이미 다양한 모습으로 분화하고 발전한 외국 학계의 연구 전통과 연구 성과를 학문사적 고찰을 거의 하지 못한 채 받아들여야 했다. 이는 후발 주자로서 겪어야 할 어쩔 수 없는 현실이었다. 그러나 다양한 이론서들이 간행되고 연구자들의 수가 늘어나면서 이 새로운 분야는 국내에서도 언어학 연구의 한 축을 담당할 수 있게 되었다. 그 견인차 역할을 한 단체가 바로 한국텍스트언어학회였다.

2.1.2. 한국텍스트언어학회의 출범

한국의 텍스트언어학 연구사는 사실상 '한국텍스트언어학회'의 역사와 궤를 같이 한다. 연구를 주도한 사람들이 초창기부터 모임을 만들어서 연구해 왔으며 지금도 텍스트언어학 연구는 주로 이 학회 회원들을 중심으로 이루어지고 있기 때문이다. 따라서 한국텍스트언어학회의 연혁을 먼저 살펴볼 필요가 있다. 2017년 12월 현재 한국텍스트언어학회 홈페이지[5]에서 밝히고 있는

---

4) 그 연구 성과 가운데 가장 널리 알려진 것이 Beaugrande와 Dressler가 1981년에 발표한 일곱 가지 텍스트성 기준이다. 이는 사실 그 이전에 Beaugrande(1980)가 단독으로 발표한 연구 성과에 바탕을 두고 있다(조원형 2013 참조).

바에 따르면, 이 학회는 1991년에 '텍스트연구회'라는 이름으로 창립되었으며 1993년부터 "텍스트언어학"이라는 제목의 학술지를 발간해 왔다. 그리고 1997년에는 학회 명칭을 '텍스트언어학회'로 개칭하였으며 그 이듬해인 1998년부터 비로소 '한국텍스트언어학회'라는 이름을 쓰기 시작했다. 초창기에는 여러 개별 연구자들의 월례 정기 연구 발표회 형식으로 운영하던 학회였지만[6] 1996년 11월에 첫 학술대회를 개최했고 '텍스트언어학회'라는 이름을 사용한 1997년부터 현재까지 해마다 두 번씩 학술대회를 엶으로써 주로 동료 학자들끼리 모이는 '공부 모임'이 아니라 공식적이고 대외적인 '학회'로 변모하게 되었다. 그러나 학술대회 개최나 학회지 발간과 같은 정례적이고 외형적인 일만을 해 나가는 학회로 머무르지 않도록 2009년부터 여름 집중강좌를 개최하고 있다.

2.1.3. 텍스트언어학 이론서 간행

한국 땅에서 텍스트언어학 연구가 본격적으로 시작된 이래 여러 종류의 이론서들이 간행되었다. 처음에는 독일어권 이론서를 번역한 책들이 주를 이루었으나 시간이 흐르면서 한국인 학자가 저술한 책들도 나오기 시작했다.

우선 텍스트성 이론을 국내에 소개한 번역서 "텍스트언어학 입문"(김태옥, 이현호 옮김)은 1995년에 출판되었다. 1981년에 오스트리아의 언어학자 보그랑드(Robert de Beaugrande)와 드레슬러(Wolfgang Dressler)가 함께 펴낸 *Einführung in die Textlinguistik*의 영어 번역판을 다시 한국어로 번역한 이 책은 그러나 Kohäsion을 '결속구조'로, Kohärenz를 '결속성'으로 번역하는 등 논란의 여지를 남겼다.[7] 같은 해에는 독일 언어학자 하인츠 파

---

5) www.textlinguistics.kr

6) 한국텍스트언어학회 홈페이지에 따르면 1991년 12월 텍스트연구회 출범 이후 1995년 12월까지 월례 회의를 모두 39차례 개최했다고 한다.

7) 뒤에서 언급할 고영근(1999)은 이를 각각 '응결성', '응집성'이라는 용어로 소개하였는데, 이것

터(Heinz Vater)의 *Einführung in die Textlinguistik: Struktur, Thema und Referenz in Texten* 제2판(1994)을 번역한 "텍스트언어학 입문"(이성만 옮김)도 출판되었다. 이 책은 이후 2001년에 독일에서 제3판이 나왔으며 이 역시 이성만이 번역하여 2006년에 "텍스트의 구조와 이해: 텍스트언어학의 새 지평"이라는 이름으로 출판했다. 이성만은 2004년에 독일 언어학자 클라우스 브링커(Klaus Brinker)의 *Linguistische Textanalyse* 제5판(2001)을 번역한 "텍스트언어학의 이해"라는 책을 출판하기도 했다. 이 번역서의 독일어 원서는 2014년에 제8판이 간행된 바 있다. 백설자는 2001년에 역시 독일 언어학자인 볼프강 하이네만(Wolfgang Heinemann)과 디터 피베거(Dieter Viehweger)가 저술한 *Textlinguistik: eine Einführung*을 번역하여 "텍스트언어학 입문"이라는 책을 출판했다.

한국인 가운데 처음으로 텍스트언어학 이론서를 저술한 학자는 텍스트연구회의 초대 회장을 맡기도 한 고영근이다. 고영근의 "텍스트이론"은 1999년에 초판이 나왔으며 2011년에는 개정판이 출판되면서 책 제목이 "텍스트과학"으로 바뀌었다. 이후 이석규의 "텍스트 분석의 실제"(2003) 등 한국인이 저술한 다른 이론서들도 세상에 나오기 시작했다.

2.2. 다양화 시기 (2000년대)

1990년대부터 한국어학과 독일어학 연구자들을 중심으로 텍스트언어학 연구 성과를 쌓아 나간 결과 2000년대 이후 다양한 연구자들이 다양한 관점에서 이 새롭고 광범위한 분야를 다루기 시작했다. 주로 논의된 언어는 오늘날 한국 텍스트언어학계의 인적 구성을 반영하듯 한국어와 독일어에 치중된

이 더 정확한 번역이라 할 수 있다. 뒤에서 다시 다루겠으나 여기서 간단히 짚고 넘어가면 Kohäsion은 다른 텍스트성 기준들과 마찬가지로 '속성'의 하나이기 때문이다. 유독 이 용어만을 '○○성'이 아닌 '○○구조'로 번역할 이유가 없다.

감이 없지 않으나 연구 분야는 개별 텍스트 분석, 텍스트 유형론, 텍스트 문법론, 텍스트언어학 이론을 접목한 언어 교육, 텍스트언어학 이론 그 자체 등 다양했다.

2.2.1. 다양한 분야의 연구 성과들

한국에서 텍스트언어학 관련 연구 성과들은 주로 한국텍스트언어학회 학술대회와 학술지 "텍스트언어학"을 통해 발표되고 공유되었다. 물론 다른 학술지에도 텍스트언어학 논문이 실린 바 있다. 그리고 단행본 저서도 여러 권 출간되었다.

'개별 텍스트 분석' 분야에서 이 시기에 특히 많은 연구자들의 주목을 끈 대상은 문학작품과 한국 고전 텍스트였다. 문학작품의 경우 김동인의 소설(서정섭 2000), "온달전"(정민 2000), E.T.A.호프만의 "모래귀신"(서용좌 2000), 판소리 "춘향가"(유제호 2007) 등 여러 작품에 관한 논문이 학술지 "텍스트언어학"을 통해 발표되었다. 그 연구 초점은 텍스트 구조 분석, 서술자의 특성에 대한 고찰, 서술 유형과 화법 등 저마다 다양하다. 문학작품 분석에 텍스트언어학을 도입할 경우 문학 이론 연구 분야에도 새로운 관점을 제시할 수 있다는 가능성을 보여 준 논문들이라 할 수 있다. 고전 텍스트 "월인천강지곡"과 관련해서는 운율성(고성환 2000), 응결성과 응집성(윤석민 2000), 간텍스트성(박금자 2000) 등 다양한 관점에서 논의한 논문이 한 자리에 발표되기도 했다. 조선 후기에 구전된 천주가사들의 텍스트 구조를 분석한 논문(조원형 2008, 조원형 2009) 등도 이 범주 안에 넣을 수 있을 것이다. 텍스트언어학과 수사학의 접점이라 할 수 있는 연설문 분석 역시 개별 텍스트 분석 연구의 일환으로 간주할 수 있다.[8) 히틀러의 연설문 분석(김종영

---

8) 물론 연설문은 구어로 실현되기 때문에 문어 텍스트와는 접근 방법이나 분석 방법이 다를 수 있다. 하지만 여기서는 일단 '개별 텍스트 분석'의 하나라는 데 주목하고자 한다. 제3장에서는 문어 텍스트 분석과 구어 텍스트 분석 분야를 서로 나누어서 논의할 것이다.

2000, 김종영 2001) 등이 그 대표적인 사례이다. 또한 컴퓨터 공개 대화방 대화(임칠성 2000), 컴퓨터 통신 대화명(구본관 2001) 등 컴퓨터 통신 시대의 언어생활에 관한 논문들도 연구자들의 관심을 끌었다.

텍스트언어학의 궁극적인 관심사는 의사소통인 만큼 화행론 또한 텍스트언어학 연구자들의 관심 영역에서 벗어날 수가 없었다. 화행론은 텍스트언어학뿐만 아니라 문장, 구문 단위를 대상으로 하는 의미론에서도 다루어 온 분야이기 때문에9) 이 분야와 관련된 논문들은 "텍스트언어학" 이외의 학술지에도 다수 발표되었다. 그 가운데 강창우(2004)는 화행 유형을 분류하는 데 '의사소통 목적성'이 기준이 되어야 하고 그 하위 분류에는 '화행의 대상이 되는 사태와 그것에 대한 화자의 입장, 화자와 청자의 관계, 화행이 수행되는 상황과 제도적인 배경 등'을 고려해야 한다는 점을 제시하였는데(강창우 2004:208 참조), 이는 텍스트 유형론과도 연관되는 논의라 할 수 있다. 이는 곧 텍스트 유형 분류 기준의 하나로 삼을 수 있기 때문이다. 사실 화행론과 텍스트유형학을 연관짓고자 하는 논의는 이미 1990년대부터 국내 학계에서 이루어져 왔다. 박여성(1994)은 당시까지 제시된 텍스트 종류 분류 기준들의 한계를 지적한 뒤 구성주의적 시각에서 텍스트 유형 분류를 할 필요가 있다고 제안했다. 박여성은 이어서 '발화수반력, 목표완수방식, 특정한 준비 조건' 등을 화행과 텍스트의 분류 기준으로 제시했다(박여성 1994:32-36 참조).

사실 텍스트 유형론은 이전부터 '언어학적 문체론'의 한 갈래로서 활발하게 연구되어 왔다(Fix et al. 2002 참조). 이는 개별 텍스트에 대한 깊이 있는 분석이 전제된 분야이기에, 한국에서 활동하는 연구자들 역시 앞에서 살펴본 대로 화행과 텍스트의 유형을 분류하는 기준을 고찰하는 한편 어느 한 유형

---

9) 예컨대 강창우(2006)는 화행론에 속하지만 문장 구문 층위를 논의 대상으로 삼았고 텍스트언어학과 관련된 문제를 직접 거론하지는 않았다. 한국어, 독일어, 영어의 간접화행을 논의 주제로 삼은 이 연구는 화행 또한 대조언어학의 연구 대상이 될 수 있다는 것을 보여 준 사례이다.

에 속하는 여러 텍스트들을 분석하는 데도 관심을 기울였다. 바로 앞에서 살펴본 문학작품 텍스트, 한국 고전[10] 텍스트, 연설문 등이 그 각각의 텍스트 유형에 속한다. 그밖에도 그리스도교 신약성경의 일부인 필레몬서를 먼저 '편지'라는 텍스트 유형을 가진 글로 분류하고 나서 논의를 전개한 논문도 나왔다(오장근 2001). 개별 텍스트를 분석할 때는 그 유형을 먼저 분류한 다음에 그를 바탕으로 논의를 전개해야 한다는 점을 보여 준 것이다.

다양한 문법 현상을 텍스트언어학적 관점에서 다루고자 하는 연구자들은 이 분야가 독립적인 연구 분야로 자리매김하기 시작할 때부터 있어 왔다. 사실 텍스트언어학 자체가 본래 문법론, 특히 통사론의 연장선상에서 출발한 만큼 이는 자연스럽고 당연한 현상이라 할 것이다. 특정한 어휘나 구, 절 등을 이른바 '담화 표지'로 간주하고 그 문법적인 속성을 밝히는 것이 이 분야의 대표적인 연구 주제이다. 그리고 이 시기에는 언어교육에 텍스트언어학을 접목하고자 하는 연구도 이루어졌다. 예컨대 이은희는 "텍스트언어학과 국어교육"(2000)을 단행본 저서로 출판했는데, 이 책에서는 주로 접속 관계를 언어교육에서 어떻게 교육할 것인지에 초점을 맞추고 논의를 진행했다. 이 역시 넓게 보면 접속 관계 표지에 대한 문법론적 연구이므로 '문법론의 확장' 사례 가운데 하나라 할 것이다.

텍스트언어학 이론 자체에 대한 논의 가운데 두드러진 것은 단연 텍스트성 기준에 관한 여러 학자들의 견해 제시와 상호 비판이었다. 사실 텍스트성 이론은 1980년에 보그랑드가, 그리고 1981년에는 보그랑드와 드레슬러가 함께 처음 세상에 내놓았을 때부터 논란이 적지 않았다(조원형 2013:210 참조).

---

10) 물론 이를 여러 하위 분야로 나눌 수 있을 것이다. 예컨대 "춘향전"이나 천주가사는 문학 텍스트로 분류할 수 있다. "춘향전"은 물론 그중에서도 소설 텍스트이다. 또한 천주가사는 이야기 방식 측면에서 논증 텍스트 또는 설명 텍스트로, 주제 측면에서 종교 텍스트로 분류할 수 있다. 천주가사 작품 가운데 일부는 한국 사회를 지배하던 기존 사상과 통념에 대한 천주교 신자들의 비판과 천주교 교리의 정당성에 대한 변론을 포함하고 있기 때문에 논증 텍스트로 분류할 수 있는 것이다(조원형 2009 참조).

한국 학계에서는 이재원(2001)이 간텍스트성을 "어떤 통보적인 발화체가 텍스트가 되기 위해서 항상 존재해야만 하는 성질은 아닌 것"(이재원 2001:298)이라고 평가했으며 상황성을 어긴 텍스트는 "'텍스트가 아닌 것'이 아니라 '상황에 적합하지 않은 것'"(이재원 2001:296-297)이라고 주장하는 등 텍스트성 기준 일곱 가지를 모두 인정하기는 어렵다는 견해를 제시했고 신지연(2007)은 이에 대해 "모든 텍스트는 일곱 가지 텍스트성[11]을 가진다."(신지연 2007:23)라고 하면서도 이 일곱 가지를 모두 계량화하고 그 척도를 마련하는 것은 현실적으로 어렵다는 견해를 밝혔다. 그 이전에 고영근(1999)이 텍스트가 아닌 것은 '비텍스트'라고 간주한 바 있는데 이는 텍스트성을 '문법에 맞는 문장'과 '문법에 맞지 않는 문장'을 가르는 '문법성'과 유사한 개념으로 이해했기 때문이다. 이재원(2001)과 신지연(2007)의 논의 역시 그 범주를 벗어나지 못한 것으로 여겨진다. 기본적으로 텍스트성을 '충족한' 텍스트와 '충족하지 못한' 텍스트가 있다는 것을 전제하고 논의를 진행하고 있기 때문이다. 텍스트성을 계량화할 수 있느냐 하는 문제제기도 그 연장선상에 놓여 있다. 하지만 텍스트성은 문법성과는 그 범주가 조금 다른 개념이라는 것을 감안한다면, 즉 텍스트성은 텍스트에 기본적으로 '존재하는 속성'이며 '존재할 수도 존재하지 않을 수도 있는 속성' 내지 '더 충족하고 덜 충족할 수 있는 속성'이 아니라는 점을 생각한다면 이 논의들은 결과적으로 텍스트성을 문법성과는 다른 관점에서 바라보아야 한다는 과제를 안겨 준 논의로서 그 시대적 의의를 평가할 수 있을 것이다. 그 밖의 이론적 논의 가운데 특히 주목해야 할 것은 민병곤(2001)이다. 민병곤(2001)은 텍스트언어학의 학술적 의의와 목표, 그리고 연구 방법을 새롭게 제시한 것으로 평가받는 Beaugrande(1997)를 요약 정리한 연구로서, 그 핵심 내용을 간단하지만 깊이 있게 간추려 설명했다는 의의를 지니고 있다. 이 연구와 그 후속 논의는 현대 텍스트언

---

11) 응결성, 응집성, 의도성, 용인성, 상황성, 정보성, 간텍스트성.

어학의 가장 본질적이고 핵심적인 연구 목표와 직결되므로 이 논문의 3장에서 상세히 살펴보고자 한다.

2.2.2. 유관 연구 분야와의 협력 지점 찾기

텍스트언어학의 여러 연구 영역 가운데 특히 개별 텍스트 구조 분석에 대해서는 한국텍스트언어학회 이외의 연구단체에서도 관심을 많이 가지고 있다. 한국화법학회, 한국수사학회, 담화인지언어학회 등이 모두 텍스트언어학과 영역이 겹치거나 직접적, 간접적으로 관련을 맺고 있는 분야를 전문적으로 다루는 학회들이다. 2000년을 전후하여 이러한 학회들이 창단되어 한국텍스트언어학회과 함께 텍스트/담화 연구의 시대를 열었다. '텍스트'는 복잡다단한 연구 대상인 만큼 여러 관점에서 접근할 수 있기에, 즉 오직 '텍스트언어학'이라는 이름이 붙은 이론으로만 다룰 수 있는 것은 아니기에 굳이 '텍스트언어학'의 이름을 표방하지 않고 담화분석, 담화언어학 등의 용어를 사용하면서 텍스트 층위의 언어 현상에 접근하는 학자들도 있다. 그리고 고대부터 연구되어 온 수사학은 텍스트언어학의 뿌리인지 아닌지에 대한 논란이 이어지고 있지만(Adamzik 2016:8-12 참조) 텍스트언어학과 마찬가지로 '의사소통 능력의 향상'에 관심을 가지고 있는 분야이다. 이에 2007년 11월 17일 성신여자대학교에서 한국텍스트언어학회와 한국수사학회가 공동 학술대회를 개최하기도 했다. 하지만 '텍스트언어학' 연구자들과 '담화분석' 연구자들 사이에 그동안 원활한 교류가 이루어져 왔는가를 묻는다면 주저할 수밖에 없는 것이 현실이다. 앞서 언급한 민병곤(2001)이나 Beaugrande(1997) 같은 논의들은 언어학계 전반에 시사하는 바가 적지 않은데도 불구하고 '텍스트언어학' 이외의 연구 분야에서는 거의 언급되지 않고 있는 실정이다. 뒤에서 다시 언급하겠지만 텍스트언어학이 궁극적으로는 '문법론 너머의 것, 즉 인간과 사회에 대한 탐구'를 지향한다면 언어학의 다른 하위 분야들은 '언어 내적 현상에 대한 연구'에 초점을 맞추고 그 이외의 것을 다른 분야의 몫으로 남겨 놓으려는 경향을 보이고 있다. 주로 '담화'라는 용어를 내세우는 분야에서는 텍스트언어학의 연구 성과들에 대해 부분적으로만, 즉 언어 내적 현상을 다룬 것에 대해서만 관심을 보일 뿐 보그랑드가 '텍스트와 담화 과학'의 최고 목표라고 한 "담화를 통하여 지식과 사회에 접근하는 자유를 뒷받침하는 것"(Beaugrande 1997:1)에 대한 본격적인 성찰은 보류하고 있는 것이다. 이 문제 또한 이 논문의 3장에서 다시금 논하고자 한다.

2.3. 새로운 모색 시기 (2010년대)

2010년대의 한국 텍스트언어학계는 다양화된 연구 환경 속에서 새로운 길을 모색해 왔다는 말로 설명할 수 있을 것이다. 이와 관련된 논의는 아래에 별도의 장을 만들어서 풀어 나가는 것이 적합하리라 본다. 이에 오늘날의 한국 텍스트언어학에 대해서는 이어지는 3장에서 다루기로 한다. 앞에서 언급한 몇 가지 중점 논의 사항들도 3장에서 이야기할 것이다.

3. 오늘날의 한국 텍스트언어학

3.1. 주요 연구 관심사

2010년대는 텍스트언어학이 이미 많은 사람들에게 알려진 시기이다. 이를 반영하듯 "텍스트언어학" 학술지에도 다양한 분야의 논문이 게재되었다. 그리고 2018년에는 한국인의 손으로 세계 텍스트언어학사를 집대성한 책이 출간되기도 했다. 이를 주제별로 크게 분류하면 다음과 같다.

(1) 텍스트언어학 이론 자체에 대한 고찰
(2) 텍스트 층위의 문법 현상 연구

(3) 텍스트 유형론

(4) 문어 텍스트 분석

(5) 구어 텍스트 분석 (대화, 연설문 등)

(6) 텍스트언어학과 언어교육

(7) 텍스트언어학의 응용

이제 "텍스트언어학"에 실린 논문들을 바탕으로 그 각각의 면모를 살펴보면 다음과 같다.

3.1.1. 텍스트언어학 이론 자체에 대한 고찰

텍스트언어학은 그 뿌리를 독일어권 학계에 두고 있는 만큼 독일어권 학자들의 저술을 한국 학계의 관점에서 해석하고 한국어 연구에 적용하려는 노력이 2010년대에도 꾸준히 이어져 왔다. 고영근(2012)은 '텍스트 수용'의 문제에 대한 관심을 환기하고 시, 소설, 희곡, 수필 등 여러 문학 장르들의 수용 과정을 해석하는 데 텍스트언어학 이론이 어떠한 기여를 할 수 있는가를 논했다. 특히 희곡 분석을 언급하면서 텍스트언어학의 선구자 가운데 한 사람임에도 불구하고 한국 학계에서는 그다지 많이 언급되지 않았던 독일 언어학자 하르베크의 이론을 소개한 점이 인상적이다. 고영근은 하르베크의 2001년판 저서 "드라마에 있어서 상황과 텍스트(Situation und Text im Drama)"[12]를 소개하면서 "문예학에서는 많은 경우, 상연 형태, 곧 대화 부분만을 다루고 상연 형태,[13] 곧 지문은 부차적인 것으로 다루어 왔다. 그러나 하르베크는 대화와 지문을 언어학적 관점에서 서로 관련시킴으로써 하나의 큰 텍스트 공동체를 이루는 것으로 보고 있다. 지문이 오히려 상위에 있다는 관점을 취

---

12) 한국어 제목은 고영근의 번역을 따랐다.

13) 이는 '책 형태'로 바로잡아야 한다. 인용문이므로 원저자의 착오에 의한 것으로 보이는 오류를 그대로 싣고 각주를 통해 바로잡는다.

하고 있다."(고영근 2012:17)라고 설명했다. 이성만(2012)은 '체계 이론'에 근거한 간젤과 위르겐스의 텍스트 유형학 연구를 소개했는데, 여기에 소개된 간젤의 책은 조국현이 2014년에 한국어로 번역해서 "텍스트종류언어학"이라는 제목으로 출간했다. 이재원(2015)은 판 데이크(Teun A. van Dijk)가 1980년에 출판한 저서 "텍스트학"(Textwissenschaft)에서 '문체론(문체 구조)'과 '수사학(수사 구조)'을 별도의 장으로 다룬 것에 주목하고 판 데이크가 '텍스트학'의 범주 안에 수사학과 문체론을 포함한 것이 이후의 텍스트언어학 연구에 많은 영향을 미쳤다는 점을 확인했다.

그러나 한국의 텍스트언어학계가 단지 독일어권 학자들의 선행 연구 성과를 받아들이고 활용하는 데만 머물러 있었던 것은 아니다. 한국 언어학자들은 오히려 세계 텍스트언어학사를 새로운 관점에서 집대성하기까지 했다. 그 가운데 이 논문집 출간을 바로 앞둔 2018년 2월에 주목할 만한 연구 성과를 발표한 이는 이재원이었다. 이재원(2018)은 우선 고대 그리스의 문법학, 수사학, 문체론 등을 '텍스트언어학 이전사'(이재원 2018:59-156)로 보고 이 각각의 분야가 현대 텍스트언어학 이론과 어떠한 면에서 접점을 지니는지를 고찰했다. 수사학자 롱기누스의 숭고미 이론과 보그랑드, 드레슬러의 제어적 원리 사이에 유사성이 발견된다는 점 역시 이재원의 연구에서 언급되었다(이재원 2018:148-156 참조). 이재원은 뒤이어 빌헬름 폰 훔볼트를 텍스트언어학의 선구자로 보아야 한다고 논증했다. 훔볼트가 남긴 여러 편의 저술에서 발견되는 언어의 유기적 전체성, 통일성 등에 대한 고찰과 레데(Rede)에 관한 고찰 등이 텍스트언어학의 사상적 기초를 제공하고 있다는 것이 그 근거이다(이재원 2018:157-179 참조). 이재원은 소쉬르의 "일반언어학 강의"에 언급된 통사관계와 연사관계 등도 텍스트언어학적 발상의 흔적(이재원 2018:185)으로 보았으며, 홍승우(1988)가 앞서 논한 바와 같이 본질적 의미 관련, 어휘 연대, 텍스트 응집성(코헤렌츠) 등을 연구한 발터 포르치히 또한 텍스트언어학적 발상을 선취했다는 견해를 제시했다(이재원 2018:234-249

참조). 이재원은 이러한 연구를 통해 현대 텍스트언어학의 사상사적, 철학사적 뿌리는 멀리 거슬러 올라갈 경우 고대 유럽 수사학에서, 그리고 직접적인 연관이 있는 것으로만 한정하더라도 19세기 독일어권 언어학계[14]에서 찾을 수 있다는 점을 강조했다.

한국 사회에서 텍스트언어학이 어떠한 의미를 지닐 수 있을지를 독자적인 관점에서 논한 이들도 있었다. 특히 박용익(2017)은 텍스트언어학의 연구 목표와 연구 방향을 재정립할 것을 촉구하는 최신 연구로서 주목할 만하다. 박용익은 여기서 '인문 텍스트언어학'이라는 용어를 제안하고 "'인문 텍스트언어학'이란 텍스트를 통해서 표현되고 소통되는 인간의 정신과 삶 그리고 사회적 현상과 문제를 발견하고 문제해결의 토대를 제시 또는 제안하기 위한 텍스트의 사용 의미(sense, Sinn)에 대한 연구를 말한다."(박용익 2017:33)라고 그 뜻을 설명했다. 그리고 인문 텍스트언어학의 목표를 '이론과 방법론이 아닌 텍스트가 연구의 중심이 되는 텍스트언어학', '텍스트의 언어 내재적 관점을 넘어선 인간 이해 연구로서의 텍스트언어학', '일상과 시사적 텍스트의 연구로서 텍스트언어학', '약자 및 소수자와의 연대를 위한 텍스트언어학', '실용적으로 가치를 지닌 텍스트언어학', '학술 연구를 위한 기초 방법으로서의 텍스트언어학' 등으로 설정했다(박용익 2017:39-44 참조). 그리고 이를 위한 구체적인 연구 방법으로서 '질적 연구'와 '비판적 담화분석'이라는 기존의 방법론이 유효하다는 점을 논증했다. 조원형(2017a) 역시 박용익(2017)과 근본적으로 같은 문제의식을 지니고, 출간 20돌을 맞은 Beaugrande

---

14) 소쉬르는 물론 말년에 스위스 제네바에서 '일반언어학 강의'를 했으나, 청년기에 '젊은이 문법학파'의 본산이었던 라이프치히 대학에서 역사비교언어학을 공부한 바 있다. 따라서 소쉬르도 독일어권 언어학자들의 계보에 들어가기에 충분하다. 특히 소쉬르가 독일에서 공부하는 동안 발표한 '인도유럽어 원시 모음 체계에 대한 논고'(1878)는 '일반언어학 강의'로 이어지는 소쉬르 언어 사상의 출발점이며 독일어권에서 꽃을 피운 역사비교언어학이 20세기 구조주의 언어학의 근간이라는 사실을 입증하는 기념비적 저작이다. 이에 대해서는 일찍이 김현권(2008)이 논한 바 있다.

(1997)의 언어학사적 의의를 고찰하고자 했다. 그는 텍스트언어학이 "단순한 기술 차원에 머무르는 학문이 아니라 연구자의 사상적 전환을 촉구하는 학문"(조원형 2017a:200)이라고 설명하면서 그 사상적 전환이란 언어학을 '인간학'으로서 연구하는 것이라고 덧붙였다. 이는 박용익(2017)에 대한 하나의 응답이요 동의라 할 수 있을 것이다.[15]

한편 2010년 무렵에는 신형욱, 이재원 등이 텍스트언어학 사전을 만들기 위한 기초 연구를 수행한 바 있다. 신형욱·이재원(2009), 신형욱·이재원(2010a), 신형욱·이재원(2010b) 등이 그 성과이다. 그러나 텍스트언어학 사전은 아직 출간되지 못했다. 이는 한국 텍스트언어학계가 힘을 합쳐 장차 해결해야 할 과제이다.

3.1.2. 텍스트 층위의 문법 현상 연구

바로 앞에서 텍스트언어학은 '언어 내재적 관점을 넘어선' 언어학이 되어야 한다는 점을 언급했지만 이 말은 언어 내적 현상, 즉 문법 현상에 대한 연구가 불필요하거나 부당하다는 뜻이 아니다. 단지 그러한 현상을 고찰하는 데만 머물러 있어서는 안 된다는 뜻일 뿐, 문법 현상에 대한 연구는 텍스트언어학의 고유 영역 가운데 하나로서 여전히 중요한 위치를 차지한다. 그렇기에 '텍스트 층위의 문법 현상'에 대한 연구 역시 꾸준히 이어져 왔다.

김정남(2010)은 김훈의 소설 "남한산성"의 지문에 다른 소설들과 달리 '시제 이동' 현상이 나타나지 않는다는 현상에 주목하고 이를 '지문과 대화의 경계 긋기 표지'로 해석했다. 이는 상담시제와 서사시제의 구분 등 텍스트언어학에서 이루어져 온 시제 관련 논의에 힘입은 연구 성과이다. 박나리(2014)는 이른바 '자기인용구문'이 지니는 담화화용론적 기능에 대해 논했다. 자기

---

15) 박용익(2017)과 조원형(2017a)은 모두 한국텍스트언어학회 2017년도 봄철 학술대회 (2017.4.8.)에서 발표한 논문을 각각 수정, 보완한 것이다. 학술대회장에서도 논문 발표자 두 사람을 포함한 연구자들 사이에서 이 주제에 대한 토론이 이루어졌음을 밝혀 둔다.

인용구문이 '-을 수 있-', '-겠-', '-을 것-' 등의 양태 표현과 함께 쓰이는 것, 주장을 담은 텍스트에서 많이 나타난다는 것 등이 이 논문에서 밝혀 낸 바이다. 이는 특정한 유형의 의사소통 기능이 특정한 문법 현상과 맞물려 수행될 수 있다는 것을 다시금 보여 준 연구 성과라 할 수 있다.

말뭉치를 기반으로 한 연구도 꾸준히 이루어져 왔다. 말뭉치 기반 연구는 보통 양적 연구로서, 개별 텍스트 분석 등 질적 연구에 더 큰 관심을 기울여 온 텍스트언어학과는 연구 방법이 조금 다르다고 여길 수도 있을 것이다. 하지만 말뭉치 연구 역시 '텍스트'에 대한 연구이기 때문에 넓은 범위의 텍스트언어학 안에 마땅히 포함될 수 있다. "텍스트언어학"에는 김해연(2014), 김혜영·강범모(2014), 염수(2014), 조은경·한영균(2014), 신서인(2015) 등이 게재되었다. 다른 학술지에도 말뭉치 관련 연구 성과가 발표되었지만 이번 연구에서 그 성과들을 모두 조사하지는 못했다는 점을 덧붙여 둔다.

3.1.3. 텍스트 유형론

이전 시기부터 쌓아올린 텍스트 유형론 분야의 연구 성과들이 2010년대에는 이론서의 형태로 세상에 나오게 되었다. 특히 박여성은 1990년대부터 연구해 온 텍스트언어학과 화행론을 기반으로 해서 2013년에 "기능주의 번역의 이론과 실제"라는 저서를 출간했다. 이 저서에서 박여성은 화행론, 구성주의, 언어의 변증법적 성층구조(Beaugrande 1997, 민병곤 2001 참조) 등 텍스트언어학에서 논의되어 온 바를 바탕으로 '기능주의 번역학'의 의의와 방법론을 정립했는데, 이곳에서 번역 텍스트 유형학,16) 텍스트-원형유형학 등을 제시했다. 조국현은 앞에서 언급한 대로 2014년에 "텍스트종류언어학"이라는 책을 번역했다. 조국현은 이 밖에도 독일어 '댓글'과 '논평'의 텍스트 유형과 그 문체를 각각 분석한 바 있으며(조국현 2009), 한국어와 독일어 댓글

---

16) '텍스트 유형론'과 '텍스트 유형학' 모두 학계에서 사실상 같은 의미로 통용되는 용어이다.

대조(조국현 2010), '다매체적 텍스트 복합체'로서 라면 텍스트가 지니는 텍스트 유형론적 특징 고찰(조국현 2012) 등 특정 텍스트 유형에 대한 연구도 진행했다.

한국텍스트언어학회는 2009년 봄철과 가을철 학술대회에서 텍스트 유형론을 주제로 삼은 바 있으며 2012년에는 이를 집중강좌 주제로 선정했다. 이는 텍스트 유형론에 많은 연구자들이 관심을 가지고 있다는 뜻이다. 바로 뒤에서 살펴볼 문어 및 구어 텍스트 분석 연구 역시 설령 개별 텍스트 분석을 위주로 한 연구라 하더라도 궁극적으로는 그 개별 텍스트가 속한 텍스트 유형을 이해하는 데 직접적, 간접적으로 도움을 줄 수 있는 만큼 텍스트 유형론과 어떠한 식으로든 관련을 맺지 않을 수 없다.

3.1.4. 문어 텍스트 분석

이는 사실상 '텍스트언어학'이라고 하면 가장 먼저 떠오르는 분야로 손꼽히며 그 연구 성과 또한 매우 다채롭고 다양하다. 대부분이 개별 텍스트 분석 논문이기 때문에 어떤 텍스트를 연구 대상으로 선정하느냐에 따라 서로 다른 논문이 나올 수 있기 때문이다. 2010년 이후 "텍스트언어학"에 게재된 논문들 가운데 주목할 만한 것들만 보더라도 법조문(고성환 2010, 양명희 2016), 교과서(신선경 2011, 신지연 2011, 양명희 2011b, 양정호 2011, 이은희 2011, 조원형 2011b),[17] 소설(장경현 2010), 음식 조리법(박나리 2012), 음악회 프로그램 책자에 실리는 연주자들의 프로필(조원형 2015a), 국민학교 졸업장(조남호 · 이은경 2016) 등 현대에 생산된 텍스트는 물론 "난중일기" (조국현 2014), 송서와 율창(문형희 · 안정오 2016), "왕오천축국전"의 독일어 번역(이재원 2016) 등 다양한 언어로 집필된 고전 텍스트에 대한 분석도

---

17) 한국텍스트언어학회 2011년도 가을철 학술대회(2011.10.8.)의 주제가 다름 아닌 '교과서 텍스트 분석'이었다. 2011년에 교과서 텍스트 분석 논문이 유독 많이 발표된 것은 이 때문이다.

이루어졌다. 토론 댓글(양명희 2011a), 위키백과 문서(조원형 2011a), 카카오톡 메시지(최명원·김선영·김지혜·이애경 2012) 등 인터넷 시대에 새롭게 생겨난 텍스트에 대한 연구도 언급하지 않을 수 없다. 개그콘서트(조국현 2015), 대중가요 가사(장소원 2015), 텔레비전 예능 프로그램의 자막(윤진서 2015) 등 대중매체 텍스트에 대한 분석도 이 범주 안에 넣을 수 있을 것이다. 개별 텍스트 분석 논문은 그 개별 텍스트에만 적용되는 방법론을 제시한 것에 불과하다는 비판이 일각에서 나올 수도 있겠지만, 이러한 연구가 축적되면 곧 텍스트 유형에 대한 연구의 기반이 될 수 있고 나아가 텍스트 분석 방법론을 다듬고 개선하는 데도 기여할 수 있는 만큼 그 의의를 무시할 수 없을 것이다.

3.1.5. 구어 텍스트 분석

'대화언어학'을 텍스트언어학의 범주 안에 포함해야 할지, 아니면 별개의 분야로 다루어야 할지에 대해 완전히 일치된 의견이 나온 것은 아니다. 하지만 적어도 한국에서는 대화분석 및 구어 텍스트 분석 연구를 텍스트언어학의 테두리 안에서 꾸준히 다루어 온 만큼 이 분야와 관련해서도 이곳에서 언급할 필요가 있다.

한국텍스트언어학회 소속 연구자들 가운데 대화언어학에 관심을 둔 사람들은 여러 해 동안 의학계, 간호학계와 손잡고 '의료 커뮤니케이션'을 연구해 왔다. 그 결과 최근에도 국지연(2016), 이명선·정우정·황은미(2016), 정연옥·박용익(2016) 등 새로운 연구 성과가 세상에 알려졌다. 이 밖에도 증권 투자 상담 대화(손승민 2010), 토크쇼 대화(장민정 2011), 심지어 욕설(장경희 2010)에 이르기까지 여러 영역에서 이루어지는 대화 및 구어 표현에 대한 연구도 진행되었다.

연설문에 대한 분석 연구 또한 간과할 수 없다. 연설문은 통상 구어로 발표되지만 미리 글로 작성된 원고를 낭독하는 것이 보통이고 한 사람이 혼자 처음부터 끝까지 완결된 텍스트를 발화하는 형식을 갖추고 있기 때문에 대화언어학과는 연구 방법론이 조금 다를 수 있다. 이에 수사학, 텍스트언어학 등에서 각각 구축해 온 방법론을 활용한 연구들이 이루어졌다. 이재원(2013a)은 버락 오바마 미국 대통령의 취임사를, 이재원(2013b)은 박근혜 한국 대통령의 취임사를 각각 수사학적 측면에서 논했다. 연설문 역시 그 장르의 특성상 "텍스트언어학" 이외의 학술지에서도 종종 다루어 온 연구 대상으로서, 예컨대 한국수사학회에서 간행하는 "수사학"에 문재인 한국 대통령과 요아힘 가우크 독일 대통령의 과거사 관련 연설문 대조 분석 논문(조원형 2017b)이 발표되기도 했다. 여기서 주목할 만한 것은 "텍스트언어학"에 수사학에 입각한 연구 성과(이재원 2013a, 2013b)가, "수사학"에는 텍스트언어학에 기반한 연구 성과(조원형 2017b)가 발표되었다는 점이다. 이는 수사학과 텍스트언어학의 연구 영역이 서로 겹치며 그 방법론 또한 서로 공유될 수 있음을 보여주는 사례이다. 앞에서 이재원의 연구 성과를 빌어 판 데이크가 '텍스트학'의 범주 안에 수사학과 문체론을 포함한 것이 이후의 텍스트언어학 연구에 많은 영향을 미쳤다는 점을 언급했는데, 오늘날 실제로 그런 현상이 일어나고 있는 것이다. 만일 텍스트언어학과 수사학이 서로 강하게 분리되어 각자 독자성을 주장하는 분야였다면 각 학술지에서 상대 분야의 논문들을 '학술지의 성격에 맞지 않는다는' 이유로 게재하지 않을 수도 있었을 것이다.

3.1.6. 텍스트언어학과 언어교육

언어교육학계에서는 한국인을 위한 '국어 교육' 차원에서도, 외국인을 위한 '한국어 교육' 차원에서도 텍스트언어학이 방법론적 기여를 할 수 있다는 점에 주목하고 이와 관련된 연구를 다각도로 수행해 왔다. 이에 힘입어 언어교육 관련 연구 단체나 기관에서 발간하는 여러 학술지에서도 텍스트언어학 관련 연구 성과가 꾸준히 발표되고 있다. 그러나 여기서는 모든 학술지를 일일이 검토하기가 어렵다는 현실적인 제약으로 인해 주로 "텍스트언어학"에 게재된 논문들을 중심으로 그 연구 동향을 알아보고자 한다.

김영미(2010)는 '유학생을 위한 학문 목적 쓰기 교육'에 장르, 즉 텍스트 유형에 관한 지식이 어떠한 방식으로 도움을 줄 수 있을지를 고찰했다. 김혜정(2010)은 소설 "수난이대"를 사례로 삼아 문학 텍스트 읽기 교육에 텍스트언어학 이론을 어떻게 적용할 수 있을지를 논했다. 김충실(2011)은 외국인 한국어 학습자들이 응결성 있는 어휘들을 파악함으로써 한국어 텍스트 읽기 능력을 향상시킬 수 있다는 점을 이야기했다. 오영훈·허숙(2012)은 중도입국 학생을 위한 한국어 교육 교재를 분석했는데, 그 내용이 텍스트언어학 이론과 당장 직접적인 관련은 없다 하더라도 '다문화'에 관한 언급을 했다는 점에서 텍스트언어학의 지향점이기도 한 '문화언어학'과 연관지을 수 있을 것이다. 이은희(2012)는 6차 교육과정 이후 텍스트언어학이 국어과 교육과정에 어떠한 방식으로 도입되고 적용되었는지를 분석했다. 김봉순(2015)은 국어 교육의 일환으로 이루어지는 읽기 교육에서 추론 방법을 어떻게 지도하고 활용할 수 있을지를 논했다. 이성만(2016)은 "담화분석은 철학적, 종교적, 정치적, 사회적, 경제적, 공학적, 심미적, 일상적 맥락에서 언어적 관계를 연구하는 일종의 문화학"(이성만 2016:195)임을 논하고 바로 뒤이어 "언어학적 담화분석은 담화를 배경으로 복잡다단해지는 사회 현실에서 '담화의 사회적 실천'을 위해서도 중요한 자극제가 될 수 있을 것"(ibid.)이라고 전망했다.

3.1.7. 텍스트언어학의 응용

텍스트언어학 이론을 언어 이외의 대상에 적용하고 다른 분야의 이론을 접목하여 학제적 연구를 수행한 사례도 있다. 오장근(2010)은 독일 베를린 시의 홍보 동영상을 소재로 도시 이미지 분석을 시도했고, 박은하(2014)는 한국 텔레비전 방송에서 자동차 광고와 화장품 광고를 내보낼 때 각각 어떠한 언어 표현을 사용하는지를 대조했다. '응용' 연구의 특성상 "텍스트언어학" 이외의 학술지에도 관련 연구 성과가 발표된 바 있다. 예컨대 정선아리랑의 가사와 음률을 텍스트언어학적으로 분석한 논문(조원형 2015b)이 "수사학"에 게재되었다. 박은하(2014) 역시 담화인지언어학회와 한국사회언어학회에서 공동으로 주최한 학술대회에서 발표한 논문을 수정, 보완한 것이다. 그리고 단독 저서로 출판된 박여성(2014)은 텍스트언어학 이론의 지평을 문화기호학으로 확장한 연구 성과로서 텍스트언어학의 학제적 발전 가능성을 실증해 주었다. 현대는 다매체, 다중매체 사회인 만큼 다양한 매체로 구성되고 전달되는 콘텐츠들을 텍스트언어학과 인접 분야의 연구자들이 협력하여 분석하는 연구가 더욱 활발히 이루어질 것으로 전망한다.

3.2. 학계의 현실, 그리고 현실 극복을 위한 노력

이 장의 앞선 절에서 2010년대에 한국 텍스트언어학계가 어떠한 연구 성과를 거두었는지를 살펴보았다. 하지만 오늘날의 텍스트언어학계에는 그 화려한 성과에도 불구하고 극복해야 할 문제점들이 아직 남아 있다. 이는 크게 '용어 통일 미비', '연구자의 편중', '목표 의식 부재'라는 세 가지로 요약할 수 있을 것이다. 아래에서 이를 하나하나 짚어보고자 한다. 단순히 문제점을 지적하고 비판하는 데 머무르지 않고 그 대안까지 제안하는 것이 이 연구의 궁극적인 목표임을 다시금 확인하면서 이야기를 시작한다.

3.2.1. 용어 통일 미비

텍스트언어학은 국내에 처음 소개될 때부터 용어 때문에 문제를 겪어 왔다. 앞에서도 Kohäsion, Kohärenz의 번역어를 두고 논란이 있어 왔다는 언급을 했는데, 당장 이 문제부터 오늘날까지도 해결되지 않은 채로 남아 있다.

텍스트언어학 연구자들이 가장 널리 사용하고 있는 번역어는 각각 '응결성'과 '응집성'인데, 공통된 어근 Kohär-의 어원인 라틴어 cohaerēre의 뜻을 '응(凝)'으로 새기고 두 용어 사이의 의미 차이를 '결(結)'과 '집(集)'이라는 말로 풀어 쓴 것이다. 이는 원어의 뜻을 잘 살린 탁월한 용어이다. 하지만 김태옥과 이현호는 이를 '결속구조'와 '결속성'이라고 번역함으로써 혼란을 초래했고,[18] 이후에도 '텍스트언어학'을 아우르지 못하고 '담화분석'에만 머물러 온 학자들 사이에서 '응결성'과 '응집성' 대신 다른 용어를 사용하는 사례가 자주 나타났다. 심지어 2011년 개정 국어과 교육과정에서는 Kohäsion을 '응집성'으로, Kohärenz를 '통일성'으로 옮기기까지 했다. 하지만 Kohäsion을 '응집성'이라고 하면 Kohärenz와 혼동될 것이 자명하며, '통일성' 또한 엄밀히 말하면 Kohärenz와 일치하는 개념이 아니기에 올바른 번역어라 할 수 없다. 굳이 '통일성'이 없더라도 응집성은 존재할 수 있기 때문이다. 예컨대 '원숭이 엉덩이는 빨개, 빨간 건 사과, 사과는 맛있어' 등의 언어유희를 이루는 각각의 구문들은 한 가지 주제를 향해 '통일성'을 이루고 있다고 보기는 어렵지만 '언어유희'라는 궁극적인 의미를 수행하기 위해 '응집해' 있다고 설명하는 것은 어렵지 않다. '통일'과 '응집'의 사전적 의미를 고려하더라도 '응집성'이라는 용어가 '통일성'보다 적합하다는 것을 이해할 수 있을 것이다.

해묵은 용어 문제를 해결할 수 있는 방안은 적어도 이론적으로는 간단하다. 바로 텍스트언어학 사전을 충실하게 만들고 모든 연구자들과 교육자들이 이를 따르는 것이다. 앞에서 이야기한 바와 같이 아직 한국어로 된 텍스트언어학 사전이 발간되지 않았다. 여러 연구자들이 힘을 모아서 가장 합리적인 방식으로 용어의 통일을 이루고 이를 바탕으로 텍스트언어학 사전을 간행해야 할 것이다. 이는 단순히 '용어 통일' 문제를 넘어 한국 텍스트언어학계의 연구 역량을 한 단계 향상시키는 계기가 될 것이다.

---

18) 2장에서도 언급한 바와 같이 Kohäsion(응결성)은 '속성'이지 '구조'가 아니다.

3.2.2. 연구자의 편중

텍스트언어학이 학계에 널리 알려지면서 연구자들의 수도 늘어난 것이 사실이다. 하지만 아직도 독일어학과 한국어학 분야의 일부 연구자들을 제외하면 텍스트언어학이 여전히 관심 밖에 머물러 있는 것이 사실이다. 이는 무엇보다 텍스트언어학의 진입 장벽이 같은 언어학 전공자들 사이에서조차 아직도 다른 하위분야에 비해 높은 것으로 여겨지고 있기 때문이다.

그 진입 장벽을 높이는 첫 번째 요인은 언어 문제이다. 텍스트언어학 분야의 최신 이론은 주로 독일어권 학계에서 나오고 있으며19) 한국 학계는 아직도 독일 학계의 뒤를 쫓는 것이 현실이다 보니 독일어로 된 이론서를 접하지 못할 경우 연구에 어려움을 겪을 가능성이 있다. 그런데 한국에서 독일어는 영어와 달리 일부 사람들만 배우고 있는 언어인 탓에 언어학자들 중에도 독일어가 익숙하지 않은 사람들이 있다. 이들은 텍스트언어학에 관심이 있다 하더라도 한국어 논문과 영어 논문밖에는 접할 길이 없는 까닭에 독일어로 저술된 논저는 번역본이 없을 경우 활용하기가 쉽지 않을 것이다.

텍스트언어학의 진입 장벽을 높이는 또 한 가지 요인은 이 분야가 학제적인 성격을 띠고 있다는 것이다. 오늘날의 텍스트언어학은 단순한 문법 분석에 머무르지 않고 다양한 지식과 정신문화가 융합된 텍스트를 분석 대상으로 하고 있기 때문에, 문법론 지식 이외에도 다양한 분야에 대한 식견을 갖출 경우 연구하기가 유리한 반면 그러지 못할 경우 연구 자체가 쉽지 않을 수 있다.

이와 더불어 지적해야 할 또 다른 요인은 텍스트언어학을 정규 교과목으로 지정한 대학들이 많지 않고 언어학 개론서에도 텍스트와 관련한 언급이 잘되어 있지 않다는 것이다. 즉 이른바 '학문 후속 세대'들이 텍스트언어학을

---

19) 영미권 학계에서도 이른바 '담화분석' 이론이 나오고 있으며 비판적 담화분석 등은 영미권에서도 활발히 연구되고 있지만, 어디까지나 '담화분석' 내지 '화행론' 차원을 벗어나지 못하고 있는 관계로 독일어권에 비하면 그 저변이 좁은 것이 사실이다.

익숙하게 접할 기회가 애당초 많지 않다는 뜻이다. 이는 텍스트언어학에 무지한 다른 분야의 연구자들이 각 대학의 학과 운영을 주도하는 현실 때문일 수도 있겠지만, 이 점에 대해서만큼은 텍스트언어학 연구자들의 책임 또한 무시할 수 없다. 연구자들 스스로 텍스트언어학을 적극적으로 알리고 그 의의를 대내외적으로 인정받으려는 노력을 아직 충분히 하지 못했기 때문이다.

이러한 문제점들을 극복하고 텍스트언어학의 진입 장벽을 낮추려면, 그리하여 텍스트언어학의 저변을 확대하려면 문자 그대로 다각도의 노력이 필요하다. 독일어 등 외국어와 한국어에 모두 능통한 연구자들이 독일어 이론서 번역에 힘쓰는 한편, 여러 한국인 연구자들이 번역가들의 노력에 힘입어 기존의 이론을 섭렵하고 그 위에 스스로의 힘으로 새로운 이론을 구축해야 할 것이다. 그리고 다양한 분야의 연구자 및 실무자들과 의견을 나누고 협력하려는 자세도 필요하다. 물론 가장 이상적인 것은 개별 텍스트언어학 연구자 자신이 학제적 연구자가 되는 것이다. 학문 후속 세대를 길러 내는 기성 학자들이 학생들을 그러한 길로 이끌 수 있다면 학생 개인에게도 학계 전체에도 도움이 될 것이다. 그리고 무엇보다 언어학사적 관점에서 텍스트언어학을 이해하는 것이 필요하다. 텍스트언어학이 언어학의 역사 속에서 어떠한 위치와 위상을 차지하고 있는지, 그 이전의 이론에서 어떠한 한계에 봉착했기에 나오게 된 이론인지 등을 파악한다면 텍스트언어학이 이 시대에 왜 필요하고 어떠한 의미가 있는지를 변론할 수 있을 것이고 학계의 토양에 그 뿌리를 더욱 단단히 내릴 수 있을 것이다.

이 가운데 특히 '언어학사적 관점에서 텍스트언어학을 이해하는 것'은 바로 뒤에서 논할 '목표 의식 부재'와 직결되는 문제이기에 지금부터 더 깊이 있게 논하고자 한다.

3.2.3. 목표 의식 부재

이는 앞서 살펴본 박용익(2017)과 조원형(2017a)의 문제의식에서 출발한다. 반세기 전 텍스트언어학이 처음 태동할 때는 기존의 문법론이 지닌 한계를 극복하기 위한 노력이 바탕이 되었고 결국 그 점에 대해서는 소기의 성과를 거두었는데, 지금은 오히려 텍스트언어학 자체의 이론적 한계를 되짚어 보고 이를 넘어설 방안을 찾아야 할 때다.

텍스트언어학은 언어학사적 측면에서 볼 때 랑그 중심의 기존 언어학을 극복하고 랑그 연구와 파롤 연구를 통합했다는 의의를 지닌다. 이는 권재일(2016), 조원형(2017a)이 이미 논한 바와 같다. 다시 말하면 텍스트언어학은 '화용론적 전환'이라 불리는 20세기 후반의 언어학사적 패러다임 전환을 주도한 분야이다. 그런데 학문사의 큰 물줄기를 새로운 방향으로 돌리는 데 기여한 분야를 연구하는 학자들이 과연 거시적인 관점에서 이론의 큰 틀을, 그리고 자신이 세운 이론을 뒷받침할 구체적인 언어 현상을 연구하고 있는가 하고 되묻는다면 선뜻 긍정적으로 답하기가 쉽지 않다. 이는 사실 오늘날의 한국 학계에서 자잘한 논문의 양으로 학자의 역량을 평가하는 경향이 강해진 것과도 관련이 있다. 작업하는 데 시간도 많이 들고 힘도 적지 않게 드는 거시적인 이론 연구나 외국어로 된 이론서 번역 등에 매진하기보다 당장 몇 달 안에도 논문으로 펴낼 수 있을 만한 작은 연구 주제를 다루어서 논문 편수를 올리는 것이 더 유리한 상황에서 먼 미래를 전망하는 연구 성과를 기대하는 것은 차라리 무리일지도 모른다. 그러나 연구자들이 그러한 현실을 극복하려는 노력 없이 그저 현실에 적응하기 바빠서 '선행 연구 검토하기 → 특정 이론의 단편적인 측면 추출해 내기 → 처음 다루어 보는 텍스트 자료에 적용하기' 식의 연구만을 반복한다면 궁극적인 목표 의식을 잃고 '논문 쓰는 기계'로 전락해 버리기 쉽다. 이렇게 될 경우 텍스트언어학 연구자들 역시 학문 내적 논리에만 갇혀서 '포괄성, 수렴성, 공감성'을 얻는 데 실패했다고 Beaugrande

(1997)가 지적한 기존 언어학자들의 한계를 벗어나지 못하고 말 것이다.

이를 극복할 수 있는 방안은 '텍스트언어학의 궁극적인 목표'가 무엇인지를 분명히 하는 것과 그 목표를 함께 달성하기 위하여 여러 연구자들이 연대하는 것이다. 텍스트언어학의 궁극적인 목표는 단지 문법 현상의 기계적인 원리를 밝히는 것이 아니라 Beaugrande(1997:1)가 강조한 대로 "담화를 통해 지식과 사회에 접근하는 자유를 뒷받침하는 것"이다. 텍스트언어학을 연구하고자 한다면 무엇보다 먼저 이러한 목표 의식을 분명히 해야 할 것이다. 그런데 이러한 지향점은 어느 한 사람만의 힘으로 도달할 수 있는 것이 아니다. 바로 앞에서 '작은 연구 주제'를 다분히 비판적인 어조로 언급했지만 사실 작은 연구 주제를 다루는 것 자체가 잘못은 아니다. 작은 주제든 큰 주제든, 몇 달 안에 성과를 낼 수 있는 주제든 오랜 시간이 걸리는 주제든 '지식과 사회에 접근하는 자유를 뒷받침하는' 연구라면 모두 언어적, 인지적, 사회적 가치가 있다. 개인의 연구 성과는 비록 소소하다 할지라도 그것이 공동의 목표를 추구하는 데 보탬이 된다면 다른 학자들에게, 나아가 학계 전체에 도움을 줄 수 있을 것이다. 텍스트언어학 분야에 종사하는 개별 연구자들은 그 무슨 연구를 하든지 자신이 하는 연구가 넓게는 이 세상의 역사 속에서, 좁게는 언어학사의 큰 물줄기 안에서 어떤 의미를 가지며 자신의 연구 과정과 연구 성과가 어떤 이들과 연대해서 이 시대와 이 사회의 요청에 응답할 수 있을지를 성찰해야 할 것이다. 이를 뒷받침하기 위해서는 Beaugrande(1997)를 계승하는 새로운 이론적 청사진이 나와야 할 것이며, 이러한 목표 역시 여러 연구자들의 연대와 공동 연구를 통해 달성해야 할 것이다. 박용익(2017)이 '인문 텍스트언어학'의 구체적인 목표로 제시한 '이론과 방법론이 아닌 텍스트가 연구의 중심이 되는 텍스트언어학', '텍스트의 언어 내재적 관점을 넘어선 인간 이해 연구로서의 텍스트언어학', '일상과 시사적 텍스트의 연구로서 텍스트언어학', '약자 및 소수자와의 연대를 위한 텍스트언어학', '실용적으로 가치를 지닌 텍스트언어학', '학술 연구를 위한 기초 방법으로서의 텍스트언어학'은 그 청사진의 밑그림으로 삼기에 적합한 학술적 목표이다. '인문 텍스트언어학'은 그러한 점에서 한국 언어학계가, 나아가 세계 언어학계가 지향해야 할 바를 함축적으로 표현한 용어라 할 수 있다.

4. 맺음말

지금까지 한국 텍스트언어학자들의 연구 성과를 되돌아보고 그 의의와 한계, 그리고 한계를 극복할 방안을 논했다. 몇몇 연구자들의 공부 모임에서 출발한 한국 텍스트언어학계는 한 세대를 넘어가면서 사뭇 큰 집을 짓고 열매를 많이 맺었다는 점을 확인할 수 있었다. 그와 함께 앞으로 이 분야가 지속적으로 학계와 사회에 기여하기 위해서 해결해야 할 과제들은 어떤 것들이 있는지도 성찰했다.

이 연구는 단지 '텍스트언어학'이라는 용어를 내세웠거나 그와 직접적 관련을 맺고 수행한 기존 연구들을 돌아보고 평가하는 데 불과했다는 근본적인 한계를 안고 있다. 하지만 그러한 한계에도 불구하고 지난 30년 동안 한국의 언어학계가, 특히 텍스트언어학계가 어떠한 학술적 관심사를 안고 학문적 발전을 도모해 왔는가를 조망하는 데는 어느 정도 성과를 거두었을 것이라 자평한다. 이러한 연구를 하는 목적은 두말할 필요도 없이 미래를 설계하고 그 설계한 바를 현실로 구현해 내려는 것이다. 단지 과거를 돌아보는 데 만족하기 위해 하는 연구가 아니다. 이 논문 전체에 걸쳐 여러 차례 강조한 '인문 텍스트언어학', '지식과 사회에 접근하는 자유를 뒷받침하는' 언어학을 연구하는 데 많은 이들이 동참하고 연대하기를 바라면서 글을 맺는다. 텍스트언어학은 앞으로도 가장 진보적인 언어학, 새 시대를 가장 먼저 전망하고 그 나아갈 방향을 제시하는 언어학으로 자리매김할 것이라 기대한다.

참고문헌

강창우(2004), 화행 유형의 하위분류 가능성과 그 문제점, "독어학" 9, 한국독어학회, 195-215.

강창우(2006), 간접화행의 형태와 기능에 대한 대조언어학적 연구 -한국어, 독일어, 영어를 중심으로-, "독어학" 13, 한국독어학회, 235-260.

고성환(2000), 〈월인천강지곡〉의 운율성, "텍스트언어학" 8, 한국텍스트언어학회, 79-102.

고성환(2010), 법조문의 텍스트 분석, "텍스트언어학" 29, 한국텍스트언어학회, 25-50.

고영근 외(2001), "한국 텍스트언어학의 제과제", 역락.

고영근(1999), "텍스트이론", 아르케.

고영근(2011), "텍스트과학", 집문당.

구본관(2001), 컴퓨터 통신 대화명의 조어 방식에 대한 연구, "텍스트언어학" 10, 한국텍스트언어학회, 293-318.

국지연(2016), 한독 의료대화에 나타난 도해 전략의 활용 —의사 - 환자 - 대화를 중심으로—, "텍스트언어학" 41, 한국텍스트언어학회, 29-54.

권재일(2016), "언어학사강의", 박이정.

김봉순(2015), 읽기교육에서 텍스트 의미 추론의 이론과 실제, "텍스트언어학" 38, 한국텍스트언어학회, 1-25.

김영미(2010), 학문목적 한국어 쓰기교육을 위한 장르 분류와 분석의 틀 —장르기반 접근법 적용을 위하여—, "텍스트언어학" 29, 한국텍스트언어학회, 113-141.

김정남(2010), 소설 텍스트 시제이동의 한 가지 새로운 기능 —김훈의 〈남한산성〉을 중심으로—, "텍스트언어학" 28, 한국텍스트언어학회, 1-22.

김종영(2000), 히틀러의 1937년 10월 4일 연설문 분석, "텍스트언어학" 8, 한국텍스트언어학회, 299-331.

김종영(2001), 굅벨스의 연설 「여러분들은 전면전을 원합니까?」 분석 —종결부에 나타난 대중 설득적 특성을 중심으로—, "텍스트언어학" 11, 한국텍스트언어학회, 177-197.

김충실(2011), 텍스트문법에 기초한 한국어 읽기 교육 방안 —초급과 중급학습자를 대상으로―, "텍스트언어학" 30, 한국텍스트언어학회, 1-15.

김해연(2014), 국어 말뭉치에 나타난 "거울"의 의미 분석, "텍스트언어학" 36, 한국텍
스트언어학회, 121-148.

김현권(2008), 소쉬르의 『인도유럽어 원시 모음체계 논고』와 『일반언어학 강의』의
방법론적 비교, "한글" 280, 한글학회, 57-99.

김혜영·강범모(2014), 신문 사설에서 나타나는 "우리", "국민", "이들", "그들"의 의미
분석, "텍스트언어학" 37, 한국텍스트언어학회, 41-63.

김혜정(2010), 문학 텍스트의 다층적 구조 분석을 통한 독해 지도 방법, "텍스트언어학"
29, 한국텍스트언어학회, 143-175.

문형희·안정오(2016), 송서·율창의 텍스트언어학적 연구 ―'적벽부'와 '촉석루'의
악보와 가사를 중심으로―, "텍스트언어학" 41, 한국텍스트언어학회, 55-85.

민병곤(2001), 서평: Robert de Beaugrande, New Foundations for a Science
of Text and Discourse, "한국 텍스트언어학의 제과제", 역락, 401-480.

박금자(2000), 〈월인천강지곡〉의 간텍스트성 ―〈석보상절〉과 〈석가보〉, "제경(諸
經)"과의 비교―, "텍스트언어학" 8, 한국텍스트언어학회, 25-56.

박나리(2012), 음식조리법 텍스트의 장르 기반(genre-based)적 구성담화 분석 ―문
법요소와 담화기능 및 담화목적의 상관성을 중심으로―, "텍스트언어학" 33,
한국텍스트언어학회, 323-358.

박나리(2014), 담화화용 및 텍스트 관점에서 본 한국어의 "자기인용구문", "텍스트언어
학" 37, 한국텍스트언어학회, 65-96.

박여성(1994), 화행론적 텍스트언어학을 위하여, "텍스트언어학" 2, 텍스트연구회,
7-60.

박여성(2013), "기능주의 번역의 이론과 실제", 한국학술정보.

박여성(2014), "응용문화기호학", 북코리아.

박용익(2017), 텍스트언어학의 혁신과 도약을 위한 '인문 텍스트언어학', "텍스트언어
학" 42, 한국텍스트언어학회, 31-57.

박은하(2014), 자동차와 화장품 텔레비전 광고에 나타난 표현 양상 비교, "텍스트언어
학" 36, 한국텍스트언어학회, 179-207.

서용좌(2000), 에.테.아. 호프만의 「모래귀신」의 서술자, "텍스트언어학" 8, 한국텍스
트언어학회, 103-133.

서정섭(2000), 김동인 소설 언어 연구, "텍스트언어학" 8, 한국텍스트언어학회, 135-159.

손승민(2010), 증권투자 상담대화의 구조 ─시작단계를 중심으로─, "텍스트언어학" 28, 한국텍스트언어학회, 53-77.

신서인(2015), 코퍼스를 이용한 신문기사 담화 분석 ─"성장"을 중심으로─, "텍스트언어학" 39, 한국텍스트언어학회, 111-156.

신선경(2011), 공통 과학 교과서의 텍스트성 연구 ─텍스트의 의도성과 용인성을 중심으로─, "텍스트언어학" 31, 한국텍스트언어학회, 123-147.

신지연(2007), 시(詩) 텍스트의 일곱 가지 텍스트성, "텍스트언어학" 23, 한국텍스트언어학회, 21-44.

신지연(2011), 고등학교 사회 교과서의 텍스트언어학적 분석 ─지리 영역을 중심으로─, "텍스트언어학" 31, 한국텍스트언어학회, 149-174.

신형욱·이재원(2009), 텍스트언어학 사전 편찬 방안 연구 1, "텍스트언어학" 27, 한국텍스트언어학회, 81-110.

신형욱·이재원(2010a), 텍스트언어학 사전 편찬 방안 연구 2 ─표제어 설명 방식을 중심으로─, "텍스트언어학" 28, 한국텍스트언어학회, 79-103.

신형욱·이재원(2010b), 텍스트언어학 사전 편찬 방안 연구 3, "텍스트언어학" 29, 한국텍스트언어학회, 251-277.

양명희(2011a), 토론 댓글의 텍스트언어학적 연구 ─다음 아고라의 토론 댓글을 중심으로─, "텍스트언어학" 30, 한국텍스트언어학회, 161-186.

양명희(2011b), 고등학교 사회 교과서의 텍스트언어학적 분석, "텍스트언어학" 31, 한국텍스트언어학회, 175-200.

양명희(2016), 현행 형법의 텍스트언어학적 연구 ─텍스트 구조, 유형, 문법을 중심으로─, "텍스트언어학" 40, 한국텍스트언어학회, 113-136.

양정호(2011), 중학교 사회 교과서의 텍스트언어학적 이해 ─정치 영역을 중심으로─, "텍스트언어학" 31, 한국텍스트언어학회, 201-224.

염수(2014), 코퍼스를 활용한 한국어 대명사 "당신"의 용례 분석 ─한국어 교육을 중심으로─, "텍스트언어학" 37, 한국텍스트언어학회, 123-146.

오영훈·허숙(2012), 중도입국학생을 위한 한국어교육 교재 분석 연구 ─새날학교와 아시아공동체학교의 한국어 교재를 중심으로─, "텍스트언어학" 33, 한국텍스트언어학회, 409-433.

오장근(2001), 텍스트유형 "편지"로서 빌레몬서의 텍스트화행론적 분석, "텍스트언어학" 11, 한국텍스트언어학회, 253-277.

오장근(2010), 텍스트언어학 기반의 도시 이미지 분석 연구 —독일 베를린시의 홍보동영상 분석을 예로 하여—, "텍스트언어학" 28, 한국텍스트언어학회, 105-128.

유제호(2007), 판소리 『춘향가』에 있어 전달화법 유형과 서술 효과의 상관관계, "텍스트언어학" 22, 한국텍스트언어학회, 1-31.

윤석민(2000), 〈월인천강지곡〉의 텍스트성 —기85~기92의 응결성과 응집성을 중심으로—, "텍스트언어학" 8, 한국텍스트언어학회, 57-78.

윤진서(2015), TV 예능 프로그램의 자막 사용에 대한 연구 —"일박이일", "무한도전", "삼시세끼"를 대상으로—, "텍스트언어학" 39, 한국텍스트언어학회, 233-260.

이명선 · 정우정 · 황은미(2016), 우울증 경험 자료에 대한 텍스트 분석을 통해 살펴본 저소득층 여성의 우울증 회복 과정, "텍스트언어학" 40, 한국텍스트언어학회, 199-223.

이석규(2003), "텍스트 분석의 실제", 역락.

이성만(2010), 텍스트언어학의 계보, 대상, 그리고 경향, "언어과학연구" 52, 언어과학회, 119-148.

이성만(2012), 텍스트유형학의 최근 경향 —간젤과 위르겐스의 체계이론적 접근을 중심으로—, "텍스트언어학" 33, 한국텍스트언어학회, 28-54.

이성만(2016), 텍스트언어학과 언어교육, "텍스트언어학" 41, 한국텍스트언어학회, 175-198.

이은희(2000), "텍스트언어학과 국어교육", 서울대학교 출판부.

이은희(2011), 국어 교과서의 텍스트성 연구 —단원 구성 체제를 중심으로—, "텍스트언어학" 31, 한국텍스트언어학회, 253-278.

이은희(2012), 국어과 교육과정과 텍스트언어학, "텍스트언어학" 33, 한국텍스트언어학회, 117-141.

이재원(2001), 드 보그랑데/드레슬러(1981)의 텍스트성에 대한 비판적 고찰, "텍스트언어학" 11, 한국텍스트언어학회, 279-302.

이재원(2008), 또 다시 텍스트성, "텍스트언어학" 24, 한국텍스트언어학회, 259-284.

이재원(2013a), 대통령 취임사는 제의적(epideictic)인가? —버락 오바마 대통령의 경우—, "텍스트언어학" 34, 한국텍스트언어학회, 157-178.

이재원(2013b), 박근혜 대통령 취임사의 수사학적 분석 —키케로의 『생각의 수사학(Partitiones oratoriae)』을 중심으로—, "텍스트언어학" 35, 한국텍스트언어학회, 229-254.

이재원(2015), T. A. van Dijk의 "텍스트학/텍스트 과학(Textwissenschaft)" 연구 —"문체 구조와 수사 구조(stilistische und rhetorische Strukturen)"를 중심으로—, "텍스트언어학" 39, 한국텍스트언어학회, 261-281.

이재원(2016), 혜초 『왕오천축국전』의 최초 번역본 "Huei-ch'ao's 혜초(慧超) Pilgerreise durch Nordwest-Indien und Zentral-Asien um 726"(W. Fuchs) 연구, "텍스트언어학" 41, 한국텍스트언어학회, 199-218.

이재원(2018). "텍스트언어학사", 한국외국어대학교 지식출판원.

임칠성(2000), 컴퓨터 공개 대화방 대화의 매체 언어적 성격과 대화 양식 고찰, "텍스트언어학" 9, 한국텍스트언어학회, 145-168.

장경현(2010), 하드 보일드 탐정소설의 텍스트 구조, "텍스트언어학" 28, 한국텍스트언어학회, 173-198.

장경희(2010), 국어 욕설의 본질과 유형, "텍스트언어학" 29, 한국텍스트언어학회, 401-427.

장민정(2011), 토크쇼 대화에 나타난 질문—응대의 전략 분석, "텍스트언어학" 30, 한국텍스트언어학회, 211-236.

장소원(2010), 한국에서의 텍스트언어학 연구 성과 및 향후 전망, "텍스트언어학" 29, 한국텍스트언어학회, 429-454.

장소원(2015), 한국 대중가요 가사의 문체 분석, "텍스트언어학" 39, 한국텍스트언어학회, 283-311.

정민(2000), 고전문장이론상의 편장자구법(篇章字句法)으로 본 〈온달전〉의 텍스트 분석, "텍스트언어학" 9, 한국텍스트언어학회, 15-38.

정연옥 · 박용익(2016), 간호사의 인수인계 의사소통 교육 방법론, "텍스트언어학" 41, 한국텍스트언어학회, 269-293.

조국현(2003), 한국 텍스트언어학 연구에 대한 성찰 —정체성, 연구 내용 및 방법, 성과와 문제점—, "텍스트언어학" 15, 한국텍스트언어학회, 585-612.

조국현(2009), 텍스트종류와 문체, "독어교육" 46, 한국독어독문학교육학회, 61-82.

조국현(2010), 한국어와 독일어 댓글의 문화적 특성에 관한 대조 연구, "독일문학" 114, 한국독어독문학회, 67-84.

조국현(2012), 라면 포장 텍스트의 분석, "독어교육" 55, 한국독어독문학교육학회, 119-148.

조국현(2014), 난중일기의 텍스트유형학적 연구, "텍스트언어학" 36, 한국텍스트언어학회, 355-390.

조국현(2015), 웃음 서사로서의 TV 개그 분석 ―"개그콘서트"를 대상으로―, "텍스트언어학" 39, 한국텍스트언어학회, 313-340.

조남호 · 이은경(2016), 국민학교 졸업장 텍스트의 변천 양상, "텍스트언어학" 41, 한국텍스트언어학회, 319-349.

조동일(1997), "인문학문의 사명", 서울대학교 출판부.

조원형(2008), 천주가사 〈사향가〉에 대한 텍스트언어학적 검토, "텍스트언어학" 24, 한국텍스트언어학회, 143-165.

조원형(2009), "천주가사에 대한 텍스트언어학적 연구", 서울대학교 언어학과 박사학위논문.

조원형(2011a), 인터넷 백과사전 〈위키백과〉 문서의 텍스트성, "텍스트언어학" 30, 한국텍스트언어학회, 237-262.

조원형(2011b), 고등학교 〈과학〉 교과서의 흥미 유발 전략과 그 텍스트언어학적 의의, "텍스트언어학" 31, 한국텍스트언어학회, 311-332.

조원형(2013), 텍스트성 기준과 디자인 척도, "텍스트언어학" 34, 한국텍스트언어학회, 207-232.

조원형(2015a), 음악가 프로필의 텍스트 유형과 문체 ―한국어 프로필을 대상으로―, "텍스트언어학" 38, 한국텍스트언어학회, 219-244.

조원형(2015b), 정선아리랑에 대한 텍스트언어학적 분석 ―텍스트 구조와 간텍스트성―, "수사학" 24, 한국수사학회, 285-312.

조원형(2017a), 보그랑드의 언어학 이론에 대한 재고찰 ―*New Foundations for a Science of Text and Discourse*(1997)를 중심으로―, "텍스트언어학" 42, 한국텍스트언어학회, 175-203.

조원형(2017b), 기억과 다짐: 대통령의 과거사 관련 연설에 대한 텍스트언어학적 분석 ―문재인 대통령의 광주민주화운동 37주년 기념사와 요아힘 가우크 전 독일

대통령의 바빈 야르 추모사를 대상으로—, "수사학" 29, 한국수사학회, 217-245.

조은경·한영균(2014), 텍스트 말뭉치의 주제와 주제어 분석 —세종 문어 말뭉치를 중심으로—, "텍스트언어학" 37, 한국텍스트언어학회, 201-232.

최명원·김선영·김지혜·이애경(2012), SNS 메신저 "카카오톡" 언어현상 연구, "텍스트언어학" 33, 한국텍스트언어학회, 467-493.

홍승우(1988), Wilhelm von Humboldt의 언어개념, "한국외국어대학교 논문집", 한국외국어대학교, 397-422.

Adamzik (2016), *Textlinguistik* (2. Auflage), Walter de Gruyter.

Brinker, Klaus (2001), 이성만 옮김(2004), "텍스트언어학의 이해", 역락.

de Beaugrande, Robert (1980), *Text, Discourse, and Process: Toward a Multidisciplinary Science of Texts*, Ablex Publishing Corporation.

de Beaugrande, Robert (1997), *New Foundations for a Science of Text and Discourse*, Ablex Publishing Corporation.

de Beaugrande, Robert & Dressler, Wolfgang (1981), 김태옥·이현호 옮김 (1995), "텍스트언어학 입문", 한국문화사.

van Dijk, Teun Adrianus (1980), *Textwissenschaft*, De Gruyter.

Fix, Ulla et al. (2002), *Textlinguistik und Stilistik: Ein Lehr- und Arbeitsbuch*, Peter Lang.

Gansel, Christina (2007), 조국현 옮김(2014), "텍스트종류언어학", 한국외국어대학교 출판부.

Heinemann, Wolfgang & Viehweger, Dieter (1991), 백설자 옮김(2001), "텍스트언어학 입문", 역락.

Vater, Heinz (1994), 이성만 옮김(1995), "텍스트언어학 입문", 한국문화사.

Vater, Heinz (2001), 이성만 옮김(2006), "텍스트의 구조와 이해: 텍스트언어학의 새 지평", 배재대학교 출판부.

남북한 화행 연구의 현황과 과제
- 북한이탈주민의 화행 연구를 중심으로 -

_ 양수경

1. 머리말

남북의 언어 차이는 주로 독자적인 언어 정책의 시행에 따른 '언어 규범'의 차이, 남북의 사회문화적 차이를 반영하는 '어휘'의 차이가 주를 이루며, 음운이나 형태, 통사 층위 같은 기본적 언어 구조의 차이는 미미하다(권재일 2014). 그러나 서로 소통해 본 남북한 주민들의 경험은 어휘와 어문규범 외에도 의사소통 방식('언어 구조'가 아닌 '언어 사용'의 측면)에서도 남북한 차이가 존재할 가능성을 보여준다.

'남북한 의사소통 방식에 차이가 있다'는 가설은 2000년대 이후 북한이탈주민[1]의 입국이 증가하여 이들과 남한 토박이들 간의 일상적인 의사소통 경험들이 축적되면서 점차 부각되기 시작했다. 남북 출신의 화자들이 직장과 사회생활에서 일상적으로 접촉할 수 있게 되면서 의사소통의 갈등 상황이 빈

---

[1] 공식적 법률 용어는 '북한이탈주민'이나 본고에서는 약어인 '탈북민'을 이후 사용하기로 한다. 이에 대응하는 남한 출신의 화자들은 '남한 토박이'로 지칭한다.

번히 발생하게 되었고 이를 남한과 북한이라는 이질적인 문화권 출신 화자의 소통, 즉 '문화 간 의사소통'(intercultural communication)의 관점에서 설명하려는 시도가 이루어졌던 것이다.

탈북민 언어실태조사와 면담 연구에서는 '감사나 사과를 표현하는 데 인색하다', '직설적으로 거절한다' 등 탈북민이 보이는 소통 방식의 특성과 이들이 남한 토박이와의 소통 과정에서 경험하는 이질감을 공통적으로 보고하고 있다(문금현 외 2006; 권순희 외 2013). 탈북민의 취업과 직장생활 갈등에 관한 연구들도 탈북민과 남한 토박이 사이의 의사소통 방식의 차이를 비중 있게 다루고 있다. 남한 토박이들이 은유적으로 돌려서 말하는 방식과 탈북민들의 직설적 표현이 서로에게 오해를 불러일으키며(김중태 2014) 이로 인해 탈북민들은 직장 내 동료관계에서 갈등을 겪거나 때로는 어렵게 얻은 직장을 그만두기도 한다고 분석한다(조정아 외 2006).

남한 토박이들과 탈북민의 의사소통 방식이 다르다는 인식은 최근 들어 우리 사회에서 폭넓게 확산되어가는 것으로 보인다. 국립국어원의 "2016년 남북 언어의식 조사" 결과에 따르면 이러한 인식은 탈북민 집단, 탈북민을 접촉한 경험이 있는 남한 토박이 집단뿐 아니라 탈북민을 직접 접촉한 경험이 없는 남한 토박이들까지 공유하고 있는 것으로 드러났다. 남한 토박이들에 대해서는 '사과나 감사 표현을 자주 한다', '빈말이나 가식적인 말을 많이 한다'고 생각하고 있었는데 사과나 감사 표현을 긍정적으로 보기도 했지만 이를 빈말이나 가식적인 말로 받아들이는 경우도 적지 않았다. 반면 탈북민들에 대해서는 '직설적으로 말한다', '공격적인 표현을 많이 쓴다'는 느낌을 받는 것으로 나타났다(강진웅 2017).

이처럼 남한 토박이와 탈북민이 겪는 의사소통 갈등, 서로가 인지하는 의사소통 방식의 차이는 일차적으로 남북한 사회의 전반적인 의사소통 방식 차이에서 기인했다고 가정할 수 있다[2]. 남북한 사회가 한국어의 문법 지식은 공유하지만 언어를 맥락에 따라 적절하게 사용하고 해석할 수 있는 화용 지식, 이와 관련된 문화적 규범 면에서 이질화된 별개의 언어공동체(speech community)로 분화했다는 관점을 취하는 것이다.

남북한 의사소통 방식의 차이는 주로 감사하기, 거절하기, 사과하기, 요청하기, 칭찬하기 등의 '화행'(speech act)을 중심으로 연구되어 왔다. '화행'은 화자의 특정한 의도를 가지며 실세계에 영향을 미치는 '행위'로서의 발화를 강조하는 개념이다(Austin 1962). 남한 토박이와 탈북민들의 화행을 비교한 연구는 각기 다른 문화적 배경을 가진 언어 사용자들의 언어 행위를 다루는 '비교문화적 화용론'(Cross-cultural Pragmatics), 그 중에서도 '비교문화적 화행 연구'로 분류할 수 있다. 비교문화적 화용론에서는 대화참여자들이 언어적, 문화적 차이로 인하여 의사소통 전략을 잘못 사용하고 의사소통에 실패하는 사례들을 설명하는 데 주력해 왔다(LoCastro 2012: 이해영 2016에서 재인용). 호주·미국·영국·캐나다 영어, 덴마크어, 독일어, 히브리어, 러시아어의 '요청', '사과' 화행 양상을 비교 연구한 CCSARP(Cross-Cultural Speech Act Realization Project)(Blum-Kulka et al. 1989)가 대표적 연구이다.

비교문화적 화행 연구에서는 공손성의 표현 방식으로 인한 오해 문제를 분석할 때 '공손 이론'(Brown & Levinson 1987)의 개념과 분석 틀을 사용해 왔다. 다양한 언어권·문화권의 공손 현상 연구(Blum-Kulka et al. 1989; Ide et al., 1992)에 따르면, 상대의 체면을 보호하기 위한 대화 원리로서의 공손은 보편적이지만 공손의 개념과 그 수준은 문화에 따라 다양하다. 문화 간 의사소통에서 발생하는 공손과 관련된 화용적 실패3)는 언어·문화권 별

---

2) 이 관점은 탈북민이 보이는 의사소통 방식 특성을 이들이 사회화되고 소속되어 있던 북한 언어공동체로부터 전이된 것으로 해석한다. 그러나 탈북민의 재북 출신 지역이 함경도와 양강도에 편중되어 있다(84.9%)는 사실은 이들이 보이는 특성이 북한 전체가 아닌 특정 방언권(동북 방언)의 특성일 가능성을 배제할 수 없게 만든다[통계 수치는 통일부(2017)를 참고하였다]. 북한 타 지역 방언 화자들의 화행 분석, 북한 영화, 드라마, 소설 등의 자료에 나타난 화행 분석 등을 통해 전반적인 북한 언어공동체의 화행 양상을 검토하여야 할 것이다.

로 공손성의 인식과 전략이 다양한 데 기인한다. 남한 토박이와 탈북민의 화행 비교 연구에서도 공손 이론의 개념과 분석 틀을 사용하여 화행 양상의 차이를 분석하고 있다. 특히 거절, 요청 등 체면위협행위로 볼 수 있는 화행의 경우, 화행의 수행 양상을 체면 위협을 줄이기 위한 공손 전략으로 보고 사회적 요인(힘, 사회적 거리, 강요의 정도)에 따른 화행의 실현 양상을 비교한다.

남북한 화행에 관한 연구는 탈북민의 사회 적응을 돕기 위한 언어 교육의 관점에서, 또한 통일 시대 남북한 주민의 의사소통 문제를 대비하기 위한 남북한 언어 통합의 관점에서 연구의 의의를 갖는다. 이 연구는 그동안 수행된 남북한 화행에 관한 연구들의 성과와 한계를 분석하며 향후 연구의 과제와 방향을 제시하는 것을 목표로 한다.

2. 화행 연구의 분류

남북한의 화행과 관련해 수행된 연구들을 조사하기 위해 한국교육학술정보원(KERIS)에서 '화행'과 '북한이탈, 새터민, 남북한'을 주제어로 검색한 결과 직접적으로 '화행'과 관련된 총 12편의 학위논문, 학술지 논문이 검색되었다.

---

3) 제2언어 습득에서 제2언어 학습자의 화용적 실패는 사회화용적 실패(sociopragmatic failure)와 화용언어적 실패(pragmalinguistic failure)로 구분된다(Thomas 1983). 제2언어와 모어의 문화적 가치관 차이, 상대방과의 관계에 대한 판단 기준 차이, 금기시되는 것에 대한 인식의 차이, 부담의 정도에 대한 인식의 차이 때문에 나타나는 화용적 실패는 '사회화용적 실패'이며, 제2언어의 화행이 실현되는 방식이 모어와 다르기 때문에 나타나는 화용적 실패는 '화용언어적 실패'이다.

연구	분류
고윤석 · 김영주(2013), 북한이탈 청년의 화용능력 연구: 거절, 요청, 사과 화행을 중심으로.	논문
구현정(2017), 남북한 감사 화행 비교 연구.	논문
김영주·고윤석·김아름·김소현(2012), 국내 이주배경 청년의 한국어 습득 예측 변인 연구-북한이탈 청년과 중도입국 청년을 중심으로-.	논문
문금현(2007), 새터민의 어휘 및 화용 표현 교육 방안.	논문
양수경(2017), 남북한 거절 화행 비교 연구.	논문
이수연(2012), 새터민과 남한인의 요청화행 연구.	학위논문
이주랑(2016), 북한이탈주민의 요청화행 수행 양상에 대한 연구.	학위논문
전정미(2010a), 북한이탈주민의 사과 화행 사용 양상 조사.	논문
전정미(2010b), 북한이탈주민의 화행 사용 양상 연구-칭찬 화행을 중심으로.	논문
전정미(2010c), 새터민의 말하기 능력 향상을 위한 화행 교육 방안 연구: 거절하는 말하기를 중심으로.	논문
전정미(2017), 남북한 사과 화행 사용 양상 연구.	논문
제은주(2016), 한국인과 북한이탈주민의 거절 화행 실현 양상 비교 연구.	학위논문

[표 1] 남북한 화행을 다룬 학위논문과 학술지 논문

이들 외에도 남북한 화행과 관련된 연구 보고서가 총 4편이 있었다. "새터민 언어 실태 조사 연구"(문금현 외 2006), "국어문화학교 특별 과정 개발 및 교안 제작 – 새터민을 위한 국어 교육 과정-"(구현정 외 2008), "새터민 구어 학습용 교육자료 개발"(권순희 외 2013)은 탈북민의 화행 특성을 부분적으로 다루고 있으며, "남북한 의사소통 방식의 차이 극복 방안"(구현정 외 2016)은 감사, 사과, 거절 화행의 남북한 차이를 조사하고 그 극복 방안을 제시하였다.

연구 보고서	화행 관련 내용
새터민 언어 실태 조사 연구 (문금현 외 2006)	탈북민 100명을 대상으로 담화 완성 설문을, 10명을 대상으로 심층 면접을 실시하여 탈북민들의 감사, 인사, 요청, 거절, 사과, 칭찬 화행의 특성을 조사하였다. 화행 특성 및 교육 방안은 문금현(2007)으로 발표되었다.
국어문화학교 특별 과정 개발 및 교안 제작 (구현정 외 2008)	탈북민 언어 실태 조사(문금현 외, 2006) 결과를 반영하여 제작된 탈북민 대상 국어 교육 자료이다. '간접적으로 말하기', '부탁할 때와 거절할 때', '사과할 때와 칭찬할 때'의 화행 교육 단원을 포함하고 있다.
새터민 구어 학습용 교육자료 개발 (권순희 외 2013)	탈북민이 참여한 방송 '반갑습네다(CGNTV)', '이제 만나러 갑니다(채널 A)'의 분석, 탈북민 전문가 집단의 자문, 탈북민 30명을 대상으로 한 면담을 통해 탈북민의 화행 특징을 조사하고 화행 교육 자료를 구안하였다. 연구 결과물로 교재 "북한이탈주민의 대한민국 정착을 위한 생활 말하기"가 출판되었다.
남북한 의사소통 방식의 차이와 극복 방안 (구현정 외 2016)	남한 토박이 74명, 탈북민 73명 총 147명을 대상으로 설문과 담화완성설문을 통해 감사, 사과, 거절에 대한 인식, 빈도, 표현 방식의 남북한 차이를 조사하였으며, 의사소통 방식의 차이를 극복하기 위한 연구, 교육, 교류 차원의 방안을 제시하였다. 각 화행별 연구 결과는 구현정(2017), 전정미(2017), 양수경(2017)으로 발표되었다.

[표 2] 남북한 화행을 다룬 연구 보고서

남북한의 화행을 비교하기 위해 수행된 연구들 중 연구 보고서를 제외한 총 12편(학위논문 3편, 논문 9편)을 대상으로 연구 주제, 연구 방법별로 분류해 경향을 살펴보면 다음과 같다.

2.1. 연구 주제

주제	편 수
탈북민과 남한 토박이의 화행 비교	5편
탈북민의 화행 양상	4편

주제	편 수
탈북민의 화행 교육 방안	1편
탈북민과 남한 토박이의 화행 수용도 비교	1편
탈북 청년과 중도입국 청년의 화행 수용도 비교	1편

[표 3] 주제별 분류

연구물을 소주제별로 분류해 보면 크게 다섯 유형으로 나뉜다. 첫 번째는 남한 토박이와 탈북민의 화행을 본격적으로 비교한 연구들로서 총 5편으로 가장 많은 연구가 수행되었다. 구현정(2017), 양수경(2017), 이수연(2012), 전정미(2017), 제은주(2016)가 이에 해당한다. 동일한 방법을 사용해 탈북민들과 남한 토박이들의 화행을 조사함으로써 두 집단 간 객관적 비교를 시도하였다. 두 번째는 탈북민 화자들만을 대상으로 하여 이들의 화행 특성을 기술한 연구들로 이주랑(2016), 전정미(2010a, 2010b, 2010c)가 있다. 세 번째는 탈북민을 위한 화행 교육 방안을 다룬 연구이다. 문금현(2007)이 이에 해당한다. 탈북민 언어 적응 실태 조사(문금현 외, 2006)에서 조사된 탈북민의 화행 특성, 남한 토박이들과의 의사소통 시 문제 사례에 기초하여 탈북민의 화용 교육 방안을 제시하였다. 네 번째와 다섯 번째는 화행 수용도를 비교한 연구로서 고윤석·김영주(2013)는 탈북 청년과 남한 청년의 화행 수용도를, 김영주 외(2012)는 탈북 청년과 중도입국 청년의 화행 수용도를 비교하였다. 화행 수용도 연구는 특정 상황에서 해당 화행 표현을 수용할 수 있는지에 대해 집단 간 차이를 봄으로써 '발화'가 아닌 '인식' 차원에서 화행 차이를 조사하는 연구이다.

또한 연구들이 다룬 화행을 분류해 보면, 거절이 6편으로 가장 많고 요청과 사과 화행이 각 5편, 감사와 칭찬이 각 2편씩 수행된 것을 확인할 수 있다. 총 12편으로 전체적인 연구물의 수가 작음에도 체면위협이 큰 요청, 거절, 사과 화행이 주를 이루고 있음을 알 수 있다. 문화적 민감성이 높은 것으로 알려진 감사와 칭찬 화행이 2편씩으로 그 뒤를 잇고 있다.

2.2. 연구 방법

화행 관련 자료 수집 방식은 자연 발화 채집, 유도된 자료, 자기 보고(설문지), 언어 판단 등이 있다. 가장 이상적인 것은 자연 발화 채집이지만 시간과 비용 부담이 크고 조사 화행이 출현할 만한 상황이 발생하지 않을 위험이 있다.

화행 출현 상황을 인위적으로 만들어 유도하는 방법에는 역할극, 구두 담화완성설문(Discourse Completion Test: DCT), 서면 담화완성설문이 있다. 역할극 및 구두 DCT의 경우 순서교대나 청자반응, 어조 등을 볼 수 있는 장점이 있는 반면 녹화나 녹음으로 인해 참여자의 부담이 가중되어 어색한 반응이 나타날 수 있으므로(이해영 2003) 서면 DCT에 비해 많이 사용되지 않는다. 서면 DCT의 경우 다른 방법에 비해 다수의 제보자를 대상으로 하면서도 자료의 수집과 처리가 간편하고 자연 발화에 가까운 응답을 얻을 수 있다는 점, 연구자가 보고자 하는 맥락 요인에 따른 화행 비교가 가능하다는 점 등으로 인해 많은 화행 연구에서 선택하고 있다. 설문에 의한 자기 보고 방식은 대량의 자료 수집과 분석에 용이하지만 설문 항목과 보기 선정에 있어 연구자의 주관이 개입할 여지가 큰 위험이 있다.

의사소통 상의 상호성을 생각할 때 언어공동체 내의 규범에 적절하게 발화되었는가도 중요하지만 해당 발화가 얼마나 용인 가능한가도 같이 고려되어야 할 것이다. 그런 관점에서 화행 연구에서는 화행의 적절성을 묻는 언어 판단 방법을 사용하기도 한다. 수용성 판단 테스트(Acceptability Judgment Test: AJT)는 연구 참여자가 특정한 언어 형태를 듣거나 보았을 때 얼마나 목표어에서 수용 가능한지를 판단하는 검사이다. 주로 수용 가능 여부를 정오로 판단하나 Likert 척도를 쓰기도 한다. 만약 발화를 듣고도 불쾌감을 느끼지 않거나 문제로 인식하지 않고 수용할 수 있다면 화행 양상의 차이가 있다 하더라도 크게 문제되지 않을 것이다.

자료수집 방법	편 수[4]
자기보고(설문지)	7편
유도된 자료	4편
언어 판단	2편
자연 발화 채집	1편

[표 4] 연구 방법별 분류

자기 보고(설문지)를 사용한 연구가 7편으로 가장 많았으며 서면 담화완성설문(DCT)를 써서 유도한 발화를 분석한 연구가 4편, 화용적 적절성 테스트로 언어 판단을 사용한 연구가 2편, 자연 발화를 채집하여 분석한 연구가 1편 있었다.

이수연(2012)과 제은주(2016)는 담화완성설문을 사용하여 탈북민과 남한 토박이들의 화행 양상을 체계적으로 상세히 비교 분석한 대표적 연구라 할 수 있다. 이수연(2012)에서는 탈북민 65명, 남한 토박이 90명을 대상으로 친밀도, 사회적 지위, 요청의 성격, 청자의 성별 등이 달라지는 총 8가지(세부 상황 14가지)의 요청 상황을 제시함으로써 요청 발화를 유도하였다. 제은주(2016)는 남한 토박이 50명과 탈북민 50명을 대상으로 친밀도, 사회적 지위, 요청·초대, 공사 관계에 따른 총 24가지 거절 상황을 제시하여 거절 발화를 유도하였다.

고윤석·김영주(2013)와 김영주 외(2012)는 화용적 적절성 테스트를 사용해 언어 판단을 본 연구이다. 둘 모두 수용성 판단 테스트를 제작하여 화행을 들려주고 수용 가능 여부를 Likert 척도에 따라 판단하도록 하였다. 고윤

---

4) 복수의 방법을 사용한 연구는 중복 계수하였다.

석·김영주(2013)에서는 탈북 청년 50명과 한국어 모어 화자 50명을 대상으로 거절, 사과, 요청 화행의 수용도를 비교하였으며, 김영주 외(2012)에서는 탈북 청년 32명과 중도입국 청년 54명의 문법능력과 화용능력을 수용성 판단 테스트로 측정, 비교하였다.

자연 발화를 수집해 화행을 분석한 연구로는 이주랑(2016)이 유일하다. 20대와 30대의 탈북민 여성 10명이 차 마시기, 시장 보기, 요리하기, 식사 등 일상적인 활동을 연구자와 함께 하면서 산출한 요청 발화를 녹음, 전사하여 분석 자료로 삼았다. 남한 거주 기간, 친소 관계, 요청 상황의 성격에 따라 나타나는 요청 발화의 변이를 질적으로 분석하였다. 탈북민들의 실제 발화 속에서 요청 화행 변이를 포착해 냄으로써 탈북민들은 직접적 요청만 선호한다는 정형화된 인식을 반박한, 방법론의 특성을 잘 살린 연구라 할 수 있다.

3. 화행별 주요 결과

3.1. 감사 화행

탈북민을 대상으로 한 문금현(2007)에 의하면 남한에 비해 북한 사람들은 감사에 대한 표현력이 부족해서 표현을 잘 안 하는데 남한에서는 너무 자주 하고, '고맙다'는 표현을 하지 못해 웃기만 했더니 남한 사람들과 점차 멀어졌으며, 감사의 표현으로 '욕 보셨습니다'라고 했다가 웃음거리가 되었다고 한다. 구현정(2017)에서는 북한 사람들이 감사에 대한 표현력이 부족한 편이라는 기술만으로는 의사소통 상황에서 감사에 대한 차이를 자각하거나 극복하기에는 너무 막연하다고 지적하며 감사의 인식, 상황에 따른 감사의 정도, 감사의 대상, 감사의 빈도에 나타나는 차이를 객관적으로 수량화하여 제시하였다. 아래의 내용은 구현정(2017)을 요약한 것이다.

3.1.1. 감사에 대한 인식

감사를 하는 사람에 대한 인식을 조사한 결과, 탈북민들은 남한 토박이들에 비해 감사에 대해 '아첨'이나 '사죄'와 같이 부정적인 행위로 인식하는 경향이 높았는데 이러한 인식이 감사를 표현하기 어렵게 만든다고 볼 수 있다. 북한에서는 감사 표현에 댓가를 바라는 계산적인 마음, 폐를 끼친다는 사죄와 보답의 심리가 결부되어 있을 가능성이 있다. 따라서 북한 사람들은 마음의 고마움을 전하려고 감사의 표현을 하는 남한 사람들에 대해 아첨을 한다거나 사죄한다고 오해하고, 남한 사람들은 감사의 표현을 하지 않는 북한 사람들에 대해 마음에 고마움을 느끼지 않으며, 감사할 줄을 모른다고 오해하는 현상들이 나타날 수 있음을 보여준다.

3.1.2. 상황에 따른 감사의 정도

상황에 따른 감사의 정도를 조사한 결과, 소소하게 고마운 일이 있을 때, 크게 고마운 일이 있을 때의 감사를 표현하는 정도의 남북 차이는 통계적으로 유의했다. 소소한 일에 대해 말로 감사의 표현을 하는 경우가 남한 토박이는 86.5%이지만, 탈북민은 47.2%였고, 크게 고마운 일에 대해 말로 감사의 표현을 하는 경우가 남한 토박이는 98.6%이지만 탈북민은 68.6%에 불과하다. 고마움의 크기에 따라 감사 빈도가 올라간 것은 동일하지만 상대적으로 남한 사람들이 북한 사람들보다 감사를 더 표현하는 경향이 나타난다. 남한에서는 크든 작든 고마운 일이 있으면 언어적으로 당연히 고마움을 표현해야 하는 것으로 인식하는 경향이 강하지만, 북한에서는 언어적으로 고마움을 표현하는 일은 쑥스러운 일이거나 가벼워 보이고 비굴하다고 여길 정도로 부정적으로 인식하는 정도가 남한에 비해 높았다.

3.1.3. 감사의 대상

어떤 대상에게 우선적으로 감사를 표현하는지 감사의 대상에 대해 조사한 결과도 남북한 응답 간에 통계적으로 유의한 차이가 나타났는데, 남한 토박이들은 꼭 고맙다는 말을 해야 하는 사람이 가족〉이웃〉직장상사〉직장동료〉친구의 순으로 나타났지만, 탈북민들은 가족〉직장상사〉친구〉이웃〉직장동료의 순으로 나타났다. 남한 토박이들은 공적인 관계보다는 사적인 관계, 특히 늘 가까이에서 생활하는 가족이나 이웃과의 일상적인 생활 속에서 더 감사의 말을 표현하는 것이 중요하다고 생각하는 것으로 나타났다. 그러나 탈북민들은 가족 다음으로 공적인 관계이며 힘의 크기가 큰 직장상사라고 생각하는 것으로 나타났다.

공적인 사회인 직장에 대해서 남한 토박이의 경우 직장상사 16.4%, 직장동료 15.1%로 상사와 동료의 차이가 크게 드러나지 않았지만, 탈북민의 경우, 직장상사 27.8%, 직장동료는 1.4%로 나타나서 상사와 동료의 차이가 크게 드러났다. 사적인 관계에서도 남한 토박이는 이웃이 친구보다 높게 나타나지만, 탈북민은 친구가 이웃보다 높게 나타난다. 남한 토박이들은 친한 친구보다는 이웃에게 더 예절적 절차가 필요하다고 생각하지만, 탈북민들은 가족과 마찬가지로 더 가까운 친구에게 고마움을 표현하고 있음을 알 수 있다.

3.1.4. 감사의 빈도

친구가 아이를 데려다 주었을 때, 지하철에서 자리를 양보해 주는 모르는 사람에게, 이웃이나 친구에게 식사 대접을 받았을 때, 돈을 빌려준 이웃에게, 공공기관에서 일을 마치고 나올 때 다섯 가지 상황 모두에서 남한 토박이가 탈북민에 비해 감사 표현의 빈도가 높게 나타났으며 그 차이는 유의했다. 평균치에 따르면 남한 토박이는 감사의 표현을 '자주' 하거나 '항상' 하는 정도(M=4.55)로 나타났고, 탈북민은 '가끔' 하거나 '자주' 하는 정도(M=3.84)로 나타났다. 이러한 감사 표현의 빈도 차이가 북한 사람들은 감사를 할 줄 모른다는 생각이나 남한 사람들은 별 것도 아닌 일에 마음에도 없이 말을 많이 한다는 생각이 근원이 됨을 알 수 있다.

두 집단 모두 잘 아는 이웃이나 친구에게는 부담의 크기가 클수록 감사의 말을 많이 하는 반면, 의무적으로 해야 하는 일을 하는 경우에 대해서는 감사의 말을 많이 하지 않는 경향이 공통적으로 나타난다. 그러나 남한 토박이들은 모르는 사람에게서 친절한 배려를 받는 상황(모르는 사람이 지하철에서 자리를 양보해 주었을 때)에서 감사의 빈도가 가장 높은 반면, 탈북민들은 감사하는 빈도가 가장 낮게 나타나 큰 차이를 보였다.

3.2. 거절 화행

탈북민의 언어적응실태조사 결과 탈북민의 거절 표현 방식은 거절 사유를 말하거나 미안함을 표시함으로써 상대방에 대한 감정적인 배려를 하기보다는 자신의 생각을 직접적으로 나타내는 경향을 보였다(문금현 외 2006). 탈북민 정착교육기관인 하나원에서 언어 교육을 담당해온 교사의 저술(한정미 2010)에서도 탈북민들은 돌려서 말하는 것이 익숙하지 않고, 직설적이거나 직접적으로 표현하는 것이 익숙해서 그렇게 하지 않으면 오히려 솔직하지 못한 것이라고 생각하는 경향을 보고한다. 그 결과 탈북민들은 남한 사람들이 정중하게 거절하기 위해 즐겨 사용하는 간접적 거절에 난감해 하며, 반대로 탈북민들의 호불호를 분명하게 드러내는 직설 화법 때문에 남한 사람들이 당황하기도 한다는 것이다. 남북한 거절 화행 연구들은 명시적 거절 표현을 사용하여 거절하느냐 그렇지 않느냐의 문제(거절의 직접성/간접성 문제), 거절 전략의 차이, 명시적 거절 표현의 차이를 주요 문제로 다루고 있다. 이를 중심으로 고영석·김영주(2013), 양수경(2017), 전정미(2010c), 제은주(2016)의 내용을 요약해 보면 다음과 같다.

3.2.1. 거절 방식에 대한 인식

탈북민들은 남한과 북한에서 사용하는 거절 표현이 다르다고 느끼고 있으며 직접적인 거절방식을 취하는 북한에 비해 남한에서는 간접적으로 거절한다고 인식하고 있었다(전정미 2010c). 상대방을 배려하기 위해 간접적으로 말하는 거절 표현을 가식적이라고 보며, 부탁을 들어주지 않는 데 대해 이유는 필요 없다는 추가 응답은 간접 거절에 대한 이들의 부정적 인식을 드러낸다.

직접적으로 거절하는 사람, 간접적으로 거절하는 사람을 어떻게 평가하는지 보기를 주고 고르도록 했을 때, 직접적인 거절에 대한 남북한 사람의 전반적 인식은 '솔직하다', '책임감 있다'와 같이 긍정적인 것으로 나타나 일치했지만, 간접적 거절에 대한 인식에는 차이가 드러났다(양수경 2017). 대다수 남한 토박이들은 간접적 거절을 상대방에 대한 배려, 예의로 간주하지만 일부 탈북민들은 '눈치를 본다', '속마음을 드러내지 않는다' 등 부정적인 행위로 인식하고 있었다.

탈북민들은 '다음에 연락할게요', '생각해 볼게요' 등의 간접적인 거절을 사용하는 남한 사람을 '이중적'이며 '사기꾼'이라고 생각하기도 한다(양수경·권순희 2007). 간접 거절에 대한 부정적 인식은 화법 차원에서 확실한 의사 표현을 더 정직하고 인간관계에서 좋다고 인식하는 북한 사회의 화법 문화와 연관되는 것으로 보인다. 간접적인 거절을 포함하는 화법 영역은 향후 남북한 주민의 의사소통 상황에서 갈등과 오해의 소지가 될 가능성이 있다.

3.2.2. 거절의 부담감

거절 상황에서 느끼는 거절의 부담감 수준을 조사한 한 연구에서는 다섯 가지 상황에서 두 집단은 유사한 수준의 어려움을 경험하는 것으로 나타났고 어려움의 순위도 일치하였다(양수경 2017). 일반화하기에는 상황의 유형과 그 수가 한정적이지만, 거절 상황에서 느끼는 부담의 크기는 남북한이 유사하나 그 때의 거절 표현 방식은 남북 간에 차이가 있는 것으로 나타났다는 점은 시사하는 바가 크다. 남한 사람에 비해 북한 사람들이 직접적인 거절을 선호하는 것은 '거절 부담감의 크기 차이'에 기인한 것이 아니라 '거절 표현 방식의 차이'로 말미암은 것임을 보여주기 때문이다. 즉 북한 사람들이 같은 상황에서 우리보다 직접적인 거절을 하는 것은 북한 사람들이 그 상황을 우리보다 덜 부담스럽게 느껴서가 아니라, 북한 사회의 거절 표현 방식이 전반적으로 남한에 비해 직접적인 데 기인하는 것으로 볼 수 있다.

3.2.3. 거절 전략

전정미(2010c)에 따르면 아는 사람의 부탁을 거절해야 할 때 주로 변명하는 방법(50%)을 택하는 남한 사람과 달리 탈북민은 '우선은 들어주겠다(36%)고 하거나' '직접적으로 거절한다'(33%)는 응답이 더 높은 빈도로 나타났다. 남한에 와서 거절할 때 '안 됩니다'를 주로 사용했더니 남한 사람들이 매우 불쾌하게 생각해서 당황했다는 응답도 남북의 거절 전략 차이를 보여준다.

담화완성설문을 사용해 구체적인 거절 상황에서 남북의 거절 전략을 비교한 양수경(2017)에서 거절을 명시적으로 드러내는 표현을 포함하는 거절은 '직접 거절'로, 포함하지 않는 거절은 '간접 거절'로 분류하여 둘의 상대적 분포를 조사하였다. 먼저 호의를 거절할 때 전체적으로 남한은 간접 거절을, 북한은 직접 거절을 더 많이 사용하는 것으로 나타났다. 호의에 대한 간접 거절 전략으로는 '이유 설명', '사과', '이유 설명+감사', '이유 설명+사과', 기타 표현('마신 걸로 할게요', '마음만 받을게요')이 나타났다. 다음으로 요청을 거절할 때 남북이 모두 직접 거절보다는 간접 거절을 더 많이 사용하는 것으로 나타났으나, 직접 거절은 북한이, 간접 거절은 남한이 더 빈도 높게 나타났다. 요청에 대한 간접 거절은 '이유 설명', '사과', '대안 제시', '공감', '허락 요청', '양해 요청', '유보'의 거절 전략들이 단독 또는 결합하여 나타났다.

제은주(2016)에서는 남한 토박이와 탈북민 모두 최고빈도로 사용한 거절 전략은 '불가피한 이유 설명하기' 전략이었으며, 두 집단이 최고빈도로 사용한 거절 전략의 세트 구성 또한 '사과하기+불가피한 이유 설명하기'로 일치했다. 그러나 탈북민의 경우 남한 토박이가 거절 시 청자의 체면 손상 위협이 높고 불쾌감을 줄 수 있기 때문에 사용하기 꺼리는 '개인적인 이유 설명하기' (예: 저 복사할 줄 모르거든요, 저는 별로 가고 싶지 않아요, 제가 전시회 감상을 잘 할 줄 몰라서요 등)나 '단정적 거절' 또한 자주 사용하는 것으로 나타나 낮은 순위의 거절 전략 사용에 있어 차이를 보였다. 또한 전체적으로 남한 토박이가 탈북민에 비해 더 많고 다양한 전략을 사용하여 거절로 인한 부담을 줄이려 노력하고 있음을 확인할 수 있었다.

직접 거절·간접 거절과 상관없이 남한 사람들은 요청을 거절할 때 사과하는 비율이 북한 사람들에 비해 높다는 점도 남북한 거절 화행의 주요한 차이로 드러났다. 양수경(2017)에서는 요청 거절할 때의 총 응답 중 '미안하다', '죄송하다' 등의 사과 표현을 동반하는 비율은 남한(65.7%)이 북한(39.7%)에 비해 높게 나타나 차이가 컸다. 상사가 야근을 지시할 때를 예로 들면, '정말 죄송하지만 안 될 것 같습니다'와 같이 남한 응답은 거절 시 사과를 하는 응답들이 많았으나 북한 응답에서는 '오늘 집에 일이 있어 가봐야겠습니다. 후에 잘 하겠습니다'처럼 사과를 포함하지 않는 응답이 더 많았다.

3.2.4. 맥락 요인에 따른 거절 전략의 변이

청자의 사회적 지위, 친밀도, 공적/사적 관계와 같은 맥락 요인에 따른 거절 전략의 변이 특성은 제은주(2016)에서 자세히 분석하였는데, 남북의 공통점과 차이점을 균형 있게 제시하고 있다.

청자의 사회적 지위가 높을 경우 남한 토박이와 탈북민의 거절 전략에는 몇 가지 차이가 발견되었다. 먼저 남한 토박이들은 '직접 거절' 전략인 '단정적 거절'을 거의 사용하지 않았으나 탈북민의 경우 전체 전략 사용 수에 비해 높은 비율은 아니었지만, 남한 토박이의 11배에 가까운 빈도로 사용하여 상대적으로 높은 빈도로 '단정적 거절' 전략을 사용하고 있었다. 탈북민 집단에서도 '단정적 거절'은 청자의 지위가 동등하거나 낮을 때보다 청자 지위가 높은 경우 가장 적게 사용되지만, 그럼에도 남한 토박이들보다는 상대적으로 많이 사용하고 있었다. 또한 이 경우 남한 토박이는 '망설이기/난처함 표시하기'를 더 많이 쓰고 상대적으로 탈북민보다 많은 수의 전략을 사용하여 거절하는 등 거절에 따른 상대방의 체면을 보호하기 위한 노력을 더 기울이고 있었다.

두 집단 모두 친밀도에 따른 변이가 컸다. 두 집단 모두 친밀한 관계에서의 거절에서 가장 많이 사용한 전략은 '불가피한 이유 설명하기'와 '사과하기'로 나타난 반면, 소원한 관계에서는 두 집단 모두 '비단정적 거절', '비난/책망하기', '원칙 진술하기' 등 다른 전략에 비해 상대방의 체면 손상 위협이 큰 전략을 비슷한 빈도로 사용하고 있었다. 두 집단이 차이를 보인 전략은 '단정적 거절'과 '개인적인 이유 설명하기'였다. '단정적 거절'은 친밀도에 무관하게 탈북민은 남한 토박이에 비해 3배나 많은 수로 사용하고 있었으며, 소원한 관계에서는 '개인적인 이유 설명하기'를 2배 높은 빈도로 사용하고 있었다.

두 집단 모두 공적 관계에서보다 사적 관계에서의 직접 거절 전략(단정적 거절, 비단정적 거절)의 사용 빈도가 낮게 나타난다. 사적 관계에서보다 공적인 관계에서 직접적인 거절이 수용될 것으로 기대하고 있는 것은 남북이 공통적이다. 사적 관계에서는 직접 거절의 수가 현저히 줄어들어 간접 전략 및 부가표현을 많이 사용하고 있었으나, 두 집단 간에는 '단정적 거절'과 '개인적인 이유 설명하기', '대안 제시하기'의 전략 사용에 차이가 나타났다. 공적 관계에서도 탈북민은 '단정적 거절'과 '개인적인 이유 설명하기'를 거절의 전략으로 상대적으로 많이 사용하고 있어 전반적으로 탈북민이 거절 시 두 전략을 사용하는 데에서 오는 부담의 정도를 남한 토박이와 다르게 인식하고 있을 가능성이 있다.

3.2.5. 거절 표현

탈북민과 남한 토박이들은 거절의 뜻을 직접적으로 드러내는 '명시적인 거절 표현'에도 차이를 보이고 있었다(양수경 2017). 호의의 직접 거절 시 사용하는 표현으로, 남한 사람 대부분은 '괜찮다'를 사용하고 있는 반면 탈북민들은 '싫다'를 가장 많이 쓰고 '안 V(동사)'와 '일없다'를 비슷하게 사용하고 있었다. 요청의 직접 거절 시 사용하는 표현으로, 남한 사람들은 '어려울 것 같다', '안 될 것 같다', '못 할 것 같다' 등과 같이 거절의 강도를 완화시킨 표현과 '안 된다', '싫다', '못 한다'에 비해 완곡한 거절의 느낌을 주는 '어렵다', '힘들다', '곤란하다' 등의 표현을 선호하고 있었다. 이에 비해 탈북민들은 '안 된다', '못 한다', '싫다', '할 수 없다' 등의 거절 강도가 강한 표현을 선호하고 있었다.

제은주(2016)에서도 각 상황별로 두 집단이 사용한 거절 전략이 동일하다 할지라도 그 구체적인 표현에는 차이가 있었다고 보고한다. 탈북민이 남한 토박이에 비해 다소 단정적이고 단호한 느낌을 주는 표현(예: 안 됩니다, 나 갈 수 없습니다, 거절하겠습니다, 못 가요, 할 수 없습니다, 아니, 못 빌려줍니다. 나 싫어요 등)을 많이 사용하고 있었다. 남한 토박이의 경우 '못 가겠네', '안 되겠네'처럼 '-네'를 사용하여 상황의 불가피함으로 인해 거절하는 인상을 주는 경우가 더 많았다.

3.2.6. 거절 전략의 수용도

남한 청년과 탈북 청년들은 거절 전략의 수용도에 있어 유사한 부분과 상이한 부분을 모두 나타냈다(고윤석·김영주 2013). 두 집단 모두 거절 전략 중 '능력 부정하기'(예: 제가 그런 건 잘 못해서요)나 '주장하기'보다 '이유 설명하기' 전략에 대한 수용도가 높았다. 그러나 탈북 청년들은 '대안 제시'보다 '이유 설명하기' 전략에 대해 더 수용적인 반면, 남한 청년들은 '이유 설명하기'보다 '대안 제시하기' 전략에 더 수용도가 높았다. 친구가 학교행사에서 노래를 불러달라고 요청할 때 "금요일은 힘들 것 같아. 그래도 갈 수 있는 방법이 있는지 알아볼게."라는 대안 제시 전략을 사용한 발화의 수용 정도가 남한 청년이 탈북 청년에 비해 1.06점이 높았다.

또한 탈북 청년들은 청자의 사회적 지위가 높은 경우에도 단정적이거나 개인적인 이유로 거절하는 문항에 대해서 남한 청년에 비해 수용도가 높아 문금현(2007)에서의 결과와 마찬가지로 윗사람에 대한 거절에서 남북한이 인식의 차이를 보였다. 수업 후 교감 선생님이 자료 정리를 부탁할 때 "제가 그런 건 잘 못해서요."와 같이 '능력 부정' 전략을 사용한 발화의 수용 정도는 탈북 청년들이 남한 청년에 비해 0.58점 높았다.

3.3. 사과 화행

탈북민들은 미안한 상황이라 할지라도 '미안하다'나 '죄송하다'는 말을 쉽게 하지 못하고, 사과가 필요한 담화 상황에서 엉뚱한 대답을 함으로써 상대방을 당황하게 하거나 구체적인 사과 언급 없이 그 상황을 모면하려는 대답만을 함으로써 상대에게 불쾌감을 주고 신뢰도를 오히려 반감시키는 응답을 많이 하는 것으로 조사되었다(문금현 2007). 탈북민들이 자신의 과오를 인정하고 사과하는 데 인색하다는 평가를 받는 것은 자신의 잘못을 시인하는 행위가 사상 투쟁 문제 등 심각한 문제로 비화되기도 했던 북한 '생활총화'의 영향이라고 해석되기도 한다(한정미 2010). 남북한 사과 화행 연구에서는 사과에 대한 인식, 빈도 차이가 주요 문제로 다루어지는데, 이를 중심으로 고영석·김영주(2013), 전정미(2010a), 전정미(2017)의 내용을 요약해 보면 다음과 같다.

3.3.1. 사과에 대한 인식

남한의 언어문화에서는 비록 사소한 일일지라도 타인에게 손해나 피해를 주었을 때 '미안하다', '죄송하다'는 사과 표현을 반드시 할 것이 기대된다. 반면 북한 사회에서는 사과 행위가 자신의 부족함을 드러내는 자존심 상하는 행위라는 부정적 인식이 강하며, 사과는 중대한 잘못이나 실수를 했을 때에만 하는 행위로 인식되는 경향이 있다(전정미 2010a). 북한에서는 자신의 잘못이 명백하지 않은 경우라면 남한과 같이 예의상 사과 표현을 쓰는 일은 없다는 것이다(이수연 2012). 또한 일부 탈북민들은 '미안하다는 말'보다는 '문제 상황을 해결하는 행동'이 더 중요하다고 인식하면서 '사과'가 갖는 대인관계 상의 가치에 대해 의미를 크게 두지 않는 특성도 보였다(전정미 2010a).

남한 토박이와 탈북민을 대상으로 남북한의 인식 차이를 조사한 설문 조사(전정미 2017) 결과도 사과 행위에 대해 탈북민이 남한 토박이에 비해 부정적으로 인식하는 경향을 보여준다. 사과하는 사람에 대해 남북이 모두 '예절 바른 사람'이라는 응답이 최빈도로 나타났지만 탈북민의 경우, '아첨하는 사람', '말로 때우려는 무책임한 사람'이라는 부정적인 인식도 22.2%로 나타났다. 사과 받았을 때 '나에게 거리감을 느끼는 것 같아서 언짢다'는 응답은 남한에서는 나타나지 않았으나 북한에서는 5.5%로 나타는데 북한에서는 '미안하다'는 말을 하면 거리감이 느껴져서 잘 사용하지 않았다는 언어실태조사의 탈북민 보고와 일치한다(문금현 외 2006).

3.3.2. 사과의 빈도

사과에 대한 인식과도 상관이 있겠지만 일상적인 예절로서 사과 표현을 자주 사용하는 경향이 있는 남한에 비해 북한 사회에서는 사과의 빈도가 낮은 편으로 조사되었다(전정미 2017). 남한 사람들은 조그만 일에도 사과를 입에 붙이고 사는데 북한 사람들은 웬만한 일에는 별로 사과를 모르고 산다는 탈북민의 인식에서도 드러나듯이(전정미 2010a), 북한에서는 큰 잘못이 아니면 사과를 하지 않는 경향이 있지만, 남한에서는 자신이 잘못한 경우가 아니라도 분위기나 상황을 고려하여 사과하며 작은 실수에도 습관적으로 사과하는 경향이 나타난다. 남한에서 습관적으로 사용하는 가벼운 사과의 표현은 북한 사회의 사과 화행과는 다른 기능을 갖고 있음을 알 수 있다(전정미 2010a).

탈북민과 남한 토박이를 대상으로 구체적인 상황에서 사과하는 빈도를 5점 척도로 조사한 연구 결과(전정미 2017), 버스에서 다른 사람의 발을 밟았을 때, 길에서 다른 사람과 부딪쳤을 때, 친구와의 약속 시간에 늦었을 때, 직장에 지각하거나 교대시간에 늦었을 때, 빌린 물건을 잃어버렸을 때 이렇게 다섯 가지 상황 모두에서 남한 토박이는 탈북민에 비해 사과 표현의 빈도가 높게 나타났으며 그 차이는 유의했다. 평균치에 따르면 남한 토박이는 사과 표현을 '자주' 하거나 '항상' 하는 정도(M=4.64)로 나타났고, 탈북민은 '가끔' 하거나 '자주' 하는 정도(M=3.70)로 나타났다. 이러한 빈도 차이로 인해 북한 사람들은 '자신의 잘못을 인정하지 않거나 사과를 잘 하지 않고 예의가 없다'는 오해를 받을 수도 있고, 또 남한 사람들에 대해서 '누구나 겪을 수 있는 대수롭지 않은 일에도 사과를 한다'는 오해를 할 수도 있다.

상황별로 사과 빈도를 비교해 보면 먼저 다른 사람에게 물질적 손해를 끼쳤을 때(빌린 물건을 잃어버렸을 때) 사과를 한다는 응답이 남북한 모두 가장 높게 나타나 '직접적인 손해를 입힌' 경우를 가장 부담이 큰 상황으로 인식하고 있음을 확인할 수 있다. 잘 모르는 사람과 마찰이 생긴 상황에서 남북한 모두 자신의 잘못이 분명한 경우(버스에서 다른 사람의 발을 밟았을 때)에 그렇지 않은 경우(길에서 다른 사람과 부딪쳤을 때)보다 언어적으로 사과 화행을 수행하는 빈도가 더 높았다. 시간 약속에 늦었을 때 두 집단 모두 사적인 관계(친구와의 약속 시간에 늦었을 때) 보다 공적인 관계(직장에 지각하거나 교대시간에 늦었을 때)에서 상대방에게 피해를 주는 행동을 했을 때 더 높은 빈도로 사과 화행을 수행하고 있음을 알 수 있다.

남북의 사과 빈도 차이에 대한 탈북민의 인식을 보여주는 면담 결과들도 나타난다. 문금현 외(2006)의 심층 면접에서 한 탈북민은 정중하게 사과를 하거나, 잘못한 결과에 대해 구체적인 설명이 없으면 관계가 나빠진다는 것을 알게 되었고 남한 사회에 적응하면서 사과 표현을 점차 자주 사용하게 되었다고 보고한다. 또 다른 탈북민은 남한 사람들은 사과 표현을 분명히 하고 넘어가기를 바라기 때문에 북한이라면 사과를 안 해도 될 일을 사과해야 하는 경우가 많다고 하였다.

3.3.3. 사과 표현

남한 토박이와 탈북민을 대상으로 남북한의 사과 표현 차이를 조사한 설문조사(전정미 2017) 결과, 사과할 때 주로 사용하는 표현은 남북한이 서로 달라서 남한 토박이는 주로 '죄송합니다'(59.4%)를 사용하고 탈북민은 '미안합니다'(42.5%)를 가장 많이 사용하는 것으로 나타났다. 남한 토박이들은 '죄송합니다' 다음으로 사용하는 표현으로 '미안합니다'(35.1%)를 선택했지만 두 표현 이외에는 사용 빈도가 매우 낮았다. 탈북민은 '미안합니다'를 주된 표현으로 사용하며 '죄송합니다'(12.3%)보다 '잘못했습니다'(19.2%)를 더 많이 사용한다고 응답하였다. 하나원 교육생들을 대상으로 한 설문조사(전정미 2010a)에서도 탈북민들이 사과할 때 주로 사용하는 말로 '미안합니다(46.83%) 〉 잘못했습니다(15.85%) 〉 죄송합니다(15.24%)의 순서로 나타난 것과 일치한다.

전정미(2017)에서 사과를 받았을 때의 대답으로 남한 토박이는 '괜찮습니다'를 최빈치(75.3%)로 선택하였고 탈북민은 32.9%가 대답으로 사용한다고 하였다. '일없습니다'는 남한에서는 전혀 나타나지 않았지만 북한에서는 34.2%가 상대방의 사과에 대해 받는 말로 사용한다고 응답하여 최빈치로 나타났다. '됐습니다'도 남한 2.7%, 북한 15.1%로 차이가 컸다. 남한 토박이들은 사과하는 표현과 그 응답 표현으로 '죄송합니다'와 '괜찮습니다'를 대응쌍의 관계에 있는 표현으로 생각하고, 탈북민의 경우에는 '미안합니다'와 '일 없습니다'가 대응쌍의 관계를 이루고 있는 표현으로 이해하고 있음을 확인할 수 있다.

또한 탈북민들은 남북한의 사과 표현의 차이에 대하여 '북한의 사과 표현은 직접적이며 단순한 사과 표현을 주로 사용하는 것이 비해 남한에서는 겸손하고 죄스러워 하는 표현을 많이 사용하는 것도 다르다'고 인식하고 있었다(전정미 2010a). 북한의 사과 방식은 단순한 사과 표현만 쓰는 경우도 많으나 남한의 사과 표현은 사과의 의미가 명백한 '미안하다' 류의 사과 표현과 함께 상황에 대한 설명, 자기 비난, 재발 방지 약속 등의 부가적인 발화의 사용이 빈번한 특징을 보인다고 할 수 있다. 이런 이유로 처음에는 약속 시간에 늦거나 직장에 지각했을 때 변명을 하지 않았으나 차츰 차가 막혔거나 교통이 복잡하다는 등 늦게 된 사유를 들어 변명하는 것이 더 예의가 있다는 것을 알게 되면서 사과 방식이 바뀌었다는 탈북민도 있었다(문금현 외 2006).

3.3.4. 사과 전략의 수용도

사과 화행의 전략별 수용성을 조사한 고윤석 외(2013)에서 남한 청년과 탈북 청소년들 모두 간접적인 책임 약화, 당혹감 표현, 책임 인정 전략보다 직접적 사과 전략으로 구성된 대화문의 수용 정도가 높은 것으로 나타났다. 그 예로 할아버지의 안경을 파손했을 때 보상 제시보다 사과와 용서를 구하는 전략을 사용한 대화문의 수용 정도가 높았으나, 친한 후배의 책을 분실했을 때는 분실한 이유를 말하기보다 새 책을 사주겠다는 보상 제시 전략을 사용한 대화문의 수용 정도가 높아 가족 간에는 기물을 파손하면 물질적 보상보다 용서를 구하나 타인에게는 보상하려는 경향이 있음을 확인할 수 있었다.

그러나 남북이 수용도가 다른 사과 전략들도 나타났다. 개학 첫날부터 지각하여 선생님이 혼낼 때 남한 청년들은 책임 인정하는 전략보다 이유를 설명하며 사과하는 전략("죄송해요 선생님. 늦게 일어났어요.")에 더 수용적이었으나 탈북 청년의 경우에는 두 전략에 대해 비슷한 수용도를 보였다. 친구와의 약속 시간에 늦은 상황에서 남한 청년들은 직접 사과 전략과 보상 제시 전략에 대해 수용도 차이가 없었지만 탈북 청년은 보상 제시 전략을 더 낮게 평가했다.

3.4. 요청 화행

양수경 · 권순희(2007)에서 탈북민들은 상대방에게 부담을 줄 수 있는 말, 즉 명령이나 요구를 할 때 주로 자신들은 직접적으로 표현하는데 남한인들은 부드럽게 돌려 말하는 경향이 있다고 지적하였다. 이들은 '-해 줄래?'나 '-해 주면 좋겠다', '-하면 어떨까요?' 등의 부탁하는 투의 표현은 북한에서 거의 사용하지 않는다고 하며, 자신들한테는 '-해', '-해라' 같은 직접 명령하고 지시하는 투의 말이 좀 더 일상적인 표현이라고 보고하였다. 이후 수행된 요청 화행 연구들은 남북한 간에 직접성의 차이가 있는지, 어떠한 전략들을 사용하고 있는지, 맥락에 따른 변이는 어떠한지를 중점으로 다루었다. 담화 완성설문으로 유도한 탈북민과 남한인의 요청 발화를 분석한 이수연(2012)과 실제 발화를 수집하여 탈북민의 요청 화행을 분석한 이주랑(2016)을 중심으로 살펴보도록 하겠다.

3.4.1. 요청의 부담감

구체적인 요청 상황에서 느끼는 부담도를 조사한 이수연(2012)에서는 총 14개 세부 상황 중 9개 상황에서 유의한 차이를 보였다. 친한 10대에게 길 묻기, 핸드폰 빌리기(여성/남성), 친하지 않은 선배에게 물건 부탁하기, 친한 후배에게 병원비 빌리기, 친한 10대에게 회비 걷기, 책 돌려받기(여성/남성), 친하지 않은 선배에게 자리 요구하기가 이에 해당하는 상황이다. 이는 요청 화행 실현과 관계된 사회화용적 차이가 남북한에 존재할 가능성을 보여준다. 화자와의 친밀도, 상대적 힘, 요청 내용의 강제 정도 등 상황을 인식하는 가치관이나 문화적 규범이 남북한 간에 다를 수 있으며 이에 따라 요청 상황에서 느끼는 부담의 크기가 서로 다를 수 있다는 것을 시사하기 때문이다. 동일한 부담의 크기를 느끼지만 단순히 언어적으로 화행을 실현하는 방식이 언어 공동체 간에 달라서 발생하는 화용언어적 차이와 구별하여야 하는 차이이다.

3.4.2. 요청 전략

DCT로 유도한 탈북민과 남한 토박이의 요청 화행을 주화행, 보조화행, 응답말 전략 면에서 상세히 비교 분석한 이수연(2012)의 결과를 소개한다.

전체 상황의 주화행 전략을 직접성 정도에 따라 분석한 결과, 탈북민과 남한 토박이 모두 관례적·간접적 요청(의미에 의한 도출, 소망의 표시, 제안적 표현, 의지 표현, 허락 구하기, 가능성 확인)을 선호하고 있다는 점에서 일치했다. 그러나 직접·명시적 요청(서법에 의한 도출, 명백한 수행문, 약화된 수행문)은 탈북민의 사용이 상대적으로 많이 나타나는 반면 비관례적·간접적 요청(강한 암시)는 남한 토박이에게서 상대적으로 많이 나타나, 탈북민이 남한 토박이에 비해 직접적인 요청 전략을 선호한다고 볼 수 있다. 그러나 남한 토박이가 언제나 탈북민에 비해 간접적으로 요청하는 것은 아니며 탈북민의 요청이 더 간접적인 상황도 존재하였다.

보조화행 전략 면에서도 전반적으로 탈북민이 남한 토박이보다 보조화행을 덜 사용하고 있었으며, 요청 수락에 대한 응답말도 남한 토박이가 탈북민에 비해 상대적으로 더 많이 사용하고 있었다. 탈북민과 남한 토박이 모두 부담도가 높아질수록 보조화행을 활발히 사용하는 경향을 보이는데 이러한 변이는 남한 토박이에게서 더 크게 나타났다.

3.4.3. 맥락 요인에 따른 요청 전략의 변이

먼저 이수연(2012)에서는 친밀도, 나이, 요청의 성격, 청자 성별을 변인으로 하여 총 8개 상황에서의 요청 수행의 변이를 관찰하였는데 주요 결과는 다음과 같았다.

첫째, 친한 사람에게 핸드폰 빌리기처럼 청자와의 친밀도가 높고 부담도가 낮은 상황에서는 남한 토박이들은 직접적인 전략을 활발히 사용하고 탈북민들이 오히려 간접적인 전략 사용이 높았다. 둘째, 책 돌려받기나 자리 요구하기처럼 화자의 권리가 있는 상황에서 탈북민은 남한 토박이에 비해 직접적인 전략을 빈번하게 사용하였다. 셋째, 탈북민은 청자의 사회적 지위가 높고 친밀도가 낮은 상황, 즉 남한 토박이들에게는 매우 공손한 표현이 요구되는 상황에서 남한 토박이에 비해 간접적인 전략을 덜 사용한 경우가 있었다. 넷째, '보고서 지시'와 같은 공적 명령 상황에서 탈북민은 남한 토박이에 비해 직접적으로 화행을 수행하였고 보조화행을 덜 사용하였다. 다섯째, 남한 토박이의 경우 청자와의 관계 및 요청 내용에 따라 보조화행 양상이 매우 다르게 나타났으나, 탈북민은 남한 토박이에 비해 보조화행 사용 빈도 및 양상이 제한적이었다.

이주랑(2016)에서는 실제 발화를 수집하여 화·청자 간의 친밀도, 요청 상황의 성격, 남한 거주 기간에 따른 요청 화행의 변이를 분석하였는데, 선행 연구들의 공통적인 주장과는 달리 탈북민이 간접화행을 무리 없이 구사하고 있음을 확인하였다. 간접화행 이외에도 다양한 공손 전략을 요청의 부담도에 맞추어 적절히 사용하고 있음을 확인하였다. 특히 친밀감이 낮을 때, 화자가 수혜자일 때 탈북민 역시 간접 화행의 빈도가 높게 나타났다.

첫째, 화·청자 간의 친밀도가 높은 경우에는 화자가 비교적 다양한 유형의 화행을 사용하였고 반면에 친밀도가 낮아질수록 간접화행을 사용하는 경우가 많았다. 이는 친밀감이 높은 경우에는 요청의 부담이 낮아지므로 화행 유형에 구애받지 않고 자유롭게 발화를 하기 때문인 것으로 보인다. 또한 화·청자 간의 친밀도가 높은 경우에는 단도직입적이고 경제적인 요청 발화가 수행되었으나 친밀도가 낮을 경우에는 공손성을 확보하기 위하여 부사어, 보조화행, 발화 시의 머뭇거림 등과 같은 장치가 추가적으로 사용되었다.

둘째, 요청 상황의 성격에 따른 화행의 양상은 다음과 같다. 우선 공적인 요청과 사적인 요청은 화행의 수행 양상에 있어서 큰 차이를 보이지 않았다. 그러나 요청의 수혜자가 누구인가에 따라서는 화행 양상에 있어 상대적으로 뚜렷한 차이가 나타났는데 요청의 결과가 상대에게 이익이 되는 경우에는 직접화행을, 화자 자신에게 이익이 되는 경우에는 직·간접화행을 모두 사용하는 모습을 보였다. 또한 요청의 결과가 청자에게 이익이 되는 경우는 간접화행과 공손 장치를 거의 사용하지 않았으나, 화자에게 이익이 되거나 청자에게 손해가 되는 경우에는 부사어나 보조화행과 같은 공손 장치를 수반하는 경우가 많았다.

셋째, 탈북민의 남한 거주 기간에 따른 요청 화행 양상을 분석해 본 결과, 기존 연구들에서 밝힌 바와는 달리 남한에 거주한 기간이 짧다고 해서 간접화행을 잘 사용하지 못하는 것은 아니었다. 오히려 의문형으로 실현되는 전형적인 간접화행은 남한 정착 초기의 연구 참여자에게서 더 많이 나타났으며 이들은 직접화행뿐만 아니라 다양한 유형의 간접화행, 생략형 화행까지 모두 사용하는 것을 확인할 수 있었다. 이와는 달리 남한에 거주한 기간이 긴 연구 참여자는 청자와의 친밀감에 기대어 직접화행을 더 많이 사용하고 상대적으로 공손 장치를 덜 사용하였으며, 남한 거주 기간이 짧은 연구 참여자에 비해 자신 있는 어조로 발화를 하였다.

덧붙여 실제 발화 자료의 검토를 통해 탈북민의 언어에서는 간접성이 반드시 공손의 필요충분조건이 아니라는 사실을 확인하였다. 직설적 화법에 대한 남북한 인식의 차이 즉 직설적 화법이 북한에서는 공손성을 해치지 않는 일상적 발화 방식일 가능성을 제시하고 있다.

3.4.4. 요청 전략의 수용도

고윤석·김영주(2013)에서 전략별 수용성 면에서 탈북 청년과 남한 토박이 청년들 모두 상대방에게 요청할 때 대부분 직접 요청 전략보다 간접적 전략이 사용된 대화문의 수용 정도가 높았으나, 길을 물을 때와 같이 확실한 정보를 듣고자 할 때는 직접적 전략을 사용한 대화문의 수용 정도가 높았다. 두 집단 간 수용 정도의 차이가 큰 문항으로 친구에게 돈을 빌릴 때 "그래서 말인데, 돈 좀 빌려줘."라는 직접 요청 전략을 사용한 발화의 수용도가 북한 이탈 청년이 남한 청년에 비해 1.12점이 높았다.

3.5. 칭찬 화행

탈북민들은 칭찬 받고 칭찬하는 것을 어색해 했고, 칭찬을 받은 경우에 이에 어떻게 응대해야 할 지 난처하다고 느꼈으며, 칭찬이 부담스럽고 싫다고 보고된다(문금현 2017). 칭찬 화행에 대한 탈북민의 인식과 사용을 설문조사한 전정미(2010b)의 내용은 아래와 같다.

3.5.1. 칭찬에 대한 인식

북한 사회에서 칭찬은 주로 부모가 자녀에게, 교사가 학생에게, 상사가 직원에게 즉 윗사람이 아랫사람에게 하는 격려의 행동으로 인식되고 있는 것으로 보인다. 이는 가장 칭찬하기 쉬운 대상은 자녀였고 가장 어려운 대상은 선생님으로 조사된 사실에 근거한다[5]. 이러한 인식으로 인해 탈북민들은 특히 윗사람에 대한 칭찬을 더욱 어려워하는 것으로 보인다. 더 나아가 칭찬을 잘 하지 않는 이유로 '아부하는 것 같이 보여서'(37.51%)가 '칭찬하는 것이 어색해서'(32.14%)와 함께 나타나 윗사람이나 지위가 높은 사람에 대한 칭찬을 '아부'과 같이 부정적으로 인식하고 있음을 확인할 수 있었다.

3.5.2. 칭찬 표현과 상황

하나원 교육 중인 탈북민들 중에는 칭찬하는 말이나 상황에 대한 남북한 차이가 크다는 인식이 비교적 강하게 나타났다. 남북한의 칭찬 표현은 조금 다르다(63.16%) 〉 매우 다르다(29.47%) 〉 다르지 않다(7.37%)는 순서로 응답하였으며 주관식으로 기록한 응답에는 '북한에서는 칭찬의 말만 하는 데 비해서 남한에서는 많은 표현을 섞어가면서 칭찬하는 것이 다르다', '칭찬 어휘가 서로 다른데 특히 남한의 칭찬 표현이 더 부드럽고 적극적이다' 등이 있었다.

칭찬 상황의 차이에 대해서는 '남한 사람은 작은 일에 대해서도 크게 표현하여 칭찬해 주는데 북한에서는 한 일만큼만 칭찬을 한다', '북한에서는 사상과 관련된 칭찬이 많은데 남한에서는 감정을 표현하는 방법으로 칭찬을 사용하는 것이 다르다' 등의 응답이 있었다.

3.5.3. 칭찬의 빈도

칭찬의 말을 어느 정도 사용하는가에 대한 응답은 '가끔 한다(66.67%) 〉

---

[5] 기타 의견에 선생님께 칭찬하는 것은 엄두도 낼 수 없다는 응답이 있었다.

자주 한다(21.88%) 〉 매우 자주 한다(6.25%) 〉 하지 않는다(5.2%)'의 순서로 나타났다. 남한 사람들과의 비교가 가능하지 않다는 한계가 있으나 '가끔 한다'(4점 척도에서 2점에 해당)의 비율이 67% 가까이 되어 일상에서 칭찬을 하는 빈도가 높지 않음을 알 수 있다.

4. 연구사적 의의 및 연구 과제

남북한의 화행을 비교하기 위해 수행된 연구 총 12편을 대상으로 연구 주제, 연구 방법별로 분류해 경향을 살펴보고, 감사, 거절, 사과, 요청, 칭찬의 각 개별 화행별로 주요 연구 결과를 살펴보았다. 본 절에서는 남북한 화행 연구의 연구사적 의의와 향후 연구 과제를 제시하고자 한다.

4.1. 연구사적 의의

4.1.1. 한국어 화행 연구: 한국어 변이어(variety) 차원으로의 연구 확장

영어권의 경우는 영국 영어, 호주 영어, 미국 영어, 캐나다 영어 등 다양한 국가 변이어(national variety) 간의 화행 대조 연구도 활발히 이루어졌다. 그러나 그동안 한국어 화행 대조 연구는 주로 한국어와 영어, 한국어와 일본어 등 '언어' 차원의 대조 연구를 중심으로 수행되어 왔다. 남북한 화행 연구는 비교문화적 화행 연구의 이론과 방법론을 한국어 변이어(variety) 차원으로 확장 적용했다는 데 의의가 있다. 남한어와 북한어는 분단된 체제로 형성된 일종의 사회 방언으로서 비교적 큰 규모의 한국어 변이어라 할 수 있다. 앞으로 고려인, 재일동포, 재중동포, 재미동포 등 재외동포의 변이어뿐만 아니라, 남한 내 여러 지역 변이어에 대해서도 동일하게 화행 대조 연구를 수행함으로써 한국어 공동체 내에 존재하는 언어 사용 측면의 다양성을 탐색할 필요가 있다.

4.1.2. 방언학: 담화 차원의 방언 연구의 시도

조태린(2015)에서는 최근 표준어의 영향으로 그 정도가 계속적으로 약해지고 있는 언어 구조적인 차이보다 담화 단위의 차이가 지역 간 또는 사회집단 간의 차이를 더 분명하게 부각시킬 수 있다고 지적하면서, 이러한 현대 사회의 변화에 발맞추어 방언 연구도 지역 방언 간의 화용적 차이, 방언 접촉으로 인한 방언 간 화용 전이 현상으로 확장될 필요성을 제시한 바 있다. 또한 다양한 사회집단 간에 의사소통 문제가 발생하는 빈도가 높아지면서 사회 방언(세대, 성별, 사회계층 등)의 담화 특성 연구의 필요성이 더욱 높아지고 있다. 남북한 화행 연구는 '지역 방언이자 사회 방언의 성격을 동시에 갖는 분단 방언의 화용론적 연구'라는 점에서 현대 방언 연구의 새로운 지향점을 이미 따라가고 있다고 할 수 있다. 화행뿐 아니라 관습적 표현(인사말 등), 호칭어·지칭어, 경어법 등의 지역별, 사회집단별 변이 현상도 앞으로 같이 다룰 수 있는 연구 주제들이다.

4.1.3. 공손성 이론: 공손의 문화 특수적 관점 지지

Leech(1983)는 '표현이 간접적일수록 공손하다'는 공손 원리가 보편적이라고 보았지만, 공손 현상에 대한 경험적 연구 결과들은 언어·문화에 따라 간접성과 공손이 단순히 비례하지 않음을 보여준다. Blum-Kulka et al.(1989)에서는 미국, 호주, 영국 영어 화자와 히브리어 화자 모두 가장 공손하다고 평가한 표현은 가장 간접적인 표현이 아니라 해당 언어공동체에서 관습화되어 친숙하게 사용되는 간접 표현이었으며, 간접성이 일정 수준을 넘어서는 표현들에 대해서는 공손성에 대한 평가가 언어·문화권 별로 상이하게 나타났다. Yu(2011)에서도 영어, 히브리어, 터키어 화자들이 직접적이고 공손하지 않다고 평가한 요청 전략이 한국어 화자들에게는 공손한 것으로 평가받았다.

탈북민의 화행 분석 결과는 간접성과 공손의 관계가 일방향적이지 않다는 관점을 지지하고 있다. 요청 화행을 분석한 이주랑(2016)에서는 직설적 화법이 북한에서는 공손성을 해치지 않는 일상적 발화 방식일 가능성을 제시하고 있다. 거절 화행을 분석한 양수경(2017)에서도 남한 토박이들과 거의 동일한 수준의 심리적 부담을 느끼는 상황에서 탈북민들은 남한 토박이들보다 직접 화행을 선호하는 경향을 나타냄으로써 남북의 공손의 표현 방식이 다를 수 있음을 보여준다.

4.1.4. 이데올로기와 언어 사용의 상관 탐구

남한어와 북한어가 체제로 인한 분단 변이어(division variety)라는 점에서, 남북한 화행 연구는 분단 변이어의 화행을 비교함으로써 정치 체제로 인한 언어 사용의 변이 현상을 다루었다고 할 수 있다. 이념적 차이로 인해 일부 어휘의 뜻이 달라지기도 했던 것(예: '동무', '어버이', '궁전' 등)과 마찬가지로 언어 사용 상에도 사회주의 · 자본주의의 이념과 문화의 영향이 존재할 것으로 보인다. 과거와 현재의 분단 변이어들(예: 구 서독과 구 동독의 독일어, 대만과 중국의 중국어 등)의 언어 사용 상의 공통점과 차이점을 함께 연구함으로써 정치 체제로 인한 언어 사용 상의 변화와 변이 현상을 일반화할 수 있을 것이다. 또한 구 사회주의권 국가와 북한의 언어 사용을 비교함으로써 이데올로기가 언어 사용에 미치는 영향을 심층적으로 조사하는 것도 의미 있다.

4.2. 연구 과제

4.2.1. 비교 집단의 명시화 및 적절한 표본 선정

'남북한 화행의 비교'라고 할 때 남한의 화행, 북한의 화행이 과연 어떤 언어 사용자 집단의 화행을 가리키는 것인지 명시적으로 밝히고 비교하는 것이 필요하다. 화행을 비롯한 언어 사용은 출신 지역뿐 아니라 성별, 연령, 사회 계층 등의 사회집단에 따라서도 다른 양상을 보인다. 남한, 북한 내에서도 집단별로 화행의 변이가 존재할 수 있다. 따라서 전반적인 남한 언어공동체, 북한 언어공동체의 화행을 조사한다면 조사 대상의 출신 지역, 성별, 연령, 사회계층 면에서 가급적 고르게 표본을 수집해야 할 것이다. 만약 표준어와 문화어의 화행을 비교하고자 한다면 서울 토박이와 평양 출신 탈북민의 화행을 조사하면 된다.

비교하는 두 집단이 사회적 변인 면에서 고르게 통제되었는지 여부는 타당한 비교가 이루어지기 위한 중요한 조건이 된다. 그럼에도 현재까지 수행된 화행 연구들은 남한 토박이 집단과 탈북민 집단의 여러 사회적 변인을 정밀하게 통제하지 못한 면이 있다. 물론 탈북민의 모집단 분포 자체가 특정 지역, 성별에 편중되어 있다는 한계 때문에 의도한 대로 표본을 수집하기가 어렵겠지만, 가급적 비교 가능한 집단이 될 수 있도록 제보자를 선정해야 한다.

4.2.2. 북한 화행의 조사 방법 다각화

현재 북한 화행의 연구는 주로 탈북민의 화행을 통한 간접적인 방법에 의존하고 있으나 앞으로 북한 드라마, 영화, 소설 등의 북한 구어 자료 또는 북한의 언어 사용을 다룬 북한 문헌들에 대한 분석 등 북한 언어공동체의 화행 특성을 조사할 수 있는 방법들을 다각적으로 모색할 필요가 있다. 참고로 구현정 외(2016)에서는 북한 문헌인 "우리말 례절법"(2011)과 "문화어 학습"(2006년~2016년)에서 화행과 관련된 내용을 조사한 바 있다.

탈북민의 화행에 근거해 북한 화행을 유추하는 방법에는 두 가지 점에서 문제가 있다. 첫째, 머리말에서도 언급했듯이 이들은 출신 지역(방언권) 면에서 편중되어 전반적인 북한 사회의 언어 사용을 보여줄 수 있는 표본 집단으로 보기 어렵다. 둘째, 엄밀히 말한다면 탈북민들은 제2방언 습득자로서 이들이 보이는 화행 특성은 북한 화행의 전이라고만 볼 수 없다. 과거 습득한 북한 화행 특성(또는 특정 지역 방언의 화행 특성), 이주 후 습득한 남한 화행 특성, 이주민으로서 겪는 사회적·언어적 불안으로 인한 제3의 특성을 보일 수 있다. 이주랑(2016)에서 정착 기간이 짧은 탈북민들의 경우 자신감 부족으로 요청 시 말끝 흐리기, 더 돌려 말하는 경향이 관찰되었는데 이는 이주민으로서의 특수한 상황에 기인한 제3의 화행 특성으로 볼 수 있을 것이다.

4.2.3. 사회화용적 배경에 초점 맞춘 연구의 필요성

지금까지의 남북한 화행 연구에서는 탈북민과 남한 토박이들의 화행 수행 양상을 기술하고 분석하는 데 그치고 그 배경이 되는 남북한 사회의 문화심리적 차이 등에 대한 분석과 설명이 부족한 편이다. 선호하는 전략의 차이, 공손성을 실현하는 언어적 장치 등 화용언어적 현상에 더 초점 맞춰져 있고 특정한 관계나 상황에 대한 서로 다른 인식, 관련된 문화적 규범 등 사회화용적 조건의 규명은 관심을 덜 받고 있다. 한국어 교육 분야의 화행 연구를 분석한 이해영(2016)에서도 사회화용적 실패에 대한 논의는 언어 사용에 있어서의 사회문화적 규범과 인식을 분석하고 설명하는 것을 포함하기 때문에, 이 분야에 대한 연구가 활성화 되는 것에 제약이 있었다고 지적한다. 그럼에도 남북한 언어문화의 차이를 깊이 있게 이해하기 위해서는 앞으로 사회화용적 조건에 관심을 두는 연구가 수행될 필요가 있다.

4.2.4. 연구 윤리의 고려

탈북민은 사회적 소수 집단으로서 연구 참여자의 권익 보호가 더욱 절실하게 요구되는 대상이다. 생명 윤리 심의 준수에 대한 요구가 강화된 것이 최근

이긴 하나, 본문에서 다룬 논문들 중 생명윤리위원회(IRB)의 심의를 받은 연구는 이주랑(2016)이 유일했다. 연구 참여자의 권익에 대한 연구자들의 민감성을 높일 필요가 있다.

'연구 참여자와 그 공동체에 해를 주어선 안 된다'는 연구 윤리의 기본 정신은, 참여자의 동의를 구하는 부분뿐 아니라 연구 대상이 되는 사람과 공동체를 논문에 재현할 때에도 윤리적 차원에 민감해야 함을 요구한다(AAA 2012). 남북한 화행 대조 연구 결과를 근거로 남북한의 언어 사용 상 차이를 기술할 때에도 연구 윤리를 유념해야 한다. 연구 결과가 남북한 주민의 상호 인식과 태도에 어떠한 영향을 가져올지 충분히 인식하고 신중한 해석을 내리는 것이 필요하다. 머리말에 제시했듯이 남북한의 언어 차이는 언어 구조에서는 미미한 수준이며 어휘, 어문규범, 언어 사용 면에서 일부 나타날 뿐이다. 남북의 차이와 함께 공유하는 부분에 대해서도 균형 있게 다룸으로써 전체적인 조망을 왜곡하지 않도록 해야 한다. 이질성만이 지나치게 부각된 관점의 결과 기술은 남북한의 언어 사용이 판이하게 다른 것처럼 유도하여 향후 남북한 주민이 서로를 타자화하며 상대적 우월감이나 열등감을 느끼도록 하는 근거로 오용될 가능성이 있기 때문이다.

5. 맺음말

남한 토박이와 탈북민의 화행을 중심으로 살펴본 결과, 감사, 거절, 사과, 요청, 칭찬 화행의 인식, 빈도, 수행 양상 면에서 남북한의 차이가 있는 것으로 나타났다. 물론 이 결과는 탈북민을 통해 간접적으로 유추한 북한 화행의 모습에 근거한다는 한계가 있으므로 북한의 구어 담화 자료 분석, 좀 더 다양한 북한의 지역 방언 화자들을 대상으로 한 연구를 통해 검증이 필요하다.

남한 토박이와 탈북민과의 경험에서 보듯이 화행, 인사말, 호칭어 · 지칭어, 경어법 등 언어 사용 상의 차이는 어휘나 어문규범 못지않게 향후 남북한 주민의 의사소통에서 주된 갈등의 요인으로 작용할 수 있다. 특히 화행과 관련된 서로의 언어 문화를 인지하지 못한 상태에서 남북한 주민이 상호작용하게 된다면 '가식적이다', '이중적이다', '거칠고 무례하다', '감사할 줄 모른다' 등 서로를 향한 오해와 부정적 인식을 초래할 수 있다. 남북한 주민의 원활한 의사소통의 기반을 마련하기 위해서는 화행을 비롯하여 언어 사용 상 공유하는 요소와 이질적 요소들은 무엇인지 심층적으로 연구할 필요가 있다. 또한 그 연구 결과를 반영하여 남북한 주민들이 서로의 언어문화에 대해 이해하고 수용할 수 있도록 하는 국어 교육 과정을 마련해야 할 것이다.

'남북한 의사소통 방식의 차이 극복 방안'을 제시한 연구(구현정 외 2016)에서도 통일 이후 공동체 내 언어로 인한 갈등을 줄이고 서로 원만히 소통하기 위해 연구, 교육, 교류 세 차원의 준비 방안을 제시한 바 있다. 연구 측면에서는 인사말, 호칭, 경어법 등 북한의 언어 사용에 대한 실태 조사, 다양한 화행의 남북한 차이를 심층 연구할 것, 교육적 측면에서는 화행을 비롯한 남북한 언어 사용 상의 이질적 요인들을 반영하여 남북한 언어문화 상호 이해 교육을 마련할 것, 교류 측면에서는 남북한 학자들의 교류를 통해 통일 한국에서 서로 통용할 수 있는 언어 예절 등을 협의할 것을 제안하였다.

통일 관련 정책과 연구들에서는 남북한의 제도적 통일이 아닌 실질적인 사회 · 문화적 통합을 목표로 통일을 대비해야 한다는 논의가 활발해지고 있다. 진정한 사람들 간의 상호이해, 상호용납, 상호포용이 이루어지는 최종적이고 진정한 의미의 통일인 '사람의 통일'6)(전우택 2007)이 바로 그 지향점이 될

---

6) 전우택(2007)에서 저자는 땅의 통일, 제도의 통일이 이루어졌다고 할지라도, 그 통일이 진정한 사람들 간의 상호이해, 상호용납, 상호포용이 이루어지지 않는다면 최종적이고 진정한 의미의 통일은 이루어지지 않는다는 점에서 '사람의 통일'이라는 용어를 만들어 사용하였다. 김성민 외(2015)에서도 "경제적인 비용과 편익을 따지는 통일론도 필요하지만, 남과 북에 살고 있는 사람들이 실질적으로 분단을 극복하고 함께 어울려 살아갈 수 있는 '정치 · 경제 · 문화적인 삶의 공동체'를 만들어 갈 수 있는 통일론도 꿈꿀 수 있어야 한다"라고 하며 '사람의 통일'이란 용어를 사용하고 있다.

것이다. 이를 위해서는 남북한 주민의 원활한 의사소통이 기반이 되어야 하며 지금부터 준비해 나갈 필요가 있다. 어휘나 어문규범에 비해 언어 사용 규칙이나 문화적 규범은 명시적으로 드러나지 않고 또 서로의 차이를 인지한다고 하더라도 수용하는 데 상대적으로 오랜 시간이 걸릴 수 있다. 그러나 결국 중요한 것은 단일화나 통합의 결과물이 아니라, 서로의 이질성을 인정하고 끊임없이 대화를 시도하려는 자세일 것이다(김성민 외 2015).

참고문헌

〈단행본 및 논문〉
강진웅(2017), 남북한의 언어통합—북한이탈주민의 언어사용실태를 중심으로—, "교육문화연구" 23-2, 인하대 교육연구소, 345-364.

고윤석·김영주(2013), 북한이탈 청년의 화용능력 연구: 거절, 요청, 사과 화행을 중심으로, "한국어의미학" 40, 한국어 의미학회, 357-384.

구현정(2009), "대화의 기법: 이론과 실제", 경진.

구현정(2017), 남북한 감사 화행 비교 연구, "한말연구" 43, 한말연구학회, 5-28.

구현정·서은아·양수경·양영하·전영옥·전정미(2008), "국어문화학교 특별 과정 개발 및 교안 제작 – 새터민을 위한 국어 교육 과정-", 국립국어원.

구현정·권재일·전정미·양수경(2016), "남북한 의사소통 방식의 차이 극복 방안", 통일준비위원회 연구보고서.

권순희·강보선·박성현·심상민·양수경·정성훈·김다은·박진희·이수연(2013), "새터민 구어 학습용 교육 자료 개발", 국립국어원.

권재일(2014), "남북 언어의 어휘 단일화", 서울대학교 출판문화원.

김석향(2005), 남북한 언어 이질화 정도에 대한 집단별 인식의 차이 고찰—남북관계 전문가 집단과 새터민(북한이탈주민) 비교를 중심으로—, "현대북한연구" 8-2, 85-124.

김성민 외(2015), "통일인문학: 인문학으로 분단의 장벽을 넘다", 알렙.

김영주·고윤석·김아름·김소현(2012), 국내 이주배경 청년의 한국어 습득 예측 변인 연구—북한이탈 청년과 중도입국 청년을 중심으로—, "한국어 교육" 23-4, 국제한국어교육학회, 31-64.

김중태(2014), 북한이탈주민의 직장생활과 적응 장애요인에 관한 연구: 남한출신 관리자와 북한출신 근로자의 상호인식을 중심으로, 경남대학교 북한대학원 박사학위논문.

문금현·이홍식·김경령(2006), "새터민의 언어 적응을 위한 실태 조사 연구", 국립국어원.

문금현(2007), 새터민의 어휘 및 화용 표현 교육 방안, "새국어교육" 76, 한국국어교육학회, 141-172.

양수경(2017), 남북한 거절 화행 비교 연구, "한말연구" 43, 한말연구학회, 147-172.

양수경·권순희(2007), 새터민 면담을 통한 남북한 화법 차이 고찰, "국어교육학연구" 28, 국어교육학회, 459-483.

이수연(2012), 새터민과 남한인의 요청화행 연구, 연세대학교 석사학위논문.

이주랑(2016), 북한이탈주민의 요청화행 수행 양상에 대한 연구, 이화여자대학교 석사학위논문.

이해영(2003), 일본인 한국어 고급 학습자의 거절 화행 실현 양상 연구, "한국어 교육" 14-2, 국제한국어교육학회, 295-323.

이해영(2016), 한국어교육에서의 비교문화적 화행 연구와 교육적 적용, "국어국문학" 176, 국어국문학회, 91-113.

전우택(2007), "사람의 통일, 땅의 통일", 연세대출판부.

전정미(2010a), 북한이탈주민의 사과 화행 사용 양상 조사, "겨레어문학" 45, 겨레어문학회, 235-260.

전정미(2010b), 북한이탈주민의 화행 사용 양상 연구―칭찬 화행을 중심으로, "한말연구" 27, 한말연구학회, 245-272.

전정미(2010c), 새터민의 말하기 능력 향상을 위한 화행 교육 방안 연구: 거절하는 말하기를 중심으로, "우리말글" 49, 우리말글학회, 111-138.

전정미(2017), 남북한 사과 화행 사용 양상 연구, "한말연구" 43, 한말연구학회, 209-237.

제은주(2015), 한국인과 북한이탈주민의 거절 화행 실현 양상 비교 연구, 이화여자대학교 교육대학원 석사학위논문.

조정아·정진경(2006), 새터민의 취업과 직장생활 갈등에 관한 연구, "통일정책연구" 15-2, 통일연구원, 29-52.

조태린(2015), 한국어 방언과 방언 연구의 변화에 대한 소고, "사회언어학" 23-1, 177-199.

한정미(2010), 북한 이탈 주민의 언어적 특징과 화법, "새터민 교사 연수회 자료집", 국립국어원, 7-22.

Austin, J. L. (1962), *How to do things with words*, Oxford: Oxford University Press.

Blum-Kulka, S., House, J., & Kasper, G. (1989), *Cross-cultural Pragmatics:*

Requests and Apologies, Norwood, NJ: Alblex Publishing Corporation.

Brown, P. & Levinson, S. D. (1987), *Politeness: Some universals in language usage*, Cambridge: Cambridge University Press.

Eisenstein, M. R. (1989), *The Dynamic interlanguage: empirical studies in second language variation*, New York: Plenum Press.

Ide, S., Hill, B., Carnes, Y. M., Ogino, T., & Kawasaki, A. (1992), The concept of politeness: An empirical study of American English and Japanese, in R. Watts, S. Ide, & K. Ehlich (eds.), *Politeness in language: Studies in its history, theory and practice*, Berlin: Mouton De Gruyter, 281–297.

Leech, G. N. (1983), *Principles of pragmatics*, London: Longman.

Thomas, J. (1983), Cross–cultural pragmatic failure, *Applied Linguistics* 4–2, 92–112.

Yu, K. (2011), Culture–specific concepts of politeness: indirectness and politeness in English, Hebrew and Korean requests, *Intercultural Pragmatics* 8–3, 385–409.

〈인터넷 자료〉

통일부(2017), 북한이탈주민 통계: 북한이탈주민정책(2017. 6월), https://www.data.go.kr/dataset/15019661/fileData.do에서 이용 가능, 2018년 3월 3일 접속.

American Anthropological Association(2012), Ethics Statement, Available from http://ethics.americananthro.org/ethics–statement–1–do–no–harm/, accessed March 3, 2018.

제4부

문헌 · 방언 연구의 흐름

조선시대 중국어 학습서 연구사

_ 신용권

1. 머리말

고려시대와 조선시대에는 이웃나라와 원만한 외교 관계를 유지하는 것을 매우 중시하였다. 이를 위하여 담당자들이 이웃나라의 언어에 능통할 필요가 있었는데, 이러한 필요성에 의해서 고려시대에는 통문관(通文館)을 설치하고 중국어(漢語) 교육을 실시했으며 조선시대에는 태조(太祖) 2년(1393) 9월에 사역원(司譯院)을 설치하여 외교와 통역 업무를 관장하게 하고 외국어 교육에 힘을 기울였다.

역학서(譯學書)는 사역원에서 역관(譯官)의 외국어 학습용으로 편찬 간행한 책이다. 외국어학과 관련된 역학(譯學)은 중국음운학(中國音韻學)에 기초한 운서(韻書)의 편찬과 함께 조선시대 언어 연구의 주류가 되었다. 사역원에서는 특히 중국어의 교육과 학습에 주력하였고, 이러한 상황에서 중국어 학습을 위한 여러 종류의 역학서가 간행되었다. 이 중 대표적인 책이 『老乞大』와 『朴通事』 및 그 언해서(諺解書)이며 중국과의 교류가 활발하게 이루어진 조선 후기에는 더욱 많은 종류의 중국어 학습서가 간행되었다. 조선시대에 간행된 중국어 학습서는 대체적으로 중국어 원문 부분과 각 한자(漢字)에 붙은 중국어 주음(注音) 부분 그리고 중국어 원문을 언해(諺解)한 부분으로 구성되어 있다. 이 중국어 학습서의 각 부분은 구어체 언어로 당시의 언어 현실을 잘 반영하고 있기 때문에 중국어사와 한국어사 연구자들은 이에 대한 활발한 연구를 진행하였다.

이 글에서는 조선시대에 간행된 중국어 학습서에 대하여 그간 행해진 연구 성과를 개관하고 이들의 학술적인 의미를 살펴보고자 한다. 중국어 학습서를 구성하는 세 부분 중에서 중국어 원문 부분과 중국어 주음 부분에 대한 언어학적 연구를 대상으로 하며, 관련 연구 성과가 많으므로 필자가 판단하기에 연구사적으로 의미가 있고 중국어 학습서를 직접적으로 논의한 연구를 중심으로 논의하고자 한다.[1] 조선시대의 중국어 학습서 중에서 가장 연구가 많이 진행된 것은 『老乞大』와 『朴通事』 및 그 언해서이기 때문에 먼저 이 책의 간본들에 대한 연구사를 언급하고 이어서 다른 중국어 학습서에 대하여 추가로 언급하도록 하겠다.

2. 중국어 원문 및 주음과 관련하여 종합적으로 다룬 연구

『老乞大』와 『朴通事』 및 그 언해서에 대하여 개괄적인 소개를 하고 있는 초기 연구로는 末松保和(1943, 1944), 閔泳珪(1943, 1964), 方鍾鉉(1946), 張基槿(1965) 등이 있는데, 이들은 이 책의 연구사에서 중요한 저작이나 각 간본에 대한 일반적인 소개를 중심으로 하여 중국어 부분과 관련된 논의는

---

1) 조선시대의 중국어 학습서를 대상으로 한 연구 성과는 遠藤光曉 등이 편찬한 『譯學書文獻目錄』(2009)에서 자세하게 제시되어 있다. 따라서 이 글에서는 관련 연구 성과의 전체 목록은 제시하지 않고 이 글에서 언급한 연구 성과를 중심으로 각 절 끝의 관련 연구에서 출판년도 순서로 제시한다. 또한 동일한 저자에 의하여 여러 종류의 언어로 작성된 저작의 경우에는 발표된 저작 중 하나만을 제시하였고, 동일한 내용을 여러 번 발표한 경우에도 하나만 제시한다.

일부에 그치고 있다. 이처럼 초기의 연구가 이 책의 각 간본에 대하여 전반적인 또는 서지적인 소개에 치중되어 있다는 점에서 太田辰夫(1953)과 朱德熙(1958)은 주로 중국어 부분을 논의한 초기의 핵심적인 연구 성과로 주목할수 있다. 康寔鎭(1985)는 『老乞大』와 『朴通事』 및 그 언해서를 음운과 문법적인 측면에서 종합적으로 연구한 최초의 전문 저서라는 점에서 의미가 있다. 이후 이 책의 각 간본들에 나타난 중국어 원문의 어휘와 문법적인 사항및 반영하는 중국어의 성격과 자료적 가치 등을 중심으로 종합적으로 논의한저서로는 班興彩(1991), 梁伍鎭(1998), 李泰洙(2003) 등이 있고, 논문으로는 大塚秀明(1988, 1989), 太田辰夫(1990), 유영기(1997), 정광·남권희·梁伍鎭(1999), 梁伍鎭(2000), 玉泳晟(2001), 佐藤晴彦(2002), 愼鏞權(2006), 古屋昭弘(2008), 陳敏祥(2015) 등이 있다. 安秉禧(1996)은 『老乞大』와 그 언해서의 이본(異本)을 서지적인 측면에서 심도 있게 논의한 연구인데, 각 간본에 나타난 중국어 주음에 대해서도 의미 있는 견해를 제시하고있다. 鄭光 監修(1995), 정광 역주·해제(2004), 정광(2006), 王霞·柳在元·崔宰榮(2012) 등에서는 특정 간본의 중국어 원문에 역주를 달고 있다.

『老乞大』, 『朴通事』 및 그 언해서 이외의 중국어 학습서에 대한 연구 성과는 상대적으로 적으나 그 자료적 면모를 어느 정도 파악할 수 있을 정도로연구가 진행되었는데, 1990년대 이후 각 중국어 학습서의 전반적인 사항과자료적 가치에 대하여 소개한 연구가 나오게 된다. 19세기 후반의 대표적인중국어 학습서인 『華音啓蒙』의 자료적 가치와 언어적 특징을 소개한 연구로는 日下恆夫(1978), Lamarre(1998)이 있고, 王清棟(2001)은 그 언해서인『華音啓蒙諺解』의 근대한어(近代漢語)적 특징을 설명하고 있으며, 岳輝(2006)에서는 『華音啓蒙諺解』와 『你呢貴姓』의 언어 기초에 대하여 비교하여 논의하고 있다. 『訓世評話』에 대해서는 姜信沆(1990), 太田辰夫(1991)등의 주목할 만한 연구 이후 劉堅(1992), 朴在淵(1998)은 반영하고 있는 중국어의 자료적 특징을 설명하고 있다. 福田和展(1990, 2001)에서는 『伍倫

全備諺解』, 福田和展(1995, 1997)에서는 『你呢貴姓』을 대상으로 이 자료에 반영된 언어를 분석하는 일련의 연구 성과를 내놓았다. 그리고 何亞南・蘇恩希(2005)는 『你呢貴姓(學淸)』, 李鍾九(2000)은 『官話指南』, 汪維輝・朴在淵・姚偉嘉(2009), 朴在淵(2013)은 『騎着一匹』을 대상으로 각 자료에 나타난 중국어를 소개하고 있다. 이외에 朴在淵(2009, 2010a, 2010c), 朴在淵・金雅瑛(2010)에서는 여러 곳에 소장된 『中華正音』, 朴在淵(2010b)에서는 小倉文庫 『關話畧抄』에 대하여 각각 소개하고 있다.

조선시대의 한학서(漢學書)에 대하여 종합적으로 검토한 저서로는 姜信沆(2000), 鄭光(2002), 梁伍鎭(2010) 등이 있다. 姜信沆(2000)은 조선시대의 역학과 역학서에 대하여 전반적으로 살펴보고 있고, 鄭光(2002)는 역학서와 관련된 일반적인 사항과 함께 사학(四學) 관련 역학서에 대하여 논의하고 있으며, 梁伍鎭(2010)은 여러 부류의 한학서에 대하여 논의하고 있다. 또한 竹越孝(2010), 신용권(2015)에서는 조선시대 후기의 중국어 학습서에 대하여 분류하고 전체적으로 간략하게 소개하고 있다. 朴在淵編(2010)에서는 19세기에 편찬된 12종의 중국어 학습서를 대상으로 하여 특이하게 사용된 어휘를 중심으로 표제자와 표제어를 등재하고 용례를 제시하였다.

■ 관련 연구

末松保和(1943), 朴通事諺解解題, "朴通事諺解", 京城帝國大學法文學部 奎章閣叢書 第八.

閔泳珪(1943), 老乞大について, "大正大學學報" 36.

末松保和(1944), 老乞大諺解解題, "老乞大諺解", 京城帝國大學法文學部 奎章閣叢書 第九.

方鍾鉉(1946), 老乞大諺解, "한글" 11-2.

太田辰夫(1953), 老乞大の言語について, "中國語學研究會論集" 1.

朱德熙(1958), ≪老乞大≫≪朴通事≫書後, "北京大學學報(人文科學)" 2.

閔泳珪(1964), 老乞大辯延, "人文科學" 12.

張基槿(1965), 奎章閣所藏 漢語老乞大 및 諺解本에 對하여, "亞細亞學報" 1.

日下恆夫(1978), 近代北方語史における「朝鮮資料」序說―≪華音啓蒙≫の可能性―
　　　(上), "關西大學中國文學會紀要" 7.

尹正鉉(1983), 朴通事研究, "中國文學研究" 1.

康寔鎭(1985), "「老乞大」「朴通事」研究", 臺灣學生書局.

大塚秀明(1988), ≪老乞大≫≪朴通事≫の言語について, "言語文化論集" 27.

大塚秀明(1989), ≪老乞大≫の會話文について, "外國語教育論集" 11.

姜信沆(1990), 訓世評話에 대하여, "大東文化研究" 24.

福田和展(1990), 「伍倫全備諺解」のことば, "中國語研究" 32.

太田辰夫(1990), 「老朴」清代改訂三種の言語, "中文研究集刊" 2.

班興彩(1991), "≪老乞大≫與≪朴通事≫語言研究", 蘭州大學出版社.

太田辰夫(1991), 「訓世評話」の言語, "中國語研究" 33.

劉堅(1992), ≪訓世評話≫中所見明代前期漢語的一些特點, "中國語文" 4.

福田和展(1995), ≪你呢貴姓≫の言語に關する初步的分析, "語學教育研究論叢" 12.

鄭光 監修(1995), "譯註飜譯老乞大", 太學社.

安秉禧(1996), 老乞大와 그 諺解書의 異本, "人文論叢" 35.

福田和展(1997), ≪你呢貴姓≫の言語に關する初步的分析その2―校注―, "語學教育
　　　研究論叢" 14.

유영기(1997), ≪老乞大≫ 漢語에 대한 考察, "京畿大學校論文集" 41(1-1).

朴在淵(1998), 15世紀 譯學書『訓世評話』에 대하여, "中國小說論叢" 7.

梁伍鎭(1998), "老乞大 朴通事 研究", 태학사.

Lamarre, Christine. (1998), 大阪女子大學附屬圖書館收藏「華音啓蒙」の言語特徵に
　　　ついて, "環日本海論叢" 13.

정광·남권희·梁伍鎭(1999), 元代 漢語 ≪老乞大≫, "國語學" 33.

姜信沆(2000), "韓國의 譯學", 서울대학교출판부.

梁伍鎭(2000), 論元代漢語≪老乞大≫的語言特點, "中國言語研究" 10.

李鍾九(2000), 『官話指南』에 보이는 清末官話의 모습, "中國學研究" 19.

福田和展(2001), ≪伍倫全備諺解≫語彙,語法分析―≪老乞大≫≪朴通事≫との比較
　　　を中心に, "人文論叢" 18.

玉泳晸(2001), 漢文本≪老乞大≫解題, "民族文化論叢" 24.

王淸棟(2001), 『華音啓蒙諺解』에 보이는 近代漢語의 特徵, "中國學論叢" 14.

鄭光(2002), "譯學書研究", 제이앤씨.

佐藤晴彦(2002), 舊本「老乞大」の中國語史における價値, "中國語學" 249.

유재원(2003), 「伍倫全備(諺解)」의 교재적 가치 및 특성에 대한 연구, *Foreign Languages Education* 10.

李泰洙(2003), "≪老乞大≫四種版本語言研究", 語文出版社.

정광 역주 · 해제(2004), "原本老乞大", 김영사.

何亞南 · 蘇恩希(2005), 試論≪你呢貴姓(學淸)≫的語料價値, "對外漢語敎學與研究" 2.

愼鏞權(2006), ≪老乞大≫가 반영하는 漢語의 성격에 대하여, "中國語文學" 48.

岳輝(2006), ≪華音啓蒙諺解≫和≪你呢貴姓≫的語言基礎, "吉林大學社會科學學報" 4.

정광(2006), "역주 번역노걸대와 노걸대언해", 신구문화사.

古屋昭弘(2008), ≪老乞大≫與≪賓主問答≫, "韓漢語言研究", 學古房.

朴在淵(2009), 조선 후기 필사본 한어회화서 阿川文庫『中華正音』에 대하여, "中國語文學誌" 31.

汪維輝 · 朴在淵 · 姚偉嘉(2009), 一種新發見的朝鮮時代漢語會話書—≪騎着一匹≫, "中國 言語學의 交流와 疏通".

朴在淵(2010a), 조선 후기 필사본 한어회화서 濯足文庫『中華正音』에 대하여, "譯學과 譯學書" 創刊號.

朴在淵(2010b), 조선 후기 필사본 한어회화서 小倉文庫『關話畧抄』에 대하여, "中國語文論譯叢刊" 26.

朴在淵(2010c), 조선 후기 필사본 한어회화서 華峰文庫『中華正音』에 대하여, "국어사 연구" 11.

朴在淵編(2010), "朝鮮後期漢語會話書辭典", 學古房.

朴在淵 · 金雅瑛(2010), 朝鮮後期抄本漢語會話書『中華正音』(藏書閣)研究—以詞彙特徵爲主, "域外漢籍研究叢刊" 6, 中華書局.

梁伍鎭(2010), "漢學書研究", 박문사.

竹越孝(2010), 朝鮮時代末期漢語會話抄本初探, "韓漢語言探索", 學古房.

王霞 · 柳在元 · 崔宰榮(2012), "譯註『朴通事諺解』", 學古房.

朴在淵(2013), 關於朝鮮後期漢語會話書六堂文庫≪騎着匹≫的語言, "韓漢語言探討", 學古房.

신용권(2015), 조선 후기의 漢語 학습서와 훈민정음의 사용, "韓國實學硏究" 29.
陳敏祥(2015), 元代漢語≪老乞大≫的語言, 詞彙, 語法特點分析, "蘭臺世界" 3.

3. 중국어 원문에 대한 연구

현재까지『老乞大』와『朴通事』및 그 외의 중국어 학습서에 나타난 중국어 원문에 대해서는 각 간본에 나타난 문법 현상을 기술하고 그 변화의 양상을 설명하는 것을 중심으로 비교적 많은 연구가 행해져 왔다. 이와 함께 어휘에 대한 연구를 비롯하여 각 간본의 원문 차이, 이체자(異體字), 원문의 내용을 통한 역사, 문화, 경제적 측면 등 다양한 방면에서 연구가 이루어졌다. 본 절에서는 문법 관련 연구와 어휘 등 언어와 관련된 기타 연구로 나누어 살펴보고자 한다. 다만 관련 연구가 많기 때문에 핵심 연구를 중심으로 해당 분야 연구의 주요한 흐름을 소개하는 방식으로 논의를 진행하도록 하겠다.

3.1. 문법 관련 연구

조선시대 중국어 학습서의 중국어 원문에 대한 연구는 문법적인 측면에서 고찰한 경우가 다수를 차지하고 있으며 특히 최근에는 연구 성과의 대다수를 차지하고 있다. 현재까지 이루어진 문법 관련 연구의 흐름은 다음과 같이 정리할 수 있다.

첫째,『老乞大』와『朴通事』및 그 언해서에 연구가 대부분 집중되어 있다.『老乞大』와『朴通事』및 언해서의 중국어 원문 부분에 나타난 문법 현상을 다룬 초기의 연구로는 楊聯陞(1957)이 있는데,『老乞大諺解』(1670)·『朴通事諺解』(1677)(이하『老朴諺解』)에 나타난 몇 가지 문법 현상과 특수한 어휘에 대하여 논의한 짧은 논문이지만 위에서 언급한 太田辰夫(1953), 朱德熙(1958) 등과 함께 이 책에 나타난 중국어에 대한 선구적인 연구로 의미가 있다. 이후 이 책의 각 간본에 나타난 문법 현상에 대하여 종합적으로 검토한 연구로는 Svetlana Rimsky-Korsakoff Dyer(1983), 康寔鎭(1985), 許成道(1987), Wedley(1987), 梁伍鎭(1998), 劉性銀(2000), 李泰洙(2003), 周曉林(2007), 曹瑞炯(2014) 등이 있다. 이 책의 문법 현상을 종합적으로 다루기 위해서는 상당한 분량이 필요하기 때문에 許成道(1987)을 제외하고 대부분 학위논문과 저서의 형태로 연구 성과가 나왔다.

둘째, 『老乞大』와 『朴通事』 및 그 언해서에 대한 문법 관련 연구는 각 간본의 개별적인 현상을 다룬 경우가 대다수를 차지하고 있다. 林美惠(1972), 黃碧麗(1974), 陶山信男(1975), 胡明揚(1984), 呂叔湘(1987), 劉公望(1987, 1988a, 1988b, 1992), 王森(1990, 1991, 1993, 1995), 孫錫信(1992), 柳應九(1993) 등에서 이 책에 나타난 특정 문법 현상을 논의한 이후, 한국·중국·일본의 관련 연구자들은 각 간본에 나타난 개별 문법 현상에 대하여 많은 연구 성과를 내놓았다. 특히 중국의 연구자들은 주로 『老朴諺解』에 나타난 개별 문법 현상에 연구를 집중하였는데, 고본(古本) 『老乞大』 등 새로운 간본이 영인본의 출판을 통해 중국의 학계에 소개된 후에는 학위논문을 비롯하여 수많은 연구 성과가 중국의 학계에서 산출되었다. 이 때문에 본 절에 제시한 관련 연구에 보이는 바와 같이 21세기 초반 이후의 연구 성과에서는 중국의 학계에서 나온 연구가 차지하는 비율이 압도적이다.

셋째, 통시적 변화의 측면에서 『老乞大』와 『朴通事』 및 언해서에 나타난 문법 현상을 살펴본 연구는 상대적으로 적지만 최근에 점점 증가하고 있다. 이 책에 대한 통시적 연구는 대체적으로 각 간본의 차이를 분석하여 그 변화의 양상을 살펴보는 방법을 사용하고 있는데, Lamarre(1994), 竹越孝(2002), 黃曉雪(2002), 량홍매(2003), 張全眞(2003), 張林濤(2004), 周瀅照(2009) 등을 예로 들 수 있다. 특히 14세기 후반에 간행된 것으로 보이는 『老乞大』 간본부터 18세기 후반의 『重刊老乞大』까지 시대에 따른 여러 종류의 『老乞大』 간본이 모두 학계에 소개된 2000년 이후에는 주요 4개 간본을 비교하여 통시적 문법 변화를 논의한 연구가 많이 나오게 되었다. 새로 발굴된 고본『老乞大』를 비롯하여 4종의『老乞大』판본을 비교 분석한 李泰洙(2003)은 이러한 연구의 흐름에서 중요한 의미를 가지고 있다. 이후에 나온 遠藤雅裕(2003, 2005, 2008), 金美娘(2005), 최재영(2005), 楊璧苑(2006), 金初演·崔宰榮(2007), 愼鏞權(2007), 竹越孝(2007a), 增野仁(2007), 김정림(2008), 涂海强(2008, 2009), 孟柱億(2008a, b), 劉麗川(2008), 최재영·김초연(2008), 蔡娟(2009), 최재영·이현선(2009), 陳長書(2012), 三木夏華(2013), 小島美由紀(2013), 穆春宇(2015) 등은 이러한 연구 흐름에서 나온 성과이다. 이외에 이 책의 간본을 통해 문법화 현상을 논의한 연구로는 劉公望(1989), 김광조(2002), 遠藤光曉(2004), 愼鏞權(2007), 朱麗芳(2007), 韓冬梅(2010) 등이 있다.

넷째, 이 분야의 연구가 대부분 특정 문법 현상과 관련된 예를 제시하고 이를 설명하는 방식으로 되어 있는데, 최근에는 통계적 방식 등을 사용하여 보다 정밀하게 문법 현상을 분석하려는 시도도 나타나고 있다. 遠藤光曉(2004), 竹越孝(2005), 竹越孝(2007a, b), 尹海良(2010) 등에서는 각 간본에 따른 특정 문법 요소의 분포나 출현 횟수의 차이에 근거하여 해당 문법 현상의 기능이나 문법 변화 양상을 해명하려는 시도를 하고 있다. 이러한 연구 경향은 기존의 관련 연구에서는 명확히 설명하기 어려웠던 문제에 대하여 정밀하게 설명할 수 있는 가능성을 보여주었다는 점에서 의미가 있다.

다섯째,『老乞大』의 초기 간본에 나타난 어순이나 후치사 등과 같은 문법 현상을 몽골어와의 언어 접촉의 관점에서 설명하려는 시도도 나타났다. 李泰洙(2000a, 2000c, 2003), 梁伍鎭(2000), 愼鏞權(2007, 2015) 등은 원대(元代)의 중국어를 반영하는 고본『老乞大』에서 이러한 현상이 두드러지게 나타난다는 점을 지적하고 몽골어와의 접촉에 의하여 야기된 중국어의 변화 양상에 주목하고 있다.

여섯째, 조선시대의 중국어 학습서에 대한 연구가 활발해진 것은 이 책의 각 간본들이 새로 발견되었거나 영인본이 새로 소개된 것과 밀접한 관계를 맺고 있다. 한국과 일본의 연구자들은 새로 간본이 발견되면 바로 연구의 대상으로 삼았고 이에 따라 관련 연구 성과도 바로 나올 수 있었다. 반면 중국의 학계에서는 20세기 후반까지 연구 대상이 된 간본은 주로『老朴諺解』였다. 2000년 이후 고본『老乞大』가 영인본을 통해 중국의 학계에 소개되었고, 특히 汪維輝編(2005)에서 조선시대 중국어 학습서의 영인본을 대부분 제공한 이후 중국학계의 연구가 활발하게 이루어졌다. 이 책의 발간 이후 중국의 학계에서는 학술지에 관련 논문이 많이 실렸을 뿐만 아니라 조선시대의 중국어 학습서와 관련된 많은 학위논문이 나왔다.[2]

일곱째,『老乞大』와『朴通事』이외의 중국어 학습서에 대한 문법 관련 연구는 대부분『訓世評話』,『伍倫全備諺解』,『華音啓蒙諺解』를 대상으로 한다.『訓世評話』를 문법적인 측면에서 종합적으로 연구한 박사논문으로 朴鍾淵(2000)이 있고, 張美蘭(2002)에서는 이 책에 나타난 수여동사 '給'을 논의하였다. 蘇恩希(2004b, 2005), 楊愛姣(2004a, b), 朴珠銘(2010) 등은 『伍倫全備諺解』에 나타난 개별적인 문법 현상에 대하여 논의하였고, 鄭香淑(1989), 김영심(2004), 金美辰(2009), HU YANG(2013) 등은『華音啓蒙 (諺解)』에 나타난 문법 현상을 논의한 석사논문이다.

■ 관련 연구
楊聯陞(1957), 老乞大·朴通事裏的語法語彙, "東方學志" 3.
林美惠(1972),『老乞大諺解·朴通事諺解』中の「裏·裡」について, "漢學研究" 9.
黃碧麗(1974), 老乞大·朴通事諺解硏究 —特히 虛辭를 中心으로 하여—, 성균관대학교 석사논문.

---

2) 중국의 대학에서 나온 석사학위논문의 상황은 정확하게 파악하기 어렵고 지면 관계상 모두 제시하기 어려워서 관련 연구 목록에서 일괄적으로 제외하였다. 필자가 파악하기로『老乞大』, 『朴通事』와 관련하여 현재까지 2005년 이후 중국의 대학에서 나온 석사학위논문은 30건을 넘어선다.

陶山信男(1975), ≪朴通事≫≪老乞大≫の言語―「着」についての考察, "愛知大學文學論叢" 53.

康寔鎭(1982), 老乞大朴通事研究(Ⅲ-1) ― 原刊에서 新釋・重刊까지의 語法變化研究(1) ―, "中國語文學" 5.

Svetlana Rimsky-Korsakoff Dyer. (1983), *Grammatical Analysis of the Lao Ch'ita*, Faculty of Asian Studies Monographs: New Series No.3.

胡明揚(1984), ≪老乞大≫複句句式, "語文研究" 3.

康寔鎭(1985), "「老乞大」「朴通事」研究", 臺灣學生書局.

呂叔湘(1987), ≪朴通事≫裏的指代詞, "中國語文" 6.

劉公望(1987), ≪老乞大≫裏的語氣助詞"也", "漢語學習" 5.

許成道(1987), 「重刊老乞大」에 보이는 中國語 語法에 대한 연구, "東亞文化" 25.

Wedley, Stephen Alexander. (1987), *A translation of the "Lao Qida" and investigation into certain of its syntactic structures*, Ph. D. Dissertation, Univ. of Washington.

官長馳(1988), ≪老乞大諺解≫所見之元代量詞, "內江師專學報" 1.

劉公望(1988a), ≪老乞大≫裏的"着", "蘭州大學學報(社會科學版)" 2.

劉公望(1988b), ≪老乞大≫裏的"來", "延安大學學報(社會科學版)" 4.

陳志强(1988a), ≪老乞大≫"將""的"初探, "廣西師範學院學報(哲學社會科學版)" 1.

陳志强(1988b), 試論≪老乞大≫裏的助詞"着", "廣西師範學院學報(哲學社會科學版)" 3.

官長馳(1989), ≪朴通事諺解≫中的量詞, "內江師專學報" 1.

劉公望(1989), ≪老乞大≫裏的"將"及"將"在中古以後的虛化問題, "寧夏教育學院學報" 3.

張文軒(1989), ≪老乞大≫≪朴通事≫中的"但,只,就,便", "唐都學刊" 1.

鄭香淑(1989), 華音啓蒙의 虛詞와 句法結構 研究, 고려대학교 석사논문.

王森(1990), ≪老乞大≫、≪朴通事≫的複句, "蘭州大學學報(社會科學版)" 2.

巴圖(1991), ≪老乞大≫的介詞"將"和"把", "煙臺大學學報(哲學社會科學版)" 3.

王森(1991), ≪老乞大≫≪朴通事≫裏的動態助詞, "古漢語研究" 2.

孫錫信(1992), ≪老乞大≫≪朴通事≫中的一些語法現象, "近代漢語研究", 商務印書館.

劉公望(1992), ≪老乞大≫裏的助詞研究(上), "延安大學學報(社會科學版)" 2.

劉漢誠(1992), "來"在≪老乞大≫≪朴通事≫中的幾種用法辨, "現代語言學" 24.

黃濤(1992), ≪元刊雜劇三十種≫≪老乞大≫≪朴通事≫中的助詞"的", "北方論叢" 5.

王森(1993), ≪老乞大≫·≪朴通事≫裏的"的","古漢語研究"1.

柳應九(1993), ≪老乞大≫中的"這們""那們"與"這般""那般","語言研究"2.

謝曉安(1994), ≪朴通事≫的動詞, "蘭州大學學報(社會科學版)"2.

Lamarre, Christine. (1994), 可能補語考(Ⅰ)—『老乞大』『朴通事』諸版本の異同を中心に, "女子大文學"45.

吳葆棠(1995), ≪老乞大≫和≪朴通事≫中動詞"在"的用法, "煙臺大學學報(哲學社會科學版)"1.

王森(1995), ≪老乞大≫≪朴通事≫的融合式"把"字句, "古漢語研究"1.

常曉雁(1997), ≪老乞大≫≪朴通事≫兩書中的副詞"却", "懷化師專學報"1.

金光照(1998), ≪飜譯老乞大≫의 조사 "了", "來", "也"의 의미와 문법적 기능에 관하여, "中國文學"30.

鄧宗榮(1998), ≪老乞大≫和≪朴通事≫中的幾箇句法特點, "紀念馬漢麟先生論文集", 南開大學出版社.

梁伍鎭(1998), "老乞大 朴通事 研究", 태학사.

이의활 · 박종연(1998), 『訓世評話』를 통해서 본 漢語의 語順問題 —把字文을 中心으로—, "語文學研究"11.

朴鍾淵(2000), 『訓世評話』 語法研究, 영남대학교 박사논문.

禹在鎬 · 朴鍾淵(2000), 『訓世評話』 중의 被動文 研究, "人文研究"39.

劉性銀(2000), 『老乞大』 · 『朴通事』 語法 研究, 연세대학교 박사논문.

李泰洙(2000a), 古本≪老乞大≫的語助詞"有", "語言教學與研究"3.

李泰洙(2000b), ≪老乞大≫四種版本從句句尾助詞研究, "中國語文"1.

李泰洙(2000c), 古本, 諺解本≪老乞大≫裏方位詞的特殊功能, "語文研究"2.

李泰洙 · 江藍生(2000), ≪老乞大≫語序研究, "語言研究"3.

劉動寧(2001), 新發現的≪老乞大≫裏的句尾"了也", "中國語文研究"1.

김광조(2002), 『老乞大』에 나타난 "將/把"字文의 文法化 研究, "中語中文學"30.

王建軍(2002), ≪老乞大≫與≪朴通事≫中的存在句, "語文研究"3.

姚慶保(2002), ≪老乞大≫·≪朴通事≫中的動補結構, "五邑大學學報(社會科學版)"2.

張美蘭(2002), ≪訓世評話≫中的授與動詞"給", "中國語文"3.

竹越孝(2002), 從≪老乞大≫的修訂來看句尾助詞"了"的形成過程, "中國語學"249.

黃曉雪(2002), 古本≪老乞大≫和諺解本≪老乞大≫裏的語氣詞"也", "語言研究"增刊本.

량홍매(2003), ≪老乞大≫의 제 간본을 통해 본 중국어의 문법 변화양상, 서울대학교 석사논문.

遠藤雅裕(2003), 『老乞大』各版本中所見的「將」「把」「拿」─幷論元明淸的處置句─, "中國文學硏究" 29.

李泰洙(2003), "≪老乞大≫四種版本語言硏究", 語文出版社.

張全眞(2003), 古本≪老乞大≫與諺解本≪老乞大≫≪朴通事≫語法比較硏究, "對外漢語敎學與硏究" 1.

陳雅(2003), ≪老乞大≫中的疑問句, "金陵職業大學學報" 4.

淺井澄民(2003), ≪(舊本)老乞大≫の疑問詞とその變遷─'甚麽'と'怎麽'を中心に, "外國語學硏究" 4.

김영심(2004), 華音啓蒙諺解의 語法 硏究 ─ 품사분류를 중심으로 ─, 목포대학교 석사논문.

董明(2004), ≪原本老乞大≫中的"有", "明海大學外國語學部論集" 16.

蘇恩希(2004a), "古本"≪老乞大≫中的選擇問句, "中國語文論叢" 26.

蘇恩希(2004b), ≪伍倫全備諺解≫中的動詞重疊式, "中國文化硏究" 3.

楊愛姣(2004a), ≪伍倫全備諺解≫中兼語句的結構類型及特點, "武漢大學學報(人文科學版)" 4.

楊愛姣(2004b), ≪伍倫全備諺解≫中同位結構的語義屬性與語法屬性, "深圳大學學報(人文社會科學版)" 4.

于濤(2004), ≪老乞大≫和≪朴通事≫的名量詞硏究, "雲南師範大學學報(對外漢語敎學與硏究版)" 6.

遠藤光曉(2004), 中國語の"來"の文法化─『老乞大』諸本におけるテンス・アスペクトマーカーの變化を中心として─, "コーパスに基づく言語硏究─文法化を中心に", ひつじ書房.

張林濤(2004), ≪朴通事諺解≫與≪朴通事新釋≫"來"字比較硏究, "中國學硏究" 28.

陳雅(2004), ≪老乞大≫中的時間助詞"來", "中文自學指導" 6.

淺井澄民(2004), 『(舊本)老乞大』の疑問文とその變遷─「選擇的疑問文」を中心に─, "外國學硏究" 5.

黃曉雪(2004), 古本≪老乞大≫的動補結構, "黃岡師範學院學報" 4.

金光照(2005), ≪古本老乞大≫에 사용된 "了"의 統辭 意味에 관한 硏究, "中國語文學" 45.

金美娘(2005), 『老乞大』 4종판본 전치사 연구, 한국외국어대학교 석사논문.

蘇恩希(2005), ≪伍倫全備諺解≫中的選擇問句, "中國文化研究" 6.

黎平(2005), ≪老乞大≫、≪朴通事≫中的"是…也"句式分析, "中韓歷史文化交流論文
集" 2.

遠藤雅裕(2005), ≪老乞大≫四種版本裡所見的人稱代詞系統以及複數詞尾, "韓國的
中國語言學資料研究", 學古房.

鄭潤哲(2005), 『老乞大』 방향동사 연구, 한국외국어대학교 박사논문.

竹越孝(2005), 論介詞"着"的功能縮小─以≪老乞大≫、≪朴通事≫的修訂爲例, "中國
語研究" 47.

蔡歡 · 付開平(2005), ≪朴通事≫裡的"著", "語言研究" 增刊本.

崔旭(2005), 『老乞大』의 'V着' 연구, 한국외국어대학교 석사논문.

최재영(2005), 『老乞大』 4종 판본 부사 연구, "中國學研究" 33.

金和英(2006), ≪飜譯老乞大≫에 나타난 동보구조 고찰, "中國學" 27.

楊璧苑(2006), 四種版本≪老乞大≫中"待"、"敢"的使用情況的考察, "甘肅高師學報" 4.

이수진(2006), ≪老乞大≫ 처치문의 把/將字 연구, "中國學" 27.

周曉林(2006), ≪老乞大≫≪朴通事≫中"那"字類疑問句及其歷史沿革, "學術交流" 9.

金初演 · 崔宰榮(2007), ≪老乞大≫ 4종판본의 '將字 小考, "中國語文論譯叢刊" 19.

愼鏞權(2007), ≪老乞大≫, ≪朴通事≫ 諸刊本에 나타난 漢語 문법 변화 연구 ─ 漢語
의 성격 규명과 文法化 현상을 중심으로 ─, 서울대학교 박사논문.

王建軍(2007), ≪老乞大≫和≪朴通事≫中的顯性祈使句, "浙江師範大學學報(社會科
學版)" 4.

丁勇(2007), 古本≪老乞大≫的選擇問句, "湖北教育學院學報" 4.

朱麗芳(2007), "得"的語法化過程在≪朴通事≫中的體現, "現代語文(語言研究版)" 8.

周曉林(2007), "近代漢語語法現象考察─以≪老乞大≫≪朴通事≫爲中心", 學林出版社.

竹越孝(2007a), ≪老乞大≫四種版本中所見的量詞演變, "佐藤進敎授還曆記念中國語
學論集", 好文出版.

竹越孝(2007b), 從≪老乞大≫的修訂來看"着"的功能演變(上)(下), KOTONOHA 58 ·
KOTONOHA 59.

增野仁(2007), 漢語人稱代詞的歷時變遷─以朝鮮王朝漢語敎科書≪老乞大≫系列爲
中心─, "言語研究" 26:2.

玄幸子(2007), 李氏朝鮮期中國語會話テキスト「朴通事」に見られる存在文について, "外國語教育研究"14.

김정림(2008), 《老乞大》 四種版本의 助詞 '的', '得' 연구, 한국외국어대학교 석사논문.

涂海強(2008), 從《老乞大》四種版本看元明淸方位短語作狀語時語義指向的發展面貌, "寧夏大學學報(人文社會科學版)"1.

孟柱億(2008a), 《老乞大》諸諺解本所反映的對"又", "再", "還"語法功能的掌握情況, "中國研究"42.

孟柱億(2008b), 老乞大諺解都版本所反映的語法難點類型初探, "韓漢語言研究", 學古房.

毛麗(2008), 《老乞大諺解》中詞綴的用法, "湖南城市學院學報"4.

付開平·姜永超(2008), 《朴通事諺解》裏的"著", "鄖陽師範高等專科學校學報"5.

吳楠楠(2008), 《老乞大諺解》人稱代詞研究, "語文學刊"20.

遠藤雅裕(2008), 淺談『老乞大』各版本中的非完成體標誌—以「着」和「呢」爲中心, "韓漢語言研究", 學古房.

劉麗川(2008), 《老乞大》多版本中"要"的研究, "開篇"27.

尹暎喆(2008), 略論《老乞大》中的"着"字, "現代語文(語言研究版)"10.

이윤선(2008), 舊本《老乞大》語氣詞의 용법과 발전, 명지대학교 석사논문.

이주은(2008), 『老乞大諺解』, 『朴通事諺解』의 '是'字 구문 분석, 숙명여자대학교 석사논문.

張盛開(2008), 第1人稱複數排除式和包括式的對立—以《老乞大》和《朴通事》爲例, "韓漢語言研究", 學古房.

최재영·김초연(2008), 『老乞大』4종 판본의 '得', '的' 考察, "中國研究"42.

江海漫(2009), 探究《朴通事諺解》中的"去來"現象, "宿州學院學報"3.

金美辰(2009), 『華音啓蒙諺解』허사연구 — 부사, 전치사, 접속사를 중심으로 —, 한국외국어대학교 석사논문.

金御眞(2009), 《老乞大》, 《朴通事》被動句硏究, "中國語文學"54.

涂海強(2009), 《老乞大》四種版本中方位短語"X+方"作狀語的比較, "伊犁師範學院學報(社會科學版)"1.

劉海燕(2009), 對《原本老乞大》疑問句式的考察, "現代語文(語言研究版)"11.

周瀅照(2009), 從《朴通事》兩個版本看明初至淸初"着"用法的變化, "淸華大學學報

(哲學社會科學版)" S2.

陳雯(2009), ≪老乞大諺解≫中的語氣助詞"了"小考, "文教資料" 8.

蔡娟(2009), ≪老乞大≫四版本述補結構對比研究, "外國語學會誌" 39.

최재영 · 이현선(2009), 『老乞大』 4종 版本의 代詞 考察, "中國硏究" 46.

朴珠銘(2010), 『伍倫全備諺解』 전치사 연구, 한국외국어대학교 석사논문.

卜雅娜(2010), ≪朴通事≫, ≪老乞大≫中的處所介詞, "語文知識" 1.

尹海良(2010), ≪老乞大≫, ≪朴通事≫反映的近代漢語句末"便是"句考察, "韓漢語言探索", 學古房.

韓冬梅(2010), ≪老乞大≫≪朴通事≫正反選擇問句否定項的語法化, "甘肅高師學報" 3.

穆建軍(2011), ≪朴通事諺解≫助動詞"敢"、"肯"探析, "甘肅廣播電視大學學報" 1.

袁曉鵬 · 朴庸鎭(2011), 古本≪老乞大≫中"更"字淺析, "건지인문학" 5.

張澤寧(2011), ≪朴通事諺解≫助動詞"愿"、"要"的使用法, "甘肅廣播電視大學學報" 3.

高育花(2012), ≪老乞大諺解≫≪朴通事諺解≫中的名量詞, "泰山學院學報" 4.

曲曉茹(2012), 量詞"個"的規範及句法特征研究 — 以≪老乞大≫、≪朴通事≫、≪語言自邇集≫爲中心, "中國言語研究" 42.

陳長書(2012), 從≪老乞大≫諸版本看14至18世紀漢語"兒"尾的發展, "古漢語研究" 1.

賀雪梅(2012), 從≪老乞大諺解≫、≪朴通事諺解≫中的"V+到"看今西北方言中程度副詞"到"的來源及其語法化過程, "건지인문학" 7.

胡倩倩(2012), ≪老乞大≫中助詞"來"用法探析, "內江師範學院學報" 9.

高育花(2013), ≪老乞大≫疑問句研究, "求是學刊" 3.

三木夏華(2013), 朝鮮時代漢語教科書中所見能性結構演變, "韓漢語言探討", 學古房.

徐文亞(2013), ≪老乞大諺解≫中的稱謂語探析, "青年文學家" 22.

小島美由紀(2013), ≪老乞大≫四種版本中的所使語氣詞演變狀況, "韓漢語言探討", 學古房.

隋林書(2013), ≪老乞大≫中的數量短語分析, "遼寧師專學報(社會科學版)" 4.

梁淑敏(2013), 朝鮮時代漢語教科書中所見的"動+將+來/去"結構—與韓語固持動詞"가지다"對比, "韓漢語言探討", 學古房.

楊憶慈(2013), 明初朝鮮漢語教科書後綴「子」探討, "韓漢語言探討", 學古房.

伍嬌(2013), ≪老乞大諺解≫中"那"的用法分析, "廣東技術師範學院學報" 4.

王霞(2013), ≪朴通事諺解≫中的名量詞淺探, "中國學研究" 65.

崔宰榮(2013), ≪朴通事諺解≫意志類助動詞考察, "韓漢語言探討", 學古房.

HU YANG(2013), 「華音啓蒙諺解」의 중국어 量詞 硏究, 인천대학교 석사논문.

易杏(2014), ≪老乞大≫≪朴通事≫中的動態助詞"將", "西昌學院學報(社會科學版)" 2.

曹瑞炯(2014), ≪原本老乞大≫語法硏究, 中國社會科學院 博士論文.

穆春宇(2015), ≪老乞大≫四種版本中的處置式, "六盤水師範學院學報" 5.

愼鏞權(2015), 알타이 언어의 영향에 의한 중국어 어순 유형의 변화 — ≪老乞大≫에
    나타난 어순과 후치사를 중심으로, "中國文學" 85.

侯妍妮(2015), ≪朴通事諺解≫中的疑問代詞, "安康學院學報" 1.

王佳赫(2016), ≪原本老乞大≫人稱代詞簡述, "唐山文學" 6.

李紫嫣(2016), ≪老乞大諺解≫與≪朴通事諺解≫中詞綴用法淺析, "甘肅廣播電視大學
    學報" 4.

王雨誠(2017), ≪老乞大≫≪朴通事≫中對答的結構形式研究, "云南師範大學學報(對
    外漢語教學與研究版)" 3.

3.2. 어휘 및 기타 연구

조선시대 중국어 학습서의 중국어 원문에 나타난 어휘 현상에 대한 연구는 특정 어휘나 어휘 부류의 의미와 용법을 다루기 때문에 문법 현상에 대한 연구와 명확하게 구분하기는 어렵다. 본 절에서는 조선시대 중국어 학습서에 나타난 특정 어휘나 어휘 부류를 종합적 또는 의미적으로 연구한 성과와 언어와 관련된 기타 연구 성과에 대하여 논의하도록 한다. 현재까지 이루어진 어휘 및 기타 연구의 흐름은 다음과 같이 정리할 수 있다.

첫째, 어휘 관련 연구도 『老乞大』와 『朴通事』 및 그 언해서에 연구가 집중되어 있다. 이 책의 어휘와 관련된 연구의 주요한 흐름 중 하나는 각 간본에 나타난 특수한 어휘나 형태소의 의미와 용법을 설명한 것인데, 楊聯陞(1957)을 시작으로 朴泰衡(1986), 朴淑慶(1990), 王霞(2003), 夏鳳梅(2006), 李思軍(2009), 夏鳳梅(2009), 方云云(2010), 任曉彤(2010), 張蔚虹(2010b), 李順美(2011b), 方一新(2012), 何茂活(2014) 등을 예로 들 수

있다. 이와 함께 각 간본에 나타난 어휘를 종합적으로 다루거나 특정한 부류의 어휘에 대하여 논의하는 연구의 흐름도 있다. 都興宙(1989)는 방언적인 측면에서『老乞大』의 어휘를 설명한 것이고, 黃征(1996)은『老乞大』와『朴通事』에 나타난 속어(俗語) 어휘를 논의한 것이며, 照那斯圖(2005)는『老乞大』에 나타난 몽골어 관련 어휘와 구를 논의한 것이다. 또한 특정한 부류의 어휘에 대하여 논의한 연구 성과로는 劉性銀(2003), 畢小紅(2007), 牛振(2008), 夏鳳梅(2008), 梁伍鎭(2010), 張蔚虹(2010a) 등이 있다. 각 간본에 나타난 어휘에 대하여 비교 분석하여 종합적으로 다룬 연구로는 梁伍鎭(1998), 王霞(2002), 夏鳳梅(2005), 李順美(2011a) 등의 박사학위논문이 있다.

둘째, 통시적 측면에서『老乞大』와『朴通事』및 그 언해서에 나타난 어휘의 변화를 논의한 연구는 상대적으로 적은데, 朴淑慶(1988), 이육화(1991) 등은 초기의 연구로 주목을 끈다.3) 어휘 부분에서도 汪維輝編(2005)에서 조선시대 중국어 학습서의 영인본을 중국의 연구자들에게 소개한 이후 연구가 활발하게 이루어졌는데, 통시적 측면에서의 연구도 마찬가지이다. 汪維輝(2003a, 2005), 王霞(2004, 2005), 夏鳳梅(2005), 宋苗境(2008) 등을 예로 들 수 있다.

셋째,『老乞大』와『朴通事』이외의 중국어 학습서에 나타난 어휘에 대한 연구로는『訓世評話』와 관련된 경우가 가장 많고,『伍倫全備諺解』,『華音啓蒙諺解』에 대한 연구도 일부 있으나 19세기 말에서 20세기 초의 중국어 학습서를 대상으로는 거의 연구가 이루어지지 않았다. 元鍾敏(1998)에서는 『訓世評話』에 나타난 일부 방언 어휘에 대하여 논의하고 있고, 張美蘭(1998), 陳莉(2005) 등에서는『訓世評話』에 나타난 특정 어휘에 대하여 설

---

3) 이육화(1991) 이후 이육화 교수는 2008년부터 2016년까지『老乞大』,『朴通事』의 간본과 『華音啓蒙諺解』 등에 나타난 일부 어휘를 전문적으로 고찰한 많은 논문을 발표하였는데, 지면 관계상 관련 연구에는 제시하지 않았다.

명하고 있으며, 汪維輝(2011)은 『訓世評話』와 『老朴諺解』의 어휘 차이에 대하여 논의하고 있다. 張美蘭(1999), 汪維輝(2003b), 陳莉(2004) 등은 교감(校勘)이나 판본 문제 등 다양한 측면에서 『訓世評話』에 대하여 논의하고 있다. 이외에 王淸棟(2001)은 『華音啓蒙諺解』의 어휘적 특징에 대하여 논의하고 있고, 汪維輝(2013)은 조선시대 중국어 학습서에 나타난 특수한 어휘에 대하여 설명하고 있다.

넷째, 각 간본의 원문에서의 차이를 정밀하게 분석하거나 통계적 방식을 사용한 연구들도 나타난다. 劉澤民(1986)은 전산으로 『朴通事諺解』에 나타난 글자와 어휘를 처리한 초기의 연구이다. 竹越孝(2005a, b, c, d, f, g), 竹越孝(2006a, b), 竹越孝(2007) 등에서는 일련의 연구를 통하여 특정 간본에 나타난 특정 한자의 분포, 본문의 차이, 분구(分句)의 차이 등에 대하여 정밀하게 제시하고 분석하였다. 이외에 김현주·정경재(2006), 田村祐之(2008) 등은 중국어 원문 및 주석의 차이에 대하여 제시하고 있다.

다섯째, 어휘 연구 이외에 상용한자나 이체자, 본문의 내용 분석이나 정정(訂正) 상황, 언어 접촉 등 다양한 시각에서 중국어 학습서의 중국어 원문을 연구한 경우도 있는데, 竹越孝(2005e), 大島吉郎(2007), 정연실(2007), 竹越孝(2009), 조서형(2014) 등을 예로 들 수 있다.

여섯째, 중국어 학습서의 중국어 원문의 내용을 통하여 언어 이외의 부분을 연구한 경우도 적지 않은데, 역시 『老乞大』와 『朴通事』를 대상으로 한 경우가 대부분이다. 예를 들어 『朴通事』에 인용된 『西遊記』를 연구한 경우도 있고, 『老乞大』와 『朴通事』를 통하여 당시의 음식 문화나 복식(服飾) 등 생활적인 측면과 물가, 무역 등 경제적 측면 그리고 문화 및 경제 교류 등을 연구한 경우도 있다. 이와 관련된 연구 성과는 遠藤光曉·伊藤英人·鄭丞惠·竹越孝·更科愼一·朴眞完·曲曉雲 編(2009: 119-121)을 참고할 수 있다.

■ 관련 연구

楊聯陞(1957), 老乞大・朴通事裏的語法語彙, "東方學志" 3.

朴泰衡(1986), ≪朴通事≫方俗詞語淺釋, "延邊大學學報(社會科學版)" 4.

劉澤民(1986), 計算機處理≪朴通事諺解≫字詞, "漢語學習" 3.

朴淑慶(1988), 老乞大朴通事詞彙演變研究, 國立政治大學 碩士論文.

都興宙(1989), 西寧方言的≪老乞大≫詞語釋例, "靑海民族學院學報" 4.

朴淑慶(1990), ≪老乞大≫≪朴通事≫에 보이는 접미사 「兒」과 「子」의 연구, "中語中文學" 12.

이육화(1991), 近代漢語代詞用例演變考, 국민대학교 석사논문.

黃征(1996), ≪老乞大≫≪朴通事≫俗語詞研究, "韓中人文科學研究" 1.

梁伍鎭(1998), "老乞大 朴通事 研究", 태학사.

元鍾敏(1998), ≪訓世評話≫所見的若干方言詞滙, "訓詁論叢" 4, 文史哲出版社.

張美蘭(1998), ≪訓世評話≫詞語考釋, "南京師大學報" 3.

張美蘭(1999), ≪訓世評話≫校勘記, "訓詁研究" 1.

王淸棟(2001), 『華音啓蒙諺解』의 語彙的 特徵, "中國言語研究" 13.

王霞(2002), ≪老乞大≫四版本詞滙研究, 한국외국어대학교 박사논문.

汪維輝(2003a), 從≪老乞大≫四種版本看漢語基本詞滙的歷時演變, "中國文化研究" 2.

汪維輝(2003b), 關於≪訓世評話≫文本的若干問題, "語言研究" 4.

王霞(2003), ≪老乞大≫詞彙研究瑣記, "中國研究" 32.

劉性銀(2003), 근대중국어 유의어 小考 ―『老乞大』・『朴通事』에 보이는 常用動詞를 중심으로―, "中國言語研究" 16.

王霞(2004), ≪老乞大≫中"買賣"相關的幾組詞的變遷, "中國學研究" 29.

陳莉(2004), 關於≪訓世評話≫的授予動詞"給"兼及版本問題, "中國語文" 2.

汪維輝(2005), ≪老乞大≫諸版本所反映的基本詞滙時更替, "中國語文" 6.

王霞(2005), ≪老乞大≫四版本中的稱謂系統淺探, "韓國的中國語言學資料研究", 學古房.

照那斯圖(2005), 釋≪老乞大≫中與蒙古語有關的幾個詞和短語, "語言文字學研究", 中國社會科學出版社.

竹越孝(2005a), 『飜譯老乞大』における「匹」「疋」字の分布, *KOTONOHA* 27.

竹越孝(2005b), 二種の『老乞大諺解』における漢字部分の異同, *KOTONOHA* 28.

竹越孝(2005c),『飜譯朴通事』と『朴通事諺解』の本文における異同について，*KO-TONOHA* 30.

竹越孝(2005d),『飜譯老乞大』と『老乞大諺解』における分句の相違，*KOTONOHA* 31.

竹越孝(2005e),『伍倫全備諺解』に見られる『質問』の編者と佚文について，*KOTO-NOHA* 32.

竹越孝(2005f),『飜譯朴通事』と『朴通事諺解』における分句の相違，*KOTONOHA* 33.

竹越孝(2005g), 今本系≪老乞大≫四本的異同點, "韓國的中國語言學資料研究", 學古房.

陳莉(2005), ≪訓世評話≫詞語考釋三則, "古漢語研究" 3.

夏鳳梅(2005), ≪老乞大≫四種版本詞彙比較研究, 浙江大學 博士論文.

김현주·정경재(2006), 飜譯『老乞大』·冊改『老乞大』·『老乞大諺解』의 漢文原文 對照, "역학서와 국어사 연구", 태학사.

竹越孝(2006a),『重刊老乞大』と『重刊老乞大諺解』における異同について，*KOTO-NOHA* 42.

竹越孝(2006b),『朴通事新釋』と『朴通事新釋諺解』における異同について，*KOTO-NOHA* 45.

夏鳳梅(2006), ≪原本老乞大≫詞語釋義三則, "古漢語研究" 3.

大島吉郎(2007), ≪元刊〈老乞大〉≫における常用漢字について, "語學教育研究論叢" 24.

정연실(2007),『伍倫全備諺解』異體字의 유형 분석, "中國學研究" 40.

竹越孝(2007), 新本『老乞大』における增加部分について, *KOTONOHA* 52.

畢小紅(2007), 論≪朴通事≫中的稱謂語, "安康學院學報" 5.

宋苗境(2008), 從≪老乞大≫中看"們"的使用和發展, "現代語文(語言研究版)" 6.

牛振(2008), ≪老乞大≫≪朴通事≫民俗語詞初探, "語文學刊" 14.

張美蘭(2008), 十九世紀末漢語官話詞彙的南北特征—以九江書局版≪官話指南≫爲例, "韓漢語言研究", 學古房.

田村祐之(2008), ≪朴通事諺解≫與≪新釋朴通事≫之異同初探, "韓漢語言研究", 學古房.

夏鳳梅(2008), ≪原本老乞大≫衣食住行詞語考釋, "內蒙古師範大學學報(哲學社會科學版)” 5.

李思軍(2009), ≪老乞大≫≪朴通事≫中的“好”, “宜賓學院學報” 7.

竹越孝(2009), 天理圖書館藏の內賜本『老乞大諺解』について —印出後の訂正狀況を
中心に—, “愛知縣立大學外國語學部紀要(言語・文學編)” 41.

夏鳳梅(2009), 原本≪老乞大≫口語詞簡釋, “江漢大學學報(人文科學版)” 6.

方云云(2010), ≪朴通事≫釋詞六則, “現代語文(語言硏究版)” 3.

梁伍鎭(2010), ≪老乞大≫・≪朴通事≫에 보이는 熟語의 표현에 대하여, “中國學論
叢” 30.

任曉彤(2010), 古本≪老乞大≫詞語釋義四則, “語文學刊” 19.

張蒙弛(2010a), ≪老乞大≫諸版本飮食類動詞比較, “漢語學報” 3.

張蒙弛(2010b), ≪原本老乞大≫詞語例釋, “現代語文” 2.

汪維輝(2011), ≪老乞大諺解≫≪朴通事諺解≫與≪訓世評話≫的詞彙差異, “漢語史
硏究”.

李順美(2011a), ≪老乞大≫≪朴通事≫常用詞彙硏究, 復旦大學 博士論文.

李順美(2011b), ≪朴通事≫裏“典”和“當”的區別, “語文硏究” 2.

方一新(2012), ≪元語言詞典≫補苴—以≪原本老乞大≫爲例, “杭州師範大學學報(社
會科學版)” 3.

汪維輝(2013), 朝鮮時代漢語敎科書釋詞, “韓漢語言探討”, 學古房.

李順美(2014), ≪老乞大≫에 보이는 긍정응답어 ‘可知’ 고찰, “中國語文論叢” 61.

조서형(2014), 언어 접촉의 관점에서 본 원본『노걸대』의 언어 양상 연구, “민족문화연
구” 65.

何茂活(2014), ≪原本老乞大≫同源詞例解, “福建江夏學院學報” 3.

4. 중국어 주음에 대한 연구

『老乞大』와 『朴通事』의 언해서에 나타난 중국어음의 표기 체계와 반영하
는 음계(音系)에 대한 연구는 이 책의 중국어 주음과 관련된 연구 성과의 대
부분을 차지한다. 특히 좌우음 중에서 현실음인 우측음에 연구가 집중되어
있다. 中村完(1961), 胡明揚(1963, 1980), 兪昌均(1967) 등에서 『老朴諺

解』에 대하여 선구적인 연구를 행한 이후 姜信沆(1974)에서는 『飜譯老乞大』・『飜譯朴通事』(1515년경, 이하 『飜譯老朴』)의 음계를 개괄한 진일보한 연구 성과를 내놓아 이후의 연구에 큰 영향을 끼쳤다. 鄭光(1970), 金仁經(1974), 林東錫(1977) 등은 이 분야 연구의 초기에 나온 석사학위논문이다. 초기 간본의 성(聲)・운(韻)・조(調)와 관련된 전반적인 음계를 고찰한 이후의 연구들은 대체적으로 이러한 초기 연구의 테두리 안에서 논의가 이루어지고 있다. 『老乞大』와 『朴通事』 언해서의 초기 간본에 나타난 중국어 주음을 연구한 이후의 연구로는 姜信沆(1978a), 康寔鎭(1986), 安世鉉(1988), 韓亦琦(1988), 李得春(1992), 李長熙(1992), 리득춘(1994), 李鍾九(1996), 愼鏞權(2004), 유재원(2006), 遠藤光曉(2006), 姚駿(2008), 李鍾九(2009), 신용권(2012), 홍현지(2017) 등이 있다. 성조 표기와 성조에 대해서는 菅野裕臣(1977), Mei, Tsu-lin(1977), 金完鎭(1978), 遠藤光曉(1981, 1984) 등 수준 있는 연구들에 의해 그 전모가 밝혀졌으며 이후 康寔鎭(1980), 蔡瑛純(1985), 李敦柱(1989a, 1989b), 權仁瀚(1995), 李鍾九(1997), 최범용(1998), 鋤田智彦(2005, 2007), 中村雅之(2006c), 愼鏞權(2008) 등의 연구가 이어져 그 연구의 깊이를 더하였다. 특히 入聲 문제는 큰 주목을 끌어서 遠藤光曉(1981, 1984), 康寔鎭(1982), 安奇燮(1988b), 吳葆棠(1991), 朱星一(2000a), 崔玲愛(2006), 鋤田智彦(2006), 愼鏞權(2009), 廉載雄(2009), 申雅莎(2009) 등 비교적 많은 수의 전문적인 연구가 나왔다. 遠藤光曉(1990)은 『飜譯老朴』의 중국어 주음을 색인으로 제시한 것인데, 이 책에 출현하는 모든 한자의 주음, 출현하는 장과 행, 입성자 일람표, 상성(上聲)이 연속한 구(句), 연구문헌목록 등을 정밀하게 제시하고 있어 관련 연구자들이 참고할 수 있도록 하였다.

　『飜譯老朴』과 『老朴諺解』에 연구가 집중되었다가 姜信沆(1978b)를 시작으로 18세기 간본에 대해서도 연구가 진행되었다. 18세기 간본에 대한 연구는 주로 『飜譯老朴』과의 음계 차이와 이 간본들에서 새로 나타난 음운변화 현상에 중점을 두고 이루어졌는데, 위에서 언급한 성조 관련 연구를 제외하고 이와 관련된 연구로는 康寔鎭(1985), 金完鎭(1992), 慎鏞權(1994, 1996, 1999), 李鍾九(1999), 이정환(2002), 유재원(2003), 中村由紀(2003), 張曉曼(2010) 등이 있다.

조선시대 중국어 학습서의 중국어음 표기 특히 우측음이 반영하는 음계에 대한 연구가 활발했던 반면 좌측음과 우측음이 가지고 있는 성격에 대해서는 심도 있는 논의가 이루어지지 못했다. 그러나 중국어 학습서에 나타난 중국어음 표기의 성격이나 자료적 가치는 우측음을 고립적으로 고찰할 때가 아니라 좌측음과의 관련성의 측면에서 고찰할 때 그 전모를 파악할 수 있다는 점에서 좌우음 표기의 성격과 관계에 대한 연구는 매우 중요하다. 이러한 측면에서 鄭光(1974)는 초기의 연구 중에서 눈에 띄는데, 『飜譯老朴』에서 저자 최세진(崔世珍)이 전통적 표기체제와 실제 당시 중국어음과의 차이에 착안하여 새로운 표기체제를 이룩하려고 노력하였다고 지적하고 좌측음이 통고소제지자(通攷所制之字)이고 우측음이 국속찬자지법(國俗撰字之法)에 의해서 만든 표기라는 점에 주목하고 있다. 이후 『飜譯老朴』의 좌우음을 정밀표기(通攷所制之字)와 간략표기(國俗撰字之法)라는 이원적 표음체계의 관점에서 살펴보려는 연구가 나타났는데 張馨實(1994), 유재원(2002b), 朱星一(2000b, 2006, 2007), 慎鏞權(2004, 2010) 등을 들 수 있다.

번역노걸대박통사범례(飜譯老乞大朴通事凡例)는 『飜譯老朴』을 연구하는 데 필수적인 자료로 이 책을 연구한 저작들에서 거의 빠짐없이 거론되었다. 鄭光(1995)는 범례에 나타난 국음(國音), 한음(漢音), 언음(諺音), 정속음(正俗音) 등의 개념에 대하여 논의하고 있고, 李敦柱(1988, 1989c)와 金武林(1998)에서는 범례의 내용을 해석하고 각 조목(條目) 별로 관련된 설명을 하고 있다. 『老乞大』와 『朴通事』 언해서의 좌우음을 정속음의 측면에서 전문적으로 논의한 연구 성과로는 『飜譯老朴』을 비롯한 중국어 역음서(譯音書)에서 정음과 속음의 성격을 관련 기록을 기초로 논의한 安奇燮(1988a)와 역음서에 기록된 정음과 속음이 반영하는 시기는 다르지만 현실음을 반영한다고 주장한 張衛東(2004a, 2004b)가 있다. 신용권(2011)에서는 기존의 연구에 나타난 정속음 개념의 문제점을 정리하고 『飜譯老朴』의 좌우음을 정속음과의 관계 측면에서 종합적으로 살펴 그 개념을 검토하고 있다.

『老乞大』와 『朴通事』 언해서의 간본들에 반영된 중국어 음운변화의 문제는 일반적으로 각 간본의 음계를 논의한 연구들에서 부분적으로 다루어지고 있다. 康寔鎭(1985), 신용권(1994)에서는 간본들을 통해 나타나는 음운변화의 전반적인 양상을 저작의 특정 부분에서 집중적으로 논의하고 있다. 김선옥(1991), 張衛東(2005), 김명금(2008) 등에서는 『飜譯老乞大』에서 이후의 간본이나 현대까지 변화한 양상을 개략적으로 보여주고 있다. 특정 음운변화에 대한 분석도 이루어져서 遠藤光曉(1993)에서는 『重刊老乞大諺解』에 나타난 구개음화의 문제를 음운 환경과 방언 배경의 관점에서 논의하고 있고 朱星一(2005), 김은희(2010)에서는 『老乞大』와 『朴通事』 언해서 등에 나타난 권설음화의 양상에 대하여 논의하고 있다.

기존의 연구에서는 『老乞大』와 『朴通事』의 언해서에 나타난 좌측음과 우측음이 편찬 당시인 15세기와 16세기의 중국북방음(中國北方音)을 반영하는 것으로 보고 현대 북경어(北京語)와의 비교를 시도한 경우가 많았다. 소수이지만 이와 다른 관점에서 이 책의 방언 배경을 논의한 경우도 있다. 尉遲治平(1990)에서는 『朝鮮王朝實錄』, 『明實錄』 등의 사료(史料) 기록에 근거하여 좌측음은 관화음(官話音), 우측음은 요양음(遼陽音)을 반영하는 것으로 보았다. 中村雅之(2006a, 2006b)에서는 구입성운자(舊入聲韻字)에서 보이는 바와 같이 『飜譯老朴』의 좌측음은 전통적인 북경음(北京音)이고, 우측음은 당시 표준음의 기반인 남경관화(南京官話)의 영향을 받은 음형이라고 주장하였다. 崔玲愛(2006) 역시 좌측음은 전통 관념이 씌워진 15세기 중엽의 북부관화(北部官話) 구어음(白讀)이고 우측음은 남부관화(南部官話)가 북부관화에 흡수되어 형성된 16세기 초엽의 독서음(文讀)으로 표준음이라고 주장하였다. 愼鏞權(2013)에서는 각 간본들에 나타난 우측음의 전체적인 모습이 북경을 중심으로 하는 지역에서 통용된 북방관화를 반영하고 있지만, 『飜譯老朴』이 반영하는 15세기 중반 이후의 북방관화는 명초(明初)의 수도어(首都語)인 남경관화의 영향이 있었고 18세기 간본에 나타난 우측음의 몇 가지 표기를 근거로 일부 제보자가 산동(山東) 동부 지역의 방언적인 배경을 가지고 있었을 가능성을 논의하였다.

姜信沆(1980)은 『華音啓蒙諺解』(1883년경)에 대한 선구적인 연구로 이 책에 나타난 중국어 주음의 전체적인 면모에 대하여 소개해 주었다. 이후 鵜殿倫次(1985, 1986)에서는 『華音啓蒙諺解』와 『華音啓蒙』의 중국어 주음에 대하여 그 주음의 특성과 방언적인 배경의 측면에서 심도 있게 살펴보았고, 鵜殿倫次(1992, 1994, 1995, 1996) 등 일련의 연구를 통하여 이 책에 나타난 입성자(入聲字)의 주음을 집중적으로 논의하였다. 이외에 이성란(1992), 박신영(1999), 崔銀喜(2002) 등은 『華音啓蒙諺解』의 중국어 주음을 전반적으로 논의한 석사학위논문이며, 愼鏞權(2014)에서는 국속찬자지법의 관점에서 이 책의 주음을 논의하였다.

소수이기는 하지만 조선 후기의 다른 중국어 학습서에 나타난 주음에 대한 연구도 존재한다. 『伍倫全備諺解』(1721)의 주음은 『老朴諺解』의 주음과 기본적으로 일치하기 때문에 주목을 받지 못했는데, 유재원(2002a)에서는 주음의 성격과 미세하게 나타나는 문제들에 대하여 상세히 논의하였다. 이외에 19세기 말에서 20세기 초에 간행된 중국어 학습서인 『漢談官話』, 『你呢貴姓』, 『華音撮要』, 『中華正音』, 『官話指南』, 『交隣要素』, 『關話畧抄』 등에 나타난 중국어 주음에 대해서는 更科愼一(2005, 2010), 유재원(2005a, 2005b, 2007, 2014a, 2014b), 채진원(2006), 李在敦(2008), Xu Mei Ling(2013) 등의 연구가 있다.

■ 관련 연구

中村完(1961),「朴通事 上」の漢字の表音について,"朝鮮學報" 21·22.

胡明揚(1963), ≪老乞大諺解≫和≪朴通事諺解≫中所見的漢語,朝鮮語對音,"中國語文" 3.

俞昌均(1967), 朴通事諺解의 中國音에 對한 考察,"嶺南大論文集(人文科學)" 1·2.

鄭光(1970), 司譯院 譯書의 外國語 表記法 研究 — 飜譯朴通事를 中心으로,"國語研究" 25.

姜信沆(1974), 飜譯老乞大·朴通事의 音系,"震檀學報" 38.

金仁經(1974), ≪老乞大≫의 中國音 表記法 研究, 서울대학교 석사논문.

鄭光(1974), 飜譯老乞大 朴通事의 中國語音 表記 研究 — 四聲通解 歌韻內 諸字의 中聲表記를 中心으로 —,"國語國文學" 64.

菅野裕臣(1977), 司譯院漢學書에 記入된 近世 中國語의 聲調表記,"李崇寧先生古稀紀念國語國文學論叢".

林東錫(1977), 老乞大·朴通事의 譯音과 諸韻書와의 關係, 건국대학교 석사논문.

Mei, Tsu-lin(1977), Tones and tone sandhi in 16th century Mandarin, *Journal of Chinese Linguistics* 5:2.

姜信沆(1978a), 老乞大·朴通事諺解內字音의 音系,"東方學志" 18.

姜信沆(1978b),「朴通事新釋諺解」內 字音의 音系,"學術院論文集(人文·社會科學篇)" 17.

金完鎭(1978), 朱點本 重刊老乞大諺解에 대하여,"奎章閣" 2.

康寔鎭(1980), 老乞大朴通事研究(Ⅰ) —調値說을 中心으로—,"文理科大學論文集" 19.

姜信沆(1980),「華音啓蒙諺解」內 字音의 音系,"東方學志" 23·24 合輯.

胡明揚(1980), ≪老乞大諺解≫和≪朴通事諺解≫中所見的≪通考≫對音,"語言論集" 1.

遠藤光曉(1981),「飜譯老乞大·朴通事」の聲調について, 東京大學 碩士論文.

康寔鎭(1982), 老乞大朴通事研究(Ⅱ) —入聲字의 派入樣相을 中心으로—,"人文論叢" 22.

遠藤光曉(1984), ≪飜譯老乞大·朴通事≫裏的漢語聲調,"語言學論叢" 13, 商務印書館.

康寔鎭(1985),"「老乞大」「朴通事」研究", 臺灣學生書局.

鵜殿倫次(1985),「華音啓蒙諺解」の漢字音注の特質,"愛知縣立大學外國語學部紀要

(言語·文學編)" 18.

蔡瑛純(1985), 「朴通事新釋諺解」의 漢語聲調 研究, "人文科學研究所論文集" 11.

康寔鎭(1986), <飜譯老乞大朴通事>의 「右音」聲母 體系, "中國語文論集" 3.

鵜殿倫次(1986), 「華音啓蒙」千字文の音注, "愛知縣立大學創立二十周年記念論集".

安奇燮(1988a), 朝鮮時代 對 漢語 譯音書의 正音·俗音 성격의 再考 —序·凡例上의
기술을 중심으로—, "中語中文學" 10.

安奇燮(1988b), 朝鮮時代 對 漢語 譯音書 序·凡例上의 聲調 認識과 入聲 —
/-k//-t//-p/韻尾 脫落 後의 變遷 탐구를 위하여—, "中國人文科學" 7.

安世鉉(1988), ≪老乞大諺解≫와 ≪朴通事諺解≫의 표음을 통한 16-17세기 중국한자
음체계에 대한 고찰, "朝鮮語文" 72.

李敦柱(1988), 飜譯老乞大·朴通事凡例攷(II), "湖南文化研究" 18.

韓亦琦(1988), 朝鮮≪老乞大諺解≫研究, "語言研究集刊" 2, 江蘇教育出版社.

李敦柱(1989a), 「飜譯老乞大·朴通事」의 漢音 上聲 變調에 대하여, "주시경학보" 3.

李敦柱(1989b), 「飜譯老乞大·朴通事」의 漢音 調値에 대하여, "國語學" 18.

李敦柱(1989c), 飜譯老乞大·朴通事凡例攷(I), "語文論叢" 10·11.

遠藤光曉(1990), "≪飜譯老乞大·朴通事≫漢字注音索引", 好文出版.

尉遲治平(1990), 老乞大朴通事諺解漢字音的語音基礎, "語言研究" 1.

김선옥(1991), 『飜譯老乞大』와 『老乞大諺解』의 音韻體系 變遷 研究, "中原語文" 7.

吳葆棠(1991), ≪老乞大諺解≫中古入聲字的分派研究, "紀念王力先生九十誕辰文集",
山東教育出版社.

金完鎭(1992), 重刊老乞大諺解의 研究, "韓國文化" 13.

李得春(1992), 老乞大,朴通事諺解韓鮮文注音, "延邊大學學報(社會科學版)" 1.

이성란(1992), 華音啓蒙諺解에 나타난 19世紀 中國語音 研究, 부산대학교 석사논문.

李長熙(1992), 飜譯老乞大 漢語韻母의 表記法 研究, 경북대학교 석사논문.

鵜殿倫次(1992), 「華音啓蒙」入聲字の音注(1)ieとieiの書き分け, "愛知縣立大學外國
語學部紀要(言語·文學編)" 24.

遠藤光曉(1993), ≪重刊老乞大諺解≫牙喉音字顎化的條件·附パリにある朝鮮資料,
"開篇" 11.

리득춘(1994), 번역 박통사의 중국어 표음에 대한 초보적 감별, "조선어 한자어음
연구", 박이정.

신용권(1994), 老乞大諺解의 漢語音 硏究 —18世紀 刊本의 在右字音을 중심으로—, 서울대학교 석사논문.

張馨實(1994), 「飜譯老乞大」의 中國語 注音에 對한 硏究, 고려대학교 석사논문.

鵜殿倫次(1994), 「華音啓蒙」入聲字の音注(2)iとyの書き分け, "愛知縣立大學外國語 學部紀要(言語・文學編)" 26.

權仁瀚(1995), 〈老・朴〉 在右音 旁點 變動例의 一考察, "韓日語學論叢", 國學資料院.

鄭光(1995), 飜譯老朴凡例의 國音・漢音・諺音에 대하여, "大東文化硏究" 30.

鵜殿倫次(1995), 「華音啓蒙」入聲字の音注(3)u, iu, iui(ui)の書き分け, "愛知縣立大 學外國語學部紀要(言語・文學編)" 27.

愼鏞權(1996), 18世紀 刊本 老乞大諺解의 漢語音 轉寫에 대하여, "언어연구" 14.

李鍾九(1996), ≪老乞大,朴通事≫漢語語音硏究, 復旦大學 博士論文.

鵜殿倫次(1996), 「華音啓蒙」入聲字の音注(4)e, o, ue, iuieの書き分け, "愛知縣立大 學外國語學部紀要(言語・文學編)" 28.

李鍾九(1997), ≪飜譯老乞大・朴通事≫所反映的漢語聲調調値, "古漢語硏究" 4.

金武林(1998), 「飜譯老乞大朴通事」 凡例의 새김과 解說, "한국어학" 7.

최범용(1998), 飜譯老乞大・朴通事의 聲調體系 硏究, 연세대학교 석사논문.

박신영(1999), 華音啓蒙諺解의 漢語 語音 硏究, 한국외국어대학교 석사논문.

愼鏞權(1999), ≪老乞大新釋諺解≫의 漢語音 硏究, "언어의 역사", 태학사.

李鍾九(1999), 新釋本 ≪朴通事諺解≫의 漢語語音, "中國硏究" 23.

朱星一(2000a), 從≪飜譯老乞大・朴通事≫左側音看近代漢語入聲, "古漢語硏究" 2.

朱星一(2000b), 15,16世紀朝漢對音硏究, 北京大學 博士論文.

유재원(2002a), ≪伍倫全備諺解≫ 中國語 音韻體系 硏究, 한국외국어대학교 박사논문.

유재원(2002b), 조선 역음서의 정속음과 좌우음의 관계 및 성격에 대한 연구, "언어와 언어학" 30.

이정환(2002), ≪重刊老乞大諺解≫의 中國語 音韻 體系 硏究, 한국외국어대학교 석사 논문.

蔡瑛純(2002), "李朝朝漢對音硏究", 北京大學出版社.

崔銀喜(2002), ≪華音啓蒙≫과 ≪華音啓蒙諺解≫의 中國語 音韻 體系 硏究, 한국외국 어대학교 석사논문.

유재원(2003), 『老乞大新釋諺解』의 중국어 성모 표음체계에 관한 고찰, "中國硏究" 32.

中村由紀(2003), ≪飜譯老乞大≫ ≪老乞大諺解≫ ≪重刊老乞大諺解≫における時代
　　別ハングル音注の比較, *KOTONOHA* 9.

愼鏞權(2004), ≪飜譯老乞大≫에 나타난 좌측음의 성격에 대하여, "中國文學" 42.

張衛東(2004a), 再論"正音俗音皆時音"—以多版本諺解≪老乞大≫爲中心, "漢語言文
　　字學論文集", 中國社會科學出版社.

張衛東(2004b), ≪老乞大≫六版本左音變異條例及其成因初探, "漢語言文字學論文
　　集", 中國社會科學出版社.

更科愼一(2005), 19世紀末朝鮮の北方漢語資料「華音撮要」の硏究―ハングル音注を
　　中心に―, "アジアの歴史と文化" 9.

鋤田智彦(2005), 東洋文庫本「重刊老乞大諺解」に現れた上聲の連續變調について,
　　"開篇" 24.

유재원(2005a), 『漢談官話』 중국어 성모 표음상의 특성에 관한 고찰, "中國學研究"
　　32.

유재원(2005b), 『你呢貴姓』 중국어음 표기체계에 관한 기초적 연구, "언어와 언어학"
　　36.

張衛東(2005), 從≪老乞大≫六諺解本看近代漢語語音史, "世界漢語教育史研究", 澳
　　門理工學院出版.

朱星一(2005), 조선초기 韓中 對譯音 자료를 통해 본 捲舌音의 형성과정, "中國語文論
　　譯叢刊" 14.

鋤田智彦(2006), 東洋文庫所藏「重刊老乞大諺解」の入聲字に附せられた傍點につい
　　て, "中國古籍文化研究" 4.

遠藤光曉(2006), 『飜譯老乞大・朴通事』に存在する注音・用字上の內部差異につい
　　て, *KOTONOHA* 38.

유재원(2006), 『飜譯老乞大・朴通事』 중국어 표음에 관한 고찰 — 變則의 類型을
　　중심으로 —, "中國學研究" 36.

朱星一(2006), 조선 초기 韓中 譯音 자료에 나타난 중국어음 표기방식 연구 — 申叔舟식
　　과 崔世珍식 어음표기를 중심으로, "中語中文學" 38.

中村雅之(2006a), 飜譯老乞大朴通事の左側音の入聲表記について, *KOTONOHA* 41.

中村雅之(2006b), 飜譯老乞大朴通事の右側音, *KOTONOHA* 42.

中村雅之(2006c), 飜譯老乞大・朴通事の輕聲について, *KOTONOHA* 43.

채진원(2006), ≪你呢貴姓≫의 中國語 音韻 體系 硏究, 이화여자대학교 석사논문.

崔玲愛(2006), 『飜譯老乞大』 入聲字의 훈민정음표기 연구, "中國語文學論集" 37.

鋤田智彦(2007), 「重刊老乞大諺解」三本に見える聲調を表す傍點について, "中國文學硏究" 33.

유재원(2007), 『官話指南』의 중국어 한글 표음에 관한 고찰 ― 聲母를 중심으로 ―, "中國學硏究" 42.

朱星一(2007), 『飜譯老乞大·朴通事』에 나타난 중국어 入聲의 성질 고찰, "中國言語硏究" 24.

김명금(2008), ≪飜譯老乞大≫의 漢字音과 中國現代漢字音 對比, 전북대학교 석사논문.

愼鏞權(2008), 老乞大諺解書에 나타난 漢語 聲調 표기와 관련된 몇 가지 문제에 대하여, "中國文學" 57.

姚駿(2008), ≪老乞大諺解≫朝鮮語語音硏究, 北京大學 博士論文.

李在敦(2008), ≪你呢貴姓≫所反映的漢語音系, "韓漢語言硏究", 學古房.

申雅莎(2009), 『老乞大』諺解本 중의 中古 入聲字 韻尾 'ㅸ'에 대하여, "中國學硏究" 50.

愼鏞權(2009), ≪飜譯老乞大≫에 나타난 濁音과 入聲 표기에 대하여, "中國語文學" 54.

廉載雄(2009), 從入聲字看≪飜譯老乞大≫、≪飜譯朴通事≫左右音在近代漢語中的地位, "中國語文學論集" 58.

李鍾九(2009), 『飜譯老乞大朴通事』 中國音의 성격, "中國言語硏究" 29.

更科愼一(2010), ≪華音撮要≫、≪中華正音≫二書韓文注音所見的漢語方音特點, "韓漢語言探索", 學古房.

김은희(2010), 捲舌音 생성시기에 관한 논의와 한계 ―『朴通事新釋諺解』·『華音啓蒙諺解』에 나타난 捲舌音 對譯音 표기와『音洲』의 捲舌音과 관련하여, "中國語文學論集" 61.

愼鏞權(2010), 關於≪飜譯老乞大≫中左右音的性質, "韓漢語言探索", 學古房.

張曉曼(2010), ≪飜譯老乞大≫、≪重刊老乞大諺解≫右音對比分析, "韓漢語言探索", 學古房.

신용권(2011), 『번역노걸대·박통사』에 나타난 정속음의 개념에 대한 재검토, "한글" 293.

신용권(2012), ≪번역노걸대 · 박통사≫의 한어음 표기와 관련된 몇 가지 문제에 대하여, "언어학" 62.

愼鏞權(2013), 老乞大와 朴通事의 諺解書에 나타난 漢語音의 방언배경 연구, "中國言語研究" 47.

Xu Mei Ling(2013), ≪交隣要素≫의 중국어 발음표기에 사용된 한글자모 연구: ≪華音啓蒙諺解≫ · ≪你呢貴姓≫ · ≪兒學篇≫ · ≪漢語獨學≫과의 비교를 중심으로, "中國語文學誌" 42.

愼鏞權(2014), ≪華音啓蒙諺解≫의 漢語音 표기 연구, "中國文學" 81.

유재원(2014a), ≪華音撮要≫ 중국어성모 한글표음에 관한 고찰, "中國學研究" 69.

유재원(2014b), ≪關話畧抄≫ 중국어성모 한글표음 연구, "中國語文學誌" 49.

홍현지(2017), ≪合倂字學集韻≫과 ≪飜譯朴通事≫의 韻母體系 대조 고찰, "中國語文學誌" 59.

5. 맺음말

이 글에서는 조선시대에 간행된 중국어 학습서에 나타난 중국어 원문과 중국어 주음 부분을 연구한 성과들을 개관하고 이러한 연구 성과가 연구사에서 어떤 의미를 가지는지 살펴보았다. 전체적으로 볼 때 중국어 학습서의 중국어 부분에 대한 연구는 다음과 같은 경향을 보이고 있다.

첫째, 조선시대 중국어 학습서에 대한 연구는 대부분『老乞大』와『朴通事』및 그 언해서의 중국어 원문 및 주음에 집중되어 있다. 이 책에 대한 연구가 활발해진 것은 이 책의 새로운 간본들이 발견되었거나 영인본이 새로 소개된 것과 밀접한 관련을 맺고 있다. 이후 조선 후기에 간행된 중국어 학습서가 새로 발굴됨에 따라 최근 이러한 책들에 대한 연구가 활발히 진행되고 있다.

둘째, 중국어 원문에 대한 연구는 문법과 어휘 분야를 중심으로 상당한 수의 연구 성과가 나왔지만, 주로 문법 사항에 대한 전반적인 검토나 특정 간본에 나타난 개별적인 문법 항목에 대한 고찰에 연구가 집중되어 있다. 통시적 관점에서 문법과 어휘 변화를 정밀하게 논의한 연구는 여전히 상대적으로 적다고 할 수 있다.

셋째, 중국어 주음 부분에 대한 연구는 그 전모를 충분히 파악할 수 있을 정도로 많이 행하여졌다. 다만 훈민정음을 사용한 중국어음 표기의 성격 문제에 대해서는 더 심도 있게 논의할 필요가 있고, 중국어 주음이 기초하고 있는 방언 배경 문제나 전탁음(全濁音)과 입성자(入聲字) 표기 등 핵심적인 음운현상에 대한 진일보한 논의가 여전히 필요하다.

조선시대의 중국어 학습서는 간행 당시의 중국어 구어 상황을 잘 반영하고 있고 여러 시기에 걸쳐 간본이 존재하므로 매우 소중한 언어사 자료이다. 이러한 자료적 특성을 잘 이해하고 활용하여 이후 이 분야 연구에서 진일보한 연구 성과들이 많이 나오기를 기대한다.

참고문헌

更科慎一(2008), 韓漢語言史資料研究槪述─近代音韻部分, "韓漢語言研究", 學古房, 471-487.

愼鏞權(2007), ≪老乞大≫, ≪朴通事≫ 諸刊本에 나타난 漢語 문법 변화 연구 ─ 漢語의 성격 규명과 文法化 현상을 중심으로 ─, 서울대학교 박사학위논문.

汪維輝編(2005), "朝鮮時代漢語敎科書叢刊", 中華書局.

王霞(2013), 淺談≪老乞大≫, ≪朴通事≫詞彙方面的研究方向, "韓漢語言探討", 學古房, 189-212.

遠藤光曉(2008), 韓漢語言史資料槪述─總論, "韓漢語言研究", 學古房, 445-454.

遠藤光曉 · 伊藤英人 · 鄭丞惠 · 竹越孝 · 更科慎一 · 朴眞完 · 曲曉雲 編(2009), "譯學書文獻目錄", 박문사.

竹越孝(2008), 韓漢語言史資料研究槪述─語法詞彙部分, "韓漢語言研究", 學古房, 489-506.

竹越孝(2010), 朝鮮時代末期漢語會話少本初探, "韓漢語言探索", 學古房, 373-392.

방언 연구의 현황과 과제
– 상해방언 연구사의 실례를 중심으로 –

_ 강은지

1. 들어가며

　방언학의 연구 범위는 공시적인 영역과 통시적인 영역으로 나누어 매우 광범위하게 분류될 수 있다(이승재 1986, 최명옥 2005, 정승철 2013 등). 이 가운데 개별 방언의 연구는 흔히 어떤 언어의 지리적 변종(variety)을 연구 대상으로 삼은 음운, 어휘, 문법 등의 기술언어학적 연구로 인식된다. 우리나라를 포함한 중국, 일본 등에서 개별 방언의 연구는 모두 지역의 토박이 제보자를 찾아, 그 제보자들의 언어를 수집해 전체 체계나 부분적인 특징을 기술하는 방식으로 이루어져 왔다(곽충구 1984, 1994; 최명옥 1980; 大橋勝男 1990, 1991, 朴炯春 2004, 김은주 2011 등). 이 때문에 개별방언의 연구에서 가장 중시되는 것은 언어 자료 제공자, 즉 제보자(informants)의 선정이다. 주로 그 지역의 토박이 화자 가운데 언어적 감각을 지닌 무학자이면서 장시간의 언어 조사에도 지치지 않을 신체 건강한 성인들을 대상으로 언어자료를 수집한다. 그 지역의 언어적 특징을 잘 보유하고 있는 사람을 찾다보니,

주로 노인 인구를 대상으로 방언 조사가 진행된 것도 사실이다.[1]

그러나 현대 사회는 대부분의 경우 도시화과정을 거치면서 이러한 방법론을 통해 개별 방언의 특징을 찾는 연구가 가능한 지역은 이제 소수 지역으로 국한된다. 기존의 방법론에서 벗어나 보다 광범위한 사회언어학적 변이를 고려한 새로운 개별 방언의 연구 방법론이 모색되어야 하는 시점이다. 본고는 중국의 가장 대표적인 대도시로 성장하면서 빠른 속도의 언어 변화 과정을 겪은 상해방언의 연구사를 실례로 삼아 이에 대한 논의를 전개하고자 한다.

2. 상해방언 연구사

제 2장에서는 상해방언이라는 개별방언의 연구 성과를 음운, 어휘, 문법 연구로 나누어 소개하고 이를 통해 앞으로의 방언학 연구에서 보다 다양하게 고려되어야 하는 연구방법론을 고찰해 보고자 한다.

2.1. 일반론

상해방언은 Norman(1988)의 분류에 의하면 중부 방언군에 속한다.[2] 중부 방언군의 방언은 전통적인 방언분류에서 오(吳), 감(贛), 상(湘)방언에 속

---

1) 전통 방언학에서는 '농촌지역의 토박이 노년층 남성 화자'라는 뜻에서 이를 'Non-mobile, Old, Rural, Male'의 머리글자를 쓴 NORMs라고 일컫는다(강희숙 2006:97).

2) 우리가 흔히 중국어라고 인식하고 있는 한어(漢語)는 중국의 다양한 민족 가운데 92%이상을 차지하는 한족(漢族)이 사용하는 언어를 의미한다. 따라서 한어는 시대적, 지역적 변이형을 포괄하는 개념이다. 한어는 상호 불가해한 수백 개의 방언으로 나누어진다고 알려져 있다. 한어가 지리적으로 가지는 다양한 변이적 특성에 따라 학자들은 전통적으로 한어 방언을 크게 7~10개로 나눈다(鄭錦全 1988, 1994; 丁聲樹·李榮 1955; 李榮 1987; 李芳桂 1973; 趙元任 1948; 袁家驊 2001 등). Norman(1988)은 이를 다시 10가지 기준을 근거로 북방 방언군, 중부 방언군, 남방 방언군으로 분류한다. 이 중 중부 방언군은 북방과 남방 방언군의 특질을 모두 공유하고 있는 방언군을 의미한다. 중부 방언군의 가장 두드러진 음성적 특징은 남방 방언군의 특징인 유무성(有無聲)의 대립과 북방 방언군의 특성인 구개음화가 발생해 -i/j 앞에 구개자음(舌面音) 음소가 존재하는 것이라 할 수 있다.

하는 하위방언들을 포함한다. 이 가운데 오방언은 지리적으로 강소성(江蘇
省) 장강(長江) 이남지역과 진강(鎭江)의 동쪽 지역, 그리고 절강성(浙江省)
일대에서 사용된다.[3] 상해방언은 이러한 오방언의 가장 대표적인 방언으로
상해시 중심 지역에서 사용된다. 구체적인 방언 분류에서는 오방언의 '태호
편(太湖片) 소호가소편(苏滬嘉小片)'으로 귀납되며, 시기적으로는 근대부터
현대에 이르는 호어(滬語)를 가리킨다.[4]

2.2. 상해방언의 음운 연구

일반적으로 한어 방언의 음운변화를 연구하는 데 사용할 수 있는 자료들은
아래와 같다(박윤하 1997).

a. 문학작품(압운 현상이나 방언 어휘)
b. 방언지
c. 운도나 운서
d. 외국인이 표음문자로 기록한 자료(교과서, 연구자료, 주음자료 등)

이 가운데 상해방언의 음운연구는 근대시기 상해에 파견된 개신교 선교사
들이 출판한 성경자료, 교과서, 문법서 등을 참고하여 이루어져 왔다.[5] 이들
대부분의 문헌은 당시 사용되던 상해어 입말(Colloquial Shanghainese)을

---

3) 오(吳)라는 명칭은 이 지역을 차지했던 옛 나라 이름을 딴 것으로, 오방언의 사용 인구는
   9천여만 명에 달하며, 한어에서 관화방언 다음으로 많이 쓰이는 방언이다. 방언의 분화 양상
   에 따라 다시 북방형과 남방형으로 구분한다(趙元任 1956).
4) 호(滬)는 4, 5세기 진나라 시기의 소주강(蘇州河, 옛 이름 松江)의 입구 이름인 호독(滬瀆)에
   서 나온 말이다. 당시는 상해라는 지명이 생기기 전으로, 일대의 거주민들이 대나무로 엮은
   낚시 도구를 '扈'라 부르고, 강이 바다로 유입되는 곳을 도랑이라는 의미의 '瀆'이라 칭하여,
   당시 그 일대를 '扈瀆'이라고 부른 것에 그 유래가 있다.
5) 서양선교사들이 출판한 다양한 문헌목록은 대부분 游汝傑(2002)에 상세히 소개되어 있다.

한자와 로마자로 기록하고 있다. 따라서 이들 자료는 근대 상해방언의 공시 체계를 재구하거나 현대에 이르는 상해방언의 변화양상을 기술하는 원시자료로 활용된다(錢乃榮 2003; 游汝傑 2006; 姜恩枝 2015 등). 이 중 몇 가지 특기할만한 연구 성과는 다음과 같다.

첫째, 상해방언의 유성성문마찰음의 약화에 대한 것이다. 현대 오방언에서 보편적으로 존재하는 유성음은 VOT가 0보다 작다. 그래서 성대가 닫히면서 성대의 진동이 만들어지는 진정한 의미의 유성음으로 볼 수 없다. 소위 유성 성문 마찰음 [ɦ]의 발성에는, 성문 일부분이 열리면서 기식이 동반되고, 성문 일부분이 닫히면서 마찰을 동반하게 된다. 그래서 발성의 방법상 단순한 유성으로 보지 않고 날숨소리(breathy)로 본다(朱曉農 2010:360). 그 외 다른 유성파열음이나 마찰음은 모음단계의 전반부분에 약간의 [ɦ]가 있다고 알려져 있다. 가령 상해방언의 "大"는 /du/로 표기하지만, 실제발음은 무성파열음에 유성기식을 더한 [tɦu]이다. 이것은 오방언의 유성 장애음에 관찰되는 공통적인 특징이기도 하다. 그래서 어떤 학자들은 이러한 현상을 중고한어의 유성음이 유기성을 보유했다는 증거로 삼기도 한다. 한편 현재 상해방언과 다른 오방언에 관찰되는 또 다른 현상은 이러한 유성 유기음의 기식성이 약화되거나 완전히 소실되는 현상이다. 그래서 다른 방언화자들이 들으면 이음은 무성 무기음과 동일하게 들리고 성조만 유성음의 성조처럼 낮게 들린다. 이러한 약화 현상은 현대 상해방언에서 이미 보편적인 현상이지만, 이 현상이 언제 시작되었는지에 대해서는 지금까지 연구된 바가 없었다. 姜恩枝(2015)는 근대시기 선교사들이 기록한 상해방언 자료들에 근거하여 후두부의 세 개 자음 [h], [ɦ], [ʔ]의 변화에 대해 새로운 해석을 제시하였다. 우선 가장 이른 시기의 자료인 Edkins(1853)에서는 [h]는 'h'로, [ɦ]는 '𝘩'로, [ʔ]은 아무 표시를 하지 않으면서 3개의 음을 구분하며, 이후 자료인 Jenkins(1870년대), Yate(1899), Silsby(1907), Pott(1920), Parker(1923), Mcintosh(1927) 등에서는 모두 [h]를 'h'로, [ɦ]는 ' 표시로, [ʔ]은 영표지로 구분하고 있다.[6] '표시는 영성모 가운데 低调를 나타낼 때 사용되었다. 이 때 [ɦ]에 있는 기식단계가 이미 크게 약화되어 비모어 화자들이 구별하기에 어려움이 있었던 것으로 보인다. 또 선교사들의 기록에서 그 음이 구체적으로 어떤 음인지 말하지는 않았지만 적어도 [ɦ]음을 갖고 있는 모음이 다른 모음과는 무엇인가 많이 다르다는 것을 느끼고 있었다는 것을 알 수 있다. 따라서 상해방언의 유성음의 기류약화 현상은 늦어도 1860년대 시작되었고, 그 중 [ɦ]의 약화가 가장 뚜렷하다는 사실을 알 수 있다. 유성음의 기식성이 강할 때, 서양선교사들은 모어에서 완전히 대응되는 음을 찾을 수 없어 유성음과 [ɦ] 모두 음고가 비교적 낮다는 점에 착안해 그것을 유성음으로 기술하였고, 기식성이 약화되면 그들의 귀에 [ɦ]는 무성음으로 들렸던 것으로 보인다. 동시에 나머지 다른 유성 자음들은 모두 유성음으로 기록되어 있으므로 당시 상해방언에서 [ɦ] 이외의 유성음은 여전히 상당한 기식성을 보유하고 있었던 것으로 이해할 수 있다.

둘째, 입성운미에 대한 논의이다. 현대 상해 방언에는 유일하게 하나의 입성운미 '-ʔ'만이 존재한다. 그러나 서양선교사들의 저작에는 두 개의 입성운미 '-k, -ʔ'이 기록되어 있다. 대체적으로 '-k'운미는 중고의 '-k'운미에 대응되며, '-ʔ'운미는 중고의 '-p'와 '-t'운미에 대응된다. 錢乃榮(2003:25-29, 67)은 상해방언의 입성운미는 1900년대에 이미 '-ʔ'만이 유일하게 남게 되었다고 기술한 바 있으며, Edkins(1853)와 Macgowan(1862) 외에 "19세기 다른 문헌에서 '-k, -ʔ'의 기록이 없다"는 것을 근거로 삼았다. 그러나 姜恩枝(2015)는 1940년대까지의 문헌자료들을 근거로 비록 음운체계상으로는 이 두 개의 결합이 가능했을 수도 있지만 실제 음성적 상황은 적어도 1940년대까지는 여전히 두 개의 입성 운미가 존재했음을 보여준다고 주장하였다. 한편, 游汝傑(1998)은 이들 파열음 운미를 운류의 관계로 설명하였다. 즉 당시

---

6)　Ho & Foe(1940)이후부터 [ɦ]와 [ʔ]는 성조상의 차이로만 처리된다.

상해방언의 운미와 모음의 관계가 매우 밀접해 운미 '-ʰ'를 갖는 모음은 'ɿ, ə, e, ø, æ'이고, '-k' 운미를 갖는 모음은 'ɔ'와 'ɑ', 즉 모두 후설 저모음이었다고 설명하였다. 후설 저모음을 발음할 때, 구강과 후두부의 면적이 커지기 때문에 조음적으로 연구개 파열음인 '-k'로 발음하는 것이 조음적으로 용이하다는 것이다.

현대 상해방언의 음운연구는 주로 세대에 따른 음운, 어휘, 문법의 전면적인 조사를 바탕으로 이루어졌다. 가장 대표적인 저서는 許寶華·湯珍珠 등이 1988년에 출판한 "上海市区方言志"이다. 이 책은 장시간 다량의 언어조사를 통하여 상해방언을 성운조의 차이에 따라 각각 노파, 중파, 신파로 나누어 기술하고 있으며 상해 외곽의 방언차이에 대해서도 기술하고 있다.[7] 趙元任(1956)은 오방언을 강소(江蘇)와 절강(浙江)지역을 기준으로 총 33개 지점으로 나누어 각 방언의 성운조와 어휘, 그리고 문법 표지를 실제로 조사하고 비교 분석한 보고서이다. 최초의 출판 연대는 1928년으로, 당시 15세~18세의 청소년을 언어 제보자로 삼아, 발음이 변화되었을 경우 그 개신형을 함께 기록하고 있다. 때문에 상해방언의 과도기적 모습을 파악할 수 있을 뿐 아니라 상해에 인접한 다른 방언과의 비교를 통해 각각의 공통점과 차이점을 분류해낼 수 있다. 이 외에도 沈同(1981), 陳忠敏(1992), 湯志祥(1994), 胡明揚(2003), 錢乃榮(2003) 등이 주로 현대 상해방언의 공시체계 상에서 보이는 세대별 음운변화를 기술하고 있다. 이 중 주목할 만한 연구로 游汝傑(2006a)이 있다. 중파 상해방언의 성모체계가 [z]의 분화로 인해 노파 상해방언의 성모체계에 비해 성모의 수가 더 늘게 되었다고 기술하면서 이를 방언접촉으로 설명한 바 있다. [표 1]은 游汝傑(2006a:76)에서 제시한 음계 혼합 예자표를 수정한 것으로, 1기부터 3기까지 발생한 상해방언의 일부 성모의 발음 변화에 소남오어(蘇南吳語)와 절북오어(浙北吳語)의 성분이

---

7) 노파 상해방언은 1920년 전후 출생자들의 언어를, 중파는 1940년에서 1965년 출생자, 신파는 그 이후 출생자로 당시 35세 이하의 사람들의 언어를 지칭한다.

있음을 나타낸 것이다.

순서	예자	1기	2기	3기	송강	소주	영파	영향력
1	從	dz	z	z	z	z	dz	소남
2	抽	dz	z	z	z	z	z	절북
3	灰	f	f/h	h	f	h	h	소남 / 절북
4	千-牽	≠	≠	=	≠	≠	=	절북
5	来-蘭	≠	=	=	≠	=	≠	소남
6	官	uẽ	ue	uø	ue	uø	u	소남
7	縣	yø̃	yø	yø	yø	iø	y	절북
8	半	ẽ	e	ø	e	ø	ũ	소남
9	南	e	e	ø	e	ø	ɐi	소남
10	血	yœʔ	yœʔ	yəʔ	yœʔ	yəʔ	yəʔ	소남 / 절북
11	書	y	y	ɿ	y	ʮ	ʮ	소남 / 절북
12	刀	ʔd	ʔd	t	ʔd	t	t	소남 / 절북

[표 1] 상해방언 음운체계상에서 보이는 혼합의 예

이 중 3기에 새로이 출현한 [z] 성모는 과거 상해 방언이나 인근의 송강(松江) 혹은 소주(蘇州)방언 등 다른 방언들에도 존재하지 않는데 유일하게 영파(寧波)방언에만 존재하는 소리이다. 游汝傑(2006b:76,77)은 이 성모의 발생을 영파방언의 영향으로 설명하였다.[8]

한편, 최근의 상해방언에 관찰되는 음성적 변화를 보통화의 영향으로 보는 다수의 연구들이 있다(顧欽 2007; 錢乃榮 2007; 傅靈 2010 등). 이 중 顧

---

8) 游女傑(2004)이 음운변화에 따라 나눈 상해방언의 분류는 다음과 같다.
　　1기 - 近代上海話:　　　19세기 후반~1920년대
　　2기 - 老上海話(老派):　1920년대~1940년대
　　3기 - 現代上海話(中派): 1950년대~1980년대
　　4기 - 当代上海話(新派): 1990년대~현재

欽(2007:62)에서는 10~25세의 상해방언 화자 15명을 대상으로 보통화에서 유추하여 발생한 당대 상해방언의 '잘못된 발음(錯音)'을 [표 2]와 같이 성운 조별로 정리하였고 이를 최신파 상해방언으로 명명한 바 있다. [표 2]에서 볼 수 있듯이, 운모 i → uei, u → ε등의 변화는 언어 내부의 변화로는 자연스럽게 설명이 되지 않는 부분이며, 이를 외부 요인인 보통화의 운모에서 유사점을 찾아 설명하는 것이 매우 타당해 보인다.

중파 탁성모(中派浊声母) → 최신파 청성모(最新派清声母)										
上海話中派	[b]	[v]	[d]	[d]	[dʑ]	[dʑ]	[z]/[ɦ]	[z]	[z]	[v]
上海話最新派	[p]	[f]/[Ø]	[t]	[tʰ]	[k]	[tɕ]	[ɕ]/[Ø]	[s]	[s]	[ts]	[Ø]
普通話拼音	b	f	d	t	g	j	x	s	sh	zh	w

운모(韻母)							
上海話中派	[i]	[i]	[i]	[ø]	[i]	[u]	[aʔ]/[ɐʔ]	[aʔ]/[oʔ]
上海話最新派	[uei]	[ø]	[i]/[ø]	[E]	[y]	[ɛ]	[oʔ]	[əʔ]
普通話拼音	uei	üan	ian	an	ü	e	o/u	e

성조(聲調)									
上海話中派	阳上	阳平	阳上	阳上	阳入	阳入	阴入	阴入	阴入
上海話最新派	阴平	阳平	阴上	阴平	阴入	阴入	阴平	阴上	阳去
普通話拼音	阴平	阳平	上声	去声	去声	阳平	阴平	上声	去声

[표 2] 보통화 영향에 따른 상해방언 음운변화 유추표

즉 상해방언의 음운 연구는 주로 근대시기 이후부터 현대에 이르는 음운변화의 양상을 다루고 있으며 이와 관련해 과거에는 인접한 오방언권의 영향을 최근에는 보통화와의 영향을 다룬 연구들이 대부분임을 확인할 수 있다.

2.3. 상해방언의 어휘 연구

상해방언의 어휘 연구는 상해방언 고유어 연구뿐만 아니라 어원을 달리하는 다양한 어휘들, 가령 신조어, 외래어 등을 중심으로 이루어져 왔다(游汝傑 2006b; 錢乃榮, 2011 등). 가령, 소주방언의 "勿来三"은 현대 상해방언에서도 여전히 "不行"의 의미로 사용되고 있으며, 영파방언의 1인칭 복수 대명사 "阿拉" 역시 현대 상해방언에서 사용되고 있다. 이 외에도 현대 상해방언의 인칭대명사는 더 이상 접두사를 갖지 않는다는 점에 관심을 가질 수 있다. 여전히 주변의 많은 오방언 지역의 인칭대명사는 접두사를 가지고 있기 때문이다. 인근 지역의 인칭대명사와 현대 상해방언의 인칭대명사를 비교하면 다음과 같다(游汝傑 2006a:74 참고).

지역/代詞	我(나)	你(당신)	他(그)	我們 (우리)	你們 (당신들)	他們 (그들)
上海市區	我	儂	伊	阿拉	倷	伊拉
松江	唔奴	實奴	伊/是渠	唔倷	實倷	伊拉/ 實伊拉
金山	奴/阿奴	實奴/助	伊/實伊	阿倷/唔倷	實倷	伊拉/ 實伊拉
嘉定	我/實我	儂/實儂	伊/實伊	我里	儂搭	伊搭
南匯	我/實我	儂/實儂	伊/實伊	伲/實伲	倷/實倷	渠拉/ 實渠拉
蘇州	我/奴	倷	俚/俚倷/倻倷	伲	唔	俚笃
湖州	實我	實ŋ	實伊	ŋa/實ŋa	實倷	dzia/ 實dzia
寧波	我	倻/倻奴	渠/渠奴	阿拉	倷/倻倷	渠拉

[표 3] 상해와 인근 지역의 인칭대명사 비교

이 중 1인칭 단수 대명사 "我"는 최신파 상해방언에서 [ŋu]가 아닌 [wu]로, 앞의 비음성질을 탈락시켜서 보통화의 발음[wɔ]처럼 모음만 발음하는 경향이 있다.

한편, 항주(杭州)방언에 기원을 두고 있는 어휘 "莫牢牢"는 '매우 많다'는 의미로 1기부터 3기까지의 상해방언 어휘 자료에서 쉽게 찾아볼 수 있지만, 현재는 사용되지 않는다. 대신 이 어휘는 보통화로 직역하면 '不要太'에 해당하는데 요즘 젊은이들의 경우 보통화의 의미와 어휘를 그대로 받아들여 '不要太'를 사용해 '아주, 매우'의 의미로 사용하고 있다.

이 외에도 明末清初 외국인들의 유입으로 발달한 외래어와 피진 영어 등에 대한 연구도 많다. 특히 游汝傑(2006b:7)에는 현재 표준어에도 사용되는 상해방언에서 만들어진 대표적인 외래어들이 제시되어 있다.

상해방언	영어
沙發[so1fa?7]	sofa
引擎[ɦiŋ4dziŋ2]	engine
马達[mo4da?8]	motor
太妃糖[tha5fi1dã2]	toffee
白蘭地[ba8lɛ2di6]	brandy
香檳酒[ɕiã1piŋ1tiɤʏ5]	champagne
加拿大[ka1na6da6]	Canada
卡片[kha5pi5]	card
卡車[kha5tsho1]	car
加倫[ka1lən2]	gallon
拷貝[kɔ1pe5]	copy
模特兒[mo2də?8l2]	model
安琪兒[ø1dzi2'ŋ2]	angel
茄克(衫) [dzia?7khə?7sɛ1]	jacket
高爾夫球[kɔ112fu1dizɤ2]	golf

[표 4] 상해방언에서 만들어진 외래어 예시

한편, 본고는 趙元任(1956)이 조사한 75개의 상해방언 어휘(노파 상해방언)자료를 토대로 이에 해당하는 현대 어휘와 비교 조사를 실시하였다. 구체적으로는 문헌 자료를 참고하여 중파 및 신파에 해당하는 상해방언 어휘들을 정리하고, 직접조사를 통해 현재 10대~20대 상해 사람들(43명)이 사용하는 어휘와 일치하는지 확인하고자 하였다.[9]

총 75개의 어휘를 보통화(어휘)-노파 상해방언(趙元任의 전사)-현대 상해방언-최신파 상해방언 순으로 제시하였다. 70번과 74번 어휘는 현대 상해방언에서는 사용되지 않는 어휘로 밑줄을 그어 표시했다. 현대문헌의 발음과 최신파 상해방언 화자의 발음이 동일할 경우에는 최신파 부분이 공백이며, 발음이 달라졌을 경우에는 회색으로 색깔 표시하였다. 또한 10~20대 상해방언 화자들이 현대 상해방언 어휘가 무엇인지 모르고 보통화 어휘를 대신 사용한다고 응답한 경우에는 '모름'이라고 표시하였다.

	어휘	노파상해방언	현대상해방언	최신파상해방언
1.	我	我, 阿辣皆音, 甚少	我	吾
2.	我們	伲, 我伲輕音	阿拉	
3.	咱們	伲, 我伲輕音	阿拉	
4.	你	儂音	儂	
5.	你們	那上音	那	모름
6.	他	自其皆音	伊	
7.	他們	夷賴輕音皆音	伊拉	
8.	自己	自家白	自噶	모름
9.	個輕(一, 這) 捨音		葛	
10.	一個人(alone) 一干音'仔'		一个人	
11.	倆代(=两个) 兩家白頭(=两个人)		两个/两个人	
12.	這個	迭捨皆音	迭额/葛则	个者

9) 顧欽(2007)을 따라 이들을 최신파 상해방언으로 명명하였다.

13.	這小兒	迭音歇	葛歇	모름
14.	這裡	迭搭皆音	葛的	
15.	這麼(程度)	介白音, 實介濁白皆音, |能輕皆	葛能嗄 / 葛能样子(高/低)	모름
16.	這麼(方法)	實介白, |能輕皆音, 葛能輕皆音樣子	葛能嗄 / 葛能样子(弄/做)	모름
17.	那個	伊辯皆音	伊额/伊则/诶额/诶则	
18.	那裡	伊音面, 伊音頭	伊得/诶得	
19.	甚麼	啥, |辯音	啥	
20.	誰?	啥人白	啥宁	
21.	哪(一)個?	鞋上音裡辯音	阿里額	
22.	哪裡, 哪兒	鞋上音裡搭音, 啥場化, 啥戶蕩	阿里(得)/啥里方	
23.	怎末	哪上能輕皆音	哪能	
24.	不	物陰入音	伐	
25.	沒有(無)	嘸沒皆音	嘸没	
26.	沒有(未)(同左)	又物陰入會	伐会	
27.	很	蠻陰平音, 交文關	牢	
28.	太	忒, |辯音	特/牢	
29.	還(=尚,猶)	還文, 晏白不音, 鹹白音	還	
30.	跟, 和	得音, 得是皆音; '佬	跟/高	
31.	在	辣音, 辣辣皆音	辣, 辣辣	
32.	在那兒	辣辣皆音	辣诶得	了一得
33.	-上	-浪音, -|向音	上	
34.	-掉	-脫	特	
35.	給(動)	撥音	把	
36.	給(介=爲)	替, 忒音	爲	
37.	東西	末音事	末事	
38.	地方	場化, 地方	地方/場合	
39.	時候	辰光, 時候	辰光	
40.	早起	朝晨, ||頭	早起	
41.	白天	日白裡向	白天/日里向	
42.	晚上(evening)	黃昏頭, ||裡 又同右	黃昏	모름

43.	晩上(night)	夜裡向	夜里/夜里向	
44.	天	日白	天	
45.	前天	前日白子	前日/前天(子)	모름
46.	昨天	昨日白, 昨夜頭	昨日/昨天(子)	
47.	今天	今朝	今朝	
48.	明天	萌音朝, 明朝	明朝/萌朝	
49.	後天	後日白	后日/后天	
50.	去年	舊年	去年/旧年	
51.	明年	開年	明年/萌年	
52.	等火兒	晏白歇	等歇	
53.	晩	晏白	夜	
54.	(早)點心	早飯	早点/早飯	
55.	早飯	飯, 中飯	早飯	
56.	晩飯	夜飯	夜飯	
57.	爸爸	爹爹, 阿伯少	阿伯/老爸	
58.	媽	姆陰平, 媽輕	姆妈	媽媽
59.	兒子	兒白子	儿子	
60.	女兒	'囡', '囡'五白輕	囡五	
61.	小孩兒	小囝	小囡	모름
62.	媳婦兒	(妻俗稱)娘子, 家白子音婆	家白小媳妇(xinvu)	모름
63.	核桃	葡音桃	核桃	모름
64.	葡萄	字音萄	葡萄	
65.	琵琶	琵爬音	別爬	모름
66.	枇杷	別爬舊音	別爬	모름
67.	打呵欠	打白厂ご獻音	打哈气	
68.	打閃	打白霍音獻音	閃電	모름
69.	胳肢厂ご	(某人之)癢妻音妻音	huo yang xi xi	
70.	哈辣 蒿音			
71.	菜(飯)	小菜	菜=菜/小菜(飯=飯)	
72.	髒	齷齪足	齷齪足	

73. 臓土　　　　垃圾皆平　　　　　　　　垃圾
74. 橫是音 橫百書音
75. 馬上　　　　媽盛白皆音, 馬盛白音　　　　馬上

위의 목록에서 알 수 있듯이, 상해방언 어휘에 보이는 가장 큰 변화는 상해방언 어휘와 보통화의 어휘가 점차 유사한 형태를 띄고 있다는 점이다. 특히 최신파 상해방언 화자의 경우는 상해방언 고유의 어휘를 모르는 경우가 급속도로 증가하였음을 확인할 수 있다.

2.4. 상해방언의 문법 연구

상해방언의 문법적 특징은 주로 다른 오방언들의 특징과 함께 거론되어 왔다. 본고에서는 상해방언의 다양한 문법소 가운데 상 표지에 대한 연구들을 중점적으로 살펴보도록 한다.

오방언의 상 체계에 대한 연구(張雙慶 1996)를 포함하여 상해방언의 상을 다룬 연구는 錢乃榮(2003), 徐烈炯·邵敬敏(1997), 楊蓓(1999) 등이 있다. 이를 참고하면 근대시기 상해방언의 상 표지는 형태와 기능면에서 인접한 오방언권에 있는 방언들, 특히 소주방언의 상 표지와 그 형태와 기능이 매우 유사함을 알 수 있다. 아래의 [표 5]는 강은지(2017)의 내용을 인용한 것으로 기존의 연구 결과와 지금까지 출판된 다양한 문헌자료를 참고하여 현대 소주방언과 상해방언의 상 표지를 비교하여 표로 정리한 것이다(汪平 1984; 許宝華·湯珍珠等 1988; 楊蓓 1999; 張雙慶 1996; 錢乃榮 1999, 2003 등 참고).

상(aspect)	현대 소주방언	근대 근대 상해방언	현대 현대 상해방언
완정상 (perfective)	V+仔[tsɛ/tsəʔ]	V+仔(之)[tsʅ]	V+仔[tsʅ], 勒[ləʔ]
진행상 (progressive)	勒海[ləʔhᴇ]+V	垃拉[leʔlɑ], 垃裏[lɑʔli], 拉+V	辣海[lɑʔhe], 辣辣[lɑʔlɑʔ], 辣[lɑʔ]+V
지속상 (durative)	V+勒海(仔)	V+垃拉, 垃裏, 拉	V+辣海[lɑʔhe], 辣辣[lɑʔlɑʔ], 辣[lɑʔ], 辣該[lɑʔke]
경험상 (experiential)	V+过, 歇, 过歇	V+过, 歇, 过歇	V+过[ku], 歇[ɕieʔ], 过歇[kuɕieʔ]
완료상 (perfect)	문말哉[tsᴇ/ze], 个哉(勒[ləʔ]) 上海腔	문말哉(者)[tse]	문말哉[tsəʔ], 勒[ləʔ]
잠시상 (delimitative)	VV	VV	VV

[표 5] 문헌에 나타난 소주방언과 상해방언의 상 표지

이 가운데 상해방언의 완정상 표지 '仔'는 노파 상해방언에만 존재하며 1980년대 문헌에서는 보통화 '了'와 기능이 동일한 '勒'으로 완전히 대체되었다. 완료상 표지인 '哉' 역시 현대 상해방언에서 '勒'으로 변했다. 또한 완정상 표지 '仔'는 동작에 의해 조성된 상태 지속의 기능도 가지고 있었으나 '勒'은 그렇지 못했다.[10]

경험상 표지인 '過/過歇'는 변함없이 사용되고 있으며 "喫過歇哉(I have eaten them.)"처럼 많은 경우 어기사 '哉'와 공기하여 자주 사용된다.

또한 미완정상 표지의 경우, 현대에 이르러 '辣海'가 새롭게 출현하였다(徐烈炯·邵敬敏, 1997; 楊蓓, 1999 등). 楊蓓(1999)는 젊은이들을 대상으로 새로이 '辣該'가 사용되기 시작했음을 관찰하기도 하였다. '辣該'와 유사한

---

10) 현대 소주방언에서는 지금도 완정상 표지가 존재하기는 하지만, 맥락에 따라 지속상 표지를 사용하기도 한다(張雙慶,1996:359).

표지는 영파방언에서 관찰된다. 한편, 과거부터 사용되던 "V+辣(辣)" 다음에는 처소명사가 오는 것과 달리 "V+辣海"와 "V+辣該"의 뒤에는 처소명사가 올 수 없다는 특징이 있다.

2.2에서 과거 상해방언의 음계에 일어난 순차적 음운 변화에 소주 및 영파방언의 영향이 있음을 살펴보았다. 같은 맥락에서 현대 상해방언의 새로운 비완정상 표지 '辣海, 辣該'의 출현은 소주방언과 영파방언의 상 표지와 관련이 있어 보인다.

한편, 강은지(2017)에서는 젊은 상해방언 화자들을 대상으로 각각의 상 표지의 실제 용법과 발음을 조사하였다. 이를 통해 최신파 상해방언의 완정상과 완료상은 보통화의 '了'로 완전히 대체되었으며, 경험상 표지는 과거 '過, 歇, 過歇' 등이 사용되던 것과 달리 현재는 보통화처럼 '過'만 사용하고 있음을 확인하였다.

요약하면 현재 상해방언의 진행상과 지속상 표지는 형식적인 면에서 주변 오방언의 상 표지 형식과 유사하며, 기능적으로는 보통화의 기능과 일치하고, 완정상과 경험상 표지의 경우는 형식과 기능적인 측면 모두에서 보통화의 상 표지와 일치하는 것으로 보인다.

2.5. 소결

지금까지 이루어진 상해방언 연구를 음운, 어휘, 문법적인 측면으로 나누어 살펴보았다. 이를 통해 상해방언이 근대시기 이후부터 지금까지 매우 큰 변화를 겪었으며, 그러한 언어 변화의 요인을 시기에 따라 각각 주변 오방언의 영향과 보통화의 영향으로 나누어 설명하고 있음을 확인하였다. 특히 근대시기에는 방언 간에 나타나는 방언간섭의 양상을, 1990년대 이후에는 보통화의 간섭을 위주로 상해방언의 변화를 설명하고 있음을 확인하였다.

陳忠敏(1992:107)에서는 100여 년간 상해시를 형성한 역사 및 인문 배경

으로 상해시의 정치, 경제적 지위 변화와 이민을 언급한 바 있다. 특히 언어
층위학(stratigraphy)이론에 입각해 상해방언이 송강 지역의 언어적 특성에
서 탈피하는 과정을 설명하였다. Edkins(1853)와 趙元任(1927)이 기록한
당시 상해방언의 성조기록에 근거해 현대 상해방언의 층차를 [그림 1]과 같
이 제시하였다.

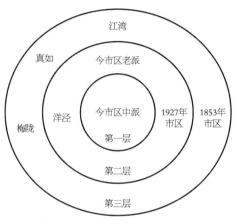

[그림 1] 현대 상해방언의 층차

즉, 현대 상해방언(중파)이 1920년대 상해 방언(노파)의 모습을 벗어나는
데 70년, 1920년대 상해방언과 근대 상해방언 간에는 60년의 시간 차가 존
재하며, 이로 인해 근대와 중파 상해방언 간에 130년의 시간 차가 존재한다
는 것이다. 따라서 중파 상해방언의 성조체계는 주변의 송강 지역의 성조체
계 변화보다 130년의 시간이 더 빠르다고 설명한다(陳忠敏, 1992:107).

상해방언이 근대시기 이후 음운, 어휘, 문법 등 언어 내적으로 겪은 급격한
변화로 인해 游汝傑(2006a)는 현대 상해방언을 일종의 혼합방언(koine)으
로 보아야 한다고 주장하기도 하였다.11)

---

11) koine에 대한 상세한 내용은 Holmes(2017:212, 213) 참고.

상해방언은 송강방언을 기층방언(basilect), 소남 및 절북오어를 상층방언 (acrolect)으로 한 독특한 언어연속체(linguistic continunm)이므로 오어 내부 구획에서도 상해방언으로 하나의 독립적인 小片을 이루어야 한다고 주장하였다.12)

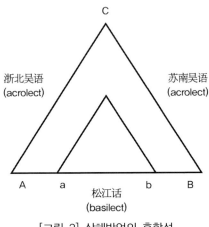

[그림 2] 상해방언의 혼합성

이에 대해 錢乃榮(2006)은 현대 상해 방언이 다량의 인접지역에서 온 다량의 방언(江浙方言) 화자들로 인해 매우 많은 변화가 발생한 것에는 동의하나, 결코 혼합적인 성격을 가진 언어가 아니며, 송강방언에서 분기한 원시 상해방언이 변화 발전해 형성된 것이라고 주장하였다.

상해방언의 속성에 대해서는 이견이 있지만, 陳忠敏(1992), 游汝傑(2006a), 錢乃榮(2006) 등 상해방언을 연구하는 대표적인 학자들은 1840년대 개항 이후 상해방언이 본래의 송강방언에서 인접한 지역의 소남오어와 절북오어의 영향을 받으며 변화하였다는 사실에는 모두 동의한다. 동시에 "보통화 보

---

12) 본래 상층방언(acrolect), 기층방언(basilect), 중층방언(mesolect) 등의 개념은 크리올(creole) 의 전형적인 변이(typical variation)들을 다룰 때 사용하는 개념이다(Le Page, 1980; Romaine, 1988 등).

급"이 현대 상해방언의 내부 구조에 빠르게 변화를 야기하고 있는 부분에 대해서도 모두 지적하고 있다.

본고는 이러한 상해방언 변화에 대한 연구 성과들을 토대로 앞으로의 개별 방언연구가 보다 광범위한 사회언어학적 변이를 고려해 수행될 필요가 있다는 점을 강조하고자 한다.

3. 개별 방언 연구의 새로운 방법론 제안

방언 연구에 사회언어학적 변이에 대한 고려가 필요하다는 점은 이미 여러 연구에서 언급된 바 있다(이재돈 2004; 강희숙 2006; 고용진 2011; 游汝傑·朴贊旭 2015; 양민호 2015 등). 본고는 사회계층, 성별, 세대 등 기존에 사용되던 다양한 사회적 요인 뿐 아니라 언어공동체의 언어사용 양상에 주목할 필요가 있음을 주장하고자 한다.

姜恩枝(2015)는 상해방언의 음운변화를 언어접촉의 관점에서 설명하면서 가장 중요한 요소로 '인구 수'를 살펴볼 것을 제안한 바 있다. 본고는 이를 보다 구체화하여 근대부터 현대에 이르는 상해의 이민자의 구성이 상해방언 화자들의 언어사용 양상에 변화를 야기함으로써, 이것이 상해방언 내부의 변화까지 가속화함을 보이고자 한다.

상해는 근대 시기 이전에는 작은 어촌에 불과했다고 알려져 있다(Bergere, 2009; 이일영 외, 2006 등 참고). 그러나 개항을 통해 경제적 이권 등을 이유로 유입된 외국인들과 더 나은 직업의 기회를 찾기 위해 이주한 다수의 이민자들을 중심으로 도시화 과정을 겪으며 현재에 이르게 된다. 현재 상해는 중국의 행정지역을 행정단위, 경제수준, 도시규모, 지역의 영향력에 따라 분류했을 때 수도인 북경과 함께 가장 높은 등급에 해당되는 거대도시로 변모하였다. 상해시 통계국 자료에 의하면 상해시의 현재 인구는 2400만 명이 넘어서 중국 대륙에서 가장 인구가 많은 도시로 성장하였다. 강은지(2016)에서는 1953년부터 시행된 국가통계국의 인구조사자료(1964, 1982, 1990, 2000, 2010년 총 6차) 및 상해 연감 자료를 참고하여 1953년부터 2014년의 인구변화를 다음과 같이 정리하였다. 이 중 상주인구는 호적인구와 유동인구의 합을 나타낸다.

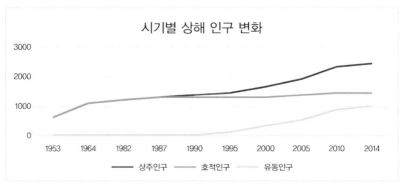

[그림 3] 상해시의 인구변화 양상

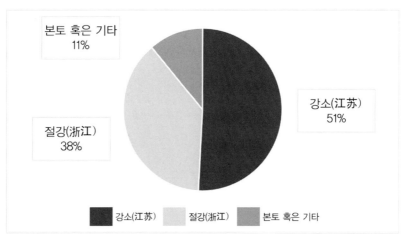

[그림 4] 1947년~48년 상해시 호적인구의 구성(1960年上海年鑒자료 강은지 2012참고)

[그림 3]에서 1960년대 이전과 1990년대 이후, 두 번의 급격한 증가폭에 주목할 필요가 있다. 1960년대 이전에는 호적인구가, 1990년대 이후는 유동

인구가 인구 증가의 원인임을 알 수 있다. [그림 4]는 1960년대 상해의 호적 인구의 원래 원적지를 표로 정리한 것이다.

당시 상해 호적 인구의 89%가 모두 근처 오방언권에서 온 이민자들임을 알 수 있다. 1960년대 이전까지는 중국 헌법에서 자유 이전의 권리를 규정하고 있어, 당시 상해에 이주한 사람들이 모두 상해 호적을 획득하였기 때문임을 확인하였다(강은지 2016:83 참고). 이를 통해 2장에서 살펴본 상해방언의 변화는 당시 이민 온 주변 오방언 화자들과의 접촉에 기인한 것임을 짐작할 수 있다.

한편, [그림 5]는 90년대 이후 인구 증가의 주요한 원인이 되는 유동인구의 원적지 구성을 나타낸 것이다. 국가 통계국 자료에 의하면 이러한 유동인구가 상해에 온 대부분의 이유는 주로 사업이나 근로 등을 목적으로 하며 학력 수준 또한 높다. 따라서 이들은 모두 보통화를 사용한 의사소통이 가능한 사람들임을 알 수 있다.

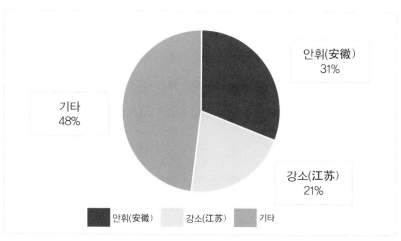

[그림 5] 2016년 상해시 유동인구의 구성 (2016年国家统计局资料강은지 2016 참고)

더 나아가 강은지(2016)은 현재 상해방언이 "보통화의 영향"이라는 커다란 경향성을 가지고 변화하는 이유를 현재 상해에서 가장 다수를 차지하는 언어 사용자가 보통화 화자이기 때문이라고 주장하였다. 근대 시기에 상해에서 다수를 차지한 언어사용자들은 지리적으로 상하이에 인접한 오방언권 화자들로 자신의 모방언과 유사한 상해방언을 습득하는 것이 비교적 수월했다면, 현대에 이르러서 각양각색의 다양한 방언권을 배경으로 하고 있는 다양한 방언권의 이민자들이므로, 이들이 자신의 모방언과 전혀 다른 상하이 방언을 습득해 의사소통하는 것이 쉽지 않다. 뿐만 아니라 상해사람과 외지인의 비율이 거의 1:1에 가까운 현실에서 상해사람들은 의사소통 수단으로 상해방언보다 보통화를 더 많이 사용할 수밖에 없다. 그리고 이렇게 빈번한 보통화의 사용은 상해방언 내부의 변화에도 큰 영향을 끼칠 수밖에 없다. 즉, 방언의 변화는 그 방언을 사용하는 방언화자들의 언어접촉 양상에 따른 언어사용의 변화와 밀접한 관련이 있음을 알 수 있다.[13)

4. 나가며

본고는 상해방언 연구사를 통하여 개별 방언 연구에 새로운 관점을 제안해 보고자 하였다. 상해방언은 근대시기에는 주변 오방언의 영향을, 1990년대 이후부터 보통화의 영향을 받으며 변화 발전하고 있음을 확인하였다. 상해지역에서 극단적인 모습으로 드러난 바와 같이, 현재 많은 방언사용 지역에서 순수한 개별 방언의 특징을 보유하고 있는 방언 사용자가 드문 것이 사실이다. 따라서 이제는 광범위한 사회언어학적 변이를 고려한 개별 방언 연구의 새로운 방법론이 모색되어야 한다.

이 가운데에서도 본고는 다수의 언어 사용자에 의해 야기된 언어사용 양상의 변화가 결국은 개별 방언 내부의 변화에도 영향을 미친다는 사실을 밝힘으로써 방언지역의 발전과정과 언어 사용자 구성의 변화에 대한 검토가 선행된다면 개별 방언의 변화 양상을 보다 합리적으로 설명할 수 있음을 보였다.

---

13) 더 나아가 현재 상해사람이라는 정체성과 상해방언능력 간에 직접적인 연관성이 없다(강은지 2016).

참고문헌

강은지(2012), 현대 상해지역에서 보통화가 갖는 사회적 지위, "중국인문과학" 50, 중국인문학회, 149-163.

강은지(2016), 현대 상하이(上海) 지역의 언어사용 양상 변화에 대한 고찰, "중국인문과학" 64, 중국인문학회, 71-88.

강은지(2017), 언어접촉의 관점에서 본 상하이 방언의 문법소 변화, 중국어문학회 춘계학술대회 발표문.

강희숙(2006), 사회방언 조사 방법, "방언학" 3, 97-123.

고용진(2011), 일본의 방언 연구 동향에 대하여, "국제학논총" 15, 계명대학교 국제학연구소, 5-28.

곽충구(1980), 18세기 국어의 음운론적 연구, "국어연구" 43, 국어연구회.

곽충구(1991), "함경북도 육진방언의 음운론", 서울대학교 박사학위논문.

김은주(2010), 중국방언 연구의 현황, "건지인문학" 4, 전북대학교 인문학연구소, 51-75.

박윤하(1997), 서양 선교사의 중국방언연구에 대한 소고, "중국언어연구" 5, 한국중국언어학회, 99-116.

朴炯春(2004), 중국어 방언조사 방법론 -산동방언 어음조사를 중심으로-, "中國學論叢" 18, 韓國中國文化學會, 99-120.

변지원(2010), 중국 방언 연구의 전통과 현황, "방언학" 11, 한국방언학회, 37-57.

안귀남(2009), 방언 어휘론의 현황과 과제, "국어학" 54, 국어학회, 383-453.

양민호(2015), "대도시 지역 사회 방언 조사보고서", 국립국어원.

游女傑 · 朴贊旭(2015), 사회언어학과 한어방언학의 새로운 전기, "中國語文論譯叢刊" 36, 中國語文論譯學會, 451-488.

이승재(1986), 解放 以後의 方言研究史, "국어생활" 5, 국어연구소, 25-37.

이익섭(1992), "方言學(第七版)", 민음사.

이일영 외(2006), "현대 도시 상하이의 발전과 상하이인의 삶", 한신대학교 출판부.

이재돈(2004), 方言研究의 社會言語學的 接近論, "中國言語研究" 18, 韓國中國言語學會, 5-26.

임석규(2009), 방언조사방법론의 어제와 오늘, "국어학" 54, 국어학회, 325-352.

정승철(2013), "한국의 방언과 방언학", 태학사.

최명옥(1980), "경북 동해안 방언연구", 영남대출판부.

최명옥(2005), 국어방언학의 체계, "방언학" 2, 한국방언학회, 35-72.

한성우(2009), 方言 音韻論의 現況과 課題, "국어학" 54, 국어학회, 353-381.

陳前瑞(2008), "漢語體貌硏究的類型學視野", 商務印書館.

陳忠敏(1992), 上海地區方言的分區及其歷史人文背景, "複旦學報" 4, 社會科學版, 101-108.

陳忠敏(1995), "上海市區話語音一百多年來的演變, 上海", 上海敎育出版社.

丁聲樹·李榮(1956), 漢語方言調査, "現代漢語規範問題學術會議文件", 北京科學出版社, 80-88.

傅靈(2010), "方言與普通話的接觸硏究一以長沙·上海·武漢爲背景", 蘇州大學博士學位論文.

顧欽(2007), "語言接觸對上海市區方言語音演變的影響", 上海師範大學博士學位論文.

胡明揚(2003), "上海話一百年來的若幹變化(原作于1967年), 胡明揚語言學論文集", 商務印書館.

姜恩枝(2015), 通過語言接觸所産生的語言變化的因素-以上海方言的語音演變爲中心, 遠藤光曉, 石崎博志, "現代漢語的歷史硏究" 18, 浙江大學出版社, 45-52.

姜恩枝(2016), "西洋傳敎士資料所見近代上海方言的語音演變"(中國語言文字硏究輯刊10編第12册), 花木蘭文化出版社.

李榮(1989), 漢語方言的分區, "方言" 4, 中文科技期刊數據庫, 241-259.

錢乃榮(1992), "當代吳語硏究", 上海敎育出版社.

錢乃榮(1999), 吳語中的虛詞"仔", "方言" 2, 上海大學中文系, 112-120.

錢乃榮(2003), "上海語言發展史", 上海人民出版社.

錢乃榮(2006), 上海話在北部吳語分區中的地位問題, "方言" 3, 上海大學中文系, 272-277.

錢乃榮(2007), "上海方言", 上海文彙出版社.

錢乃榮(2011), "實用上海話詞語手册", 上海文化出版社.

沈同(1981), 上海話老派新派的差別, "方言" 4, 商務印書館, 275-283.

沈同(1988), 上海話裏的一些異讀現象, "吳語論叢", 上海敎育出版社, 132-139.

湯志祥(1994), 上海方音內部差異的歷史變化, "吳語硏究", 上海敎育出版社, 363-381.

汪平(1984), 蘇州方言的"仔, 哉, 靭", "語言硏究" 2, 130-143.

徐烈炯·邵敬敏(1997), 上海方言"辣·辣辣·辣海"的比較研究, "方言" 2, 97-105.

許寶華·湯珍珠等(1988), "上海市區方言志", 上海敎育出版社.

許寶華·湯珍珠(1962), 上海方言內部差異, "複旦大學學報" 1, 複旦學報(自然科學版) 編輯部, 87-94.

許寶華·湯珍珠·陳忠敏(1993), 上海地區方言的分片, "方言" 1, 商務印書館, 14-30.

許寶華·湯珍珠·湯志祥(1988), 上海人祖孫二代語音情況抽樣調査, "吳語論叢" 1, 上海敎育出版社, 120-131.

楊蓓(1999), 上海話"辣~"的語法功能·來源及其演變, "方言" 2, 中文科技期刊數據庫, 121-127.

遊女傑(1984), 蘇南和上海吳語的內部差異, "方言" 1, 上海大學中文系, 3-12.

遊女傑(1998), "上海話音檔-再版", 上海敎育出版社.

遊女傑(1998), 西洋傳敎士著作所見上海話的塞音韻尾, "中國語文" 2, 中國社會科學院 語言研究所, 108-112.

遊女傑(2000), "漢語方言學導論(修訂本)", 上海敎育出版社.

遊女傑(2002), "西洋傳敎士漢語方言學著作書目考述", 黑龍江敎育出版社.

遊女傑(2006a), 上海話在吳語分區上的地位-兼論上海話的混合方言性質, "方言" 1, 上海大學中文系, 72-78.

遊女傑(2006b), 方言和普通話的社會功能語和諧發展, "修辭學習" 6, 複旦大學出版社, 2-8.

遊女傑(2010), 上海郊區語音近30年來的變化, "方言" 3, 上海大學中文系, 194-200.

遊女傑, 鄒嘉彦(2009), "社會語言學敎程", 複旦大學出版社.

張雙慶(1996), "動詞的體-中國東南部方言比較研究叢書", 香港中文大學出版社.

趙元任(1956), "現代吳語的研究-附調査表格(1928年的改正版)", 北京, 科學出版社.

鄭錦全(1988), 漢語方言親疏關系的計量研究, "中國語文" 2, 中國社會科學院語言研 究所, 87-102.

朱曉農(1996), 上海音系, "國外語言學" 2, 中國社會科學院語言研究所, 29-37.

朱曉農(2010), "語音學", 北京:商務印書館.

大橋勝男(1990, 1991), "關東地方域の方言についての方言地理學的研究"(第二卷, 第 三卷), 櫻楓社.

Bergere, Marie-Claire translated by Janet Lloyd (2009), "Shanghai: China's gateway to modernity", Stanford University Press.

Edkins, Joseph (1953), "A Grammar of Colloquial Chinese as exhibited in the Shanghai dialect", Presbyterian Mission Press.

Ho, George & Charles Foe (1940), "Shanghai dialect in 4weeks with map of Shanghai", Chiming Book Co.LTD.

Holms, Janet (2017), "Introduction to sociolinguistics(fourth edition)", Routledge.

Jenkins, Benjamin (1870년대), Lessons in the Shanghai Dialect from Ollendorff system.

LE PAGE, R. B. (1980) "Theoretical aspects of sociolinguistic studies in pidgin and creole languages", in Valdman, A. and Highfield. A. (eds) pp 331–68.

Li & Thompson (1981), "Mandarin Chinese: A Functional Reference Grammar", Berkeley and Los Angeles.

Macgowan, John (1862), "A Collection of Phrases in the Shanghai dialect. Systematically Arranged", Presbyterian Mission Press.

Mcintosh, Gilbert (1927), "Useful phrases in the Shanghai Dialect with index–vocabulary and other helps", presbyterian Mission press.

Norman, Jerry (1988), "Chinese", Cambridge University Press, 1988

Parker, R.A.(1923), "Lessons in the Shanghai dialect in Romanized and Character with Key to Pronunciation", KwangHsueh Publishing House.

Pott, Hawks (1920), "Lessons in the Shanghai dialect, 1907年 Revised Edition", American presbyterian Mission press.

Romaine, Suzanne (1989), *Pidgin and Creole Languages*, Longman Publishing Group.

Silsby, Alfred (1907), *Complete Shanghai Syllabary*, Shanghai American Pre-sbyterian Mission press.

Stewart, William (1965), Urban Negro speech: Sociolinguistic factors af-fecting English teaching, in Shuy, R., Davis, A., & Hogan, R, *Social dialects and language learning*, National Council of Teachers of English, 10–18.

Yates, M.T. (1899), "First Lessons in Chinese, Revised and Corrected", Presbyterian Mission press.

제5부

계량언어학 연구의 흐름

계량언어학 분야의 연구 방법과 연구 동향

_ 유현조

1. 머리말

근래에는 인문학 분야에서도 양적 방법론이 광범위하게 도입되고 있다. 소위 '과학적' 방법론이라고 불리며 자연과학과 공학의 전유물이라고 여겨지고 사회과학 연구에서도 정착된 방법론들이 인문학 분야에 적용되고 있다. 언어학 분야에서도 컴퓨터를 이용한 처리, 말뭉치와 같은 대규모 데이터를 대상으로 하는 분석, 인지 및 심리언어학에서의 실험과 통계적 분석, 언어교육 분야에서 학습 자료 개발을 위한 통계적 방법론, 사회언어학적 조사 결과의 통계적 분석 등과 같은 응용 언어학 분야뿐만 아니라 음성학과 음운, 형태, 통사, 의미 등을 연구하는 이론 언어학 분야에서 가설과 모형을 객관적으로 검증하기 위하여 양적 방법론이 도입되고 있다.

언어학에서 이러한 양적 방법론의 활발한 도입에도 불구하고 계량언어학이라고 불릴 수 있는 독립적인 분야가 존재하는지 또는 계량언어학이라는 이름 아래 공통분모를 가지고 언어학의 특정한 일부 분야들이 묶일 수 있는지는 분명치 않아 보인다. 양적 방법론의 인기와는 달리 계량언어학이라는 이름을 흔히 찾아보기는 힘들다.

이 논문에서는 계량언어학이 무엇인지 개념적이고 근본적인 차원에서도 살펴보고 과거로부터 이어지는 관련 연구 방법들을 뒤돌아보고 현재의 연구 동향을 살펴봄으로써 계량언어학에 대한 포괄적인 이해를 도모하고 앞으로 필요한 연구 주제에 대해서도 일부 논의하고자 한다. 짧은 논문에서 구체적인 연구방법들을 모두 제시할 수는 없으므로 연구사의 측면이나 활용도의 측면에서 주요하다고 판단되는 주제들을 중심으로 사례를 제시하며 살펴볼 것이다.

2. 용어와 개념

2.1. 계량언어학

계량언어학이란 무엇인가? 이 질문에 앞서 우리는 계량언어학이 언어학의 한 하위 분과로서 실체가 있는지에 대한 의구심을 가지게 된다. 어떤 특정한 언어 현상이나 언어학적 주제에 대한 탐구가 계량언어학이라는 이름으로 불릴 수 있을까? 그 보다는 어떠한 언어 연구라도 양적 방법을 사용했다면 계량언어학이라는 이름 아래 놓을 수 있을 것처럼 보인다. 실제로 국내에서 발간된 학술지 [계량언어학]에 수록된 논문들의 범위를 통해 이를 확인할 수 있다. 이 분야의 대표적인 국제 학술지인 *Journal of Quantitative Linguistics*의 목적과 연구 범위에서도 언어 현상의 어떠한 측면의 연구라도 양적 방법을 사용하는 한 이 학술지의 주제에 부합한다고 밝히고 있다.

양적 방법이 점차 다양한 분야의 다수의 연구에 도입이 되는 요즈음에 이 모든 연구를 계량언어학이라고 부르는 것은 계량언어학의 범위를 모호하게 만든다. 음성학, 음운론에서 의미론과 화용론에 이르기까지 모든 층위의 연구에 대해서 그리고 언어교육, 심리언어학, 사회언어학, 역사비교언어학, 방언학 등 분야를 가리지 않고 양적 방법을 사용했다면 모두 계량언어학의 테두리로 묶고 비계량적 연구와 대비하려는 것 또한 계량언어학이라는 개념의 지나친 확장으로 보인다. 한 연구에서 양적 방법론을 사용했다고 하더라도 그것이 연구의 핵심 주제인 경우는 드물며 단지 해당 연구에 기여하는 여러 도구적 요소 중 하나일 뿐인 경우가 많다.

계량언어학은 넓은 의미에서는 양적 방법을 사용하는 모든 언어 연구를 아우를 수 있으나 그 핵심은 양적 방법 자체에 대한 연구에 있다. 언어 현상과 관련된 문제를 해결할 수 있는 양적 방법을 개발하고 평가하고 발전시키기 위한 연구를 계량언어학의 핵심 과제라 할 수 있을 것이다. 이러한 의미에서 계량언어학은 방법론에 해당하며 다른 분과의 연구에 필요한 도구를 제공하는 분야로서 의미를 가진다.

다시 서두의 질문으로 돌아가서 계량언어학은 특정 언어 현상이나 주제에 집중하지 않으며 방법론만을 논의하는가? 그렇지 않다. 언어가 보이는 계량적 특성 혹은 현상에 대한 탐구로서 계량언어학을 생각할 수 있다. 대표적인 예로 단어의 빈도와 순위 사이의 관계에 대한 지프(Zipf)의 법칙이 그러하다. 이것은 방법론적 논의가 아니며 언어가 보이는 하나의 현상에 관한 연구이다. 언어 자료에서 음운 현상과 의미 현상을 관찰할 수 있듯이 계량적 현상을 관찰할 수 있는 것이다.

계량언어학이란 무엇인가에 대한 답으로 언어 연구를 위한 양적 방법론으로서 계량언어학과 언어의 양적 특성에 대한 탐구로서 계량언어학을 제시하였다. 이 둘은 서로 배타적이거나 이질적인 것이 아니다. 양적 현상에 대한 이해가 전제되어야 양적 방법론을 논의할 수 있는 것이다. 예를 들어, 한국어 학습자를 위한 기초 어휘 목록을 작성하기 위해 말뭉치에서 고빈도 어휘를 추출하는 연구를 수행한다고 하자. 이것은 양적 방법론을 이용하는 언어 연구에 해당한다. 이러한 연구에서 어느 정도의 빈도가 고빈도인지를 결정하기 위해서는 어휘 빈도 자체의 분포적 특성에 대한 연구가 이루어져 있어야 한다. 이것은 언어의 계량적 특성에 관한 기초 연구에 해당한다.

언어의 양적 특성에 대한 탐구는 이론언어학 분야로 일컬어지는 음운론, 형태론, 통사론, 의미론과 같이 언어 자체가 가지는 특성을 연구한다는 점에서 이론언어학에 해당된다. 양적 방법론에 대한 연구는 다른 이론 분야를 위한 도구를 제공하고 컴퓨터언어학, 언어교육, 언어평가, 신경언어학, 심리언어학 등 응용과 실험 분야와 연계되어 있다는 점에서 응용 언어학에 해당한다.

2.2. 수리언어학

수리적 방법을 적용한 언어학 연구를 수리언어학(mathematical linguistics)이라고 한다. 언어를 하나의 형식적 체계로 보고 추상적인 수학 체계를 도입하여 인간의 언어를 표상하고자 하는 시도로서 구조주의 언어학을 그 시작으로 볼 수 있으나 흔히 Noam Chomsky의 문장의 형태에 관한 형식적 문법인 변형생성문법과 Richard Montague의 문장의 의미에 관한 형식적 문법인 몬태규문법이 수리언어학의 선구적 연구로 대표되곤 한다. Gladkij and Mel'chuk (1973), Peters(1987), Partee et al.(1993), Andras(2008), Kracht(2011)에서 보듯이 수리언어학이라는 이름 아래 집합론과 논리학을 중심으로 하여 이산수학을 언어의 다양한 층위의 체계를 형식화하는 데에 적용하는 방법론이 논의되고 있음을 알 수 있다.

여기서 계량적 방법을 이용한 연구는 수리언어학의 범위에 포함되지 않는가 하는 의문이 생긴다. 계량적 방법은 수리적 방법의 하나가 아닌가? 수리언어학을 추상적 체계를 통한 형식화로만 한정하는 것은 지나치게 협소한 정의일 것이다. Těšitelová(1992:11)에서는 수리언어학을 크게 두 가지로 나누어 확률과 통계를 이용한 계량적 방법론과 대수, 그래프이론, 알고리즘, 위상수학, 수리논리학 등을 이용하는 비계량적 방법론으로 구분하고 전자를 계량언어학, 후자를 대수언어학(algebraic linguistics)라고 지칭하고 있다. 대수언어학이라는 용어는 주로 1960년대 유럽의 언어학 문헌에서 찾아볼 수 있으며 형식언어학(formal linguistics)과 같은 맥락에서의 연구라 할 수 있다.

수학의 전통적인 하위 분과 분류에 따르면, MSC (Mathematics Subject Classification)에도 반영되어 있듯이, 대수, 해석, 기하로 대분류가 가능하며 여기에 수학기초론 분야와 응용 분야를 추가할 수 있다. 이중 집합론과 수리논리학과 같은 수학기초론 분야와 기호 체계와 구조를 다루는 대수학 분야의 개념들이 주로 언어학에 도입이 되어 수리언어학이라는 분야를 형성하였다. 해석과 기하 분야는 수리언어학에서 응용되지 않는다. 이러한 점에서 볼 때 Těšitelová(1992:11)가 비계량적(non-quantitative) 혹은 질적(qualitative) 방법을 이용하는 수리언어학을 대수언어학(algebraic linguistics)라는 이름으로 분류한 것은 적절한 맥락을 가지고 있다.

계량언어학과 직접적 관계가 있는 확률론, 확률과정, 통계학, 그리고 간접적으로 활용될 수 있는 수치해석, 전산과학 등은 수학의 핵심 분야로는 인식되지 않으며 응용 수학의 하나 또는 수리적 방법을 이용하는 기타 분야로 인식된다. 이 점을 고려한다면 Těšitelová(1992:11)와 같이 계량언어학을 수리언어학의 양대 축의 하나로 보는 입장에는 온전히 수긍하기 어려울 수도 있다. 대수언어학이 수학의 핵심 개념을 언어학에 도입한 것인 데에 비해 계량언어학은 그렇지 않기 때문이다. 실제로 앞서 언급한 수리언어학이라는 제명하의 문헌들이 대개 대수언어학을 중심으로 다루고 있다.

2.3. 통계언어학

계량언어학이라는 용어 대신에 통계언어학(statistical linguistics)라는 용어도 종종 사용된다. 계량언어학이 통계를 이용한다는 관점에서 그렇게 부르는 것이다. 영미권의 문헌에서는 흔히 집합, 논리, 이산수학, 대수를 이용하는 언어학을 수리언어학이라고 부르고 계량적 방법을 이용하는 언어학을 통계언어학이라고 부르는 경우를 볼 수 있다. 한편 컴퓨터언어학 분야에서 통계적 자연언어처리 기법을 널리 사용함에 따라 통계언어학은 주로 컴퓨터언어학과 관련된 연구, 계량언어학은 상대적으로 전통적인 형태의 연구를 지칭하는 경향도 있다.

확률언어학(probabilistic linguistics)이라는 용어를 사용하는 경우도 있다. 인간의 언어가 본질적으로 확률적 구조를 가지고 있다는 관점을 취하는 언어 연구 방법이다. 이러한 관점은 언어가 가진 구조를 참과 거짓으로 엄격하게 구분되는 이분법적인 것이 아니라 경계가 모호하고 점진적인 변화 속에 놓인 구조로 파악하는 관점으로 이해되는 경우도 있다. 확률언어학이라는 제목의 논문 모음인 Bod *et al*(2003)에 수록된 음운론, 형태론, 의미론, 통사론, 언어습득, 심리언어학, 역사언어학, 사회언어학 등의 연구가 계량언어학이나 통계언어학이라 불리는 연구와 특별히 구분되지 않는 것에서 볼 수 있듯이 현재 확률언어학은 독자성을 확보하고 있지는 않다.

앞서 수리적 방법에서 살펴본 것처럼 수학에서는 통계학을 응용수학의 한 분과로 분류하기도 하나 통계학계에서는 통계학을 수학과 별도의 독립적인 분과로 보는 것이 일반적이다. 미국의 통계학자 Tukey의 "통계학은 과학의 하나이며 수학적 모형을 핵심적인 도구로 사용하기는 하나 수학의 한 분과는 아니다"라고 한 언급이 널리 인용된다(Brillinger 2002). 이 말에는 수학은 추상적인 개념만을 다루므로 과학, 특히 자연과학이 아니라는 생각이 깔려있다. 이에 비해 통계는 수학을 높은 비중으로 사용하기는 하나 실세계의 데이터를 다룬다는 점에서 수학과는 근본적으로 다르다는 것이다. 이러한 맥락에서는 통계언어학을 데이터를 통해 언어를 연구하는 분야라고 할 수 있다.

확률론은 통계적 추론을 위한 기초를 제공한다는 차원에서 통계학의 하위

분과로 연구되기도 하며 추상적인 확률 모형의 특성에 대한 탐구라는 점에서 수학의 하위 분과로서 연구되기도 한다. 확률적 모형은 그 결과가 어느 것이 될지 불확실성을 가지는 모형으로 입력 또는 조건을 알면 결과를 알 수 있는 결정론적 모형과 대비되는 것이다. 확률론은 실제 데이터를 다루기보다는 추상적인 모형을 가정하고 거기에서 어떤 결과들이 도출되는지 연구한다는 점에서 통계학과 차이가 있다. 확률언어학을 굳이 통계언어학과 구분한다면 추상적인 언어 모형을 설계하고 그 모형에서 결과적으로 어떤 언어 현상이 도출되는지를 이론적으로 분석하는 분야라고 할 수 있을 것이다.

이제 통계언어학이 계량언어학과 같은 연구를 지칭하는가에 대해 재고해 보자. 다시 말해 이 질문은 계량적 방법과 통계적 방법을 동일시할 수 있는가, 계량적 방법이란 오로지 통계적 방법을 뜻하는가 하는 것이다. 언어학에서 통계적 방법을 어떻게 정의하느냐에 따라 달라질 수 있기는 하나 일반적으로 통계적 방법은 확률분포라는 개념에 기초한 것을 지칭한다. 앞서 수학의 하위 분과에서 언급한 바와 같이 확률이라는 개념이 없는 응용수학 분야로 수치해석이나 전산수학 등이 언어학에 적용될 수 있으며 컴퓨터언어학과 자연언어처리 분야에서 많이 사용되는 최적화 기법, 행렬의 분해를 이용한 기법 등도 확률과 통계에 바탕을 두고 있지 않다. 이러한 관점에서는 통계언어학은 계량언어학의 일부분에 해당한다.

한편 통계학을 데이터를 분석하는 방법에 대한 연구, 즉, 최근에 부상하고 있는 데이터과학(data science)으로 생각한다면 통계언어학의 범위도 그 만큼 넓어질 것이다. 계량적 분석 방법을 넘어서 데이터를 생성하고 정제하고 관리하고 분석하고 추론하는 모든 과정이 통계언어학의 연구 대상이 될 것이다. 그러나 현시점에서 통계언어학이 이러한 넓은 연구 범위를 가지는 것으로 인식되고 있지는 않다. 계량언어학, 말뭉치언어학, 컴퓨터언어학, 실험언어학의 접점으로서 이른바 '데이터언어학' 또는 '데이터 주도 언어학(Stubbs 1993:24)'이라는 분야의 발전 가능성은 생각해 볼 수 있을 것이다.

3. 빈도와 길이

3.1. 빈도와 길이 연구의 간략한 역사

고전적인 의미에서의 계량언어학은 개수를 세는 것을 핵심으로 한다. 요즘에 선호되는 '양적(quantitative)'이라는 용어에 비해 널리 사용되지는 않으나 언어계량학(glottometrics)이라는 용어가 이를 잘 드러낸다. 언어를 측정한다는 의미인데 결국은 집계(counting)를 하는 것이다. 현재의 계량언어학이 개수 세기에 한정되는 것은 아니지만 근원적으로는 개수를 세는 데에서 시작한다. 빈도란 특정한 대상이 몇 번 등장하는지 집계하는 것이며 길이란 특정한 대상이 몇 개의 부분 요소로 이루어져 있는지 집계하는 것이다. 계량언어학의 시작은 빈도와 길이에 대한 탐구에 있다고 할 수 있다.

계량언어학의 역사에서 흔히 최초의 기원의 하나라 언급되는 고대 그리스와 로마 시대의 'stichometry'(Harris, 1883)는 작품의 길이를 행의 수를 세어 측정하던 관행을 가리킨다. 이와 유사하게 쪽, 행, 단어, 글자 등의 개수를 세는 행위는 동서양에서 중요한 저작, 특히 성경, 불경, 코란을 비롯한 종교적 텍스트를 대상으로 꾸준히 이루어져 왔던 것으로 보인다. 이를 계량언어학의 기원으로 보는 것은 말뭉치 언어학의 기원을 경전에 대한 분석에서 찾는 것과 같은 맥락에 있다.

근대적인 계량언어학은 19세기에서 그 시작을 찾아볼 수 있다. 단순한 집계를 넘어서 빈도와 길이를 수학적으로 분석할 수 있다는 논의가 시작된다. 언어학 연구에 통계가 적용될 수 있다는 가장 이른 시기에 이루어진 논의의 하나로 러시아의 수학자 V.Ja. Bunjakovskij는 1847년에 *Sovremennik* 3권에 발표한 논문에서 특정한 어형성의 가능성을 수치로 표현함으로써 주어진 어원의 신뢰도를 측정할 수 있음을 예시하며 이를 위해서는 한 언어의 완전한 단어 목록, 단어들의 품사에 따른 분포 등에 관한 기초 조사가 필요하다고 하였다(Grzybek 2003). 미국의 영어학자인 L.A. Sherman은 1888년 영어 산문의 문장 길이에 관한 논문에서 초서(Chaucer)와 후대 작가들이 쓴 문장을 분석하여 문장의 길이가 짧아졌다는 결론을 내리기도 하였다(Sherman, 1888; Köhler 2012:43; Milic 1980:2548).

20세기에 들어서는 본격적으로 통계를 언어 분석에 적용하려는 연구들이 나타난다. 계량언어학에서 가장 잘 알려진 법칙인 빈도와 순위의 관계에 관한 Zipf의 법칙(Zipf 1932; Zipf 1935)은 프랙탈이라는 용어를 만든 수학자 Benoit B. Mandelbrot에 의해 더 정교한 분포에 관한 법칙으로 발전하였으며 이후에도 여러 수학자들에 의해 연구되고 있다(Mandelbrot 1965; Montemurro 2001). 영국의 통계학자인 Georgy Udny Yule은 1938년 논문에서 문장 길이의 분포에 관한 특성을 분석하고 1944년 어휘 빈도와 관련된 통계적 연구를 저서로 내기도 하였다(Yule 1938; Yule 1944; Köhler, Altmann, and Piotrowski 2005:371). 미국의 저명한 통계학자인 C.F. Mosteller는 David L. Wallace와 함께 연방주의자 논집(The Federalist Papers)의 저자에 관한 논쟁을 베이즈 추론을 통해 해결하려는 논의를 저서로 출간하기도 하였다(Mosteller and Wallace 1964). 이러한 예에서 보듯이 20세기에 들어서며 다수의 수학자와 통계학자들이 언어 자료에서 나타나는 빈도와 길이의 문제를 연구 주제로 다루기 시작하였다.

현대의 계량언어학은 1960년대부터 시작된 기계 가독형 말뭉치의 축적과 전산적인 통계 분석 기법의 발전에 크게 영향을 받아 대규모 언어 자료를 컴퓨터를 이용해 처리하는 연구가 널리 이루어지고 있다. 미국 Brigham Young 대학의 Mark Davies 교수는 약 5억 6천만 단어로 이루어진 COCA(Coropus of Contemporary American)를 기반으로 작성한, 현재 시점에서 '아마도 가장 정확한' 영어 단어의 빈도 자료를 제공하고 있다(https://www.wordfrequency.info/). 컴퓨터의 대중화와 함께 세계 여러 언어들의 말뭉치의 규모도 급격하게 성장하였으며 이에 따라 빈도와 길이에 대한 분석도 그 규모가 점차 커지고 있다.

3.2. 한국어의 계량적 분석

한국어 빈도에 관한 연구의 시초는 일제시대 발표된 최현배(1930)의 한글 빈도의 분석으로 당시 신문에서 선별한 자료를 대상으로 하고 있으며 "오늘날의 언어 조사에서 널리 쓰이는 균형 말뭉치 구성 방법에 매우 가까운 모습"(서상규 2014:48)의 연구로 인정받는다. 이후 문교부에서 출간된 최현배 · 이승화(1955)와 최현배 · 이승화(1956)에서는 한글과 한자의 빈도, 어휘와 문법 요소의 빈도를 조사하였는데 "오늘날의 시점과 기준으로 본다 해도, 매우 훌륭한 국어 정화의 성과"(서상규 2014:58)로 인정받고 있다.

전산화된 말뭉치가 구축된 이후 다양한 언어학적 층위에 대한 계량적 분석 시도들을 강범모 외(1998), 이상억(2001), 임홍빈 외(2002)에서 찾아볼 수 있으며 2000년대에 들어 이를 이용한 계량적 연구가 꾸준히 이루어지고 있다. 원시 말뭉치, 형태분석 말뭉치, 구문분석 말뭉치 등을 계량적 방법을 통해 분석하여 형태론, 통사론, 의미론, 어휘론의 문제를 논의한 박사학위논문들도 이미 많이 나와있고 코퍼스언어학 교과서도 나와있다(강범모 2008). 이러한 근래에 더욱 활성화되고 있는 개별 연구들의 성과는 말뭉치와 함께 그 계량적 분석이 언어학 연구에서 하나의 중요한 가치를 정립해 가고 있음을 보여준다.

다양한 언어학적 층위에서 계량적 연구들이 활성화되고 있는 데에 비해 그 기초를 제공할, 한국어의 통계적 특성에 대한 연구는 충분하지 않다. 단어 및 형태소의 단순 빈도에 대한 연구가 포괄적으로 이루어진 데에 비해 그 이상의 통계적 말뭉치 분석은 충분히 이루어지지 않았다. 문장 길이의 분포(박갑수 1972), 한국어 형태소의 지프 분포(Choi S. W. 2000), 어휘 풍부성 분석(이광호 2005) 에 관한 연구 등이 있으나 대규모 말뭉치를 대상으로 하고 통계적 특성 자체에 대해 논의하는 연구는 많지 않다. 문장 길이의 경우에도 자연언어처리(임해창 2001), 기계번역(김재훈 2007), 국어교육(조일영

2009), 통번역학(김한식 2007) 등 다양한 분야에서 분석을 위한 측도로 사용되고 있는 데에 비해 한국어 문장 길이의 분포가 어떠한 특성을 가지는가에 대한 기초 연구는 아직 부족하다.

3.3. 빈도의 통계적 특성에 관한 연구

단어 또는 형태소의 단순 빈도, 즉, 주어진 말뭉치에 몇 번이나 등장하는가에 대해서는 이미 많은 조사가 이루어졌다. 그러나 그 빈도 자체가 어떠한 통계적 특성을 가지는가는 거의 논의되지 않았다. 예를 들어, 통사-의미론적 문법성 판정 실험을 하거나 모어 화자를 대상으로 하는 인지심리언어학적 실험 또는 언어습득과 관련하여 한국어 학습자를 대상으로 하는 실험을 수행하기 위하여 실험 어휘를 선정할 때 일반적으로 고빈도 어휘 집합과 저빈도 어휘 집합을 균형있게 배치한다. 그러나 고빈도와 저빈도를 판정하는 객관적 기준이 따로 존재하지 않아 연구에 따라 구체적인 근거없이 고빈도의 기준이 500-3000 등으로 다양하며 저빈도의 기준도 5-30 등으로 적당히 설정되고 있다. 이는 빈도의 통계적 특성에 대한 기초 연구가 없기 때문이다. 연구 결과에 중요한 영향을 미칠 수 있다는 점에서 빈도의 특성에 대한 논의는 필수적이다.

빈도의 통계적 분석을 통하여 일차적으로는 어휘 항목의 빈도 등급을 객관적으로 설정하기 위한 방법에 대한 연구가 필요하다. 빈도는 그 분포가 오른쪽으로 매우 긴 꼬리를 가지고 있는 형태로 저빈도일 수록 그 어휘의 수가 많아지고 고빈도일 수록 그 어휘의 수가 적어진다. 이러한 특성 때문에 로그 변환을 하여 로그빈도가 널리 이용되기도 하나 로그빈도의 분포 또한 정규분포와는 거리가 먼 비대칭적인 형태를 가지고 있다. 이러한 분포의 특성 때문에 빈도를 등급화하는 것이 단순하지 않은 것이다. 이를 위한 구체적인 연구는 없으나 순서통계량 등 비모수적 통계 분석 기법과 엔트로피, 지니계수 등

불확실성 측도를 등을 이용하면 빈도의 등급을 객관적으로 할당하는 방법을 제시할 수 있을 것이다.

빈도의 분포에 대한 기초적인 논의는 더 나아가 연어(collocation), N-gram 등에 대한 컴퓨터언어학 연구와 타입-토큰 비율(TTR, type-to-ken ratio) 등의 어휘 다양성(lexical variety) 또는 풍부성(lexical rich-ness)과 연관된다. 통계적 자연언어처리에서 기본이 되는 것 중의 하나인 Zipf의 법칙과 Mandelbrot의 법칙(Manning and Schütze 1999, 23-29)에 대한 논의는 빈도의 분포를 다루는 대표적인 논의이다. 한국어에 대해서 Zipf의 법칙에 대한 기본적 분석이 존재하기는 하나(Choi 2000) 대상 말뭉치의 규모나 다양성 측면에서 충분히 분석이 이루어지지 않았다. 어휘다양성 개념은 주로 말뭉치와 컴퓨터언어학 연구에서, 어휘풍부성 개념은 주로 언어습득과 언어교육 연구에서 사용되고 있다. 한국어 연구에서도 응용분야에서 이를 널리 이용하는 데에도 불구하고 한국어의 어휘 다양성/풍부성 측도 자체가 가지는 특성에 대해서는 논의는 부족하다. 예를 들어, 저자 판별을 위해 어휘 다양성의 차이를 이용하는 알고리즘을 개발하거나 모어화자와 학습자 사이에 어휘 풍부성 차이가 있는지를 검정하기 위해서는 이 측도들이 어떤 분포 특성을 가지는지 정확히 알 때 가능하다. 현재는 이에 대한 논의가 부족하여 t-검정이나 분산분석 등 정규분포를 가정한 통계적 방법을 이용하는 것이 일반적이며 이것은 실제 관찰되는 현상에서 크게 벗어나는 가정으로 통계적으로 올바른 결론을 보장하지 못한다.

3.4. 길이의 통계적 특성에 관한 연구

빈도와 함께 중요하게 논의되는 것은 언어 단위의 길이이다. 분석 대상 측면에서 보면 단어의 길이 또는 형태소의 길이라고 할 때에도 어근(root), 어간(stem), 사전표제형(lemma), 실제 텍스트에 나타나는 굴절 또는 곡용형태의 길이 등이 기본적인 분석 대상이 되며 한국어의 경우에는 어절의 길이 또한 대상이 된다. 길이를 어떻게 정의 하느냐에 따라서도 다양한 접근이 가능하다. 문자의 개수, 음소의 개수, 음절의 개수 등으로 길이를 측정할 수 있으며 더 나아가서는 문자, 음소, 음절이 가지는 엔트로피를 고려하여 보정한 길이도 분석될 필요가 있다.

언어 자료의 길이 분석의 대상과 정의에 관한 논의 이후에는 길이 자체의 통계적 특성에 대한 연구가 필요하다. 빈도와 마찬가지로 길이는 기계번역, 자연언어처리, 언어교육, 인지언어학 등 다양한 분야에서 중요한 측도로 사용되고 있다. 길이는 빈도와 마찬가지로 정규분포와는 다른 양상을 보이며 따라서 정규분포 가정 아래 언어 요소의 길이를 모형화하거나 실험 결과를 검정하는 것은 오류의 위험이 있다. 그러나 기초 연구가 충분하지 않아 다른 분석 기법이 도입되지 못하고 있다.

길이는 정규분포가 아니라는 점에서는 빈도와 마찬가지이나 빈도와는 다른 형태의 분포를 가진다. 이와 관련하여 영어 등 서구어에 대해서는 많은 이론적 논의와 실제 분석까지 이루어졌으나 한국어에 대한 연구는 부족하다. 한국어 현대소설에서 문장 길이의 분포을 논의한 박갑수(1972)와 같은 선구적인 논의가 있으나 이후 해외의 연구에서 많은 발전이 이루어지고 있음에도 한국어에 대해서는 논의가 발전하지 못하였다. 현재 한국어 말뭉치 등 연구 기반이 갖추어졌고 여러 응용 분야에서 언어 단위의 길이에 대한 계량적 분석의 요구가 증대하고 있다는 점에서 한국어를 대상으로 하는 본격적인 논의가 이루어질 것으로 기대된다.

4. 조사와 실험

4.1. 계량화와 측정

양적 방법론을 적용하기 위한 첫 단계는 문제의 대상을 계량화하고 특정한 속성을 측정하는 것이다. 계량언어학을 문자나 단어의 개수를 세는 표면적인 행위로서 이해할 수도 있으나 근본적으로는 글과 말로 이루어진, 숫자가 아닌 언어 자료를 숫자의 형태로 변환하여 분석하는 연구라 할 수 있다. 이러한 관점에서 빈도와 길이로 한정되지 않는, 다양한 형태의 측정 방법과 기준들이 나올 수 있게 된다.

표준국어대사전에 따르면 계량화란 "어떤 현상의 특성이나 경향 따위를 수량으로써 표시하"는 것을 말하고 측정은 "일정한 양을 기준으로 하여 같은 종류의 다른 양의 크기를 재"는 것으로 "기계나 장치를 사용하여 재기도 하"는 것이다. 측정은 반드시 양적인 것만으로 한정되지는 않는다. Weiner (2007:4)에 따르면 측정은 "체계적이고 반복가능한 과정으로서 대상과 사건을 특정한 차원(dimension)을 기준으로 양화(quantify)하거나 분류(classify)하는 것"이다. 양화한다는 것은 수치로 표현하는 것으로, 예를 들어, '사람'이라는 단어를 빈도의 차원에서 '50186'이라는 수치로 나타내는 것이다. 분류한다는 것은 부류(class)나 범주(category)로 표현하는 것으로, 예를 들면, '사람'이라는 단어를 빈도의 차원에서 '고빈도'라는 부류로 나타내는 것이다.

4.2. 조작적 정의

표준국어대사전에 따르면 조작적 정의(operational definition)는 "사회 조사를 할 때에 사물 또는 현상을 객관적이고 경험적으로 기술하는 정의"로 "대개는 수량화할 수 있는 내용으로 만들어진다". 조작적 정의는 사회 조사 분야에서만 사용되는 것은 아니며 객관적 실증을 필요로 하는 사실상 모든 과학 분야에서 사용되는 개념이다. 이 용어는 '조작'보다는 운용/작업/시행 (operation) 상의 정의라고 하는 것이 오해의 소지를 줄일 수 있다. Boyd (2010)에서 설명하고 있듯이 이론적인 개념은 실제 관찰 불가능하므로 특정한 실험 또는 조사를 수행하기 위해서 구체적인 행위와 관찰이 가능하도록 정의하는 것을 말한다.

예를 들어, 한국어를 외국어로 배우는 학습자에 대하여 초급 학습자에 비해 중급 학습자는 어휘는 더 다양하게 사용하지만 문장 구성이라는 측면에서는 차이가 없으며 고급 사용자가 되어야 더 복잡한 문장 구성을 사용할 수 있다는 진술을 생각해 보자. 이러한 주장 또는 가설이 옳은지를 객관적으로 증명하기 위해서 무엇이 필요한가? 그것을 따지기 위해서는 주장이 정확한 명제로 제시되어야 한다. 초급, 중급, 고급 학습자라는 것이 무슨 의미인지, 어휘가 다양하다는 것이 무슨 의미인지, 문장 구성이 더 복잡하다는 것이 무슨 의미인지 정의되어야 한다. 초급이라는 용어에 대해 우리는 일반적인 개념을 이해하고 있으며 사전적인 정의도 참조할 수 있다. 전문적인 의미에서 초급의 정의를 찾아 볼 수도 있다. 국립국어원에서 기획하고 세종학당재단에서 발행한 세종한국어1(2013) 교재가 "일상적인 맥락과 기본적인 공공장소에서 자주 접하는 화제의 의사소통 활동을 수행할 수 있는 것을 목표"로 삼고 있다는 점에서 초급의 정의를 찾아볼 수 있다. 그러나 실제 한 학습자가 이와 같은 정의를 만족시키는지를 관찰하고 객관적으로 확인하는 것은 불가능하다. 주어진 가설의 옳고 그름을 판정하기 위한 실험과 조사를 수행하기 위해서는 실제로 운용 가능한 경험적인 정의가 필요하다. 예를 들어, 한국어능력시험에서 1급 또는 2급의 점수를 받은 학습자를 초급 학습자로 정의하는 것이다.

조사와 실험 연구에서 조작적 정의는 다양한 측정 방법을 필요로 하게 된다. 위의 예에서와 같이 초급, 중급, 고급을 조작적으로 정의하기 위해서 한국어능력시험의 점수와 같은 측정 방법이 필요한 것이다. 어휘가 다양하다는 의미를 정의하기 위해서도 어떠한 측정 방법이 필요할 것이며 문장 구성이 복잡하다는 의미를 정의하기 위해서도 별도의 측정 방법이 필요할 것이다. 이와 관련하여 어휘풍부성(lexical richness), 문장복잡도(sentence complexity) 등의 이름으로 다양한 측정법들이 제시되고 있다. 실험음성학적 연구에서 모음의 유사성을 비교하기 위해 포먼트를 이용하는 것, 연어(collocation)에 대한 말뭉치언어학적 연구에서 로그가능도비나 상호정보를 이용하는 것 등이 모두 조작적 정의에 해당한다.

4.3. 타당도와 신뢰도

측정에서 생길 수 있는 문제로 타당도(validity)와 신뢰도(reliability)라는 개념이 주요하게 논의된다.

타당도란 측정 방법이나 도구의 적절성을 따지는 것으로 측정하고자 하는 대상을 성공적으로 양화하고 있는가를 말한다(Weiner 2007:7). 즉, 측정하려고 의도한 것을 제대로 측정한 것이 맞는가를 따지는 것이다. 타당도와 관련하여서는 인간을 대상으로 하는 실험 방법론을 다루는 심리측정 분야에서 중요하게 다루고 있으며 주로 심리실험을 위한 검사지를 개발하는 과정에서 개념타당도(construct validity), 내용타당도(content validity), 기준타당도(criterion validity) 등의 개념으로 세분하여 논의된다.

신뢰도란 측정 기법이 반복적으로 적용되었을 때 일관성 있는 결과를 제공하는가를 따지는 것이다(Weiner 2007:6). 단순화하여 말하자면, 오차가 적으면 신뢰도가 높고 오차가 크면 신뢰도가 낮은 것이다. 다시 측정했을 때 동일한 결과를 얻을 수 있다는 점에서 재현가능성으로 이해할 수 있고 오차가 적다는 차원에서는 정확도로 이해할 수도 있다. 이러한 신뢰도의 개념도 심리측정 분야에서 특히 정교하게 연구되어 왔는데 실험에 참여하는 평가자들이 유사한 판단을 하는가라는 차원의 평가자 간 신뢰도(inter-rater reliability), 실험을 다시 수행했을 때 동일한 결과가 얻어지는가라는 차원의 검사-재검사 신뢰도(test-retest reliability), 한 실험을 구성하는 항목들이 일관성 있는 결과를 보여주는가라는 차원의 내적 일관성 신뢰도(internal consistency reliability) 등 여러 측면에서의 신뢰도가 논의된다.

신뢰도가 높다고 해서 타당도가 확보되는 것은 아니다. 항상 동일한 결과가 나온다고 해서 올바른 결과는 아니라는 뜻이다. 예를 들어, 영점 조절이 잘못된 저울이 있어 실제보다 항상 5킬로그램이 더 나온다고 하자. 이 저울은 측정 결과에 일관성이 있으므로 신뢰도는 높다고 할 수 있으나 무게를 제대로 측정한 것은 아니므로 타당도는 낮다. 이 문제는 언어의 계량화에서도 주의를 기울여야 할 부분이다.

4.4. 언어학적 개념의 계량화: 어휘풍부성

텍스트를 숫자로 바꾸는 계량화를 단순화된 예를 통해 살펴보자. 다음은 이상의 수필 작품 "권태"에 나오는 한 구절이다. 형태소 분석을 하고 품사 표지가 달린 형태소 목록을 만들고 동일한 형태소의 개수를 세어 빈도표를 작성하였다. 형태소의 품사 표지는 세종계획의 표지를 따른 것이며 구두점은 빈도 측정에서 제외하였다. 이렇게 텍스트를 숫자의 형태로 바꿀 수 있다.

텍스트	형태소 빈도
서를 보아도 벌판, 남을 보아도 벌판, 북을 보아도 벌판, 아—이 벌판은 어쩌라고 이렇게 한이 없이 늘어 놓였을꼬?	4 벌판/NNG 3 아도/EC 3 보/VV 2 을/JKO 1 어쩌/VV 1 놓이/VV 1 이렇/VA 1 없이/MAG

텍스트	형태소 빈도
	1 을꼬/EF
	1 라고/EC
	1 늘/VV
	1 북/NNP
	1 한/NNG
	1 서/NNG
	1 남/NNG
	1 이/MM
	1 은/JX
	1 이/JKS
	1 를/JKO
	1 아/IC
	1 었/EP
	1 어/EC
	1 게/EC

여기서 계량화는 어휘의 빈도를 측정하는 것으로 한정되지 않는다. '벌판' 이라는 어휘의 빈도가 4라는 정보와 같이 개별 어휘의 계량화만 이루어지는 것이 아니다. 이상이 쓴 한 문장 전체가 위 표의 오른쪽 칸에 있는 어휘 빈도 표, 일종의 어휘 빈도 프로파일로 계량화되는 것이다. 서로 다른 텍스트들을 동일한 기준으로 계량화하기 위해 어휘 차원을 특정할 수도 있다. 예를 들어 '(벌판, 동, 서, 남, 북)'의 빈도를 차원으로 한다면 위 텍스트는 (4, 0, 1, 1, 1)이라는 벡터 형태의 수치로 계량화될 것이다.

더 나아가 특정한 언어학적 개념을 계량화하기 위한 방법이 논의될 수 있다. 어휘풍부성을 예로 들어 살펴보자. 어휘풍부성은 글 또는 말이 가진 어휘의 다양성과 규모를 평가하기 위한 개념으로 이를 위한 측도는 계량 언어학과 문체론의 오랜 관심 중 하나였으며 컴퓨터의 발달과 기계 가독형 말뭉치의 등장에 따라 여러 가지 어휘 풍부성 측도가 제안되고 있다(유현조 2014a).

위 예에서는 모두 23개의 형태소가 사용되었다. 그렇다면 이 텍스트의 어휘풍부성을 형태소의 개수가 대변한다고 할 수 있을까? 여기서 어휘풍부성을 형태소의 개수로 정의하는 것이 조작적 정의에 해당하며 이에 대해 우리는 타당도와 신뢰도를 따지게 된다. 형태소 23개 중 내용어인 명사, 동사, 형용사, 관형사, 부사는 12개이며 나머지 조사, 어미, 감탄사가 11기이다. 어휘풍부성을 측정하는 데에는 내용어만을 이용하는 것이 더 타당할 것이라고 판단한다면 우리는 형태소의 개수 대신 어휘형태소의 개수로 어휘풍부성을 측정할 것이다.

한 개인의 언어 능력으로서 어휘풍부성을 측정하는 경우를 생각해보자. 제2언어 학습자의 어휘 습득 수준을 평가하기 위하여 이러한 개념이 이용되곤 한다. 이 경우에 한 사람이 학습 수준에 변화가 없을 때 쓴 두 개의 텍스트를 대상으로 어휘풍부성을 계산하였다면 유사한 값이 나와야 신뢰도가 높은 측정 방법이라고 할 수 있을 것이다. 그런데 텍스트가 길어질수록 더 많은 어휘가 사용되는 경향이 있으므로 어휘형태소의 개수를 어휘풍부성의 측도로 사용하게 되면 긴 텍스트가 어휘풍부성이 높게 나오는 문제가 생기게 된다. 어휘형태소의 개수는 어휘풍부성의 측도로 신뢰도를 확보하지 못한다. 이를 해결하기 위한 방법의 하나로 유형-토큰비(type-token ratio)를 사용할 수 있다. 유형의 개수와 토큰의 비를 말한다. 유형의 개수는 서로 다른 요소의 종류의 개수를 말하고 토큰의 개수는 전체 요소의 개수를 말한다. 위 텍스트의 경우 형태소 유형의 개수는 23개, 형태소 토큰의 개수는 31개이다. 따라서 타입-토큰비는 23/31 = 0.742가 된다. 어휘형태소만을 대상으로 한다면 타입은 12개, 토큰은 17개이므로 타입-토큰비는 12/17 = 0.706이 된다. 이것으로 임의의 주어진 텍스트를 0과 1사이의 한 수치로 변환하고 어휘풍부성을 계량화할 수 있게 되었다.

그러나 타입-토큰비도 텍스트의 크기에 영향을 받는다는 문제가 있어 많은 대안들이 논의되고 있다. 어휘풍부성을 측정하는 문제는 Yule(1944)에서 보듯이 오랜 연구가 이루어진 주제 중의 하나이며 말뭉치언어학과 컴퓨터언어학의 발전과 함께 Tweedie and Baayen(1998)과 같이 텍스트가 진행되며 변화하는 측도의 프로파일을 이용하는 방법도 등장하였다. 이렇듯 어떠한 언어학적 개념을 실증적인 연구에 도입하기 위해서는 계량화를 위한 조작적 정의가 필요하고 완전무결한 측정 방법은 없으므로 더 좋은 계량화 방법을 찾기 위한 연구는 계량언어학의 주요한 연구 주제가 된다.

5. 말뭉치와 데이터베이스

5.1. 말뭉치와 계량언어학

계량언어학적 분석은 제2장의 빈도와 길이의 분석에서 언급한 바와 같이 오랜 역사를 가지고 있다. 사람이 수작업으로 일일이 문자나 단어의 개수를 세어 분석을 해왔다. 본격적인 계량적 분석은 현대적인 말뭉치의 등장 이후에야 시작되었다. 1960년대에 등장한 기계 가독형 말뭉치의 축적과 컴퓨터의 발전이 없었다면 계량언어학도 발전할 수 없었을 것이다. 현재 시점에서는 말뭉치언어학이나 컴퓨터언어학과 분리된 계량언어학을 생각할 수 없을 것이다.

말뭉치를 이용한 계량적 분석에서 가장 먼저 본격적인 연구가 이루어진 영어의 경우에는 미국의 Brown Corpus에 기초한 Kučera-Francis(1967) 빈도가 있으며 현재까지도 많은 연구에서 널리 이용되고 있다. 빈도 자료의 중요성은 이후 반세기 가량의 연구들을 통해 확인이 되었다.

한국어의 본격적인 빈도 분석도 전산화된 말뭉치가 구축된 후에야 이루어지기 시작하였다. 현재 한국어 말뭉치로는 1998년부터 2007년까지 10년간 21세기 세종계획에서 구축된 세종말뭉치가 대표적이다(국립국어원 2004 참조). 현대 문어의 원시, 형태분석, 형태의미분석, 구문분석 말뭉치와 현대 구어의 원시말뭉치와 형태분석 말뭉치가 상당한 규모로 구축되어 있으며 이외에 북한 및 해외 자료, 역사 자료, 한영, 한일 병렬 말뭉치가 포함되어 있다 (강범모 2008). 또한 시간에 따른 언어 변화를 관찰할 수 있는 신문 기사 말뭉치인 물결21 코퍼스(강범모·김흥규 2011), 한국어 학습자 자료를 모은 말뭉치(서상규 외 2002) 등과 같은 다양한 말뭉치들이 존재한다. 말뭉치언어학과 전산언어학의 발달에 따라 이렇게 기성화된 말뭉치 뿐만 아니라 개별 연구에 따라 주요 일간지의 신문 기사 또는 인터넷 상에 존재하는 웹 페이지를 대규모로 수집하여 분석하는 연구들도 늘어나고 있다.

5.2. 어휘 데이터베이스와 계량 정보

전산화된 말뭉치는 계량적 분석을 위한 기초가 되지만 말뭉치에서 계량 정보를 얻어 내기 위해서는 컴퓨터를 이용한 처리가 필요하다. 말뭉치언어학과 컴퓨터언어학 분야의 연구자들은 스스로 필요한 계량 정보를 추출하여 사용하지만 다른 분야에서 언어 계량 정보를 자신의 연구에 활용하려고 할 때에는 이미 전산 처리가 완료되어 체계적으로 정리된 계량 정보가 유용할 것이다. 이러한 요구에서 어떤 특정한 체계에 맞추어 설계된 데이터베이스가 등장하게 된다.

어휘 데이터베이스(lexical database)에는 여러 가지 형태가 있을 수 있으나 현재 여러 언어에서 널리 연구되고 있는 것으로 온라인 기계가독형 사전으로 동의관계 등 의미론적 관계에 대한 정보를 담고 있는 WordNet(Miller 1995) 형태의 데이터베이스와 단어들에 대한 형태론적 정보와 다양한 통계적 정보를 담고 있는 CELEX(Baayen et al. 1993) 형태의 데이터베이스가 대표적이다. 전자가 의미를 중심으로 언어에 대한 인간의 직관적 또는 선험적 지식을 데이터베이스화한 것이라면 후자는 형태를 중심으로 실제 텍스트 분석에서 얻어진 경험적 또는 계량적 정보를 데이터베이스화한 것이라 할 수 있다. 이 두 언어 자원은 별로도 발전되었으나 서로 보완적이며 전산, 심리,

인지, 교육 등 다양한 분야의 연구에서 함께 참조된다. 한국어의 경우 한국어 어휘의미망(윤애선 외 2009)과 같은 WordNet 형태의 데이터베이스는 구축 되었으나 어휘 통계 정보를 담은 데이터베이스는 구축되지 않았다.

5.2.1. 초기 어휘 데이터베이스

미국에서 Brown Corpus에 기초한 영어의 Kučera-Francis (1967) 빈도 가 연구된 이후 전산화된 어휘 정보를 구축하려는 노력이 있었고 그러한 의 미있는 초기의 결실의 하나는 Colheart(1981)의 'MRC 심리언어학 데이터베 이스(Pyscholinguistic Database)'이다. 이 데이터베이스는 주요 영어 사전 의 표제어를 이용하고 Kučera-Francis 빈도와 Thorndik-Lorge 빈도를 참조하고 기존의 시소러스에서 단어 연상(word association) 정보를 종합하 여 만들어진 것이다. 단어들의 철자와 역방향 철자(reversed spelling), 단 어를 구성하는 문자의 개수와 음소의 개수, 음절의 개수, 품사, 동음이의어 존재 여부, 불규칙변화 정보와 함께 기존에 조사된 다양한 빈도 정보가 포함 되어 있다. 이 사전의 중요한 의의는 산재되어 있던 여러 정보들을 한 데 모 아 종합하였으며 전산화의 필요성을 정확히 인식하고 데이터와 함께 검색을 위한 질의어까지 제공하였다는 데에 있다.

5.2.2. 어휘 데이터베이스의 발전

전산화와 더불어 1980년에 시작된 어휘 데이터베이스는 이론언어학, 심 리언어학, 기계번역, 자연언어처리 분야의 연구자들이 그 필요성을 느끼면서 본격적으로 발전하기 시작하였다. 데이터베이스에 포함된 내용적인 측면에 서 크게 다양화되었으며 영어 이외의 다른 언어에 대한 연구로의 확장도 이 루어졌다.

네덜란드 정부의 지원으로 시작된 CELEX(Center for Lexical Information) 데이터베이스는 1989년부터 시작되었으며 영어, 네덜란드어, 독일어의 철자, 음운, 형태, 통사, 빈도 정보를 담고 있다. 이 성과는 다른 언어들에 대한 연구를 촉발하여 스페인어(Piñeiro and Manzano 2000), 포르투갈어(Gomes and Castro 2003), 프랑스어(New, Pallier, and Ferrand 2004), 일본어(Tamaoka 2004), 그리스어(Ktori and Van Heuven 2008), 아랍어(Boudelaa and Marslen-Wilson 2010) 등으로 연구가 확대되어 왔다. 사용자수가 많은 주요 선진국에서 사용되는 언어는 거의 모두 연구가 이루어지고 있다. 프랑스어의 경우에는 단음절어만을 대상으로 하는 통계 정보 데이터베이스(Peermeman and Content 1999), 초등학교 학년별 어휘 데이터베이스(Lété et al. 2004) 등 다양한 연구 결과가 나오고 있다.

5.2.3. 종합적 어휘 통계의 정보화

어휘 데이터베이스들은 단순 어휘 빈도를 넘어 다양한 통계 정보를 제공하고 있다. 단순 어휘 빈도뿐만 아니라 철자 형태의 빈도, 어근의 빈도, 어간의 빈도, 어형변화의 빈도 등 다양한 빈도 정보가 논의되었으며, 단어의 길이의 측면에서도 철자 길이, 음소 길이, 음절 길이 등 다양한 정보가 제공되고 있다. 또한, 다른 단어들과의 관계에 대한 계량 정보의 측면에서도 동음이의어 개수뿐만 아니라 철자 밀도(orthographic density), 철자 이웃(orthographic neighbors), 소리 밀도(phonetic density), 소리 이웃(phonetic neighbors), 음운 밀도, 음운 이웃, 등 다양한 측도들이 개발되고 계산되었다.

빈도와 길이는 대상 개별 언어 단위가 가진 계량적 특성을 단독으로 분석하는 것이다. 이에 대한 분석과 논의가 이루어진 이후에는 한 언어의 어휘 집합 속에서 다른 어휘와의 관계에서 나타나는 계량적 특성을 분석하고 연구할 필요가 있다. 형태 또는 의미를 고려하여 계열관계와 통합관계에 있는 연관어 집합의 크기가 어휘간 통계의 주요 연구 대상이 된다. 이와 관련한 연구는 빈도와 길이에 대한 논의에 비해 복잡하고 좀더 정교한 분석을 요하며 한국어의 경우 아직 논의되지 않은 사항들도 있다.

계열관계(paradigma)의 통계 정보에는 의미 차원의 관계로서 해당 어휘와 형태가 동일하면서 의미가 다른 어휘의 개수, 즉, 동음이의어의 개수와 순수하게 형태만을 고려한 관계로서 이웃단어 타입/토큰 개수, N-Gram 일치 타입/토큰의 개수가 널리 분석되고 있다. 알파벳을 사용하는 서구어의 경우에는 한 문자만 다른 두 단어를 이웃단어(neighbor word)로 지칭하며 주어진 한 어휘에 대해 이웃단어의 개수를 이웃 크기(neighborhood size)라고 한다. 예를 들어, 'file'이라는 단어에 대해 'pile', 'fire', 'fine', 'film' 등이 이웃단어가 되며 이러한 단어들의 개수가 이웃 크기이다. 한국어의 경우 이웃단어를 어떻게 설정할 것인가에 대한 논의나 음절문자 하나가 서로 다른 단어 또는 자모 중 하나가 서로 다른 단어에 대한 통계 분석 등이 부족한 상황이다. N-Gram 일치 어휘 개수는 어두에서 시작하여 1글자가 일치하는 다른 어휘의 개수, 2글자가 일치하는 다른 어휘의 개수 등을 말한다. 예를 들어, 한글 자모 단위로 N-Gram 일치를 조사한다면 '감자'의 unigram 일치 어휘는 'ㄱ'으로 시작하는 모든 어휘의 개수, bigram 일치 어휘는 '가'로 시작하는 모든 어휘의 개수, 3-gram 일치 어휘는 '감'으로 시작하는 모든 어휘의 개수가 된다. 이들 각각에 대해 타입의 개수가 아니라 토큰의 개수, 즉 해당 어휘의 빈도의 합 또한 계산될 수 있다. 통합관계(syntagma)의 통계 정보는 한 어휘가 실현되어 문장 내에서 사용될 때 인접하는 요소의 유형의 개수가 해당한다. 이것은 한 어휘가 다양한 결합을 하는가 특정하게 굳어진 맥락에서만 사용되는가를 보여주는 측도가 된다. 이러한 어휘간 통계 정보는 전산언어학, 말뭉치언어학, 인지-심리언어학 등에서 중요한 정보로 이용된다.

어휘 데이터베이스에서 어휘 통계 정보의 종합은 빈도, 길이, 계열관계, 통합관계의 계량적 정보를 독립적으로 나열하는 것으로 그치지 않고 종합적인 분석으로 발전할 수 있다. 예를 들어, 동음이의어 관계에 있는 각 개별 어휘들의 빈도를 통해 해당 형태의 엔트로피가 계산된다. 이러한 분석은 더 나아가 개별 어휘의 빈도와 길이에 복잡도를 보정한 값으로 계산될 수 있다. 즉, 전체 어휘 집합을 대상으로 각 자모, 음절, 음소 등의 엔트로피가 계산이 되고 이를 기초로 하여 복잡도를 고려하여 어휘 길이를 보정할 수 있다.

이러한 데이터베이스의 확장은 어휘 계량 정보의 종합으로 그치지 않는다. 영어, 독일어, 프랑스어 등을 비롯한 주요 서구어들의 연구 성과에 따르면 어휘 데이터베이스를 구축한 이후에 유사단어(pseudo-word)가 포함된 데이터베이스로 확장하고 이른바 'Lexicon Project'라는 이름으로 모어화자에 대한 대규모 실험 결과가 포함된 데이터베이스를 구축하는 방향으로도 확장되고 있다. 이러한 과정에서 규모가 커진 데이터베이스의 정보를 정교하게 탐색 및 검색할 수 있는 도구의 개발이 필수적으로 요구된다. 이미 구축된 데이터베이스의 계량 정보를 이용하여 새로운 유사단어를 자동으로 생성하거나 다양한 통계적 계산을 자동으로 수행하는 전산언어학적 도구의 개발도 요구된다.

어휘 데이터베이스의 구축 경험을 기반으로 하여 통계정보를 계산하고 자동으로 정보를 추출하기 위한 연구들이 진행되었고 실제 소프트웨어들도 개발되었다. CELEX의 정보를 이용하여 실험에 적합한 단어를 자동으로 선택하고 비단어(nonword)를 생성하여 주는 WordGen(Duyck et al. 2005)과 Wuggy(Keuleers and Brysbaert 2010)과 같은 소프트웨어가 공개된바 있으며 이러한 방법론을 통해 비단어(nonword) 데이터베이스(Rastle et al. 2010) 등도 만들어지고 있다.

어휘 데이터베이스의 내용과 규모가 커짐에 따라 어휘 통계 정보를 탐색, 검색, 추출하기 위한 전산 도구들도 등장하였다. 영어(Davis 2005), 스페인어(Davis and Perea 2005)와 바스크어(Perea et al. 2006) 등의 언어를 위해 자동으로 통계 정보를 계산하여 주는 소프트웨어들이 이에 해당한다.

이는 말뭉치언어학, 전산언어학, 심리언어학, 인지언어학 분야의 긴밀한 협력에 의해 이루어진 성과라 할 것이다.

한국어의 경우 영어의 MRC 데이터베이스와 같은 어휘 데이터베이스도 존재하지 않는다. 이는 세종말뭉치와 세종전자사전 등 한국어의 전사화된 언어 자원의 구축이 이루어진 것이 근래에 와서이며 그간 한국어를 대상으로 하는 실험언어학적 연구에서 이러한 어휘 데이터베이스의 연구도 많지 않았기 때문일 것이다. 그러나 이제 한국어 언어자원도 상당한 규모로 갖추어져 있으며 언어이론 분야를 비롯하여 여러 응용언어학 분야에서 어휘 통계 정보에 대한 요구가 점차 커지고 있다.

말뭉치의 전산 처리에 대한 전문 지식을 필요로 하지 않는 이러한 분야의 한국어 연구자들은 현재 종이로 출판된 빈도 정보를 참조하여 수작업으로 실험을 설계하는 것이 일반적이며 분석에 중요한 영향을 미칠 수 있는 다양한 통계 정보에 접근하는 데에 어려움을 가지고 있다. 주요 선진국의 언어의 연구자들이 이러한 어휘 데이터베이스를 구축하기 위해 노력하고 해당 정보에 쉽게 접근할 수 인터페이스를 꾸준히 발전시키고 있는 것은 바로 이러한 모든 관련 분야의 연구의 발전에 긍정적인 효과가 기대되기 때문이다. 앞으로 한국어를 대상으로 하는 계량 데이터베이스를 연구할 필요가 있다.

5.3. 인접 분야에서의 활용과 확장

말뭉치와 데이터베이스는 물론 그 자체로서도 중요한 연구 대상이지만 인접 분야에서 활용하기 위한 목적이 크다. 말뭉치는 기초 자료이므로 사실상 모든 실증적 연구에서 활용될 수 있다. 말뭉치와 컴퓨터언어학의 방법론과 지식을 통해 구축된 WordNet과 CELEX와 같은 어휘 데이터베이스는 주로 조사와 실험을 수행하는 연구, 특히, 심리, 인지, 교육, 습득 등 인접 분야의 언어 연구에서 이용되고 있다. 언어학 연구를 위한 조사와 실험을 설계하는 단계에서도 참조할 필요가 있으며 결과를 통계적으로 분석하는 과정에서도 필요로 한다.

언어 계량 정보를 담은 데이터베이스는 특히 심리, 인지, 습득, 교육 등의 측면에서 언어를 다루는 연구자들과 에게 매우 유용한 자료가 될 것이다. 근래에 더욱 활성화되고 있듯이 음운, 형태, 통사, 의미를 다루는 이론언어학 분야의 연구자들이 자신의 이론 또는 가설을 실험이나 말뭉치를 통해 검증하려고 할 때에도 유용하게 사용될 수 있다. 컴퓨터언어학과 말뭉치언어학도 어휘 데이터베이스 구축을 위한 방법론과 기술을 제공할 뿐만 아니라 다른 한편으로는 완성된 어휘 데이터베이스의 정보를 연구에 활용한다.

더 나아가 이들 인접 분야에서 얻어진 정보들을 통해 계량 정보의 범위가 확장되고 있다. 어휘의 습득시기나 영상성(imageability), 친숙도(famil-iarity) 등과 같은 심리언어학적 정보들은 이미 이전부터 논의되어 왔다. 최근에는 기존의 어휘 데이터베이스의 연구 성과에 바탕을 두고 어휘 항목에 대해 모어화자를 대상으로 대규모 어휘 판정 실험을 수행한 결과를 담은 English Lexicon Project (Balota et al. 2007)와 이러한 연구를 프랑스어에 대해 수행한 French Lexicon Project (Ferrand et al. 2010)와 같은 방향으로 발전이 일어나고 있다.

계량 정보 데이터베이스를 구축하기 위해서도 계량언어학적인 기초 연구, 즉, 언어가 보이는 다양한 통계적 현상에 대한 기초적인 논의가 필요하다. 연구자들에게 계량 정보 데이터베이스와 편리한 인터페이스가 제공된다고 하더라도 무엇을 어떻게 분석하는 것이 필요한지 결정되었을 때 사용할 수 있다. 문제는 연구자들이 필요로 하는 맞춤 정보가 데이터베이스 안에 존재하는가에 있다. 즉, 어휘 데이터베이스에 어떤 계량적 정보를 포함할 것인가 하는 것이 문제이다. 예를 들어, 데이터베이스에 어휘들의 절대빈도가 기록되어 있으나 연구자는 빈도를 3등급으로 나누어 분석하고자 하는 경우를 생각해 보자. 연구자가 임의로 절대빈도를 이용하여 3등급으로 나누어 분석하는 것보다는 객관적인 등급 구분 기준을 제공하는 것이 좋을 것이다. 절대빈도는 자명한 방식으로 측정할 수 있으나 빈도의 등급을 매기려고 할 때 어떤 방식을 취해야하는가는 단순한 문제가 아니다. 대규모 말뭉치의 전산 처리 지식만으로는 이러한 문제를 해결할 수 없다. 이러한 문제를 해결하기 위해서 기초적인 계량언어학적 연구가 필요한 것이다.

6. 이론과 모형

6.1. 확률론적 연구: 마르코프 모형

마르코프 모형(Markov Model)은 확률과정(stochastic process) 모형의 하나이다. 확률과정이란 어떤 수학적 집합에 의해 인덱스가 된, 쉽게 말하자면, 순서가 있는 확률변수들을 모아놓은 것을 말한다. 마르코프 모형은 주로 은닉 마르코프 모형(Hidden Markov Model)의 형태로 시계열을 다루는 전산금융 분야, 유전자나 단백질 연쇄를 다루는 생물정보학 분야와 함께 필기 인식, 음성 인식, 음성 합성, 품사 태깅, 기계 번역 등 언어학 분야에서 응용되어 온 모형이다. 최근에는 조건부 무작위장(Conditional Random Field), 심층 신뢰망(Deep Belief Network)이나 심층 신경망(Deep Neural Network), 합성곱 신경망(Convolutional Neural Network) 등과 같은 딥러닝 (Deep Learning) 기법들이 이러한 분야에 널리 적용되며 HMM을 대체하거나 하이브리드 형태로 발전하고 있기도 하다. 확률과정 모형은 응용 분야에서 볼 수 있듯이 시공간 상에서 연쇄적으로 나타나는 현상을 다루는 데에 널리 적용된다. 언어 자료는 기본적으로 문자, 음소, 형태소, 단어, 구, 절, 문장 등 어떤 요소를 기준 단위로 보더라도 그것들이 순서대로 연쇄된 형태로 관찰된다. 따라서 언어 모형으로서 확률과정 모형을 선택하는 것은 자연스러우며 그중 가장 고전적인 것이 마르코프 모형이다.

마르코프 모형은 확률과정 분야에 큰 업적을 남긴 러시아의 수학자 마르코프(A.A. Markov)의 이름을 딴 것이다. 마르코프는 연쇄된 표본에 관한 수학적 연구를 수행하였고 현재 우리가 마르코프 연쇄(Markov Chain)이라고 부르는 모형을 제안하였으며 이것은 가장 단순한 형태의 마르코프 모형의 하나이다.

마르코프는 자신의 이론을 실증적으로 확인하고자 하였고 1913년 황실 상트페테르부르크 과학 아카데미 강연에서 푸시킨의 운문 소설 "예브게니 오네긴"에 나타나는 자음과 모음의 전이 확률에 관한 연구 결과를 발표한다. 이 연구에서 약 2만자의 문자에 해당하는 텍스트를 200개의 조각으로 나눈 후 자음(C)과 모음(V)으로 나누어 개수를 세고 CC, VV, CCC, VVV 등의 연쇄의 개수를 세어 한 문자가 모음일 확률이 그 앞에 모음이 앞서는 경우에는 0.128, 자음이 앞서는 경우에는 0.663 등으로 조건에 따라 확률이 크게 달라지는 것을 보였다(Markov 1913).

마르코프가 이러한 연구를 한 데에는 정치사회적인 배경이 있다. 이에 대해서 Hayes(2013:92-93)에 소개된 내용을 요약하면 다음과 같다. 마르코프는 개혁적인 성향을 띤 인물이었고 러시아 정교회의 보루였던 모스크바 대학의 수학자 네크라소프(Pavel Nekrasov)와 대립하며 그가 수학을 남용하고 있다고 비판하고 있었다. 네크라소프는 자유의지에 관한 오랜 신학적 논쟁에 대수의 법칙(law of large numbers)를 끌어들였다. 대수의 법칙은 동일한 실험을 매우 많은 수로 시행하여 얻은 관측값들의 평균이 기대값에 가까와진다는 법칙이다. 네크라소프의 논리에 따르면 자유의지는 확률론에서 독립사건과 같은 것이고 대수의 법칙은 독립사건에만 적용될 수 있는데 사회과학에서 수집된 데이터는 대수의 법칙에 부합하므로 개인의 행위는 독립적이고 자발적이라는 것이었다. 마르코프는 의존변수로 이루어진 시스템에도 대수의 법칙이 적용된다는 것을 보임으로써 네크라소프의 논리의 밑바탕이 되는 가정 자체를 깨고자 하였다. 이러한 연구 과정에서 나온 것이 의존구조를 가지는 연쇄에 대한 확률 모형이다.

단순한 예를 통해 확률을 계산하는 과정과 개념을 살펴보자. 다음과 같이 a, b라는 요소만 가지는 언어의 데이터를 관찰하여 확률의 추정값을 계산하는 경우를 생각해 보자.

$$a\ a\ b\ b\ b\ a\ b\ a\ b\ b\ a\ b$$

이 언어에서 a가 사용될 확률을 $P(a)$로 표기하고 b가 사용될 확률을 $P(b)$로 표기하자. 이 두 확률을 추정하는 가장 기본적인 방법은 상대빈도를 이용하는 것이다. 다음과 같이 계산된다.

$$P(a) \approx 5/12 \approx 0.42,\ P(b) \approx 7/12 \approx 0.58$$

다음으로 두 요소의 연쇄의 모든 가능한 조합 aa, ab, ba, bb의 확률을 각각 $P(aa)$ 등으로 표기하자. 이러한 확률을 결합확률(joint probability)라고 한다. 이 확률을 추정하기 위해서 데이터를 두 단위씩 짝을 지은 형태로 정리하면 다음과 같이 된다.

$$aa\ ab\ bb\ bb\ ba\ ab\ ba\ ab\ bb\ ba\ ab$$

이 경우에도 마찬가지로 상대빈도를 이용하여 확률을 추정하면 다음과 같이 계산할 수 있다.

$$P(aa) \approx 1/11 \approx 0.1,\ P(ab) \approx 4/11 \approx 0.36$$
$$P(ba) \approx 3/11 \approx 0.27,\ P(bb) \approx 3/11 \approx 0.27$$

이제 x가 나타난 뒤에 y가 나타날 확률을 $P(y|x)$로 표기하자. 이런 확률을 조건부 확률(conditional probability)이라고 한다. 다음 네 가지 경우를 역시 빈도를 세어 추정할 수 있다.

$$P(a|a) \approx 1/5 \approx 0.2, \; P(b|a) \approx 4/5 \approx 0.8$$
$$P(a|b) \approx 3/6 \approx 0.5, \; P(b|b) \approx 3/6 \approx 0.5$$

위에서 두 요소의 연쇄의 확률까지 계산하였는데 두 요소로 이루어진 연쇄를 바이그램(bigram)이라고 한다. 더 나아가 3개의 연쇄, 4개의 연쇄의 확률로 계산할 수 있을 것이다. 컴퓨터언어학에서 이러한 방식으로 N개의 연속된 요소가 가지는 확률을 이용한 언어 모형을 N-그램 모형이라고 한다. N-그램 모형도 마르코프 모형의 하나이다. 컴퓨터언어학에서는 주로 단어의 N-그램을 지칭하지만 어떠한 언어 요소라도 그 분석 대상이 될 수 있다. 문자의 N-그램이나 음소의 N-그램을 분석해 음소배열을 연구할 수 있으며, 음절, 형태소, 단어, 어절 등의 연쇄를 분석할 수도 있다. 널리 알려진 응용 사례의 하나로 1500년부터 2008년 사이의 출판물을 대상으로 하는 Google Ngram Viewer가 있다.

6.2. 통계적 추론: 로그가능도

가능도(likelihood)는 통계적 추론에서 가장 중요한 핵심 개념의 하나로 실제 문제에 적용하는 경우에 자연로그를 취하여 사용하는 것이 편리한 경우가 많아 로그가능도(log-likelihood)라는 용어가 널리 사용된다. 가능도라는 용어는 현대 통계학의 아버지라고도 불리는 영국의 통계학자 피셔(Ronald Fisher)가 처음 사용하였고 그가 제안한 최대가능도법(Method of Maximum Likelihood)은 현대 통계학의 가장 중요한 추론 방법으로 자리 잡았다. 최대가능도법이란 주어진 데이터로 통계 모형의 모수(parameter)를 추정할 때 가능도를 가장 크게 하는 모수를 선택하는 방법이다.

가능도는 통계적 추론의 핵심 중의 하나이므로 그 적용 범위가 특정 문제에 한정되지 않는다. 인지 및 심리언어학, 사회언어학, 언어교육 등의 조사와 실험 결과의 통계적 분석과 해석 과정에서 가능도가 중요하게 사용될 뿐만 아니라 컴퓨터언어학과 말뭉치언어학에서도 다양하게 사용된다.

여기에서는 연어(collocation) 연구에 가능도를 적용하는 사례를 통해 언어학 연구에 통계 모형의 평가 기준을 어떻게 사용될 수 있는지 살펴보고자 한다. 어떠한 단어 연쇄가 연어인가 아닌가를 모어 화자 또는 언어학자는 어떠한 정해진 논리적 기준을 통해 판정을 내릴 수 있다. 그러나 사람의 수작업으로는 감당할 수 없는 규모의 말뭉치가 축적된 현재 상황에서는 자동화된 기계의 힘을 빌 수밖에 없다. 연어를 판정하기 위한 기준들을 형식화하여 처리하는 규칙 기반 방법을 생각할 수도 있겠으나 그러한 구현 사례는 보이지 않는다. 계량적 방법을 사용하기 위해서는 연어라는 개념을 계량화할 필요가 있다. 즉, 단어 연쇄가 주어질 경우 그것에 일종의 연어 점수를 부여하여 일정 점수 이상이면 연어로 판정하는 방식이 계량적 접근이다. 이것은 조작적 정의와 측정의 문제가 된다. 연어 점수를 어떻게 정의하는 것이 적절한지 그것이 얼마나 효율적인지가 문제가 된다.

연어 점수에는 여러 가지 측정 방법이 이용될 수 있다. Pecina(2009)는 82가지의 연어 점수 계량 방법을 제시하고 있다. 신효필(2007)은 연어를 통계적으로 검정하기 위한 대표적인 방법인 t-검정, 상호정보, 로그가능도비를 비교하여 로그가능도비가 가장 타당함을 보이기도 하였다. 로그가능도비를 이용한 연어 점수는 통계 이론에 가장 충실한 방법이라 할 수 있다.

로그가능도비는 가능도비에 로그를 취한 값이라는 뜻이고 가능도비는 두 모형의 가능도의 비율이라는 뜻이다. 주어진 데이터에 대해 두 가지 모형 중어느 것이 더 잘 부합하는지 비교하기 위한 점수이다. 두 단어의 연쇄 $w_1 w_2$

가 연어가 아니라면 w_2가 사용될 확률은 w_1의 존재 여부에 영향을 받지 않고 동일할 것이다. 즉, 수식으로 쓰면 $P(w_2) = P(w_2|w_1) = P(w_2|\neg w_1)$이다. 여기서 $\neg w_1$은 w_1이 아닌 다른 단어라는 뜻이다. 반면에 두 단어의 연쇄 $w_1 w_2$가 연어라면 w_2가 나타날 확률은 w_1의 존재 여부에 따라 달라질 것이다. 수식으로 쓰면 $P(w_2|w_1) \neq P(w_2|\neg w_1)$이다.

이러한 이론적 가정을 기초로 실제 자료에서 연어를 계량화하는 방법을 살펴보자. 두 단어 w_1, w_2의 결합의 연어 점수를 계산하기 위한 아래 설명은 유현조(2014b)의 내용을 그대로 옮긴 것이다. 우선 말뭉치에서 각 단어의 빈도와 결합의 빈도를 계산하여 $c_1 = C(w_1)$, $c_2 = C(w_2)$, $c_{12} = C(w_1, w_2)$로 나타내기로 하자. 전체 말뭉치의 크기를 N이라고 하면 각 단어가 나타날 확률을 $p_1 = c_1/N$과 $p_2 = c_2/N$으로 추정할 수 있다. 두 단어가 결합한 형태가 나타날 확률은 $p_{12} = c_{12}/N$으로 추정할 수 있으며 두 단어가 서로 관계가 없다면 p_{12}는 p_1과 p_2의 곱에 가까운 값이 된다. p_{12}와 $p_1 p_2$의 괴리를 모비율 검정을 위한 t-점수로 표현할 수 있다. 일반적으로 p_{12}는 매우 작은 값이므로 $p_{12}(1 - p_{12}) \approx p_{12}$가 되고 t-점수를 다음과 같이 계산할 수 있다. t-점수가 높을수록 강한 결합이라고 판단한다.

$$t = \frac{p_{12} - p_1 p_2}{\sqrt{\dfrac{p_{12}}{n}}}$$

로그가능도비는 w_2의 출현 확률이 w_1의 선행 여부에 따라서 달라지는가를 검정하는 형태로 이루어진다. 이를 위해서 우선 w_1 뒤에서 w_2가 나타날 조건부 확률의 추정값 $p_{2|1} = c_{12}/c_1$과 w_1이 아닌 다른 단어 뒤에서 w_2가 나타날 조건부 확률의 추정값 $p_{2|\neg 1} = (c_2 - c_{12})/(N - c_1)$을 계산하여야한다. 크기 N인 말뭉치에서 단어의 등장 확률이 p일 때 빈도 c가 이항분포

$f(c, N, p) = \binom{N}{c} p^c (1-p)^{N-c}$ 를 따른다는 가정 아래 가능도비 λ는 다음과 같이 주어진다.

$$\lambda = \frac{f(c_{12}, c_1, p_2) f(c_2 - c_{12}, N - c_1, p_2)}{f(c_{12}, c_1, p_{2|1}) f(c_2 - c_{12}, N - c_1, p_{2|\neg 1})}$$

로그가능도비는 $-2\log\lambda$으로 계산하며 이 값을 이용하여 카이제곱 검정을 할 수 있다. 로그가능도비가 클수록 두 단어의 결합이 강하다고 판단한다.

이외에도 연어를 판정하기 위한 측도로 상호정보를 비롯하여 수십 가지 방법이 있으며 하나의 점수만 사용하는 것이 아니라 여러 형태의 점수를 조합하여 연어 판별에 사용하는 접근법도 존재한다. 이러한 연구들은 모두 제4장에서 논의한 바와 같이 가장 좋은 계량화를 찾기 위한 노력이다. 이 절에서는 여러 가지 다양한 계량화 방법이 존재할 수 있으나 로그가능도비와 같이 통계 이론에 기초하고 있는 계량화 방법을 상대적으로 중요한 방법이라는 관점에서 살펴 보았다.

6.3. 수학적 방법: 잠재의미분석

통계 이론에 기반하지 않은 수학적 방법들도 존재한다. 많은 경우 행렬 연산, 특히 행렬 분해(matrix factorization) 기법이 이용되고 있다. 행렬 분해란 주어진 행렬을 특수한 형태의 행렬들의 곱으로 인수분해하는 것을 말한다. 기본적으로 LU, QR, 고유값분해(eigendecomposition) 등의 방법이 있으며 최근에는 데이터과학 분야에서 확률행렬분해(probabilisitc matrix factorization) 방법도 관심을 받고 있다(Salakhutdinov and Mnih 2007). 잠재의미분석(Latent Semantic Analysis)은 Deerwester et al. (1990)에 의해 처음 제안된 방법으로 특이값분해(Singular Value Decomposition)를 이용한 것이다. 특이값분해는 고유값분해 방법을 일반화시킨 것으로 통계학에서 광범위하게 이용될 뿐만 아니라 자연언어처리 분야에서도 널리 활용되어 왔다. 특이값분해는 행렬 X를 특이 벡터를 담고 있는 행렬 U, V와 고유값을 담고 있는 S 행렬로 분해하는 방법이다.

$$X = USV^T$$

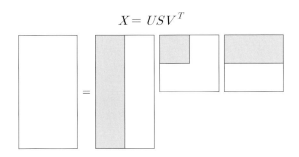

특이값분해는 여러 응용 분야가 있으나 잠재의미분석을 비롯한 언어학 분야에서는 주로 차원 축소(dimension reduction)을 위해 사용된다. 차원 축소는 원래 X 행렬이 가진 정보를 최소한 유지되도록 하면서 U, S, V의 일부만 사용하여 X를 근사적으로 구하는 것이다. 위의 그림에서 회색 음영을 넣은 부분만을 이용하여 원래 X와 동일한 크기의 행렬의 근사값을 구하므로써 차원을 축소할 수 있다.

어떻게 잠재의미분석이 단어들 사이의 의미 관계를 분석할 수 있는지를 단어 임베딩(word embedding)이라는 관점에서 살펴보자. 단어 임베딩은 간단히 말해 단어를 숫자로 바꾸어 표현하는 방법이다. 이 용어에서 단어는 반드시 언어학적인 의미에서 단어를 지칭하는 것은 아니다. 형태소이거나 구일 수도 있다. 단어 임베딩은 어떤 언어 단위의 의미를 수치로 바꾸는 방법이라고 할 수 있다. 이것은 기본적으로는 Harris(1954:156)가 언급한 바와 같이 "의미의 차이는 분포의 차이와 연관되어 있다"는 생각에 근거를 두고 있다. 좀더 구체적으로 말하자면 한 단어의 의미는 그 단어의 주변에서 어떤 단어들이 함께 사용되는가로 설명할 수 있다는 것이다. 계량화라는 차원에서 말하자면 한 단어의 의미는 함께 사용되는 단어들의 빈도에 의해 조작적으로 정의될 수 있을 것이다. 여기서 반드시 주변 단어의 빈도일 필요는 없고 한 단어가 사용된 환경 혹은 맥락에 해당되는 빈도이면 될 것이다. 이를 위해 빈도값이 여러 개 나열된 형태로 하나의 단어를 표현할 수 있고 각각의 빈도 값은 특정 맥락에 대응되는 것이므로 수학적으로 벡터에 해당한다. 즉, 한 단어의 의미는 어떠한 빈도 벡터로 표현될 수 있을 것이다. 간단한 예를 통해 살펴보자. 다음과 같이 5개의 텍스트가 주어진 경우 단어의 의미를 계량화하는 방법을 생각해 보자.

- d1: 새가 난다.
- d2: 벌이 난다.
- d3: 새가 운다.
- d4: 고양이가 깬다.
- d5: 고양이도 운다.
- d6: 새가 사라진다.

하나의 텍스트를 하나의 맥락 또는 하나의 개념을 표현하는 것이라고 가정하면 한 단어의 의미는 그 단어가 어느 텍스트에서 사용되었는가로 설명될 수 있을 것이다. 각 단어들이 어느 텍스트에서 나타나는지 빈도를 세면 다음과 같은 행렬로 정리할 수 있다.

	d1	d2	d3	d4	d5	d6
새	1	0	1	0	0	1
날다	1	1	0	0	0	0
벌	0	1	0	0	0	0
사라지다	0	0	0	0	0	1

	d1	d2	d3	d4	d5	d6
울다	0	0	1	0	1	0
고양이	0	0	0	1	1	0
깨다	0	0	0	1	0	0

이것은 행에는 단어 차원, 열에는 텍스트 차원을 배치한 행렬이고 컴퓨터 언어학에서는 단어-문서 행렬(term-document matrix)이라고 한다. 단어의 의미가 어떻게 계량화되었는가? 위 행렬에서 '새'는 (1, 0, 1, 0, 0, 1)이라는 숫자로, '벌'은 (0, 1, 0, 0, 0, 0)이라는 숫자로 표상되었다. 이렇게 단어들을 벡터공간(vector space)에 위치하는 한 점으로 표현함으로써 단어들에 의미를 수학 연산으로 다룰 수 있게 된다. 한편 각각의 문서도 단어들의 벡터로 표현할 수 있게 된다.

그러나 이렇게 단어-문서 행렬을 바로 이용하는 것에는 여러가지 문제가 있다. 실제 문제에서 단어의 수와 문서의 수는 매우 크다. 문서가 수십, 수백만개라면 각각의 단어는 수십, 수백만 차원의 빈도 벡터로 표현되고 이러한 거대한 벡터는 계산 상의 어려움을 가져오게 된다. 또 이와 같은 방식으로는 단어들 사이의 의미 관계가 직접적으로 드러나지 않는다. 예를 들어, 위 텍스트들에서 '새'와 '벌'은 '날다'라는 공통의 맥락을 가지는데 (1, 0, 1, 0, 0, 1)과 (0, 1, 0, 0, 0, 0) 벡터에서 보듯이 함께 나타나는 문서가 없다. 즉, 두 단어가 서로 관계가 없는 것처럼 보인다.

잠재의미분석은 고유값 분해를 통해 이러한 문제들을 피할 수 있게 해 준다. 다음은 위 행렬의 고유값 분해 결과이다. 차원을 축소하기 위하여, 예를 들어, 2개의 열만 선택한 경우를 살펴보자. 즉, 차원수를 6에서 2로 축소하는 경우이다. 수십만 개의 단어와 문서로 이루어진 단어-문서 행렬을 분해한 후에 300개의 열을 선택하였다면 차원수가 수십만에서 300으로 축소되는 것이다.

S =

2.08187	1.76056	1.50805	1.18553	0.79133	0.51022

U =

	[,1]	[,2]	[,3]	[,4]	[,5]	[,6]
새	-0.761291	0.21978	0.32866	0.175893	0.264998	-0.14177
날다	-0.374231	0.35260	-0.64367	-0.057467	0.203608	0.36565
벌	-0.112240	0.16794	-0.50515	-0.141728	-0.544712	-0.49433
사라지다	-0.228328	0.10468	0.25793	0.433794	-0.708949	0.19167
울다	-0.413155	-0.43540	0.14720	-0.656793	-0.123708	-0.16890
고양이	-0.203097	-0.69853	-0.28829	0.214585	-0.095049	0.43561
깨다	-0.060913	-0.33270	-0.22625	0.529217	0.254286	-0.58891

V =

	[,1]	[,2]	[,3]	[,4]	[,5]	[,6]
d1	-0.54543	0.32511	-0.208888	0.099893	0.59217	0.438776
d2	-0.23367	0.29567	-0.761793	-0.168022	-0.43105	-0.252217
d3	-0.56413	-0.12247	0.315545	-0.405642	0.17855	-0.608906
d4	-0.12681	-0.58574	-0.341199	0.627402	0.20123	-0.300475
d5	-0.29601	-0.64407	-0.093559	-0.373005	-0.27644	0.522730
d6	-0.47535	0.18429	0.388970	0.514275	-0.56102	0.097794

잠재의미분석은 이때 U, V 행렬의 열을 잠재의미로 해석한다. 잠재의미분석은 이것으로 끝나기 보다는 그 결과를 자연언어처리, 텍스트마이닝, 기계학습 등의 입력으로 사용되는 경우가 많으며 이때 잠재의미는 자질(feature)로 사용될 수 있다. 행렬 U의 행은 단어, 열은 잠재의미가 되고 행렬 V의 행은 문서, 열은 잠재의미에 대응한다. 2개의 열만 선택하여 차원을 축소한다는 것은 어떤 2개의 잠재의미 공간에 단어와 문서를 배치하겠다는 것이다. U, V 행렬에 각각 S를 곱하여 각 단어와 각 문서를 잠재의미 공간에 위치시킬 수 있다. 가로축에 첫 번째 잠재의미, 세로축에 두 번째 잠재의미를 배치

하여 그림으로 결과를 보이면 다음과 같다.

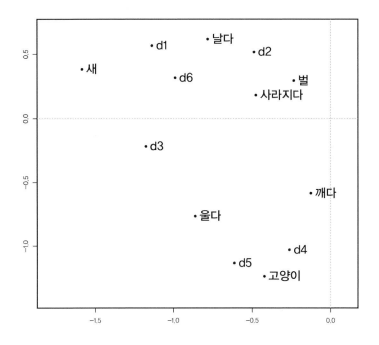

최근에는 신경망 모형이 각광을 받으면서 Google사의 연구원들에 의해 개발된 Mikolov et al.(2013)의 word2vec 알고리즘이 널리 사용되고 있다. word2vec이 잠재의미분석에 대해 가지는 우월성이 여러가지로 논의되고 있으나 소규모 말뭉치에서는 잠재의미분석이 더 우수하다는 연구도 있다 (Altszyler 2016). 통계 모형은 모든 경우에 우수한 보편적 정답이 존재하지 않는다는 것이 정설이므로 무조건 복잡한 최신 모형을 선택하기 보다는 단순하고 투명한 모형들 모두 비교해 볼 필요가 있다.

7. 맺음말

이 논문에서는 제2장의 계량언어학이란 무엇인가라는 근본적인 질문 아래 언어학에서 계량적, 수리적, 통계적, 확률적 방법론을 개념적으로 따져보고 실제로 어떠한 연구들이 이루어지고 있는지도 살펴보는 것으로 시작하여 계량적 연구 방법과 경향을 발전사에 대한 배경적 논의를 동반하여 살펴보았다.

제3장에서는 언어학에서 계량적 방법론의 시작으로서 빈도와 길이에 관한 연구의 간략한 역사를 살펴보고 전산화된 대규모 언어 자료가 접근 가능해진 현재 시점에서 빈도와 길이에서 나타나는 통계적 특성에 관한 기초 연구가 필요함을 논의하였다.

제4장에서는 텍스트를 대상으로 하는 제3장의 전통적인 계량언어학과 더불어 계량적 방법론의 또 다른 핵심적인 적용 분야로서 조사와 실험을 통해 언어 현상을 탐구하는 연구들에서 기초가 되는 계량화와 측정에 있어 주요한 문제들을 살펴보았다.

제5장에서는 계량언어학이 데이터에 기반을 둔 분야라는 점에 초점을 두고 계량언어학 연구를 위한 기초 자료로서의 말뭉치와 계량적 분석의 결과로 얻어지는 정보의 체계화로서 데이터베이스를 살펴보았다.

제6장에서는 언어에 대한 이론적 아이디어와 그것의 구체적인 계량적 모형을 특수한 예를 통해 살펴보았다. 확률론적 모형에 해당하는 마르코프 모형과 통계적 추론에 근거한 로그가능도비 연어 점수는 크게 보아 통계적 방법론에 해당하며 행렬 분해를 이용한 잠재의미분석은 비통계적 방법론에 해당한다.

이 논문에서는 계량언어학을 빈도와 길이에 관한 논의에서 시작하여 빈도에 기초한 어휘다양성과 길이에 기초한 텍스트복잡도 등으로 계량화가 전개될 수 있으며 더 나아가 어휘 계량 데이베이스에서 볼 수 있듯이 다양한 형태의 계량화가 언어에 대한 실증적 연구에서 널리 활용되고 있음을 보였다. 한편 계량언어학이란 무엇인가라는 차원에서 계량적, 수리적, 통계적, 확률적 방법에 대한 개념적 논의와 함께 구체적인 사례로서 확률론적, 통계적, 비통계적 모형을 살펴보는 것으로 마무리하였다.

언어학에서 계량적 연구는 빈도와 길이를 중심 주제로 하는 전통적인 계량언어학적 연구에서 시작하여 심리, 인지, 언어교육, 사회언어학 등 조사와 실험을 근거로 하는 연구를 통해 확장 발전되어 왔으며 더욱 최근에는 말뭉치언어학, 컴퓨터언어학과 결합되어 수학과 통계에 기반한 언어 모형에 대한 연구로 발전하고 있다. 앞으로의 계량언어학은 계량을 넘어서 언어 데이터를 다루는 전반에 관한 연구, 이름을 붙이자면 데이터언어학으로 발전할 것으로 기대된다.

참고문헌

강범모(2008), 언어 기술을 위한 코퍼스의 구축과 빈도 (통계)활용, "한국사전학"
    12, 7-40.

강범모·김흥규(2011), 명사 빈도의 변화, 사회적 관심의 트렌드: 물결21 코퍼스
    [2000-2009], "언어학" 61, 38-73.

강범모·김흥규·허명회(1998), 통계적 방법에 의한 한국어 텍스트 유형 및 문체 분석,
    "언어학" 22, 3-57.

국립국어원(2004), "21세기 세종계획 국어기초자료 구축", 국립국어원.

권효원·김선경·이혜원(2006), 한글단어재인에서 단어빈도와 의미점화효과의 관계,
    "한국심리학회지 인지 및 생물" 18(3), 203-220.

김재훈(2007), 문장 길이가 한영 통계기반 기계번역에 미치는 영향 분석, "한국컴퓨터
    종합학술대회 논문집", 한국정보과학회, 199-203.

김한식(2007), 신문기사의 문장길이에 관한 한일 비교연구—독이성 제고를 위한 번역전
    략의 관점에서, "통번역학연구" 2007, 10(2), 69-83.

박갑수(1972), 현대소설 문장의 집필과정—Sentence Length의 대수정규분포에 대하
    여, "국어교육" 18, 323-352.

신효필(2005), 언어 자료의 통계 분석과 관련된 몇 가지 고려사항들, "언어연구" 41(3),
    665-682.

신효필(2007), 연어의 통계적 접근을 통한 로그 우도비 중심의 연어 검증, "언어학"
    47, 107-138.

유현조(2014a), 어휘풍부성, "한국어 교육학 사전", 도서출판 하우.

유현조(2014b), 연어, "한국어 교육학 사전", 도서출판 하우.

유현조(2014c), 계량적 언어 연구 방법론의 주요 개념과 도구들, 한국언어학회 2014
    겨울 학술 대회 (2014년 12월 13일).

윤애선·황순희·이은령·권혁철(2009), 한국어 어휘의미망(KorLex 1.5)의 구축,
    "정보과학회논문지: 소프트웨어 및 응용" 36(1), 92-108.

이광호(2005), 국어 텍스트의 어휘 풍부성 연구—군집분석을 통합 접근, "한국어학"
    26, 237-259.

이상억(2001), "계량국어학연구", 서울대학교 출판부.

임해창(2001), 문장 길이와 단어 정렬에 기반한 한-영 문장 정렬, "제13회 한글 및 한국어 정보처리 학술대회 논문집", 한국정보과학회 언어공학연구회, 302-309.

임홍빈 외(2002), "국어 문법 현상의 계량적 연구, 컴퓨터와 인문학 시리즈 6", 고려대학교 민족문화연구원.

조일영(2009), 교육과정에 따른 교과서의 문체 변화 양상—초등학교 국어 교과서를 중심으로, "청람어문교육" 40, 125-160.

Altszyler, E., Sigman, M., Ribeiro, S. and Slezak, D.F. (2016), Comparative study of LSA vs Word2vec embeddings in smal corpora: a case study in dreams database. arXiv:1610.01520v2.

Andras, Kornai (2008), *Mathematical Linguistics*, Springer.

Baayen, R. H., Piepenbrock, R., and van H, R. (1993), *The CELEX lexical data base on CD-ROM*.

Balota, D. A., Yap, M. J., Hutchison, K. A., Cortese, M. J., Kessler, B., Loftis, B., Neely, J. H. (2007), The English lexicon project. *Behavior Research Methods* 39(3), 445-459.

Bod, Rens, Hay, Jennifer, and Jannedy, Stefanie (eds) (2003), *Probabilistic Linguistics*, MIT Press.

Boudelaa, S., and Marslen-Wilson, W. D. (2010), Aralex: a lexical database for Modern Standard Arabic. *Behavior research methods* 42(2), 481-487.

Boyd, Richard (2010), Scientific Realism, *The Stanford Encyclopedia of Philo- sophy (Summer 2010 Edition)*, Edward N. Zalta (ed.), [http://plato.stanford.edu/archives/sum2010/entries/scientific-realism/]

Brillinger, D.R. (2002), John Wilder Tukey (1915-2000), *Notices of the AMS* 49(2), 193-201.

Choi, S. W. (2000), Some statistical properties and Zipf's law in Korean text corpus, *Journal of Quantitative Linguistics* 7(1), 19-30.

Coltheart, M. (1981), The MRC psycholinguistic database, *The Quarterly Journal of Experimental Psychology* 33(4), 497-505.

Davis, C. J. (2005), N-Watch: A program for deriving neighborhood size and other psycholinguistic statistics, *Behavior Research Methods* 37(1),

65–70.

Davis, C. J., and Perea, M. (2005), BuscaPalabras: A program for deriving orthographic and phonological neighborhood statistics and other psycholinguistic indices in Spanish, *Behavior Research Methods* 37(4), 665–671.

Deerwester, S, Dumais, S.T., Furnas, G.W., Landauer, T.K. and Harshmann, R. (1990), Indexing by latent semantic analysis, *Journal of the American Society for Information Science* 41(6), 391–407.

Duyck, W., Desmet, T., Verbeke, L. P. C., and Brysbaert, M. (2004), WordGen: A tool for word selection and nonword generation in Dutch, English, German, and French, *Behavior Research Methods* 36(3), 488–499.

Ferrand, L., New, B., Brysbaert, M., Keuleers, E., Bonin, P., Méot, A., Augustinova, M. et al (2010), The French Lexicon Project: Lexical decision data for 38,840 French words and 38,840 pseudowords, *Behavior Research Methods* 42(2), 488–496.

Gladkij, A.V, Mel'chuk, I.A. (1973), *Elements of Mathematical Linguistics*, Mouton.

Gomes, Inês, and Castro, São Luís (2003), *Porlex, a lexical database in European Portuguese*.

Grzybek, P. (2003), History of Quantitative Linguistics I. Viktor Jakovlevic Bunjakovskij, *Glottometrics* 6, 103–104.

Harris, J. Rendel. (1883), Stichometry. *The American Journal of Philology*, 4(2), 133–157, The Johns Hopkins University Press.

Harris, Z. (1954), Distributional strucutre, *Word* 10(23), 146–162.

Keuleers, E., and Brysbaert, M. (2010), Wuggy: A multilingual pseudoword generator, *Behavior research methods* 42(3), 627–633.

Kracht, Marcus. (2011), *The Mathematics of Language*, De Gruyter.

Ktori, M., Van Heuven, W. J. B., and PitcHford, N. J. (2008), GreekLex: A lexical database of Modern Greek, *Behavior Research Methods* 40(3),

773–783.

Kučera, H. and W. N. Francis (1967), *Computational Analysis of Present-Day American English*, Providence: Brown University Press.

Köhler, Altmann, and Piotrowski (2005), *Quantitative Linguistics: An International Handbook*, de Gruyter.

Köhler, Reinhard (2012), *Quantitative Syntax Analysis*. Walter de Gruyter.

Lété, B., Sprenger-Charolles, L., and Colé, P. (2004), MANULEX: A grade-level lexical database from French elementary school readers, *Behavior Research Methods* 36(1), 156–166.

Mandelbrot, B. (1965/1968), Information Theory and Psycholinguistics. In R.C. Oldfield and J.C. Marshall, *Language*, Penguin Books.

Manning, C. D. and H. Schütze. (1999), *Foundations of Statistical Natural Language Processing*, The MIT Press.

Markov, A.A. (1913/2006), An Example of Statistical Investigation of the Text Eugene Onegin Concerning the Connection of Samples in Chains, *Science in Context* 19(4), 591–600. CUP.

Mikolov, T., Chen, K., Corrado, G., and Dean J. (2013), Efficient Estimation of Word Representations in Vector Space, arXiv:1301.3781v3.

Miller, G. A. (1995), WordNet: a lexical database for English, *Communications of the ACM* 38(11), 39–41.

Mosteller, Federick and Wallace, David L. (1964/2008), *Inference and Disputed Authorship: The Federalist*, CSLI Publications.

New, B., Pallier, C., Brysbaert, M., and Ferrand, L. (2004), Lexique 2: A new French lexical database, *Behavior Research Methods* 36(3), 516–524.

Partee, Barbarra B.H., ter Meulen, A.G., Wall, R. (1993) *Mathematical Methods in Linguistics*, Springer.

Pecina, Pavel. (2009), *Lexical Association Measures: Collocation Extraction*, Institute of Formal and Applied Linguistics.

Peereman, R., and Content, A. (1999), LEXOP: A lexical database providing orthography-phonology statistics for French monosyllabic words, *Be-*

havior Research Methods 31(2), 376–379.

Perea, M., Urkia, M., Davis, C. J., Agirre, A., Laseka, E., and Carreiras, M. (2006), E–Hitz: A word frequency list and a program for deriving psycholinguistic statistics in an agglutinative language (Basque), *Behavior Research Methods* 38(4), 610–615.

Peters, Stanley (1987) What is Mathematical Linguistics?. In: Savitch W.J., Bach E., Marsh W., Safran–Naveh G. (eds) *The Formal Complexity of Natural Language. Studies in Linguistics and Philosophy (formerly Synthese Language Library)* vol 33. Springer, Dordrecht

Piñeiro, A. and Mayra Manzano (2000), A lexical database for spanish–speaking children, *Behavior Research Methods* 32(4), 616–628.

Rastle, K., Harrington, J., and Coltheart, M. (2002), 358,534 nonwords: The ARC nonword database. *The Quarterly Journal of Experimental Psychology: Section A*, 55(4), 1339–1362.

Salakhutdinov, R.R. and Mnih, A. (2007), In J.C. Platt, D. Koller, Y. Singer and S.T. Roweis (eds), Probabilistic Matrix Factorization, *Advances in Neural Information Processing Systems* 20.

Sebastián–Gallés, N. (2000), *LEXESP: Léxico informatizado del español*, Edicions Universitat Barcelona.

Sherman, L. A. (1888), Some Observations upon the Sentence–Length in English Prose. In: University of Nebraska Studies I, 119–130.

Stubbs, Michael (1993), British Traditions in Text Analysis, In M. Baker, G. Francis, E. Tognini–Bonelli(eds), Text and Technology: In Honour of John Sinclair. John Benjamins Pub.

Tamaoka, Katsuo (2004), New figures for a Web–accessible database of the 1,945 basic Japanese kanji, fourth edition, *Behavior Research Methods, Instruments & Computers* 36 (3), 548–558.

Těšitelová, Marie (1992/1987), *Quantitative Linguisitcs*, Academia.

Weiner, Jonathan (2007), *Measurement: Reliability and Validity Measures*, John Hopkins Bloomberg School of Public Health. [http://ocw.jhsph.edu

/courses/hsre/PDFs/HSRE_lect7_weiner.pdf]

Tweedie, F. and Baayen R. (1998), How Variable May a Constant be? Measures of Lexical Richness in Perspective, *Computers and the Humanities* 32: 323-352.

Yule, George Udny (1938), On sentence length as a statistical characteristics of style in prose: with application to two cases of disputed authorship, *Biometrika* 30, 363-390.

Yule, George Udny (1944), *The statistical study of literary vocabulary*, Cambridge University Press.

Zipf, George Kingsley (1932/2014), *Selected Studies of the Principle of Relative Frequency in Language*, Havard University Press.

Zipf, George Kingsley (1935/1968), *The Psycho-Biology of Language, An Introduction to Dynamic Philology*, MIT Press.

코퍼스를 활용한 한국어 연구의 동향

_ 최운호

1. 들어가는 말

코퍼스는 언어 연구에서 경험적 분석을 위한 기초 자료로 활용된다. 한국
어 연구의 다양한 분야에서 전산화된 언어 자료는 이러한 경험적 분석의 기
초 자료로 활용되어 왔으며, '실제의 생생한 언어 사용에 기반을 둔 언어 연
구'라는 표현[1]은 코퍼스를 활용한 한국어 연구의 특성을 잘 드러내주고 있
다. 코퍼스를 활용한 언어 연구가 직관과 내성에 의한 이론언어학과 대립적
인 관계에 있는 것은 아니다. 오히려 자료에 바탕을 둔 연구와 직관에 바탕을
둔 연구는 상호 보완적인 관계에 있다.[2]

본 논문에서는 '정도성'이라는 개념을 바탕으로 한국어의 여러 현상을 기술
하고 파악하는 데 한국어 코퍼스가 어떻게 활용될 수 있는지를 설명하고자
한다. 권재일(1988:40)에서는 언어 현상의 기술에서 '양분적 방법'과 대립되

---

1) 홍윤표(2012:55).
2) 강범모(2011:137)에서는 Fillmore(1992:35)를 인용하면서 "이론언어학적 연구와 언어 사용
결과를 자료로 이용하는 코퍼스언어학"의 보완적 관계를 설명하고 있다.

는 개념으로 문법 기술에서 '정도적 방법'이 타당성을 가질 수 있음을 보이며 문법 기술의 방법으로 정도성의 개념을 제시하였다. 권재일(1988)에서는 정도성의 개념이 적용되어 체계적으로 설명될 수 있는 사례로 조사의 문법적, 어휘적 성격의 분포를 제시하였으며 양분 자질을 정도 자질의 특수 사례로 설명하였다. 이선웅(2014)에서는 '명사성'이라는 기준을 설정하고 명사성의 정도에 따라 명사류 어휘의 서열을 매기는 시도를 하였고, 남길임(2014)에서는 명사 범주로 분류된 어휘들의 실제 사용 양상은 어휘마다 상당한 차이가 있음을 코퍼스 자료를 통하여 증명하였다.

권재일(1988)에서 정도성의 개념을 문법 연구에서 적용할 때 체계적인 문법 기술이 가능함을 보였다면, 이선웅(2014)에서는 명사류어의 명사성의 정도를 매김하여 명사류어의 다양한 특성을 체계적으로 이해하고 기술하려는 시도를 하였다고 할 수 있다. 한편, 남길임(2014)에서는 코퍼스를 활용하여 명사 사용 양상의 분포를 분석하고 이를 통하여 명사류 어휘들의 분포와 기능의 정도성을 실증적으로 제시하고 있다. 본 논문은 명사의 통사적 기능과 형태론적 분포의 다양성을 확인하기 위해서 코퍼스가 어떻게 활용될 수 있는지를 제시하고 이를 바탕으로 언어 사용 양상의 분석을 통한 문법 연구가 어떻게 이루어질 수 있는지를 보여주고자 한다.

2. 명사의 사용 양상과 분포

명사는 대명사, 수사와 함께 문장의 주체가 되는 자리에 쓰이며,[3] 또한 관형어의 수식을 받아서 그 의미를 확장할 수도 있다. 그렇지만 명사의 문법적 기능과 분포는 단일한 기준으로 기술하기 어려운 측면이 있어서 다면적으로 기준을 정하고 접근할 필요가 있다. 자립성을 기준으로 명사를 의존명사와

---

3) 권재일(2012:81).

자립명사로 구분하기도 하지만, 자립명사로 분류되는 어휘들 중에는 그 분포의 자유도에 차이가 있다. 자립명사 중에는 수식어와의 결합 정도가 높아지면서 어휘적 관념과 함께 문법적 관념을 함께 가지기 시작하는 어휘들이 있다. 또한 조사와 결합하여 주어, 목적어 등의 기능을 하는 정도에도 그러한 정도성의 차이가 나타난다. 2장에서는 그러한 양상을 코퍼스를 통하여 실증적으로 조사한 결과와 비교하고 제시하고자 한다.

2.1. 접속 기능 명사

권재일(1988:38)에서는 모든 조사가 나타내는 문법적 관념의 정도의 차이를 [그림 1]의 도표로 제시하면서 정도성의 개념을 설명하고 있다. 그리고 이러한 정도성의 설정을 통해서 보조사는 어휘적 관념을, 격조사는 문법적 관념을 실현하는 양분법으로 규정하는 것보다 조사에는 문법적 관념과 어휘적 관념의 정도의 차이가 있다고 기술하는 것이 더 타당성이 있는 기술로 보고 있다.

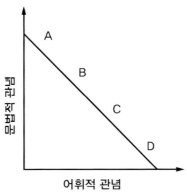

[그림 1] 조사의 문법적 관념의 정도성

조사의 설명에 적용된 정도성의 개념을 확장하여 명사의 기술에 적용한다면 명사가 문법적 기능 부담을 어느 정도로 가지고 있는지를 파악할 수 있는데, 이러한 현상을 정희정(2000:217-32)에서는 현대 한국어의 명사 중 일부는 특정 구성을 이루어서 문장 내에서 연결의 기능을 하고 있는 것으로 설명하고 있다. 정희정(2000:225)에서는 (1)과 같이 '관형절 + 일반명사' 구성의 예문을 제시하고 (1)의 구성은 명사가 포함된 연속체 전체가 (2)에 제시된 것과 같은 문장연결기능을 한다고 설명하고 있다.

(1) a. 회의가 막바지로 가는 <u>가운데(에)</u> 누군가가 김빠지는 소리를 해서 좌중의 웃음을 자아낸다.
   b. 이런 일이 생긴 <u>마당에</u> 내가 도와 줄 수 있는 방법이 없다니…
   c. 한복을 입은 <u>덕분에</u> 처음엔 대학의 스승으로 오해를 받았다.
   d. 통속극의 관습이 고착된 <u>탓에</u> 광복 후에도 연극이 불신되었다.
   e. 비가 계속 내리는 <u>관계로</u> 경기가 연기되었다.

(2) a. 회의가 막바지로 <u>가는데</u> 누군가가 김빠지는 소리를 해서 좌중의 웃음을 자아낸다.
   b. 이런 일이 <u>생겼는데</u> 내가 도와 줄 수 있는 방법이 없다니…
   c. 한복을 <u>입어서</u> 처음엔 대학의 스승으로 오해를 받았다.
   d. 통속극의 관습이 <u>고착되어서</u> 광복 후에도 연극이 불신되었다.
   e. 비가 계속 <u>내려서</u> 경기가 연기되었다.

채숙희(2002)에서는 '문장연결기능'이라고 규정한 정희정(2000)의 제시를 확장하여 '연결어미 상당의 명사구 보문 구성'이라고 규정하고 있다. 그리고 "각 구성요소가 지니고 있는 원래의 의미가 줄어들고 하나의 단위로서 연결어미 상당의 명사구 보문 구성 전체의 추상적인 의미"가 생겨나야 연결의 단위로서 역할을 한다고 설명하고 있다.[4] (1)과 같은 구성에 참여하여 문장을 연결하는 기능 또는 연결어미 상당의 보문을 구성하는 명사는 이러한 구성에 참여하는 정도가 어떤지를 코퍼스를 통하여 확인한다면 명사의 문법과 우리 말의 문법 체계를 파악하는 데 도움이 될 것이다.

(3)은 '후08(後), 가운데, 경우02(境遇), 결과02(結果)'를 고려대학교 민족 문화연구원의 '현대한국어 용례검색기'에서 검색하여 추출한 용례이다.[5] 이 용례는 검색 결과 중에서 '관형절 + 일반명사'의 구성이면서 부사어로 기능 하는 용례로 정희정(2000)에 의하면 이 구성은 문장연결기능을 하고 이때 일반명사는 문법소성 명사이다. 이 구성은 채숙희(2002)에서는 연결어미 상 당의 명사구 보문으로 규정된다.

(3) a. 보수–진보적 성향으로 대별되던 여성단체 대표들이 함께 국제대회에 <u>다녀온</u> 후 보고회를 열어 관심을 모은다. 〈조선일보 생활(93), 조선일보사, 1993〉

  b. 특히 대외 신뢰가 점차 회복되고 증시가 활황을 <u>지속하는 가운데</u> 장단기 해외자금이 혹은 투자로, 혹은 투기로 속속 밀려드는 시점이어서 외환시장 전망이 매우 불투명한 것은 사실이다. 〈조선일보 사설(99), 조선일보사, 1999〉

  c. 그러나 대지 면적 중 택지에 포함되지 않는 영업용 건물의 부속 토지 등을 <u>제외할 경우</u> 실제 이들 가구의 택지 보유 비중은 이보다 훨씬 높을 것으로 추정되고 있다. 〈조선일보 경제(90), 조선일보사, 1990〉

  d. LG홈쇼핑에 따르면 한국 대표팀의 월드컵 평가전이 열렸을 때 상품 편성을 바꿔가며 매출 변화를 <u>알아본 결과</u> 주방용품, 속옷, 다이어트 식품 등의 판매량 이 평소보다 5~10% 증가했다. 〈동아일보 경제(2002), 동아일보사 2002〉

---

4) 채숙희(2002:109–10). 여기서 원래의 의미가 줄어든다는 것은 어휘적 의미가 줄어든다는 것을, 그리고 전체의 추상적인 의미의 발생은 연결의 기능이라는 문법적 관념의 추가로 볼 수 있다.

5) 고려대학교 민족문화연구원의 '현대한국어 용례검색기'는 SJ-RIKS Corpus라고 알려져 있 으며 http://riksdb.korea.ac.kr에서 이용할 수 있다. 이 논문에 제시된 용례의 검색 기준일 은 2018년 2월 12일이다.

최운호(2005)에서는 일반명사 중에서 관형절과의 결합 비율이 높은 명사를 대상으로 해당 용례의 사용 비율의 정도 차이가 어떤 분포를 보이는지를 코퍼스를 통하여 분석하였다. 본 논문에서는 1999년 12월~2003년 1월까지 생산된 6천만 어절 규모의 한겨레신문의 기사에 형태 주석을 붙이고 가공한 최운호(2005)의 연구 결과를 재해석하여 자료로 활용하였다. 한겨레신문 자료를 분석한 결과 일반명사가 관형절과 결합하는 비율은 전체 일반명사의 토큰 빈도를 기준으로 약 7.8%였다. 접속 기능을 하는 대표적인 명사들의 관형절과의 결합 비율은 [그림 2]에 제시된 것처럼 9%~90%까지 다양하게 분포하고 있다.

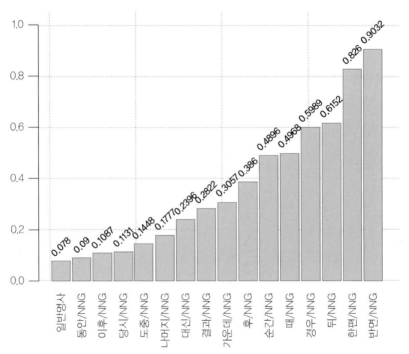

[그림 2] 접속기능 명사의 관형절과의 결합 비율

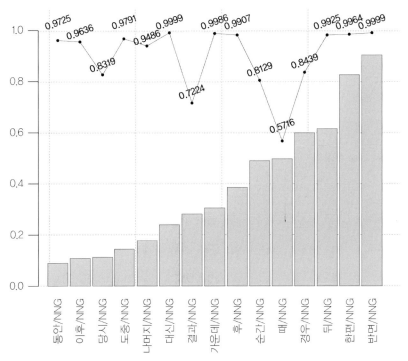

[그림 3] '관형절 + 일반명사' 구성의 접속기능 부담률

관형절과의 결합 비율이 높은 명사들이 후행하는 문법 요소의 도움 없이, 또는 부사격 조사 '에'와 결합하여 부사어를 구성하는 비율은 [그림 3]과 같다. [그림 3]은 '관형절 + 일반명사' 구성 중에서 접속의 기능을 하는 부사어를 구성하는 비율을 측정한 것이다. 관형절과의 결합 구성을 이루는 비율은 '반면 〉 한편 〉 뒤 〉 경우 〉 때 〉 순간 〉 후 〉 가운데 〉 결과 〉 대신 〉 나머지 〉 도중 〉 당시 〉 이후 〉 동안'의 순서를 보이지만, 이 구성 중에서 접속 기능의 부사어를 이루는 비율의 순서로 나열하면 '대신 〉 반면 〉 가운데 〉 한편 〉 뒤 〉 후 〉 도중 〉 동안 〉 이후 〉 나머지 〉 경우 〉 당시 〉 순간 〉 결과 〉 때'이며 15개 명사 중 10개 명사가 90% 이상의 비율로 관형절과의 결합 구성을 이룰 때 접속의 기능을 하는 것으로 조사되었다.

명사는 사물의 이름을 나타내는 단어이면서 통사적으로는 주어, 목적어, 보어, 부사어, 관형어에 모두 관여하는 범주이다. 그리고 그 분포의 의존성에 따라서 자립명사와 의존명사로 구분하지만, 자립명사 중에도 어휘적 의미의 추상화와 함께 문법적 기능을 부담하는 정도에 차이가 있다. 그리고 접속 기능을 부담하는 명사들 사이에서도 그 부담률에는 정도의 차이가 있다. 지금까지 제시한 분석 자료는 바로 이러한 기능 부담의 정도에 따른 단계적 차이를 코퍼스를 통하여 확인하고 계량한 결과이다. 실제 우리가 사용하는 언어의 다양한 면모를 이산성에 의한 구분 방식으로 범주화하여 기술하는 것에는 어느 정도 한계가 있으며 그런 단점을 보완한다는 점에서 코퍼스를 활용한 한국어 연구에 의의가 있다고 할 수 있다.

2.2. 명사와 격조사의 결합에 따른 분포

명사의 사용 양상에 따른 분포는 다양한 기준에 의해서 관찰해 볼 수 있다. 그리고 어떤 특정 분포 양상도 동일한 수치로 계량화되기는 힘들 것이다. 명사가 결합할 수 있는 격조사의 유형과 분포도 명사의 특성을 밝히는 기준 중에 하나가 될 수 있을 것이다. 어떤 명사는 주로 주격 조사와 결합하여 주어로 쓰이는 경향이 있다든지, 또는 보어로 쓰이는 경향이 있다든지 하는 것이 그러한 특징 중에 하나이다. 그리고 그러한 특징을 계량화하여 측정하면 명사가 보여주는 분포가 단계적 척도[6]를 보인다는 것을 알 수 있다. 이선웅(2014)에서는 모든 명사를 동일한 범주로 묶어서 설명하기에는 그 분포가 다양한 점을 들어서 '명사의 명사성'이라는 기준을 설정하고 명사를 분류하고 있다.

---

6) 남길임(2014:168)은 이러한 특징이 "품사나 문법 규칙의 다단계성(scale)"이며 "문법화나 원형이론 등에서 정도성과 원형성의 개념은 언어의 본질을 가장 효율적으로 기술할 수 있는 원리 중 하나로 논의되어 왔다."라고 설명하고 있다.

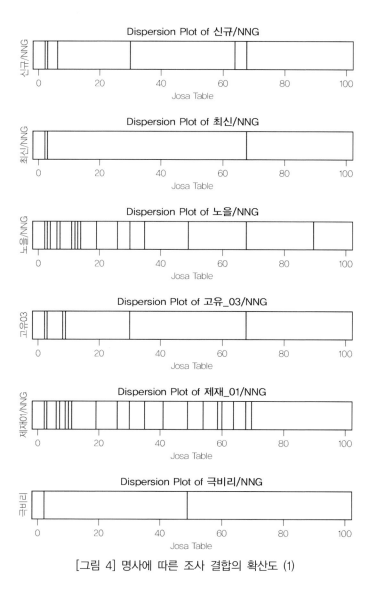

[그림 4] 명사에 따른 조사 결합의 확산도 (1)

　[그림 4]는 '21세기 세종계획'에서 배포한 '형태–의미분석 말뭉치'에서 추출한 명사[7]가 104개의 조사와 어떻게 결합 분포를 보이는지를 보여주는 확산도(dispersion plot)이다. 100여 개의 조사 중에서 [그림 4]에 제시된 명

사에 결합하는 조사의 유형은 제한적이며 각 명사마다 결합 가능한 조사의 집합도 서로 다른 유형을 보이고 있음을 알 수 있다. 조사 결합 분포의 다양성을 기준으로 본다면 '제재01'과 '노을'은 다른 명사에 비해서 상대적으로 다양한 분포를 보이고 있음을 그림을 통해서 파악할 수 있는 반면, '극비리', '최신', '고유03'은 조사 결합 분포가 제한적임을 알 수 있다. 조사 결합의 분포가 제한적인 명사인 '극비리', '필생01', '은연중', '모종02', '만반01', '첫눈01'을 대상으로 확산도를 생성한 결과가 [그림 5]에 제시되어 있는데, 이를 통하여 그러한 분포의 제약을 확인해 볼 수 있다. [그림 5]의 확산도에 제시된 결합 가능한 조사의 분포만을 기준으로 사용하여 명사들의 분포적 유사성에 따라 군집을 분할한다면 {극비리, 은연중, 첫눈01}과 {필생01, 모종02, 만반01}으로 군집을 구성해 볼 수 있는데 여기에는 분포의 질적 특징만 반영되었고 양적 특징은 반영되지 않았다.

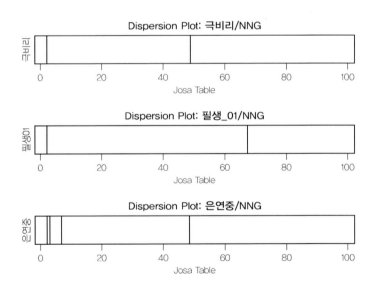

---

7) 격조사와의 결합 분포는 '21세기 세종계획'의 결과물 중 '형태-의미 분석 말뭉치'를 사용하였다. 이 코퍼스의 규모와 특징에 대해서는 김흥규·강범모·홍정하(2007)을 참조하라.

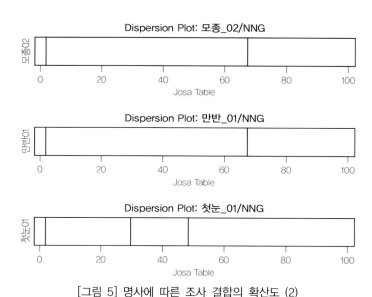

[그림 5] 명사에 따른 조사 결합의 확산도 (2)

　명사에 결합하는 조사 분포의 질적 특성만을 반영하여도 명사 분포의 특징을 개략적으로 파악해 볼 수 있지만, 양적인 특징까지 반영한다면 명사와 조사 결합 분포의 특성에 대한 상세한 파악이 가능해 질 수 있다. 최운호(2017)에서는 14개의 격조사와 빈도 30을 넘는 명사의 결합 테이블을 구성하였는데 이 자료를 활용하여 명사의 분포적 특징을 파악해 보기로 한다. 이 연구에서는 '21세기 세종계획'의 '형태−의미 분석 말뭉치'에서 추출한 7,015개의 명사와 14개의 격조사를 결합 관계를 테이블로 구성하였는데 14개 격조사의 목록은 다음과 같다.

(4)　격조사 14개 목록
　　가/JKC (M01),　　가/JKS (M02),　　과/JC (M03),　　과/JKB (M04),
　　를/JKO (M05),　　보다/JKB (M06), 에/JKB (M07),　　에게/JKB (M08),
　　에게서/JKB (M09), 에서/JKB (M10), 으로/JKB (M11), 으로서/JKB (M12)
　　으로써/JKB (M13), 의/JKG (M14)

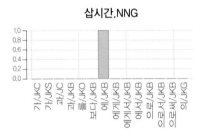

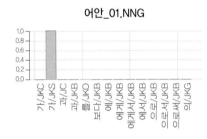

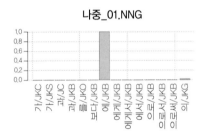

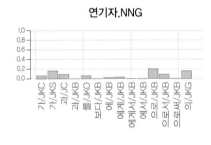

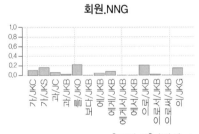

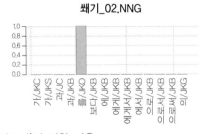

[그림 6] '명사 + 격조사'의 결합 비율

명사에 결합하는 격조사의 유형과 각 결합 형태의 비율을 임의의 8개 명사에 적용하여 그림으로 생성한 결과가 [그림 6]에 제시되어 있다. 명사 '삽시간'이나 '어안01', '쐐기02'는 14개의 격조사 중에서 1개의 격조사와만 결합하는 어휘로 조사되었으며 각각 '에/JKB', '가/JKS', '를/JKO'와만 결합하고 있다. '맞장구'는 '가/JKS', '를/JKO'와만 결합하고 '나중01'은 '에/JKB', '의/JKG'와 결합하지만 두 명사 모두 서로 다른 특정한 격조사와의 결합 비율이 압도적으로 높다. 반면, '연기자', '회원'은 14개의 격조사와 골고루 결합하며 문장 내에서 다양한 기능을 하는 것으로 나타난다. 분석 대상인 7,015개 명사에 대해서 격조사와의 결합 분포에 따라 '맞장구/NNG'와의 유사도를 측정한 결과8)를 그래프로 나타내면 [그림 7]과 같다.

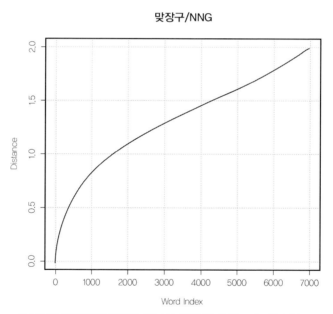

맞장구/NNG

[그림 7] '맞장구/NNG'와 격조사 결합의 유사도에 따른 분포

---

8) 유사도 측정은 거리 측정과 같다. 거리 측정 방법에 대해서는 최운호·김동건(2009), 최운호(2010)을 참조하라.

명사	유사도	명사	유사도	명사	유사도	명사	유사도
기지개	0.0076	시치미	0.0241	종지부	0.0404	망신02	0.0629
각광02	0.0082	쐐기02	0.0241	한몫	0.0488	전력01	0.0645
절02	0.0224	총력	0.0241	반기02	0.05	심혈01	0.0727
세수04	0.023	팔짱	0.0241	법석01	0.0513	구실01	0.0732
기겁	0.0241	영문01	0.0241	첫발	0.0526	뜸02	0.0812
기승02	0.0241	고개01	0.0246	자초지종	0.0575	팥죽	0.087
김02	0.0241	신세01	0.0247	멱살	0.0585	손뼉	0.0882
떼02	0.0241	도망02	0.036	반색01	0.0588	촉각01	0.0913
박차01	0.0241	중상08	0.0365	행세01	0.0604	이사14	0.0957
선01	0.0241	한눈03	0.0365	곤욕	0.0606	악수06	0.0967

[표 1] '맞장구/NNG'와 유사도가 높은 명사

[그림 7]에서 드러나듯이 격조사와의 결합 유형에 따라서 어떤 어휘는 '맞장구/NNG'와 유사한 분포를 보이는 반면에 어떤 어휘는 '맞장구/NNG'와 완전히 다른 분포를 보인다는 것을 알 수 있다. '맞장구/NNG'를 제외한 7,014개 명사 중에서 '맞장구/NNG'와 유사한 격조사 결합 분포를 보이는 상위 40개의 명사가 [표 1]에 제시되어 있다. [그림 7]과 [표 1]은 특정 명사를 중심으로 이 명사가 다른 어휘와 어떤 차이를 보이는지 측정한 결과인데, 이를 7,015개 모든 명사의 상호 간의 차이로 확장한다면 그 결과는 2차원 이상의 공간에 표상되어야 한다. [그림 8]은 다차원척도법(MDS)을 적용하여 명사가 격조사와 결합하는 질적, 양적 양상에 따른 분포를 공간에 투영한 결과이다. 권재일(1988)과 남길임(2014)에서 밝혔듯이 양분법적인 범주화로는 설명하기 어려운 다양한 현상이 코퍼스 분석을 통하여 드러난다는 것을 [그림 8]의 분석 결과를 통하여 알 수 있다.

MDS (k=2)

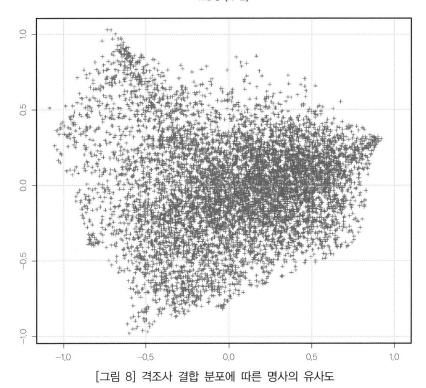

[그림 8] 격조사 결합 분포에 따른 명사의 유사도

3. 맺음말

본 연구에서는 코퍼스 자료의 분석을 통하여 다양한 척도와 정도성으로 설명할 수밖에 없는 한국어의 언어 현상을 살펴보았다. 형태, 의미, 기능이라는 기준에 의하여 분류된 명사 범주에는 관형절과 결합하는 통사 구성에서 문장을 연결하는 접속 기능의 부담률이 높아지는 일반명사(자립명사)가 현대 한국어에 활발히 사용되고 있으며, 이를 6천만 어절 규모의 한겨레신문 말뭉치 분석 결과를 통하여 확인할 수 있었다. 또한 격조사와의 결합에 따라서 명사가 문장의 구성에 참여하는 기능은 다양하게 나타나는데 그러한 기능적 측면을 기준으로 보면 이선웅(2014)에서 시도했던 '명사의 명사성'이라는 것이 과연 무엇인지에 대한 세밀한 탐구가 코퍼스 자료를 통하여 입증되어야할 필요가 있다. 첫 번째로 제시한 접속 기능 명사의 결과는 문법화 과정과 관련한 연구로 확장되어야 할 필요가 있다. 두 번째로 제시한 명사의 격조사 결합 분포 유사도에 따른 명사 분류는 분포의 무게중심(center of gravity)에 위치하는 명사는 어떤 명사인지를 결정짓는 자질을 귀납적으로 추출함으로써 본 연구를 확장해 나갈 필요가 있다. 또한 각 변방에 나타나는 명사의 특징을 결정해 주는 자질에 대한 탐구도 함께 이루어진다면 명사의 문법에 대한 미시적이고 체계적인 연구가 가능해지리라 예상해 본다.

참고문헌

강범모(2011), "언어, 컴퓨터, 코퍼스언어학(개정판)", 고려대학교 출판부.

권재일(1988), 문법기술에서의 '정도성'에 대하여, "국어국문학" 100, 국어국문학회, 33-91.

권재일(2012), "한국어 문법론", 태학사.

김흥규 · 강범모 · 홍정하(2007), 21세기 세종계획 현대국어 기초말뭉치: 성과와 전망, "한국정보과학회 언어공학연구회 학술발표 논문집", 한국정보과학회 언어공학연구회, 311-316.

남길임(2014), 말뭉치언어학의 관점에서 바라본 명사의 정도성-관형성과 피수식성을 중심으로-, "언어과학연구" 70, 언어과학회, 151-171.

이선웅(2014), 한국어 명사류어의 명사성 검증, "어문연구" 42(1), 한국어문교육연구회, 37-62.

정희정(2000), "한국어 명사 연구", 한국문화사.

채숙희(2002), "연결어미 상당의 명사구 보문 구성연구", 서울대학교 석사학위논문.

최운호(2005), '관형절 + 일반명사' 구성의 접속 기능에 대한 계량적 연구-'가운데'와 '경우'를 중심으로-, "한글" 269, 한글학회, 135-160.

최운호(2010), 레벤시타인 거리를 이용한 방언거리의 계산과 몽골어의 분석, "알타이학보" 20, 한국알타이학회, 127-160.

최운호 · 김동건(2009), 군집분석 기법을 이용한 텍스트의 계통 분석-수궁가 "고고천변" 대목을 대상으로-, "인문논총" 62, 서울대학교 인문학연구원, 203-229.

최운호(2017), 한국어 '명사 + 격조사' 결합의 양상, "언어학" 78, 한국언어학회, 3-30.

홍윤표(2012), "국어정보학", 태학사.

언어학과 네트워크 연구방법론

_ 정성훈

1. 서론

언어는 의사소통의 수단으로서 우리의 삶과 뗄 수 없는 소중한 존재이다. 이러한 언어를 과학적으로 연구하는 학문 분야가 바로 언어학(linguistics)이다. 언어학은 크게 언어의 본질과 변화, 그 자체에 대한 이해를 목적으로 하는 이론언어학(theoretical linguistics)과 언어학의 이론을 바탕으로 실생활에 적용하려는 실용적인 목적의 응용언어학(applied linguistics)으로 나누어 살펴볼 수 있다. 이론언어학은 음성학, 음운론, 형태론, 통사론, 의미론 등과 같은 분야로, 언어의 본질과 기능, 언어 변화 등을 연구대상으로 하며, 인간의 언어를 체계적으로 연구함으로써 문법(grammar)과 같은 인간의 내재화된 지식을 규칙화하는 데 그 목적이 있다. 응용언어학은 심리언어학, 사회언어학, 컴퓨터언어학 등과 같은 분야로서, 우리 생활 속에서 삶의 질을 향상시키고자 하는 언어학 분야이다.

최근 응용언어학에서는 심리학, 사회학, 컴퓨터 공학 등과 같이 이웃하는 학문 분야와의 협동 연구가 매우 활발해지는 추세이다. 예를 들어, 심리언어학에서는 인간이 어떻게 언어를 처리하고 반응하는지에 대해 관심을 갖는데, 모어 및 외국어 습득, 음성의 심리적 인식, 단어의 기억과 연상 등에 대한 연구가 활발하다. 사회언어학에서는 사회적 요인과 관련한 언어 현상에 대해서 관심을 갖고, 언어정책, 이중 언어 사용, 사회방언 등에 대한 연구가 활발히 진행되고 있다. 컴퓨터언어학에서는 컴퓨터가 인간의 언어를 적절하게 처리할 수 있는지에 대한 연구가 활발히 진행되고 있는데, 음성인식과 합성, 자연언어처리(NLP), 기계번역 등에 대한 연구가 바로 그것이다.

위와 같이 응용언어학에서는 여러 학문 분야와의 융합과 함께 언어에 대한 다양한 연구방법론이 모색되어 왔다. 그 중 네트워크 분석 방법론은 사회학, 컴퓨터공학, 수학 등의 분야와 연계되어 최근 언어학을 연구하는 하나의 방법론으로 주목받고 있다. 네트워크 분석 방법을 이용한 언어학 연구는 수학과 통계학의 이론을 바탕으로 컴퓨터를 이용하여 언어를 처리하고 네트워크(network) 분석을 수행한다는 점 등에서는 응용언어학에 속한다고 할 수 있지만, 언어의 본질과 기능 등을 관찰하고 설명하려고 한다는 점에서는 이론언어학과도 맥이 닿아 있다.

본 연구에서는 최근 언어 처리와 분석에서 활발히 활용되고 있는 네트워크 연구방법론과 분석방법, 네트워크 연구의 역사를 살펴보고, 최근 언어학 연구에서 다루고 있는 네트워크 연구들을 고찰하면서 앞으로의 연구 과제를 전망하고자 한다.

2. 네트워크 연구방법론

2.1. 네트워크 연구방법론과 그 의의

'네트워크(network)'는 각 개체들이 서로 연결되어 있는 관계를 표현하는 용어로, 다양한 학문 분야에서 연결망, 관계망, 복잡계 등으로 사용된다. 따라서 네트워크는 학문 분야에 따라 다양하게 정의될 수 있는데, 예를 들어 사람들이 서로 교류하는 관계는 '인맥 네트워크'가 되며, 공항과 항공기의 노선이 연결되어 있는 관계는 '항공 네트워크'가 되는 것이다. 네트워크 연구방법을 활용하기 위해서는 우선 연구대상과 연구목적에 따라 노드(node)와 연결(link)에 대한 조작적 정의(operational difinition)가 있어야 한다. 조작적 정의는 구성적 정의(constitutive definition)와 반대되는 개념으로, 추상적인 구성개념을 경험적으로 측정 가능한 상태로 구체화하는 것을 말한다.[1]

이러한 조작적 정의에 따라 개체(node)를 선정하고 그 관계(link)를 설정한 후 네트워크를 구성한다. 하나의 네트워크에서는 개별 개체가 어떠한 위치에 놓여 있는지에 따라 각 개체의 행위가 달라질 수 있고 다른 개체에도 영향을 줄 수 있다. 이것은 다시 네트워크 구조에 변화를 가져올 수도 있다. 이런 점에서 각 개체와 네트워크 구조 사이에는 상호작용이 존재하며, 이 상호작용에 의해 네트워크는 안정되고 고정되어 있는 구조가 아니라 항상 변화 가능한 역동적인 구조로 가정된다.

네트워크 연구방법론은 크게 두 가지 입장에서 생각할 수 있다. 우선 네트워크 연구방법이 통계분석 방법을 보완한다는 관점이 있다. 네트워크 연구방법을 활용한다면 기존의 통계분석 방법이나 직관으로는 쉽게 발견할 수 없는 유의미한 연구 결과들을 도출해 낼 수도 있다는 입장이다. 다른 입장에서는 네트워크 연구방법은 기존의 연구방법과는 완전히 다른 새로운 패러다임(paradigm)의 연구방법론으로, 사회현상이나 자연현상을 분석할 때 훨씬 탁월한 연구방법이라는 것이다.

어느 입장을 취하든지, 네트워크 연구방법은 언어학을 비롯한 다양한 학문 분야에서 응용될 수 있는 하나의 연구방법으로서, 다양한 구조와 각 개체의 관계를 분석하는 중요한 연구방법론 중의 하나라는 것이다. 사실 인간을 둘

---

[1] '구성개념'이란 물리적 속성을 갖고 있지는 않지만 그 실체(reality)가 존재할 것이라고 믿는 추상적인 개념을 말한다.

러싼 거의 모든 환경들은 다양하고 수많은 구성요소로 이루어진 네트워크임을 쉽게 알 수 있다. 인간의 언어도 예외가 아닐 것이다. 음운, 어휘, 문장 등의 언어 단위에 대한 개별적인 속성을 부여하여 언어를 분석하는 것이 아니라 그들 언어 단위들의 관계적 속성으로 분석할 수 있다. 이러한 언어 네트워크(linguistic network)를 통해 언어 단위에 따라 층위를 다르게 하여 언어를 다양하게 분석해 낼 수도 있다. 언어 네트워크는 각 언어 단위의 속성뿐만 아니라 언어 단위 간 연결 상태나 연결 구조의 특성 등을 계량적으로 분석하고, 이를 시각적으로 표현하는 데도 아주 유용하다(정성훈 2014:51).

다음 절에서는 네트워크의 개념과 언어 네트워크에 대해서 알아보도록 한다.

2.2. 네트워크 유형과 네트워크 분석 방법[2)]

네트워크는 노드(node)와 링크(link)으로 구성되며, 링크의 방향성(direction)과 가중치(weighted)에 따라 네트워크 기본 유형 4가지로 구분한다. 방향성은 노드 간 연결에 일정한 방향성이 있는 것을 의미하며, 가중치는 링크의 정도(degree)를 의미한다.

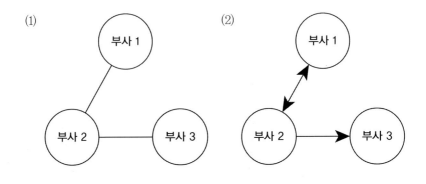

---

2) 2.2.는 정성훈(2014)의 3.1.1.을 정리한 것이다. 자세한 내용은 정성훈(2014)의 3.1.1.을 참고하기 바란다.

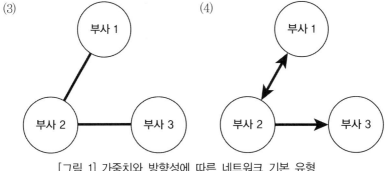

[그림 1] 가중치와 방향성에 따른 네트워크 기본 유형

[그림 1]에서 (1)은 링크의 가중치와 방향성이 없는 네트워크(undirected binary network)이고, (2)는 링크의 가중치는 없지만 방향성이 존재하는 네트워크(directed binary network)이다. (3)은 링크의 방향성은 없지만 가중치가 존재하는 네트워크(undirected weighted network)이고, (4)는 링크의 가중치와 방향성이 모두 존재하는 네트워크(directed weighted network)이다.

네트워크의 분석 층위(category)에 따라 네트워크를 유형화하기도 한다. [그림 2]의 (1)처럼, 네트워크의 노드들이 2개의 분석 층위로 구성되어 있으면 '2원 네트워크(two-mode network)'라고 하고, [그림 2]의 (2)처럼, 1개의 분석 층위로 구성되어 있으면 '1원 네트워크(one-mode network)'라고 한다. 2원 네트워크는 노드들이 이질적인 속성을 가진 두 개의 집합으로 구성된 네트워크이다.[3] 2원 네트워크는 '연계 네트워크(affiliation network)'

3) 1원 네트워크의 행렬은 행과 열의 요소들이 모두 하나의 집합으로 구성되는 데 비해, 2원 네트워크의 행렬은 행과 열의 요소들이 다른 집합으로 구성된다. 현재 알려진 대부분의 네트워크는 2원 네트워크가 많다. 그런데 2원 네트워크가 그것 자체로 분석되는 경우는 거의 없다. 네트워크 기본지표들이 모두 1원 네트워크를 기반으로 하고 있기 때문에 특수한 경우를 제외하고는 모두 1원 네트워크로 변형한(transform) 뒤 분석한다. 2원 네트워크를 1원 네트워크로 변형하는 과정을 '투사(projection)'라고 한다. 엄밀히 말하자면, 투사가 일어날 때는 일정한 정보의 손실이 일어나는데, 최근 컴퓨터의 발달과 함께 투사하지 않고 계산하는 방법이나 최대한 정보의 손실 없이 투사하는 방법 등이 고안되고 있다(Opsahl, T. 2010).

또는 '2부 네트워크(bipartite network)'로 불리기도 하는데, 2원 네트워크는 연구 대상이 되는 '1차 네트워크(primary node network)'와 연구 대상을 나타내 주는 '2차 네트워크(secondary node network)'로 나뉜다(Borgatti and Everett, 1997). 1원 네트워크는 노드들의 속성이 서로 유사한 집합으로 구성된 네트워크이다.

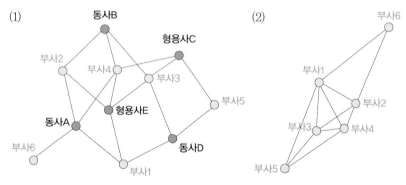

[그림 2] 2원 네트워크와 1원 네트워크 구조

분석 수준(analysis level)에 따라 네트워크를 전역 네트워크(global network)와 지역 네트워크(local network)로 구분하기도 한다.[4] 전역 네트워크는 네트워크를 구성하는 n개 노드의 전체에 대한 네트워크이고, 지역 네트워크는 분석하고자 하는 하나의 노드를 중심으로 다른 노드들과의 관계를 살펴보는 네트워크이다. 일반적으로 네트워크 분석 수준에 따라서 네트워크 분석 방법도 달라진다(정성훈 2014:54).

첫째, 전역 네트워크 수준에서 분석하는 경우이다. 이 분석방법에는 거시 분석지표가 사용된다. 밀도(density), 포괄성(inclusiveness), 지름(diameter), 반경(radius), 군집계수(clustering coefficient) 등이 이에 해당되며,

---

4) 지역 네트워크는 '자기중심 네트워크(ego-centric network)'라고도 한다.

네트워크 구조의 속성과 기본 특성을 파악하고자 하는 것이다.

둘째, 지역 네트워크 수준에서 분석하는 경우이다. 네트워크상에서 핵심이 되는 하나의 노드에 대해 분석을 수행하며, 연결 중심성(degree central-ity), 연결강도 중심성(strength centrality), 매개 중심성(betweenness centrality), 근접 중심성(closeness centrality) 등의 지표가 사용된다.

셋째, 전역 네트워크와 지역 네트워크 수준에서 동시에 분석하는 경우이다. 이를 하이브리드 분석(hybrid analysis)이라고 하는데, 전역 네트워크 수준에서 분석을 시작하여 지역 네트워크 수준으로 다시 분석하는 것이다. 전역 네트워크 수준에서 밀도, 포괄성, 평균거리 등의 지표를 사용하고, 지역 네트워크 수준에서는 일반적으로 연결정도 중심성, 근접 중심성, 매개 중심성 등의 지표를 사용한다. 또한 지역 네트워크 수준에서는 각 노드(ego)의 위세와 이웃 노드(neighborhood node)들의 위세(prestige)를 함께 고려하여 분석하는 지표도 있는데, 파워 중심성(power centrality), 페이지 랭크(page rank), 구조적 공백(structural hole) 등이 이에 해당한다.

넷째, 네트워크 내의 하위집단(cluster) 수준에서도 분석이 가능하다. 유사한 특성을 공유하고 유사한 기능을 하는 노드들은 네트워크 내에서 하위집단을 구성하는데 집단 간 네트워크의 특성을 파악할 수 있다. 하위집단 분석에는 군집분석(clustering analysis), 구조적 등위성 분석(structural equi-valence analysis), 구성집단 분석(component analysis), 결속집단 분석(clique analysis) 등이 있다.[5]

---

5) 결속집단(clique)은 서로 직접적으로 연결되어 있으며, 다른 집단에 속해 있지 않는 최대 하위집단(maximally complete subgraph)으로 정의된다. 결속집단은 구성집단(component)의 부분 집합이다. 즉, 결속집단은 노드들끼리 서로 도달할 수 있고, 직접적인 관계를 맺는 집단이다(김용학 2011:80). 한편 구성집단(component)은 직접적으로 혹은 간접적으로 서로 연결되어 있는 집단을 말한다. 결속집단과 달리 노드들이 직접 연결되지 않아도 되고 서로 도달할 수 있으면, 노드들은 구성집단을 형성할 수 있다. 따라서 구성집단의 구성원은 서로 독립적이지 않고 중첩될 수도 있다. 즉 구성집단 'A'의 구성원은 구성집단 'B'의 구성원이 될 수도 있다.

2.3 네트워크의 기본지표[6]

이번 절에서는 전역 네트워크와 지역 네트워크에서 사용되는 기본적인 네트워크 지표들에 대해서 살펴보도록 한다. 앞서 이야기하였듯이, 전역 네트워크에서는 밀도(density), 포괄성(inclusiveness), 지름(diameter), 반경(radius), 군집계수(clustering coefficient) 등을 측정하고, 지역 네트워크에서는 연결 중심성(degree centrality), 연결강도 중심성(strength centrality), 매개 중심성(betweenness centrality), 근접 중심성(closeness centrality) 등을 측정한다.

먼저, 전역 네트워크 기본지표를 알아보자. 밀도(density)는 '연결 가능한 총 링크 중에서 실제 연결된 링크의 수'로 정의된다.[7] 따라서 밀도는 0과 1 사이의 값을 가지며, 밀도가 1인 네트워크는 노드들이 빠짐없이 연결되어 있다는 의미이다. 일반적으로 네트워크의 크기가 커질수록 밀도는 작아진다고 알려져 있는데, 노드들이 많은 네트워크는 밀도가 매우 낮게 나타난다고 한다(김용학 2011).

포괄성(inclusiveness)과 포괄성 비율(inclusiveness rate)도 전역 네트워크를 나타내는 기본지표 중 하나이다.[8][9] 포괄성은 '전체 노드 중에서 다

---

6) 2.3.은 정성훈(2014)의 3.1.2.을 정리하였다. 자세한 내용은 정성훈(2014)의 3.1.2.을 참고하기 바란다.

7) 밀도를 구하는 공식은 다음과 같다.
$$D_{undirectional} = \frac{E}{\frac{N(N-1)}{2}}, \ D_{directional} = \frac{E}{N(N-1)}$$

8) 포괄성을 구하는 공식은 다음과 같다.
$$I = \frac{(N-N_0)}{N}$$

9) 포괄성 비율을 구하는 공식은 다음과 같다.
$$I_R = \frac{N_0}{(N-N_0)}$$

른 노드에 연결되지 않고 고립되어 있는 노드를 뺀 값을 전체 노드로 나눈 값'으로 정의된다. 포괄성 비율은 '서로 연결되어 있는 노드들과 연결되어 있지 않은 노드(isolates)의 비율'로 정의된다. 즉 포괄성은 전체 노드 중에서 링크를 갖지 않는 노드를 제외한 노드의 개수를 전체 노드로 나눈 것을 의미하며, 포괄성 비율은 연결된 노드와 연결되지 않은 노드의 오즈비(odds ratio)이다. 포괄성은 네트워크의 크기에 의해서 영향을 받기 때문에 네트워크 간 비교가 불가능하지만, 포괄성 비율은 네트워크의 크기에 영향을 안 받도록 표준화한 비율이기 때문에 네트워크 간 비교가 가능하다.

네트워크의 지름(diameter)과 반경(radius)은 노드와 노드 사이의 최소 거리(shortest path)에 대한 기본지표 중 하나이다. 한 노드에서 가장 멀리 떨어져 있는 노드와의 거리를 이심률(eccentricity)이라고 하는데, 각 노드마다 이심률을 계산하였을 때, 가장 큰 이심률의 값이 지름이 되고, 가장 작은 이심률의 값이 반경이 된다. 따라서 지름은 네트워크에서 가장 멀리 떨어져 있는 두 노드 사이의 최소 거리를 의미하는데, 지름이 짧을수록 소위 "작은 세상(small world)"의 특성이 높고, 정보 전달의 신속성과 효율성이 높다고 할 수 있다.[10]

군집계수(clustering coefficient)는 네트워크가 얼마나 응집되어 있는지를 나타내는 기본지표 중의 하나이다.[11] 군집계수는 최소한 2개의 링크로 이

---

10) '작은 세상 네트워크'는 '와츠-스트로가츠 모델(Watts-Strogatz model)'이라고 부르기도 한다. 규칙적인 네트워크(regular network) 경우에는 일부 임의의(random) 링크로 멀리 떨어져 있는 노드로 가는 경로가 매우 드문데, '작은 세상 네트워크'는 몇 개의 임의의 링크만으로도 노드 사이의 거리가 현저히 감소하는 네트워크이다. 네트워크 연구 초기에는 '규칙적인 네트워크', '작은 세상 네트워크', '무작위 네트워크(random network)'가 서로 다른 모델로 인식되었으나, 네트워크에 대한 이해가 깊어지면서 최근에는 각 모델을 '임의성(randomness)'에 대한 연속성의 개념으로 이해한다. 즉 규칙적인 네트워크를 기본으로 임의성이 높아짐에 따라 '작은 세상 네트워크', '무작위 네트워크'로 발전하는 것이다. 뒤의 3.4. 참고.

11) 'clustering coefficients'는 연구 분야에 따라 '중심화 지수', '군집화 계수', '집단화 계수', '결집계수' 등의 용어가 사용된다.

루어진 3개의 노드(triplets)가 닫혀 있는지(closed) 닫혀 있지 않은지(open)
를 측정하여 계산한다.[12] 즉 군집계수는 하나의 네트워크에서 특정 노드가
이웃 노드의 이웃 노드와 서로 연결될 확률이다.[13] 쉽게 말하자면, 군집계수
는 친구 네트워크(friendship network)에서 나의 친구들이 서로 친구인 확
률을 의미한다.

다음은, 지역 네트워크 기본지표를 알아보자. 연결 중심성(degree cen-
trality)은 네트워크상에서 하나의 노드가 다른 노드와 연결되어 있는 링크의
수이다.[14] 연결 중심성은 노드의 중요성을 나타내는 가장 간단한 지표로서
네트워크에서 연결 중심성이 높은 노드는 가장 강력한 힘(power)을 갖는다
는 기본적인 믿음을 바탕으로 한다(Wasserman and Faust 2009). 네트워
크에서 노드의 영향력을 단순히 노드의 링크 수로만 평가할 수는 없지만, 연
결 중심성이 높은 노드가 지역 네트워크 수준에서는 강한 영향력을 갖는다는
것이 알려져 있기 때문에 네트워크 분석에서 가장 기초적이고 중요한 지표로
사용된다.

가중치가 있는 네트워크에서는 노드가 연결된 링크의 수뿐만 아니라 링크
의 강도(strength)도 고려해야 한다. 링크의 수가 적더라도 링크의 강도가
높은 노드는 링크의 수가 많더라도 링크의 강도가 낮은 노드에 비해서 힘이
더 강력할 수 있기 때문이다. 이런 이유로 인해, 가중치가 있는 네트워크에서
는 '연결강도 중심성(strength centrality)'을 측정한다.[15]

---

12) 3개의 노드 사이에는 링크가 2개(open triplet) 혹은 3개(closed triplet)가 가능한데, 군집계
수는 네트워크에서 3개의 노드로 구성되는 집합 중에서 3개의 노드가 모두 연결되어 있는
(closed triplet) 집합의 수의 비율이다.

13) 군집계수를 구하는 공식은 다음과 같다.
$$C = \frac{\text{실제 closed triplet의 수}}{\text{가능한 closed triplet의 수}}$$

14) 연결 중심성을 구하는 공식은 다음과 같다.
$$C_D(i) = \sum_{j=1}^{n} a_{ij}$$

매개 중심성(betweeness centrality)은 네트워크상에서 한 노드가 다른 노드들 사이의 중개자(broker) 역할을 얼마나 잘 하는가를 평가하는 분식지표로서, 매개 중심성이 높은 노드는 임의의 노드 2개의 최단 거리 사이에 위치하여 2개의 노드를 매개(transition)하는 역할을 수행한다.[16] 매개 중심성은 1개의 노드가 다른 2개의 노드의 최단 거리 사이에 위치하는 비율을 합하여 측정하는데, 네트워크에서 어느 노드가 허브(hub) 역할을 하는지를 찾아낼 수 있다.

근접 중심성(closeness centrality)은 지역 네트워크 분석에서 중요한 지표로 다루어져 왔다(Freeman 1978; Wasserman and Faust 2009; Opsahl et al. 2010). 근접 중심성은 네트워크에서 한 노드가 다른 노드들과 얼마나 멀리 떨어져 있는지를 측정하고, 그 값들의 역수를 계산하여 얼마나 가깝게 위치하고 있는지를 보여주는 근접도(closeness)로 정의된다(Freeman, 1978).[17] 근접 중심성이 높다는 것은 네트워크에서 모든 노드들에게 가장 빠르게 정보를 전달할 가능성이 높다는 것을 의미하고 반대로 모든 노드들에게서 가장 빠르게 정보를 전달받을 가능성이 높다는 것을 의미하기 때문에 네트워크에서 영향력이 매우 높다고 평가된다.

---

15) 연결강도 중심성을 구하는 공식은 다음과 같다.

$$C_D^w(i) = \sum_{j=1}^{n} W_{ij}$$

16) 매개 중심성을 구하는 공식은 다음과 같다.

$$C_B(i) = \sum_{i \neq v} \sum_{j \neq v, \neq i} \frac{g_{ivj}}{g_{ij}}$$

17) 근접 중심성을 구하는 공식은 다음과 같다.

$$C_{c2} = \frac{\sum_{v_j \in V, i \neq j} \frac{1}{d_{ij}}}{N-1}$$

3. 네트워크 연구의 역사

네트워크 연구는 기본적으로 개체와 개체 사이의 관계를 분석하며, 개체가 맺고 있는 관계들의 형태(pattern)를 분석 대상으로 한다(wasserman & Faust 2009). 네트워크에서는 개체 자체의 속성(attributes)보다는 개체와 개체 사이의 '관계(link)'를 중요하게 여긴다.[18] Watt & Strogatz(1998)는 〈네이처(Nature)〉에 네크워크에 대한 3페이지의 짧은 논문을 발표하였다. 모든 네트워크에는 지름길(short path)이 있어서 전혀 알지 못하는 사람도 몇 단계만 건너면 다 연결된다는 '좁은 세상 네트워크(small world net-work)' 모형을 제안했고, 이는 당시 학계에 '네트워크 연구'를 알리고 붐을 일으키는 전환점이 되었다. Albert, Jeong and Barabasi(1999)는 네트워크 세계에 '허브(hub)'의 존재가 있음을 수학적으로 논증하였다. 네트워크는 이전까지 무작위(random)로 연결된 세계로 간주되었지만 실제 월드와이드 웹(www)의 링크를 실제 분석해 보니 링크가 특정한 웹사이트에 집중되는 현상을 확인한 것이다. 제멋대로 얼기설기 연결된 네트워크처럼 보이지만 실제로는 특정 허브를 중심으로 네트워크가 연결되어 있다는 것을 처음 입증한 것이다. 이후 네트워크 연구방법론은 다양한 학문 분야에서 새로운 연구방법론으로 각광을 받고 있다.

3.1. 네트워크 연구의 출발

그렇다면 네트워크 연구는 언제, 어디서부터 시작되었을까? 네트워크 연구는 이론적으로는 '구조주의(structuralism)'에 근거하고 있으며, 수학 분야의 '그래프 이론(graph theory)'과도 밀접한 관계가 있다(정성훈 2014:51).

---

18) 네트워크 구조는 개체를 나타내는 노드(node)와 개체 사이의 관계를 나타내는 링크(link)으로 구성된다.

널리 알려진 대로, 구조주의는 언어학자인 소쉬르(1916)에서 출발하였다. 소쉬르(1916)는 언어를 하나의 체계(system)로 파악하고, 언어를 관계적 속성으로 설명하려고 하였다. 소쉬르(1916)에 따르면, 하나의 언어 체계 안에서 단어들이 상호의존적으로 복잡하게 얽혀 있으며, 하나의 단어는 독립적으로 의미를 지니는 것이 아니라 그 언어 체계 안에서 다른 단어들과 관계를 맺음으로써 그 의미와 속성이 규정된다. 또한 문장은 자연언어의 집합에서 사람들이 선택한 단어들의 결합으로 이루어진다. 문장에 사용될 단어들이 선택되고, 다음에 단어가 의미론적, 문법적으로 정확한 연쇄를 형성하도록 수평적으로 결합된다는 것이다. 전자를 계열체(paradigm), 후자를 통합체(syntagma)로 구분하였는데 언어가 선택영역인 계열체와 결합영역인 통합체의 두 원리에 의해서 구성된다는 아이디어가 이후 구조주의의 바탕이 되었다.

3.2. 네트워크 연구의 초창기

본격적인 네트워크 연구의 출발은 1930년대 정신과 의사인 Moreno(1951, 1953)의 소시오메트리(sociometry)로 보는 것이 가장 일반적이다. 소시오메트리는 사회적 관계를 측정하는 하나의 양적 방법으로서 일반적으로 집단 내 구성원에게 함께 활동에 참여하고 싶은 사람이나 참여하고 싶지 않은 사람을 서열화하는 방법으로써, 일정 집단 안에서 작용하는 힘(power)을 측정하고 평가한다. 모레노는 대인관계를 통한 심리 치료를 위해서 소시오메트리를 사용하였는데 소시오메트리를 통해서 친구를 어떻게 선택하는지에 대한 구조를 파악하였다. Moreno(1951, 1953)에 따르면 소시오메트리는 집단의 조직과 진화, 집단 내 개인의 위치에 대해서 다루며 사람과 사람 간, 사람과 집단 간, 집단과 집단 간의 관계를 측정할 수 있다고 한다.

1940년대에는 미국 MIT의 사회심리학자인 Bavelas(1948, 1950)에 의해 네트워크 참여자들 간 관계에 대한 실험이 실시되었다.

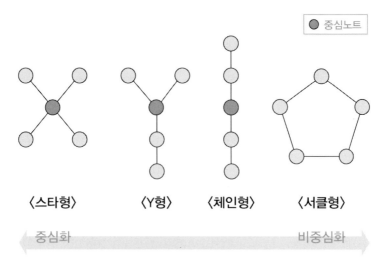

〈스타형〉　　　〈Y형〉　　　〈체인형〉　　　〈서클형〉

중심화　　　　　　　　　　　　　　　　비중심화

[그림 3] Bavelas(1948, 1950)의 네트워크 유형

　　Bavelas는 5명이 한 팀을 구성하게 한 후 이들이 공동적으로 해결하는 데 소용되는 시간과 효율성 등을 실험하였다. Bavelas는 참여자 간 네트워크 구조를 4가지로 구분하여 실험하였는데 스타형, Y형, 체인형 서클형의 네트워크 구조 중 어느 네트워크 유형이 가장 빠르고 효율적으로 사건을 해결하는지에 관심을 두었다. 그 결과, 문제 해결의 시간적 측면에서는 스타형, Y형의 네트워크 구조가 가장 탁월했으며, 문제 해결을 위한 메시지 교환은 서클형이 가장 많았다. 또한 참여자들의 만족도와 성과 향상 측면에서도 서클형이 가장 높았으며, 에러(error) 발생은 서클형이 가장 낮았다. 즉 허브를 가진 스타형, Y형의 네트워크에서는 문제의 해결점을 찾는데 가장 빨랐고 즉각적인 대처 및 실행이 가능하였으며, 서클형에서는 참여자들의 의견교환이나 만족도 등이 높은 것으로 나타났다. 이 연구는 네트워크의 중심에 대한 관심을 촉발시키는 연구로서, 한 네트워크상에서 중심이 가지는 가치와 중요성을 검증한 연구였다.

3.3. 네트워크 연구의 침체기

그러나 1950년대 이후 60년대까지는 네트워크 연구의 암흑기로 불린다 (freeman 2004). 이 시기에는 네트워크에 대한 구조적인 패러다임(structural paradigm)을 구체화한 연구가 거의 없었다. 네트워크 구조에 대한 이론적인 관심이나 데이터 수집 및 분석에 대한 접근 방법 등이 여전히 답보상태에 머문 시기였다.

3.4. 네트워크 연구의 발전기

1960년대에는 네트워크 연구사에서 큰 전환점을 맞는 두 가지 연구가 수행되었다. 첫 번째 연구는 Erdös & Rényi(1959)의 연구로서, 그래프 이론 (graph theory)을 바탕으로 한 '무작위 네트워크(random network)'이다.[19][20] 무작위 네트워크 모델은 고정변수(fix parameter)를 가지는 확률 모델(stochastic model)로서, 확률 p에 의해 선(edges)가 생성되므로 매번 그 결과가 달라지는 확률 모델$(G(n, p))$이다. n개의 점(vertices)과 m개의 선(edges)으로 구성된 임의의 네트워크 확률은 $P(G) = p^m (1-p)^{\binom{m}{2} - m}$ 이다. 무작위 네트워크(random network)는 네트워크의 점(vertices)에 의한 링크의 분포가 일반적인 종모양의 분포를 따른다고 가정하고 분석한다. 이러한 네트워크 모델은 처음 수학적으로 분석했던 Erdös & Rényi(1959)의 이름을 본 따 'Erdös-Rényi 모델'이라고도 한다. 이 모델에 따르면, 선(ed-

---

19) 그래프 이론은 점(vertices)과 선(edges)으로 구성된 그래프의 관계를 연구하는 수학의 한 분야이다.

20) 사실 1950년대 네트워크 연구에서, 그래프이론은 소시오메트리(sociometry)와 바베라스의 연구와 관련된 맥락에서 조심스럽게 나타났다. 이들 연구에서 개체는 그들이 속해 있는 집단 내에서 다른 개체를 선택하도록 요구받고 서로 의견을 교환하고 해결하는 네트워크 유형을 표나 그래프로 나타냈기 때문이다.

ges)들의 분포는 포아송 분포(poisson distribution)를 따르고 하나의 네트워크 내에서 점(vertex)들이 평균적으로 하나의 선(edge)를 가지고 있다면 네트워크는 모두 연결될 수 있다는 것이었다.[21]

두 번째 연구는 Milgram(1967)의 연구로서, 미국 시민들이 평균적으로 여섯 단계(six degrees of separation)를 거치면 서로 연결됨을 증명하였다. Milgram(1967)은 네브래스카 주의 오마하(omaha), 캔사스 주의 위치타(wichita), 매사추세츠 주의 보스턴(boston)을 선정하여 편지 전달

실험을 하였다. 시골인 오마하와 위치타에 사는 사람을 임의로 추출해서 160통의 편지를 부치고, 멀리 떨어진 보스턴의 한 증권 브로커에게 전달하도록 하는 실험이었다. 최종적으로 보스턴의 증권 브로커에게 전달된 편지는 42통이었으며, 전달된 편지는 평균 5.5명을 거친 것으로 나타났다. Milgram(1967)의 실험은 대상과 범위에 대해 많은 문제점들이 제기되어 왔지만, 세상이 얼마나 좁은지를 보여주는 '작은 세상 효과(Small World Effect)'를 보여준 시초가 되었다. 특히 이 연구는 Watt & Strogats(1998)의 연구에 큰 영향을 주었다. Watts와 Strogatz는 '작은 세상 네트워크(small world network)'라는 이론을 제시하고 모든 네트워크를 그 연결 방식에 따라 다음과 같이 3 가지로 나누었다.

(1) Watts & Strogatz의 네트워크 유형
　　ㄱ. 규칙적인 네트워크 (Regular Network)
　　ㄴ. 무작위 네트워크 (Random Network)
　　ㄷ. 작은 세상 네트워크 (Small world Network)

---

21) 무작위 네트워크(Random network)는 가장 간단한 네트워크 모델이며 수학적으로 잘 증명되고 쉽게 이해할 수 있는 네트워크 모델이다. 그러나 무작위 네트워크는 이론적인 모델로서, 실제 네트워크(real network)와는 잘 맞지 않는 점들이 많다.

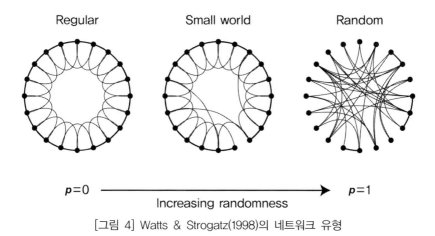

[그림 4] Watts & Strogatz(1998)의 네트워크 유형

[그림 4]에서 보듯, 규칙적인 네트워크(Regular Network)는 모든 점 (vertex)이 똑같은 수의 선(edges)을 가지는 네트워크를 말하며 일반적으로 k-regular network라고 하면 모든 점(vertex)의 평균 링크의 수가 k개라 는 의미이다. 규칙적인 네트워크(Regular Network)에서 점들의 일부가 전 혀 엉뚱한 곳으로 연결되어 있는 네트워크가 '작은 세상 네트워크(Small world network)'이다. Watts & Strogatz(1998)는 '작은 세상 네트워크'가 규칙적인 네트워크와 무작위 네트워크의 중간적인 형태이며, 이를 개체 간 최단 거리와 군집화 계수로 설명하였다. 즉 규칙적인 네트워크는 개체 간 평 균 거리가 길고 군집화 계수가 큰 반면, 무작위 네트워크는 개체 간 평균 거 리가 짧고 군집화 계수가 작다고 하였다. Watts & Strogatz(1998)에 따르 면, 다른 자연계의 네트워크에서도 일반화될 수가 있는데 인간 게놈 프로젝 트의 중추 역할을 담당했던 꼬마선충 신경 네트워크의 자료를 분석한 결과 꼬마선충 신경은 평균 2.65단계 거리로 연결되어 있다는 것이 밝혀졌는데 이는 신경 간 최단 거리(shortest path)가 존재하기 때문이라는 것이다.

3.5. 네트워크 연구의 중흥기

1990년대와 2000년대는 네트워크 분석 방법론과 네트워크 연구가 큰 발전을 이룬 시기이다. 자연과학뿐만 아니라 사회학, 정치학, 경제학, 문헌정보학 등의 여러 분야에서 네트워크 분석 방법론이 활용되었고, 네트워크 자체에 대한 연구가 활기를 띄었다. 사회과학 분야에서는 인맥 네트워크, 사회자본 네트워크, 정책 네트워크 등 실제 존재하는 네트워크에 대한 연구와 네트워크의 관계적 속성에 대한 연구 등이 활발하다. 사회 네트워크 분석(social network analysis)은 사회과학의 방법론으로 자리 잡았으며, 사회 네트워크 분석을 통해 사회의 중심(center)이라는 개념이 중요한 요소가 되었다. 사회에 중심에 위치하는 행위자는 집단내 힘(power)이 강력하여 혁신을 용이하게 하며(Ibarra, 1993), 의사결정에 영향력을 행사할 수 있으며(Friedkin, 1993), 개인의 성과가 높아진다는(Baldwin, Bedell & Johnson, 1997) 연구 결과가 있다. 또한, 한 기업에서의 자신의 네트워크의 위치에 따른 승진기회의 차이가 생기며(Burt, 1992), 구조적으로 중요한 위치를 차지하고 있는 조직은 전략적으로 중요한 위치를 통한 정책적 함의를 이끌어낼 수 있다고 한다(Scott 2000).

자연과학 분야에서도 네트워크 연구 분야가 확장되어가는 추세이다. 또한 네트워크 자체의 속성을 다루는 네트워크 구조적 특성 연구나 네트워크상에서의 동역학 문제를 다루는 연구들이 많아지고 있다. Albert, Jeong and Barabasi(1999)는 인터넷 웹페이지의 분포를 설명하는 '척도없는 네트워크(Scale Free Network)' 모델을 제시하였다. 이전의 무작위 네트워크의 링크 분포는 정규분포(normal distribution)를 따른다고 알려져 있었으나, 실제 복잡계(complexity system)에서는 링크의 분포가 정규분포가 아닌 멱함수(Power law)에 따르는 것으로 증명되었다. 인터넷망에 연결된 노드(node)의 링크 수는 전체 평균을 중심으로 양극단으로 갈수록 최저 및 최고 링크의 수가 거의 없는 정규분포를 따를 것으로 예상되었으나, Albert, Jeong and Barabasi(1999)에서 확인한 결과, 실제 연결된 노드의 분포는 링크 수가 최고인 노드와 링크 수가 최저인 노드가 상당히 존재한다는 사실이 밝혀졌다. 또한 이 연구를 통해 이러한 멱함수를 따르는 네트워크가 상당히 많이 존재하다는 사실이 밝혀졌다.[22] 최근에는 네트워크 구조에 대한 일반적인 기술로서 노드들 사이의 각 연결 혹은 상호작용의 세기가 정량적인 가중치(weight)에 의해 결정되는 가중치 네트워크에 대한 연구가 활발하다. 인터넷에서 데이터들의 전송속도, 항공망에서의 승객들의 수, 세포 내의 신진대사 네트워크에서의 반응 등 가중치를 고려해야 하는 네트워크들이 많이 존재하며, 이러한 가중치 네트워크 연구를 통해 네트워크 특성을 정량적 이해하는데 도움이 된다는 것이 알려지고 있다.

인문학 분야에서도 최근 키워드나 어휘의 공기관계를 이용한 언어 네트워크에 대한 연구가 시작되고 있다.[23]

이렇듯 1990년대 이후 네트워크 분석 방법론과 네트워크 자체에 대한 연구가 활발해지고 급속하게 발전하게 된 이유는 컴퓨터와 IT 기술의 발달이라고 할 수 있다. 인터넷 기술과 컴퓨터의 발달은 과거에 수행하지 못했던 대용량 데이터의 수집, 처리, 분석을 가능하게 하였고, 이를 바탕으로 다양한 학문 분야에 적용되어 네트워크 연구에 놀랄만한 성과를 이루어내고 있는 것이다. 앞으로도 네트워크 분석 방법론과 네트워크 연구는 다양한 학문 분야에서 큰 역할을 할 것으로 기대된다.

---

22) 이렇듯 링크 수의 분포가 멱함수를 따르는 네트워크를 '척도없는 네트워크(Scale Free Network)'라고 한다.

23) 이는 제4장에서 자세히 다루도록 하겠다.

4. 언어 네트워크 연구

언어 네트워크(network of language) 연구방법을 활용한 국내의 연구 대부분은 언어학, 언론학, 정보과학, 문헌정보학 등에서 시작되어 다수의 연구가 진행되어 왔다. 최근 국어학 분야에서도 네트워크 연구방법론을 활용한 많은 연구들이 나오고 있다. 언어 네트워크 연구방법은 일반적으로 텍스트(texts)를 대상으로 하지만, 네트워크 분석을 통해 텍스트를 해체한 후 이를 다시 조합하여 텍스트가 전달하고자 하는 의미를 다시 파악하는 작업이다. 언어 네트워크 연구방법은 텍스트가 전달하고자 하지만 명백히 드러나지 않는 의미를 파악하는데 유용한 방법일 뿐만 아니라 언어 구조를 공간적으로 배치함에 따라, 언어에 숨어 있는 주요개념과 다른 개념들과의 관계를 시각적으로 파악할 수 있다는 장점이 있다. 즉 언어를 네트워크 구조로 보여줌으로써 언어 간의 관계를 다르게 해석할 수 있는 가능성을 열어주기도 한다.

이번 장에서는 어휘, 통사, 의미, 방언, 기타 분야로 나누어, 언어 네트워크 연구방법론을 활용한 연구들을 소개하고자 한다.

4.1. 어휘 네트워크 연구

한편, 국내에서도 네트워크 분석을 이용한 다양한 어휘 연구가 진행되고 있다. 이기황·이재윤(2010)은 네트워크 연구방법을 한국어 사전의 어휘에 적용한 연구이다. 이를 통해 사전 뜻풀이에 사용되는 메타어휘의 판별, 사전 어휘의 유사성 분석 및 군집화를 시도하여 사전 어휘에 대한 네트워크 분석을 수행하였다. 사전에 실린 표제어들이 뜻풀이라는 기재를 통해 서로 연결되는 2원 네트워크로 가정하였으며, 뜻풀이라는 기능을 수행하는 데 쓰이는 메타어휘들을 판별하였다. 또한 인링크 유사도 측정에 기반한 사전 어휘의 군집분석을 통해 사전 어휘들이 흩어져 있지 않고 무리지어 있는 현상을 관찰하였다. 그러나 이 연구 스스로 밝혔듯이 자동화된 형태소 분석 결과에 의존하였기에 동형어 구분이 이루어지지 못하였다는 점, 기존 사전의 원본 자료를 기계적으로 이용하였기에 뜻풀이로 볼 수 없는 부분을 뜻풀이의 일부로 처리되었다는 점 등이 한계로 지적될 수 있다.

김일환·이도길·강범모(2010)은 대규모의 신문 텍스트에서 감정명사들이 갖는 다양한 공기 양상을 살펴본 연구이다. 고빈도의 감정명사 30개를 선정하고 긍정 내용의 감정명사와 그렇지 않은 내용의 감정명사를 각각 15개씩 구별한 후 한 문단을 기준으로 감정명사와 공기하는 명사를 추출하였다. 이 연구는 감정명사와 공기하는 명사 부류의 관계 양상을 네트워크 연구방법론을 적용하여 분석을 시도하였으며, 한국어 명사 어휘부의 의미와 구조를 해명하는 데 좋은 참고가 될 수 있는 연구이다. 그러나 감정명사의 수가 충분하지 못했고, 이 연구에서도 지적했듯이 네트워크 링크에 연결강도가 충분히 반영되지 못했고, 공기 관계 척도의 상대적 차이가 반영되지 못한 점 등은 한계로 남는다.

정유진·강범모(2011)는 대규모의 신문 텍스트에서 친족명사들이 갖는 다양한 공기 양상을 살펴본 연구이다. 가족 구성의 기본 요소인 부부, 친자, 형제 관계를 바탕으로 부계, 모계, 시계 친족 어휘와 친족과 관련된 가족, 남매, 부부, 사돈, 친정과 같은 어휘 가운데 중의성과 빈도를 고려하여 30개를 선정하였다. 이 연구는 하나의 신문 기사에서 동일 사건을 기술하기 위해 사용된 단어들은 하나의 주제를 형성하기 위해 상호 작용한다는 전제 아래 친족명사와 같은 문단 내에서 공기하는 명사들을 추출하였다. 이 연구는 친족명사와 공기 관계로 나타나는 단어들은 의미적으로 관련된 단어 외에 연상에 의해 드러나는 단어들도 함께 나타난다는 점을 밝혔다. 이런 연상 단어들은 언어의 의미에 대한 사회적, 심리적 근거를 제시할 수 있다는 점에서 의의를 찾을 수 있다. 또한 시각화된 네트워크 그림을 통해 여러 개의 친족명사와 함께 공유되는 공기어나 특정 친족명사와 나타나는 공기어를 쉽게 파악할 수 있고, 단어들의 상호 관계 속에서 의미부류 군집 형성, 유의어의 공기어 사용 양상 등을 쉽게 파악할 수 있었다. 그러나 역시 친족명사의 수가 부족했고, 네트워크의 지표들이 언어학적으로 어떤 의미를 지니는지를 설명하지 못한 점은 한계로 남는다.

이 외에도 최근 텍스트에 나타난 사건명사, 공간명사 등과 공기하는 명사류에 대한 네트워크 분석이나 '안타깝다'류의 형용사와 공기하는 단어, '책, 도서, 서적'류의 단어와 공기하는 단어 등에 대한 네트워크 분석 등 어휘 관련 네트워크 분석 등은 활발히 진행되고 있는 듯하다(김혜영·이도길·강범모 2011; 도재학·강범모 2012; 신우봉·김일환·김흥규 2010; 김일환·이승연 2012 등)

4.2. 통사 네트워크 연구

오재혁(2014)은 구어 자료를 대상으로 부사의 공기 관계 및 네트워크 양상을 살펴보고, 구어에서 부사의 사용 양상을 밝혔다. 이를 위해 구어 자료인 자유발화 말뭉치를 대상으로 사용 빈도가 높은 부사 13개를 선정한 뒤, t-점수(t-score)를 기준으로 각 부사가 말뭉치 내에서 통계적으로 유의미한 관계를 맺고 있는 공기어(co-occurring word)를 추출하여 그 양상을 논의하였다. 그 결과 구어 자료의 부사는 문어 자료의 부사와 빈도에서 큰 차이가 있음을 확인하였고, 구어에서는 부사와 부사, 혹은 부사와 감탄사 유형의 결합 관계가 매우 높고, 부사의 동어반복이 특징적으로 관찰된다는 점을 밝혔다. 그리고 강조를 나타내는 부사는 일련의 순서를 보이는 결합 관계 양상이 있다는 점과, 강조를 나타내는 부사나 담화 표지의 기능을 하는 부사들 간에도 그 정도성에 차이가 있다는 것을 논하였다. 이 연구는 적은 양의 구어 음성자료를 바탕으로 하여, 논의된 부사의 수가 부족하고 서로 다른 층위에서 논의된 네트워크를 같은 층위의 네트워크로 투사하지 않고 분석함으로써 결과의 신뢰성이 다소 떨어진다는 한계도 가진다.

정성훈(2014)은 '21세기 세종계획'의 현대 한국어 구어 형태분석 말뭉치와 현대 한국어 문어 형태의미분석 말뭉치에 나타난 접속부사와 일반부사를 추출하여 현대 한국어 부사의 개별적 속성과 관계적 속성에 대한 네트워크 분석을 수행한 연구이다. 이 연구는 단순히 말뭉치에 나타나는 부사의 유형과 빈도만을 기술하는 것에서 더 나아가, 부사 빈도 분포를 계량적으로 분석하였으며, 통사적으로 공기하는 용언과 부사 2원 네트워크를 통해 구어 부사 네트워크와 문어 부사 네트워크를 분석하였다. 부사와 용언의 관계적 속성을 계량적으로 이해하려 하였고, 부사 연구에서 그 동안 언어 직관으로 해석하기 어려운 부사의 유사성 문제에 대한 실마리를 제공하였다는 점에서 그 의의를 지닌다. 그러나 용언과 부사 2원 네트워크의 연결강도를 측정할 때 상호정보(MI), t-점수만을 검토하였는데, 카이제곱이나 G-점수를 검토하지 못하여 부사 네트워크에 적절한 연결강도를 제시하지 못한 점은 한계라고 할 수 있다.

4.3. 의미 네트워크 연구

일반적으로 형태소 결합, 단어 간 공기 관계, 문장 등의 관계를 네트워크 구조로 치환하고, 텍스트를 구성하는 언어 층위에서 개념에 대한 네트워크 분석을 통해 파악하려는 시도가 많아지고 있다. 통상 텍스트를 통한 분석이 이루어지기 때문에 '네트워크 텍스트 분석(network text analysis)'이라는 용어도 많이 사용된다(Diesner & Carley 2005:3).[24] 그러나 '언어 네트워크 분석'을 가리키는 용어는 학자에 따라 다르게 사용되고 있으며, 언어 네트

---

24) We refer to such techniques using the general term — network text analysis (NTA)(Carley 1997, Popping 2000). NTA approaches vary on a number of dimensions such as the level of automation, a focus on verbs or nouns, the level of concept generalization, and so on.

워크 연구방법론은 명확한 구분 없이 혼용되고 있는 것으로 보인다.

Danowski(1993)는 '단어 네트워크 분석(word-network analysis)'이라는 용어를 사용하였으며, 처음으로 언어 자료인 메시지 텍스트(message texts)를 이용하여 네트워크 분석을 수행하였다. Danowski(1993)는 단어 네트워크 분석을 위한 일련의 절차를 설명하면서 단어 네트워크 분석이 원래 표현하고자 한 자연언어(natural language)의 의미론적 내용을 효과적으로 표현할 수 있고, 메시지의 발화와 통계 처리된 최종 표현 간의 변환의 수를 최소화하면서 풍부한 단어 정보를 5~9개 항목으로 줄일 수 있다고 하였다.

Carley(1997)은 '네트워크 텍스트 분석(network text analysis)'이라는 용어를 사용하였다. Carley(1997)의 네트워크 모델에 따르면, 의미의 최소 단위는 두 개념(concepts) 사이의 관계를 나타내는 진술(statement)나 문장(sentence)이다. 의미의 최소 단위인 일련의 진술로서 언어를 표현하는 네트워크상에서만 진정한 언어 의미의 규칙성을 발견할 수 있다고 하였다. 즉 텍스트 자체에 직접적으로 드러나 있는 개념들 간에 연결되어 있는 패턴을 분석하는 것은 텍스트를 효과적으로 이해하기 위한 통찰력을 얻는 작업이라고 하였다.

Popping(2000, 2003)은 '개념 네트워크(networks of concepts)' 또는 '의미 네트워크(semantic networks)'라는 용어를 사용하였는데, 단어 자체보다는 텍스트에서 전달하려고 하는 의미가 분석대상이었다. 즉 Popping(2000, 2003)의 '의미 네트워크'의 분석대상은 언어를 사용하는 사람들의 심층구조(deep structure)에 관한 것이었으며, 텍스트는 화자의 심층구조로부터 연속적인 변형을 통하여 표출되는 것이기 때문에 심층구조를 나타낼 수 있는 방법에 의하여 분석이 되어야 한다고 하였다. 즉 시간과 공간을 포함한 특정 맥락에 따라 같은 단어라도 서로 상이한 의미를 가질 수 있고 상이한 단어라도 서로 같은 의미를 가질 수 있다는 것이다. 그러나 복잡하고 다중적인 의미를 가지는 텍스트에서 심층구조의 숨은 의미를 모두 찾아내어 분석하는 것은 매우 어렵기 때문에 특정 시간과 공간에 한정하여 그 맥락에서만 공통적으로 공유되는 다중특이성(polysingularity)을 찾아내는 것이 현실적으로 가능한 방법이 될 수 있다고 하였다(Paranyushkin 2012).[25]

4.4. 방언 네트워크 연구

정성훈(2016, 2017)은 한국어 하위방언 구획에 네트워크 연구방법을 적용한 연구이다. 정성훈(2016)은 한국어 동남방언을 대상으로 하위 지역방언의 어휘를 이용하여 하위 지역방언 2원 네트워크 구조를 구축하였다. 지역방언 네트워크의 중심성을 측정하여 북부 동남방언과 남부 동남방언의 핵심 방언권을 추정하였으며, 네트워크 노드의 최소 단계 거리를 계산하여 계층적 군집분석을 통해 하위 지역방언을 구획하였다. 정성훈(2017)도 같은 방법을 이용해 한국어 서남방언에 대한 하위방언 구획을 시도하였다. 그 결과 서남방언은 동남방언과 달리 북부와 남부가 뚜렷이 구별되지는 않았고, 작은 9개의 하위방언권으로 나눌 수 있었다. 나주방언이 가장 중심부에 위치하고 있으며, 무주방언이 가장 주변부에 위치하여 다른 하위방언과 다른 독특한 특징을 가진 것으로 나타났다. 지금까지의 방언구획 연구가 등어선을 경계로 한 균질한 언어적 차이를 갖는 방언권을 가정하고 언어적 차이의 유무에 관심을 두는 이분법적인(binary) 연구였다면, 네트워크 연구방법을 활용한 방언 연구는 이분법적인 연구에서 더 나아가 하나의 같은 방언권 안에서도 지역방언들이 어느 정도가 다른지에 대해 수치를 더욱 계량화하여 제시하였다는 데 의의가 있다.

---

25) 다중특이성(polysingularity)은 텍스트라는 매개체(media)를 통하여 화자의 의도와 청자의 의도가 상호작용할 때, 하나의 개념이 다양한 맥락에 따라 다른 의미를 가질 수는 있지만, 적어도 특정 텍스트에서 사용될 때는 오직 하나의 의미만을 가질 수밖에 없다는 것이다.

4.5. 기타 네트워크 연구

최근에는 문학 등의 분야에서도 네트워크 연구방법론을 활용한 연구들이 발표되고 있다. 전은진(2015)는 김수영 시와 신동문 시의 어휘를 계량 언어학적인 방법으로 분석하여 어휘 사용 양상을 고찰하고, 시인의 삶이나 의식을 드러낼 수 있는 주요 어휘를 대상어로 선정하여 네트워크 분석을 수행한 연구이다. 김수영 시와 신동문 시의 어휘 사용 양상을 고찰하기 위하여 우선 김수영과 신동문의 시를 말뭉치로 구축한 후, 말뭉치를 품사별로 형태 분석하여 어휘를 추출하였다. 추출한 어휘를 타입(type)과 토큰(tokens)으로 나누어 다각도로 김수영과 신동문의 어휘 사용 양상을 고찰하였다. 김수영 시와 신동문 시는 전체적으로 체언 사용이 가장 많았고, 의존명사와 조사 등 문법형태소의 비율이 높았다고 한다. 가장 고빈도를 보이는 어휘는 대명사 '나'인데, 시인의 내면을 보다 잘 드러내는 대명사 '나'를 대상어로 선정하고, '나'와 같은 시행에 있는 공기어를 추출하여 네트워크 분석을 수행하였다. 네트워크 분석을 통해 6.25, 4.19 등 전후 시대적 상황이 김수영과 신동문의 시작 과정과 의식에 중요한 영향을 미치고 있음을 밝혔다. 이 연구는 순수 문학인 시 연구에 있어서, 계량 언어학적 분석과 네트워크 연구방법론을 접목한 시도로서 그 의의가 있다고 하겠다.

장경미(2017)는 한국어 발음교육 분야의 연구동향을 분석한 연구들이 방법론적인 차원에서 대부분 질적 문헌 고찰에만 의존한 점을 비판하고 보다 객관적인 방법으로 한국어 발음 연구동향을 분석하기 위해 동시 출현 단어 빈도 분석과 단어들의 동시 출현 관계를 기반으로 한 네트워크 분석을 수행한 연구이다. 먼저 한국어 발음 연구 분야의 전반적인 경향성을 알아보기 위해 전체 표제어를 대상으로 분석을 진행하였고, 시기별 흐름상의 변화와 최근의 동향을 알아보기 위해 두 시기로 나누어 동일한 분석을 실시하였다. 그 결과 전반적인 한국어 발음교육 분야의 경향성으로는 특정 언어권별로 밀접한 관계를 보이는 발음 연구 주제들이 구분되었고, 평가 영역은 네트워크상에서 다양한 주제와 결부되지 못하고 상대적으로 고립적인 위상을 보이는 것을 밝혔다. 특정 빈도 이상의 표제어만을 대상으로 하였다는 점과 새롭게 시도되는 실험적, 혁신적 연구들은 논의에서 제외되었다는 점 등이 이 연구의 한계로 지적될 수 있지만, 네트워크 분석을 통해 한국어 발음 연구 동향의 흐름을 쉽게 파악할 수 있었고, 그동안 주목받지 못했던 새로운 연구들의 동향을 발굴해 낸 점 등에서 이 연구의 의의를 찾을 수 있다.

특히 아직까지는 순수 문학이나 한국어교육 등의 분야에서 네트워크를 활용한 연구는 많지 않지만 앞으로 연구 목적에 맞게 연구대상을 확장하고 다양한 네트워크 연구방법이 고안된다면 더욱 다양한 분야에서 새롭게 혁신적인 연구들이 이루어질 것이라고 확신한다.

5. 결론

지난 한 세기 동안 네트워크 연구방법론을 연구하는 학자들은 자료를 적절하게 수집하고 처리하는 것은 물론 네트워크 구조의 특성을 설명하고 해석하려는 체계적인 노력을 꾸준히 해 왔다. 최근 다양한 학문 분야에서 네트워크 연구방법이 각광받는 것은 이러한 성과의 단면이다.

본 연구는 현재 활용도가 높아지고 있는 네트워크 연구방법론을 소개하고, 네트워크 연구방법론의 역사와 여러 학문 분야의 네트워크 연구를 간단히 소개하였다. 또한 언어학에서도 네트워크 연구방법론이 어떤 함의를 가질 수 있는가를 알아보기 위해 현재 국내외에서 진행되고 있는 언어네트워크 분야의 연구 사례를 정리해 보았다.

언어 네트워크 분석은 텍스트에서 특정 관계에 있는 언어 단위들이 어떻게 연결되어 있는지를 살펴보고, 그 구조적 특성을 분석하여 텍스트에 나타나는 언어의 의미와 특징을 밝혀내는 연구방법이다. 이러한 언어 네트워크 분석은 기존의 언어 분석에 비해 많은 장점이 있다.

첫째, 텍스트에 나타난 언어의 의미를 직관적으로 분석하는 데 그치지 않고, 언어 단위의 구조를 공간적으로 시각화함으로써 언어 단위 간 관계를 정량적으로 파악하게 한다.

둘째, 텍스트에서 자주 나타나는 어휘나 통사, 문장 등의 언어 단위가 단순히 얼마나 자주 공기하는지를 확인하는 데 그치지 않고, 임의의 언어 단위들 간의 공기 관계를 통해 구조적으로 어느 정도 위치에 놓여 있는지를 파악할 수 있고, 체계(system) 안에서 어떤 기능을 하는지를 계량화하여 살펴볼 수 있다. 이를 통해 특정한 의미 구조나 군집의 공통 의미 등을 파악할 수 있다.

셋째, 언어 네트워크에서 중심성(network centrality)이 높은 언어 단위를 찾아냄으로써, 언어 네트워크상에서 해당 언어 단위의 관계적 속성을 쉽게 파악할 수 있고, 그 의미를 시각적으로 이해할 수 있다.

넷째, 언어 네트워크 분석은 계량적인 방법에 속하지만, 질적 방법과 양적 방법을 동시에 적용할 수 있다. 따라서 언어 네트워크 분석과 질적 분석과 병행할 수 있다.

본 연구에서 제시하였듯이, 언어 네트워크 분석은 텍스트의 주요 의미와 개념을 명확히 파악하는 데 용이하며, 주요 의미와 개념을 상호 비교 분석하는 것을 가능하게 하는 장점을 갖는다. 그러나 네트워크 연구방법론은 아직 발전 과정에 있고, 언어 네트워크 분석 역시 언어학에서 아직 확고한 분석방법으로 정착된 것이 아니기에, 많은 고민이 필요할 것으로 보인다. 언어 네트워크 분석은 기존의 분석보다는 보다 수치화되고 객관적 설명을 가능하게 하였지만, 자료의 처리와 해석에서는 아직도 연구자의 주관성이 많이 작용하기 때문이다. 언어 네트워크 분석은 우리의 언어생활을 다양하고, 풍요롭게 해줄 수 있는 연구방법론으로 주목을 받고 있지만, 결국 언어 네트워크 분석으로 인간의 언어를 적절히 처리하기 위해서는 인간의 언어와 언어학 전반에 대한 지식이 선행되어야 하겠다.

참고문헌

김용학(2011), "사회 연결망 분석", 박영사.

김일환·이도길·강범모(2010), 공기 관계 네트워크를 이용한 감정명사의 사용 양상 분석, "한국어학" 49, 119-148.

김일환·이승연(2012), 형용사 유의어의 공기어 네트워크와 활용—'안타깝다'류의 형용사를 중심으로, "언어정보" 14, 61-81.

김혜영·이도길·강범모(2011), 사건명사의 공기어 네트워크 구성과 분석, "언어와 언어학" 50, 81-106.

도재학·강범모(2012), 관련어 네트워크를 활용한 유의어 분석, "한국어 의미학" 37, 131-157.

소쉬르, 페르디낭 드(1916), "일반언어학 강의"(번역본), 최승언 역(1990), 민음사.

신우봉·김일환, 김흥규(2010), 신문 텍스트에서 나타나는 공간명사의 사용 양상과 네트워크 분석, "텍스트언어학" 29, 221-250.

오재혁(2014), 구어 자료에 나타난 부사의 공기 관계 및 네트워크 양상, "우리어문연구" 48, 157-185.

이기황·이재윤(2010), 한국어 사전 어휘의 네트워크 분석, "한국사전학" 16, 218-243.

장경미(2017), 네트워크 분석을 활용한 한국어 발음 교육 연구 동향 연구, "이중언어학" 67, 259-283.

전은진(2015), 김수영 시와 신동문 시의 어휘 사용 양상과 네트워크 연구, "우리말연구" 41, 95-123.

정성훈(2014), "현대 한국어 부사에 대한 계량언어학적 연구—확률 통계 모형과 네트워크를 이용한 분석—", 서울대학교 박사학위논문.

정성훈(2016), 네트워크 분석과 하위 방언 구획 연구, "한글" 311, 227-256.

정성훈(2017), 서남방언의 하위방언구획과 네트워크 분석, "언어학" 77, 157-180.

정유진·강범모(2011), 친족명사의 공기어 양상과 네트워크 분석, "언어학" 19-2, 209-235.

Albert, R., Jeong H., & Barabasi A. (1999), Internet: Diameter of the World-Wide Web, *Nature* 401, 130-131.

Baldwin, T., Bedell, M., & Johnson, J. (1997), The social fabric of a team-based MBA program: Network effects on student satisfaction and performance, *Academy of management journal* 40-6, 1369-1397.

Bavelas, A. (1948), A mathematical model for group structures, *Applied Anthropology* 7, 16-30.

Bavelas, A. (1950), Communication patterns in task-oriented groups, *Journal of Acoustical Society of America* 57, 271-282.

Borgatti, S. & Everett, M. (1997), Network analysis of 2-mode data, *Social networks* 19, 243-269.

Burt, S. (1992), *Structural holes: the social structure of competition*, Harvard University Press.

Carley, K. (1997), Network text analysis: The network position of concepts, Text analysis for the social sciences, *Methods for drawing statistical inferences from texts and transcripts* 4, 79-100.

Danowski, J. (1993), Network Analysis of Message Content In Richards, W. & Barnett, G. (eds.) *Progress in Communication Science* XII, Norwood, NJ: Ablex Publishing, 198-221.

Diesner, J., & Carley, K. (2005), Revealing Social Structure from Texts: Meta-Matrix Text Analysis as a Novel Method for Network Text Analysis, In V. K. Narayanan, & D. J. Armstrong (Eds.), *Causal Mapping for Research in Information Technology*, Harrisburg, 81-108.

Erdös, P. & Rényi, A. (1959), On Random Graphs. I, *Publicationes Mathematicae* 6, 290-297.

Freeman, L. (1978), Centrality in social networks: Conceptual clarification, *Social Networks* 1, 215-239.

Freeman, L (2004), *The Development of Social Network Analysis: A Study in The Sociology of Science*, Canada: Empirical Press Vancouver.

Friedkin, N. (1993), Structural Bases of Interpersonal influence in Groups: A Longitudinal Case Study, *American Sociological Review* 58, 861-872.

Ibarra, H. (1993), Network centrality, power, and innovation involvement: Determinants of technical and administrative roles. *Academy of Mana-*

gement journal 36-3, 471-501.

Milgram, S. (1967), The small world problem, *Psychology Today* 2, 60-67.

Moreno, J. (1951), *Sociometry, Experimental Method and the Science of Society: An Approach to a New Political Orientation*, Beacon House.

Moreno, J. (1953), *Who Shall Survive? Foundations of Sociometry, Group Psychotherapy and Sociodrama*, Beacon House.

Opsahl, T. (2010), Triadic closure in two-mode networks: Redefining the global and local clustering coefficients, *Proceedings of the International Sunbelt Social Network Conference* 30, International Network for Social Network Analysis, Riva del Garda, Italy.

Opsahl, T., Agneessens, F., Skvoretz, J. (2010), Node centrality in weighted networks: Generalizing degree and shortest paths, *Social Networks* 32, 245-251.

Paranyushkin, D. (2012), *Visualization of text's polysingularity using network analysis*, Berlin, Germany: Nodus Labs.

Popping, R. (2000), *Computer-assisted text analysis*, Sage.

Popping, R. (2003), Knowledge graphs and network text analysis, *Social Science Information* 42-1, 91-106.

Scott, J. (2000), *Social Network Analysis: A Handbook*, Sage.

Wasserman, S. & Faust, K. (1994), *Social Network Analysis: Methods and Applications*, Cambridge University Press.

Watts, D. & Strogatz, S. (1998), Collective dynamics of "small-world" networks, *Nature* 393, 440-442.

제6부

언어 정책과 언어 교육 연구의 흐름

외래어 표기 정책의 현황과 전망

_ 정희원

1. 머리말

한 언어를 구성하는 낱말들이 모두 고유한 어휘로만 이루어진 경우는 아마도 없을 것이다. 즉 세상 모든 언어들에는 외래어가 있게 마련이다. 외래어는 다른 언어를 사용하는 사람들과의 교류에서 생겨나는데, 그 어떤 민족이나 언어도 다른 문화와 전혀 교류하지 않은 채 고립적으로 존재할 수는 없기 때문이다. 따라서 외래 어휘들을 그 언어 고유의 낱말들과 어떻게 조화롭게 운용할 것인가의 문제는 언어정책의 주요 과제로 다루어진다.

외래어와 관련한 우리 언어정책은 보다 익숙한 어휘로의 '순화'와 체계적인 한글 '표기' 두 가지 방향으로 진행돼 왔다. 이 글은 그 중 외래어 표기와 관련한 정책이 어떻게 진행되고 있으며, 향후 해결해야 할 과제는 무엇인지 점검해 보는 데 목적이 있다. 제2장에서는 현행 외래어 표기법이 어떤 과정을 거쳐 나왔는지 살펴보기 위해 우리말 외래어 표기법의 변천 과정을 살펴보도록 하겠다. 제3장에서는 현행 외래어 표기법을 둘러싼 주요 쟁점을 검토하고, 제4장에서는 표준 외래어 표기형이 확정되고 현장에 전달되는 과정을 살펴보겠다. 제5장에서는 앞서의 논의를 정리하면서 글을 맺고자 한다.

2. 외래어 표기법이 걸어온 길

우리나라 최초의 공식 외래어 표기법은 조선어학회에서 1940년에 제정하고 1941년에 펴낸 "외래어 표기법 통일안"이다. 공식 표기법이 제정되기 전에는 중국에서 음차하여 적은 한자 외래어를 우리 식으로 읽은 '미리견(彌利堅), 아라사(俄羅斯), 묵서가(墨西哥)'[1] 등이 사용되거나 사람에 따라 자의적인 표기가 사용될 수밖에 없었다. 이에 조선어학회에서는 체계적인 외래어 표기법의 필요를 인정하여 1933년 제정한 "한글 마춤법 통일안"의 한 항목으로 다음과 같은 원칙을 제시하였는데, 이것이 우리말 외래어 표기 규범의 출발점이다.

(1) "한글 마춤법 통일안"(1933)의 외래어 표기 규정
第60項 外來語를 表記할 적에는 다음의 條件을 原則으로 한다.
(一) 새 文字나 符號를 쓰지 아니한다.
(二) 表音主義를 取한다.

(1)의 조건 (二)는 형태음소주의에 기초한 한글 맞춤법과 달리, 외래어 표기는 원어에서의 철자나 어법적 형태와 관계없이 소리만을 옮겨 적도록 한다는 뜻이다. 이 조항은 이후 우리말 외래어 표기법의 기본 원칙으로 면면히 계승되어 왔다.

(1)의 조건 (一)은 우리말에는 없는 외국어의 소리를 나타내기 위해 새로운 문자나 부호를 만들어 사용하지 않는다는 것으로 외래어 표기에서 매우 중요한 의미를 지닌다. 표음주의 원칙에 따라 외국어의 소리를 옮겨 적되, 외국어

---

1) 각각 '아메리카(America), 러시아(Russia), 멕시코(Mexico)'의 음역어.

의 음성적 특징은 우리말의 체계를 훼손하지 않는 범위에서만 표기에 반영하겠다는 것이다. 이에 대해 임홍빈(1996)에서는 외국어와 구분되는 외래어의 성격에 대해 뚜렷한 인식을 보이는 것으로 평가하고 있다.

그러나 1933년의 이 규정은 (1)의 조건 외에 표기 세칙이 없어 다소 선언적인 의미만을 지니는 것이었다. 당시의 자료들을 살펴보면 실제로는 이 조건과 관계없이 개개인의 청각 인상에 따라 매우 다양한 표기형이 사용되었다. 아래의 예들은 1930년대 문헌에 실린 외래어 어휘를 모아 편찬한 이종극의 "모던조선외래어사전"(1937)에 실린 표제어들이다. 하나의 어휘가 원칙 없이 다양한 모습으로 표기된 것을 볼 수 있다.

(2) "모던조선외래어사전"(1937)의 표기 용례
   a. circle   사ー굴, 사ー쿨, 싸클, 써클, 써ー쿨
   b. father   ㅇ파ー ㅇㄷㅓ
   c. box   빡스, 뻭스, 뽁스, 뻭쓰

1930년대는 서양 문물의 도입과 함께 외래어의 사용이 급증했던 시기이다. (2)에서 보듯, 당시는 표기가 상당히 혼란하였는데, 1933년의 원칙이 거의 지켜지지 않고 있음을 알 수 있다. (2a, b)의 붙임표(ー)는 장모음을 표시하기 위한 것으로, 우리말 표기에는 사용되지 않던 부호를 외래어 표기에 쓰고 있다. (2b)의 'ㅇㅍ, ㅇㄷ'는 각각 [f], [ð]를 표기하기 위한 것으로 우리말에 없는 소리를 나타내기 위해 새 문자를 만들어 쓰고 있다. (2c)는 종성에서 'ㄱ'과 구분되지 않는 'ㅋ'을 받침에 쓴 것으로, 위 (1)에 제시한 표음주의 표기 규정에 어긋나는 표기형이다.

조선어학회는 당시의 혼란한 외래어 표기에 기준을 제시하고자 1931년부터 9년 동안의 준비를 거쳐 1940년 "외래어 표기법 통일안"을 제정하였다. 총칙과 세칙, 부록 등 2장 3절 17항으로 구성된 이 통일안의 의의는 (1)의

원칙에 따라 표기 세칙을 마련한 것으로 평가할 수 있다. 제1장 총칙의 내용
은 다음과 같다.

(3) "외래어 표기법 통일안"(1940) 총칙
一. 外來語를 한글로 表記함에는 原語의 綴字나 語法的 形態의 어떠함을 묻지
아니하고 모두 表音主義로 하되, 現在 使用하는 한글의 字母와 字形만으로써
적는다.
二. 表音은 原語의 發音을 正確히 表示한 萬國音聲記號를 標準으로 하여, 아래의
對照表에 依하여 적음을 原則으로 한다.

(3)의 제1항은 (1)에 인용한 1933년의 두 가지 원칙을 재확인한 것이며, 제
2항은 원어의 발음을 한글로 옮겨 적기 위해 구체적으로 대조표를 제시함으
로써 '표음'의 개념과 적용 방법을 명시한 것이다. 이 대조표에 따르면 무성
파열음 [p, t, k]는 거센소리 글자(ㅍ, ㅌ, ㅋ)로, 유성파열음 [b, d, g]는 예
사소리 글자(ㅂ, ㄷ, ㄱ)에 대응시켜 적으며, 된소리 글자는 사용하지 않도록
하고 있다.2) 우리말에 없는 소리인 [f]와 [v]는 각각 'ㅍ'과 'ㅂ'으로 적고 [l]
과 [r]은 구분하지 않고 모두 'ㄹ'로 적는다. 이로써 통일안 제정 전에 흔히
쓰이던 'ㅇㅍ, ㅇㅂ, ㄹㄹ' 등의 표기는 공식 외래어 표기법에서는 인정받지 못하게
되었다. 통일안(1940)에서는 또한 받침은 대표음으로 적고,3) 장모음 표시를
따로 하지 않으며, 이미 널리 사용되는 관용 표기가 있는 경우는 그것을 인정
하도록 하는 등의 세칙을 포함하고 있는데, 이들은 대개 현행 외래어 표기법
의 중요 원칙에 반영되어 있다. 이 표기법은 그러나 일제 강점기 말기라는
시대적 배경 탓에 일반에 큰 영향을 끼치지는 못하였다.

---

2) 일본어 표기에는 된소리 글자를 사용한다 (예, アカ 아까 ベントウ 벤또오). 통일안이 공포되
던 시기는 해방 전이므로 일본어 표기는 외래어 표기법의 대상이 아니었다. 일본어를 적는
방법은 '국어음 표기법'이라는 이름으로 부록에 따로 제시하였다.
3) "받침으로 적는 때는 p, b 따위는 모두 ㅂ으로, t, d 따위는 ㅅ으로, k, g 따위는 ㄱ으로
한다." (제1절 제4항)

해방 후인 1948년, 문교부에서는 3년여의 토의를 거쳐 새로이 "들온말 적는법"을 제정 발표하였다. 외국인 4명을 포함한 22인의 학자들이 참여하여 만든 이 규정은 외국어의 원음을 표기에 반영하기 위해 한글 자모 이외의 문자나 부호를 사용한 것이 가장 큰 특징이다.[4] [f]를 'ㆄ(ㅇㅍ)', [v]와 [β]를 'ㅸ(ㅇㅂ)'으로 [z]와 [ʒ]를 'ㅿ'으로, [l]을 'ㄹㄹ'로 표기하였다. 그 밖에 무성파열음 [k, t, p]를 어두에서는 예사소리 글자인 'ㄱ, ㄷ, ㅂ'으로 적고 어중에서는 된소리 글자인 'ㄲ, ㄸ, ㅃ'로 구분하여 적으며(Tolstoy 돌스또이), 유성파열음 [g, d, b]는 경음으로 적고(glass 끌라아스), 장모음을 표기에 반영하는 등(Stalin 스따알린)의 특징을 지닌다. 그러나 이 표기법은 지나치게 전문적이고 복잡하여 사용하기에 매우 어려워 교과서에도 시행되지 못한 채 정착에 실패하고 말았다(이상억 1982).[5]

문교부는 1948년 표기법보다 실용적인 표기법을 고안해 내기 위해 1956년부터 개정 논의에 들어가, 1958년 "로마자의 한글화 표기법"이란 이름으로 정부의 두 번째 공식 표기법을 발표하였다. 이것은 1948년 표기법의 문제점을 극복하기 위해 마련된 것으로, 조선어학회의 1933년 규정 및 1940년 표기법의 원칙을 계승한 것이다. 기본 원칙은 아래와 같다.

(4) "로마자의 한글화 표기법"(1958)의 기본 원칙
    1. 외래어 표기에는 한글 정자법(正字法)에 따른 현용 24자모만을 쓴다.
    2. 외래어의 1음운은 원칙적으로 1기호로 표기한다. 곧 이음(異音, allophone)이 여럿이 있을 경우라도 주음(主音, principal member)만을 표기함을 원칙으로 한다.

---

4) 이 표기법은 제정 당시 문교부 편수국장이던 최현배가 1940년 "한글갈"에 발표했던 최현배 개인의 안을 일부 수정하여 거의 그대로 채택한 것이다. 최현배 안과 달라진 것은 [z] [ʒ]의 표기를 'ㅈ'에서 'ㅿ'으로 바꾼 정도이다. (김민수 1973, 이경숙 2016)

5) 임홍빈(1996)은 "들온말 표기법"(1948)이 '외래어의 개념 차체를 크게 왜곡'했다고 비판하면서 기껏해야 '왕성한 실험 정신의 산물'에 불과하다고 평가하였다.

3. 받침은 파열음에서는 'ㅂ, ㅅ, ㄱ', 비음(鼻音)에서는 'ㅁ, ㄴ, ㅇ', 유음(流音)에서는 'ㄹ'만을 쓴다.

4. 영어, 미어(美語)가 서로 달리 발음될 경우에는 그것을 구별하여 적는다.

5. 이미 관용된 외래어는 관용대로 표기한다.

(4)의 제1항은 1933년의 "한글 마춤법 통일안"에서부터 명시한, 새로운 문자나 부호를 쓰지 않는다는 원칙을 재확인한 것이다. 제2항은 외국어에서 하나의 음운이 음성 환경에 따라 여러 가지 변이음으로 실현되더라도 그것을 가능하면 우리말에서는 하나의 글자에 대응시키겠다는 것이다. 다만 1음운과 1기호의 원칙을 지킬 수 없는 불가피한 상황이 있기에 '원칙으로 한다'고 표현한 것이다. (4)의 제3항은 이전의 표기법 원칙에는 없던 새로운 내용인데 형태음소주의가 아닌 표음주의 표기 원칙을 구체화한 것으로 이해할 수 있다. 1940년의 통일안(위 각주 3) 참조)과 1948년 표기법에서도 같은 원칙이 적용되었으며 다만 1948년 안에서는 'ㅅ' 받침 대신 'ㄷ'을 대표음으로 선택한 것에서만 차이가 있었다.[6] 제4항은 영국 영어와 미국 영어의 발음이 다를 경우에 구분해서 적도록 한 것인데, 표기법상에 예가 제시되어 있지는 않다. 제5항은 이미 표기가 굳어진 말에 대해 표기법 원칙을 무리하게 적용해서는 안 된다는 것으로 현행 표기법을 포함한 모든 표기법에 공통적으로 반영되어 있는 원칙이다.

"로마자의 한글화 표기법"(1958)의 가장 두드러진 특징은 1948년 표기법과 마찬가지로 장모음을 표기에 반영한다는 점이다. 장모음은 같은 모음을 겹쳐 적도록 하였는데, 적지 않을 수도 있다고 하여 표기 혼란의 한 원인이 되기도 하였다.

---

6) '에삐쏘읕'(episode), 'ㅑ껟'(jaquette) 등의 예를 들 수 있다.

(5) "로마자의 한글화 표기법"(1958)의 장모음 표기 예

원어	발음	원칙	허용
Robert	[rɔbəːt]	로버어트	로벗
heart	[haːt]	하아트	하앗

현행 외래어 표기법은 1986년에 문교부 고시로 공포되었는데, "로마자의 한글화 표기법"(1958)의 원칙을 계승하면서 일부 문제점을 수정한 것이다. 개정 논의 당시 주요 문제점으로 지적된 사항은 장모음을 따로 표기한 일과 외국어의 특성에 따른 언어권별 표기 세칙의 미비 등이었다. 이에 문교부는 1977년부터 8년여에 걸친 준비 끝에 외래어 표기법을 개정하였다.

현행 외래어 표기법은 제1장 표기의 기본 원칙, 제2장 표기 일람표, 제3장 표기 세칙, 제4장 인명·지명 표기의 원칙 등 전체 4장으로 구성되어 있다. 이 중 제1장과 제4장은 고정되어 있고, 제2장과 제3장은 계속하여 보완되는 열린 규정이다. 1986년 고시 이후 여러 차례 새로운 언어의 표기법이 추가로 고시되었다. 1986년 당시에는 영어, 독일어, 프랑스어, 에스파냐어, 이탈리아어, 중국어, 일본어 등 일곱 언어에 대해서만 표기 세칙이 마련되어 있었다. 이후 1992년에는 동구권 5개 언어(폴란드어, 체코어, 세르보크로아트어, 루마니아어, 헝가리어) 표기법이 고시되었다. 1995년에는 북구 3개 언어(스웨덴어, 노르웨이어, 덴마크어) 표기법이 고시되었다. 2004년에는 동남아시아 3개 언어(말레이인도네시아어, 베트남어, 타이어) 표기법이 고시되었으며, 2005년에는 포르투갈어, 네덜란드어, 러시아어에 대한 외래어 표기법이 고시되었다. 이로써 현재까지 표기 세칙이 마련된 언어는 21개에 달한다. 앞으로도 표기 수요가 증가하는 외국어에 대해서는 표기 세칙이 추가로 제정될 것이다.[7]

---

7) 2017년 3월 문화체육관광부는 문화체육관광부 고시 제2017-14호를 통해 "외래어 표기법" 일부를 개정하였다. 주된 내용은 다음과 같다. ① "'해', '섬', '강', '산' 등이 외래어에 붙을 때에는 띄어 쓰고, 우리말에 붙을 때에는 붙여 쓴다.'는 제4장 제3절 제1항을 삭제함. ②

현행 표기법의 제1장 표기의 기본 원칙은 아래와 같다.

(6) "외래어 표기법"(1986)의 기본 원칙
　　제1항 외래어는 국어의 현용 24자모만으로 적는다.
　　제2항 외래어의 1음운은 원칙적으로 1기호로 적는다.
　　제3항 받침에는 "ㄱ, ㄴ, ㄹ, ㅁ, ㅂ, ㅅ, ㅇ"만을 쓴다.
　　제4항 파열음 표기에는 된소리를 쓰지 않는 것을 원칙으로 한다.
　　제5항 이미 굳어진 외래어는 관용을 존중하되, 그 범위와 용례는 따로 정한다.

　제1항은 한글 맞춤법 규정에 따른 24자모 이외에 특별한 기호나 문자를 만들어서까지 외래어 표기를 해서는 안 된다는 것이다. 조선어학회의 "한글 마춤법 통일안"(1933)에서부터 명시되었던 원칙을 계승한 것이다. 제2항은 1958년 문교부가 제정한 "로마자의 한글화 표기법"의 제2항을 계승한 것으로, 기억과 표기를 쉽게 하기 위해 가능하면 외국어의 1음운은 하나의 한글 기호로 적고자 하는 원칙을 나타낸다. 다만 외국어에서 하나의 음운이라도 우리말의 여러 소리에 대응될 때에는 둘 이상의 기호로 표기될 수 있음을 고려하여 '원칙적으로'라는 단서를 붙인 것이다. 제3항은 음절 말 중화 규칙을 외래어 표기에 적용한다는 것으로, 1940년의 "외래어 표기법 통일안" 이래 지속되었던 표음주의 원칙을 명시한 것이다. 제4항은 이전 표기법에는 없던, 새로 생겨난 조항인데 규칙의 간결성을 위해 된소리 글자를 쓰지 않도록 하겠다는 것이다. 이 규정은 한글의 표기 가능성을 불필요하게 제한한다는 이유로 아직까지도 비판의 대상이 되고 있다. 3장에서 자세히 살펴보도록 하겠다. 제5항은 그 기원과 수용 경로가 다양한 외래어에 대해 일률적으로 표기

중국어 표기법에서 표의 제목을 '중국어 주음부호와 한글 대조표'에서 '중국어 발음부호와 한글 대조표'로 수정하고, 대조표에서 '웨이드식 로마자 표기' 부분을 삭제하고 제시 순서를 '한어 병음 자모–주음 부호' 순으로 조정함. 어문 규정들 간 상충되거나 언어 현실을 반영하지 못하는 부분을 조정한 조치로서, 표기법의 원리나 표기 세칙 등 내용적인 수정이 아니므로 현행 표기법을 "외래어 표기법"(1986)으로 계속 지시하도록 하겠다.

규칙에 따른 표기를 하지 않고 언어 현실을 반영한 관용 표기를 인정하겠다는 것이다.

이상 외래어 표기법의 변천 및 특징을 살펴본 결과 국어의 외래어 표기법은 표음주의를 원칙으로 하며, "들온말 적는 법"(1948)을 제외하고는 새로운 문자나 부호를 사용하지 않고 기존의 한글 자모만으로 표기하려는 원칙을 고수하였다. 여러 언어의 특수한 사정을 고려한 표기 세칙을 마련함으로써 가능한 한 현지 음에 가깝게 표기하되 이미 널리 사용되는 표기형이 있는 경우는 관용을 따르도록 하여 언어생활에 불편이 따르지 않도록 하고 있음을 알수 있다.

3. 외래어 표기법의 주요 쟁점

3.1. 외래어 표기법의 대상

외래어 표기법에서 '외래어'가 가리키는 것이 무엇인가와 관련하여 '외래어 표기법'의 명칭이 잘못되었거나 적어도 용례를 잘못 제시하였다는 비판이 있다. 외래어 표기법은 마땅히 '외국어 중에서 우리 국어의 일부로 받아들여진 말'을 적는 방법에 대한 규정인데, 실제 외래어 표기법에 예시된 많은 예들은 우리말의 일부로 받아들여진 말이라고 보기 어렵다는 것이 문제의 출발점이다.

임동훈(1996)은 현행 외래어 표기법 중 영어의 표기 세칙에 제시된 용례들을 분석하여 이러한 문제를 제기하였다. 즉 세칙에 제시된 104개의 용례 단어들 중 국어사전에 표제어로 실려 있는 것은 59개에 불과하며, 나머지 용례들은 외래어라고 보기 어려운 외국어 단어이므로 용례의 선정이 잘못되었다는 것이다. 정국(2002)도 같은 문제에 주목하여 이런 이유로 현행 외래어 표기법이 실제로는 '외국어 표기법'의 역할을 수행하고 있다고 주장한다. 이들이 지적한 예는 'setback 셋백, chipmunk 치프멍크, shank 섕크, swolen 스월른' 등으로 누가 보아도 우리말화한 외국어 단어, 즉 외래어라고 보기 어렵다.

그렇다면 이 문제를 어떻게 해결할 것인가? 문제가 되는 용례들을 모두 우리말 속에서 흔히 사용되는 '외래어'들로 바꾸어 넣으면 간단히 해결될 것이다. 그러나 애초에 규정을 제정한 사람들이 이러한 사실을 몰랐을 리는 없다.[8] 다만 현실적으로 적당한 외래어 용례를 찾을 수 없었기에 그런 용례들이 포함되었을 것이다. 마땅한 용례를 찾기 어려운 규칙이라면 그 규정은 실제로는 외래어를 표기하는 데에 불필요한 규칙은 아닌지 의심해 보아야 한다.[9]

이러한 문제는 우리가 일상적으로 알고 있는 외래어의 정의와 실제 언어생활 속에서 사용하는 외래어의 개념이 다르기 때문에 생겨난다. 우리는 흔히 외래어를 외국어로부터 들어오긴 하였으나 우리말에 완전히 동화된 '차용어'와 같은 개념으로 이해하며 국어사전과 교과서에서도 그렇게 기술하고 있다. 그러나 실제 쓰임을 분석해 보면 '외래어'는 우리말 속에 동화가 완전히 끝난 상태인 차용어와는 다른 의미로 사용됨을 알 수 있다. 정희원(2004a, b)에서는 외래어가 국어화한 외국어 단어라면 흔히 말하듯 '남용'과 '범람'에 의해 국어의 어휘 체계를 혼란시킬 염려가 있어 '정화'의 대상이 될 수는 없음을

---

8) 규정에 따라서는 외래어라고 볼 수 없는 예들이 일부 포함되어 있음을 밝히고 있다. 아래 (1)은 "외래어 표기법 통일안"(1940)의 비고란에서 밝힌 내용이며, (2)는 현행 외래어 표기법의 해설에서 인용한 것이다.
   (1) 本案 各項의 語例는 適當한 外來語나 固有名詞만으로는 그 用例를 다 보이기에 不足하므로, 外來語로서 不適當한 外國語로도 아무쪼록 各項의 表記例를 고루 보이기에만 힘썼음.
   (2) 이 규정의 보기에는 아직 외래어로 볼 수 없는 외국어의 예도 필요에 따라 제시하였다.
9) 북한에서는 '외국어적 기원이 명백한 조선어 단어'에 적용하기 위한 "조선어 외래어 표기법"과 "외국말 적기법"을 따로 가지고 있다. "외국말 적기법"(1985, 과학 백과사전출판사) 총칙에는 '다른 나라 말의 단어 특히 고유명사를 그 나라 말의 발음대로 적는 데 적용한다'고 하며 '우리말에 들어와 쓰이는 외래어의 적기에는 원칙적으로 적용되지 않는다'고 밝히고 있다.

지적한다. 그런데도 우리는 흔히 외래어를 우리말의 순수성을 훼손시키는 것이어서 쓰임을 제약해야 한다고 생각한다. 이에 정희원(2004a, b)에서는 외래어를 '아직 완전한 동화 과정을 거쳐 국어의 일부로 인정받지는 못하였지만 우리말 속에서 비교적 널리 사용되는, 외국어에서 온 낱말'이라고 정의하고,[10] 외래어, 차용어, 귀화어의 차이를 아래와 같이 구분하였다.

(7) 외래어, 차용어, 귀화어의 구분

	외국어 어원	널리 사용됨	동화 과정 완료	언중의 외국어 의식
외래어	+	+	±	+
차용어	+	+	+	+
귀화어	+	+	+	-

(7)에 따르면 외래어는 아직 동화 과정이 진행 중인, '예비 차용어'까지 포괄하는 개념이다. 이러한 개념 규정은 외래어 표기법에서 표기 대상으로 삼고 있는 '외래어'에 부합한다. 외래어 표기법의 표기 대상이 완전히 우리말로 굳어진 말이 아니라 아직 국어화되지 않은 외래 어휘들과 외국의 인명·지명이라는 사실은 이미 여러 차례 지적된 바 있다.

(8) 외래어 표기법의 대상에 대한 견해
   a. 어형을 정할 기준이 필요한 것은 여러 형태로 동요되는 것, 갓 들어왔거나 앞으로 들어올 것에 대비한다는 데에 더 적극적인 의의가 있다 할 것이다. 긴급을 요하는 것들로서는 일반 명사보다는 인명이나 지명과 같은 고유 명사가 많을 것이다. (김완진 1991)
   b. 즉 외래어 표기법이란 아직 굳어지지 않은 말과 앞으로 새로 들어올 말에 대해서 적용하기 위한 규범임을 밝힌 것이다. (김세중 1993)

---

10) 같은 시각에서 김하수(1999)에서는 외래어를 '국어의 일부가 되어 가고 있거나 국어에 들어와 있으면서도 배척되고 있는 딴 언어 요소'라고 규정하였다.

c. 시대에 따라 새로운 외래어가 도입될 수 있는 가능성은 얼마든지 있다. 그러므로 외래어 표기법의 대상은 현재 우리말에 사용되고 있는 외래어에만 국한되는 것이 아니고 외국의 인명, 지명 그리고 앞으로 우리말에 들어올 수 있는 외국어의 낱말들 모두를 포함한다. (신형욱 1996)

d. 외래어 표기법은 이미 우리말에 들어와 일반적으로 쓰이는 외래어의 표기를 어느 정도 정리하고 통일하기 위한 목적을 가지며, 외국어 단어의 도입을 위해서도 유효 적절하게 대응하기 위한 목적을 가진다. (임홍빈 1997)

그러면 '외래어'가 실제 가리키는 개념과 외래어 표기법의 대상이 어느 정도 일치한다고 해서 외래어 표기법의 대상과 관련한 문제는 모두 해결되는 것인가? 그렇지는 않다. 외래어와 차용어를 (7)에서처럼 구분하기보다는 외래어를 차용어와 동의어로 받아들이는 시각이 우세하므로 오해의 소지는 여전히 남아 있다. 이것을 해결하기 위해서는 사용자의 이해를 돕기 위해 규정의 첫머리에 이 표기법의 목적과 적용 대상을 명시해 주는 것이 좋을 것이다. 한 가지 덧붙일 것은 표기법의 대상이 명시되더라도 임동훈(1996), 정국(2002) 등에서 지적한 몇몇 용례들은 여전히 문제가 있다. 완전히 국어화한 차용어 범주에 드는 예는 아니더라도 주변에서 흔히 볼 수 있는 보다 일반적인 용례로, 적어도 인명이나 지명 용례로의 대체가 필요해 보인다. 용례를 대체한다면 각주 (8b)와 같은 변명은 더 이상 필요치 않을 것이다.

3.2. 관용 표기의 처리 문제

현행 외래어 표기법에서는 이미 굳어진 외래어에 대해서는 관용 표기형을 인정한다고 함으로써 모든 외래어가 표기 세칙에 따라 표기되지는 않는다는 것을 명시하고 있다. 관용 표기 허용에 관한 규정은 이전 표기법에도 포함되어 있던 것으로, (9a)는 "외래어 표기법 통일안"(1940), (9b)는 "들온말 적는 법"(1948)에서 인용한 것이다.

(9) 관용 표기 허용 규정

    a. 이미 널리 또는 오래 慣習되어 아주 굳어진 語音은 굳어진 그대로 적는다.
      krist(希伯來[11] Christ) 그리스도(基督), læmp(英 lamp) 남포(洋燈)
      gʌm(英 gum) 고무(護謨), hwait ʃəːt (英 white shirt) 와이셔츠(洋服內衣)

    b. 각 국어에서의 특색이 현저히 들어나는 경우, 또는 이미 익어진 소리옮김(音譯)
      이 두루 행하는 경우에 한하여서는 그것을 특히 표기하기로 한다.
      tent(英 tent 천막) 텐뜨, pari(佛 Paris 地名) 빠리

관용 허용 조항은 외래어 표기법의 제정 정신을 표현하는 것으로서 매우 중요한 의미를 지닌다. 이 조항은 이미 우리말 속에 들어와 표기형이 정착된 외래어에 대한 것이므로, 새로 들어오는 외래어들을 표기하기 위한 1~4항의 조항보다 앞서 적용 여부를 따져보아야 한다.

이와 관련하여 살펴보아야 할 것이 외래어 표기법과 표준어 규정과의 관계이다. 외래어도 국어의 일부이므로 외래어 표기법은 표준어 규정의 하위 규정으로 볼 수 있다(임동훈 1996). 이에 원칙에 따르면 외국어에서 비롯한 단어를 대상으로 일단 표준어 인정 여부를 사정한 후, 표준어인 외래어를 대상으로 표기를 정해야 한다. 현행 표준어 규정에 따른 표준어 사정 원칙은 아래와 같다

(10) "표준어 규정"(1988) 제1장 총칙

    a. 제1항 표준어는 교양 있는 사람들이 두루 쓰는 현대 서울말로 정함을 원칙으로
      한다.

    b. 제2항 외래어는 따로 사정한다.

표준어 규정 해설에 따르면 외래어도 표준어 사정의 중요한 대상이긴 하나 당시 짧은 시일 내에 표준어 사정을 해야 하는 상황이어서, 성격이 다른 외래

---

11) 히브리(hebrew)의 음역어.

어의 사정은 보류한다고 설명하고 있다. 덧붙여 외래어는 수시로 밀려들어오는 것이므로 그때그때 사정을 해야 할 것임을 부연하고 있다. 외래어에 대해 표준어 사정을 한다면 그 기준은 제1항이 되어야 할 것이다. 즉 표준어 여부에 대한 판단과 표기형에 대한 판단에서 모두 제1항의 기준을 준용해야 한다. 대상이 되는 외래어가 표준어의 자격이 있는지 따져 보고, 만약 표기형이 여러 개로 달리 나타난다면 그 중에 교양 있는 사람들이 두루 쓰는 어형을 골라 표준 표기로 삼아야 할 것이다. 외래어의 표기를 정함에 있어 표기 세칙의 적용에 앞서 관용 표기를 알아보고 필요한 경우 그것으로 표준형을 삼아야 한다는 제5항의 원칙은 표준어 사정 원칙과 같은 흐름에서 이해할 수 있다. 즉 표기 세칙에 맞지 않는 표기형이라도 교양 있는 사람들이 두루 쓰는 현대 서울말의 조건에 맞는 것이라면 표준형으로 선정해야 할 것이다.

그렇다면 외래어를 대상으로 하는 표준어 사정은 어떤 절차에 따라야 할 것인가? 이론적으로는 대상 외래어의 표준어 여부를 표준어 규정 제1항에 비추어 사정한 뒤, 외래어 표기법에 따라 표준 표기를 정하면 된다. 즉 사정 결과 표준어로 보기 어려운 외래어라면 표기 사정은 할 필요조차 없다는 결론에 이르게 된다. 그러나 지금까지 외래어에 대해 표준어 여부를 사정한 적은 없다. 표준어 여부를 따지지 않고 곧바로 한글 표기를 결정해 왔다. 따라서 절차상 문제가 있다는 지적을 피하기 어렵다. 그러나 현실적으로 외래어 표기 결정은 그러한 절차대로 진행하기 어려운 점이 있다. 앞(3.1.)에서 논의하였듯이 외래어 표기법의 적용 대상은 일부 표준어로 인정된 말에만 한정되는 것이 아니기 때문이다. 외래어 표기법의 적용을 받아 표기를 결정해야 하는 것은 오히려 아직 국어화되지 않은 예비 차용어 부류에 속하는 말들이다. 그러나 아직 표준어 지위를 얻지 못한 것이라고 해서 표기형에 대한 결정을 마냥 미뤄둘 수는 없다. 해당 외래어가 우리말에 처음 들어오는 시기에 표기형을 정해 두지 않으면, 여러 가지 형태가 쓰이게 되어 오히려 어휘 체계를 혼란스럽게 할 것이기 때문이다. 따라서 외래어는 우선 표기형부터 결정해서 쓰다가 음운, 형태, 의미 측면에서 우리말로의 동화가 완전히 이루어지면 그 것을 대상으로 표준어 사정을 하는 것이 현실적이다. 그러나 지금까지 표준 어 사정은 고유어만을 대상으로 진행되었다. 언어생활 속에 사용되는 수많은 외래어에 대해서 표준어 여부를 심의해 본 적이 없다. 관례적으로 신뢰할 만 한 국어사전에 표제어로 실려 있는 것들을 우리말 속에 들어와 정착된 외래 어로 간주하고 있을 뿐이다.[12]

표기를 정할 때에는 우선 제5항의 원칙에 따라 관용 여부를 결정하고, 널 리 사용되는 굳어진 표기형이 없는 경우에는 언어별 표기 세칙에 따라 표준 표기를 결정하면 된다. 이때 관용 표기 허용 여부를 누가 어떤 절차에 따라 결정할 것인지가 문제가 된다. 김완진(1991)에 따르면 이 결정은 일반 국민 들이 직접 하는 것이 아니다. 전문가들이 모인 권위 있는 기관에서 결정하며 언중은 용례집이나 사전 등에 있는 어형을 확인해서 사용하는 것이 합리적이 다. 관용 표기 허용 여부뿐만 아니라 표기 세칙의 적용도 마찬가지로 전문가 가 하는 것이다. 이와 관련하여 임홍빈(1996)에서는 1940년의 통일안에서부 터 외래어 표기는 전문가를 염두에 둔 규정이었다고 설명하고 있다. 즉 통일 안은 자음 105개, 모음 31개에 대해 국제 음성 기호와 대조표로 구성돼 있어 애초에 일반인들은 접근이 어려운 표기법이라는 것이다. 이것은 현행 외래어 표기법도 마찬가지다. 각 언어에 따른 표기 세칙을 자세히 제시하고 있는바, 외국어에 대한 상당한 지식과 음운론에 대한 전문적인 지식이 있어야 표기법 을 제대로 적용할 수 있다. 이런 이유를 들어 김완진(1991)에서는 외래어 표 기법 세칙이 지나치게 까다롭다든가 복잡하다든가 하는 비판은 정당하지 않

---

12) 이상규(2011)에서는 표준어 사정 이후에 표기법을 정해야 하는 관리 절차를 제대로 이행하지 않고, 외래어를 관리하기 위한 사정 원칙이나 지침마저 없는 현 상황을 매우 심각하게 받아들 여야 한다고 지적한다. 외래어에 대한 현행의 관습적 관리 방식은 표기형이 정해진 외국어 단어들을 모두 외래어로 용인하게 되어 우리말의 생태를 매우 위험한 상황으로 치닫게 한다는 것이다. 이런 문제에 효과적으로 대응하기 위해서는 '외래어 표기법'의 범위를 넘어 우리말에 서 외래 어휘들을 어떻게 관리해야 할지 보다 총체적인 논의가 필요하다.

다고 말하고 있다.

한편 외래어의 표기를 결정하는 전문가 집단은 어문규범의 관리를 담당하는 '국립국어원'이고, 국립국어원은 '정부언론외래어심의공동위원회'('공동위원회'로 약칭)를 통해 이 일을 하고 있다. 이 기구는 규범의 관리자인 정부와, 외래어의 주된 유입 통로이면서 올바른 표기형의 보급 창구로 활용이 가능한 언론이 공조함으로써 외래어 문제에 효율적으로 대처하고자 1991년에 결성되었다. 그 전에는 국립국어원의 전신인 국어연구소에서 학계, 언론계, 출판계의 전문가들로 '외래어 표기 용례 심의 위원회'를 구성하여 외래어 표기 용례집에 실릴 표준 표기형을 결정하였다.

그러나 종종 전문가들이 정한 표준 표기가 관용형과 거리가 멀다는 것이 문제로 지적된다.[13] 김세중(1993)에서는 "외래어 표기 용례집"(1988)에 제시된 예들을 전화번호부의 상호 이름과 비교하여 관용을 반영하지 못한 표기형들을 찾아냈는데, '더그아웃, 독터, 스펀지, 액세서리, 초콜릿'등의 예를 들었다. 임동훈(1996)에서도 '앰뷸런스, 바비큐, 비스킷, 뷔페, 셔벗' 등의 표기가 지나치게 원지음 위주로 되어 있어 언중들에게 외면당하고 있음을 지적한다. 김선철(2008)에서는 공동위원회의 심의 결과 중 관용을 인정하지 않아 표준 표기가 정착되지 못하는 것들을 실증적으로 보이기 위해 '데버러 커', '잭 니컬슨'등 47개 항목에 대해 표준 표기와 관용 표기의 웹 검색 결과를 제시하고 있다.

굳어진 외래어는 관용을 존중한다는 원칙에도 불구하고 낯선 표기형들이 표준 표기로 결정된 데에는 원칙을 적용하는 방법과 절차에 문제가 있었기 때문이다. 즉 관용 여부를 위원들의 개인적인 지식이나 경험을 바탕으로 한 주관적 판단에 따라 결정함으로써 언중들의 언어생활과는 동떨어진 표기형을 표준으로 정하게 되고, 결과적으로 규범 표기가 외면당하는 결과를 빚게

---

13) 대표적인 것이 '짜장면'이었으나 이는 2011년에 기존 표준 표기형인 '자장면'과 함께 복수 표준 표기로 인정되었다.

된 것이다. 공동위원회는 특히 운영 초기에 이러한 문제점이 있었음을 인식하고 보다 객관적인 언어 실태에 기반하여 합리적인 판단을 하고자 개선책을 마련하였다. 웹 검색이 보편화된 2000년대 중반 이후에는 회의 자료에 관련 표기형의 카인즈14)(www.bigkinds.or.kr) 및 구글 검색 결과를 제시하여 판단 근거로 활용하고 있다. 카인즈에서 최근 10년 이내의 검색 건수 기준으로 최고 빈도로 사용되는 표기, 또는 네이버나 구글 등 주요 검색 사이트에서 절대 다수를 차지하는 표기로서, 공동위원회 실무소위원회 위원 전원이 지지하거나 공동위원회 본회의 참석 인원 중 3분의 2 이상이 지지하는 것에 한해 관용을 인정한다는 방침이다.

3.3. 된소리 글자의 표기 문제

현행 외래어 표기법에서는 (6)의 제4항에 명시된 바와 같이 된소리 글자를 사용하지 않도록 하고 있다. 이 조항은 김완진(1991)에서는 '매우 중요한 발전의 징표'로 평가했던 반면 많은 연구자들로부터 한글의 표음성을 약화시킨 조치라고 비판을 받아 왔다. 김세중(1993), 신형욱(1996), 김하수(1999), 김정우(2002), 연규동(2006), 김슬옹(2008), 박창원(2008) 등에서 특히 이 문제를 자세히 다루고 있다.

외래어를 적을 때 된소리 글자를 쓰지 않는다는 원칙은 현행 표기법에 처음 명시적으로 등장했지만 이미 1940년 통일안에서부터 된소리 글자는 기피되어 왔다. 1948년 표기법에서는 유성파열음과 2음절 이하의 무성파열음을 된소리 글자로 적도록 함으로써 된소리 글자에 대해 제한을 두지 않았다. 그러나 1958년 표기법에서는 다시 예전 방식으로 돌아와 무성파열음은 거센소

---

14) 카인즈(KINDS, Korean Integrated News Database System): 한국언론재단이 운영하는 기사검색 사이트. 전국 종합일간지와 경제지, 영어신문은 물론 지역신문의 기사 원문에 대해 검색 서비스를 제공한다.

리로, 유성파열음은 예사소리 글자로 적도록 하였다. 1958년 표기법은 일본어 표기에서도 된소리 글자 대신 거센소리 글자를 사용하게 함으로써 외래어 표기에 된소리를 전혀 쓰지 않았다.

된소리 글자를 제약하는 이유는 파열음 표기를 간편하게 하고 인쇄상의 편의를 도모하기 위해서이다. 외래어 표기법 해설에는 다음 네 가지 이유를 제시하고 있다.[15]

> (11) 된소리 표기를 허용하지 않는 이유
>
>   a. 같은 무성파열음을 언어에 따라 달리 적는다면 규정이 대단히 번거로워질 뿐만 아니라 일관성이 없게 된다.
>
>   b. 한 언어의 발음을 다른 언어의 표기 체계에 따라 적을 때, 정확한 발음 전사는 어차피 불가능한 것으로, 비슷하게밖에 전사되지 않는다.
>
>   c. 외래어에 된소리 표기를 허용하면 국어에서 쓰이지 않는 '빠, 뿌, 뛰, 꼐'등과 같은 음절들을 써야 하게 되며, 이는 인쇄 작업에 많은 지장을 초래한다.

현행 표기법이 공포되던 1980년대까지만 해도 위에 제시한 이유들이 설득력 있게 받아들여졌다. 원어의 발음에 가깝게 적는 것보다는 표기 일관성을 유지하고 혼란을 방지하기 위해 된소리 글자를 쓰지 않는 게 낫다는 의견이 우세했다. 그러나 우리 사회가 국제화되고 외국어를 직접 경험하는 사람들이 많아짐에 따라 일부 언어의 무성파열음에 대해서는 된소리 글자를 도입하자는 의견이 점차 늘어나고 있다. 표기할 수단이 없는 것도 아닌데 우리나라 사람들이 서로 다르게 인식하는 소리를 군이 거센소리 글자로만 통일해 적어

---

15) 김슬옹(2008:78)에서는 된소리 표기 제한이 단지 언어학적인 이유만이 아니라 된소리에 대한 뿌리 깊은 경멸과 관련이 있다고 설명한다: "외래어 표기법의 이런 궁색한 된소리 표기 규정은 된소리를 되도록 억제하려는 순화 논리가 깔려 있다. … 쌍소리가 대부분 된소리로 되어 있는데다가 '싸랑해요, 쬐주' 등과 같이 제멋대로 말꼬기가 언어 순수주의에 위배된다고 보았기 때문이다." 이상규(2011)에서도 제4항의 배경을 "된소리 표기를 줄여 우리말 발음을 보다 부드럽고 아름답게 하려는 취지나 의도"로 설명한다.

서 한글의 표기 능력을 약화시킬 이유가 없다는 것이다. (11)의 이유에 대한 반대 논거를 살펴보자.

(11a)는 간결하고 일관성 있는 표기를 위해서라고 밝히고 있다. 같은 음소로 분류되는 소리들이 언어에 따라 음성적인 차이가 있다고 해서 각기 다르게 적도록 하면 혼란이 발생할 수 있다는 것이다. 그러나 실제로 국제음성기호로는 똑같이 표시되는 소리를 언어마다 달리 규정한 경우가 없지 않다. 예를 들어 [ə]의 표기는 영어를 포함한 대부분의 언어에서는 '어'로 적지만, 독일어에서는 '에', 프랑스어에서는 '으'로 적도록 하고 있다. 어말에서 [ʃ]와 [ʒ]를 적는 방법도 언어에 따라 다르다. 영어에서는 '시, 지'로 적고, 프랑스어나 독일어에서는 '슈, 주'로 적는다.

무성파열음을 언어에 따라 된소리와 거센소리 글자로 구분해 적어야 한다면 어떤 단어를 표기하기 위해 그것이 어느 언어에서 왔는지를 하나하나 따져 보아야 하는데, 그 과정이 번거롭다는 것도 이유로 들고 있다. 그러나 현행 외래어 표기법은 표음주의 원칙 아래 각 언어권별로 자세한 표기 세칙을 마련하고 있어, 한글 표기를 하려면 해당 외래어가 어떤 언어로부터 왔는지를 살펴보는 일은 너무나 당연한 절차이다. 예를 들어 Charles는 영어 이름이라면 '찰스', 프랑스어 이름이라면 '샤를'로 적어야 한다. San Jose는 영어를 쓰는 미국의 도시를 가리킬 때는 '새너제이'로 쓰지만, 에스파냐어를 쓰는 코스타리카의 수도를 가리킬 때는 '산호세'로 적는다. 심지어 포르투갈어 용례는 사용 지역이 브라질인지 포르투갈인지에 따라 한글 표기가 달라지기도 한다. Ronaldo는 포르투갈 사람일 때는 '호날두', 브라질 사람일 때는 '호나우두'가 된다. 게다가 3.2.에서 살펴보았듯이 외래어 원어의 철자와 발음을 확인하고 그에 대한 한글 표기를 결정하는 것은 전문가의 일이므로 규칙이 까다롭고 번거로워서 적용하기 어려울 것은 크게 문제가 되지 않는다고 볼 수 있다.

(11b)는 어떻게 적더라도 외국어의 소리를 정확하게 나타내기는 어려우므

로 굳이 복잡한 표기 세칙을 만들 필요 없이 일관성 있는 표기를 선택하자는 취지로 (11a)와도 밀접하게 관련된다. 이는 이론적으로 틀림이 없는 말이다. 우리나라 사람들이 영어나 독일어의 무성파열음을 우리말의 거센소리처럼 듣지만 엄연히 같은 소리는 아니다. 프랑스어나 이탈리아어의 무성파열음도 우리말의 된소리와 같지 않다. 문제는 우리나라 사람들이 이들을 각기 다른 소리로 인식해 구분해 적고 싶어 하는데 굳이 같은 글자로 표기하도록 한다는 데에 있다. 물론 어떻게 적더라도 외국어 소리를 똑같이 나타낼 수는 없으므로 어느 정도의 타협은 불가피하다. 예를 들어 [r]과 [l] 소리는 분명히 구분되는 다른 소리이나 한글로는 이 둘을 구분해 표기할 방법이 없다. 이런 경우에는 (11b)와 같은 이유로 굳이 새 글자를 만들어서까지 구분할 필요는 없을 것이다. 그러나 우리글의 체계를 훼손시키지 않고도 구분해 적을 방법이 있는데도 굳이 무시하자는 말자는 것이 이에 대한 반대 논리이다.

(11다)는 인쇄상의 어려움을 들어 설명을 하고 있는데 아마 당시에 된소리 표기를 도입하지 못했던 현실적인 이유였던 것 같다. 이는 신형욱(1996)에서 지적되었듯이 예시된 음절들을 격음으로 바꾸어 '퐈, 퓨, 퉤, 풰' 등으로 써봐도 우리말에서 흔히 사용되는 음절은 아니므로 적절한 이유라고 하기 어렵다. 또한 예시한 음절 이외에도 외래어 표기법에는 '뤼, 뮈, 섀, 푀' 등 우리말 표기에는 사용하지 않는 음절들이 상당수 포함되어 있다. 무엇보다도 이제는 더 이상 활판 인쇄를 하지 않으므로 이 이유는 해소되었다고 볼 수 있다.

된소리 글자 도입을 적극적으로 검토해야 할 또 한 가지 이유는 일부 언어 표기법에 된소리 글자를 사용하게 되었다는 것이다. 2004년 동남아시아 언어의 외래어 표기법이 제정되면서 이 원칙에 예외가 생겨나게 되었다. 그 전까지 외래어 표기법에서 다루었던 외국어들에는 파열음에서 무성과 유성의 두 가지 대립만 존재했었다. 그러나 베트남어와 타이어는 무성, 유성, 유기의 세 가지 대립이 존재한다. 이들 언어의 외래어 표기법을 제정할 때 대립되는 각각의 소리를 구분해서 표기할 필요가 있어 제4항의 제한에도 불구하고 된소리 글자를 도입하였다. 즉 유성음 [g]는 'ㄱ'으로, 무성유기음 [kʰ]는 'ㅋ'으로, 무성무기음 [k]는 'ㄲ'으로 적도록 한 것이다. 이는 파열음에 세 가지 대립이 존재하는 언어들에만 국한된 부득이한 조치였다. 그러나 결과적으로 이 사실을 정확히 모르는 사람들에 의해 다른 나라 말의 무성파열음도 된소리로 적는 사례가 점차 늘어나게 되었다.

이상에서 살펴보았듯이 외래어 표기법에서 된소리 표기를 제한하는 원칙은 많은 도전을 받고 있다. 사실 파열음 표기에 거센소리 글자만 쓸 것인지, 된소리 글자도 허용할 것인지의 문제는 각각 장점과 단점이 있는 문제로서 어느 한쪽의 주장만 타당하다고 볼 수 없다. 거센소리만 쓰도록 한 현행 표기법은 간결하고 편리한 장점이 있다. 언어에 따라 거센소리와 된소리 글자를 구분하여 표기하면 특정 외국어 소리에 가깝게 적는 장점이 있으나 사용자들에게는 복잡하고 어려운 것이 사실이다. 어떻게 정하더라도 각각 장점과 단점이 있으므로 어떤 장점을 취할 것인지를 선택할 문제이다.

다만 지금은 정책 환경이 표기법 제정 당시와는 달라졌기에 된소리 도입을 좀더 적극적으로 검토해 볼 필요는 있다고 본다. 인쇄 방식이 변화됨으로써 기술적인 문제가 해결되고, 외국어와 직접적인 접촉 빈도가 높아진 언중들이 된소리 도입을 희망하고 있기 때문이다.[16] 사실 프랑스어나 이탈리아어, 러시아어, 에스파냐어 등의 무성파열음은 많은 사람들이 규범 표기를 무시하고 된소리로 적고 있는 것이 현실이다. 교과서나 공문서, 신문 등의 출판물을 제외한 개인들의 글쓰기나 심지어 방송 자막에서도 된소리 표기가 눈에 띄게 늘고 있다. 과거에는 외래어 표기의 용도를 국내에서 우리나라 사람들이 한글로 문자 생활을 하는 것에 한정시켰으나, 한국어를 학습하는 외국인들이 날로 늘어가는 상황에서는 그들의 요구도 무시할 수 없게 되었다. 많은 한국

---

[16] 구본관 외(2010)의 "외래어 표기 규범 영향 평가"에서 아나운서, 기자, 출판인, 교사 등 전문가 103명을 대상으로 한 조사에서 이 조항에 대한 만족도는 38.8%로, 외래어 표기의 원칙 5개 조항 중 만족도가 가장 낮게 나타났다.

어 학습자들이 자신들의 이름을 쓸 때 된소리 글자를 쓰고 싶어 한다. 외래어 표기 원칙을 들어 거센소리 글자로 쓰도록 유도하지만, 이름 쓰기를 배우는 초급 학습자들을 이해시키기는 쉽지 않다. 외래어 표기는 외국어의 원음을 우리나라 사람들이 듣기에 가장 가까운 글자에 대응시키는 것이 사용자들의 편의를 위해서나 표기의 통일성을 유지하는 데에도 좋다는 점을 고려하여 향후 외래어 표기법은 된소리 글자 수용 문제를 적극적으로 검토해야 할 것이다.

그러나 표기 원칙을 바꾸는 것이 쉬운 일은 아니기에 개정을 한다면 그에 수반될 언어생활의 혼란과 사회 경제적 비용 등을 고려하여 신중하게 접근해야 한다. 현재 "표준국어대사전"에 실려 있는 외래어 표제어는 26,000여 건인데, 그중 원어에 무성파열음을 포함하고 있는 것은 10,000건이 넘는다. 만약 파열음 된소리 관련 조항을 수정한다면 10,000여 건의 외래어들이 모두 검토 대상이 되어야 한다. 그중에는 이미 우리에게 상당히 익숙한 여러 인명 지명들이 포함돼 있어 바꾸기에는 많은 어려움이 예상된다. 학계에서는 이러한 문제를 고려해서, 남북한 통일 어문규범을 제정할 때 된소리를 도입하는 것이 한 가지 방안으로 제시되고 있다. 현재 북한의 "외국말적기법"(2001)에서는 러시아어, 일본어, 프랑스어, 에스파냐어, 아랍어 등의 표기에 된소리를 쓰고 있다. 따라서 현재 남측의 표기 원칙을 모두 유지하기는 어려운 통일 규범 제정 시에 이 문제에 대해 북한의 원칙을 받아들이면, 관습적 표기에서 된소리를 쓰는 데 익숙한 남한 주민들이 큰 충격 없이 받아들일 수 있으리라는 이유에서다.

3.4. 중국 인지명 표기

중국 인지명 표기와 관련해서도 논란이 있다. 즉 우리 한자음대로 표기할 것인가, 아니면 다른 외래어와 마찬가지로 해당 언어의 발음을 따라 적을 것인가의 문제이다. 이와 관련한 현행 외래어 표기법 규정은 다음과 같다.

(12) 제4장 제2절 동양의 인명, 지명 표기

    a. 제1항 중국 인명은 과거인과 현대인을 구분하여 과거인은 종전의 한자음대로 표기하고, 현대인은 원칙적으로 중국어 표기법에 따라 표기하되, 필요한 경우 한자를 병기한다.

    b. 제2항 중국의 역사 지명으로서 현재 쓰이지 않는 것은 우리 한자음대로 하고, 현재 지명과 동일한 것은 중국어 표기법에 따라 표기하되, 필요한 경우 한자를 병기한다.

    c. 일본의 인명과 지명은 과거와 현대의 구분 없이 일본어 표기법에 따라 표기하는 것을 원칙으로 하되, 필요한 경우 한자를 병기한다.

    d. 중국 및 일본의 지명 가운데 한국 한자음으로 읽는 관용이 있는 것은 이를 허용한다.

| 東京 | 도쿄, 동경 | 京都 | 교토, 경도 | 上海 | 상하이, 상해 |
| 臺灣 | 타이완, 대만 | 黃河 | 황허, 황하 | | |

똑같이 한자로 적히는 동양 인지명이라도 중국과 일본의 경우에 각기 다른 원칙을 적용하고 있다. 일본의 인명과 지명은 모두 일본어 발음에 따라 표기한다. 반면에 중국의 인명과 지명은 과거와 현대를 구분하여 과거의 것은 우리 한자음대로 적고, 현대 인지명은 중국어 발음에 따라 표기한다. 다만 일본이나 중국 지명 가운데 우리 한자음으로 읽는 관용이 있는 경우는 두 가지를 모두 쓸 수 있도록 허용하고 있다.

일본과 중국의 인지명을 달리 처리한 것에 대해 외래어 표기법 해설은 현실을 반영한 것으로 설명하고 있다. 즉 중국의 인명 지명은 고전을 통해 우리 생활 속에 융화되어 우리 한자음으로 읽는 전통이 서 있지만, 일본의 경우는 그렇지 않다는 것이다. 실제로 일본어에 대해서는 일본어 발음에 따라 표기하는 것이 거부감 없이 수용되고 있다. 구본관(2010)에서 설문조사를 통해 조사한 결과는 다음과 같다.

(13) 중국, 일본의 인지명 외래어 표기 선호도 조사

설문 문항			응답자	원지음	우리 한자음
6-1	선호도	일본어 인명의 우리 한자음 표기	일반인	**55.6**	42.5
			전문인	**82.5**	2.9
6-2	용례(지명)	도쿄 : 동경	일반인	**69.0**	29.3
			전문인	**82.5**	2.9
6-3	용례(인명)	이토 히로부미 : 이등박문	일반인	**72.6**	25.3
			전문인	**85.4**	0.0
8-1	선호도	중국 인명의 우리 한자음 표기	일반인	31.2	**68.2**
			전문인	**73.8**	22.3
8-2	용례(지명)	쓰촨 : 사천	일반인	30.9	**68.8**
			전문인	**68.9**	29.1
8-3	용례(인명)	장제스 : 장개석	일반인	39.6	**59.8**
			전문인	**71.8**	26.2

*일반인 (수도권 거주 19세 이상 성인 525명)

*전문인 (기자, 아나운서, 국어교사, 출판인 등 103명)

(13)에서 보듯이 일본어 표기에 대해서는 원지음 표기에 대한 선호도가 훨씬 높게 나타난다. 모든 항목에서 원지음 표기가 선호되는 가운데 특히 교사나 기자 등 전문인들의 원지음 선호 경향이 두드러진다.

중국의 인명, 지명을 원지음 기준으로 읽는 것이 불합리하다는 주장은 김민수(2004), 김병운(2009), 김창진(2008, 2009, 2011) 등을 통해 이루어졌다. 이에 대해 엄익상(2008, 2009), 조관희(2009), 고석주(2011) 등에서는 현행 외래어 표기법을 지지하는 입장에서 반론을 펴고 있다. 한국식 한자음 표기를 주장하는 주요 논거들을 살펴보면 다음과 같다.

(14) 우리 한자음에 따라 중국어 외래어 표기를 해야 하는 이유

    a. 원지음 표기는 중국어를 모르는 사람들에게 불편을 준다.

    b. 한국은 중국과 같은 한자 문화권에 속하므로 한자를 쓰고 한자음으로 읽는 것이 편리하다.

    c. 중국은 우리나라의 인명과 지명을 중국 음대로 읽는데 한국만 중국어의 발음으로 읽는 것은 부당하다.

    d. 한자는 뜻글자이므로 우리 한자음대로 읽으면 의미를 짐작할 수 있으나 원지음 표기는 그렇지 않다.

그러나 각각의 이유에 대한 반대 논리도 얼마든지 가능하다. (14)와 같은 주장에 대해 원지음 표기 원칙을 주장하는 사람들의 대응 논리는 다음과 같다. 우선 원지음 표기가 중국어를 모르는 사람들에게 불편을 초래하는 만큼 한자음 표기는 한자 지식이 부족한 사람들에게 어려움을 준다. 게다가 중국 인지명을 우리 한자음으로 표기하기 위해서는 교육용으로 정해진 1,800자보다 훨씬 많은 한자 지식이 필요하게 될 것이다. (14b)에 대해서는 우리나라가 한자 문화권이라고 하나 현재 중국에서는 간체자를 사용하고 있어 사실상 우리와 같은 한자를 사용하지는 않는 현실을 들어 반박하고 있다. (14c)에서 말한 것처럼 중국이 우리나라 인명 지명을 중국식으로 발음하는 것은 그들의 문자 특성상의 한계에 기인한다. 중국어에서는 우리나라 말뿐만 아니라 거의 모든 외래어 외국어에 대해서 한자의 의미를 활용하거나 음차를 한 표기를 하는데, 그 결과를 중국어 발음으로 읽는 것 외에 다른 가능성은 사실상 없기 때문이다. 그러니 표음성이 뛰어난 한글을 쓰는 우리가 따라 갈 일은 아니라고 엄익상(2009)에서는 설명하고 있다. (14d)에 대해서는 외국의 인명이나 지명을 그 본래 언어에서의 의미까지 우리가 파악할 필요가 있는가 생각해 볼 필요가 있다. 단지 외국의 지명이나 특정한 인물을 가리키는 말이라는 정보만이 국어생활에서 유용하다는 논리로 대응이 가능하다.

위에서 살펴본바, 중국 인지명에 대한 한자음 또는 원지음 표기 원칙을 정

하는 문제는 언어정책과 관련한 대부분의 쟁점이 그러하듯 옳고 그름을 판정할 수 있는 문제가 아니다. 각각이 모두 장단점을 가지고 있으므로 어떤 장점을 취할지 선택의 문제다. 결국 표음주의 원칙을 지닌 외래어 표기의 '보편성'을 우선할 것인가, 한자 문화를 공유하는 중국어 표기의 '특수성'을 더 중요하게 보아야 할 것인가의 문제가 된다. 그렇다면 두 가지 원칙의 논리적 우위성을 따지기보다는 현재 우리가 처한 상황에서 어떤 선택이 보다 합리적인지를 따져 보아야 할 것이다.

한편 중국어의 고유명사를 원지음에 따라 표기한다는 규정이 1986년 현행 외래어 표기법에 의해 처음 도입된 것으로 알려져 있지만 사실은 그렇지 않다. 어떤 사람들은 1986년의 외래어 표기법에 의해 중국어 표기법이 처음 제정되었거나, 종전까지의 한자음 표기 원칙이 원지음 표기 방식으로 변경된 것으로 알고 논의를 진행하기도 한다. 사실 확인을 위해 이전 표기법에서는 이 문제를 어떻게 다루고 있는지 살펴보자. 외국 고유명사 표기에 대한 명시적 기술은 "들온말 적는 법"(1948)에 처음 나타난다.

(15) 1. 홀로이름씨의 옮겨적기의 원칙
  ○ 말 옮겨적는 원칙
    다른 나라의 나라, 따, 사람의 이름은 그 때, 그 따의 원음을 따라 적는 것을 원칙으로 한다. 다만 관용어는 그대로 따르기로 한다.
  ○ 관용어에 관한 규칙
    관용어에 대해서는 다음의 규칙대로 한다.
    (一) 중국 및 인접지의 현재의 나라, 따, 사람의 이름은 지금 그 따에서 부르는 음을 따라 적으며, 역사상의 나라, 따, 사람의 이름은 그 관용된 한자의 우리나라 음대로 따라 적기로 한다. 그러나,
    1) 역사상의 사람이라도 현재에 문제를 던지는 사람의 이름은 그 따에서 부르는 음을 따라 적음을 허용한다.
    2) 한 따의 이름이 현재와 역사에서 한가지일 적에는, 현재의 이름과 같이 그 따의 원음을 따라 적음을 허용한다.

이 표기법에서는 '역사상'의 뜻을 제2차 세계대전의 종말, 즉 1945년을 경계로 한다고 해설한다. 1945년을 기준으로 중국의 현재 인지명은 원지음으로 표기하고 역사상의 인지명은 우리 한자음으로 적도록 하였다. "로마자의 한글화 표기법"(1958)에는 이와 관련한 내용이 명시되어 있지 않다. 이 표기법을 교과서에 적용하기 위해 1963년 발간한 "편수 자료"에서 중국 인지명의 표기 원칙을 다음과 같이 제시하였다.

(16) 문교부 "편수 자료" 4집(1963)의 인명 지명 외래어 표기 원칙
   (2) 동양 관계
     ① 중국 인명은 과거인과 현대인을 구분하여 과거인은 종전의 한자음대로 하고 현대인은 원칙적으로 주음 부호의 한글화 표기법에 의하여 중국음으로 표기하고 한자의 주를 단다.
     ② 일본 인명은 과거 현재의 구분 없이 카나의 한글화 표기법에 의하여 일본음으로 표기하고 한자의 주를 단다.
     ③ 그 밖의 동양 인명은 가급적 원지음으로 표기한다.
     ④ 중국의 역사 지명으로서 현재 쓰이지 않는 것은 종전의 한자음대로 하고, 현재 지명과 동일한 것은 본국음으로 표기하되 한자의 주를 단다.

이상에서 살펴본바 중국의 인명 지명을 중국어 발음에 따라 적도록 한 것은 외래어 표기법에서 변함없이 유지됐던 원칙이다. 다만 이전에는 외래어 표기법이 교과서 등에만 제한적으로 쓰였기에 이런 원칙이 주목을 받지 못하다가 현행 표기법이 언론 매체에서 적극적으로 사용되기 시작한 1990년대부터 쟁점으로 떠올랐다. 엄익상(2002)에서는 1997년 KBS와 조선일보 등 대형 언론사에서 중국어 원음 표기 원칙을 채택하면서 중국어 외래어 표기법이 확산된 것으로 보고 있다. 그런데 신문 등에서 중국어 인지명 표기가 문제가 된 이유는 글쓰기 방식이 한글 전용으로 변화하였기 때문이다. 한글과 한문이 혼용되던 시기에는 중국 인지명을 한자로만 적었기에 한글로 어떻게 적을

지는 문제가 되지 않았다. 1990년대 이후 한글 전용이 실현되면서 중국어 원지음 표기가 자연스럽게 확산되었다.

(17) 중국어 인명의 표기 양상(구글 검색 건수. 검색일: 2017년 12월 20일)

蔣介石(1887~1975)		鄧小平(1904~1997)		江澤民(1926~)		習近平(1953~)	
장개석	장제스	등소평	덩샤오핑	강택민	장쩌민	습근평	시진핑
182,000건	202,000건	132,000건	220,000건	40,300건	204,000건	212,000건	9,950,000건

(17)은 중국 근현대 역사의 대표적인 인명의 한글 표기를 구글에서 검색해 본 결과이다. 과거에서 현대로 넘어오면서 원지음 표기의 비중이 눈에 띄게 늘어나고 있는 것을 알 수 있다. '장제스'의 경우 우리 한자음과 중국어 원지음 표기 비율이 47% 대 53%로 원지음 표기가 조금 더 많게 쓰였다. 이후 원지음 표기 비율은 '덩샤오핑', '장쩌민'으로 가면서 각각 63%, 84%로 늘어나다가 '시진핑'에서는 98%에 이르는 것을 볼 수 있다.

한편 과거 신문 자료에서 '모택동'과 '마오쩌둥'을 검색해 본 결과는 두 가지 표기형이 한글 전용이 진행됨에 따라 세대 교체하는 모습을 보여 준다.

(18) '모택동/마오쩌둥'표기의 신문 기사 출현 건수

	毛澤東	모택동	마오쩌둥	계
1970년대	6,847건(95%)	335건(5%)	0건(0%)	7,182건(100%)
1980년대	1,521건(84%)	234건(13%)	60건(3.3%)	1,815건(100%)
1990년대	1,131건(74%)	301건(20%)	90건(6%)	1,522건(100%)

1970년대 신문에는 '마오쩌둥' 표기가 한 건도 쓰이지 않았다. 이 인물을 언급한 전체 기사 중 95%가 한자로 '毛澤東'을 썼다. 1980년대 중반 이후에 '마오쩌둥' 표기가 나타나기 시작했으며, 한자 표기는 줄게 되었다. 1990년대 들어 원지음 표기가 늘어나는 데 반해 한자 단독 표기는 그 비율이 점점 줄어

드는 것을 볼 수 있다.[17) 구글에서의 검색 결과를 비교해 보면 '모택동'이 368,000건, '마오쩌둥'이 1,080,000건으로 마오쩌둥 표기가 약 3배 더 많이 검색된다.

중국어 외래어 표기 원칙과 관련해서 학계에서는 아직 논란이 있지만 한글 전용의 글쓰기 방식이 정착함에 따라 실제 언중들의 언어생활에서는 원지음에 따른 표기 원칙이 거스를 수 없는 대세로 자리 잡아 가고 있음을 알 수 있다.

3.5. 기타 쟁점 사항

이 절에서는 현행 외래어 표기법 규정의 표현과 관련한 쟁점에 대해 살펴보겠다. 검토 대상은 (6)의 제1항과 제2항이다.

제1항은 '현용 24자모'라는 표현이 자칫 표기의 수단을 기본자인 '24자모'에만 국한시키는 것으로 오해할 소지가 있다는 점이 여러 차례 지적되었다. 이 조항의 취지는 2장에서 살펴본 것처럼 외래어 표기를 위해 새로운 문자나 부호를 만드는 것을 금지하고자 하는 것이다. 이는 1933년의 조건을 원칙화한 것이며 반드시 지켜져야 할 원칙이다. 그러나 그러한 의도를 나타내기에는 기술 방법이 만족스럽지 못하다. 제1항은 한글 맞춤법의 기술 원리나 외래어 표기법의 역사에 대해 지식이 있거나 해설을 통해 이 조항의 배경을 따로 학습하지 않은 사람에게는 달리 해석될 여지가 충분하다.

많은 사람들이 이 조항을 한글 맞춤법에 규정된 기본 자모 24자만 써야 하는 것으로 오해한다. 한글 맞춤법 제4항에 제시된 스물넉 자는 자음 14자(ㄱ, ㄴ, ㄷ, ㄹ, ㅁ, ㅂ, ㅅ, ㅇ, ㅈ, ㅊ, ㅋ, ㅌ, ㅍ, ㅎ)와 모음 10자(ㅏ,

---

17) 표 (18)은 네이버의 '뉴스라이브러리' 검색 결과이다. 이 서비스에서는 1999년 12월 31일까지의 자료만을 제공하므로 2000년대 이후 자료는 보이지 못하였다. 다만 1990년대 중반 이후에 매체에서의 한글 쓰기가 대폭 확대된 것으로 보아, 2000년대 이후는 '마오쩌둥' 표기 비중이 훨씬 늘어났을 것으로 예측할 수 있다.

ㅑ, ㅓ, ㅕ ㅗ, ㅛ, ㅜ, ㅠ, ㅡ, ㅣ)뿐이다. 한글 맞춤법에서는 붙임 조항을
따로 두어 스물넉 자의 기본 자모로 적을 수 없는 소리는 두 개 이상의 자모
를 어울러 적도록 규정하면서 복자음 5개(ㄲ, ㄸ, ㅃ, ㅆ, ㅉ)와 복모음 11개
(ㅐ, ㅒ, ㅔ, ㅖ, ㅘ, ㅙ, ㅚ, ㅝ, ㅞ, ㅟ, ㅢ)를 제시하고 있다. 따라서 우리말
표기에 사용되는 자모는 자음 19자, 모음 21자 등 총 40자이다.

박창원(2008)에서는 한글 맞춤법의 이러한 기술이 훈민정음 창제 당시부
터 사용해 오던 관례에 따라 자모를 '문자소'의 개념으로 사용하고 있는 것이
므로 이론상 문제가 없다고 설명한다. 즉 외래어 표기법의 '24자모'를 기본
자모만을 가리키는 것으로 해석하는 것은 어문규범의 전체적인 균형에 대한
몰이해에서 비롯한다는 것이다. 그러나 한글 맞춤법과 달리 외래어 표기법에
서는 복자모에 대해서는 아무 설명이 없이 '현용 24자모'라고만 표현하고 있
어 기본자에 해당하지 않는 된소리 표기 글자나 'ㅐ, ㅒ, ㅔ, ㅖ, ㅘ, ㅙ……'
등의 복모음 글자는 사용할 수 없는 것처럼 해석할 여지가 있다. 김선철
(2008)에서 지적하듯 외래어 표기법이 아무리 전문가용이라고 해도, 국어학
에 상당한 정도의 지식이 있는 소수의 언어학자만을 대상으로 할 것이 아니
라면 알기 쉽게 표현하는 편이 낫다.

따라서 이 조항을 유지하려면 '24자모'를 '40자모'로 바꾸어 표현하거나,
자모의 수를 표시하지 않고 '한글 맞춤법에 규정된 자모'라는 표현을 사용하
는 것이 좋겠다. 그러나 이 조항의 취지를 보다 명확히 하려면 1940년 표기
법안대로 '외래어를 적기 위해 새로운 문자나 부호를 만들지 않는다'라고 분
명히 표현하는 것이 낫겠다.

제2항은 1음운 1기호 원칙을 명시한 조항인데, 이 원칙에는 벗어나는 예가
더 많아서 실효성이 없다. 해설에 따르면 이 조항은 외래어의 1음운을 1기호
로 적어야 기억과 표기가 쉽다는 점을 고려해서 만들어진 것이라고 한다. '원
칙적으로'라는 표현을 쓴 이유는 외국어의 1음운이 음성 환경에 따라 여러
소리에 대응되는 불가피한 경우에 한해 둘 이상의 기호로 표기할 수 있는 상

황을 염두에 두었다는 것이다.

그러나 표기의 실제에 있어서는 1음운이 여러 가지 다른 기호에 대응되는 경우가 많다. 예를 들어 영어의 음운 /p/는 '프, 브, ㅂ' 등 세 가지 글자에 대응한다. print(프린트)의 p는 '프'로 party(파티)의 p는 'ㅍ'으로 shop(숍)의 p는 'ㅂ'으로 표기된다. 사실상 표기 일람표에 제시된 거의 모든 소리가 둘 이상의 한글 기호에 대응한다. 자음 소리 중에는 비음 [m, n, ŋ]을 제외한 모든 소리가 모음 앞에 쓰일 때와 자음 앞이나 어말에 쓰일 때 각기 다른 기호에 대응한다. 따라서 이 원칙은 선언적 조항으로서도 큰 가치가 없음을 알 수 있다.

이 조항은 본래 1958년 표기법의 기본 원칙 제2항을 계승한 것이다. 1958년 당시에는 현행 표기법의 제2항 표현 뒤에 "이음(異音, allophone)이 여럿이 있을 경우라도 주음(主音, principal member)만을 표기함을 원칙으로 한다."는 설명이 부연되어 있어, 이 조항이 뜻하는 바를 보다 쉽게 이해할 수 있었다. 그러나 1986년 표기법에서는 이러한 설명이 생략되고 해설에서도 관련한 내용을 찾아볼 수 없어, 이 조항의 의미를 이해하기 어렵게 되었다. 또한 1958년 표기법에서는 자음자들이 어말이나 자음 앞에서 규칙적으로 모음 'ㅡ'와 결합하는 것과, 받침으로 사용되는 경우를 표기 일람표가 아니라 별도의 표기 세칙에서 설명하고 있다. 따라서 표기 일람표에는 각 소리마다 하나씩의 한글 기호와 대응을 시켜 놓아, 내용적으로는 현행 표기법과 같더라도 형식면에서는 1음운 1기호 원칙이 준수되고 있었다. 다음 (19)는 1958년 표기법과 1986년 표기법에서의 표기 일람표 일부를 예시한 것이다.

(19) 표기 일람표 비교

국제음성기호	(가) 1958년 표기법 한글	(나) 현행 표기법 한글	
		모음 앞	자음 앞, 어말
p	ㅍ	ㅍ	ㅂ, 프
b	ㅂ	ㅂ	브
t	ㅌ	ㅌ	ㅅ, 트
d	ㄷ	ㄷ	드

1음운 1기호 원칙을 제시한 제2항은 선언적인 조항이라 하더라도 그 정신을 살리고 싶다면 1958년 표기법처럼 부연 설명을 붙여야 할 것이며, 그렇지 않으면 표기 원칙에서 삭제해도 전체 외래어 표기법에 큰 영향은 없을 것이다.

4. 외래어 표기 용례의 결정과 보급

특정 외래어의 표준 표기가 결정되고 보급되는 과정을 '정부언론외래어심의공동위원회'의 활동을 중심으로 살펴보자. 공동위원회는 국립국어원과 한국신문방송편집인협회가 주관이 되어 1991년에 구성되었다. 국립국어원 원장과 한국신문방송편집인협회 회장이 공동 위원장을 맡고 정부 측에서는 국립국어원과 문화체육관광부, 교육부의 담당자를 비롯하여 학계 전문가들이 위원으로 위촉되고, 언론 측에서는 대표적인 신문, 방송사의 부장급 기자나 아나운서가 위원으로 위촉된다. 1991년 9월에 첫 회의를 한 이래 1997년까지는 부정기적으로 운영되다가 1998년부터는 두 달에 한 번씩, 연간 6회의 회의를 진행하고 있다. 2009년부터는 5명의 위원으로 실무소위원회를 구성하여 매주 온라인 회의를 통해 신속하게 결정해야 할 수요에 대응하고 있다. 실무소위원회에서는 전원 찬성하는 용례만을 결정 사항으로 인정하며, 그 결과는 전체 위원들이 공람한 후 1명의 위원이라도 이의를 제기할 때에는 본회의에서 재논의토록 하고 있다. 2017년 12월 현재 본회의는 136차, 실무소위원회는 총 330차에 걸쳐 진행되었다.

공동위원회에서는 시사적인 것, 국민 언어생활에 중요한 것, 그리고 새로 들어오는 외래어들의 표기를 다룬다. 인명, 지명 등 고유명사 표기를 주로 다루지만 이제 막 국어생활 속에 사용되기 시작한 낯선 외래어들이나 표기가 혼란한 일반용어들도 심의 대상이 된다. 그동안 심의한 7,000여 건의 외래어들을 종류별로 살펴보면 인명이 5,100여 개로 대부분을 차지한다. 그 밖에 일반 용어가 1,100여 항목, 지명이 800여 항목 등이다.

가장 큰 비중을 차지하는 인명의 경우 외국의 정치가나 운동선수, 배우, 예술가 등 회의 개최 당시 보도가 되었거나 보도될 가능성이 있는 인명들이 대상이 된다. 어떤 나라에 새로 정부가 구성될 때에는 전체 내각의 명단을 심의한다. 노벨상이나 아카데미상 수상자, 올림픽이나 월드컵 축구대회 등 규모가 큰 국제 행사가 있을 때에도 모든 참가자들의 명단을 심의한다.

지명에 대한 심의 건수가 상대적으로 적은 이유는 나라 이름과 수도 이름, 주요 행정 구역 이름 등은 이미 1986년에 간행된 "외래어 표기 용례집"에 실려 있어서 따로 심의가 필요한 것이 많지 않기 때문이다. 나라나 도시의 이름이 바뀌거나, 용례집에 실려 있지 않은 도시나 마을에서 국제적인 행사가 열리거나 사건·사고가 발생해서 보도할 필요가 있을 때에 심의를 하게 된다.

일반 용어로 분류된 것들은 대부분 고유명사적인 성격이 강한 것들이다. 예를 들면 국제공항이나 항공사 이름, '에이펙(APEC)'이나 '알카에다(al-Qaeda)'처럼 국제기구나 조직의 이름, 태풍 이름 등이 주요 심의 대상이다. 고유명사성이 없는 일반 용어들은 '알츠하이머'나 '노블레스 오블리주'처럼 우리말에 새로 도입되는 개념어나, '디렉터리/디렉토리', '프러포즈/프로포즈'처럼 표기 혼란이 있는 것들을 주로 심의한다.

표기의 기준은 "외래어 표기법"과 1986년 "외래어 표기 용례집"(지명·인명)을 낼 때 예규로 정한 '외래어 표기 용례의 표기 원칙'인데, 그 기준이 지나치게 소략하여 모든 용례에 일률적으로 적용하기 어려운 경우가 있다. 심의의 일관성과 체계성을 유지하기 위해서 기존에 심의된 용례들을 분석하거나 해당 언어 전문가의 조언을 구해 용례 심의를 위한 세칙을 추가 마련하기도 한다. 표기법이 없는 언어로부터 들어온 말들을 심의할 때에는 '기타 언어 표기의 일반 원칙'을 적용하지만, 같은 계통의 주요 언어 표기법이 있을 경우 준용하도록 하고 있다. 예를 들어 아프리칸스어에는 네덜란드어 표기법을, 슬로베니아어에는 세르보크로아트어 표기법을, 슬로바키아어에는 체코어 표기법을 적용한다.

위원회가 운영되던 초기에는 원어에 대한 정보가 부족해서 표기에 혼란을 겪거나 잘못 표기하게 되는 경우가 종종 있었다. 특히 외래어 표기의 가장 큰 원칙이 현지 발음에 따라 적는 것인데, 발음이 확인되지 않는 경우가 많았다. 그럴 때에는 해당분야의 전문가(예를 들어 과학자의 이름이라면 우리나라 과학자나 과학 관련 기관에 문의)에게 직접 문의해서 결정하기도 했었다. 최근에는 영상이나 음성 자료를 비교적 쉽게 구할 수 있어서 이런 어려움이 많이 해소되었다. 오히려 여러 자료들 간에 발음이 차이를 보이는 경우가 많아 그중 하나를 선택해야 하는 어려움이 있다. 해당 언어권의 권위 있는 사전에 제시된 발음을 최우선으로 선택하고, 인명의 경우는 인물 본인이나 가족의 발음을 우선시한다. 인명을 표기할 때 종종 태어난 나라와 주로 활동하는 나라가 다른 경우가 있다. 특별한 경우가 아니면 태어난 나라의 언어를 기준으로 표기한다.

회의에서 결정된 사항은 국립국어원 누리집을 통해 공개된다. 외래어 표기의 혼란을 막기 위해서는 표기법을 합리적으로 만들고 정해진 원칙에 따라 표기형을 생산하는 일 못지않게 전문가들이 정한 표준 표기를 일반인들이 손쉽게 찾아볼 수 있는 장치를 마련하는 것이 중요하다. 이에 외래어 표기법이 고시된 이후 국립국어원에서는 외래어 표기 용례집을 꾸준히 발간하여 보급해 왔다.[18] 그러나 한정된 부수의 책자 발간만으로는 용례 보급에 한계가 있어 2009년 이후로는 누리집에 '외래어 용례 찾기'서비스를 제공하여 검색이 가능하게 지원하고 있다.[19] 이 검색용 데이터베이스에는 "표준국어대사전" 과 국립국어원에서 그동안 발간한 기존의 외래어 표기 용례집에 실린 모든 외래어 표제어에 더하여 공동위원회를 통해 새롭게 표기가 결정되는 외래어 들을 계속 추가하고 있다. 2017년 12월 현재 제공되는 외래어 표기 용례는 총 58,000여 항목이다. 이 검색기에서 제공하는 정보는 해당 외래어의 한글 표기 및 원어 표기, 간략한 정의 및 해당 표기와 관련한 근거 조항 등이다. 검색 결과 화면을 예로 보이면 다음과 같다.

🏠 〉 사전·국어지식 〉 외래어 표기법 〉 **용례 찾기**

외래어 표기법은 공공저작물 자유이용허락 표시 기준(공공누리, KOGL) 제 1유형 조건에 따라 누구나 이용할 수 있습니다. 자유이용의 경우, 이용자께서는 반드시 저작물의 출처를 구체적으로 표시하여야 합니다.

공공누리 공공저작물 자유이용허락

[목록] [◀이전] [다음▶]

한글 표기	미시소가
원어 표기	Mississauga
국명/언어명	미국
관련 표기	-
의미	캐나다 온타리오주에 위치한 도시.
관련 규정 및 출전	영어 표기법, 실무소위(170929)

[목록] [◀이전] [다음▶]

---

18) 지금까지 발간된 표기 용례집은 다음과 같다: "외래어 표기 용례집"(지명·인명)(1986), "외래어 표기 용례집"일반용어)〉(1988), "외래어 표기 용례집"동구권 지명·인명편)〉(1993), "외래어 표기 용례집"북구권 지명·인명편)〉(1995), "외래어 표기 용례집"(지명)(2002), "외래어 표기 용례집"(인명)(2002), "외래어 표기 용례집"(일반용어)(2002), "동남아시아 3개언어 외래어 표기 용례집"(2004), "외래어 표기 용례집"(포르투갈어, 네덜란드어, 러시아어)(2005)
19) 국립국어원(www.korean.go.kr) 〉 사전·국어지식 〉 외래어 표기법 〉 용례 찾기

5. 맺음말

외래어 표기와 관련한 과제는 우리 언어생활 속에 사용되는 수많은 외래어휘 요소들에 대해 표준적인 표기형을 정해서 보급하는 것이다. 이를 위해서는 외래어 표기법 자체를 관리하는 한편, 정해진 표기법을 실제 용례들에 적용한 표준 표기형을 시의 적절하게 제공해야 한다.

현행 외래어 표기법은 1986년에 당시 문교부에서 제정 고시한 것이다. 처음에는 영어를 비롯한 7개 언어에 대해서만 표기 세칙이 있었으나, 이후 네 차례에 걸쳐 표기 세칙이 추가되어 현재는 21개 언어에 대해 표기법이 마련돼 있다. 현행 외래어 표기법은 이전 표기법의 표음주의 전통을 이어가는 가운데, 세부적인 면에서는 몇 차례 개정을 통해 오늘에 이르렀다. 지난 30여 년간의 사용을 통해 현재는 정착 단계에 이르렀다고 평가할 수 있으나, 3장에서 살펴본 몇 가지 쟁점들에 대해서는 아직도 논의가 진행중이다. 특히 된소리 표기 허용에 대한 요구는 국제화가 진전됨에 따라 점점 늘어나고 있고, 정책 환경의 변화에 따라 당시 된소리 표기를 제약할 수밖에 없었던 몇몇 이유들이 이제는 해소되어 된소리 표기 허용에 대한 전향적인 검토가 필요한 상황이다. 그러나 개정에 이르게 될 때에는 언어생활의 혼란과 사회 경제적인 비용이 발생하므로 사회적 합의를 통한 조심스러운 접근이 필요하다.

한편 새로운 언어의 표기법을 추가 제정하는 일은 2006년 이후 진행이 되지 않고 있다. 사용 인구가 많고 우리와 교류가 많은 언어에 대해서는 제정에 대한 요구가 있으므로 적절히 대처를 해야 할 것이다. 국립국어원에서는 지난 몇 년간 아랍어, 터키어, 그리스어에 대해 표기법 시안을 마련해 놓고 몇 가지 세칙에 대해 관련 학계와 협의 과정에 있다. 오래지 않아 시안이 확정되면 국어심의회의 심의를 거쳐 고시할 예정이다.

외래어 표기 용례의 심의를 담당한 공동위원회는 정부와 언론의 공조를 통해 어느 정도 성과를 거두었지만, 좀 더 전문성을 강화하기 위한 노력이 필요하다. 특히 고시된 원칙만으로는 해결하기 어려운 다양한 변수들을 체계적으로 처리하기 위한 세부 지침 마련에 힘써야 한다. 그렇지 않으면 그때그때 참여한 위원들의 개인적인 판단에 의존하게 되어 용례 처리에 일관성을 잃게 되고, 결과적으로 심의 결과가 언중들로부터 외면을 받게 되어 표기 혼란으로 이어지게 될 것이기 때문이다.

한편 외래어 표기 원칙에 대한 교육과 홍보를 보다 강화할 필요가 있다. 합리적인 외래어 표기법을 만들고 그에 따라 사정한 용례를 풍부하게 제공한다고 해도 사용자들이 알지 못한다면 아무 소용이 없을 것이다. 실제로 일반 언중들 중에는 외래어 표기법을 알지 못해서 지키지 못하는 경우가 적지 않다. 물론 외래어 표기법의 복잡한 표기 세칙을 모든 사람들이 다 알아야 할 필요는 없다. 다만 외래어 표기법의 원리나 취지 등을 이해하고 국어사전이나 외래어 검색기를 통해 바른 표기형을 찾아 쓸 수 있는 방법이 교육과 홍보를 통해 널리 알려져야 올바른 표기형을 보급하려는 본래의 목적이 달성될 수 있을 것이다.

참고문헌

고석주(2011), 중국어 고유명사 외래어 표기법에 대하여, "한글" 293, 한글학회, 169-190.

구본관 외(2010), "외래어 표기 규범 영향 평가", 문화체육관광부.

구본관 · 오현아(2011), 외래어 표기 규범에 대한 국어교육적 고찰, "문법교육" 14, 한국문법교육학회, 1-37.

김민수(1973), "국어정책론", 고려대 출판부.

김선철(2008), 외래어 표기법의 한계와 극복 방안, "언어학" 16-2, 대한언어학회, 207-232.

김세중(1993), 외래어 표기 규범의 방향, "언어학" 15, 한국언어학회, 61-76.

김수현(2005), 〈모던조선외래어사전〉의 외래어 표기 연구, "이중언어학" 27, 이중언어학회, 41-58, 이중언어학회.

김완진(1991), 한국에서의 외래어 문제, "새국어생활" 1-4, 국립국어연구원, 2-12.

김정우(2002), 번역의 관점에서 본 국어 외래어 표기법, "국제어문" 25, 국제어문학회, 1-28.

김한샘(2012), 외국 지명 표기의 원칙과 실제, "사회언어학" 20-2, 한국사회언어학회, 213-237.

신형욱(1996), 외래어 표기법과 나의 의견, "새국어생활" 6-4, 국립국어연구원, 137-160.

엄익상(2002), 중국어 한글 표기법 재수정안, "중어중문학" 31, 한국중어중문학회, 111-135.

엄익상(2008), 중국어 외래어 표기법 반성-원칙과 세칙의 문제, "새국어생활" 18-4, 국립국어연구원, 33-51.

엄익상(2009), 중국어 외래어를 원지음으로 표기해야 하는 이유, "중국어문학논집" 56, 중국어문학회, 265-279.

연규동(2006), 짜장면을 위한 변명-외래어 표기법을 다시 읽는다, "한국어학" 30, 한국어학회, 181-205.

이경숙(2016), 문교부의 '외래어 표기법'변천 과정과 수용 양상 – 외래어 표기법(1986) 제정 이전의 문교부안과 편수자료를 중심으로, "정신문화연구" 39-1, 한국학중앙연구원, 107-140.

이상규(2011), '국어기본법'에 근거한 '외래어 표기법'의 문제, "국어국문학" 158 국어국문학회, 135-181.

이상억(1982), 외래어 표기법 문제의 종합 검토, "말" 7, 연세대학교 한국어학당, 57-75.

임동훈(1996), 외래어 표기법의 원리와 실제, "새국어생활" 6-4, 국립국어연구원, 41-61.

임동훈(2007), 외래어 표기법의 과제, "바람직한 외래어 정책 수립을 위한 학술토론회 자료집", 한글문화연대

임홍빈(1996), 외래어 표기법의 역사, "새국어생활" 6-4, 국립국어연구원, 3-40.

임홍빈(1997), 외래어의 개념과 그 표기법의 형성과 원리, 이현복 외(공저) "한글 맞춤법 무엇이 문제인가", 태학사.

정국(2002), 외래어 표기법과 외국어 발음, "외국어교육연구논집" 17, 한국외국어대학교, 183-212.

정희원(2004a), 외래어의 개념과 범위, "새국어생활" 14-2, 국립국어연구원, 5-22.

정희원(2004b), 외래어심의공동위원회의 공과와 나아갈 방향, "말과 글" 100, 한국어문교열기자협회.

※ "한글 맞춤법 통일안"(1933), "외래어 표기법 통일안"(1940), "들온말 적는법"(1948), "로마자의 한글화 표기법"(1958) 등의 자료는 "국어정책론"(김민수, 1973)의 부록을 참조하였음.

한국어 문법 교육 연구사

_ 김용경

1. 머리말

외국어로서의 한국어 교육의 시작을 살피는 일은 그리 쉽지 않다. 해방 이전, 그리고 조선시대나 그 이전 시기에도 한국어 교육은 지속적으로 이루어져 왔기 때문이다. 그러나 한국어 교육이 가장 활발하게 이루어지기 시작한 시기에 대해서는 1990년대라 분명히 밝힐 수 있다. 1980년대에도 한국어 교육과 관련한 연구가 이루지고 있지만 1990년대 이후에 비하면 그 양은 그리 많지 않다. 한국어 문법 교육의 역사도 이 시기에 비슷하게 나타나고 있다.[1]

이 연구에서는 1990년대부터 2010년대 후반까지 약 30년에 걸친 한국어 문법 교육과 관련된 연구를 살펴보고자 한다.[2] 이 시기의 한국어 문법 교육의 연구 동향을 살펴서 그 동안의 발전 추이를 살필 뿐만 아니라, 이후 한국

---

[1] 이미혜(2005:345)에서는 1980년대 문법 교육 관련 논문이 8편에 불과했지만 1990년대에는 4배 이상으로 늘어났다고 하였다. 발표지도 "말"과 1989년에 창간된 "한국말 교육"에 국한되었다.

[2] 2010년대는 2011부터 2016년까지의 연구 결과를 중심으로 살펴보겠지만 필요에 따라서는 2017년 전반기에 발표된 연구결과도 일부 포함시켰다.

어 문법 교육 연구가 나아갈 방향도 제시해 보기로 하겠다.

그러나 이 연구는 시기별 연구 실적을 단순하게 나열하고 이를 소개하는 데 목적을 두지는 않기로 하겠다. 30여 년의 시간을 10년 단위로 구분하여 각 시기의 한국어 문법 교육의 주요 연구 쟁점이 무엇인지 살펴보고 이에 대한 연구 성과들을 중심으로 살펴 볼 것이다.3)

2. 1990년대 한국어 문법 교육 연구

이미혜(2005:345)에서는 1990년대를 '국어 문법 연구에서 한국어 문법 연구로의 전환 시기'라고 하였다. 이전 시기까지는 모국어 학습자를 위한 국어 문법이 중심이 되었다면 1990년대 들어와서는 외국인 학습자를 위한 한국어 문법 연구가 시작되는 시기로 보았다. 이 시기는 또 한국어 교육 현장에서 필요한 문법 요소에 대한 연구와 이들 요소의 사용 양상을 기존의 국어 연구 결과에 바탕을 두고 한국어 교사들의 현장 경험 지식을 추가하는 방식으로 이루어졌다. 이러한 연구 방식의 전환은 1980년대 후반부터 이미 싹이 트고 있었는데, 성광수(1988)에서는 한국어 문법 체계에 대한 논의가 일찍 있었다. 이 시기의 주요 연구는 문법요소 관련 연구 5편, 문법 사용 양상 연구 2편 등의 순으로 나타났다.

1990년대에 들어와서도 문법 요소에 대한 연구는 꾸준히 이루어지고 있다.4) 이와 함께 14편의 연구가 교수법과 관련된 것이었고, 이 외에도 문법체계, 문법교육자료, 교수요목과 관련한 연구들도 나타나고 있어 연구의 폭이

---

3) 각 시기를 10년 단위로 나눌 때, 언제를 시작 시기로 삼을 것인지는 연구자마다 다르다. 이 연구에서는 1년부터 10년까지를 각 시기의 시작과 끝으로 삼을 것이다. 그러나 연구의 흐름이 단절되는 것은 아니므로 논의에 따라 자연스럽게 전후 시기의 연구도 언급하게 될 것이다.

4) 이미혜(2005:345)는 학술지 중심으로 한국어 문법 교육의 연구 동향을 살피고 있는데 여기에 제시된 2000년대 논문 35편 중, 10편이 문법 요소와 관련된 것이라고 하였다.

훨씬 다양해짐을 알 수 있다.

이전 시기와 달리 1990년대 한국어 교육 분야의 특징적인 연구 경향으로는 한국어 문법 교육에 대한 진지한 성찰이 이루어지고 있다는 것이다. '문법'이 '바른 문장의 구성을 위해 필요로 하는 규칙들'이라면 '문법교육'은 문법에 대한 지식을 잘 이해할 뿐만 아니라 이의 산출 능력을 높여 효율적으로 의사소통을 할 수 있게 하는 것이다. 따라서 문법 연구의 진전에 따라 문법교육에 대한 연구가 이어지는 것은 당연하다. 그런데 이러한 문법교육의 필요성과 개념 정립 등과 관련된 대표적인 연구들은 대부분 1990년대 후반에 집중되고 있다.

1990년대 초기에 발표된 논문으로는 백봉자(1990)이 있다. 여기에서는 외국어로서의 한국어 문법은 모국어로서의 한국어 문법과는 다른 면이 많다는 점을 제시하고, 한국어 교육의 짧은 역사성 때문에 체계적이고 통일된 문법 체계를 갖고 있지 못하다는 점도 지적하였다. 그리고 이를 체계적으로 지도할 교수법이 필요하다는 점을 강조하고 있다. 이러한 문제점을 해결하려는 연구들은 1990년대 후반과 2000년대에 들어서면서 많이 나타나고 있다.

이해영(1998)은 외국어교육에서 이론언어학적 기술이 지나치게 전문적이고 이론적이어서 언어 교육 현장의 요구에 맞지 않는 경우가 많다고 하면서 교육 현장에 보다 직접적으로 적용할 수 있는 교육문법 또는 교수문법의 필요성을 언급하였다. 그리고 '한국어 문법 교육'에서도 현장에 있는 교사에게 실질적인 지침이 되고, 학습자의 학습을 도와 의사소통적 문법 교수가 가능하게 해 줄 교수문법이 필요하다고 하였다. 이와 함께 문법의 교수 원칙, 한국어 교육용 문법 항목의 배열 기준, 문법 항목의 교수 방안을 제시하였다.

김유정(1998)은 '외국어로서의 한국어 문법 교육'은 의사소통을 위해 의미·사회적 기능·담화 기능과 통합된 개념이며 국어 문법 체계와 동일하지 않다고 하였다. 그리고 문법 교육이 한국어 교육 현장에서 왜 필요한지, 필요하다면 무엇을 어떤 순서로 가르쳐야 하는지에 대한 기준을 제시하고 있다.

이 과정에서 문법 요소 선정과 단계화의 방법을 평서형 어미를 예로 들어 제시하고 있다. 이처럼 문법 항목 선정과 관련한 연구들은 2000년대 들어서도 활발하게 나타나고 있다.

성기철(1998)은 한국어 교육 목표와 내용상의 문제점, 개선 방향을, 후속 연구인 성기철(2002)에서는 언어 교육에서 문법 교육의 필요성, 문법 교육의 목표, 문법 교육과 관련된 개념 및 개념 간의 관련성, 문법 요소의 선정 및 배열 방법 등을 언급하고 있다.

이 세 연구들은 공교롭게도 1998년에 발표된 연구들인데, 성기철(1998)이 한국어 교육에 대한 원론적인 내용을 제시한데 반해, 이해영(1998)과 김유정(1998)에서는 한국어 문법 교육의 필요성과 문법교육의 개념을 정립하고자 하였고, 문법 항목 선정에 대해서도 언급하고 있다. 이들 연구들은 대부분 외국의 언어 이론에 기대거나 국어 교육에서 정립된 이론들을 그대로 수용하려는 태도를 보이고 있으나 한국어 교육 나아가서 한국어 문법 교육의 방향과 기본 개념을 보다 명확히 하려는 노력을 보이고 있다는 점에서 큰 의의를 가진다.

1990년대 한국어 문법 교육에서 새로운 경향은 문법 교수법과 관련된 연구 논문이 다수를 이루고 있다는 것이다. 어느 시대이든 개별 문법 요소와 관련된 연구가 양적으로 많은 편이다. 그럼에도 불구하고 1990년대는 문법 요소와 관련된 연구 논문이 10편인데 반하여 문법 교수와 관련한 논문은 14편이나 되고 있다. 그리고 교수법과 관련한 연구는 문법 요소의 교육 내용에 대한 연구와 실제적인 교수 모형을 제시하고자 한 연구가 주를 이루고 있는데, 의사소통 능력 향상을 위한 교수 모형을 제시한 이지영(1996)과 의사소통과 인지 중심의 문법 교수 모형을 제시한 이종은(1998) 등이 있다. 그러나 이 시기의 문법 교수법 연구들은 외국어 교수법 이론에 바탕을 두면서 체계적으로 연구한 것들은 많지 않다.

이 시기에 한국어 문법 교육과 관련된 연구 실적이 단행본으로도 출간되었는데 박영순(1998)이 있다.

3. 2000년대 한국어 문법 교육 연구

2000년대는 한국어 문법 교육 분야에서 양적으로나 질적인 면에서 다양한 연구 결과가 나타나고 있다. 그리고 이론 중심의 연구뿐만 아니라 교육 현장에서 실제 제기되고 있는 문제를 해결하기 위한 연구들도 많이 나타나고 있다. 한편으로는 이러한 연구 결과들을 정리하고 그 특징들을 살펴보고자 하는 연구들도 많이 나타나고 있다.[5]

2000년대는 한국어 문법 교육의 정체성 확립과 통일성 추구를 위해 문법 교육 체계화를 논의한 연구들이 많이 나타나고 있다. 한국어 문법은 모국어 화자를 대상으로 하는 국어 문법과 구별될 수 있는지에 관심이 집중되었다.

문법 요소는 학습 내용이 되는 문법의 단위 요소를 말한다. 그러나 문법 요소와 문법 항목, 표현 항목 등에 대한 개념이 연구자들에 따라 다르고 문법의 단위 요소 또한 단일 형태소로 구분할 것인지, 의미 또는 기능의 단위로 보아 그 이상의 단위(복합 형태)를 하나의 문법 요소로 볼 것인지에 대한 많은 논의가 이루어졌다. 그리고 이들 요소는 어떤 기준과 방식으로 선정하고 배열해서 체계화할 것인지 등도 보다 구체적으로 논의한 시기였다. 이 시기에 양적으로 가장 많은 연구 주제는 문법 요소와 관련한 것이다.[6]

또한 문법 교수법과 관련된 연구들도 많이 나타나고 있는데 의사소통식 교

---

5) 김서형(2005), 이미혜(2005)는 2000년대 전반기, 방성원(2010)은 2005년 이후 2009년까지, 정희정(2011)은 2000년대 문법 교육 전반에 걸친 연구 동향, 박지순(2013)은 2000년부터 2012년까지의 주요 학술지와 학위논문을 대상으로 이 시기의 연구 특성을 제시하고 있다.

6) 박지순(2013:139)에 따르면, 2000년대에 발표된 한국어 문법 교육과 표현 문형 관련 연구 논문은 총 744편이다. 이를 분야별 발표 논문수로 나눠보면, 문법 교육 일반이 35편(4.7%), 문법 체계가 70편(9.4%), 문법 요소가 301편(40.5%), 사용 양상 247편(33.2%), 교육 방법이 48편(6.5%), 교육 자료가 34편(4.6%), 평가가 3편(0.4%), 기타 6편(0.8%)으로 나타나고 있다.

수법에 바탕을 둔 문법 항목의 교육 모형 제시 또는 문법 교수 방법론을 제시하는 경우가 많았다. 이밖에도 문법자료 개발을 위한 연구들도 다수 나타나고 있다. 아래에서는 이러한 연구들을 주요 쟁점들로 나누어 살펴보고자 한다.

3.1. 국어 문법과 한국어 문법의 관계 설정에 대한 논의

2000년대 들어 문법교육에서 가장 관심을 갖고 연구되었던 주제가 한국어 문법의 체계화였다. 문법 체계와 관련된 대표적인 연구들은 백봉자(1990, 2001), 김제열(2001), 서정수(2002), 성기철(2002), 민현식(2003), 허용 외 (2005), 국립국어원(2005), 한송화(2006), 강현화(2007), 박동호(2007), 김유정(2009), 김재욱(2009), 이미혜(2009), 방성원(2010) 등이 있다.

이들 연구들이 문법을 체계화 하는 과정에서 가장 먼저 관심을 두었던 것은 국어 문법과의 관계 설정이었다. 즉 한국어 문법을 국어 문법과 동일한 체계로 볼 것이냐 그렇지 않고 서로 다른 체계로 다룰 것이냐였다.

이에 대해 성기철(2002), 민현식(2003)에서는 두 문법 사이의 체계를 달리할 필요가 없다고 보았다. 성기철(2002:141)에서는 '교육 문법이라 할 때, 자국인 학생을 대상으로 하는 문법 교육과 외국인을 대상으로 하는 문법 교육이 포함된다.'고 하였다. 다만 '외국인을 대상으로 한 문법 교육은 철저하게 의사소통을 문법 교육의 구극적인 목표로 하게 되지만, 자국어 문법 교육의 경우에는, 의사소통뿐만 아니라, 언어 내지 문법 자체에 대한 지식 교육을 그 목표에 포함함으로써 전자와 구별된다.'고 하여 세부적인 차이도 인정하고 있다. 민현식(2003:114)에서도 국어 문법과 한국어 문법은 공히 규범문법이라는 교육적 관점에서 기술하여야 하며, 동일한 내용 분류와 체계를 보이는 규범문법이어야 한다고 하였다. 단지 한국어 문법을 한국어 교육이라는 특정한 목적을 위해 교수법, 교육과정 구성 차원에서 다를 수는 있다고 하였다. 결국, 이 두 연구는 한국어 교육의 특수성은 인정하지만 새로운 체계를 세울 필요는 없다고 보았다.

그러나 백봉자(2001)을 비롯하여 김제열(2001), 서정수(2002), 김재욱(2003), 허용 외(2005), 국립국어원(2005), 한송화(2006), 강현화(2007), 박동호(2007), 이미혜(2009), 방성원(2010) 등 많은 연구들이 한국어 문법 체계는 국어 문법 체계와 달라야 한다고 하였다.

백봉자(2001)에서는 한국어 문법은 의사소통 능력을 향상하는 것이 목표가 되어야 한다고 하면서 '문법'을 전통 문법(규범문법)과 학교문법으로 분류하고, 학교문법은 다시 모국어화자를 위한 학교문법과 외국인 학습자를 위한 교육문법으로 구분하고 있다.

김제열(2001)도 한국어 문법이 외국인 학습자의 의사소통 능력 배양에 있으므로 국어 교육과 다른 차원에서 다뤄야 한다고 보았으며 이에 따라 한국어 교육이라는 특수한 목적을 달성하기 위해서는 문법 체계가 새로이 구성되어야 한다고 보았다.[7]

김재욱(2003:167)에서는 '외국어로서의 한국어 문법은 한국어에 대한 배경지식과 직관이 없는 외국인을 대상으로 이들이 이해할 수 있는 차원에서 한국어에 대한 추상적인 문법지식이 아닌 각 문법 형태들의 구체적인 의미와 형태·통사·화용적 기능을 제시하여 외국인 학습자들이 한국어로의 의사소통을 원활하게 돕는 것을 목표로 하는 문법 체계'라고 정의하고 있다.

이러한 논의는 2010년에 와서도 이어지고 있다. 방성원(2010:163)에서는 한국어 문법론, 학교 문법, 한국어 교육 문법, 문법 교육 간의 관계를 도식화하면서 '국어 교육과 한국어 교육은 교육적 목적과 효율성에 따라 교육 문법 체계를 요구하게 되는데, 서로 대상과 목표를 달리하므로 공통의 기반 위에

---

7) 박동호(2007:161)에서는 한국어 문법 체계와 관련된 연구들을 국어 문법과 한국어 문법의 체계 차이를 인정하지 않는 것과 인정하는 것으로 나누면서, 전자에 해당하는 연구로 성기철(2002), 민현식(2003)을 예로 들었고, 후자로는 백봉자(1990, 2001), 김제열(2001), 서정수(2002), 허용 외(2005), 국립국어원(2005), 한송화(2006)을 예로 들었다.

서 각기 다른 교육 문법을 구축하게 된다.'고 하였다.

결국 이러한 논의들은 한국어 문법을 국어 문법과 독립시키고자 하는 열망이 드러난 것이라 할 수 있다. 국어 문법과 다른 한국어 교육의 목표를 제시하면서 한국어 문법 교육을 독립시키고 나아가 한국어 문법 교육의 정체성을 확립하려는 노력이 나타난 시기로 볼 수 있다.

3.2. 한국어 교육 문법의 체계화 문제

2000년대에 여러 논의를 거쳐 한국어 문법은 국어 문법과 달라야 한다는 데 의견의 일치가 이루어지고 있다. 이와 함께 이 시기 또 하나의 관심은 백봉자(1990)에서 제기했던 것처럼 어떻게 하면 일관되고 체계적이며 통일된 한국어 교육 문법 체계를 만드느냐에 있었다.[8]

이러한 차별성은 문법 체계를 구축하는 방식에서부터 달라야 한다는 데 많은 연구들이 일치하고 있다. 국어 문법에서는 형태·구조 중심의 문법 체계를 바탕으로 하고 있다면, 한국어 문법의 차별성을 주장하는 연구에서는 이러한 체계부터 근본적으로 바뀌어야 한다고 본다. 즉, 한국어 교육은 의사소통 능력을 신장하는데 주력해야 한다는 측면에서 문법도 의사소통 기능이나 문법 기능 중심으로 하거나 의미와 용법 중심이 되어야 한다고 본다. 따라서 2000년대에 다양하게 제시되고 있는 문법 체계와 관련된 논문들은 이들 중 어떤 방법으로 문법 체계를 세울 것이냐에 따라 각기 다르게 나타난다.

2000년대 들어 문법의 체계화에 시동을 건 연구로 김제열(2001)을 들 수 있다. 우선, 김제열(2001:97)은 현행 학교 문법의 체계를 한국어 교육에서도 그대로 수용할 수 없다고 하면서 문법 체계가 새로이 구성되어야 한다고 하였다. 이를 바탕으로 기능 중심의 문법 범주 항목과 의미 중심 문법 범주 항

---

8) 2000년대 한국어 문법의 체계와 관련된 논의는 박동호(2007)에서 자세히 분석하고 있다.

목, 그리고 기초 문법 요소를 포함시킨 새로운 문법 체계를 제시하고 있다. 이러한 체계는 형태론과 통사론으로 크게 구별되는 기존의 국어 문법 체계와는 확연히 구별되고 있다. 이 연구는 한국어 교육이 언어 사용적 측면을 강조한다는 면에서 형태 외에 기능과 의미도 고려하면서 문법 체계를 세우려 했다는 면에서 의의가 크다. 그러나 문법 형태를 기능과 의미로 구분한다는 것은 그리 쉬운 일이 아니어서, 이와 같은 기준으로 분류하고 있는 하위 범주의 항목들이 서로 겹치는 경우도 많이 나타나고 있으며, 하위 개념의 의미도 명료하지 못하다.

서정수(2002:4–5)에서는 문법을 나누는 기준은 기능이어야 한다고 하였으며, 기능, 형태, 의미의 세 가지 기준을 적절히 절충하여 범주 구분을 하는 것은 오히려 혼선을 빚기만 한다고 하였다. 이를 바탕으로 우선, 어휘 범주와 문법 범주로 나누고 이를 크게 9개의 범주로 하위 구분하고 있다.

범주명	
어휘범주	1) 명사류어
	2) 동사류어
	3) 수식어
	4) 독립어
문법범주	5) 기능표지
	6) 기능변환소
	7) 의미한정소
	8) 접속기능소
	9) 서술보조소

이와 같은 체계는 문법 범주를 사용상의 기능에 따라 일관된 체계로 제시하고 있다는 면에서는 진일보한 연구라 할 수 있다. 그러나 어휘 범주의 경우는 기능상의 분류라 할 수 없고 현행 문법 체계나 용어에 익숙한 교사나 학습

자들에게는 실제로 받아들이기에 어려움이 많다.

국립국어원(2005)에서는 넓은 의미의 문법 개념을 도입하여 '단어', '문장', '문법요소의 기능과 의미', '담화', '말의 소리'의 다섯 가지 하위 범주로 구분하고 있다. 이러한 범주 구분은 형태, 의미, 기능을 모두 포함한 절충형으로 볼 수 있는데, 국어 교육문법 범주 구분과 유사한 체계를 보인다.

문장	문법 요소의 기능과 의미	단어	담화	말의 소리
문장 구조 문장 성분 문장의 종류 문장의 확대	시간 표현 높임 표현 부정 표현 사동, 피동 양태 표현	단어의 구조 단어의 갈래	글의 구조 글의 결속 말의 구조 담화 표지 간접 화행 몸짓 언어	한국어의 모음 · 자음 한국어의 음절 한국어 소리의 변동

한송화(2006)에서는 국어 문법에서와 같이 형식문법에서의 문법 범주 중심의 체계를 탈피하여 새로운 문법 범주 구분의 기준으로 기능을 제시하고 이를 중심으로 문법 범주를 체계화하고자 하였다. 이러한 논의의 바탕에는 한국어 문법을 국어 문법과는 다르게 설정하여야 한다는 전제에 바탕을 두고 있는데 이의 해결책으로서 일정한 구조나 형태가 의사소통상에서 수행하는 기능을 중심으로 하는 새로운 체계를 확립해야 하고 이를 위해 기능을 중심으로 한국어 문법 범주의 체계화를 시도하였다.

박동호(2007)에서는 문법 기능이나 의사소통 기능 중심의 문법 체계보다는 기존에 논의된 김제열(2001), 허용(2005), 국립국어원(2005)에서 제시한 절충형을 지지하고 있다. 즉 김제열(2001)에서 제시하는 '한국어의 기초 문법 체계'에 바탕을 두고 여기에 '문법 기능에 따른 문법 요소의 체계', '사물과 현상에 대한 개념, 의미 체계', '의사소통 기능의 체계'를 추가하고 있다. 이러한 방식은 익숙한 개념들을 적극 수용하고 있다는 면에서는 긍정적이지만 역시 개념간의 중복성이 심하고 개념 자체도 명확하지 못하다는 단점은 여전하다.

우형식(2010)에서는 교육 문법의 개념, 교육문법의 범주 등을 이론적으로 정리하면서 한국어 교육 문법의 체계는 형태·구조 중심과 의미·기능 중심의 기술이 가능함을 제시하고 있다. 이와 함께 교육 문법의 특성과 한국어가 지닌 형태적인 교착성을 고려하여 한국어 교육 문법의 체계를 구성하고 있는데 크게 '문장과 단어', '품사별 특징', '의미 표현 범주별 특징', '문장 확대 유형별 특징'으로 나누고 있다. 이러한 방법은 형태와 의미를 포함한 절충형 방식에 속한다고 할 수 있는데, 품사별 특징 설명을 교육 문법에서 중요한 비중을 차지하는 것 중심으로 한다든지, 의미 표현 기능을 보다 확대하여 제시하고 있다는 점이 다르다.

이상의 연구들은 외국 문법 교육 이론(특히 영어 이론)을 고찰하는 과정이 선행되는 경우가 많은데 이는 연구의 이론적 배경을 뒷받침하려는 의도도 있으나 아직도 한국어 교육 문법의 체계화가 이루어지지 않았음을 보여주는 것이기도 하다. 지금까지 한국어 교육 문법의 체계에 대한 논의가 많이 이루어졌지만, 정작 전체 체계를 아우르는 연구가 거의 없다는 사실이 이를 뒷받침해 주고 있다. 독자적인 한국어 교육 문법 체계의 구축이 필요하지만 아직도 더 많은 논의와 연구 결과가 축적되어야만 가능한 것으로 보인다.

이 시기 문법 체계와 관련된 관심은 연구의 양에서도 입증이 되고 있다. 2001년부터 문법 체계와 관련된 논문이 꾸준히 나타나고 있는데 후반기에 가면 그 수가 점점 10여 편을 넘고 있으며, 2009년에는 16편에 이르고 있다.[9] 2000년대 후반기에는 문법 체계와 관련된 연구결과들을 저서로 발간하는 경우도 많아지고 있다. 박기덕(2004), 국립국어원(2005), 한재영 외

---

9) 이에 대한 논의는 박지순(2013)에서 자세히 살펴 볼 수 있다.

(2008), 주경희(2009), 최윤곤(2010) 등이 있다.

3.3. 한국어 문법 요소 선정의 문제

문법 체계를 세우는 것은 거시적이며, 문법 전반을 아우르는 개념이다. 그러나 이러한 체계가 잘 다져지려면 그 내용을 어떻게 채우느냐도 중요하다. 국어 문법 체계와 차별성을 가진 한국어 문법 체계가 세워진다면 체계 속에 채워질 문법 요소는 어떤 것이어야 하고 이들은 어떻게 배열해야 할 것인가에 대한 논의가 뒤따라야 한다. 그러나 당시 한국어 교육 현장에서는 이에 대한 이론적 뒷받침이 부족해서 교육에 이해가 부족한 연구자나 현장 교사의 직관적 판단에 결정되었다(성기철, 2002:150).

문법 요소는 단일 형태로 된 것도 있지만, 복합 형태로 된 것도 있다. 이러한 문법 내용을 교육 현장에서 학습자에게 전달하며 궁극적으로 의사소통 능력을 신장시키는 것이 중요하다. 특히 의사소통 중심 교수법에서는 문법의 비중이 축소되기 때문에 그만큼 적정한 문법 요소의 제시가 중요해졌다. 그러나 2000년대 전후에는 이러한 문법 요소를 선정할 체계적인 기준과 원칙을 마련하지 못했기 때문에 우선 문법 요소 선정의 기준을 제시하고 이 기준에 따라 일부의 문법 요소를 선정하고 배열하는 정도에 그치고 있다.

1990년대 후반인 김유정(1998:29-31)에서는 통일된 문법 항목10)을 선정하는 것이 왜 필요한가를 제시하고 있다. 이와 함께 문법 항목을 선정할 때에 유의할 점과 문법 항목을 단계적으로 제시할 때 고려할 점을 각각 네 가지씩 들고 있다.11) 그러나 이 연구는 문법 항목 선정에 대한 논의의 시발점이 되

---

10) 연구자들이 '문법 요소'라는 용어 대신에 '문법 항목'을 사용하는 경우가 있다. 이 경우, 원래 연구자의 의도에 맞게 '문법 항목'이라는 용어를 그대로 사용하도록 하겠다.

11) 김유정(1998:29-31)에서 제시한 문법 항목 선정의 유의점은 다음과 같다. 첫째, 국어 문법 체계 속에서 국어의 전체적인 구조를 보여줄 수 있어야 한다. 둘째, 문법 목록의 자료 조사는 국어사전과 문법서, 실제 자료에서 이루어져야 한다. 셋째, 모든 문법 요소들이 다루어질

고 있지만 문법 항목을 구체적으로 제시하거나 배열하고 있지는 않다.

김제열(2001)은 기능 중심의 문법 범주 항목과 의미 중심 문법 범주 항목, 그리고 기초 문법 요소를 포함시킨 문법 체계를 제시하면서 전체 6단계 중 가장 초급 단계인 Ⅰ급에서 활용할 문법 요소를 선정하였다. 이와 함께 '사용 빈도, 난이도, 일반화 가능성, 학습자의 기대 문법, 기능 또는 그 기능을 달성하기 위한 과제' 등을 배열 기준으로 삼아 문법 항목의 배열 순서를 제시하였다.

성기철(2002:153-4))에서는 문법 요소를 선정할 때는 '기준'과 '고려의 우선 순위'가 있음을 말하고, '사용 빈도', '난이도', '연계성', '지도상의 체계성', '규칙적 현상 우선'의 순으로 제시하였다. 이와 함께 당시 대표적인 한국어 교육 기관에서 발행한 한국어 교재에서 제시하고 있는 문법 요소 배열의 문제점을 지적하고 있다. 이 연구는 문법 요소 선정의 중요성과 체계적인 배열을 강조하고 있지만, 문법 요소들을 실제 배열해 보지는 않았다.

이해영(2003)에서도 한국어 교육용 문법 항목의 선정 기준을 제시하고 있다. 그 기준의 우선 순위는 '빈도', '분포 범위', '학습의 용이성', '학습자의 필요도' 순이다. 여기에서 특기할 것은 학습자의 수용성 여부를 다른 연구보다 더 강조하고 있다는 것이다.

김재욱(2003)에서는 기존의 한국어 문법 교육에 관한 논의가 주로 학습단계에 따라 가르쳐야 할 문법 요소에 맞춰져 있다고 하면서, 범주별 문법 항목 제시를 통한 한국어 문법 교육을 새롭게 제안하고 있다. 한국어 문법 형태들의 유사점, 차이점 등을 각 한국어 문법 형태들의 의미를 중심으로 의미 범주, 문법 범주에 따라 서로의 유사점 및 차이점 등을 제시하면, 학습자들이 문법 형태들을 보다 정확하고 유창하게 사용하여 한국어로 의사소통을 원활하게 하는 데에 도움을 줄 수 있다고 하였다.

필요는 없다. 넷째, 언어학적 지식이 요구된다.

민현식(2009)에서는 문법 요소의 위계화 논의는 문법 내적 논리의 토대 위에서 외적 변수에 따라 위계화의 조정 작업을 하는 절차가 필요하다는 의견을 제시하고 있다. 이와 함께 기존에 출간된 국내외의 교재를 비교하면서 음운(문자, 표기, 발음), 문장 영역(조사, 비종결어미, 종결어미, 높임법, 피·사동법)의 위계화를 비교적 세밀하게 논하고 있다. 다만, 세부 문법 요소의 위계화 기준을 분명하게 제시하고 있지는 못하다.

이러한 연구는 2010년대에도 이어져서 김용경(2011, 2015)에서는 문법 항목을 선정하는 기준을 세울 때 문법범주를 활용할 것을 제안하였다. 그리고 실제 사동법, 부정법과 피동법, 높임법 등을 실현하는 문법범주를 종합적으로 검토하여 문법 항목들을 어떻게 선정하고 배열할 수 있는지를 구체적으로 논의해 보고 있다.

3.4. 문법 교육의 효용성을 강조한 교수법

1960년대 이전의 교수법들은 문법 항목이나 어휘 등을 언어 교수의 기본적인 단위로 삼고 언어 지식과 형태 중심의 교육을 지향해 왔다. 그러나 1960년대 영국의 기능주의 언어학에서 언어는 실제로 사용되는 맥락에서 가지는 기능 위주로 분석 기술되어야 한다고 주장하였다. 이들은 실제적인 의사소통과 그 의미를 강조하는 활동이 수업의 중심이어야 하고, 형태보다는 의미에 초점을 두어야 한다고 하였다.

의사소통식 접근법에서는 문법, 구조 등의 언어 형태적 측면은 언어 교육의 일부분이고, 기능, 사회언어학적 요소, 담화 요소 등이 더 중요한 교육 내용이 되고 있다. 문법은 가능한 한 교육하지 않으며, 교육하더라도 자연스러운 상황을 통하여 제시하며 학습자가 스스로 터득할 수 있도록 한다. 이러한 이유로 의사소통 중심 교수법과 과제 중심 교수법을 특별히 강조하던 때에는 문법 교수의 무용론이 제기될 정도에 이른다.

이러한 문제 제기는 기존의 형태 중심 교수가 형식적 언어 지식만을 생산해 내는 데 그치고 실제 의사소통 능력을 생산해 내지 못했다는 점에서 비롯된 것이다. 그렇다 해도 지나치게 의미를 중시하고 유창성만을 강조한 기존의 교수법이 의사소통 능력을 제대로 신장시킬 수 있느냐에 대한 반론도 만만치 않다. 아울러 문법 교육이 형태뿐만 아니라 의미와 기능을 적극 반영하여야 한다는 주장도 지속적으로 제기되기 시작하였다.

의사소통 중심 교수법이 대세를 이룬 상태에서 이에 대한 문제점을 부각하고 새로운 교수법을 시도하려는 노력이 외국어 이론에서 지속적으로 논의되었고, 이러한 논의를 한국어 교육에도 접목시키려는 노력이 지속되었다. 즉, 의사소통 접근의 틀 안에서 논의하되 점차 '문법의 형태'에 집중하며 문법을 '인식하게 하고' 나아가서는 문법 교수 자체를 명시적으로 드러내는 방향으로 전개되어야 한다고 보았다. 특히 이러한 논의가 한국어 문법 교육과 관련을 지어 나타나게 된 요인은 의사소통 중심 교수법에서 소홀하게 된 문법 교육의 반성에서 출발하기 때문이다. 국내에서 이와 관련한 논의로 1990년대에 김정숙(1998), 김유정(1998) 등이 있으며 그 논의는 2000년대 들어 더욱 활발해졌고 김제열(2001), 김재욱(2003), 성기철(2002), 주세형(2005), 김남길(2005), 박동호(2007), 허용(2008), 강현화(2009), 민현식(2009) 등 다수의 연구에서 문법 교육의 효용성을 강조하고 있다.

그런데 이들은 주로 외국 이론에서 제기된 문제점들을 소개하고 이러한 틀이 한국어 교육에서도 적용되어야 함을 제시하는 선에서 그치는 경우가 대부분이었고, 형태 중심 접근법을 바탕으로 한국어 교육 현장에 적용될 수 있는 보편적이고 종합적인 틀을 제시하는 데까지는 이르지 못하였다.

이상에서 2000년대 주요 쟁점으로 떠오른 연구 주제들을 살펴보았다. 이러한 연구 경향에도 불구하고 2000년대 양적으로 가장 많은 논문을 배출하고 있는 분야는 역시 '문법 요소'와 '문법 사용 양상'으로 문법 교육 전체의 70% 이상을 차지하고 있다. 그리고 '문법 요소'에서는 개별 문법 항목을 대상으로 하는 연구가 37%, 경어법, 시제 및 상, 문장 종결, 피·사동, 부정법 등의 범주 중심 연구가 48%를 차지하였다. 이뿐만 아니라 화용과 연계하여 문법 항목이나 문법 범주에 대한 연구도 11% 정도로 나타났다. '문법 요소' 다음으로 많은 연구가 '문법 사용 양상'인데 한국어 학습자의 언어 사용 오류를 분석한 연구가 가장 많았고, 문법 항목이나 문법 범주에 대한 대조분석적 연구가 그 다음을 차지하고 있다.

4. 2010년대 한국어 문법 교육 연구

2010년대는 2000년대부터 급격히 관심이 높아진 한국어 문법 교육 중심의 연구 경향을 지속적으로 유지하면서도 문법교육 내에서는 그동안 관심을 두지 않았던 분야에도 새로운 연구가 이루어졌다. 이러한 분야 중 가장 대표적인 것이 구어 문법에 대한 관심이었다. 한국어 교육이 실제적인 의사소통을 중시하는 경향을 띠면서 기존에 문어를 중심으로 하는 문법 연구는 한계를 느끼게 되었다. 따라서 이러한 한계를 극복하고자 2000년대 후반부터 구어 연구가 집중되었고, 이러한 연구 경향은 2010년대에도 계속 이어졌다.

이와 함께 문장 단위 차원에서만 논의되던 한국어 문법 층위를 보다 확대하려는 움직임도 나타나고 있다. 앞에서도 여러 번 언급되었듯이 한국어 교육에서는 실제적 의사소통 상황을 반영한 문법 체계를 담아내는 것이 중요한 관심사였다. 따라서 문장 단위 차원에서의 연구로는 이러한 목적을 달성하기가 어렵다고 보고, 이를 해결하기 위해 실제적 담화 상황을 고려한 문법 연구로 관심을 돌리게 되었다.

이 밖에도 구어와 담화 차원의 문법 내용을 담아낼 수 있는 한국어 교육 문법의 체계화와 이를 바탕으로 한 문법 교수요목 연구, 그리고 한국어 교육 현장에서 직접 활용할 수 있는 다양한 교육 자료 개발, 다양한 문법 교수 방법론과 이의 적절성을 판단할 수 있는 평가, 문법 교육에서의 학습자와 교사에 대한 연구, 근대 이후 한국어 문법 교육의 역사에 대한 정리와 회고 등에 대한 연구가 제시되었다.[12]

4.1. 한국어 구어 문법에 대한 연구의 대두

2000년대에 한국어 교육에서도 실제적인 의사소통 기능 중심의 문법 체계가 본격적으로 논의되었으며, 이러한 경향은 다른 분야에도 지속적으로 영향을 미치고 있었다. 즉 자연스럽고 실제적인 상호작용과 의사소통이 강조되는 한국어 교육에서 문어를 바탕으로 하는 규범적인 문법만으로는 이러한 요구를 수용하기가 어려웠다. 따라서 보다 실제적인 언어 현실을 담을 수 있는 구어와 구어 문법에 대한 이론적, 학문적 연구가 이어지게 되었다.[13][14]

박희영(1999)에서 문어 위주의 문법 교육을 비판하고 질문과 대화를 통해 문어와 구어를 상호 보완하는 한국어 문법 수업을 제안하고 있는데, 이러한 논의는 2000년대 들어와서 더욱 활발해졌다. 특히 2000년대 후반에 구어

---

12) 강현화(2011)는 지금까지 한국어 문법 교수법에 대한 연구는 개별 문법 항목의 교육 방안 위주로 이루어져 왔고, 전반적인 교수 이론을 한국어 교육 현장에 접목한 연구는 상대적으로 부족하며, 개별 항목의 교육 방안을 제시한 연구나 교수 이론을 응용한 연구 모두 해당 교수법의 효과에 대해서는 만족할 만한 결과가 나타나지 않았다고 하였다. 따라서 향후 문법 교수법에 대한 연구는 다양한 교수 방법론을 현장에 접목하고 각 교수법의 효과성을 비교 평가하여 교육현장에서 보다 유용한 교수법을 제시하는 방향으로 나아가야 한다고 보았다. 또한 현재 교육현장에서 사용되고 있는 문법 교수법의 현황을 파악하여 학습자 유형별로 유용한 교수법을 분석하는 연구 또한 필요하다고 하였다.

13) 김현지(2015)에서는 지금까지의 구어 문법을 포함한 구어 연구의 동향을 연도별·유형별·쟁점별로 구분하여 제시하고 있다. 이와 함께 구어 교육 연구의 의의와 제언을 몇 가지 제시하고 있다. 첫째, 구어와 구어 교육의 연구가 효과적인 의사소통과 상호작용에 대한 요구에서 시작되었다. 둘째, 한국어 학습자의 구어 사용 양상 분석을 중심으로 구어 말뭉치를 분석하고 활용하고자 하는 시도가 비중 있게 진행되었다. 셋째, 구어 교육의 방향과 구어 교육의 내용에 대한 거시적이고 세부적인 내용이 함께 마련되어야 한다. 넷째, 한국어 구어 평가에 대한 원리와 도구, 기준이 구체적으로 마련되어야 한다.

14) 김수은(2016)에서는 그동안 한국어 교육에서의 구어 교육의 성과를 정리하고 있는데, 2000년대부터 구어 교육이 본격적인 발전이 이루어지고 있으며, 2009년부터는 가파른 상승세를 보이고 있다고 하였다.

문법 연구가 집중되기 시작했으며, 이 분야에 대한 관심은 2010년대에도 지속되고 있다.

강현화(2009)에서는 의사소통 능력 향상을 교육목표로 하는 최근의 언어 교육의 특성상 문어보다는 구어 문법에 대한 연구가 바람직하다고 하였으며, 지현숙(2007, 2009)에서는 구어 문법 교육 방법과 구어 문법 기술에 대해 집중적인 논의를 하고 있다. 이 연구에서는 현재 한국어 교육 문법서에 대한 검토를 통해, 기존의 문법서가 구어의 주체적인 쓰임새를 제시하는데 매우 미흡하며, 한국어 교재에 나타난 구어 문법에서도 급별 문법 항목들이 통일되어 있지 않고 구어 문법 기술 방법도 체계적으로 제시되지 않음을 지적하였다. 이러한 이유로 구어 말뭉치가 절대적으로 부족하며, 모국어 학습자의 구어 말뭉치보다는 한국어 학습자의 구어 말뭉치가 더 필요함도 지적하고 있다. 그리고 과제 교수 기반 교수법을 활용한 구어 교육 방법을 제시하기도 했다. 안의정(2009)에서는 구어가 일상생활 속에서 말로 더 잘 쓰이는 것과 함께 문어로 쓰일 때와 다른 의미로 쓰일 경우가 있다고 하였으며, 문어와 구어의 차이를 구어성 점수로 구분해 보기도 하였는데 구어 문법 항목을 선정할 때 유용하게 쓰일 수 있는 척도를 제시하였다. 강현화(2012b)에서도 문법 교육에서 코퍼스를 활용할 수 있는 방안을 제시하고 있는데 구체적으로는 코퍼스 기반 문법 교육 연구의 장점과 코퍼스를 활용한 문법 교육 연구를 제시하고 있다. 박문자(2013)에서는 한국어 교육에서의 코퍼스 활용에 대해 논의하였다. 이밖에도 구어 문법 항목을 다룬 연구로는 이명오(2009), 손옥현·김영주(2009), 조경순(2009), 김지혜(2010) 등이 있다.

2010년대에도 원해영(2011), 김영아·조인정(2012) 등을 통해 구어 연구가 계속해서 이어졌다. 이러한 구어 연구에 전기를 마련한 것은 2013년에 열린 국제한국어교육학회 춘계 학술대회였다. 이 학술대회는 "한국어 교육에서의 구어 문법"이란 주제로 열렸는데, 그동안 개별적으로 논의해 오던 구어 문법을 공론화 하는 자리가 되었다. 여기에서 서상규(2013)은 "한국어 교육과 구어, 그리고 문법"이라는 주제 특강에서 '100% 순도의 구어 나아가 구어 문법이나, 100% 순도의 문어, 문어 문법은 존재할 수 없으며, 구어와 문어는 서로 대립적이거나 배타적으로 존재하는 것이 아니라, 하나의 말이 매체와 사용 영역에 따라 다르게 나타나는 모습'이라고 하였다. 목정수(2011)에서는 어떤 언어이든 문어체와 구어체의 형식은 다르다고 보았으며, 문법이란 일차적으로 문어를 기반으로 성립되어 왔기 때문에 그 문법 체계로는 자연스러운 구어체의 언어 현상을 설명하지 못하는 경우가 많아서 독자적인 구어 문법을 따로 세울 필요가 있다고 하였다. 이와 함께 구어와 문어를 아우를 수 있는 통합문법으로의 발전이 가장 바람직하다고 하였다. 또 목정수(2013)에서는 한국어 문법에서의 기본 문법 개념이 실제로 구어체 문장에서는 어떻게 나타나는지, 그리고 이러한 현상을 어떻게 인식하고 설명해야 하는지, 이를 토대로 구어 문법 또는 구어 문법 능력에 대한 평가가 어떤 지점에서 이루어져야 하는지에 대해서 논하고 있다. 방성원(2011a)는 한국어 교재에 나타난 대화문들이 여전히 구어 문법을 충분히 다루지 못하고 있으며, 구어라고 보기에는 어색한 것이 다수 있음을 지적하고 있다. 이러한 문제를 해결하기 위해서는 교재 집필자의 직관에 의존하기보다는 구어 말뭉치, 한국어 교육용 말뭉치, 학습자 말뭉치의 분석 결과에 근거해야 한다고 하였다. 그러나 현재 한국어 구어 말뭉치 자료가 이를 충족하기에는 너무 불충분해서 그 결과를 기대하기가 어려움도 토로하였다. 양명희(2013)에서는 구어 문법 제시 방법에 대해 기술하고 있는데 문법의 설명과 연습, 활동이 문장 중심의 설명과 활동에서 벗어나 실제 구어에서의 사용법을 제시하고 이를 연습할 수 있어야 한다고 하였다. 장명숙(2011)에서는 한국어 구어 문법 평가의 방향에 대해 논의하고 있는데, 평가 시 유의점으로 첫째, 말하기를 평가할 때 문어 문법이 아니라, 구어 문법을 기준으로 평가할 것, 둘째, 학습자들의 한국어 발화를 문장 문법의 틀에서 문장의 정확성을 판단하지 말고 의사소통의 관점에서 용인 가능성의 관점으로 평가할 것, 셋째, 말하기의 문법성은 청자에게 필요한 정보를 충분히 제공했는가 하는 것으로 판단할 것을 제안하고 있다. 김풀잎 (2013)에서는 구어 담화에서의 의식 고양 과제, 이선영(2013)에서는 ESA (Engage, Study, Active)와 부메랑 모형(Engage, Active1, Study, Active2)을 적용하고 있다. 정예랜·구은미·정영미·김성희(2013)도 구어문법의 교수 모형에 대해 살펴보고 있다.

이상의 논의들은 공통적으로 문어 중심의 문법 교육에서 벗어나 독자적인 구어 문법 체계를 구축할 것을 주장하였다. 그리고 이를 위해서는 충분한 구어 말뭉치 자료 확보와 전산화 단계를 거쳐, 구어문법을 체계화 해야만, 교육 과정, 교재 제작, 교육 내용, 교수 이론 등에 효과적으로 적용할 수 있다는 것이다. 그러나 현 상황에서는 이러한 과정의 첫 단계인 말뭉치 구축에서조차 만족할 만한 성과가 이루어지지 않았다고 보았다. 그리고 그 동안의 연구 성과를 종합해 보면 구어 문법 연구가 필요하다는 문제 제기나 구어 문법의 개념 정립, 개별 구어 문법 항목에 대한 연구, 교수 이론의 적용, 구어 문법 평가 기준 제시 등을 제시하고 있지만 이들을 종합적인 틀 안에서 체계화 하는 작업은 아직 이루어지지 않았다고 보았다. 따라서 향후 연구는 개별적인 연구 성과를 종합할 수 있는 방향으로 연구가 진행되어야 할 것이다.

4.2. 담화 문법에 대한 관심

한국어 문법의 정체성 확립과 이를 체계화하기 위한 노력이 계속 이어지는 가운데 실제 의사소통 상황의 문법 내용을 담아보려는 노력이 한국어 문법 분야에서도 지속되고 있었다. 이 중에 하나가 담화 문법에 대한 관심이었다. 이미 한국어 문법 교육에서는 실제적 의사소통 상황을 반영할 수 있는 문법 체계나 문법 내용에 대한 연구가 활발히 진행되어 오고 있었다. 이러한 상황에서 실제 언어 현상을 담아내기 위해서는 문장 단위 내에서의 문법 연구로는 한계가 있었다. 따라서 문장 단위를 넘어서는 담화 단위의 연구를 바탕으

로 보다 명확한 문법적 의미나 기능을 밝혀보려는 시도가 최근 한국어 교육에서도 이어져 왔다.[15]

담화 문법에 대한 연구들은 담화 맥락의 여러 요인들을 고려하면서 담화가 문법에 미치는 영향 관계, 실제 담화상에서 도출되는 언어 의미를 밝히는데 목적을 두고 있다. 이러한 결과로서 담화를 기반으로 하는 문법 교육 방안을 마련하거나, 담화 기반의 문법 교수·학습의 효과를 검증하려는 시도들이 이어지고 있다.

담화 문법에 대한 연구는 2000년대에 와서 본격적으로 연구되기 시작했는데, 가장 활발하게 연구가 이루어진 시기는 2010년대 이후이다. 통계적으로 보아도 담화 문법과 관련한 연구 논문은 2000년 이전까지는 4편에 불과했다. 그러나 2000년대 들어서는 80편에 이르고 있으며, 2010년대 전반기까지만 해도 이미 87편의 연구물이 나타나고 있다(김호정 2015:134-142).[16]

담화 문법과 관련한 연구 성과는 김호정(2015)에 잘 제시되어 있는데, 이 시기에 나타난 연구들을 '담화의 체계성과 문법의 관계 분석', '담화 차원의 문법 의미·기능 분석', '담화 기반의 문법 교수·학습 방안 모색', '중간언어로서의 학습자 담화 문법 분석' 등으로 구분하여 그동안의 연구 성과를 분석하고 있다.[17]

먼저 담화의 체계성과 문법의 관계 분석과 관련된 연구 중 담화 표지어 또는 응결 장치로서의 문법에 관심을 가진 연구들이 많이 나타났다. 2010년에 나타난 연구들을 살펴보면, 류수영(2010)에서는 학술 논문에 나타나는 연결 표현과 종결 표현의 결합 패턴을 찾아 기술하고자 하였으며, 홍혜란(2011)에

---

15) 강현화(2009)에서는 국외의 이론들에 나타난 최근 문법 교수이론이 문어에서 구어로, 문장 단위의 문법에서 담화 맥락 속에서의 문법으로 이동하고 있으며, 어휘적 접근에서 문법을 바라보는 시각을 넘어 담화적 접근에서 문법을 바라보고 있음을 확인시켜 주고 있다.

16) 강현화(2012a:225-229)에서도 담화 관련 연구가 2011년에 이르면 이전 시기보다 6배 이상 늘어나고 있다고 하였다.

17) 아래에 기술하는 내용은 김호정(2015)의 내용을 많이 참고하였다.

서는 4개 전공 영역의 한국어 논문 텍스트 분석을 시도하였고, 김아늠(2012)은 비즈니스 이메일이라는 새로운 매체 영역의 담화 분석을 시도하였다. 최정희(2012)는 중고급 한국어 쓰기 교재를 대상으로 담화 분석을 시도하였다.

담화 기반의 문법 교수·학습 방안 모색과 관련한 연구들도 나타나고 있는데, 정미진(2012)은 담화 맥락 정보를 담아내는 교재 제시 방안을 연구하였고, 박나리(2013)에서는 담화 차원의 교육 문법적 기술 방안을 연구하였다. 박진희(2012)에서는 학습자의 숙달도를 달리하여 초급 학습자를 대상으로 딕토 글라스를 활용한 수업 지도안을 구성할 수 있는 방안을 제시하였다. 딕토 글라스와 관련한 이 외의 연구도 활발하게 이루어졌는데, 김수은(2009), 박유나(2010), 곽수진(2011), 남효정(2012), 박나랑(2012) 등도 있다.

2010년대 들어서 중간언어로서의 학습자 담화 문법 분석과 관련된 연구들도 많이 나타나고 있다. 김선미(2011)에서는 논설 텍스트를 대상으로 한국어 모어 화자와 중국인 한국어 학습자의 담화 양상을 대조적 관점에서 살펴보았고, 김상수(2011)에서는 한국어 학습자의 말하기 평가 담화에 나타난 결속 장치에 대한 연구를 하고 있다. 노미연(2011, 2013)에서는 중급 및 고급 학습자의 발표 담화 분석을 통해 구어 발표 담화의 응결성 등을 고찰하고 있으며, 지현숙·오승영(2012)에서는 한국어 학습자의 이야기구술 수행 담화 과정을 중간언어적 관점에서 분석하고 있다. 박수진(2015)에서는 담화 분석의 단위를 넓혀 서사 유형에 따른 담화 구조와 조사, 시제의 문법 항목 사용 양상까지 살펴보고 있다. 김신희(2013)에서는 여성 결혼 이민자의 자유 구어 담화 분석을 시도하고 있다.

4.3. 문법교육에서의 학습자와 교사

김호정(2017)에서는 한국어 문법 교육에서 학습자 연구가 어떠한 관점과 목적 하에 수행되어 왔는지를 고찰하고 있다. 이와 함께 한국어 문법 교육의 학습자 연구 과제와 관련하여 세 가지를 제언하고 있다. 첫째, 학습자의 '오류' 연구는 학습자의 '문법 학습/습득 곤란도', '학습가능성(learnability)'을 밝히는 연구로까지 심화 발전시켜야 한다. 둘째, 위 첫 번째 과제를 해결하기 위해서는 학습자의 문법 습득/학습 발달을 규명할 수 있는 횡단 연구부터 종단 연구까지 총체적 시각의 연구가 이루어져야 한다. 셋째, 학습자의 문법 및 문법 교수학습에 대한 인지 요인을 밝힐 수 있는 연구 방법론을 발전시켜야 한다. 넷째, 학습자의 문법 교수학습에 대한 정의적 요인, 전략 사용 양상을 밝히기 위한 연구가 보다 적극적으로 이루어져야 한다.

그리고 이러한 내용을 다루고 있는 연구 결과물을 조사한 바 있는데, 2016년 말까지 총 108편에 이른다. 이를 10년 단위로 살펴보면, 1990년대까지는 총 1편, 2000년대는 총 35편, 2011년 이후 2016년까지는 총 62편으로 집계되었다. 문법교육에서의 학습자 연구가 2000년대부터 본격적으로 이루어지기 시작했으며, 2010년대에 들어서면 6년이라는 짧은 기간임에도 두 배에 가까운 연구 실적이 나오고 있음을 알 수 있다.

이들 연구들을 교육 목적에 따라 구분을 해 보면, 연구 초기에는 외교관, 선교사 등 특수 목적의 한국어 학습자가 주 대상이었으나, 2000년대 이후 유학생이 급증하는 시기부터는 학문 목적의 학습자들에 대한 연구가 가장 많이 나타나고 있다. 김인규(2009), 김수미(2010), 김서형·홍종선(2010), 노미연(2011, 2013), 신영주(2011) 등이 있다. 또한 여성 결혼 이민자나 그 가정의 자녀, 이주민 노동자들에 대한 문법 교육도 제시되고 있다. 김의수·손현화(2011), 이정희(2011), 김신희(2013), 권화숙(2016) 등이 있다. 또 수준별로는 초급 학습자들에 대한 연구가 많이 이루어지고 있는데 최근에는 중·고급 학습자들에 대한 연구도 많이 이루어지고 있다. 박수진(2011), 김경화(2013), 홍승아(2014), 황선영(2014), 박성희(2016) 등이 있다. 언어권별로는 중국인 학습자의 문법교육에 대한 연구가 가장 많고, 이 외에도 여러 언어권별 학습자들에 대한 연구가 많이 발표되고 있다. 김연희(2011), 김영아

(2013, 2014, 2015), 이승연(2012), 신성철·강승혜(2015), 궈진·김영주(2016) 등이 있다. 또 최재수(2015)는 영어 모어 화자 집단과 중국어 모어 화자 집단, 그리고 이중 언어 환경에서 L2로서의 영어 사용 능력을 획득한 중국어-영어 이중 언어 화자 집단을 대상으로 한 연구를 진행하였다.

이와 함께 한국어 교사의 문법 교육과 관련한 연구도 있다. 김제열(2004)은 한국어 교사 교육을 위한 국어학 교수 요목에 대한 연구, 김호정(2006)은 개별 문법 지식 교육에 대한 연구, 김호정·김은성·남가영·박재현(2012)은 한국어 교사의 등급별 문법 용어 사용 실태 연구, 방성원(2011b)는 문법 교육에 대한 한국어 교사의 인식 양상, 신현단(2012)는 한국어 문법 교수에서의 교사 코드 전환 양상, 김인규·강남욱·김호정(2014)는 한국어 교사의 교육용 문법서 활용 현황 및 개선 요구에 대한 연구가 이루어졌다. 양명희(2014), 양영희(2016)은 한국어 교사를 위한 문법 교육 내용 기술의 원칙, 강승혜(2016)는 한국어 교사 교육을 위한 문법 중심의 한국어 교수 설계 원리를 '-느라고'를 중심으로 제시하기도 하였다. 박동호(2016)은 한국어 문법 교사를 위한 문법 교육 내용 구축 방안에 대하여 논의를 하고 있다.

양영희(2016)에서는 한국어 교사 교육에 대한 새로운 방법을 제시하기도 하였다. 즉, 학습자 중심의 문법 교육이 아니라 교사 중심의 문법 교육이 되어야 한다는 것이다. 그 이유로 한국어 교사로 입문하기 이전에 한국어 교사들은 이미 국어 지식을 문법으로 내면화하였다. 학부 전공 과정에서도 이러한 지식을 학습하였고, 그것을 가르치는 방법을 학습하였다. 그런데 실제 수업에서는 자신들이 배웠던 교육 내용과 가르쳐야 할 교육 내용 사이에 차이가 생겨 혼란이 가중된다는 것이다. 또 능숙한 의사소통자가 되려면 사용하는 방법을 터득하기보다 한국어 전반을 관장하는 체계를 학습자 자신의 것으로 내면화하여 문법이 무의식적으로 작동되도록 해야 하는데, 그러기 위해서는 교사가 구축한 문법 체계를 전수 받아야 한다는 것이다. 그리고 문법을 언어활동 영역과 분리하여 문법 능력을 집중적으로 신장시켜야 한다고 주장하였다.

2010년대에는 예비 교사 또는 경력 교사 재교육을 위한 문법서도 많이 나타나고 있는데 라혜민(2011), 강여순(2012), 백봉자(2013), 류성기(2016) 등이 있다.

4.4. 기타

양적인 면에서의 연구 성과는 많지 않지만 1900년대 전후 한국어 문법 교육과 관련한 연구도 조금씩 나타나고 있다. 허재영(2012)에서는 조선 시대 말기에 일본에서 사용되던 한국어 학습서『교린수지(交隣須知)』와 캐나다 선교사 게일이 편찬한 문법서『사과지남(辭課指南)』을 비교하여 연구하고 있다. 2000년대 연구로는 강이연(2008)이 있는데, 최초의 한국어 문법서인『GRAMMAIRE CORÉENNE'』를 살펴보고 있다. 김가연 · 김효은(2015)에서는 20세기 초 서양인들에 의해 개발된 4가지 학습서를 비교 · 분석하고 있다. 주현희 · 채영희(2016)에서는 근대 이후 간행된 일본인을 위한 학습서의 변천과정과 문법 내용을 연구하였고, 오대환(2010)에서는 일본 식민지 시대에 간행된『조선문조선어강의록』을 바탕으로 한국어와 일본어의 문법을 대조하고 있다.

앞으로 한국어 문법 교육이 역사적으로 단절되지 않고 외국 특히 서양의 이론에 국한되지 않고 보다 주체적이고 독립적인 한국어 교육이 이루어지고 있음을 보여줄 수 있는 연구들이 많아져야 한다. 이를 위해서는 지역적으로는 국내는 물론이고 중국, 일본, 미국 등 다른 나라에서의 한국어 문법 교육 현황을 보다 세밀히 살펴보고, 시간적으로는 1990년대 전후는 물론이고 멀리는 조선 시대를 포함한 그 이전 시기의 한국어 교육에 대한 연구도 자세히 이루어져야 할 것이다.

강현화(2011)에서는 최근 2000년대 문법 교육 연구 경향을 분석하면서 문법 교육의 연구에 있어서 매우 필수적인 요소임에도 불구하고 그간의 연구에서 구체적인 논의가 이루어지지 못한 것을 여섯 항목으로 제시하고 있다.[18] 이 중에서 두 항목이 문법 교수법과 관련되고 있는데 교수자 및 학습자 변인을 고려한 문법 교재 개발 및 교수법 개발이 필요성과, 담화 중심의 문법 교수, 맥락을 고려한 문법 교수의 필요성을 역설하기도 했다.

2010년대 이후에도 교수법과 관련한 연구들이 지속적으로 나타나고 있다. 2000년대에는 강현화(2009)에서 최근 외국어 문법교수 이론을 바탕으로 한국어 교육에서 접목 가능한 교수법을 제시하였으며, 강현화(2011)에서는 의사소통적 교수법을 바탕으로 하되 적절한 맥락을 활용한 형태 교육도 강조하고 있다. 또 대조문법의 활용, 명시적이고 독립적인 문법 교수보다는 의사소통 활동 안에 문법을 통합하여 가르치는 절충적 교수 방법, 실제성을 기반으로 한 문법 교수, 학습자 중심의 문법 교수 등을 제안하고 있다.

문법 교수 전반에 대한 논의로는 한국어 문법 교수·학습 방법의 현황과 개선 방향에 대해 논하고 있는 구본관(2012), 문법 교수의 명시성 정도에 따른 문법 교수 효과를 논하고 있는 김혜민(2013), 문형 연습과 과제 활동을 바탕으로 한국어 문법 교육에서의 교수 방법 적용 문제를 논하고 있는 우형식(2016) 등이 있다.

구체적인 문법 요소나 문법 범주를 바탕으로 한 교수법에 대한 논의도 다양하게 나타나고 있다. 김유정(2011)에서는 장르(텍스트) 문법 모델을 활용한 교수법, 성지연(2014)에서는 형태 초점 교수를 바탕으로 한 문법 요소 연

---

18) 강현화(2011:6-8)에서 제시하고 있는 내용은 다음과 같다. 첫째, 문법 교수에 있어 기본이 되는 문법 항목 설정을 위한 준거 연구가 충분치 않았다. 둘째, 문법 교수의 내용이나 방법론에 대한 학습자 요구 분석이 이루어지지 못했다. 셋째, 문법 항목의 위계화에 대한 구체적 연구가 이루어지지 못했다. 넷째, 문법 교수의 방법론에 대한 연구 역시 국외 이론 도입에 머물렀다. 다섯째, 교수자 및 학습자 변인을 고려한 문법 교재 개발 및 교수법 개발이 부족했다. 여섯째, 담화 중심의 문법 교수, 맥락을 고려한 문법 교수가 충분히 이루어지지 못했다. 이와 같은 내용은 2010년대 이후에 한국어 문법 교육에서 본격적으로 다루어야할 중심 내용이라 할 것이다.

구, 김미숙(2015)에서는 문법 의식 고양 과제를 활용한 교수 방안 연구 등이
있다.

2010년대 한국어 문법 교수법에 대한 연구는 여전히 개별 문법 요소의 교
육 방안 위주로 이루어져 왔으며 전반적인 교수 이론을 한국어 교육 현장에
접목한 연구는 상대적으로 부족하다. 또한 개별 항목의 교육 방안을 제시한
연구나 교수 이론을 응용한 연구 모두 해당 교수법의 효과성에 대한 연구는
미흡한 편이다. 따라서 향후 문법 교수법에 대한 연구는 다양한 교수 방법론
을 현장에 접목하고 각 교수법의 효과성을 비교 평가하여 교육현장에서 보다
유용한 교수법을 제시하는 방향으로 나아가야 할 것이다.

3. 맺음말

최근 30년간 한국어 교육 분야는 눈부시게 성장하였다. 그리고 한국어 문
법 교육 분야에서도 양적으로나 질적으로 다양한 연구가 진행되었다. 이러한
연구들은 한국어 교육의 역사와 괘를 같이 하며 나타나게 된다. 각각의 연구
들은 독자성을 띠지만 여러 시기를 종합적으로 살펴보면 그 시기에 적절한
연구 경향이 있게 마련이고 각각의 연구들은 이러한 시기에 꼭 필요한 연구
들이었다는 것을 알게 된다.

이 연구는 1990년부터 2017년 초반까지 근 30년 동안 한국어 문법 교육에
서 쌓은 연구 업적들을 살펴보았다. 이 과정에서 시기에 따라 어떤 분야의
연구들이 더욱 관심을 갖게 되었으며, 한국어 교육 발전이라는 맥락에서 어
떤 성과가 있었는지 관심을 갖고 살펴보았다.

1990년대는 한국어 문법이라는 분야를 국어 문법과 독립시켜 보려는 노력
이 돋보였던 시기이다. 그리고 이에서 더 나아가 한국어 문법 교육 체계를
확립하려고 노력하였다. 그러나 이러한 체계를 확립하기 위해서는 우선적으
로 한국어 문법 교육의 정확한 개념이 설정되어야 하고 교육의 필요성과 방

향에 대한 논의가 우선되었던 시기이다.

2000년대는 한국어 문법 교육 분야에서 가장 활발한 논의가 이루어지기 시작했다. 양적으로도 이전 시기와는 비교할 수 없을 정도로 많아졌으며 연구 분야도 다양하게 나타나고 있는 것이 가장 큰 특징이다. 이 시기는 한국어 교육 현장에서 제기되는 문제들을 다양하게 수렴하던 시기였다. 이와 함께 1990년대 연구들이 이루지 못했던 한국어 문법 교육의 정체성 확립과 체계화에 대한 논의가 다양하게 이루어지면서 많은 성과를 거두는 계기가 되었다. 그리고 문법 요소의 선정과 위계화 문제도 치열하게 다루어졌다. 또한 문법교육의 효용성 문제가 대두되자, 많은 연구자들이 의사소통식 교수법에 바탕을 두되, 문법 내용도 적절하게 지도할 수 있는 방안을 모색하기 시작하였다. 한국어 교육 연구에서 1/3 이상을 차지하고 있는 문법교육 분야로서는 이러한 문제를 적극 해결할 필요가 있었다. 그리고 이러한 문제는 실제 교수법 적용에까지 영향을 미치고 있으며 이에 대응할 수 있는 다양한 교수 이론과 교수법을 적용한 연구가 뒤따랐다.

2010년대 연구는 이전 시기와 다르게 10년이라는 기간을 전체적으로 조망할 수가 없어서 연구 동향을 명확히 제시하기는 어려웠다. 다만, 2000년대 중심 화두로 떠오르고 있었지만 이를 충분히 해결하지 못했던 주제들이 2010년대에 와서도 지속적으로 논의되고 있다는 것이다. 이 중의 하나가 구어 문법에 대한 연구이다. 구어 문법에 대한 연구는 2000년대부터 문제제기와 함께 연구 결과도 꾸준하게 나타났다. 이러한 결과를 바탕으로 2010년대에는 구어 문법에 대한 논의를 더욱 공론화 하고 확대하고 있다. 이를 계기로 문어 중심의 문법교육에서 벗어나 구어 문법 체계를 확립하거나 이 둘을 종합적으로 고찰한 문법 체계를 세워야 한다는 공감대가 형성되었다고 본다. 이와 함께 실제 의사소통 상황의 문법 내용을 담아보려는 노력이 한국어 문법 분야에서도 지속되고 있었다. 실제 언어 현상을 담아내기 위해서는 문장 단위 내에서의 문법 연구로는 한계가 있다. 따라서 문장 단위를 넘어서는 담화 단위의 연구를 바탕으로 보다 명확한 문법적 의미나 기능을 밝혀보려는 시도가 이 시기에 많이 이루어졌다. 한국어 문법 교육에서도 학습자 중심의 교육이 이루어져야 한다는 면에서 다양한 연구가 이루어지고 있다. 학습자에 대한 연구가 이전 시기에 비해 두 배 정도 늘어나고 있는 점도 이 시기의 특징이다. 이와 함께 교육의 한 축을 담당하고 있는 교사의 문법교육 내용과 교수 방법 등에 대한 연구도 활발히 진행되었다.

이처럼 최근 30년간의 연구는 다양한 주제와 초점을 가지고 연구되어 오면서 한국어 문법 교육의 발전을 가져왔다. 그러나 한 가지 아쉬운 점은 지금까지 논의되어 온 교육문법 체계 구축, 문법 요소 선정 및 위계화, 말뭉치를 활용한 구어 문법 체계화, 담화 문법의 구축, 교육 현장에 실제적으로 활용될 수 있는 다양한 교수 내용과 방법에 대한 객관적 평가 결과 산출 등에 대해서는 아직도 만족할 만한 결과가 도출되지 않았다는 점이다. 이러한 결과는 다시 다음 시기를 기약하는 수밖에 없다.

참고문헌

강남욱·김호정(2011), 한국어 학습자의 문법 습득 양상 연구(3) −복문에서의 시제 사용 양상을 중심으로−, "한국어교육" 22-3, 1-28.

강승혜(2016), 한국어 교사 교육을 위한 문법 중심 한국어 교수 설계 원리 − '-느라고'를 중심으로−, "문법교육" 28, 77-102.

강여순(2012), "교사 수준 문법 교육과정의 설계", 박이정.

강이연(2008), 최초의 한국어 문법서 GRAMMAIRE CORÉENNE 연구, "프랑스어문교육" 29, 7-35.

강현화(2007), 한국어 표현문형 담화기능과의 상관성 분석 연구−지시적 화행을 중심으로, "이중언어학" 34, 1-26.

강현화(2009), 최신 문법교수 이론의 경향과 한국어교육에의 적용, "문법교육" 11, 1-27.

강현화(2011), 한국어 문법 교육 연구의 현황과 전망, "언어사실과 관점" 27, 5-42.

강현화(2012a), 코퍼스와 한국어 문법 교육, "국어교육연구" 30, 227-253.

강현화(2012b), 한국어교육학에서의 담화연구 분석, "한국어교육" 23-1, 182-201.

곽수진(2011), 형태 집중을 활용한 한국어 문장구조 교육 연구, 경희대학교 박사학위논문.

구본관(2012), 한국어 문법 교수, 학습 방법의 현황과 개선 방향 −학습자와 교수자의 메타적 인식 강화를 중심으로−, "국어교육연구" 30, 255-313.

국립국어원(2005), "(외국인을 위한) 한국어 문법", 커뮤니케이션북스.

궈진·김영주(2016), 문법성 판단 테스트를 통해 본 중국인 학습자의 부사격 조사에의 습득 양상, "국어교육연구" 37, 1-28.

권순희(2006), 한국어 문법 교육 방법과 수업 활동 유형, "한국초등국어교육" 31, 5-40.

권재일(2000), 한국어교육을 위한 표준문법의 개발 방향, "새국어생활" 10-2, 103-106.

권재일(2004), "구어 한국어의 의향법 실현방법", 서울대학교 출판부.

권재일(2015), 한국어 문법범주와 한국어 교육, "한국(조선)어교육연구" 10, 44-71.

권화숙(2016), 여성결혼이민자를 위한 한국어 방언 문법 교육 방안: 경북 안동 방언의 '해라'체 의문형 어미를 중심으로, "한국언어문화교육학회 학술대회 발표집", 199-209.

김가연 · 김효은(2015), 20세기 초의 한국어 학습서 연구—서양인에 의해 개발된 4가지 학습서를 중심으로, "교양교육연구" 9-3, 565-591.

김경화(2013), 고급 단계 한국어 학습자의 오류 연구, "중국조선어문" 188, 33-41.

김남길(2005), 세계화를 위한 한국어 교육—문법 교수와 통합 기능 교수에 대한 일례—, "한말연구" 17, 391-419.

김다혜(2008) '국어문법'과 '한국어 문법'의 교육 내용 체계 비교, 명지대학교 교육대학원 석사학위논문.

김미숙(2015), 문법 의식 고양 과제를 활용한 한국어 연결어미 '–길래'의 교수 방안 연구, "한국어문화교육" 9-1, 29-58.

김상수(2011), 한국어 학습자의 말하기 평가 담화에 나타난 결속장치 사용 연구, "언어와 문화" 7-2, 33-53.

김서형(2005), 문법 교육 연구의 검토, "문법교육" 3, 129-148.

김서형 · 홍종선(2010), 한국어 학습자를 위한 확대문 교육 방안 —관형사절을 중심으로, "문법교육" 13, 115-136.

김선미(2011), 한국어 모어화자와 몽골인 한국어 학습자의 논설 텍스트 분석, 이화여자대학교 교육대학원 석사학위논문.

김수은(2009), 딕토글로스 수업이 한국어의 이해와 산출에 미치는 영향 연구, 고려대학교 교육대학원 석사학위논문.

김수은(2016), 한국어교육에서의 구어 연구 동향 분석과 제언, *Journal of Korean Culture* 32, 31-66.

김신희(2013), 여성 결혼 이민자의 자유 구어 담화 분석, 계명대학교 석사학위논문.

김아늠(2012), 한국어 교육을 위한 비즈니스 이메일 담화분석: 무역업을 중심으로, 고려대학교 교육대학원 석사학위논문.

김연희(2011), 중국인 학습자를 위한 '–에 대해'의 교육 내용 연구—한국어 사전과 교재를 중심으로, "새국어교육" 87, 301-325.

김영아(2013), 영어권 학습자를 위한 보고표지 종결어미 '–래, –재, –내'에 대한 문법 설명, "한국어교육" 24-1, 1-32.

김영아(2014), 영어 완화 표지와 한국어 종결어미 비교—영어권 학습자를 위한 문법 설명—, "한국어교육" 25-1, 1-27.

김영아(2015), 영어 부사 완화 표지와 한국어 종결 표현—영어권 한국어 학습자를 위한 문법 설명-, "한국어교육" 26-1, 1-29.

김영아·조인정(2012), 영어권 학습자를 위한 한국어 구어 문법 교육-보고 표지 "-대"를 중심으로-, "한국어교육", 23-1, 1-23.

김용경(2011), 문법범주를 활용한 한국어 문법 교육 방안 연구, "사회언어학" 19-2, 131-150.

김용경(2015), 문법 범주를 활용한 한국어교육 문법 항목 설정-부정법, 피동법을 중심으로-, "한말연구" 37, 41-71.

김유정(1998), 외국어로서의 한국어 문법 교육-문법 항목 선정과 단계화를 중심으로-, "한국어교육" 9-1, 19-36.

김의수·손현화(2011), 이주노동자의 한국어 구어 문장이 지닌 통사적 복잡성과 그 한계, "한국어학" 50, 111-140.

김인규(2009), 학문 목적을 위한 한국어교육에서 듣고 받아 적어 재구성하기 (dictogloss) 적용 방안 연구, "새국어교육" 82, 51-72.

김인규·강남욱·김호정(2014), 한국어 교사를 대상으로 한 교육용 문법서 활용 현황 및 개선 요구 조사, "한국어문학연구" 63, 443-483.

김재욱(2003), 외국어로서의 한국어 문법 교육, "이중언어학" 22.

김재욱(2007), 국어 문법과 한국어 문법의 체계 분석, "韓民族語文學" 51, 43-70.

김재욱(2009), 외국인을 위한 한국어 문법 내용 설정 연구 : 교육 문법 내용의 영역, 등급과 순서 제시, "문법교육" 10, 65-91.

김재욱(2010), 등급별 한국어 문법교육 -한국어 문법교육의 위계화를 중심으로-, "국제한국어교육학회 학술대회논문집", 335-346.

김제열(2001), 한국어 교육에서 기초 문법 항목의 선정과 배열 연구, "한국어교육" 12-1, 73-97.

김제열(2004), 한국어 교육 문법의 문제점과 개선 방안 -중급1 단계를 중심으로-, "문법교육" 1, 285-309.

김지혜(2010), 중국인 유학생의 구어 말뭉치에 대한 통사론적 연구, 한국외국어대학교 교육대학원 석사학위논문.

김풀잎(2013), 한국어 구어 담화의 시제 선어말어미 교수-학습 연구, 서울대학교 대학원.

김현지(2008), 외국어로서의 한국어 문법 교육에 대한 접근 방향, "외국어교육연구"

22-2, 1-22.

김현지(2015), 한국어 구어 문법의 교육 내용 연구, "한국어교육" 26-3, 749-772.

김혜민(2013), 문법 교육의 명시성 정도에 따른 한국어 문법 교수 효과 비교 연구, 고려대학교 대학원.

김호정(2006), 한국어 교사에게 필요한 교육 문법 지식 내용 연구—관형 표현을 중심으로-, "이중언어학" 32, 159-190.

김호정(2015), 한국어교육을 위한 담화 문법 연구의 동향 분석, "한말연구" 37, 133-175.

김호정(2017), 한국어 문법 교육의 학습자 연구 현황과 전망, "문법교육" 29, 36-54.

김호정·김은성·남가영·박재현(2012), 한국어 교사의 등급별 문법 용어 사용 실태, "국어교육" 139, 589-616.

남효정(2012), 딕토글로스(dictogloss) 활동이 문법적 정확성에 미치는 영향, 고려대학교 교육대학원 석사학위논문.

노미연(2011), 한국어 중급 학습자의 응결장치 사용 연구—발표 담화 분석을 중심으로- "문법교육" 14, 181-208.

노미연(2013), 한국어 고급 학습자의 응결 장치 사용 연구—인터뷰 평가 담화 분석을 중심으로, "동악어문" 60, 273-308.

라혜민(2100), "한국어 선생님을 위한 문법교수법", 소통.

류성기(2016), "초·중 한국어 교사를 위한 문법 교육의 내용과 방법", 박이정.

류수영(2010), 학문적 글쓰기 교육을 위한 연결 표현과 종결 표현의 결합 패턴 연구, 경희대학교 교육대학원 석사학위논문.

목정수(2011), 한국어 구어 문법의 정립: 구어와 문어의 통합 문법을 지향하며, "우리말글" 28.

목정수(2013), 구어 문법의 인식과 교수 내용, 그리고 평가, "국제한국어교육학회 춘계학술발표집", 37-45.

민현식(2003), 국어 문법과 한국어 문법의 상관성, "한국어교육" 14-2, 107-141.

민현식(2008), 한국어교육을 위한 문법 기반 언어 기능의 통합 교육과정 구조화 방법론 연구, "국어교육연구" 22, 261-334.

민현식(2009), 한국어교육용 문법 요소의 위계화에 대하여, "국어교육연구" 23, 61-130.

박기덕(2004), "한국어 교육을 위한 한국어 문법론", 한국문화사.

박나랑(2012), 듣고재구성하기(Dictogloss)가 한국어 글쓰기 과정에 미치는 영향 분석, 상명대학교 석사학위논문.

박나리(2013), "-다니"에 대한 한국어 교육문법적 기술방안 연구-담화화용정보의 비교대조를 중심으로-, "이중언어학" 51, 45-80.

박남식(2002), 외국어 문법 교육의 주요 쟁점, "외국어로서의 한국어교육" 27-1, 49-82.

박동호(2007), 한국어 문법의 체계와 교육내용 구축 방안, "이중언어학" 34, 159-184.

박동호(2016), 한국어 문법의 교육 내용 구축 방안-한국어 문법 교사를 위하여-, "문법교육" 28, 59-75.

박문자(2013), "코퍼스 활용과 한국어 교육", 박이정.

박석준·윤지영(2014), 한국어 문법 교육에서 담화 문법적 접근의 필요성에 대한 고찰, "언어와 문화", 10-3, 95-117.

박성희(2016), 한국어 고급 학습자의 쓰기 오류 연구, "사고와 표현" 9-2, 71-110.

박수진(2011), 중급 한국어 학습자의 서사 담화 연구-서사 담화 구조에 따른 시제 사용 양상을 중심으로, "이중언어학" 46, 131-157.

박수진(2015), 한국어 학습자의 담화 문법 교육 방안, "한민족어문학" 70, 35-62.

박영순(1998), "한국어 문법 교육론", 박이정.

박유나(2010), 한국어 학습자의 형태 집중 양상 연구, 경희대학교 석사학위논문.

박지순(2013), 한국어 문법 교육 연구 동향 분석, "언어와 문화" 9-1, 129-152.

박진희(2012), 딕토글로스를 활용한 초급 한국어 듣기 교육 방안, "국어교과교육연구" 20, 87-101.

박희영(1999), 구어와 문어를 상호 보완하는 한국어 문법수업모형, "한국어교육" 10-1.

방성원(2010), 한국어 문법론과 한국어 문법 교육론, "언어와 문화" 6-1, 157-181.

방성원(2011a), 形式과 機能의 상관성에 기초한 韓國語 敎育 文法 연구, "語文硏究" 39-2, 343-367.

방성원(2011b), 문법 교육에 대한 한국어 교사의 인식 연구, "한국어교육" 22-2, 187-211.

백봉자(1990), 외국어로서의 한국어 문법, "동방학지" 71·72, 102-119.

백봉자(2001), 외국어로서의 한국어 교육문법, "한국어교육" 12-2, 415-445.

백봉자(2013), "한국어 문법 어떻게 가르치는가?", 하우.

서광진(2013), 한국어 학습자로서의 농인과 외국인의 한국어 오류 분석, "이중언어학" 52, 221-242.

서상규(2013), 주제특강: 한국어교육과 구어, 그리고 문법, "국제한국어교육학회 춘계 학술발표집", 15-33.

서정수(2002), 외국어로서의 한국어 교육을 위한 새 문법 체계, "외국어로서의 한국어 교육" 27, 1-47.

석주연·양명희(2013), 한국어교육 문법 항목의 제시 형식과 교육 내용에 대한 일고찰: '표현'을 중심으로, "泮橋語文硏究" 34, 51-73.

성광수(1988), 한국어 문법의 내용과 설명, "말" 13, 53-78.

성기철(1998), 한국어 교육의 목표와 내용, "이중언어학" 15, 41-68.

성기철(2002), 외국어로서의 한국어 문법 교육, "국어교육", 107, 135-161.

성지연(2014), 형태 초점 교수를 통한 '-더-' 관련 문법 항목 교육 연구, "語文論集" 60, 337-366.

손옥현·김영주(2009), 한국어 구어에 나타난 종결어미화된 연결어미 양상 연구, "한국어의미학" 28, 49-71.

신성철·강승혜(2015), 고빈도 문법 오류 항목에 대한 영어권 한국어 학습자들의 문법 지식 조사 연구, "한국어교육", 26-4, 59-99.

신영주(2011), 한국어 화자와 중국인 한국어 학습자의 학위논문 서론의 완화표지 사용 양상 비교, "담화와 인지" 18-1, 63-77.

신현단(2012), 한국어 문법 교수에서의 교사 코드 전환 양상 연구, "한국언어문화학" 9-2, 145-177.

양명희(2013), 구어 문법과 표현, 무엇을 가르칠 것인가?-초급 학습자를 위한 구어 문법과 표현-, "국제한국어교육학회 춘계학술발표집", 53-57.

양명희(2014), 한국어교사를 위한 문법 교육 내용 기술의 원칙, "語文論集" 59, 407-432.

양명희·석주연(2012), 한국어 문장 구조 교육을 위한 문법 항목 선정과 등급화, "語文論集" 52, 61-84.

양영희(2016), 교사 중심의 한국어 문법 교육 방향, "문법 교육" 27, 151-178.

오대환(2010), 식민지 시기의 조선어와 일본어의 문법 대조를 통한 조선어교육에 관한 연구-조선문조선어강의록(경성 조선어연구회 간행)의 국선문대역법을 중심으로-, "한국어교육" 21-3, 105-128.

우인혜(2008), 국어문법과 한국어문법의 차이에 대한 연구-높임 표현 교수법을 중심으로-, "문법교육", 9, 235-261.

우형식(2010), 한국어 교육 문법의 체계와 내용 범주, "우리말연구" 26, 235-266.

우형식(2015), "(외국어로서의)한국어 문법 교육론", 부산외국어대학교 출판부.

우형식(2016), 한국어 문법 교육에서 교수 방법의 적용 양상, "한어문교육" 37, 121-150.

원해영(2011), 한국어교육을 위한 구어체 종결어미 '-잖아(요)' 연구, "한국언어문학 79, 307-327.

유소영(2013), 한국어교육을 위한 문법표현 연구: 문법표현 선정과 등급화를 중심으로, 단국대학교 박사학위논문.

유해준(2014), 한국어 교육용 문법 항목 제시 양상, "語文論集" 57, 407-424.

이관규(2010), 학교 문법과 한국어 문법의 성격과 내용 체계, "문법교육" 13, 29-56.

이기갑(2008), 농촌 지역의 이주 외국인 여성들을 위한 방언 교육, "한글", 280, 165-202.

이명오(2009), 구어 교육을 위한 한국어 어미 연구: 비격식체를 중심으로, 계명대학교 석사학위논문.

이미혜(2005), 한국어 문법교육 연구사, "국제한국어교육학회 국제학술발표논문집", 341-360.

이미혜(2007), 한국어 문법 교수 방법론의 재고찰-제2 언어 교수 이론에 바탕을 둔 교수 모형의 보완-, "한국어교육" 18-2, 285-310.

이미혜(2009), 한국어 문법 교육의 목표: 국어 문법 교육과의 차별성, "문법교육" 10, 241-261.

이미혜(2010), 한국어 교육에서 말하기와 문법의 통합 교육, "문법교육" 13, 93-114.

이선영(2013), 한국어 교재 대화 텍스트에 나타난 담화표지 교육 방안 연구, 가톨릭대학교 석사학위논문.

이선웅(2010), 국어 교육의 학교문법과 한국어 교육의 표준문법, "語文論集" 43, 75-96.

이숙(2008), 담화분석에 의한 문법교육-회상법을 중심으로-, "한국어교육" 19-2, 1-21.

이숙(2014), 한국어 연결어미 '-는데'의 담화기능 분석, "문법교육" 21, 167-190.

이승연(2012), 고급 한국어 학습자를 위한 수사의문 교육 연구-논증적 글쓰기의 문어체 수사의문문을 중심으로―, "한국어교육" 23-3, 259-287.

이은희(2014), 한국어 간접 지시 화행 교육의 실태와 교재 구성 방안―한국어 교재 분석을 중심으로, "문법교육" 20, 271-295.

이정희(2011), 외국인의 한국어 구어 발화에 나타난 연결어미 사용 양상 연구―결혼 이민자와 외국인 유학생의 비교를 중심으로―, "이중언어학" 45, 189-218.

이종은(1998), 의사소통과 인지 중심의 한국어 문법 교수, "한국어교육" 9-2, 143-159.

이준호(2015), 한국어 문법 교육에서의 화용 정보 기술에 대한 고찰, "이중언어학" 61, 215-240.

이지영(1996), 한국어 조사의 교수 모형, 상명대학교 박사학위논문.

이해영(1998), 문법 교수의 원리와 실제, "이중언어학" 15, 411-438.

이해영(2003), 한국어 교육에서의 문법 교육, "국어교육" 112, 73-94.

정대현(2012), 텍스트 재구조화 과제를 활용한 한국어 문법 교육 연구, "언어와 문화" 8-1, 145-165.

정명숙(2011), 한국어 구어 문법 평가의 방향, "문법교육" 15, 73-95.

정미진(2012), 외국인 학습자용 한국어 문법 교재의 문법 제시 방안 연구―담화·맥락 정보를 중심으로, "한국어교육" 23-1, 307-329.

정예랜·구은미·정영미·김성희(2013), 구어 문법의 교수 모형 ―중급 단계를 중심으로―, "국제한국어교육학회 춘계학술발표논문집", 295-301.

정희정(2011), 한국어문법교육방법론의 연구 동향 및 과제, "이중언어학" 47, 481-506.

조경순(2009), 한국어 구어 표현 교육 연구―감정 표현 '너무'와 '-(으)ㄴ 것 같다'를 중심으로―, "한국어교육" 10-1, 183-206.

주경희(2009), "한국어 문법 교육론", 박이정.

주현희·채영희(2016), 근대 이후 간행된 일본인을 위한 한국어 학습서의 변천과정과 문법 내용 연구, "우리말연구" 45, 77-118.

지현숙(2007), 한국어 구어 문법 교육을 위한 과제 기반 교수법, "국어교육연구" 20, 247-270.

지현숙(2009), '교육 문법'에 있어서 한국어 구어 문법을 어떻게 기술할 것인가에 대하여, "한국어학" 45, 113-139.

지현숙·오승영(2012), 한국어 학습자의 이야기구술 수행 담화에 대한 중간언어적 고찰, "국어교육연구", 295-322.

최윤곤(2010), "한국어 문법 교육과 한국어 표현 범주", 한국문화사.

최은규(2013), 한국어 교재의 문법 교수요목의 현황과 개선 방안 연구, "국어교육연구" 32, 273-311.

최재수(2015), L2로서의 영어 사용 환경이 L3로서의 한국어 어휘 음절구조 지각에 미치는 영향 연구, "한국어교육" 26-2, 239-258.

최정희(2012), 한국어 쓰기 교재 결속 기제 사용 양상 분석, 연세대학교 교육대학원, 석사학위논문.

한송화(2006), 외국어로서의 한국어 문법에서의 새로운 문법 체계를 위하여, "한국어교육" 17-3, 357-379.

한송화(2009), 외국어로서의 한국어 교육에서의 문법 교육 방법론, "문법교육" 10, 369-395.

한송화(2013), 구어 문법 교육 어떻게 할 것인가?, "국제한국어교육학회 춘계학술발표논문집", 58-62.

한재영 외(2009), "한국어 문법 교육", 태학사.

허용(2008), 한국어교육에서의 대조언어학과 보편문법의 필요성 연구, "이중언어학" 36, 1-24.

허재영(2012), 한국어 교육사의 관점에서 본 교린수지(交隣須知)와 사과지남(辭課指南) 비교 연구, "한말연구" 31, 361-383.

홍승아(2014), 한국어 학습자의 주체높임법 습득 연구—중·고급 학습자의 오류분석을 통하여-, "한국언어문화" 3-1, 271-290.

홍윤기(2007), 한국어교육에서의 문법 연구와 문법 교육, "人文學研究" 12, 5-27.

홍혜란(2011), 다차원 분석에 의한 한국어 논문 텍스트의 장르적 특성 연구, "한국어교육" 22-1, 375-405.

황선영(2014), 핵억양에 나타나는 화자의 태도에 대한 한국어 고급 학습자의 인식 연구, "화법연구" 25, 251-272.

한국어 말하기 교육 연구사

_ 이동은

1. 들어가기

한국어교육이 학문의 분야로 자리 잡은 것은 주요 학회들이 창립된 1980
년대 중반이라고 볼 수 있다.[1] 30년이라는 길지 않은 시간의 흐름 속에서
한국어 표현 교육에 대한 연구는 그 내용과 방법에 있어서 다양하고 깊이 있
는 진전이 이루어져 왔다. 네 가지 언어 기능 중에 상대적으로 높은 초점을
받아 온 만큼 말하기 영역은 연구자, 교육자들 못지않게 수많은 학습자들의
참여와 관심이 담겨진 연구의 산물이 축적되어 왔다.

학습자의 발화는 꽤 매력적인 미증유의 실체이며, 연구자들은 학습자의 입
에서 나오는 이 신비로운 과정을 밝히기 위해 도전의 역사를 이어 온 것이다.
한국어교육의 초창기에 외국어 교육학계에서 축적된 교수법을 그대로 적용
하던 시기를 지나, 한국어 말하기 교육 연구는 한국어라는 뿌리에 굳건히 자

---

[1] 한국연구재단의 학문 분류 체계에서 국제한국어교육학회(1985년 창립)가 신청하여 2011년부
터 대분류로 인문학, 중분류로 한국어와문학, 소분류로 응용국어학, 세분류로 한국어교육으
로 적합성이 인정되고 체계 편입이 되어 다양한 연구 지원을 받고 있다.

리하면서도 교수법들에 대한 연구자와 교육자들의 고심과 천착이 오늘 교육 현장에서의 멋진 언어들을 생산시키고 있다.

본고에서는 한국어 말하기 교육의 수준을 견인해 온 그간의 연구들에 대한 시기별 연구의 동향과 주제별 연구의 흐름을 중심으로 그 진화의 과정을 가능한 수준2)에서 특징적으로 짚어 보고자 한다. 먼저, 외국어 교수법에 기대어 이루어진 초기 말하기 교육의 다각적인 시도를 살펴본다. 이 교수법들은 어느 교수법이 먼저랄 것 없이 한국어교육 현장에서 교육적 필요에 따라 다채롭고도 흥미롭게 구현되고 있다. 다음은, 21세기 외국어교육학계의 선두주자로 나서기에 부족함이 없는 한국어 말하기 교육의 새로운 연구 방법들을 소개하고자 한다.

2. 언어학에서 말하기 교육 현장으로

호모 로쿠엔스(Homo Locuense), 호모 그라마티쿠스(Homo Grammaticus)라는 별칭을 갖는 만큼 말의 기원에 대한 지칠 줄 모르는 인간의 호기심은 20세기 중반에 이르러 새로운 주제로 타협하는 전환점을 맞게 된다. 세계 대부분의 나라들이 식민지 시대를 맞게 되거나, 다른 문화와 언어들이 조우를 경험하게 된다. 이는 인간들이 일찍이 경험하지 못한 충격적인 사건이었으나 언제나 그러했듯이 적응의 인간들은 빠른 속도로 의사소통을 위한 방법을 고민하기 시작했다. 영어 교육이 선두주자로 외국어교육학계를 주도하기 시작했고, 뒤이어 프랑스어, 스페인어 등의 교육연구자 등이 매우 실제적 목적으로 비모어화자들을 대상으로 그들 언어들의 교육을 위한 내용과 교수법들을 내놓았다.

1950년대에 미국 형식언어학계의 선구자인 Noam Chomsky가 언어능력

---

2) 질적, 양적으로 수많은 연구와 개발의 성과들이 축적된 까닭에 전체를 살필 능력이 부족하였음을 고백한다.

(Linguistic Competence)과 언어수행(Linguistic Performance)의 개념을 제안한 지 15년이 채 못 지난 시점에 기능주의자인 Dell Hymes는 그 반작용으로 의사소통 능력(Communicative Competence)이라는 신천지를 발견하여 이후 많은 외국어 교육연구자들에게 연구·개발과 교육을 위한 큰 토론의 장을 제공하였다. Canale & Swain(1980), Bachman(1990)이나 Bachman & Palmer(1996) 등이 대표적 후속 연구자들로 말하기 능력에 대한 정교화된 논의들을 깊이 있게 이어갔다. 특히 Bachman & Palmer(1996)의 의사소통언어능력 모델에서는 인지적 언어습득을 강조한 언어 지식(language knowledge)이라는 용어를 사용하였다는 점이 특징적이라고 볼 수 있다.

이처럼 말하기 교육은 기능주의가 도래하면서 학습자들의 언어 능력을 측정하는 매우 중요한 단서로 자리매김하게 되었다. 이러한 접근들은 언어 교육 현장에 더 긴밀하게 접목되면서 언어 교수에서 교리처럼 여겨지는 주요 교수법들이 나오게 되었고, 이러한 교수법과 말하기 교육은 한국어교육에 있어서도 학습자들의 한국어 말하기 숙달도를 높이는 데 크게 기여해 왔다.

의사소통을 할 때, 우리는 대화자로서 말하기, 듣기, 읽기 및 쓰기 중에서 많은 경우에 둘 혹은 그 이상의 언어 기능을 구사한다. 이러한 까닭에 학습자들은 자연스럽게 언어 수업에서 주어진 의사소통 활동이나 과제들에 대한 능동적, 혹은 자발적 참여로 보다 성공적인 의사소통의 기술과 전략을 익히게 되는 것이다. 다음에서는 비교적 최근까지 연구사적으로 눈에 띄는 진전을 이룩한 의사소통식 교수법과 과제중심 교수법을 대표적으로 하여 말하기 교육에 적용되는 사례를 살펴보고자 한다.

2.1. 의사소통식 교수법과 말하기

의사소통식 교수법은 1960년대 후반에 언어 습득 분야에 기능주의가 도입되면서 외국어 교실에 등장한 교수법이다. 언어를 구조보다는 도구로서 인식하는 실용적인 색깔을 띠고 있어서 직접 교수법(Direct method) 이후 학습자의 의사소통 능력을 기르기 위한 교수법 중에 가장 포괄적이면서도 구체적이라는 특징을 보인다고 할 수 있다. 여기서 말하는 의사소통 능력은 Hymes(1972)의 "실제 발화" 상황에서 요체이며, Halliday(1975)가 주장한 언어의 상호적 기능(Interpersonal Function)으로 이해된다. 1980년대부터 응용언어학계를 이끈 Henry Widdowson(1984)가 외국어교육의 임무를 논하면서 "의사소통을 위한 언어를 가르쳐야 한다"고 천명한 바와 일맥상통한다고 볼 수 있다.

　의사소통식 교수법에서는 교실은 학습자들이 현실 세계의 다양한 상황들에 대처하기 위한 준비 단계로 기능해야 한다는 전제가 중요하다. 따라서 주요 전형적 활동으로는 정보차 활동(Information Gap), 역할놀이 등이 있다. 정보차 활동은 학습자들이 각기 다른 정보나 자료를 가지고 있어서 서로 상호작용하면서 원하는 정보를 얻어 의사소통의 목표에 도달하게 된다. 또한 역할놀이는 직접 교수법이나 청각구두식 교수법에서처럼 극도로 통제된 대화쌍이 아니라 상황 자체가 의사소통적 요구를 만족시켜야 하기 때문에 학습자는 다분히 자율적 언어를 생성하게 된다. Larsen-Freeman(2000)에서도 정보차, 선택 및 피드백의 상황을 개연성이 높은 의사소통 상황이라고 보고 있다.

　또한, 의사소통식 교수법은 연구사적으로는 중간 언어(Interlanguage)[3]의 개념과 밀접한 관련을 맺고 있다. 이는 교사는 학습자의 목표어 체계의 발달 과정 자체를 존중해야 하며, 학습자 발화의 정확성보다는 유창성에 무게를 두는 용인적 태도를 강조하는 것이다. 따라서 의사소통식 교수법은 언어 용법(Usage) 중심의 교수에서 언어 사용(Use) 중심으로 좌표 이동, 사회언어학적 요소와 맥락 의존성을 통한 담화 능력의 향상을 모색한다. 다음에

---

3)　학습자의 언어가 불완전하다는 부정적인 개념이 아니라 학습자의 목표 언어는 모어화자의 수준에까지 이르게 되며 이를 연속선상에 있다고 보는 입장이다.

서 의사소통식 교수법이 적용된 교재의 준비 부분을 제시한다.

30과 이번 주말에 사러 가야겠어요

준비 1 –기로 하다

 같이 저녁을 먹을까요?

 미안해요. 저녁에 친구하고 만나기로 했어요.

연습 1 다음과 같이 묻고 대답해 봅시다.

> 가 : 주말에 약속이 있어요?
>
> 나 : 미안해요. 저녁에 친구하고 만나기로 했어요.

·대청소

1. 친구와 영화를 보다
2. 동아리 친구들과 등산을 하다
3. 기숙사 대청소를 하다
4. 여자/남자 친구랑 점심을 먹다
5. 친구들과 파티 음식을 만들다
6. 친구의 이사를 돕다
7. 친구와 노래방에서 노래를 부르다

2.2. 과제중심 교수법과 말하기

과제중심 교수법은 문법 항목이나 어휘 등을 언어 교수의 기본 단위로 삼은 기존의 교수법과는 달리 실제적 의사소통과 그 의미를 강조하는 목적 있는 활동을 대상으로 한다. 즉, 학습 결과보다는 과정을 중요시하는 "학습 효과(Learning by Doing)"에 충실한 교수법이라고 할 수 있다. 과제중심 교수법은 교실에서 학습자들이 과제를 수행하는 과정에서 여러 변수가 생기기도 하는데, 이런 까닭에 연구자들이 과제의 여러 측면을 조금씩 다르게 조명해서 연구를 진척시켜 왔다.

Long(1985)에 의하면 과제는 "사람들이 일상에서, 일터에서 혹은 그 사이에 분포하는 모든 일을 말하며, 무엇을 하느냐고 물으면 대답할 수 있는 것들"이라고 정의한다. Willis(1986)은 과제란 "특정한 결과물을 만들어 내는 활동"으로, 진정한 의미의 과제란 학습자가 의미 있는 결과를 얻기 위해 수행하는 활동이라고 설명한다. Breen(1987)에게도 과제란 "맡은 사람들에게 주어지는 특정한 목적, 적절한 내용, 구체적인 절차와 결과물의 범위까지를 포괄하는 구조화된 언어 학습의 총체"이다. 이때의 과제는 단순 연습에서부터 복잡한 절차의 활동에 이르기까지 언어 학습을 촉진하기 위한 목적으로 수립된 계획을 총칭하는 것이다.

Nunan(1989)가 말하는 과제는 사뭇 달라서 "학습자들이 형태가 아닌 의미에 초점을 둠으로써 목표어를 통해 이해, 조작, 발화, 상호작용을 하게 되는 교실 활동"으로 학습자들의 수업 내 수행면을 강조하였다. 반면, Long & Crooks(1992)는 "목표어의 적절한 예를 전달하는 도구로서 학습자들의 일반적인 인지 처리 능력을 이용하여 필연적으로 재구성되는 입력"이라고 규정함으로써 학습자에게 맞는 과제 개발을 위한 교사의 능력이 결정적이라고 보았다.

과제를 선별하는 기준은 요구분석(Needs Analysis)을 통하여 이루어지는

데, 이는 학습자가 필요로 하는 요소들을 다양한 출처에서 조사하는 작업이다. Long(2005)도 다각적인 관계자(stakeholders)들을 대상으로 하는 요구분석의 필요성을 강조하였는데, 학습자들이 경험하기 전이라 요구하는 과제들에 대한 지식이 낮아서 그 견해를 신뢰하기 어렵다고 보았기 때문이다. 이렇게 설계, 수행된 요구분석의 결과로 과제들은 학습자들의 인지적 능력과 축적된 언어 능력을 감안하여 그 복잡성과 난이도에 근거하여 배열된다.

과제의 종류는 교육적 과제(pedagogical task)와 실제적 과제(authentic task)로 구분된다. 교육적 과제는 실생활에서의 수행 가능성은 낮으나 학습자의 연령이나 숙달도와 같은 변인에 맞춰지는 것으로 처음에는 단순하나 점차 목표 과제에 근접하도록 설계한다(Robinson 2000). 실제적 과제는 요구분성을 통해 얻어지거나 실생활에서 수행 가능한 것으로 판명된 일을 말한다. 진정란(2006)에서는 과제중심 교수법의 주요 특징을 12가지로 기술한바 있는데 이 중 말하기와 관련된 특징들을 정리해 본다.

(1) 말하기 수업의 기본 요소는 다양한 활동인 과제로서 학습자들은 과제 수행을 위해 유의미한 상호작용 및 의사소통을 통해 결과를 얻는다.
(2) 과제 수행에서는 과제의 복잡성이나 난이도에 따라 과제 수행에 필요한 언어 도움을 받을 수 있다. 따라서 교사는 과제 수행 시 학습자의 언어 수준과 그에 따른 언어 도움의 요소를 감안해야 한다.
(3) 학습의 대부분이 짝활동이나 그룹 활동으로 이루어진다. 교사와 학습자 간의 질문-대답보다는 짝활동이나 그룹 활동을 하면 말하는 기회가 훨씬 많아진다.
(4) 학습자는 학습 과정에 능동적으로 참여하며, 교수요목이나 과제의 유형을 제안하거나 결정 짓기도 한다. 또한 자신에게 적합한 학습 자료를 직접 선별하고 자신의 숙달도에 맞춰 학습을 진행하고 수시로 교사와 의논하거나 언어 일지 등의 기록에 비추어 본인에게 맞는 학습 전략을 선정한다.
(5) 말하기 과제 수행 중에 발생하는 오류는 의사소통에 방해가 될 경우에만 지적한다. 그러나 경우에 따라서 모어화자와의 비교를 통해서 발견하거나 스스로 발견하게 할 수도 있다.

(6) 교실은 교육적 과제와 실세계를 연결하는 다리의 역할을 해야 하므로 학습자들의 상호작용을 돕도록 설계되어야 한다.

다음은 과제중심 교수법을 근간으로 하는 말하기 수업의 한 예이다.

- 주제 : <주말 활동>
- 기능 : 제안하기

① 한국인들이 주로 하는 주말 활동에 대한 조사, 과제 결정
② 주제와 기능의 도입
③ 어휘와 문형의 도입, 제시, 설명
④ 어휘와 문형의 형태적 연습
⑤ 맥락이 포함된 유의적 연습
⑥ 과제 수행
⑦ 과제 수행 후 향상된 성찰을 통해 숙달도 확인

아래에서는 교재에 수록된 대표적인 말하기 과제를 제시한다. 이 과제는 초급에서 간접화법 '-다고 하다', '-냐고 하다', '-(으)라고 하다'를 사용하여 정보 전달하기의 기능을 수행하기 위한 과제로 설계되었다. 다른 사람에게 정보를 전달하기 위한 목적을 명확하게 인식할 수 있도록 맥락이 주어져 있어서 학습자가 학습, 습득한 문법이 실제 사용으로 무난하게 전이될 수 있을 것이다. 즉, 과제 수행 후에도 학습자들이 다른 주제로 쉽게 확장하여 스스로 향상되었다는 것이 확인 가능하다.

정보 전달하기

○ 여러분은 학교에 오지 않은 친구가 모르는 것이 있으면 어떻게 합니까? 여러분
  이 알고 있는 것을 친구에게 전해 주십시오.

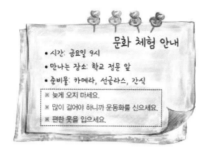

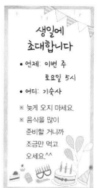

○ 위에서 이야기한 것을 다른 친구에게 전해 줍시다.

가 : 여보세요? 오늘 왜 학교에 안 왔어요?

나 : 아파서 못 갔어요.

가 : 알렉세이 씨가 생일 파티를 한다고 했어요.

나 : 그래요? 언제 한다고 했어요?

가 : _____.

나 : 몇 시에 한다고 했어요?

가 : _____.

나 : 또 뭐라고 했어요?

가 : _____.

한편, 과제중심 교수법 역시 한국어교육에 적용하는 데 있어서 연구자들의
상반된 관점을 보이고 있다. 김정숙(1998)의 문제 제기처럼 의미 중심의 과

제 수행만으로 효율적인 언어 학습이나 습득이 일어날 수 있는지, 이미 인지 능력의 발달이 정점에 이른 성인 학습자들에게는 언어 규칙에 대한 명시적 교육이 더 효과적이지 않은지, 목표어와 학습자 모어 간의 구조적 차이가 큰 경우에는 오히려 문법에 대한 명시적 제시와 이해가 학습이나 습득을 돕지 않은지에 대해 논의한 연구들이 뒤를 잇고 있다. 또한 과제 자체의 난이도와 복잡성에 대한 보다 엄밀한 언어적 기준이 필요하다는 점도 있다.

3. 시기별 말하기 교육 연구

지난 30여 년 동안의 말하기 교육 연구의 경향을 살펴 본다면, 이 분야에서의 연구자들을 사로잡은 중요하고도 다양한 문제들을 파악할 수 있을 것이다. 연구의 데이터가 되는 학습자의 발화는 언어 습득 과정이라는 수수께끼를 풀 수 있는 매력적인 단서를 제공하는 대가로 그 수집이나 녹취, 전사, 및 분석 작업은 물론이고, 교실 수업의 실험과 적용에서도 높은 전문성을 필요로 한다. 이제 시기별로 연구 성과를 짚어 보도록 한다.

1960년대 이후 영어교육학계에는 기능주의와 담화분석 분야가 응용언어학계를 풍미하면서, 이 시기부터는 주로 교실 수업과 교재 편찬을 위한 교수법적인 측면에서 영어교육의 제 분야에 대한 소개나 분석이 1980년대 말까지 대폭적으로 이루어졌다고 볼 수 있다. 1990년대에 들어서 교수 이론과 교실을 연계하는 실용적 연구들이 매우 활발하게 이루어졌는데, 이 시기는 미국의 주요 대학들을 중심으로 석박사 학위과정의 언어학과 영어학 연구자들의 노력과 한국국제교류재단[4]의 지원으로 의해 한국어 과목의 교양 강좌 개설에서부터 한국학 아래의 한국어학, 한국어교육학의 전공 개설에 대한 여러 시도가 이루어진 시기와 거의 일치한다.

---

4) 한국국제교류재단(Korea Foundation)의 한국학사업부는 해외 대학에서의 한국학 학위 및 비학위 프로그램의 개설과 운영을 집중 지원하고 있다.

이 시기에 주요 학회가 결성되면서 한국어교육학 내에서도 세부 분야별로 깊이 있는 연구 주제들에 대한 논의가 이루어졌는데, 특히 미국 학계의 영어 교수법과 언어 습득 이론에 대한 비판적 분석과 평가를 중심으로 의사소통을 위한 다양한 말하기 활동의 연구, 개발 결과가 잇달아 발표된 점이 주목할 만하다. 말하자면, 한국어의 구조적 특징에 굳건히 뿌리 내린 구어 문법과 말하기 교육 방안을 중심으로 의사소통식 교수법, 과제중심 교수법과 밀착된 연구들이 집중적으로 이루어졌다고 볼 수 있다. 2000년대 이후에는 이론적 틀에 부합하는 말하기 능력을 중급 및 고급의 한국어 숙달도로 연결시키는 실험적 연구들이 주를 이루었다. 최근에는 세분화된 학습자의 담화 · 화용 능력과 이를 향상시키기 위한 교육 방안에 대한 연구로 심화되고 있다.

4. 주제별 말하기 교육 연구

먼저, 말하기 교육 연구 분야를 이끌어 온 주제들을 중심으로 살펴보겠다. 말하기 교수법, 말하기 교육과정과 평가, 말하기 교육과 담화분석, 화용 능력과 사회언어적 능력, 학습자 말뭉치와 한국어교육으로 대별하여 논하도록 한다.

4.1. 말하기 교수법

말하기 교수법 분야에서는 의사소통 과제 수행을 중심으로 하는 연구가 주를 이루면서 과제 수행을 통한 언어 사용 중심의 교수와 학습자의 한국어 능력에 대한 중요성이 강조되었다. 이를테면, 과제 구성 및 평가 원리에 기반을 둔 다양한 활동과 과제 유형의 개발, 교육과정 내에서의 과제의 등급화와 배열에 대한 연구들이 부각되었다.

즉, 과제의 종류 및 유형에 따라 대화의 양적, 질적 차이가 크기 때문에 교수 내용이나 목적에 따라 과제의 특징을 검토하여 선정해야 한다는 점이 논의되었다. 또한, 이러한 의사소통 과제의 도입은 의사소통 전 단계의 활동과 유기적으로 연결되어야 한다는 교실 수업의 미시적 상황에 초점이 맞춰져 있어서 한국어교육 현장의 많은 교사들에게 함의를 주었다고 볼 수 있다.

의사소통식 교수법과 과제중심 교수법을 중심으로 논의된 말하기 교수법의 적용에서는 학습자에 따른 다양한 주제들이 다루어졌다. 김미옥(2000), 현윤호(2001), 진옥희(2003) 등에서는 상호작용 기술에 초점을 두고 등급별, 연령별 학습자의 특징에 따른 말하기 과제의 유형과 교수요목 및 실례를 말하기 지도 방안을 중심으로 논하였다.

또한 교재를 기본으로 하는 과제 수행 중심의 교육 방안도 다수의 연구에서 제기되었다. 교재 분석과 학습자의 선호도 조사를 통해 말하기 과제와 다른 기능과의 연계가 중점적으로 이루어졌다고 볼 수 있다. 최근 국외용 회화 교재로 출간된 〈세종한국어 회화〉(이정희 외 2017)은 최근 외국어 말하기 교육학계에서 초점을 받고 있는 기능 통합을 추구하는 과정극(process dra-ma)을 활용한 말하기 수업을 구현하고 있다.

4.2. 말하기 교육과정과 평가

1990년대에 한국어교육 현장에서 교사들이 미국의 외국어 국가표준(Na-tional Standards)을 참고하면서 한국어 교육과정의 부재를 고민하는 가운데, 1992년 처음으로 한국어 교육과정 연구가 박사학위논문으로 나오게 되고, 현재까지 많은 연구들이 뒤를 잇고 있다. 2000년대에 들어서서는 국고 보조를 받은 국내 한국어교육계의 연구자들에 의한 표준 한국어 교육과정, 재미 한국어 교육연구자들에 의한 미국의 국가표준에서의 한국어교육 버전이 탄생하였다. 더불어 해외 각 지역에서의 말하기 교육과정에 대한 연구로 확산되기 시작하였다. 이는 한국어 표준 교육과정의 수립에 대한 필요성이

해외 현지의 교사들을 중심으로 한 자발적인 연구로 이어진 덕분으로 보인다.

국립국어원이 2010년부터 시작한 국제 통용 한국어 표준 교육과정 수립 연구는 한국어 말하기 교육·연구에도 중요한 전환점이 된다. 1차 연구가 2010-2011년에 결과를 냈고, 2차 2016-2017년 연구에서 수정·보완이 되어 교육 현장에 적용되는 단계에 이르렀다. 한국어 사용 능력에 있어서는, 간단한 의사소통(1·2급) → 최소한의 의사소통(3급) → 비교적 유창한 의사소통(4급) → 대체적으로 설명하거나 자신의 의견을 말할 수 있음(5급) → 유창하고 정확하게 자신의 의사를 표현할 수 있음(6급)으로 확장되었다. 이러한 총괄 목표는 각 범주에서의 등급별 목표와 긴밀한 연관 관계를 가진다. 말하기 교육과정에서의 등급별 목표 기술은 다음과 같다.

등급	목표
1급	자신과 다른 사람을 소개할 수 있고 일상생활에서 오가는 매우 간단한 대화와 빈번하게 쓰이는 정형화된 표현을 생산할 수 있다.
2급	일상생활에서 자주 접하는 주제의 대화를 할 수 있으며 일상생활에서 자주 가는 장소에서 묻고 답할 수 있다.
3급	친숙한 사회적·추상적 주제와 자신의 관심 분야에 대해 간단한 대화를 할 수 있으며 대화 상황을 어느 정도 구분하여 말할 수 있다.
4급	친숙한 사회적·추상적 주제와 자신의 관심 분야에 대해 비교적 유창하게 묻고 답할 수 있으며 자신의 직업과 관련된 업무 상황에서 요구되는 비교적 간단한 의사소통을 할 수 있다.
5급	친숙하지 않은 사회적·추상적 주제 및 자신의 직업이나 학문 영역에 대해 어려움 없이 설명하고 자신의 의견을 유창하게 말할 수 있다.
6급	친숙하지 않은 사회적·추상적 주제 및 자신의 직업이나 학문 영역에 대한 의견을 논리적으로 주장할 수 있으며 자신의 전문 분야에 대해 상세하고 유창하게 말할 수 있다.

각 등급별 세부 교육 내용은 다음에서 1급부터 6급까지 소개한다.

세부 내용		
1급	목표	자신과 다른 사람을 소개할 수 있고 일상생활에서 오가는 매우 간단한 대화와 빈번하게 쓰이는 정형화된 표현을 생산할 수 있다.
	내용	• 자기 자신을 소개한다. • 주변의 일상적인 대상이나 사물에 대해 말한다. • 자신과 관련된 일상생활에 대해 짧게 묻고 답한다. • 일상생활에서 빈번하게 사용되는 정형화된 표현(인사, 감사, 사과 등)을 적절하게 말한다. • 정확하지는 않지만 한국인이 이해할 수 있는 발음을 구사한다. (1, 2급)
2급	목표	일상생활에서 자주 접하는 주제의 대화를 할 수 있으며 일상생활에서 자주 가는 장소에서 묻고 답할 수 있다.
	내용	• 친숙한 상황에서 일상적으로 많이 말하는 주제(하루 일과, 취미, 취향 등)에 대해 비교적 잘 말한다. • 일상생활에서 자주 가는 장소(식당, 가게, 영화관 등)에서 자신에게 필요한 정보를 주고받는다. • 공공장소(병원, 은행, 기차역 등)에서 기본적으로 필요한 대화를 한다. • 정확하지는 않지만 한국인이 이해할 수 있는 발음을 구사한다. (1, 2급)
3급	목표	친숙한 사회적·추상적 주제와 자신의 관심 분야에 대해 간단한 대화를 할 수 있으며 대화 상황을 어느 정도 구분하여 말할 수 있다.
	내용	• 친숙한 사회적·추상적 주제(직업, 교육, 사랑 등)나 자신의 관심 분야에 대해 간단한 대화를 한다. • 일상적으로 많이 말하는 주제(하루 일과, 취미, 취향 등)에 대해 유창하게 말한다. • 자신의 경험이나 생각에 대해 간단한 담화를 말한다. • 대화 상대나 대화 상황에 따라 높임말과 반말을 적절하게 사용한다. • 비원어민의 발음과 억양에 익숙하지 않은 한국인도 쉽게 이해할 수 정도로 말한다.(3, 4급)
4급	목표	친숙한 사회적·추상적 주제와 자신의 관심 분야에 대해 비교적 유창하게 묻고 답할 수 있으며 자신의 직업과 관련된 업무 상황에서 요구되는 비교적 간단한 의사소통을 할 수 있다.

세부 내용		
	내용	• 친숙한 사회적·추상적 주제(직업, 교육, 사랑 등)나 자신의 관심 분야에 대해 자신의 생각을 비교적 유창하게 말한다. • 간단한 보고나 요청, 지시를 큰 어려움을 느끼지 않고 한다. • 주변의 인물이나 상황을 사실적으로 묘사한다. • 친숙한 업무 상황(간단한 회의, 브리핑, 업무 지시 등)이나 격식성이 낮은 공식적인 자리(회식, 동호회, 친목 모임 등)에서 격식과 비격식 표현을 구분하여 자신의 의견을 비교적 유창하게 말한다. • 비원어민의 발음과 억양에 익숙하지 않은 한국인도 쉽게 이해할 수 정도로 말한다.(3, 4급)
5급	목표	친숙하지 않은 사회적·추상적 주제 및 자신의 직업이나 학문 영역에 대해 어려움 없이 설명하고 자신의 의견을 유창하게 말할 수 있다.
	내용	• 친숙하지 않은 사회적·추상적 주제(정치, 경제, 과학 등)나 자신의 업무, 학문 영역에 대해 유창하고 타당하게 설명하거나 주장한다. • 업무, 학문 관련 공식 상황에서 격식에 맞게 말한다. • 다양한 매체를 통한 여러 유형의 대화나 담화상황(화상 회의, 전화 회의, 프레젠테이션 등)에서 적절하게 말한다. • 상황에 따라 한국인과 같은 주저 표현을 전략적으로 사용한다. • 대부분의 상황에서 한국인과 같은 발음과 억양, 적절한 발화 속도를 유지하면서 자연스럽고 유창하게 말한다.(5, 6급)
6급	목표	친숙하지 않은 사회적·추상적 주제 및 자신의 직업이나 학문 영역에 대한 의견을 논리적으로 주장할 수 있으며 자신의 전문 분야에 대해 상세하고 유창하게 말할 수 있다.
	내용	• 친숙하지 않은 사회적·추상적 주제(정치, 경제, 과학 등)나 자신의 전문 분야에 대한 입장을 논리적이고 체계적으로 말한다. • 다양한 주제에 대한 토론이나 대담에서 자신의 주장에 대한 타당한 근거를 논리적으로 말한다. • 대부분의 상황에서 적절한 한국어 대화 및 담화 구조와 전략을 알고 이를 자연스럽고 유창하게 말한다. • 대부분의 상황에서 한국인과 같은 발음과 억양, 적절한 발화 속도를 유지하면서 자연스럽고 유창하게 말한다.(5, 6급)

이 과제가 진행되는 과정에서도 상당히 진지한 박사학위논문들이 배출되었는데, 김윤주(2013)의 한국문화 교육과정, 박진욱(2014)의 학문 목적 한국

어 교육과정, 사카와(2015)의 한·일 대학 간 교육과정의 연계, 강곤(2016)의 중국 대학의 말하기 교육과정, 윤선미(2017)의 교육과정의 적용과 문제점 등의 학위논문들은 한국어 교육과정의 보급과 적용성을 한층 높이는 데 기여한 연구들이라고 볼 수 있다. 앞으로도 말하기 교육과정에 대한 연구는 현장 적용에서의 다양한 변수에 따른 수정과 보완에 대한 심도 있는 연구가 지속될 것으로 본다.

교육과정에 대한 연구가 시작되자마자 평가 분야에서도 김정숙·원진숙(1993), 김정숙(1994)를 선두로 본격적인 연구가 시작되었다. 초기에는 의사소통 능력의 개념을 바탕으로 교재의 내용을 중심으로 한국어 성취도 평가의 유형들이 제안되었다. 이들 연구자들은 Hymes(1972)에서 Cummins(1979), Canale & Swain(1980), Bachman(1990), Bachman & Palmer(1996)에 이르기까지 의사소통 능력의 규명과 세부적 분류에 따른 평가 항목의 세분화 및 정련화는 물론 이러한 평가 유형을 활용하여 교육 목표와 교재의 체제 개선이 있어야 한다고 주장하였다. 이후 앤드류변(2003)이 학습자와 대화 상대자 간의 대화에서 말하기 수행에 미치는 영향에 대해 논의하였고, 지현숙(2005, 2006)에서 구어 문법과 말하기 평가에 대한 근간을 제시하였으며, 이동은(2009)에서는 숙달도 평가를 위한 과제 개발의 중요성과 방안이, 강현주(2013)에서는 말하기 평가 구인으로서 상호작용 능력의 규명이, 나카가와(2014)에서는 교실에서의 말하기 수행 평가 방안이, 손재은(2016)에서는 한국어 인터뷰 평가자의 발화에 대한 분석이, 김상경(2016)에서는 학문 목적 한국어 학습자들의 말하기 능력 평가 방안이, 김아름(2017)에서는 학습자의 한국어 능력 발달이, 김경선(2017)에서는 말하기 평가의 면대면 인터뷰 방식과 컴퓨터 기반 평가 방식 간 측정학적 특성이 비교, 논의되었다.

한편, 1997년에 출범한 한국어능력시험(TOPIK)[5]의 과목에는 현재까지

---

5) 1997년에 제 1회가 시행된 이후 연간 1회에서 6회로 증가 시행되면서 2018년 3월 현재 총 57회가 치러졌고, 2005년에 영문 명칭이 KLPT(Korean Language Proficiency Test)에서

말하기 평가가 포함되어 있지 않으나 듣기와 쓰기 과목에서 학습자들의 의사소통 능력을 평가할 수 있는 문항의 연구·개발이 이루어졌다. 또한, 말하기 관련 시험 문항의 연구·개발은 물론 시행 및 채점과 관련된 많은 연구 업적들이 나오게 되었다. 김정숙 외(2005)의 한국어능력시험의 개선 방안 연구, 김정숙 외(2007)의 한국어 말하기 시험의 TOPIK 도입을 위한 기초 연구 등이 주요 연구들이라고 볼 수 있다. 박동호(2012)에서는 한국어능력시험의 CBT/IBT 기반 말하기 평가를 위한 문항 유형 개발을 제안하였고, 이향(2013) 등에서는 말하기에서 발음의 평가 방안을 제시하고 있다.

4.3. 말하기 교육과 담화분석

한국어교육학이 한 학문의 분야로 정립되기 시작한 1990년대부터 다수의 연구들이 서양의 담화분석 혹은 텍스트언어학의 방법론들을 한국어 말하기 교육 연구의 기조로 삼아 왔다. Schiffrin(1994)에서 담화분석 접근법으로 하위분야라고 할 수 있는 대화분석, 화용론, 민족지학 의사소통, 상호작용사회언어학, 화행이론, 변이이론의 6가지 방법론들이 제시되었고, 정교하고 세련되게 분석된 일상의 대화를 비롯한 여러 장르의 담화는 많은 한국어교육연구자들을 매료시키기에 충분했다.

담화의 개념과 담화분석 연구의 흐름을 파악하여 한국어교육 현장에 적용하기 위한 연구들이 꾸준히 발표되고 있다. 구현정(2001)은 대화분석의 틀에서 대화의 기본 원리와 규칙을 토대도 교육 내용을 제안하였다. 이동은(2005, 2006)에서는 상호작용사회언어학적 분석으로 학습자들의 토론에서 일어나는 역동성에 초점을 두고 대화자들 간에 존재하는 불일치의 수준에 따른 표현 중심의 교육 방안을 제안하였다. 김소연(2014)에서는 토론에서의 한

현재의 TOPIK(Test of Proficiency in Korean)으로 바뀌었다. 2011년에는 한국교육과정평가원에서 국립국제교육원으로 이관되었다.

국어 학습자의 반론 양상을, 윤은미(2015)는 학습자 토론 담화에서 나타나는 논증 구성과 논증적 상호작용 양상을, 윤보은(2016)에서는 한국어 모어화자와 학습자 간의 토론 담화에서 일어나는 대조를 통한 관여성 증진에 초점을 두고 논의하였다.

한국어 담화표지에 대한 연구도 질적 양적으로 발전하고 있는데, 이정민·강현화(2009)의 학문 목적 한국어(KAP) 학습자를 위한 보고서 담화표지 교육 논의에서 작품 분석, 비평하기 과제를 중심으로 한 논의나 노미연(2011)의 발표 담화분석에 나타나는 한국어 중급 학습자의 응결 장치 사용 연구 양상을 구명한 연구를 비롯한 다수의 질적인 연구들이 있다.

학문 목적의 담화능력 향상을 위한 연구로는 거시적 연구로 백승주(2015)의 한국어교육에서 대화 분석 방법론의 수용 양상과 발전 가능성에 대한 연구가, 미시적 연구로는 최은지·이동은(2013)의 외국인 유학생의 발표 보조 자료 활용 양상을 통한 담화능력 향상에 대한 연구, 홍윤혜(2014)의 학술적 문어담화와 구어담화의 장르 비교 분석, 김지애(2016)의 한국어 학습자의 학문적 구술력 향상을 위한 연구가 두드러지며, 홍은실(2014)의 학문 목적 발표 교육 연구, 이혜경(2016)의 외국인 유학생의 복합양식 문식성 계발을 위한 프레젠테이션 교육 내용, 이선진(2016)의 중국인 한국어 학습자의 구어 오류에 대한 교사 피드백과 학습자의 피드백 수용 양상 등이 꾸준히 논의되고 있다.

4.4. 화용 능력과 사회언어적 능력

학습자의 화용 능력과 사회언어적 능력에 대한 논의는 손호민(1991)에서 시작되었다고 볼 수 있다. 미국 대학에서의 KFL(Korean as Foreign Language) 학습자들에게 대두되는 사회언어적 교육 방안과 화용 교육 방안을 다룬 연구들이 중심이 되었다. 사회언어적 요소와 화용 요소의 항목화와 더불어 언제,

어떤 방법으로 이들 요소들을 가르쳐야 하는지가 논의되었다.

다양한 언어문화권별 학습자와 한국어 모어화자들 간의 의사소통에 있어서 사회언어적 차이에서 기인하는 화용 양상에 대한 논의는 진제희(2000, 2003)과 서희정(2002)에서부터 본격 이루어지기 시작했는데, 이들 연구들은 화용 전이 현상을 파악하여, 연구 성과를 한국어 교사들과 공유하였다. 이후 이정란(2010)의 고급 한국어 학습자의 발표 담화에 나타난 화용적 문제에 관한 연구와 이동은·윤상석(2012)의 한국어 격식체의 사회적 맥락 등을 비롯한 연구에서 깊이 있게 논의되었다. 이들 연구들에서는 사회적 지위, 사회적 거리, 성별 및 연령 등의 사회적 변수에 따라 분석하고 해당 언어문화권 학습자들을 대상으로 교실 활동에서 응용할 수 있는 방안들이 모색되었다.

또한, 학습자들이 구사하는 언어 전략의 차이를 범문화의사소통의 관점에서 비교 분석한 연구들도 다수 발표되었다. 전혜영(2005)에서는 학습자들의 화용 능력을 향상시키기 위해 공손법(Politeness) 교육의 필요성이 제기되었고, 공손법의 체계적인 교육 단계를 제시하였다. 이동은·최은지(2014)에서는 학문 목적 한국어 학습자의 발표 후 질의에 대한 화용적 분석 연구를 통해 발표 능력의 효율적인 향상을 제안하고 있다.

4.5. 학습자 말뭉치와 한국어교육

최근 4차 산업혁명을 기치로 학계에서는 학문 분야 간의 융복합이 핵심이 되면서 한국어학과 한국어교육학에서도 일명 빅데이터라고 하는 말뭉치의 기초 연구와 구축과 활용을 위한 연구와 개발이 그 어느 때보다도 활발하게 진행되고 있다. 그러나 이 분야의 연구는 이미 한국어학에서도 1990년대 말부터 국립국어원에서 지원해 온 21세기 세종계획을 비롯한 훌륭한 과제들이 연구 풍토에 기여해 온 것이 사실이다. 한국어교육학계에서는 학습자 말뭉치 과제가 2015년부터 시작되어 3차년도에 이르러 다국적, 다양한 수준의 학습자 문어 100만 어절, 구어 30만 어절의 말뭉치가 구축, 연구교육자들에게 제공되는 수확을 보게 되었다.

구어 말뭉치의 구축은 문어 말뭉치와는 달리 많은 복잡한 문제들이 존재한다. 특히, 수집 단계에서부터 인터뷰는 인간을 대상으로 하는 물리적 과정이라는 태생적인 윤리의 문제가 있는데다가 대화 상대자로 인한 예상외의 변수도 발생하게 된다. 그럼에도 불구하고 구축 차원에서 보면, 합리적 수준의 주석은 구어 말뭉치의 신뢰도를 좌우하며, 나아가 그 말뭉치의 활용 및 심화 연구로의 기여도를 결정한다.

잠시 회고해 보면, 한국어학계에서는 1990년 중반에 학술지 『담화와 인지』를 중심으로 말뭉치를 활용한 다수의 담화분석 연구들이 발표되기 시작했다. 그러나 이 시기에는 대체로 양적 연구보다는 질적 연구가 중심이 되면서 대량의 구어 말뭉치보다는 개인 연구자들이 수집하여 가공한 자료들에 대한 분석과 규명이 이루어졌다. 한국어교육학계에서는 2000년[6]에 이르러 『한국어교육』지를 비롯하여 관련 학술지들에서 학습자의 구어 담화를 한국어 모어 화자의 것과 비교·분석하는 연구가 활발해지기 시작했다.

최재웅(1999)[7]에서는 말뭉치의 화행 분석의 필요성을 피력하였다. 그런가 하면, 서상규·구현정(2002 : 299~323)에서도 담화 주석 체계 마련을 위한 방향을 제시하고자 하였는데, 정밀 전사의 일환으로 담화 정보를 포함한 말뭉치 구축 필요성을 강조한다. 이동은(2015), 이동은·김지애(2016), 이동은·김지애·이민아(2016)은 한국어 학습자 말뭉치 구축에 있어서 담화 차원의 대화 행위 주석이 갖는 의의에 초점을 두고 논의를 시작하여, 말뭉치언어학의 국제학계에서의 연구들을 포함하여 국제표준화기구(ISO: Interna-

---

6) 본격적으로 담화 분석 논문이 등장한 시기를 2000년이라고 잡은 이유는 학술지 『한국어교육』에 진제희(2000 : 182), 이동은(2002 : 185) 등이 발표되며 담화 표기 체계에 대한 논의가 고개를 들었기 때문이다.

7) 1999년 4월 24일 연세대학교 특강 자료 참고.

tional Standard Organization)에서 연구 및 개발 중인 성과물을 참고하여 적절한 한국어 대화 행위 주석 체계를 모색하고자 하였다.

이러한 연구는 언어 자원에 대한 다차원적이고도 역동적인 담화 의미를 규명하는 데 있어서 출발점이 될 것이다. 또한 학습자 구어 말뭉치의 구축 과정에 이를 적용함으로써 교수·학습과 교재 및 교육 자료의 개발에 기여함은 물론 국내외 관련 분야에서의 논의 및 소통이 활발해지기를 기대해 본다.

5. 나오기

본론을 어느 정도 채우고 봐도, 서른 살의 청년으로 성장한 한국어교육에서 가장 초점을 받는 말하기 교육 분야를 정리하겠다는 생각이 무모했음을 인정하게 된다. 그럼에도 불구하고 분명한 것은 많은 교육연구자들이 학습자와 그들 입말 간의 알고리즘에 대한 탐색의 여정으로서 연구실과 한국어교육 현장에서 동분서주해 왔다는 사실이다.

도전을 요하는 연구 문제들이 아직 산적해 있는 것도 인정해야 한다. 글을 써 가면서 앞으로 말하기 교육연구자들이 해야 할 일들을 은근히 강요하게 되었다. 한국어 말하기 교육에서도 우리의 한국어학 토양을 굳건히 지키면서, 국제 외국어교육학계와 건설적인 연구교류가 꾸준히 이어지기를 기대해 본다.

참고문헌

강곤(2016), 중국대학의 한국어 말하기 교육과정 연구, 인하대학교 국어교육학과 박사학위논문.

강현주(2013), 한국어 말하기 평가의 구인으로서 상호작용능력 연구, 고려대학교 국어국문학과 박사학위논문.

강현화 · 김정숙 · 안경화 · 김선정 · 이동은 · 이정희 · 한송화(2015), "2015년 한국어 학습자 말뭉치 기초 연구 및 구축 사업", 국립국어원.

강현화 · 김정숙 · 안경화 · 김선정 · 이동은 · 이정희 · 한송화 · 김일환 · 김한샘 (2016), "2016년 한국어 학습자 말뭉치 기초 연구 및 구축 사업", 국립국어원.

강현화 · 김정숙 · 안경화 · 김선정 · 이동은 · 이정희 · 한송화 · 김일환 · 김한샘 (2017), "2017년 한국어 학습자 말뭉치 기초 연구 및 구축 사업", 국립국어원.

김경선(2017), 한국어 말하기 평가의 면대면 인터뷰 방식과 컴퓨터 기반 평가 방식 간 측정학적 특성 비교 연구, 연세대학교 박사학위논문.

김상경(2015), 학문 목적 한국어 학습자의 말하기 능력 평가 방안 연구, 경희대학교 국어국문학과 박사학위논문.

김소연(2014), 토론에서의 한국어 학습자의 반론 양상 연구, 연세대학교 박사학위논문.

김아름(2017), 한국어 학습자의 말하기 능력 발달 연구, 경희대학교 국어국문학과 박사학위논문.

김윤주(2013), 다문화 배경 학생 대상 한국어 교육과정 구성 방안 : 다문화 시대 문식성 교육을 중심으로, 고려대학교 국어국문학과 박사학위논문.

김정숙(1992), 한국어 교육과정과 교과서 연구, 고려대학교 국어국문학과 박사학위논문.

김중섭 · 김정숙 · 강현화 · 이정희 외(2010), "국제 통용 한국어교육 표준 모형 개발", 국립국어원.

김중섭 · 김정숙 · 이해영 · 이정희 외(2011), "국제 통용 한국어교육 표준 모형 개발 2단계", 국립국어원.

김중섭 · 김정숙 · 이동은 외(2016), "국제 통용 한국어 표준 교육과정 보완 연구", 국립국어원.

김중섭 · 김정숙 · 이정희 외(2017), "국제 통용 한국어 표준 교육과정 적용 연구", 국립국어원.

김지애(2016), 한국어 학습자의 학문적 구술력 연구, 고려대학교 국어국문학과 박사학위논문.

나카가와 마사오미(2014), 한국어 말하기 수행 평가 연구, 서울대학교 국어교육학과 박사학위논문.

남주연(2015), 한국어 학습자의 구어 복잡성 연구, 경희대학교 국어국문학과 박사학위논문.

노미연(2011), 한국어 중급 학습자의 응결 장치 사용 연구 −발표 담화 분석을 중심으로 −, "문법 교육" 14, 한국문법교육학회, 181−208.

박진욱(2014), 학습역량 기반 학문 목적 한국어 교육과정 연구 : 전공 진입 전 과정을 중심으로, 고려대학교 국어국문학과 박사학위논문.

백승주(2015), 한국어교육에서 대화 분석 방법론의 수용 양상과 발전 가능성, "語文論集" 61, 중앙어문학회, 57−88.

사카와 야스히로(2015), 한일 대학 간 한국어 교육과정 연계 연구, 경희대학교 국어국문학과 박사학위논문.

서상규 · 구현정(2002), "한국어 구어 연구(1): 구어 전사 말뭉치와 그 활용", 한국문화사.

서상규 외(2010), "한국어 학습자 말뭉치 구축 설계", 국립국어원/연세대학교 언어정보연구원.

손재은(2016), 한국어 인터뷰 평가자 발화 연구, 한양대학교 박사학위논문.

안수정(2015), 국제이해교육의 관점에서 본 재외동포 한국어 교육과정 연구, 경희대학교 국어국문학과 한국어학 전공 박사학위논문.

안주호(2009), 한국어교육에서의 담화표지 위계화 방안, "한국어교육" 20−3, 국제한국어교육학회, 135−159.

윤보은(2016), 한국어 토론 담화의 관여성 연구 : 한국어 학습자와 모어화자의 대조를 중심으로, 국민대학교 국어국문학과 국어학 전공 박사학위논문.

윤선미(2017), 한국어 교육과정 실행 요인의 작용 양상에 관한 연구, 부산대학교 외국어로서의 한국어교육전공 박사학위논문.

윤은미(2015), 한국어 학습자의 토론 담화 연구 : 논증 구성과 논증적 상호작용 양상을 중심으로, 연세대학교 국어국문학과 박사학위논문.

이동은(2016), 한국어 구어 담화를 위한 전사와 주석에 대한 논의, "언어학" 74, 사단법인한국언어학회, 71−92.

이동은 · 김지애(2016), 한국어 학습자 구어 말뭉치의 담화분석적 논의, "한글" 313, 한글학회, 67−107.

이동은 · 김지애 · 이민아(2016), 한국어 학습자 구어 말뭉치의 대화 행위 주석 체계 개발을 위한 기초 연구 −한국인과 외국인의 대화 행위 주석에 적용하여−, "한국어교육" 27-4, 국제한국어교육학회, 103-122.

이동은(Lee, D.E.)·윤상석(Yoon, S.S.)(2012), 한국어 격식체의 사회적 맥락 연구 (Social Contexts of the Deferential Style of Korean), "한국어교육" 23-4, 국제한국어교육학회, 495-516.

이동은·최은지(2014), 학문 목적 한국어 학습자의 발표 후 질의에 대한 분석 연구−화용적 측면을 중심으로, "어문논집" 71, 민족어문학회, 377-398.

이선영(2013), 한국어 교재 대화 텍스트에 나타난 구어 담화표지 교육 방안 연구, 가톨릭대학교 교육대학원 외국인을 위한 한국어교육 전공 석사학위논문.

이선진(2016), 중국인 한국어 학습자의 구어 오류에 대한 교사 피드백과 학습자의 피드백 수용 양상 연구, 경희대학교 박사학위논문.

이숙(2005), 한국어 문법 교육과 담화의미 분석 −대격표지 "를"을 중심으로−, "한국어교육" 16-2, 국제한국어교육학회, 197-216.

이정란(2010), 고급 한국어 학습자의 발표 담화에 나타난 화용적 문제 연구, "이중언어학" 42, 이중언어학회, 167-194.

이정민·강현화(2009), 학문 목적 한국어(KAP) 학습자를 위한 보고서 담화표지 교육 연구 − 작품 분석, 비평하기 과제를 중심으로, "외국어로서의 한국어교육" 34, 연세대학교 언어연구교육원 한국어학당, 347-373.

이정연(2016), 학문 목적 한국어 학습자를 위한 설득적 말하기 교육 연구, 한국외국어대학교 박사학위논문.

이혜경(2016), 외국인 유학생의 복합양식 문식성 계발을 위한 프레젠테이션 교육 내용 연구, 인하대학교 박사학위논문.

정연희 외(2014), "국민한국어 1-1", 국민대학교 출판부.

정연희 외(2014), "국민한국어 1-2", 국민대학교 출판부.

정연희 외(2016), "국민한국어 2-1", 국민대학교 출판부.

정연희 외(2016), "국민한국어 2-2", 국민대학교 출판부.

최은지·이동은(2013), 외국인 유학생의 발표 보조 자료 활용 양상, "새국어교육" 95, 한국국어교육학회, 423-446.

홍윤혜(2014), 학술적 문어담화와 구어담화의 장르 비교 분석, 연세대학교 박사학위논문.

홍은실(2014), 한국어 학습자를 위한 학문 목적 발표 교육 연구, 서울대학교 국어교육학과 박사학위논문.

한국어 발음 교육 연구사

_ 송윤경

1. 서론

한국어 교육에서 발음 교육 분야는 어휘나 문법 등 다른 교육 분야에 비해 그 역사가 매우 짧다. 한국어 교육에서 발음 교육이라는 분야가 본격적으로 연구된 것은 1980년대로 노대규(1986)을 그 시작으로 보는 것이 일반적이다. 다른 분야에 비해 출발이 늦었기 때문에 오히려 이후 학문이 발전하는 속도가 더 빠르다고 보는 학자들도 있다(정명숙 2011). 발음 교육 연구사 및 과제에 대한 논의가 처음 이루어진 것은 김선정 · 허용(2005)이며 김상수 · 송향근(2006)에서 1986년부터 약 20년간 발표된 논문 101편을 연도별, 유형별, 언어권별로 나누어 분류하였다. 이후 정명숙(2011)은 시기별로 나누어 시대별 흐름 속에서 연구 내용의 양상과 변화를 정리하였고 최정순(2012)은 2011년까지 발표된 324편의 논문을 연도별, 유형별, 언어권별, 주제별로 분류하였다. 또한 장경미(2017)는 기존 연구들이 질적 문헌 고찰에 근거하여 이루어진 것을 극복하고자 연구자의 주관을 배제한 양적 방법론에 입각하여 2000년 이후부터 발표된 학술지 논문 384편을 표제어와 시기별로 분류하였는데 이를 통해 2011년 이전과 이후의 모습이 확연히 달라졌음을 보였다.

본 논문에서는 1986년 이후 발음 교육 관련 논문들을 분야별로 정리해 보고자 한다. 먼저 2장에서는 한국어 교육에 있어서 발음 교육이란 무엇이며 발음 교육에서 다뤄야 할 것은 무엇인가에 대해 살펴보겠다. 이후 3장에서 연구사를 정리하고 이를 바탕으로 4장에서 향후 발음 교육 연구가 어떠한 방향으로 가야 하는가를 살펴보고자 한다.

2. 발음 교육이란

2.1. 발음 교육의 정의와 목표

김선정·허용(2005)은 발음 교육을 음성학과 음운론에 대한 이해를 바탕으로 외국어 학습자의 발음 지도에 응용하는 분야라고 정의하였다. 여기에서 발음이라고 하면 분절음 하나하나의 발음뿐만 아니라 단어 내에서 적용되는 자음동화, 경음화 같은 음운 규칙들, 그리고 어절 경계를 넘어서서 분절음이 연쇄될 때의 발음도 뜻한다. 또한 한 발화 안에서 휴지를 어디에 두고 끊어서 말해야 하는가 하는 끊어 읽기와 말의 리듬, 그리고 평서문이나 의문문, 감탄문 등 서법에 따라 달라지는 억양 및 거절, 승낙, 감사 등의 화행에 따라 달라지는 억양까지도 포함하는 넓은 개념이다.

발음 교육의 이상적인 목표는 학습자가 모국어 화자와 구분되지 않을 정도로 자연스럽고 정확한 발음으로 발화하는 것이다. 그렇지만 성인이 되어 제2외국어를 배우는 학습자의 발음이 모국어 화자와 같게 되는 것은 사실 상거의 불가능하다고 할 수 있다. 이향·김혜림(2017)은 외국어 습득론에 대한 연구 결과들에서 성인 학습자들이 외국인 악센트가 없는 원어민 화자와 같은 발음을 구사한다는 것은 현실적으로 매우 어려운 일임을 지적하였다.

외국인 학습자가 익혀야 할 발음 교육의 목표는 시대나 연구자에 따라 조금씩 다르게 설정되었다. 전통적인 교수법에서 발음을 어떻게 다루었는가를 간략히 정리하면 다음과 같다. 먼저, 문법 번역식 교수법에서는 문자 언어에 비중을 두고 발음은 신경 쓰지 않았다. 이후 직접 교수법에서 목표어의 자연스러운 발화를 듣고 그대로 따라하는 과정을 중시하면서 발음 교육의 중요성이 대두되었고 원어민 수준의 발음을 강조하였다. 청각구두식 교수법에서도 모방과 반복에 의한 언어학습을 강조하며 발음을 중요하게 생각하였다. 그러나 이후 의사소통식 교수법에서는 언어를 구조보다는 도구로 인식하기 때문에 언어 구조에 대한 정확한 이해 즉 발화의 정확성보다는 의사소통 능력을 배양하는 유창성에 좀 더 비중을 두게 되었다. 이에 따라 전체 의사소통에서 발음이 차지하는 비중이 높지 않게 되었다.

발음의 목표를 정확성보다는 이해 가능성에 두는 연구들은 다음과 같다. Munro & Derwing(1995)은 청자가 화자의 발화로부터 정확한 단어를 인지하는 것을 의미하는 명료성의 정도(intelligibility)와 청자가 그 발화를 듣고 전달되는 의미를 이해하여 전체적인 의사소통이 가능한 정도를 나타내는 이해성의 정도(comprehensibility)를 구분하고 명료성의 정도가 낮더라도 이해성의 정도가 높으면 의사소통은 가능하다는 것을 실험으로 밝혔다. 즉 비원어민 화자의 발음이 원어민의 발음과 똑같이 정확하지 않더라도 청자가 그 발화의 의미를 충분히 이해할 수 있어서 의사소통이 된다면 괜찮다는 것이다. 박기영(2017)에서도 성인 한국어 학습자가 '정확한 발음' 혹은 '모국어 화자와 같은 발음'이라는 목표에 도달하기는 쉽지 않으며 이에 따라 '이해 가능한 발음'을 발음 교육의 목표로 설정해야 한다고 하였다.

그러나 하세가와(1997)은 의사소통 능력을 중시하는 나머지 발음이 약간 어색하거나 정확하지 않아도 상황에 의존하여 통하기만 하면 되는 것처럼 생각하는 경향이 있지만 막상 의사소통을 하는 장면에서 오직 발음 때문에 의사소통을 할 수 없는 경우가 많다는 것을 간과해서는 안 된다고 하였다. 이종은(1997)에서도 언어 교육에서 정확한 발음 교육은 완전한 의사소통을 위해서 매우 중요하다고 지적하였다. 한국어 발음을 정확하게 인지할 수 없으면 한국인 화자가 하는 말을 이해할 수 없게 되고, 반대로 학습자의 말소리를 한국어 모국어 화자가 이해할 수 없다면 언어 사용 본래의 목적인 의사소통이 불가능하다고 하였다. 우인혜(1998)에서도 발음은 의사소통에 지대한 영향을 미침에도 불구하고 언어 교육에서 그다지 주목을 받지 못하고 있다고 지적하고 교사가 발음에 무관심하면 학습자는 잘못된 발음을 그대로 화석화시켜 버리기 쉽다고 하였다.

이와 같이 발음 교육의 목표를 정확성과 이해 가능성 어느 쪽에 두느냐 하는 것은 시대에 따라, 또한 연구자에 따라 조금씩 다르게 해석되어 왔다. 어느 것이 더 적절한 목표가 되는가 하는 것은 발음 교육에서 아주 중요한 문제이지만 본 논문은 발음 교육의 연구사를 짚어 보는 데에 그 목적이 있으므로 각각의 논의를 소개하는 정도에 그치고 다음 절로 넘어가고자 한다.

2.2. 발음 교육의 중요성

발음은 외국어 학습의 이른 단계에서부터 학습자의 잘못된 습관이 굳어질 수 있는 부분이다. 발음의 화석화가 생기면 학습자의 문법이나 어휘 수준이 고급에 이르더라도 정확성이 떨어지게 되어 흔히 외국인 억양(foreign ac-cent)이라고 부르는 어투가 남게 된다. 혹은 문법이나 단어를 제대로 사용한다고 해도 발음이 틀리면 상대방은 그 의미를 제대로 이해할 수 없게 된다.

이는 학습자 본인의 심리적인 면에도 영향을 미치게 되어 본인의 발화를 한국어 모국어 화자가 알아듣지 못할 때 좌절을 겪게 되거나 자신감을 잃게 된다. 혹은 그 중요성을 잘 모르는 상태에서 본인은 문법이나 단어를 맞게 사용했기 때문에 발음으로 인해 의사소통이 완벽하게 이루어지지 못 했다는 것을 알지 못한 채 자신의 한국어 수준이 고급이라고 착각하며 더 이상의 노력을 하지 않기도 한다. 송윤경·김윤신·이동은(2012)에서는 학습자 스스로 본인의 발음에 대한 평가를 점수로 매기고 다시 이것을 한국어를 모국어로 하는 청취자 집단의 평가 점수와 비교하였다. 이 실험에 참가한 중국인 한국어 중·고급학습자 41명 중 약 63.4%에 해당하는 26명이 한국인 청취실험자가 자신들의 발화를 듣고 부과한 점수보다 더 높은 점수를 스스로에게 주었다. 이는 스스로 생각하는 본인의 발음 수준이 한국인들이 생각하는 것보다 더 과대평가되고 있다는 것을 의미한다. 반면 이향·김혜림(2017)에서 한국에 장기 체류하고 있는 한국어 학습자들을 대상으로 한 설문조사에 의하면 27.7%가 본인의 부정확한 발음으로 인해 차별을 받은 경험이 있다고 하였다. 또한 응답자의 53%가 한국인 원어민 화자와 같은 발음이 자신들의 발음 학습의 목표라고 대답하였다. 특히 그 중에서도 현재 한국에서의 직업이 학생인 응답자들의 59%가 가능하다면 모국어 화자와 같은 발음을 구사하고 싶다고 응답하였다. 이러한 몇몇 연구들은 발음에 대한 문제가 단지 의사소통의 문제만이 아님을 시사해 준다고 할 수 있다.

한편 발음은 학습자 변인에 영향을 많이 받는 분야이기도 하다. 즉, 학습자의 모국어가 무엇인가, 개인적인 발음 습관은 어떠한가, 학습자의 발음 능력은 어떠한가, 학습 시작 연령 및 현재 연령은 어떻게 되는가, 발음에 대한 중요성을 스스로 자각하고 있는가 등이 학습에 영향을 끼치게 된다. 정명숙(2002a)에서는 구강 구조, 치열, 주로 사용하는 근육 등의 개인차 등이 발음 교육이 원활히 진행되는 것을 방해하는 요소로 작용하고 있다고 보았다.

일반적으로 발음은 말하기 수업에서 다뤄져야 한다고 인식되고 있지만 발음은 말하기 기능의 수행에만 영향을 주는 것이 아니다. 발음을 정확하게 산출할 수 있으려면 그 발음을 들었을 때 정확하게 변별하는 능력이 우선되어야 할 뿐만 아니라 그 반대로 다른 화자의 말을 잘 변별하는 능력이 있을 때에야 비로소 정확하게 발화할 수 있는 것이다. 이는 발음교육이 말하기뿐만 아니라 듣기 기능과도 관련이 있음을 의미한다. 이종은(1997)은 정확한 발음 청취 능력과 구사 능력 중심으로 발음 교육이 이루어져야 함을 강조하면서 청취 지도가 먼저 실시된 후 들은 말소리를 학습자가 자신의 발음 기관을 통해 정확하게 발음할 수 있도록 발음 연습 지도 단계를 설정해야 한다고 보았다. 또한 발음은 듣기 이외의 다른 기능과도 관련이 있다. 학습자가 잘못된 발음으로 어떤 어휘를 알고 있는 경우에는 그 어휘를 글로 쓸 때도 발음한대로 쓰게 되어 철자 오류가 생긴다. 이것은 경우에 따라서 그것을 보는 사람들에게 전혀 다른 단어로 인식이 된다. 그리고 잘못된 발음은 읽기 수행에도 영향을 미쳐서 철자에 맞게 쓰여 있는 단어를 봐도 학습자 본인이 알고 있는 단어와 다른 모습이므로 제대로 인지하지 못하는 수가 있다. 이처럼 학습자의 잘못된 발음은 비단 말하기 기능만을 수행하지 못하게 되는 결과뿐만 아니라 쓰기와 듣기, 읽기 기능에도 모두 영향을 미치게 된다.

다음 3장에서는 발음 교육에 대한 연구가 그동안 어떻게 이루어져 왔는지 분야별로 자세히 알아보겠다.

3. 연구사

발음 교육에 대한 연구는 노대규(1986)에서 처음 시작되었는데 저자는 한국어 발음 교육에는 조음 원리에 입각한 자음과 모음 및 초분절음소의 교육이 필요하다고 보았다. 노대규(1986) 이후 1990년대에 들어서면서 발음 교육에 대한 연구가 점차 진행되었지만 2000년대 이전까지는 양적인 면으로 볼 때 활발한 연구 활동이 이루어지지 않았다. 이 시기의 연구들은 대부분 학습자의 모국어와 한국어의 음소 체계를 비교하여 그 차이를 찾아보고 오류를 발견하는 연구들이 주를 이루었다. 그렇지만 정명숙(2011)은 이 시기가 한국어 발음 교육 분야의 연구 방법론 및 영역 측면에서 새로운 영역을 개척함으로 향후 한국어 발음 교육의 방향을 제시해 주었다는 면에서 매우 의미 있다고 하였다.

2000년대 이후부터 발음 교육은 양적인 면에서나 질적인 면에서 크게 발전하였고 이후 다양한 분야와 방법론으로 그 연구들이 확장되어 왔다. 김상수·송향근(2006)은 2000년대의 양적인 증가를 전공학과의 개설과 관련이 있다고 파악하였다. 실지로 최정순(2012)에서도 학위논문과 학술지논문 모두 2000년대 중반부터 그 편수가 많아졌음을 밝혔다. 여기에는 2000년도에 3954명에 불과했던 외국인 유학생이 한류 등의 영향으로 2000년대를 넘어서부터 늘기 시작하여 2016년도에 10만 명을 돌파하며 급증한 사실에도 영향이 있다고 본다.[1]

2000년대에 들어서 진행된 연구들은 모음에 관한 연구가 상대적으로 적었고 중국어권 학습자를 대상으로 하는 논의에 비해 타 언어권에 관한 논의가 부족하였다. 또한 전체 연구물 중 발음 교육의 방법에 대한 논의가 가장 많았다(김상수·송향근 2006). 그리고 2000년대 중반 이후부터 분절음 차원을 넘어서서 초분절음 층위의 오류에 관한 분석 및 교육 방안에 대한 논의도 활발하게 진행되고 있다.

3.1. 분절음 층위의 발음 교육 – 대조언어학적 분석

1990년대에는 전나영(1993), 이종은(1997), 박시균(1998), 황현숙(1998)처럼 외국인에게 한국어 음운을 어떻게 가르칠 것인가에 대한 전반적인 교육 방안이나 음운체계 전반을 다룬 것이 많았다. 따라서 자음과 모음처럼 포괄적인 범위에서 분절음들을 다루는 것이 주를 이루었다면 2000년대에 들어서는 김영선(2004), 조가(2008), 범류(2010)처럼 자연부류(natural class)를 이루는 음소들을 함께 보거나 개개 음소에 초점을 맞추며 좀 더 구체적인 논의가 진행되었다.

초기 논문들을 살펴보면, 이종은(1997)은 한국어와 모국어와의 차이로 인

---

1) "조선에듀", 2016년 9월 18일 자

해 영어권 학습자들이 범하는 오류를 분석하고 이를 바탕으로 하여 한국어 발음 교수 모형을 제시하였다. 예를 들어 혼동이 오는 음소들을 따로따로 교육할 것이 아니라 [ㅅ-ㅆ], [ㄷ-ㅌ-ㄸ]처럼 한꺼번에 모아서 발음 교육을 시행하는 방식을 제시하였다. 박시균(1998)에서는 영어권 화자가 한국어를 배우면서 제대로 발음하지 못하는 한국어의 자음과 모음 그리고 음운 변화를 알아보고 이를 바탕으로 한 음운 교육 개선 방안을 살펴보았다.

한편 김영선(2004)는 베트남인 학습자들이 한국어의 경음, 그 중에서도 [ㄹ] 발음 뒤에 나오는 경음의 발음을 어려워하는 원인을 분석하고 이를 발음할 수 있게 지도하는 방법을 제안하였다. 조가(2008)은 중국인 학습자의 경구개 자음의 발음을, 범류(2010)은 중국인 학습자의 [ㄹ] 발음에 대한 구체적인 발음 교육을 제안하였다.

이러한 분절음에 대한 연구들은 학습자의 모국어의 음운 체계와 한국어를 비교하는 대조언어학적 관점에서 주로 이루어진다. 학습자는 외국어를 배울 때 발음, 어휘, 문법 모든 영역에서 자신의 모국어의 영향을 받기 때문이며 같은 모국어를 가진 학습자들에게서 동일한 발음 오류가 발음되는 것은 흔한 일이다. 이러한 오류를 분석함으로써 특정 언어권 화자들을 위한 발음 교육에 구체적으로 이용할 수 있다. 또한 단순히 두 언어 사이의 차이점만을 제시한다면 두 언어 체계가 비슷할 때 발생하는 오류를 예측할 수 없다는 관점 하에서 이 오류를 학습자들의 중간언어라고 보고 연구를 진행하기도 한다. 허용(2004)은 모국어의 어떤 규칙들이 한국어 학습에 영향을 미치는지 영어권 화자들의 중간언어를 음운론적으로 분석하고 이를 예측하였다. 윤영해(2008)은 중국어권 학습자들의 한국어 받침 발음의 오류 분석을 통하여 중간언어 음운의 특징과 원인을 밝히고 이를 바탕으로 한 발음 교육을 진행하였는데 그 과정 중에 발생하는 중간언어의 변화를 살펴보았다.

이러한 대조언어학적 혹은 중간언어 연구들은 처음에는 영어와 일본어 같은 몇몇 언어에 집중되어 있었는데 한국어를 배우는 학습자들의 국적이 다양해지고 유학생이 급증하게 되는 2000년대 중반 이후부터 연구 대상이 되는 언어권이 점차 확대되었다. 중국어, 베트남어, 핀란드어, 몽골어, 체코어, 슬로바키아어, 캄보디아어, 태국어, 인도어, 미얀마어, 터키어 등 다양한 언어권의 학습자들에 대한 연구들이 진행되고 있다.[2]

그러나 김은애(2006)에 의하면 학습자의 오류는 자음과 모음의 음가뿐만 아니라 음운 변동 규칙을 숙지하지 못해 일어나는 것도 있기에 대조음성학 차원의 교육만으로는 큰 효과를 거두기 어렵다고 하였다. 오류의 원인이 모국어의 간섭에 의한 것인지 혹은 학습자 개인에게서 기인하는지 판단하여 접근 방식을 다르게 하여 발음교정을 시켜야 한다고 하였다. 사실 학습자들의 발음 오류는 모국어뿐 아니라 여러 가지 다른 변인에 따라 달라진다. 이러한 변인에 초점을 맞추어 학습 목적, 연령, 한국어 학습력 및 수준 등에 따라 세밀하게 분류한 연구들도 진행되고 있다.

다음으로 분절음을 어떤 순서로 제시하는 것이 학습에 효과적인가 하는 논의도 있다. 하세가와(1997), 장향실(2014), 유소영·최지우(2017) 등에서는 음운을 어떤 순서로 제시해야 할 것인가를 연구하였다. 하세가와(1997)은 일본인 학습자가 혼란을 일으키지 않도록 일본어 음운 체계와 비교하기 쉬운 순서로 글자와 소리를 제시할 것을 제안하였다. 일본인 학습자의 모국어에 없는 음운보다는 일본어에 있거나 비슷한 음운부터 먼저 가르치고 이후 일본어에 변이음으로 있으나 한국어에는 음운인 [ㅁ, ㄴ, ㅇ], 또 일본어에서는 음소로 존재하나 한국어에는 변이음인 유성파열음들에 대하여 설명하는 방식이다. 이후 어느 정도 한국어 발음에 익숙해졌을 때 일본어에 전혀 없는 소리들을 가르치는 것이 효과가 좋다고 주장하였다. 장향실(2014)은 초성·중성·종성 음운의 제시 순서를 살펴보았다. 한국어 자음은 혼자서는 음절을

2) 추이진단(2002), 김빅토리아(2004), 김영선(2004), 송향근(2004), 한경숙(2004), 박병철(2006), 정수정(2007), 한성우(2009), 조동현(2011), 최혜경(2011), 손영헌(2011), 킨뚜자·김보미·권성미(2015), Essiz(2017)

구성할 수 없고 초성과 종성의 목록이 다르며 종성의 폐쇄음은 불파음으로 나는 제약이 있으므로 이러한 특성을 고려하여 홀로 음절을 구성할 수 있는 모음부터 학습자에게 제시할 것을 제안하였다. 이어 자음과 모음(CV) 구조 안에서 자음 발음을 교육하고 이후 종성이 결합된 모음+자음(VC)이나 자음+모음+자음(CVC)구조를 교육하는 것이 효과적이라고 하였다. 유소영·최지우(2017)에서는 자모의 제작 순서대로 교육하는 국어 교육과는 다르게 간단한 소리부터 어려운 소리로, 모방하기 쉬운 위치에서 이해하는 위치로, 그리고 조음 방법이 단순한 것부터 복합적인 것의 순으로 가르쳐야 한다고 하였다.

3.2. 음절 층위의 발음 교육

분절음 하나하나의 발음을 정확하게 교육하는 것도 중요하지만 각 언어의 음절 구조의 차이로 인해 생기는 학습자의 오류도 많으므로 여기에 집중한 연구들도 진행되고 있다. 예를 들면 받침이 없고 자음+모음으로 개음절을 이루는 일본어권 화자나 모음 앞에 오는 자음을 성모라 하고 나머지 요소를 운모라고 보는 중국어권 화자의 경우 모국어가 한국어와 음절 구조가 다르기 때문에 한국어 특유의 받침 발음이나 특정 음절의 발음이 어려운 경우가 있다. 그러나 분절음 연구에 비해 음절에 초점을 두고 진행하는 연구는 상대적으로 적은 수에 불과한데 이를 장향실(2009)에서는 음절이 음소의 결합으로 이루어지기 때문에 음절은 분절음 교육을 통해 자연스럽게 습득할 수 있다고 보기 때문이라고 해석하였다. 그렇지만 음운과 음운이 만나 음절을 이루면서 한 음운이 환경에 따라 변이음으로 나타나기 때문에 분절음 교육만으로 충분하지 않다고 주장하였다. 예를 들면 중국인 학습자들은 한국어와의 음절 구조 차이로 인해 음절 말에 오는 [ㅂ], [ㄷ], [ㄱ]와 같은 폐쇄음을 발음하지 못하는데 학습자의 모국어와 목표어의 음절 구조의 차이를 비교·분석해 본다면 학습자가 발음 시 겪을 어려움이나 오류를 예측할 수 있다고 하였다.

정미지(2011)에서는 음절구조가 자음+모음인 일본어와 중국어를 모국어로 하는 학습자가 한국어 종성 자음을 지각할 때 모국어의 영향을 어떻게 받는지 알아보고 종성 자음을 변별하는 능력이 학습자의 한국어 학습력과 어떤 관계가 있는가를 살펴보았다. 이은주·우인혜(2013)에서는 중국어에는 음절 말에 올 수 있는 자음이 /n, ng/밖에 없고 이 또한 결합 제약이 있기 때문에 한국어의 종성을 발음하기가 쉽지 않은 것에 착안하여 이를 위해 발음 훈련하는 방법을 제안하였다. 한국어 초성 /ㄱ, ㄷ, ㅂ/와 유사한 중국 음소 /g, d, b/가 반복해서 나오는 단어 'gege, didi, baba'에서 두 번째 오는 파열음을 발음하면서 한국어 종성으로 발음하게 하는 연습을 먼저 한 후 이후 한국어 종성을 단독으로 발음하도록 학습자들을 훈련시켰다. 위국봉(2014)에서는 중국인 학습자의 비음 종성 오류는 비음 종성의 선행모음의 변별적 자질에 입각하여 주로 /ㄴ/, /ㅇ/의 혼동 형식으로 나타난다고 설명하였다. 장찌엔(2017)은 중국인 학습자들이 모국어에 없는 음절 유형을 발음할 때 음성적 유사성을 가진 중국어의 음절 유형으로 바꿔 발음하는 경향이 있고 또 모국어의 간섭으로 과도음을 첨가하여 발음하기도 한다고 보았다.

이처럼 정미지(2011), 이은주·우인혜(2013), 위국봉(2014), 장찌엔(2017) 등의 논문들에서는 특정 모국어가 가진 음운 체계, 음절 구조, 음소배열제약 등이 한국어와 차이를 보임으로써 범하게 되는 오류에 집중하여 올바른 발음 교육 방법을 제안하였다.

3.3. 초분절음 층위의 발음 교육

어떤 언어이건 음성언어에는 그 말 특유의 리듬이 있다. 이현복(1998)에서 이 리듬은 언어마다 다르기 때문에 언어의 습득과 교육을 위한 모국어와의 대조 연구 시 그 언어의 리듬을 연구하는 것이 필수적이라고 하였다. 또한 억양은 목소리의 높낮이(pitch)가 엮어 내는 말의 가락(speech melody)이라고 하였다. 한국어 표준말의 억양은 목소리의 높낮이의 정도와 변화 형태, 변화 속도, 그리고 강세의 위치와 리듬 이 네 가지로 실현된다고 하였다.[3] 많은 학자들이 한국어 교육에서 억양이 중요한 위치를 차지한다고 하였는데, 오미라·이해영(1994)에서는 Fries(1965)와 Pike(1945)의 연구를 바탕으로 정확하고 분명히 알아들을 수 있는 억양을 구사하는 외국인의 말이 개별 음가는 정확하나 억양이 바르지 못한 사람의 말보다 훨씬 이해하기 쉽다고 하였다. 김정숙(2000)에서는 억양 등의 초분절음소 자질이 담화의 의미 결정에 결정적인 영향을 미치며 개별 음운의 정확한 발음과 더불어 자연스럽고 정확한 초분절음소를 사용하는 것은 발화의 질을 높여 준다고 하였다. 정명숙(2002b)는 분절음 발음보다 더 중요하고 선행되어야 하는 것이 억양 교육이므로 학습 초기 단계에서부터 교육해야 한다고 하였고 정명숙(2003)은 발음 오류 중에서 자음이나 모음의 정확한 음가는 노력 여하에 따라 어느 정도 개선될 수 있으나 자연스러운 억양을 익히는 것은 어렵다고 하였다. 또한 자연스러운 억양은 학습자에게 자신감을 주어 한국어 능력을 전반적으로 향상시켜 주는 긍정적인 역할을 한다고 하였다.

　다음으로 억양에 대한 연구가 어떻게 진행되고 있는가를 살펴보겠다. 이호영(1996)에서는 억양이 문장의 의미와 관련하여 수행하는 기능을 문법적 기능, 화용적 기능, 감정 및 태도의 전달 기능 세 가지로 나눴다. 문법적 기능은 문미 억양에 따라 서법이 달라지는데 예를 들면 한국말 어미 '-아요/어요'가 평서문, 의문문, 명령문, 청유문으로 실현될 때 각기 다른 억양을 갖는 것을 의미한다. 오미라·이해영(1994)에서는 명령문을 나타내는 어미 '-아라/어라'가 단순명령을 의미할 때와 협박의 의미를 나타낼 때로 구분하여 억양이 달라짐을 보였다.[4] 박기영(2009b)에서는 동일한 형태의 종결어미가 둘

---

3) 이현복(1998)에서 강세 음절은 음절구조 및 음운론적 모음의 장단에 의해 결정된다.

이상의 의미를 가지고 있으며 그 의미의 차이를 억양으로 실현되는 어미 11개를 선정하고 각각의 억양을 교육시키는 방안을 제시하고자 하였다. 선정된 어미의 예로는 '-다면서/라면서'가 있는데 이 어미는 다른 사람에게 들은 말을 확인하기 위해 물을 때에는 올라가고 상대가 앞에 한 말과 다른 뜻으로 말했을 때 약간 반박하는 의미로 다시 물을 때에는 내리는 억양이 자연스럽다고 하였다.[5] 구려나(2017)에서는 중국어 판단의문문에서 쓰이는 어조사 '嗎'의 억양은 무조건 상승하는데 이러한 모국어의 간섭으로 중국인 학습자들이 한국어의 어미 '-지요'로 실현되는 확인의문문의 억양을 제대로 실현하지 못하고 있음을 밝혔다.

억양의 화용적 기능에 대한 연구로는 제갈명·김선정(2010), 송윤경·김윤신·이동은(2012) 등이 있다. 제갈명·김선정(2010)에서는 중국인 학습자의 억양을 분석하였는데 400시간 이상 한국어를 학습한 학습자일지라도 화용적 정보의 차이에 따라 다르게 발현되는 억양의 차이는 전혀 인지하지 못하고 있는 것을 발견하였다. 송윤경·김윤신·이동은(2012)에서는 중·고급 수준의 중국인 학습자가 요청 및 거절 화행을 수행할 때의 발음 및 억양을

---

4) a. 단순명령
   엄마: 숙제부터 해 놔.
   아들: 엄마 텔레비전부터 보고 할래요.
   엄마: 그래. 텔레비전 봐라.
   아들: 네. 텔레비전 보고 할게요.
   b. 협박, 위협, 훈계
   엄마: 숙제부터 해 놔.
   아들: 엄마 텔레비전부터 보고 할래요.
   엄마: 그래. 텔레비전 봐라.
   아들: 엄마, 제발 부탁이에요. 만화동산만 보게 해 주세요.
5) a. 가: 내일 부모님이 한국에 오신다면서? (↗)
   나: 응. 빨리 만나고 싶어.
   b. 가: 여기가 한국에서 제일 맛있는 라면집이야.
   나: 그래? 한번 먹어 보고 싶다.
   가: (장소를 옮겨) 여기도 한국에서 제일 맛있는 라면집이야.
   나: 아까 거기가 제일 맛있는 집이라면서.(↘)

분석하고 이를 모국어 화자의 발화와 음향음성학적으로 비교하였다. 이 결과 학습자들의 발화는 요청과 거절에 적합한 억양을 실현시키지 못했는데 연구자는 현재의 한국어 교육과정 및 교재의 불충분함에서 그 원인을 찾았다.

한편 김은애·박기영·박혜진·진문이(2008)에서는 억양의 기능 중에서 문법적 기능과 화용적 기능은 그 패턴을 일반화시켜 한국어 교육에 이용할 수 있다고 보고 음의 높낮이를 인지시키는 방법으로 이를 한국어 교육 현장에 적용시켰다.

3.4. 음운 규칙

한국어 음운 규칙은 그 종류가 많은데다가 적용되는 순서 및 범위도 복잡하기 때문에 학습자들에게 어려움을 주는 부분이다. 또한 규칙 설명을 위해서는 언어학적 지식이 요구되기 때문에 가르치거나 배우는 입장 모두 어려움을 호소한다.

규칙 관련 연구에서는 어떤 음운 규칙을 어떤 순서대로 가르치는가 하는 것이 가장 화두가 된다. 먼저 학교문법에서 한국인들이 배우고 있는 모든 규칙을 다 가르칠 것인가, 아니라면 무엇은 제시하고 무엇은 제시하지 말아야 하는가 하는 것이다. 또 그 규칙들을 제시할 때 어떤 순서대로 하면 효과적인 것인가 등에 대해 연구한다.

허유라·박덕유(2012)에서는 한국어 발음 교재에서 음운 규칙을 어떻게 설명하고 있는지 그 실태를 파악하였는데 교재들에서 제시되고 있는 규칙들이 체계성과 위계성에 있어서 미흡하다고 지적하였고 제시해야 할 항목을 순차적이고도 체계적으로 제시할 것을 제안하였다. 즉, 받침 규칙 → 음절 규칙 → 동화 규칙 → 첨가 규칙의 순서로 제시하는 것이 좋다고 하였다. 박기영 (2009a)에서도 대부분의 교재에서 '발음 연습'이라고 하는 항목이 보여주는 단어의 발음 표시들은 사실상 음운 규칙을 반영하는 예라는 점, 그리고 선행 연구들 역시 음운 규칙이 적용되는 범위 혹은 적용 단위에 대해서 거의 주목하지 않고 단어 내의 발음만을 언급하고 있다고 지적하였다. 최정순(2012)에서는 비음화 규칙을 예로 들고 있는데 한국어의 비음화 규칙은 크게 세 가지로 구분된다고 하였다. 첫째, 비음 초성 앞에 오는 장애음의 동화는 음운론적인 환경만 갖춰지면 예외 없이 일어난다.[6] 둘째, 유음 앞에 비음이 왔을 때 뒤의 유음이 비음이 되는 경우, 셋째, 유음 앞에 장애음이 왔을 경우 유음이 먼저 비음으로 바뀌고 이 영향으로 다시 앞의 장애음이 비음으로 바뀌는 경우이다.[7][8] 이 세 가지를 모두 비음화로 한꺼번에 학습자에게 설명하는 것은 좋은 방법이 아니며 적절하게 각 교과 단계에 배치되어야 한다고 하였다. 양순임(2003)에서는 유기음화 규칙을, 양순임(2007)에서는 초급 중국인 학습자들이 보이는 연음법칙 오류를, 양순임(2014)에서는 사이시옷이 표기되지 않은 단어인 '산길, 물고기, 요점, 불치병' 같은 복합말에서 뒷말의 첫소리를 표기 그대로 평음으로 발음하는 오류가 고급 수준까지 지속적으로 발견되는 오류라고 규정하고 이를 일반 경음화규칙과는 별도로 가르쳐야 한다고 주장하였다.

한편, 음운 규칙 제시 순서란 학습자에게 규칙을 학습시킬 때 더 효과적일 수 있도록 규칙을 제시하는 순서를 말하는데 여기에는 일정한 기준이 필요하다.

김형복(2004)는 한국어는 음절과 음절의 경계에서 많은 음운 변동이 일어나므로 자음과 모음의 정확한 발음만으로는 한계가 있다고 보고 음운 규칙 교수의 필요성을 주장하였다. 여기에서 제안한 음운 변동 규칙의 순서 기준

---

6) 단일어 내(국민), 명사 뒤에 조사가 올 때(밥만), 동사의 활용에서(듣는다), 복합명사(밥맛), 파생어(덧문), 단어 경계를 넘어서(못 먹어요) 등 음운론적 환경만 주어지면 다 적용되는 규칙이다.

7) 종로, 궁리, 남루

8) 법률, 섭리, 몇 리

은 기초가 되는 것 → 쉽고 단순한 것 → 많이 사용되는 것이다. 특히 음운 변동은 '밥#먹는다, 옷#한 벌'과 같이 어절과 어절의 경계에서도 일어나기 때문에 이것에 대한 교육 방안 연구가 필요하다고 지적하였다. 이향(2002)에서는 중국인 학습자들의 오류 빈도를 조사하여 그것을 바탕으로 음운 규칙의 제시 순서를 정하였다. 그러나 장향실(2008)에서는 이러한 오류 빈도가 반드시 학습자가 어려워하는 정도와 일치하는 것은 아니라고 밝히고 오히려 학습자가 그 규칙에 얼마나 노출되었는가, 그 규칙이 어떻게 교육되었는가에 따라 달라진다고 하였다. 실제로 '구개음화'는 오류 빈도가 높으나 /ㅌ+-이/ → /ㅊ/의 오류는 낮게 나타났는데 이것은 '같이'라는 어휘의 사용 빈도가 높기 때문이라 보고 규칙 기준을 위해 사용빈도, 난이도, 일반화 가능성의 순서로 규칙을 제시할 것을 제안하였다. 그 외 이윤희(2003)은 빈도수에 따라서, 김영선(2006)에서는 규칙의 성격이 필수적인가, 임의적인가, 보편적인가, 한정적인가에 따라 규칙 제시 순서를 배열하였다.

3.5. 발음 진단 및 평가

발음 진단 및 평가는 학습자의 현재 수준을 파악하고 학습자 스스로 발음을 교정할 수 있게 하는 적절한 피드백을 통해 향후 발음 개선이 가능하도록 구성해야 한다. 따라서 한국어 발음에 대한 언어학적 지식뿐만 아니라 학습자의 모국어에 따른 언어학적 지식, 모국어의 간섭에 의해 발생하는 오류, 학습자 개인의 변인에서 비롯되는 오류의 여러 가지 원인 및 내용 등도 잘 파악할 수 있어야 한다. 그러나 이 분야는 그 중요성에도 불구하고 아직까지 연구가 활발하게 진행되지는 못 하고 있다.

김은애(2006)에서는 적절한 진단을 통해 발견된 학습자의 발음 오류를 분석하여 학습자의 오류 원인이 어디에 있는가를 찾아야 한다고 하였다. 이를 위해 발음 오류용 진단 문장을 개발하고 이를 학습자에게 적용하여 오류 수준을 파악하고 이후 피드백과 모니터링 과정을 거쳐 발음을 교정하게 하고 이후 평가에 이르는 일련의 순환 과정을 제안하였다. 모든 항목에 대해 고른 학습이 되도록 발음 교정 수업을 이끌고 이를 통해 연계 기능인 말하기와 듣기 능력의 향상까지도 도모하는 것이 바람직하다고 하였다. 박은현(2011)에서는 학습자와 교사가 생각하는 발음 난이도가 다름에 주목하고 교사의 주관을 벗어나 학습자에게 필요한 발음을 교육시킬 수 있도록 어휘 차원의 발음 진단을 제안하였다. 교사가 학습자의 발음을 듣고 어느 정도 이해했는지에 따라 차등적으로 점수를 부여하는 발음진단표를 구성하고 단순히 오류의 유무만을 파악하는 것이 아니라 5점 리커트척도로 이를 평가하도록 하였다.

3.6. 발음 교재 연구

한국어 교재 연구의 역사는 그리 길지 않아서 유소영·최지우(2017)에 의하면 1973년 교재에 관한 연구로 석사 논문이 처음 나온 이후로 2000년대 접어들어서야 비로소 활발하게 연구가 진행되기 시작하였다.[9] 현재 한국어 교재들은 대부분 통합교재 형식으로 이루어져서 말하기, 듣기, 읽기, 쓰기가 모두 하나의 책에 담겨져 있고 발음만을 한 권의 교재로 따로 다루는 경우는 많지 않다. 발음 교육의 내용은 대부분 초급 교재에 집중되어 있으며 2.1.에서 언급한 발음과 관련된 모든 범위를 배우기보다는 자모의 글자를 배우면서 자연스럽게 음절 구성과 받침을 배우는 수준에 그치고 있다. 또한 교재에 따라 조금씩 차이가 있지만 대부분의 경우 복잡한 음운 규칙은 제시되지 않으며 교재 진도에 맞추어 새로 나오는 어휘가 철자와 다른 발음, 즉 음운 현상을 포함할 경우 그 발음이 표시되며 필요에 따라 규칙이 제시된다. 이를 교실에서 어떻게 교수하는가 하는 문제는 전적으로 교육기관 혹은 교수자에 달려

---

9) 허팔복(1973), 외국인을 위한 한국어 교본의 체재 및 내용 비교연구, 이화여자대학교 교육대학원 석사학위논문.

있다.

이 분야의 연구는 한국어교육의 발음 교재에 대한 전반적인 분석 및 향후 방향을 제시하는 연구도 있지만 연구자의 관심에 따라서 교재 안에서 다뤄지는 세부 내용들 중의 하나, 즉 자모의 순서 제시 방법이나 음운 규칙의 내용, 억양 교육 등을 다루기도 한다.

김영선(2006)은 기존 한국어 발음 교육이 대부분 초급에서 문법 중심으로 이루어져서 단계적이고 종합적인 발음 교육이 이루어지기 어려움을 비판하고 각 교육 기관이 목표로 하는 교육 과정을 적절하게 고려하여 새로이 교재를 개발해야 한다고 주장하였다. 새로운 교재는 언어권별 발음 문제와 방언권별 발음 문제가 포함되어야 하며 교수 내용은 단계별로 구성하는 것이 효율적임을 지적하였다.

한편 마금선(2011)은 중국에서 출판된 10종 교재의 발음정보에 대한 비교 분석을 하였다. 이를 통해 중국인 학습자들의 모국어 특성을 고려한 음운 대조분석이 충분히 이루어진 발음 교재 개발이 시급하다고 지적하였다. 또한 한중 자모에 대한 체계적인 대조 분석뿐만 아니라 초분절음에 대한 교육도 교재에 반영되어야 한다고 주장하였다. 박기영(2009a)는 초급 교재 내에서 음운 규칙이 적용되는 범위 혹은 단위에 대해 그동안의 연구가 소홀했다고 지적하고 향후 발음 교육이 수업 현장에서 현실적으로 이루어지기 위해서는 음운 규칙이 적용되는 한국어의 실제의 예가 가장 중요하다고 보았다. 따라서 이 음운 규칙이 적용되는 단위를 음절 경계, 단어 경계 등에까지 확장하여 교수해야 한다고 주장하였다. 허유라 · 박덕유(2012) 역시 교재 내의 음운 규칙에 대해 언급했는데 현재의 초급 교재에는 음운, 음절 구성, 받침의 발음 같은 기본적인 음운 교육 외에 음운 규칙에 대한 설명이 부족함을 언급하였다.

4. 결론: 발음 교육 연구의 흐름과 전망

이상으로 1986년 이후 발음 교육의 전반적인 흐름 및 각 분야의 주요 연구들을 살펴보았다. 2017년까지의 연구를 종합해 보건대 발음 교육 연구는 초기에 비해 점차 다양한 분야로 그 영역이 확대되었고 동시에 다양한 언어권 화자들을 위한 발음 교육 방법도 제안되었다. 한국어 교육의 역사 안에서도 발음 교육 연구 분야는 특히 짧은 역사를 가지고 있지만 이러한 길지 않은 기간 동안에도 다양한 분야에서 많은 연구자들이 훌륭한 업적을 이루어 냈다.

한국어 교육 현장에서 발음 영역은 말하기, 듣기, 쓰기, 읽기 기능의 하위 기능에 위치하므로 현장에서는 상위기능 위주의 교육을 하게 됨에 따라 소홀하게 되기 쉽다. 그렇지만 학습자의 발화에서 발음 부분의 정확성이 떨어진다면 말하기뿐 아니라 듣기, 나아가 쓰기와 읽기 기능에까지도 영향을 미치게 된다. 또한 글과 같은 문어를 통해 의사 전달을 할 수도 있지만 우리가 일상생활에서 의사소통을 한다고 말할 때는 일반적으로 음성 언어를 사용해서 이루어지는 행위를 먼저 가리킨다. 이 음성 언어 즉, 화자의 음성기관을 통해 발성된 소리를 통해 청자는 그것을 듣고 이해하며 다시 음성 언어를 통해 자신의 생각이나 감정을 상대방에게 표현하는 것이다. 따라서 발음의 중요성은 아무리 강조해도 지나치지 않다고 생각한다.

그러나 아직 연구가 부족한 분야도 존재한다. 발음 교육 연구가 아직도 초급 학습자들을 위한 것으로 편중되어 있다는 점, 한국어를 배우는 학습자들의 모국어 연구가 아직도 일부 언어에 집중되어 있다는 점, 분절음에 대한 연구에 비해 초분절음에 대한 연구가 아직 미흡한 점, 구체적인 발음 교육 방안을 제시하기 보다는 이론적인 단계 혹은 대조 분석 단계에 머물러 있는 발음 항목이 많다는 점, 교재의 연구 및 발음 진단과 평가에 관련하여 좀 더 다각도의 연구가 필요한 점 등은 아쉬운 점이다. 또한 연구 논문이 적어 본론에서 다루지 못 했던 표준발음 및 허용발음에 대한 연구, 한국어 교원의 전문성 확보를 위한 연구, 멀티미디어를 이용한 발음 교육 방법 개발 연구 등도 앞으로 더 연구가 이루어져야 할 것이다.

마지막으로, 이러한 연구들이 실제 한국어 교육이 이루어지고 있는 현장에서 교수자들이 필요로 하는 사안과 바로 연결되어 적용될 수 있어야 할 것이다. 최정순(2012)에 의하면 대학의 한국어 교육 기관에서 한국어를 가르치고 있는 교수자들에게 발음 교수의 어려움을 조사한 결과 교수자들은 '언어권별로 습득하기 어려운 발음이나 자주 일어나는 오류들에 대한 대조적 지식의 부족', '화석화된 발음으로 인한 발음 교정의 어려움', '발음 수업 시간의 부족', '교재의 불충분', '효과적인 발음 교수 방안', '발음 피드백 기술의 부족' 등을 어려움으로 꼽았다.

이제까지 축적된 발음 교육 각 분야의 연구들을 더욱 발전시켜 나가는 것과 동시에 위에서 언급한 질적 혹은 양적으로 부족한 연구 분야들에도 집중하면서 한편으로는 한국어 교육 현장에서 필요로 하는 것들에 귀를 기울이는 것이 바로 향후 발음 교육 연구가 가야할 방향이 되리라 전망해 본다.

참고문헌

구려나(2017), 중국인 학습자의 확인의문문 억양 연구, "이중언어학" 67, 31–62.

김빅토리아(2004), 러시아권 학습자를 위한 한국어 발음 교육 연구, 경희대학교 석사학위논문.

김상수 · 송향근(2006), 한국어 발음 교육 연구 동향 분석, "한국어학" 33, 155–183.

김선정 · 허용(2005), 발음 교육의 연구사와 변천사, "한국어교육론2: 국제한국어교육학회 편", 한국문화사.

김영선(2004), 베트남인 학습자의 한국어 경음화 발음 교육 방안 연구, "한국어교육" 15–2, 51–73.

김영선(2006), 한국어 교육 발음 교재의 구성 방식과 내용, "우리말연구" 18, 237–260.

김은애(2006), 한국어 학습자의 발음 오류 진단 및 평가에 관한 연구, "한국어교육" 17–1, 71–97.

김은애 · 박기영 · 박혜진 · 진문이(2008), 한국어 억양 교육을 위한 방법론적 고찰–교재 개발의 측면에서, "한국어교육" 19–2, 1–31.

김정숙(2000), 외국어로서의 한국어 발음 교육 방법, "한국어교육연구" 3, 99–108.

김형복(2004), 한국어 음운 변동 규칙의 교수 · 학습 순서 연구, "한국어교육" 15–3, 23–41.

노대규(1986), 한국어의 발음 교육에 관한 연구: 외국어로서의 한국어의 발음 교육을 중심으로, "연세대매지논총" 2, 1–33.

마금선(2011), 한국어 교재 발음정보에 대한 고찰, "한국언어문화학" 8–1, 1–22.

박기영(2009a), 한국어 교재의 발음 기술에 대한 일고찰–음운 규칙과 정확성, 유창성의 관계를 중심으로, "이중언어학" 40, 57–78.

박기영(2009b), 한국어 학습자를 위한 한국어 종결어미의 억양 교육 방안–특히 양태의미에 따른 억양 차이를 중심으로, "우리어문연구" 34, 373–397.

박기영(2017), 음성 · 음운론 이론의 한국어교육 현장에의 적용, "이중언어학회 제35차 전국학술대회 춘계대회 발표논문집", 65–79.

박병철(2006), 체코인을 위한 한국어 발음교육 방안 연구, "이중언어학" 28, 111–134.

박시균(1998), 영어 화자가 제대로 발음하지 못하는 한국어 음운과 한국어 음운 교육 개선 방안, "한글" 242, 119–144.

박은현(2011), 한국어 학습자를 위한 한국어 발음 진단 방안 연구, 계명대학교 석사학위
논문.

범류(2010), 중국어권 학습자를 위한 한국어 발음 교육 연구: 'ㄹ' 발음을 중심으로,
연세대학교 박사학위논문.

손영현(2011), 인도인을 위한 한국어 교육 연구: 발음 교육을 중심으로, 충북대 석사학
위논문.

송윤경·김윤신·이동은(2012), 중국인 한국어 학습자의 발음과 억양 연구—요청/거
절 화행을 중심으로, "언어학" 62, 145-171.

송향근(2004), 핀란드어 모국어 화자를 위한 한국어 발음 교육 방안, "이중언어학"
25, 113-127.

양순임(2003), 유기음화와 관련된 한국어 발음 교육, "이중언어학" 22, 225-240.

양순임(2007), 연음규칙 적용에 따른 오류 분석—중국인 학습자의 중간언어를 대상으
로, "한국어교육" 18-3, 123-144.

양순임(2014), 외국인을 위한 사잇소리 현상 발음교육 방안, "우리말연구" 37,
195-218.

오미라·이해영(1994), 외국어로서의 한국어 억양 교육, "한국말교육" 5, 109-125.

우인혜(1998), 한일 언어 비교를 통한 발음 교수법, "이중언어학" 15, 319-347.

위국봉(2014), 중국인 학습자의 /-ㄴ, -ㅇ/ 종성 발음 오류 분석 및 교정 방안 연구,
"외국어로서의 한국어교육" 41, 143-169.

유소영·최지우(2017), 한국어 교육을 위한 자모 제시 순서 연구—자음 제시를 중심으
로, "이중언어학회 제35차 전국학술대회 춘계대회 발표논문집", 162-177.

이윤희(2003), 일본어 모어 화자를 위한 한국어 발음 지도 방안, 이화여자대학교 석사
학위논문.

이은주·우인혜(2013), 중국인 한국어 학습자를 위한 한국어 종성 /ㄱ, ㄷ, ㅂ/ 발음
교육 방안—한국어 음절 구조를 중국어 음절 구조에 반대로 적용하여—, "새국어교
육" 97, 327-359.

이종은(1997), 한국어 발음 교수 방법과 모형, "교육한글" 10, 327-348.

이향(2002), 중국어권 학습자를 위한 발음 교재 개발 방안, 이화여자대학교 석사학위
논문.

이향·김혜림(2017), 한국어 학습자들의 발음에 대한 언어 태도 연구, "언어와 문화"

13, 219-238.

이현복(1998), "개정판: 한국어의 표준발음", 교육과학사.

이호영(1996), "국어음성학", 태학사.

장경미(2017), 네트워크 분석을 활용한 한국어 발음 교육 연구 동향, "이중언어학회 제35차 전국학술대회 춘계대회 발표논문집", 360-377.

장찌엔(2017), 중국인 학습자 비음 종성 /ㄴ/, /ㅇ/ 음절의 발음 오류 재고-한·중 음절 유형을 통하여-, "한국어교육" 28-1, 251-268.

장향실(2008), 외국인 학습자를 위한 한국어 음운 규칙의 제시 순서 연구, "한국어교육" 19-3, 427-446.

장향실(2009), 중국인 학습자의 한국어 음절 오류와 교육 방안, "우리어문연구" 34, 349-371.

장향실(2014), 외국인을 위한 한국어 발음 교육에서 음운의 제시 순서 연구, "한국언어문화학" 11-3, 221-245.

전나영(1993), 외국인을 위한 한국어 발음지도, "말" 18, 151-169.

정명숙(2002a), 한국어 발음 교육의 내용과 방법, "21세기 한국어 교육학의 현황과 과제: 박영순 편", 한국문화사.

정명숙(2002b), 한국어 억양의 기본 유형과 교육 방안, "한국어교육" 13-1, 225-241.

정명숙(2011), 한국어 발음 교육 연구의 성과와 과제, "이중언어학" 47, 423-451.

정미지(2011), 한국어 음절 종성 지각에 모국어가 미치는 영향에 대한 연구—일본어, 중국어권 학습자를 중심으로-, "한국어교육 22-4, 247-271.

정수정(2007), 슬로바키아어권 학습자를 위한 한국어 발음 교육 연구—중간언어 음운론 연구를 중심으로, 한국외국어대학교 석사학위논문.

제갈명·김선정(2010), 화용론적 기능 중심의 억양 교육을 위한 기초연구: 중국인 학습자의 한국어 억양 분석, "교육문화연구" 16-2, 191-215.

조가(2008), 한국어 경구개 자음의 발음교육 연구—중국어권 학습자를 대상으로, "高鳳論集" 43, 61-77.

조동현(2011), 캄보디아인 학습자의 한국어 발음 오류의 원인과 교정, 연세대학교 석사학위논문.

최정순(2012), 한국어 발음 교육의 현황과 과제, "언어와 문화" 8-3, 295-324.

최혜경(2011), 태국 라후족 학습자를 위한 한국어 교육 방안, 한남대학교 석사학위논문.

추이진단(2002), 중국어권 학습자에 대한 한국어 발음 교육, "이중언어학 20", 309-343.

킨뚜자 · 김보미 · 권성미(2015), 미얀마인 한국어 학습자를 위한 한국어와 미얀마어 자음 대조 연구, "우리어문연구" 52, 361-388.

하세가와 유키코(1997), 일본 학습자에 대한 한국어 발음 지도법: 입문 단계를 중심으로, "한국어교육" 8, 161-178.

한경숙(2004), 몽골인 학생을 대상으로 한 한국어 발음 교육 방안 연구, 춘천교육대학교 석사학위논문.

한성우(2009), 중국어권 학습자를 위한 맞춤형 한국어 발음 교육 방안, "우리말글" 44, 165-194.

허용(2004), 중간언어 음운론을 위한 모음 연구, "이중언어학" 25, 309-330.

허유라 · 박덕유(2012), 한국어 초급 교재에서의 발음 교육 방안 연구—음운 변동 규칙을 중심으로, "새국어교육" 90, 363-386.

황현숙(1998), 영어권 외국인을 대상으로 한 한국어교육의 효율적인 지도방안 여구: 발음법을 중심으로, 충남대학교 석사학위논문.

Essiz, D. (2017), 터키인 한국어 학습자의 모음 후행 경음화 발음 양상, "이중언어학회 제35차 전국학술대회 춘계대회 발표논문집", 305-317.

Fries, C. C. (1965), *Teaching and Learning English as a Foreign Language*, Ann Arbor: Univ. of Michigan Press.

Munro, M. J. & T. M. Derwing (1995), Foreign Accent, Comprehensibility, and Intelligibility in the Speech of Second Language Learners, *Language Learning* 45(1), 73-97.

Pike, L. (1945), *Intonation of American English*, Ann Arbor: Univ. of Michican Press.

권재일 교수
논저 일람

차례

* 위 각 분야에 대해 세부적으로 다음과 같이 나누어 제시한다.
▶ 저서
▶ 논문
▶ 학술회의논문
▶ 논설

1. 한국어 문법론

1.1. 한국어 문법론 일반

▶ 저서

1992 "한국어 통사론" (대우학술총서 인문사회과학 67), 1–450, 민음사. [개정판]
2000 "한국어 통사론" (The Humanities 2), 1–450, 민음사.

1994 "한국어 문법의 연구", 1–550, 서광학술자료사.

2012 "한국어 문법론", 1–467, 태학사.

▶ 논문

1980 현대국어의 어미 체계 연구, "논문집" 2, 1–18, 해군제2사관학교.

1982 어미 체계와 통사 기술, "언어학" 5, 3–12, 한국언어학회. = [재수록] 1985
최창렬 외 공저 "국어통사론", 9–20, 진명문화사.

1987 문법 기술에서의 '체계'에 대하여, "건국어문학" 11 · 12, 1–18, 건국대학교 국어
국문학연구회.

1988 문법 기술에서의 '정도성'에 대하여, "국어국문학" 100, 33–41, 국어국문학회.

1989 문법 기술에서의 '의미 관계'에 대하여, "한글" 205, 133–150, 한글학회.

1997 통사 구조와 운율 구조의 상관성 연구 – 중의성 해소 양상을 중심으로 –,
"언어학" 20, 59–112, 한국언어학회. [공저: 권재일 · 김윤한 · 문양수 · 남승
호 · 전종호].

2003 구어 자료를 통한 국어 문법의 통계적 분석, 국립국어연구원 편 "남북언어 동질
성 회복을 위한 제2차 남북 국제 학술 회의 논문집", 137–158, 국립국어연구원.
= [학술회의논문] 구어 자료를 통한 국어 문법의 통계적 분석, 국립국어연구원 ·
사회과학원 언어학연구소 공동 주최 "민족어 통일과 방언 조사를 위한 학술
모임" / 중국 베이징: 21세기호텔.

▶ 학술회의논문

1997 국어 문법 연구의 바람직한 방향, 한글학회 주최 "제6회 국제 한국 언어학 학술
대회" / 서울: 세종문화회관 국제회의실.

2003 입말 자료에 반영된 국어의 문법 현상, 한글학회 주최 "606돌 세종날 기념
연구 발표회" / 서울: 한글학회 강당.

2004 Some problems of the grammatical descriptions on Korean: Towards
standardization, International Scientific Conference "Korean Studies
in Kazakhstan: Problems and Perspectives" / Almaty, Kazakhstan:
Kazakh Ablai Khan University of International Relations and World
Languages.

2013 한국어 문법 연구의 대상과 방법, 한말연구학회 주최 "제37회 한말연구학회
전국학술대회" / 서울: 건국대학교 상허연구관.

▶ 논설

1981 한국어 문법학 연구의 올바른 방향을 위하여, "태백" 1, 16–27, 태백회.

1982 국어 문법학의 연구 방향, "대구대신문" 제223호(1982년 4월 29일), 대구대신
문사.

1987 국어문법론의 한 방향에 대하여, "국어국문학" 4, 62–69, 건국대학교 국어국문
학과 학생회.

1989 한국어 문법학 연구의 이해, "국어국문학" 6, 22–30, 건국대학교 국어국문학과
학생회.

1995 통사론 및 북한 문장론 분야 표제어 (여럿), 한글학회 엮음 "국어학사전",
한글학회.

1997 쉽게 풀어보는 언어학 이야기 (4): 변형생성문법 이론, "한글사랑" 4, 113–120,
한글사.

1.2. 문장구성론

▶ 저서

1985 "국어의 복합문 구성 연구", 1–164, 집문당. = 1985 현대국어의 복합문 구성에
관한 연구, 1–160, 서울대학교 언어학과 박사학위논문.

▶ 논문

1976 국어의 보문자 {아}의 의미 특성, 서울대학교 인문대학 언어학과 졸업논문.

1978 현대국어의 동사구 내포문 연구, 1-47, 서울대학교 언어학과 석사학위논문.

1980 현대국어의 관형화 내포문 연구, "한글" 167, 73-94, 한글학회. = [재수록]
      1982 편집부 편 "국어학자료논문집" 3, 대제각.

1981 현대국어의 {기}-명사화 내포문 연구, "한글" 171, 45-62, 한글학회.

1982 현대국어의 {음}-명사화 내포문 연구, "한국어문논집" 2, 33-47, 한사대학
      한국어문연구소.

1982 명사화 내포문의 통사 특성, 간행위원회 편 "긍포 조규설 교수 화갑기념 국어학
      논총", 258-272, 형설출판사.

1983 현대국어의 접속문 어미 연구, "언어학" 6, 3-21, 한국언어학회.

1983 복합문 구성에서의 시상법, "한글" 182, 173-194, 한글학회.

1984 접속문 구성에서의 의향법, "언어학" 7, 3-12, 한국언어학회.

1984 복합문 구성에서의 명사구 제약, "한글" 185, 35-66, 한글학회.

1986 형태론적 구성으로 인식되는 복합문 구성에 대하여, "국어학" 15, 195-215,
      국어학회. = [재수록] 1991 이병근 · 서태룡 · 이남순 편 "문법 1" (국어학강좌
      1), 355-374, 태학사.

1988 국어의 내포문, "국어생활" 12, 73-85, 국어연구소.

1996 경북방언의 인용 구문 연구, "인문논총" 36, 151-166, 서울대학교 인문학연구소.

2006 어순, "새국어생활" 16-1, 193-202, 국립국어원.

1.3. 문법범주론

▶ 저서

2004 "구어 한국어의 의향법 실현방법" (서울대학교 한국학 모노그래프 18), 1-234,
      서울대학교 출판부.

▶ 논문

1972 경북안동하위방언권에 있어서 용언의 종결어미 (논문부문당선작 인문과학부
      문), "향연" 5, 52-68, 서울대학교 교양과정부.

1982 경북방언의 문장종결조사 {이}에 대하여, "인문과학연구" 1, 219-235, 대구대
   학교 인문과학연구소.

1983 현대국어의 강조법 연구 -「종결어미」류 결합의 경우, "대구어문논총" 1,
   23-47, 대구어문학회.

1984 현대국어의 약속문 어미 연구, "대구어문논총" 2, 41-56, 대구어문학회.

1984 현대국어의 의향법 연구, 간행위원회 편 "목천 유창균박사 환갑기념논문집",
   69-83, 계명대학교 출판부.

1985 현대국어의 의존명사 연구, 간행위원회 편 "소당 천시권 박사 화갑기념 국어학논
   총", 89-112, 형설출판사.

1985 경북방언 의존동사의 통사론적 연구, "한글" 190, 163-189, 한글학회.

1986 경북방언의 의존명사, 간행위원회 편 "백민 전재호 박사 화갑기념 국어학논총",
   129-142, 형설출판사.

1986 문법형태소의 성격, 간행위원회 편 "국어학신연구, 약천 김민수교수 화갑기념",
   293-304, 탑출판사.

1986 의존동사의 문법적 성격, "한글" 194, 97-120, 한글학회.

1986 문법범주의 실현 방법과 국어의 특징, "배달말" 11, 43-65, 배달말학회.

1987 문법범주 실현의 다양성에 대하여, "한글" 196, 281-293, 한글학회.

1987 강조법과 그 실현 방법, "인문과학논총" 19, 57-73, 건국대학교 인문과학연
   구소.

1989 조사의 성격과 그 생략 현상에 대한 한 기술 방법, "어학연구" 25-1, 129-139,
   서울대학교 어학연구소.

1991 의향법과 그 통사 특성, "인문과학논총" 23, 35-58, 건국대학교 인문과학연
   구소.

2003 구어 한국어에서 서술문 실현방법의 공시태와 통시태, "언어학" 37, 25-46,
   한국언어학회.

2004 구어 조사의 특성 - 문법 표준화를 위한 계량적 연구, "한말연구" 15, 1-22,
   한말연구학회. [공저: 김건희 · 권재일]. = 2004 Korean Particles in Spoken
   Discourse - a statistical analysis for the unification of grammar, *ECKL*
   (The European Conference on Korean Linguistics) 1, Edited by Sang
   Jik Rhee, 99-109, 한국문화사.

2004 한국어 서술문 실현방법의 양상 – 구어 자료를 중심으로 –, "朝鮮語研究" 2, 65–81, 일본: 조선어연구회, くろしお出版.

2006 구어 문법과 조사의 생략, 편집위원회 편 "이병근 선생 퇴임기념 국어학논총", 429–446, 태학사.

2015 한국어 문법범주와 한국어 교육, "한국(조선)어교육연구" 10, 43–70, 중국한국 (조선)어교육연구학회, 태학사.

▶ 학술회의논문

2003 구어 한국어의 서술문 실현방법, 조선어연구회 주최 "조선어연구회 제200회 기념 국제학술대회" / 일본 도쿄: 도쿄외국어대학.

2007 용언의 굴절범주, 서울대학교 언어연구소 · 세종전자사전개발 연구단 공동 주최 "한국어 문법구조의 유형론적 특성 학술 발표회" / 서울: 서울대학교 인문대학 교수회의실.

2008 한국어 용언 문법범주의 유형론, 한국언어학회 주최 "한국언어학회 여름 학술대회" / 무안: 목포대학교 교수회관.

2. 한국어 문법사

2.1. 한국어 문법사 일반

▶ 저서

1998 "한국어 문법사", 1–319, 도서출판 박이정.

2005 "20세기 초기 국어의 문법" (서울대학교 한국학 모노그래프 30), 1–210, 서울대학교 출판부.

2008 "허 웅 지음, 우리 옛말본", 1–240, 지식을만드는지식. [편저].

▶ 논문

1987 의존구문의 역사성 – 통사론에서 형태론으로 –, "말" 12, 5–24, 연세대학교 한국어학당.

1991 문법 변화의 두 방향, 간행위원회 편 "국어의 이해와 인식, 갈음 김석득 교수

회갑기념논문집", 395-406, 한국문화사.

1992 역사통사론의 성격, "학술지" 36, 9-26, 건국대학교.

1995 통사 변화 연구의 대상과 방법, "언어학" 17, 295-316, 한국언어학회.

1996 음운변화와 문법변화, 이현복 편 "음성학과 언어학", 414-428, 서울대학교 출판부.

1997 문법 변화 개관, 국어사연구회 편 "국어사 연구, 전광현 · 송민 선생의 화갑을 기념하여", 516-536, 태학사.

1998 문법 변화와 문법화, 간행위원회 편 "방언학과 국어학, 청암 김영태 교수 화갑기념논문집", 879-904, 태학사.

1998 문법 변화의 한 양상 - 형태적 방법에서 통사적 방법으로 -, "한글" 242, 171-182, 한글학회.

2001 Grammatical changes from morphology to syntax in Korean, *Journal of KOREAN STUDIES*, Vol. 1, 121-138, Central Asian Association for Korean Studies. = [학술회의논문] 2001 Grammatical changes from morphology to syntax in Korean, 1st International Conference of Central Asian Association for Korean Studies / Almaty, Kazakhstan: Kazakh National University.

2004 국어사 연구 방법과 외래 이론 수용, "국어학" 43, 385-405, 국어학회.

2018 국어 통사 변화의 여러 양상, "국제고려학" 17, 151-177, 국제고려학회. = [학술회의논문] 2017 국어 통사 변화의 여러 양상, 국제고려학회 주최 "제13차 코리아학국제학술토론회" / 뉴질랜드 오클랜드: 오클랜드대학 세미나실.

2018 韓国語の文法変化, "韓國語教育論講座" 3, 445-473, 일본 도쿄: くろしお出版

▶ 학술회의논문

2003 국어사 연구의 대상과 방법, 국어학회 주최 "국어학회 제30회 전국학술대회" / 서울: 국제청소년센터 대강당.

2017 한국어학 교육에서의 "한국어사" 강의, 중국한국(조선)어교육연구학회 주최 "중국한국어교육논단" / 중국 상하이: 푸단대학 세미나실.

▶ 논설

1997 쉽게 풀어보는 언어학 이야기 (5): 언어의 계통 분류, "한글사랑" 5, 143–153, 한글사.

1997 쉽게 풀어보는 언어학 이야기 (6): 언어와 역사, "한글사랑" 6, 160–170, 한글사.

1999 국어사, 서울대학교 국어교육연구소 편 "국어교육학사전", 119–122, 대교출판.

2014 세계어로서의 한국어 (1), 우리말은 어떻게 형성, 발전했을까?, "쉼표,마침표" 108 (2014년 11월), 국립국어원. [인터넷판].

2014 세계어로서의 한국어 (2), 한국어는 어떻게 변화해 왔을까?, "쉼표,마침표" 108 (2014년 11월), 국립국어원. [인터넷판].

2.2. 문장구성 변화

▶ 논문

1985 중세한국어의 접속문 연구, 김방한 선생 회갑기념 논문집 편집위원회 편 "역사언어학, 김방한 선생 회갑기념 논문집", 89–112, 전예원.

1988 접속문 구성의 변천 양상, "언어" 13-2, 493–515, 한국언어학회.

1993 한국어 내포문 구성의 통시적 변화, 춘허 성원경 박사 화갑기념논총 간행위원회 편 "한중음운학논총" 1, 161–175, 서광학술자료사.

1994 개화기 국어의 접속문 연구 – 교과서 자료를 대상으로 –, "한국학연구" 6, 213–247, 고려대학교 한국학연구소. = [재수록] 1996 한말연구학회 엮음 "우리말 역사 연구", 269–300, 도서출판 박이정.

1995 20세기 초기 국어의 명사화 구문 연구, "한글" 229, 203–232, 한글학회.

1998 한국어 인용 구문 유형의 변화와 인용 표지의 생성, "언어학" 22, 59–80, 한국언어학회.

1999 한국어 인용 구문의 변화, 성백인 교수 정년퇴임 기념논문집 간행위원회 편 "언어의 역사", 45–78, 태학사.

2001 한국어 격틀 구조의 역사적 변화, "어학연구" 37-1, 135–155, 서울대학교 어학연구소.

▶ 학술회의논문

2015 한국어 명사절의 역사적 변화, 국제고려학회 주최 "제12차 코리아학국제학술토
론회" / 오스트리아 빈: 빈대학 세미나실.

2.3. 문법범주 변화

▶ 논문

1989 문법실.범주 실현 방법의 역사성 – 한국어 통사 변화의 한 양상 –, "건국어문학"
13 · 14, 9–34, 건국대학교 국어국문학연구회.

1991 사동법 실현 방법의 역사, "한글" 211, 101–124, 한글학회.

1993 한국어 피동법의 역사적 변화, "언어학" 15, 25–43, 한국언어학회.

1994 한국어 문법범주의 변화에 대한 연구, "朝鮮學報" 150, 1–17, 조선학회. =
[학술회의논문] 1993 한국어 문법범주 변화에 대한 연구, 조선학회 주최 "제44회
조선학회 대회" / 일본 덴리: 덴리대학.

1996 문법 형태소의 소멸과 생성, 김승곤 엮음 "한국어 토씨와 씨끝의 연구사",
349–363, 도서출판 박이정.

2018 Causative derivation in Old Korean and Early Middle Korean, Korean
Voices Embodied in Chinese-Medium Texts. *Diachronic typology of
voice and valency-changing categories.* Leonid Kulikov and Seppo
Kittilä (eds.). [공저: Song, Jae Jung and Kwon, Jae-Il].

▶ 학술회의논문

1995 근대 국어 시기에 나타난 문법범주의 소멸과 생성, 국어국문학 관련 학회 연합
공동 주최 "국어국문학 관련 5개 학회 연합 학술대회"/ 서울: 서울대학교 강의

3. 언어학사

3.1. 언어학사 일반

▶ 저서

2016 "언어학사강의", 1-458, (주)박이정.

▶ 논문

1989 로만 야콥슨의 언어이론에 대하여, "인문과학논총" 21, 31-49, 건국대학교
    인문과학연구소.

1990 사피어의 언어유형론 연구에 대하여, 간행위원회 편 "신익성 교수 정년퇴임
    기념논문집", 1-11, 한불문화출판.

1990 에드워드 사피어의 언어 이론에 대하여, "인문과학논총" 22, 55-69, 건국대학
    교 인문과학연구소.

▶ 학술회의논문

2016 언어 연구의 두 관점: 이성주의와 경험주의, 한말연구학회 주최 "제44회 한말연
    구학회 전국학술대회" / 서울: 건국대학교 산학협동관.

▶ 논설

1996 야콥슨, 김우창 외 엮음 "103인의 현대사상 – 20세기를 움직인 사상의 모험가
    들", 441-446, 민음사.

1996 쉽게 풀어보는 언어학 이야기 (3): 언어학은 어떻게 발전해 왔는가, "한글사랑"
    3, 104-112, 한글사.

3.2. 한국 언어학사

▶ 저서

2005 "허웅 선생의 우리말 연구", 1-387, 태학사. [공저: 김차균 · 김현권 · 권재일 ·
    정제문 · 이기갑 · 최기용 · 김주원 · 고동호 · 최동주 · 연재훈 · 권경근 · 이

호영].

2014 "허웅 선생 학문 새롭게 읽기", 1–384, 도서출판 박이정. [편저].

▶ 논문

1990 한국어 문법 연구와 외래 이론 수용의 역사, "대구어문논총" 8, 17–39, 대구어문학회. = [학술회의논문] 1989 국어문법 연구와 외래이론 수용의 양상, 대구대학교 인문과학연구소 주최 "학술발표회" / 대구: 대구대학교.

1991 변형생성문법 이론의 수용과 한국어 문법 연구, "건국어문학" 15·16, 505–518, 건국대학교 국어국문학연구회.

1991 한국어 접속문 연구사, 김방한 편 "언어학 연구사", 493–536, 서울대학교 출판부.

1992 초창기 '한글'에 실린 글에 대한 평가와 검토 – '우리말 말본 연구' 분야에 대하여, "한글" 216, 67–88, 한글학회.

1992 현대국어 이음씨끝 연구의 흐름, 김승곤 엮음 "한국어의 토씨와 씨끝", 247–269, 서광학술자료사.

1993 '우리 말본'의 월갈, "새국어생활" 3–3, 83–99, 국립국어연구원.

1993 국어사 연구의 전통과 그 계승·발전, "문학과 사회" 22, 744–754, 문학과지성사.

1994 〈한글갈〉을 통해 본 외솔의 문헌 연구, "나라사랑" 89, 137–155, 외솔회.

1994 외솔의 월갈 연구 방법론에 대하여, 외골 권재선 박사 화갑 기념 논문집 간행위원회 엮음 "우리말 연구", 221–231, 우골탑. = [재수록] 1996 한말연구모임 엮음 "우리말 통어 연구", 도서출판 박이정.

1995 외솔의 월갈 연구와 그 영향, "한힌샘 주 시경 연구" 7·8, 265–287, 한글학회.

1995 최현배 선생의 문헌 연구에 대하여, "한말연구" 1, 7–20, 한말연구모임.

1995 학문의 계승·발전과 김윤경 선생, "나라사랑" 91, 329–331, 외솔회.

1995 서평: 국어 형태 변화의 원리 (이현규 1995, 영남대학교 출판부, 1–453), "언어연구" 12, 229–237, 대구언어학회.

1996 정인승 선생의 품사론과 문장론 연구, "새국어생활" 6–3, 20–37, 국립국어연구원.

1997 21세기 국어학 연구의 새로운 방향, "대구어문논총" 15, 23–36, 대구어문학회.

1997 언어 연구의 회고와 전망, "인문논총" 38, 1–86, 서울대학교 인문학연구소.
   [공저: 안병희 · 임홍빈 · 권재일].
1997 한국 언어학의 연구 성과와 미래의 방향, "한글사랑" 6, 282–296, 한글사.
1998 정태진 선생의 〈국어 문법론〉 연구, "한힌샘 주 시경 연구" 10 · 11, 93–109,
   한글학회.
1998 국어학의 연구 동향: 통사론, "국어학연감 1998", 87–109, 국립국어연구원.
2000 외솔의 「우리 말본」과 말본 연구의 방향, "겨레어문학" 25, 1–16, 겨레어문학회.
2000 외솔의 말본 연구와 말본 연구가 나아갈 방향, "나라사랑" 100, 38–54, 외솔회.
2000 통일시대 한국어 연구의 과제, "우리말글" 20, 1–16, 우리말글학회.
2001 국어형태론 연구의 새로운 전망, "한민족어문학" 38, 17–42, 한민족어문학회.
2005 허웅 선생의 학문 세계, 김차균 외 공저 "허웅 선생의 우리말 연구", 15–35,
   태학사.
2005 허 웅 선생의 언어학, "나라사랑" 110, 43–60, 외솔회. = [번역] 2017 許雄先生
   の言語学研究, 菅野裕臣譯, "韓國語學年報" 13, 248–262, 神田外語大學韓國
   語學會.
2014 주시경 선생의 말글 사랑과 그 사랑 이어가기, "새국어생활" 24–3, 61–75,
   국립국어원.

▶ 학술회의논문
2008 한글학회 100년의 활동 보고: 한글학회의 학술 활동, 한글학회 주최 "한글학회
   창립 100돌 기념 국제 학술 대회" / 서울: 건국대학교 새천년관.
2011 김방한 선생의 학문 세계, 한국언어학회 주최 "김방한 선생 추모 학술대회"
   / 무안: 목포대학교 대외협력관.
2012 세종 학문의 국어학사적 이해, 한글학회 주최 "615돌 세종의날 기념 전국 국어학
   학술대회 (주제: 세종대왕 다시 보기)" / 전주: 전북대학교 인문대학 교수회의실.
2013 외솔 최 현배 선생의 학문, 한글학회 주최 "567돌 한글날 기념 전국 국어학
   학술대회" / 울산: 울산박물관 강당. = [번역] 2017 ウェソル崔鉉培先生の學問,
   菅野裕臣譯, "韓國語學年報" 13, 227–247, 神田外語大學韓國語學會.
2016 서울대학교 언어학 연구의 성과와 과제, 연변대학 조선반도연구협력창신중심
   주최 "새시기 일류급대학과 일류급학과의 건설과발전 국제학술회의" (서울대학

교 개교 70주년 및 김일성종합대학 개교 70주년 기념) / 중국 옌지: 연변대학 본관 4층회의실.

▶ 논설

1990 이현복 지은 Korean Grammar, "한글새소식" 219, 17-17, 한글학회.

1992 권재선 지은 한글 연구 (1)·한글 연구 (2), "한글새소식" 242, 22-22, 한글학회.

1996 책소개: 김승곤 지은 "현대 나라 말본 – 형태론-", "한글새소식" 285, 23-24, 한글학회.

1997 서평: 박기용 저 『말』 –언어의 기원에서 우리 어문 현안까지-, "신동아" 459, 584-585, 동아일보사.

2000 서평: 허 웅 지은 「20세기 우리말의 통어론」, "한글새소식" 330, 20-21, 한글학회.

2000 서평: 홍종선 외 지은 「현대 국어의 형성과 변천 1·2·3」, "한글새소식" 338, 25-25, 한글학회.

2004 한평생 우리말 사랑 길이 빛나리, 허웅 한글학회장을 기리며, "한국일보" 제17404호(2004년 1월 28일), 한국일보사.

2004 고 허웅 선생을 기리며, 와유내강의 삶 … 국어운동의 꿋꿋한 실천가, "교수신문" 제301호(2004년 2월 23일), 교수신문사. = [재수록] 2004 "한글새소식" 379, 21-22.

2005 깊고 넓은 허 웅 선생님의 학문, 한글학회 엮음 "눈뫼 허 웅 선생의 삶", 246-251, 한글학회.

2005 언어학과사, "인문대학 30년사", 서울대학교 인문대학 보관본.

2006 책소개: 문 영호 박사의 「조선어의미구조론」, "한글새소식" 401, 22-23, 한글학회.

2008 우리 말글을 가꾸고 지킨 한힌샘 주시경 선생, 김태진·소재영 엮음 "스승", 31-44, 논형.

2008 한글학회 100돌과 우리 말글의 오늘, "문학사상" 428, 52-62, (주)문학사상.

2015 책소개: 정 순기 선생의 「조선어기능문법」, "한글새소식" 509, 18-19, 한글학회.

2016 언어학과사, "인문대학 40년사", 서울대학교 인문대학 보관본.

4. 언어학 일반

4.1. 언어학 및 한국어학 일반

▶ 저서

1989 "일반언어학 이론" (대우학술총서 번역 25), 1–285, 민음사. [번역서: Roman Jakobson, *Essais de linguistique générale* 1].

1999 "언어학과 인문학" (인문학연구총서 4), 1–362, 서울대학교 출판부. [공저: 권재일 · 김윤한 · 김효중 · 문양수 · 허창운].

2006 "우리말 연구의 이론과 실제", 1–432, 경진문화사. [공저: 최남희 등 18인].

2007 "한국수화 문형사전", 한국표준수화규범 제정추진위원회 편, 국립국어원 · 한국 농아인협회.

2007 "한국수화사전", 한국표준수화규범 제정추진위원회 편, 문화관광부 · 한국농아 인협회.

2008 "우리말의 텍스트 분석과 현상 연구", 1–562, 도서출판 역락. [공저: 이석규 등 20인].

2008 "허 웅 지음, 언어학 개론", 1–173, 지식을만드는지식. [편저].

2010 "언어의 이해", 1–313, 한국방송통신대학교 출판부. [공저: 김현권 · 남승호 · 목정수 · 권재일]. [개정판] 2015 "언어의 이해", 1–329, 한국방송통신대학교출 판문화원. [공저: 권재일 · 김현권 · 남승호].

2013 "세계 언어의 이모저모", 1–349, 도서출판 박이정.

▶ 논문

1998 텍스트 언어학과 인문학의 발전, 한결 이승명 박사 화갑기념논총 간행위원회 편 "추상과 의미의 실재", 467–491, 도서출판 박이정.

2004 국어학 고유어 용어 분류 체계에 관한 연구 (국립국어연구원 연구 용역 보고서), 1–188, 국립국어연구원.

2015 La lengua y escritura de Corea, Kwon Jae-il, Lee man-Ki (eds.) *Actas del seminario entre Corea y Bolivia sobre lengua y cultura aymara*, 163–172, The Altaic Society of Korea.

▶ 학술회의논문

2004 표준 수화사전 제정의 바람직한 방향, 한국표준수화규범 제정 추진위원회 주최 "한국표준수화사전 편찬을 위한 공청회" / 서울: 국회의사당 헌정기념관.

2010 개방형 한국어 지식 대사전 편찬, 한국어의미학회·한국사전학회 공동 주최 "사전과 의미 학술대회" / 서울: 경희대학교 청운관.

2014 우리말과 우리 얼, 그리고 언어문화, 문화체육관광부·문화융성위원회 공동 주최 "언어문화개선운동의 현황과 앞으로의 발전 방안 토론회" / 서울: 국립한글 박물관 강당.

▶ 논설

1983 말과 생각, "태백" 3, 41–45, 태백회.

1984 Language and Thought, *Love, Light & Freedom* 제24–4호(1984년 10월 22일), 대구대신문사.

1992 언어·기호, "학술·정보·시사 네트워크", 660–666, 도서출판 일감호.

1996 '언어' 삶의 모습인 문화의 반영, "한국방송대학보" 제970호(1996년 10월 21일), 한국방송통신대학교 학보사.

1996 쉽게 풀어보는 언어학 이야기 (1): 언어의 기능과 본질, "한글사랑" 창간호, 83–88, 한글사.

1996 쉽게 풀어보는 언어학 이야기 (2): 언어학은 무엇을 탐구하는가, "한글사랑" 2, 137–143, 한글사.

1996 언어학, 김완진 외 27인 지음 "학문의 길라잡이", 41–50, 청림출판.

1996 우리는 언어학을 통해 무엇을 배울 것인가, "말씀" 7, 서울대학교 인문대학 언어학과 학생회.

2005 언어학: 인간의 본성을 밝히는 위대한 도전, 김용준·정운찬 외 공저 "스무 살에 선택하는 학문의 길", 187–201, 아카넷.

2016 세계 속에 빛나는 한국어와 한글, "월간 묵가" 126, 67–77, 묵가.

4.2. 언어유형론

▶ 논문

1991 한국어 문법범주에 대한 언어유형론적인 연구, "언어학" 13, 51–74, 한국언어학회.

1993 한국어 문법범주의 변화 양상과 언어유형론적 특성, "학술지" 37, 29–48, 건국대학교. = [재수록] 1999 이병근·서정목 편 "문법 2" (국어학강좌 2), 태학사.

2002 한국어 의문문의 실현 방법과 그 언어유형론적 특성 – 구어 자료를 대상으로 –, "한글" 257, 167–200, 한글학회.

2011 한국어의 위상과 한국어의 특징, "한인교육연구" 28, 4–8, 재미한국학교협의회.

2013 언어유형론과 한국어 교육 방법론, "한국(조선)어교육연구" 8, 75–91, 중국한국(조선)어교육연구학회. = [학술회의논문] 2012 언어유형론과 한국어 교육 방법론, 중국한국(조선)어교육연구학회 주최 "한중수교 20주년 학회창립 10주년 기념 한국어교육국제학술대회" / 중국 베이징: 베이징대학 도서관.

2016 한국어 문법의 언어유형론적 특징, "한국문화교육연구" 1, 1–11, 국립정치대학 한국어문학계 한국문화교육중심.

▶ 학술회의논문

1993 Historical change and typology of grammatical category in Korean, The 2nd International Conference on Korean and Comparative Studies, Association Internationale d'Etudes Coréennes et Comparés / Leuven, Belgium: Katholieke Universiteit Leuven.

2016 한국어 문법의 언어유형론적 특징과 문법 연구, 국립정치대학 한국어문학과 주최 "국립정치대학 한국어문학과 창립 60주년 국제학술회의" / 타이완 타이베이: 국립정치대학 세미나실.

4.3. 남북한 언어 통합

▶ 저서

2006 "남북 언어의 문법 표준화" (서울대학교 한국학연구총서 20), 1–310, 서울대학

교 출판부.

2012 "북한의 〈조선어학전서〉 연구" (서울대학교 통일학연구총서 14), xv+270, 서울
대학교출판문화원.

2014 "남북 언어의 어휘 단일화" (서울대학교 통일학연구총서 22), xi+174, 서울대학
교출판문화원.

▶ 논문

1991 김용구 지은 〈조선어리론문법(문장론)〉 평설, "한글" 213, 209-253, 한글학회.

1991 북한의 '복합문' 연구에 대하여, 간행위원회 편 "들메 서재극박사 환갑기념논문
집", 51-64, 계명대학교 출판부. = [재수록] 1996 한말연구모임 엮음, "우리말
통어 연구", 279-293, 도서출판 박이정.

2003 남북 언어 표준화를 위한 문법론 대조 연구, "KBS 한국어 연구논문" 54,
57-134, KBS 아나운서실 한국어연구회.

2004 우리말의 미래와 남북 언어 통합 방안, "우리말글" 31, 1-27, 우리말글학회.

2004 말뭉치 자료 정보 부착과 남북 문법의 통합 방안, 국립국어원 "남북언어 동질성
회복을 위한 제3차 남북 국제 학술 회의 논문집", 155-170, 국립국어연구원.
= [학술회의논문] 2004 말뭉치 자료 정보 부착과 남북 문법의 통합 방안, 국립국
어연구원·사회과학원 언어학연구소 공동 주최 "민족어 유산의 수집 정리와
고유어 체계의 발전 풍부화를 위한 국제학술모임" / 중국 베이징: 21세기호텔.

2005 "남북한 문법에서 높임법 기술의 표준화 방안, *Journal of KOREAN STUDIES*,
Vol. 7, 111-127, Central Asian Association for Korean Studies.

2006 남북 문법의 시간범주 체계의 표준화 방안, 최남희 등 18인 공저 "우리말 연구의
이론과 실제", 159-186, 경진문화사.

2006 남북 언어 통합과 문법의 표준화, "화해와 협력시대의 코리아학, 제2회 세계코리
아학대회 공동논/론문집", 148-166, 국제고려학회.

2006 남북한의 언어학 전문용어 표준화 방안 연구 – 분류 체계 수립을 위하여 –,
"한글" 274, 231-266, 한글학회. = 2008 남북한의 언어학 전문용어 표준화
방안 연구 (서울대학교 통일평화연구소 통일학연구보고서 05-11), 1-40, 서울
대학교 통일평화연구소.

2008 북한 언어학의 의미 연구, 이석규 등 20인 공저 "우리말의 텍스트 분석과 현상

연구", 259-283, 도서출판 역락.

2008 북한의 우리말 연구 성과와 〈조선어학전서〉, "나라사랑" 114, 150-183, 외솔회.

2009 [朝鮮語學全書]と北韓の言語工學の研究, "朝鮮半島のことばと社會, 油谷幸利 先生還曆記念論文集", 269-296, 일본 도쿄: 明石書店.

2013 북한의 우리말 연구사, Sung-Ock Sohn, Sungdai Cho & Seok-Hoon Yoo (eds.), *Studies in Korean Linguistics and Language Pedagogy*, 482-500, Korea University Press.

2015 남북한 언어의 문법범주 대조와 표준화, 강은국 외 "한국 언어학 연구와 한국어 교육", 204-230, 도서출판 하우. = [학술회의논문] 2015 남북한 언어의 문법범 주 대조와 표준화, 중국 푸단대학 주최 "2015 푸단대학 한국언어문학 연구와교 육 국제학술회의" / 중국 상하이: 푸단대학 문과루.

2015 분단 70년의 남북한 언어, "지식의 지평" 19, 1-18, 한국학술협의회.

2015 남북한 어휘 단일화, "새국어생활" 25-4, 107-124, 국립국어원.

2016 북한의 국어 문법사 연구에 대하여, "한글" 311, 55-87, 한글학회.

2016 남북한 의사소통 방식 차이 극복 방안 연구 (통일준비위원회 정책연구용역 결과 보고서), 1-378, 상명대학교 천안 산학협력단. [공저: 구현정 · 권재일 · 전정 미 · 양수경].

▶ 학술회의논문

2005 Standardization of South and North Korean Grammar, The 5th International Conference on Korean Studies, Centural Asian Association for Korean Studies / Bishkek, Kyrgyzstan.

2006 남북의 언어문화 비교: 어문규범과 지역어 조사를 중심으로, 서울대학교 비교문 화연구소 '언어와 문화' 집담회 / 서울: 서울대학교 인류학 실습실.

2007 남북 단일 어문규범의 현황과 과제, 한겨레말글연구소 주최 "한겨레말글연구소 제3회 학술발표회" (주제: 남북 단일 어문규범 얼개잡기) / 서울: 한겨레신문사 3층 강당.

2007 남북 단일 어문규범 작성의 현황과 전망, 국립국어원 · 사회과학원 언어학연구 소 · 중국 연변대학 공동 주최 "민족어 발전의 현실태와 전망 국제학술회의" / 중국 옌지: 연변대학 학술보고청.

2008 우리말 지킴이 〈겨레말큰사전〉, 겨레말큰사전 남북공동편찬사업회 주최 "겨레말큰사전 국제학술회의" / 우즈베키스탄 타슈켄트: 그랜드 미르 호텔 컨퍼런스홀.

2013 한국어 문어 문법의 대조 – 남한말, 북한말, 조선말, 고려말을 대상으로 –, 하와이대학 한국학센터 · 고려대학교 언어정보연구소 공동 주최 "한국 언어학과 한국어 교육 국제학술회의" / 서울: 고려대학교 국제어학원 강당.

2014 남북한 언어의 차이와 단일화를 위한 연구 현황, 통일의학포럼 주최 "통일의학포럼 제4차 심포지엄 "남과 북의 의료가 하나되는 첫걸음 – 언어와 의학용어, 의학교육의 통합 –" / 서울: 국회의원회관 2층 제1소회의실.

2015 남북한 언어문화의 현실과 통합 방안, 국립국어원과 겨레말큰사전남북공동편찬사업회 공동 주최 "광복 70주년 기념 겨레말 통합을 위한 국제학술대회" / 서울: 국립한글박물관 강당.

▶ 논설

1991 남북 언어 비교 (상), "계명대신문" 제695호(1991년 10월 1일), 계명대학교신문사.

1991 남북 언어 비교 (하), "계명대신문" 제696호(1991년 11월 5일), 계명대학교신문사.

1998 북한: 언어, "이대학보" 제1125호(1998년 11월 30일), (이화여자대학교) 이대학보사.

2006 어문규범의 단일화 방안, "겨레말소식" 창간호, 40–42, 겨레말큰사전 남북공동편찬사업회.

2008 〈겨레말큰사전〉 편찬에 담긴 뜻, "겨레말" 2008년 상반기, 2–5, 겨레말큰사전 남북공동편찬사업회.

2010 남북한 언어 차이를 극복하기 위하여, "통일 한국" 322, 8–9, 평화문제연구소.

2012 남북 언어 통합을 위한 몇 가지 제안: 〈북한의 조선어학전서 연구〉를 통해, "웹진민족화해" 55, 민족화해협력범국민협의회. [인터넷판].

2014 남북 문화 교류는 늘 열려 있어야 한다, "겨레말" 12, 2–5, 겨레말큰사전 남북공동편찬사업회.

4.4. 중앙아시아 고려말

▶ 저서

2010 "중앙아시아 고려말의 문법" (서울대학교 한국학 연구총서 29), 1-346, 서울대학교출판문화원.

▶ 논문

2007 현대 국어와 중앙아시아 고려말의 격조사 대조 분석, "우리말글" 41, 71-92, 우리말글학회.

2008 중앙아시아 고려말의 의향법 연구, "제4회 세계 한국학 대회 논문집 1", 493-516, 한국학중앙연구원. = [학술회의논문] 2008 중앙아시아 고려말의 의향법 연구, 한국학중앙연구원 주최 "제4회 세계 한국학대회" (주제: 세계와 소통하는 한국학) / 서울: 쉐라톤 워커힐 호텔.

2013 중앙아시아 고려말의 구어와 문어, *КОРЕЕВЕДЕНИЕ КАЗАХСТАНА* 1 ("카자흐스탄 한국학" 1), 45-66, 카자흐 국제관계 및 세계언어대학 한국학센터.

2013 고려말 문어 문법과 현대 한국어 문법의 대조, Kim Juwon and Ko Dongho (eds.), *Current Trends in Altaic Linguistics*, 619-646, Altaic Society of Korea.

2015 中央アジア高麗語の話しことばと書きことば, "朝鮮學報" 234, 1-36, 일본 조선학회. = [재수록] 2018 "韓國語教育論講座" 3, 287-318, 일본 도쿄: くろしお出版. = [학술회의논문] 2014 中央アジア高麗語の話しことばと書きことば, 조선학회 주최 "제65회 조선학회 대회"(공개강연) / 일본 덴리: 덴리대학 회의실.

▶ 학술회의논문

2007 중앙아시아 고려말의 격조사와 격조사 생략과 축약, The 7th International Conference on Korean Studies, Centural Asian Association for Korean Studies / Tashkent, Uzbekistan.

2013 중앙아시아 고려말 문어의 성격과 특징, 국제고려학회 주최 "제11차 코리아학국제학술토론회" / 중국 광저우: 광저우외어외무대학 세미나실.

4.5. 언어 다양성, 알타이언어, 아이마라어

▶ 저서

1999 "한반도와 중국 동북 3성의 역사 문화", 1–518, 서울대학교 출판부. [공저: 김시준 · 이병근 · 정인호 · 권재일 · 서대석 · 노태돈 · 송기호 · 송호정 · 오영찬].

2003 "한반도와 만주의 역사 문화", 1–369, 서울대학교 출판부. [공저: 이병근 · 정인호 · 권재일 · 서대석 · 김시준 · 노태돈 · 송기호].

2008 "사라져 가는 알타이언어를 찾아서", 1–429, 태학사. [공저: 김주원 · 권재일 · 고동호 · 김윤신 · 전순환].

2008 *A Study of the Tacheng Dialect of the Dagur Language*, 1–226, Seoul National University Press. [공저: Yu Wonsoo, Kwon Jae–il, Choi Moon–jeong, Shin Yong–kwon, Borjigin Bayarmend, Luvsandorj Bold].

2010 "중국의 다구르어와 어웡키어의 문법–어휘 연구" (대우학술총서 597), 1–322, 아카넷. [공저: 성백인 · 김주원 · 고동호 · 권재일].

2011 "알타이언어 현지 조사 질문지", 1–334, 태학사. [공저: 최문정 · 신용권 · 손남호 · 김윤신 · 김건숙 · 김주원 · 고동호 · 송재목 · 권재일].

2011 "언어 다양성 보존을 위한 알타이언어 문서화", 1–309, 태학사. [공저: 김주원 · 유원수 · 이용성 · 최문정 · 최운호 · 이호영 · 전순환 · 권재일].

2015 *Actas del seminario entre Corea y Bolivia sobre lengua y cultura aymara*, x+172, Equipo de investigación sobre lengua aymara, Universidad Nacional de Seúl. [eds. Kwon Jae–il · Lee Man–Ki].

2015 "아이마라어 연구", xiv+386, 한국알타이학회출판부. [공저: 권재일 · 이승재 · 김창민 · 박한상 · 이만기 · 강은지 외].

2015. "아이마라어 어휘", ix+275, 한국알타이학회출판부. [공저: 권재일 · 이승재 · 김창민 · 박한상 · 이만기 · 강은지 외].

▶ 논문

1998 Auxiliary verb constructions in Korean and Khalkha Mongolian, "알타이

학보" 8, 105–119, 한국알타이학회. = [학술회의논문] 1998 Auxiliary verb constructions in Korean and Khalkha Mongolian, 내몽골대학 주최 "제3차 국제 몽골학학술대회" / 중국 내몽골자치구 후허호트시: 내몽골대학.

1999 중국 흑룡강성 口語 滿洲語 조사 연구, 김시준·이병근·정인호·권재일·서대석·노태돈·송기호·송호정·오영찬 공저 "한반도와 중국 동북 3성의 역사 문화", 77–148, 서울대학교 출판부.

1999 한국어와 알타이제어의 의존용언 구문 연구, "인문논총" 42, 1–19, 서울대학교 인문학연구소.

2000 통구스어의 음운 구조와 문법 구조 연구, "알타이학보" 10, 1–57, 한국알타이학회. [공저: 권재일·김주원].

2001 어윙키어의 문법범주와 그 실현 방법 – 한국어와 대조를 중심으로 –, "언어학" 28, 27–55, 한국언어학회.

2002 한국어와 몽골어의 문법 구조 대조, *Journal of Korean Studies*, vol. 3, 1–19, Central Asian Association for Korean Studies.

2003 한국어와 통구스어의 문법구조 대조 연구, 이병근·정인호·권재일·서대석·김시준·노태돈·송기호 공저 "한반도와 만주의 역사 문화", 99–139 서울대학교 출판부.

2004 Preliminary remarks on the phonemic system of the Qiqihar Meilis dialect of the Dagur language, "알타이학보" 14, 153–184, 한국알타이학회. [공저: 유원수·권재일].

▶ 학술회의논문

2005 사라져가는 언어와 한국알타이어학의 과제, 충남대학교 인문과학연구소 주최 "한국어문화의 세계화 국제학술대회" / 대전: 충남대학교 문원강당.

2005 사라져가는 언어와 국어의 방언 정책, 국어정책학회 주최 "학술발표회" / 서울: 한글학회 강당.

2007 절멸 위기의 알타이언어와 그 보존, 조직위원회 주최 "2007 Asia Africa Literature Festival in Jeonju" / 전주: 전북대학교 진수당.

▶ 논설

1999 중국 헤이룽장성 구어 만주어 답사 여행기, 한국알타이학회 편 "알타이 언어들을
      찾아서" (한국알타이학회 언어 문화 연구 1), 5-30, 태학사.
2005 힘겹게 만주어를 지키는 청년, 스쥔광, "한글새소식" 394, 11-12, 한글학회.
2007 소멸 위기의 언어, "대학신문" 제1701호(2007년 3월 19일), 서울대학교 대학신
      문사.
2007 절멸 위기의 언어와 그 보존 - 알타이 언어를 중심으로, "겨레말소식" 2007년
      하반기, 17-21, 겨레말큰사전 남북공동편찬사업회.
2008 세계 언어 6000여 개 중 90%가 사라질 위기, "중앙일보" 2008년 11월 18일,
      중앙일보사.
2009 사라져가는 언어의 디지털 구축, "도서관계" 175, 국립중앙도서관.

5. 응용언어학

5.1. 응용언어학 일반

▶ 논문

1998 쉽게 풀어보는 언어학 이야기 (7): 언어와 사회, "한글사랑" 7, 89-99, 한글사.
1998 쉽게 풀어보는 언어학 이야기 (8): 언어와 인간, "한글사랑" 8, 128-138, 한글사.
2006 알기 쉬운 법령 만들기를 위한 법률 개정안 (법제처 용역과제 최종 보고서),
      1-874, 서울대학교 산학협력단. [공저: 권재일 · 신동운 · 이미숙 · 허철구 · 김
      문오].
2006 알기 쉬운 법령 만들기를 위한 정비 기준 (법제처 용역 과제 최종 보고서),
      1-193, 법제처. [공저: 서울대학교 권재일 외, 한글학회, 연세대학교, 한양대학
      교, 이화여자대학교, (주)현암사].
2008 관세법을 알기 쉽게 정비한 초안 마련을 위한 연구 (법제처 용역과제 최종 보고
      서), 1-478, 서울대학교 산학협력단. [공저: 신동운 · 권재일 · 김희진 · 하종규].
2008 새로운 검찰결정문에 대한 국문법적 검토 (대검찰청 용역과제 최종 보고서),
      1-300, 서울대학교 산학협력단.
2009 다문화 사회와 언어, 유네스코 아시아태평양 국제이해교육원 엮음 "다문화 사회

의 이해", 308-332, 동녘.

2011 국어 연구의 응용언어학적 접근, "어문학" 114, 1-14, 한국어문학회. = [학술회의논문] 2011 국어 연구의 응용언어학적 접근, 한국어문학회 주최 "2011년도 한국어문학회 전국학술대회" (주제: 국어국문학 연구의 대중화 방안) / 대구: 경북대학교 우당교육관.

5.2. 언어 교육

▶ 저서

1999 "국어지식탐구 - 국어교육을 위한 국어학개론", 1-542, 도서출판 박이정. [공저: 김광해 · 권재일 · 임지룡 · 김무림 · 임칠성].

2010 "문법 교육론", 1-427, 도서출판 역락. [공저: 임지룡 · 임칠성 · 심영택 · 이문규 · 권재일].

▶ 논문

1992 국민학교 국어과 말하기 교육에 대하여 - 4 · 5 · 6학년 〈말하기 · 듣기〉 교과서를 중심으로 -, "교육 한글" 5, 76-102, 한글학회.

1995 국어학적 관점에서 본 언어 지식 영역 지도의 내용, "국어교육연구" 2, 159-175, 서울대학교 사범대학 국어교육연구소.

2000 한국어 교육을 위한 표준 문법의 개발 방향, "새국어생활" 10-2, 103-116, 국립국어연구원.

2002 미국 대학에서의 한국어 교육 현황, "한말연구" 11, 1-22, 한말연구학회.

2008 외국인을 위한 한국어 문법 교육 방법의 실제 - 한국수화에 의한 한국어 지도 교재 개발을 위한 기초 연구 -, "한국수화연구" 1, 1-67, 국립국어원 · 한국농아인협회.

2012 韓國語教育と話しことばの文法, "韓國語教育論講座" 2, 173-198, 日本 東京: くろしお出版.

2017 언어와 문화, 그리고 한국어 교육, "한인교육연구" 32, 21-28, 재미한국학교협의회.

▶ 교과서

1990 "국민 학교 국어 말하기 · 듣기" 4-1, 1-112, 지은이 문교부, 펴낸이 대한 교과서 주식 회사. [집필진: 이현복 · 권재일 · 권현숙 · 성백인 · 윤기정 · 이종혜 · 임지룡].

1990 "국민 학교 교사용 지도서 국어" 4-1, 1-322, 지은이 문교부, 펴낸이 대한 교과서 주식 회사. [집필진: 이현복 · 권재일 외].

1990 "국민 학교 국어 말하기 · 듣기" 4-2, 1-96, 지은이 문교부, 펴낸이 대한 교과서 주식 회사. [집필진: 이현복 · 권재일 · 권현숙 · 김숙희 · 유덕엽 · 이병흔 · 이종혜 · 임지룡].

1990 "국민 학교 교사용 지도서 국어" 4-2, 1-296, 지은이 문교부, 펴낸이 대한 교과서 주식 회사. [집필진: 이현복 · 권재일 외].

1996 "고등 학교 문법", 1-236, 저작권자 교육부, 발행인 대한 교과서 주식 회사. [집필진: 곽충구 · 권재일 · 김광해 · 박갑수 · 송재욱 · 이현희 · 장경희 · 홍종선].

1996 국어의 변화, "고등 학교 국어 (하)", 183-193, 저작권자 교육부, 발행인 대한 교과서 주식 회사. [집필진: 김대행 외].

2002 "고등 학교 문법", 1-321, 저작권자 교육 인적 자원부, 발행인 대한 교과서 주식 회사. [집필진: 김광해 · 권재일 · 김창섭 · 민현식 · 시정곤 · 이관규 · 이종덕 · 임석빈 · 정희창].

2002 한글과 민족 문화, 상명대학교 국어교재편찬위원회 편, "대학 국어", 11-19, 상명대학교 출판부.

2017 문화는 언어를 담는 그릇이다, "고급 한국어 (상)", 197-213, 주편 왕단, 출판발행 북경대학 출판사.

5.3. 언어 공학

▶ 논문

1998 용언 전자사전 구축 지침, 연구보고서: 21세기 세종계획 – 전자사전 개발 – 제1차년도, 108-245, 문화관광부 · 국립국어연구원. [공저: 권재일 · 김현권].

1999 용언 전자사전 구축 지침, 연구보고서: 21세기 세종계획 – 전자사전 개발 – 제2차년도, 140-278, 문화관광부 · 국립국어연구원. [공저: 권재일 · 김현권].

2000 용언 전자사전 구축 지침, 연구보고서: 21세기 세종계획 – 전자사전 개발 –
   제3차년도, 215-321, 문화관광부 · 국립국어연구원. [공저: 권재일 · 김현권].
2000 국어 정보화와 용언 전자사전 구축, "한말연구" 6, 67-86, 한말연구학회.
2000 연구보고서, 한글 옛 문헌 정보구축을 위한 종합조사 연구, 문화관광부. [공저:
   김석득 · 최기호 · 김정수 · 권재일 · 성낙수 · 조오현].
2000 한국어 발화동사 구문 기술, "한말연구" 7, 1-26, 한말연구학회.
2005 구어 말뭉치 구축과 형태 · 통사 정보, 국립국어원 "남북언어 동질성 회복을
   위한 제5차 남북 국제 학술 회의 논문집", 201-222, 국립국어연구원. = [학술회
   의논문] 2005 구어 말뭉치 구축과 형태 · 통사 정보, 국립국어연구원 · 사회과학
   원 언어학연구소 공동 주최 "민족어 어휘 구성의 변화와 통일적 발전에 관한
   국제 학술 회의" / 중국 선양: 삼융중천호텔.

▶ 학술회의논문
2004 구어 말뭉치 구축을 위한 자료의 선정과 입력 원칙, 국립국어연구원 · 사회과
   학원 언어학연구소 공동 주최 "방언 연구와 조사 및 코퍼스에 관한 국제 학술
   회의" / 중국 선양: 글로리아플라자호텔.

5.4. 언어 정책

▶ 저서
2005 "말이 올라야 나라가 오른다 2", 1-349, 한겨레신문사. [공저: 권재일 · 려증
   동 · 안인희 · 정재도 · 조재수 · 최용기 · 최인호].

▶ 논문
2007 국어정책, "국어 연감 (국어동향) 2006", 41-66, 국립국어원.
2009 국어 정책과 국어 교육, "국어교육" 129, 25-38, 한국어교육학회.
2010 세계화 시대의 국어 정책 방향, "국어국문학" 155, 5-17, 국어국문학회. =
   [재수록] 2012 국어국문학회 편, "세계화 시대의 국어국문학", 17-34, 보고사.

▶ 학술회의논문

2001 새로 짓는 길이름의 사이시옷 표기, 국립국어연구원 "국어정책 토론회" / 서울: 국립국어연구원 강당.

2002 현행 문장 부호의 보완과 세칙안, 국립국어연구원 "문장 부호 세칙안 마련을 위한 토론회" / 서울: 국립국어연구원 세미나실.

2005 국어 기본법의 실효성 확보 방안, 국회 "국어발전을 위한 전문가 토론회" / 서울: 국회의원회관 소회의실.

2010 The National Institute of the Korean Language and Language Policies in Korea, The 1st USC International Conference on Korean Applied Linguistics and the 10th USC Korean Teachers Training Workshop / 미국 LA: University of Southern California.

2011 국어 정책과 국어 보전, 재미한국학교협의회 주최 "재미한국학교협의회 제29회 국제학술대회" / 미국 샌프란시스코: 하이야트리젠시호텔.

2011 다문화 사회에서의 국어 정책과 언어 교육의 방향, 이중언어학회 주최 "창립 30주년 기념 국제학술대회" (주제: 이중 언어 시용과 문화 정체성) / 서울: 숭실대학교 벤처중소기업센터.

2012 한국의 언어정책 현황과 과제, 서울대학교 인문학연구원 언어연구소 주최 "언어연구소 집담회" / 서울: 서울대학교 신양학술정보관.

2012 국어 정책의 현황과 과제, 사단법인 한국언어학회 주최 "한국언어학회 2012년 겨울학술대회" / 서울: 광운대학교 도서관.

▶ 논설

1982 국어생활의 올바른 방향을 위하여, "태백" 2, 28-32, 태백회.

1983 쉬운 말의 참뜻, "대구대신문" 제254호(1983년 4월 14일), 대구대신문사.

1984 글자의 참된 기능, "대구대신문" 제285호(1984년 5월 21일), 대구대신문사.

1987 국어운동의 실천 – 알고서, 그리고 작은 일부터, "가운뎃소리" 6, 10-11, 건국대학교 국어학생회.

1988 개정된 「한글 맞춤법」 규정에 대하여, "국어교육월보" 7, 한국국어교육학회.

1988 대학인의 올바른 언어생활을 위하여, "가운뎃소리" 7, 10-11, 건국대학교 국어학생회.

1989 국어운동과 말하기/듣기, "가운뎃소리" 8, 10-11, 건국대학교 국어학생회.

1990 쉬운 말의 참뜻, "가운뎃소리" 9, 10-10, 건국대학교 한말글사랑터.

1990 귀담아듣기, "삼성" 1990년 10월, 68-68, (주)삼성물산.

1991 더 나은 언어생활을 위하여, "가운뎃소리" 10, 11-12, 건국대학교 한말글사랑터.

1991 간판 상호에 나타난 국어의 사용 실태, 연구보고서: 상호, 상품 이름, 아파트 이름 등의 광고에 나타난 국어 사용의 실태 조사 연구, 67-86, 240-253, 국립국어연구원. [공저: 권재일·김동식].

1991 신문·잡지·방송의 국어 오용 사례 조사 보고서, 1-200, 국어순화가족. [공저: 권재일·김동식 등].

1992 '아씨'와 국어 운동, "가운뎃소리" 11, 10-10, 건국대학교 한말글사랑터.

1992 생활외래어 다듬기 (국어순화문화가족 공동보고서), 1-51, 문화부. [공저: 권재일·김동식 등].

1993 우리 말 사랑의 길 – 어휘를 풍부하게 –, "가운뎃소리" 12, 10-10, 건국대학교 한말글사랑터.

1994 말이 올라야 나라가 오른다, "월간 대중불교" 140, 22-23, 재단법인 대원정사.

1995 세계화와 우리말, "종근당 마음" 242, 6-7, 주식회사 종근당.

1995 우리말을 쉽고 바르게, 광고언어가 앞장을, "사보 방송광고" 9·10월호, 20-21, 한국방송광고공사

1995 말이 내리면 나라가 내린다, "한겨레신문" 제2359호(1995년 10월 5일), 한겨레신문사.

1995 눈여겨 보고, 귀담아 듣자, "정일논술건설팅", 033, 4-6, 정일학력평가원.

1996 우리말의 지금 모습, 그리고 앞으로의 방향, "한국방송대학보" 제968호(1996년 10월 7일), 한국방송통신대학교 학보사.

1998 귀담아듣기, "대학신문" 제1467호(1998년 3월 2일), 서울대학교 대학신문사.

1998 올바른 국어 생활을 위해 언론이 앞장서자, "나라사랑" 96, 6-9, 외솔회.

1998 우리말에 대해 자긍심을 가지자, "한글사랑" 8, 9-11, 한글사.

1998 우리말, 글에 대해 자긍심을 가지자, "경성대신문" 제324호(1998년 10월 12일), 경성대학교 신문사.

2000 설득, 이해, 실천의 의지, – 새 로마자 표기법의 성공적인 정착을 위하여 –,

"새국어생활" 10-4, 51-61, 국립국어연구원.

2001 우리말의 긍지와 자부심을 기초로, "광고심의" 3월호, 11-14, 한국광고자율심
의기구.

2001 어지러운 우리말을 바로잡기 위해서라도, "나라사랑" 101, 10-13, 외솔회.

2003 언론의 우리말 푸대접, "문화일보" 제3487호(2003년 3월 27일), 문화일보사.

2003 국어 기본법과 국어 생활 향상을 위한 제도, "새국어생활" 13-2, 25-40, 국립국
어연구원.

2003 국어는 민족유산 자긍심부터 갖자, "세계일보" 제4824호(2003년 12월 15일),
세계일보사.

2003 언어규범, 현실과 조화를, "문화일보" 3716호(2003년 12월 24일), 문화일보사.
= [재수록] 2004 "한글새소식" 377, 15-16, 한글학회.

2004 우리말, 우리글에 대해 자긍심을 높이자, "경인교대신문" 제442호(2004년 3월
2일), 경인교대신문사.

2004 마음이 고우면 말도 곱다, "문화일보" 제3997호(2004년 11월 27일), 문화일
보사.

2004 통신언어, 어떻게 볼 것인가, "말과 글" 100, 118-122, 한국어문교열기자협회.

2006 국어 정책과 국어 상담, "국어상담" 창간호, 13-35, 전국 국어상담소 연합회.

2006 알기 쉬운 법령과 어휘 다듬기의 실제, "법제" 586, 5-14, 법제처.

2007 국어 능력, 어떻게 키울 것인가?, "새국어생활" 17-2, 55-66, 국립국어원.

2007 국어기본법의 실효성 확보를 위하여, "말과 글" 113, 9-14, 한국어문교열기자
협회.

2008 법령을 쉽고 정확하게 다듬기 위하여, "법제" 610, 30-42, 법제처.

2009 표준어의 필요성과 방언의 가치, "경향신문" 2009년 4월 25일, 경향신문사.

2009 표준어 · 방언 모두 소중해, "조선일보" 2009년 5월 30일, 조선일보사.

2009 '표준어 합헌' 결정과 방언, "문화일보" 제5349호(2009년 6월 1일), 문화일보사.

2009 우리말 세계화 생각할 때다, "중앙일보" 2009년 7월 2일, 중앙일보사.

2009 한글 해외보급, 그 첫걸음, "문화일보" 제5408호(2009년 8월 10일), 문화일
보사.

2009 우리의 한글, 참으로 소중하지 아니한가!, Beyond Promise 263, 32-35, LG
CNS.

2009 영어 예산의 10%만 투자해도, "경향신문" 2009년 10월 15일, 경향신문사.

2010 왜 상품이름을 외국어로 지을까?, "출판저널" 409, 10-10, 출판저널문화미디어.

2010 행정용어, 분명하고 품격 있어야, "문화일보" 제5576호(2010년 3월 15일), 문화일보사.

2010 당신의 말 한마디가 바로 국격입니다, "대한민국 정책포털 공감 코리아 컬럼 & 피플". [인터넷판].

2010 쉽고 정확한 공공언어를 위하여, "한글새소식" 453, 2-2, 한글학회.

2010 우리말도 저 만주어처럼 사라질지 모른다, "에세이문학" 110, 23-26, 에세이문학사.

2010 국민의 국어 능력 향상을 위하여, "아나운서저널" 7, 96-97, 한국아나운서연합회.

2010 공공언어는 알기 쉽고 정확해야 한다, "법제" 634, 2-5, 법제처.

2010 당신의 말 한마디가 국격을 좌우한다, 이어령 외 33인 지음 "대한민국 국격을 생각한다", 133-138, 올림.

2011 영어 잘하는 나라가 잃어가는 것, "동아일보" 제27820호(2011년 1월 6일), 동아일보사.

2011 조선어학회의 귀한 뜻을 이어받자, "한글새소식" 463, 6-7, 한글학회.

2011 방송 드라마 언어의 품격, "문화일보" 2011년 5월 23일, 문화일보사.

2011 세계로 뻗어가는 한국어와 한글, "세계 속에 한국", 국가브랜드위원회. [인터넷판].

2011 우리말과 우리글의 위상, "동아일보" 제28052호(2011년 10월 8일), 동아일보사.

2011 예산 뒷받침 없는 '세계 속 한국어' 공허하다, "중앙일보" 제14528호(2011년 10월 8일), 중앙일보사. = [번역] 2011 Korean-language classes need work, *Korea JongAng Daily* 제3362호(2011년 10월 7일), 중앙일보사.

2012 다문화 이웃에 말걸기, "문화일보" 2012년 1월 18일, 문화일보사.

2013 국회 윤리강령 사문화시켜선 안된다, "문화일보" 2013년 7월 29일, 문화일보사.

2013 말은 인격이다, "문화일보" 2013년 12월 11일, 문화일보사.

2015 한국手語法 제정 절실하다, "문화일보" 2015년 4월 24일, 문화일보사.

2015 한글만 쓰기, 더는 논란거리가 아니다, "말과 글" 145, 10-15, 한국어문기자협회.

2015 국어기본법, 서울대학교 국어교육연구소 편 "한국어교육학사전", 119-122, 대교출판.

2016 한글학회는 겨레 문화를 지켜 온, 그리고 지켜 나갈, 큰 별입니다, "한글새소식" 524, 5-5, 한글학회.

2017 조선어학회 수난 사건은 위대한 독립운동이었다, "국립한글박물관 소식지" 2017년 8월, 국립한글박물관. [인터넷판].

2017 한글날을 맞아 우리 말글을 다시 생각한다, "용운" 12, 18-19, 용운장학재단.

2018 헌법은 누구나 알 수 있는 쉬운 말로 고쳐야 합니다, "한글새소식" 547, 2-3, 한글학회.

▶ 신문 연재

2003 한겨레 "말이 올라야 나라가 오른다", 한겨레신문사. 2003.11.25. − 2004.11.16. [매주 화요일, 800자, 전 50회 연재].

2006 한겨레 "말겨레", 한겨레신문사. 2006.5.19. − 2007.5.17. [매주 금요일, 800자, 전 51회 연재].

▶ 면담 기사

2009 다문화가정 주부 의사소통 쉽게 우리말 연구, 동아일보 제27281호(2009년 4월 14일), 동아일보사.

2009 방언도 지켜나가야 한다, 매일경제 2009년 4월 14일, 매일경제신문사.

2009 권재일 국어원장을 만나다, "말과 글" 119, 9-13, 한국어문교열기자협회.

2010 미래를 향한 한국인의 소통 능력, "아버지" 96, 35-37, 두란노아버지학교운동본부.

2010 외면받는 한글, 무너지는 국어, 공공언어 바로 잡자, 정부가 국민이 모르는 행정용어 남발, "내일신문" 제2398호(2010년 5월 18일), 내일신문사.

2010 우리말 사랑과 나눔의 터전 국립국어원, "육군" 307, 78-81, 육군본부.

2010 국립국어원 권재일 원장, "어린이동아" 제139185호(2010년 10월 8일), 동아일보사.

2010 온새미로 한글사랑, 국립국어연구원 권재일 원장, "외대신문" 2010년 10월 12일, 한국외국어대학교 외대학보사.

2010 권재일 국립국어원 연구실 밖으로 나온 실천 연구가, "대학원보" 제175호(2010년 10월 18일), 경희대학교 대학원보사.

2011 한국어, 집에서만 쓰는 언어로 전락할 수도, "조선일보" 제28014호(2011년 1월 21일), 조선일보사.

2011 국립국어원의 임무는 한글을 세계적으로 알리는 일, "도란도란 문화놀이터", 문화체육관광부 블로그. [인터넷판].

2011 온 국민이 '짜장면'이라고 쓰면 복수 표준어로 인정해야죠, "국민일보" 제6800호(2011년 1월 25일), 국민일보사.

2011 특별대담 권재일 국어원장에게 듣는다, "말과 글" 126, 37-44, 한국어문기자협회.

2011 [지금은 독서중] 권재일 국립국어원장 '꽃길따라 거니는 우리말 산책'(이익섭 지음), "한국일보" 제19697호(2011년 6월 25일), 한국일보사.

2011 우리의 소중한 문화유산 사투리, "인재제일" 2011년 9월, 삼성인재제일 웹진. [인테넷판].

2011 연합회장이 만난 사람 권재일 국어원장, "아나운서저널" 2011년 9월, 10-13, 한국아나운서연합회.

2011 세계의 자랑거리 우리말과 언어, "어린이경제신문", 제631호(2011년 9월 12일-25일), 어린이경제신문사.

2011 '짜장면 표준어 수용하듯 언어 현실 적극 반영하겠다', "조선일보" 제28214호(2011년 9월 16일), 조선일보사.

2011 출동! 비둘기기자, 국립국어원 권재일 원장, 규정과 달라도 국민이 많이 쓰면 표준어로 인정, "소년한국일보" 제15677호(2011년 9월 23일), 소년한국일보사.

2011 아름다운 우리말 지킴이 권재일, 국군방송 인터뷰, 국방홍보원. [방송대담]

2011 한글 브랜드 가치를 높여라, 정책와이드 인터뷰, 한국정책방송원. [방송대담]

2011 국립국어원 권재일 원장, 쉽고 정확하고 품격있는 언어생활을 위해 애쓸 터, "강서양천신문" 제1006호(2011년 10월 3일-10월 9일), 강서양천일보사.

2011 국립국어원 권재일 원장, 언어는 의사소통의 도구, 한글 쉽고 편리하게 다듬는 疏明者, "내일신문 양천강서영등포" 제479호(2011년 10월 12일-10월 18일),

내일신문사.

2011 국립국어원 권재일 원장, 한글의 과학성, 자긍심을 갖자, "자유마당" 제27호 (2011년 10월), 64-67, 한국자유연맹.

2016 권재일 신임 한글학회장을 만나다, "말과 글" 147, 98-103, 한국어문기자협회.

2016 권재일, '한문 교육, 중학교부터 해도 늦지 않아', PBC 초대석, PBC 라디오. [방송대담].

2016 한글학회 권재일 회장, 국방FM이 만난 사람, 국방홍보원. [방송대담].

2016 우리 말글의 시초, 한글학회를 가다, 한글문화연대 누리집. [인터넷판].

2016 쓰기 편하고 아름다운 우리 말글에 국민 모두 자긍심 가져야, "인촌상 30년", 132-135, 재단법인 인촌기념회.

2016 한글문화인물 구술 기록 – 권재일 편, 국립한글박물관.

2016 권재일 한글학회장, 학술대회 등 젊은피 수혈 활기 돌 것, "뉴시스" [인터넷판].

2017 올바른 한글 생활 운동, 한글학회 권재일 회장, 쉘위토크, 산업방송 체널i. [방송대담].

6. 그밖에

▶ 저서

2005 "스무 살에 선택하는 학문의 길", 1-636, 아카넷. [공저: 김용준·정운찬 등 49인].

2006 "인문학의 학제적 연구·교육 현황과 활성화 방안" (경제·인문사회연구회 인문 정책총서 2006-01), 1-339, 경제·인문사회연구회. [공저: 권재일·김창민· 박찬국·박성창].

2007 "언어 이해", 1-672, 네오시스.

▶ 논설

1970 릴케 시의 소고, "계성" 27, 56-60, 계성중·고등학교.

1974 어린이의 고운 이름, "우리아기" 12, 33-35, 한국능력개발사.

1976 순수 국어식 인명에 대하여, "장훈" 8, 70-74, 장훈중·고등학교.

2003 나무와 숲, "대학신문" 제1600호(2003년 4월 7일), 서울대학교 대학신문사.

2010 인문학의 학제적 연구·교육 현황과 활성화 방안, "인문정책포럼" 4, 80–83, 경제·인문사회연구회.

2010 협동연구의 가치를 일깨워 준 책 '이중나선', 한국교육신문 2010년 6월 14일, 한국교육신문사 .

2011 지혜를 넓히는 독서, 감명을 주는 독서, "책&" 399호(2011년 10월), 4–5, 한국 간행물윤리위원회.

2011 잔잔한 미소, 온화한 마음, "김방한 선생 10주기 추모 문집, 김방한 선생을 다시 만나다", 85–101, 한국언어학회·한국알타이학회.

2012 나의 대학원 시절과 허웅 선생님, "나의 대학원 시절 – 동창으로 본 서울대 지성사", 74–78, 서울대학교대학원동창회. = [번역] 2017 わたくしの大学院時代と許雄先生, 菅野裕臣譯, "韓國語學年報" 13, 263–267, 神田外語大學韓國語學會.

2013 음성학, 음성학실험실, 그리고 이현복 선생님, "英語音聲學" 18, 68–71, 日本英語音聲學會.

2014 韓國文化の精髓, 韓國語に對する正しい理解, 野間秀樹[編], "韓國·朝鮮の知を讀む", 241–245, 일본 도쿄: 株式會社CUON. = [번역] 2014 한국 문화의 정수, 한국어에 대한 올바른 이해, 노마 히데키 엮음 김경원 옮김 "한국의 知를 읽다", 470–472, 위즈덤하우스.

2014 평화와 공동 번영을 위한 평화통일교육 방안 (통일준비위원회 정책연구용역 최종보고서), 1–176, 서울대학교 산학협력단. [공저: 권재일·최경자·조명숙·김정원·박성춘].

2017 잔잔한 미소와 온화한 마음의 김방한 선생님, "새국어생활" 27–1, 151–162, 국립국어원. = [번역] 2017 穏やかなほほえみと温和なお心の金芳漢先生, 菅野裕臣譯, "韓國語學年報" 13, 269–277, 神田外語大學韓國語學會.